»Sehr geehrter Herr,
mit diesem Brief erhalten Sie ›Das Leben und die Meinungen des Tristram Shandy‹, die ich Ihnen zuerst anbieten möchte und die ich im Vertrauen auf Ihren guten Charakter . . . in Ihre Hände lege.

Der Plan ist, wie Sie feststellen werden, sehr weit gespannt, denn er umfaßt nicht nur die schwachen Seiten der Wissenschaften, welche die eigentliche Zielscheibe des Spotts sind, sondern auch alle anderen belachenswerten Dinge, die auf meinem Weg liegen . . .

Das Buch wird ein Geschäft; was es sonst noch für Verdienste hat, das zu denken oder zu sagen, steht mir nicht an . . .«

Laurence Sterne in einem Brief an seinen Verleger Robert Dodsley vom 23. Mai 1759

insel taschenbuch 621
Sterne
Tristram Shandy

LAURENCE STERNE
LEBEN UND MEINUNGEN VON TRISTRAM SHANDY GENTLEMAN

IN DER ÜBERSETZUNG

VON ADOLF FRIEDRICH SEUBERT

DURCHGESEHEN UND REVIDIERT

VON HANS J. SCHÜTZ

MIT EINEM ESSAY UND EINER

BIBLIOGRAPHIE VON NORBERT KOHL

ILLUSTRATIONEN

VON GEORGE CRUIKSHANK

INSEL VERLAG

Illustrationen: Trustees of the British Museum

insel taschenbuch 621
Erste Auflage 1982

Vertrieb durch den Suhrkamp Taschenbuch Verlag
Umschlag nach Entwürfen von Willy Fleckhaus
Satz: LibroSatz, Kriftel
Druck: Nomos Verlagsgesellschaft, Baden-Baden
Printed in Germany

6 7 8 9 10 11 – 98 97 96 95 94 93

Inhalt

LEBEN UND MEINUNGEN VON TRISTRAM SHANDY, GENTLEMAN

Ταράσσει τοὺς Ἀνθρώπους οὐ Πράγματα,
Ἀλλὰ τὰ περὶ τῶν Πραγμάτων Δόγματα.

Dem Hochwohlgeborenen
Herrn Pitt,

SIR,

Niemals hat ein armer allzeit fertiger Dedikator weniger Hoffnung auf seine Dedikation gegründet, als ich auf diese hier; denn ich schreibe sie in einem Nebenwinkel des Königreichs, und unter einem einsamen Strohdache, woselbst ich mein Leben in beständiger Bemühung zubringe, mich gegen die kränklichen Zufälle einer schlechten Gesundheit und andere Übel des Lebens – mit Scherz – einzuzäunen; denn ich bin fest überzeugt, daß es, so oft der Mensch lächelt, – und um soviel mehr, wenn er lacht, – dieses Fragment des Lebens um Etwas vergrößert. Ich ersuche Sie ganz ergebenst, Sir, erweisen Sie diesem Buche die Ehre, und nehmen Sie es – (nicht in Ihren Schutz – es muß sich selbst beschützen, sondern) mit aufs Land. Erfahre ich hernach nur einmal, daß es Ihnen ein Lächeln abgewonnen, oder kann ich mutmaßen, Sie haben einen Augenblick Ihrer Schmerzen darüber vergessen, – so werde ich mich so glücklich dünken, als ein Staatsminister; – vielleicht weit glücklicher als irgend einer, (einen Einzigen ausgenommen) von dem ich jemals gelesen oder gehört habe.

Ich bin
Hochzuverehrender Herr,
(und was Ihnen noch mehr Ehre macht)
allgemein geliebter Herr,
Ihr freiwilliger Freund, und ergebenster
Mituntertan
DER AUTOR

ERSTES BUCH

1. Kapitel

Ich wollte, mein Vater oder auch meine Mutter, oder eigentlich beide – denn es wäre wirklich beider Pflicht und Schuldigkeit gewesen – hätten bedacht, was sie tun wollten, als sie mich zeugten. Hätten sie sich gehörig vor Augen gestellt, wieviel von dem abhänge, was sie gerade taten, daß es sich nicht nur um die Erschaffung eines vernünftigen Wesens handle, sondern daß möglicherweise die glückliche Bildung und Beschaffenheit seines Leibes, vielleicht auch sein Geist und das eigentümliche Gepräge seines Gemütes und sogar – sie wußten wenigstens das Gegenteil nicht – das Glück seines ganzen Hauses von den Launen und Stimmungen beeinflußt werden könnten, die in dem Momente gerade die maßgebenden waren: —— hätten sie das alles gehörig erwogen und überlegt und demgemäß auch gehandelt,—— so bin ich lebhaft überzeugt, daß ich eine ganz andere Figur in der Welt gespielt haben würde, als diejenige ist, in welcher mich der geneigte Leser vermutlich erblicken wird. – Ja ihr lieben Leute, glaubt mir nur, diese Sache ist nicht so unerheblich, als manche von euch glauben mögen. Ihr habt wohl alle davon gehört, wie die tierischen Regungen vom Vater auf den Sohn übertragen werden etc., etc. – und noch vieles andere in dieser Richtung. Nun gut, ich kann euch mein Wort darauf geben: neun Zehntel von eines Mannes Vernunft oder Unvernunft, von seinen Erfolgen und Mißerfolgen in dieser Welt hängen von seiner Bewegung und Tätigkeit, von den verschiedenen Spuren und Geleisen, in die man sie bringt, ab, so daß, wenn sie einmal im Gange sind, – gleichviel ob auf gutem oder schlechtem Wege, darum gebe ich keinen Groschen –, sie dahinpoltern wie ein Verrückter. Indem sie aber immer wieder denselben Weg treten, machen sie am Ende eine so ebene und glatte Straße daraus wie ein Gartenpfad, und wenn sie einmal daran gewöhnt sind, bringt sie der Teufel selbst oft nicht mehr daraus.

Höre, Alter, sagte meine Mutter, *hast du nicht vergessen, die Uhr aufzuziehen? – Ach du meine Güte!* rief mein Vater ungeduldig, gab sich jedoch zugleich Mühe, seine Stimme zu mäßigen, – *hat seit Erschaffung der Welt eine Frau ihren Mann jemals mit einer so dummen Frage unterbrochen?* – Was sagte denn Ihr Herr Vater vorher? – O nichts.

2. Kapitel

Dann kann ich aber auch entschieden nichts an der Frage finden, weder Gutes noch Schlimmes. – Dann erlauben Sie, mein Herr, war es jedenfalls eine sehr unzeitige Frage – weil sie die animalischen Regungen zersplitterte und zerstreute, die den HOMUNKULUS hätten begleiten, Hand in Hand mit ihm gehen und ihn sicher an den Ort geleiten sollen, der für seine Aufnahme bestimmt war.

In welch geringem und lächerlichem Lichte der HOMUNKULUS aber auch in dieser oberflächlichen Zeit im Auge der Torheit oder des Vorurteils erscheinen mag, so ist er im Auge des vernünftigen, wissenschaftlichen Forschers unzweifelhaft mit gewissen Rechten ausgestattet und umschrieben.

Die tüfteligsten Philosophen, welche beiläufig gesagt, den weitesten Verstand haben, da ihre Seele im umgekehrten Verhältnis zu ihren Forschungen steht, haben uns unwiderleglich dargetan, daß der HOMUNKULUS durch die gleiche Hand geschaffen, auf demselben Wege der Natur gezeugt, mit denselben Bewegungskräften und Fähigkeiten ausgestattet ist wie wir; daß er wie wir aus Haut, Haar, Fett, Fleisch, Adern, Sehnen, Nerven, Knorpeln, Knochen, Mark, Gehirn, Drüsen, Zeugungsteilen, Säften und Gelenken besteht; daß er ein

Wesen von gleicher Tätigkeit und in jedweder Bedeutung des Wortes ebensogut und so wahrhaftig unser Mitgeschöpf ist wie der Lordkanzler von England. Man kann ihm wohltun, ihn verletzen und ihm wieder Genugtuung gewähren; mit einem Wort, er besitzt all die menschlichen Ansprüche und Rechte, welche *Tullius, Pufendorf* oder die besten ethischen Schriftsteller aus diesem Zustand und Verwandtschaftsverhältnis herleiten.

Nun bitte ich Sie, mein lieber Herr, wenn ihm auf seinem einsamen Wege irgendein Unfall zugestoßen wäre! oder wenn der kleine Herr durch den bei einem so jungen Reisenden natürlichen Schreck, ganz mitgenommen und ruiniert am Ende seiner Wanderung angekommen wäre, wenn seine Muskelstärke, seine Manneskraft dabei fadendumm geworden, seine eigenen animalischen Regungen über alle Beschreibung erschüttert, und er in diesem traurigen, zerrütteten Nervenzustand für lange, lange neun Monate niedergelegt worden wäre, eine Beute von Zuckungen, von melancholischen Träumen und Phantasien. – Ich zittere bei dem Gedanken, wie hierdurch der Grund zu tausend Schwächen des Leibes und der Seele gelegt werden konnte, die keine Kunst des Arztes oder Philosophen später je wieder in Ordnung zu bringen vermocht hätte!

3. Kapitel

Die vorstehende Geschichte verdanke ich meinem Onkel Herrn *Toby Shandy*, gegenüber dem sich mein Vater, der ein tiefer Denker war und sich gerne in Betrachtungen über die anscheinend kleinsten Dinge einließ, oft und schwer wegen jener Beeinträchtigung beklagte. Einmal tat er dies ganz besonders lebhaft, wie sich mein Onkel *Toby* wohl erinnerte, als er bemerkte, wie ich meinen Kreisel in einer ganz unbegreiflichen Schiefe (wie er es nannte) aufstellte; und die Grundsätze nach welchen ich so getan, rechtfertigend, schüttelte der alte Mann den Kopf und sprach in einem mehr kummer- als vorwurfsvollen Tone: sein Herz habe das alles längst geahnt und er sehe hieraus, wie aus tausend anderen Bemerkungen, die er an mir gemacht habe, daß ich niemals wie ein anderes Menschenkind denken oder handeln würde. *Aber ach!* fuhr er fort, indem er abermals den Kopf schüttelte, und eine Träne abwischte, die ihm die Backe herablief, *das Mißgeschick meines Tristram begann ja schon neun Monate, ehe er zur Welt kam!*

Meine Mutter, die dabeisaß, schaute auf; doch was mein Vater damit sagen wollte, war ihr so fremd wie ihre hintere Partie; mein Onkel *Toby Shandy* aber, der die Geschichte öfter gehört hatte, verstand ihn sehr wohl.

4. Kapitel

Ich weiß, daß es Leser auf der Welt gibt, – so gut wie noch viele andere liebe Leute, die durchaus keine Leser sind – welchen es nicht wohl ist, wenn sie nicht von A bis Z in das ganze Geheimnis von allem und jedem, was uns betrifft, eingeweiht sind.

Aus reiner Gefälligkeit für die Grillen dieser Leute und aus einer nur angeborenen Schwäche, ja keine lebende Seele in ihren Erwartungen täuschen zu wollen, bin ich bisher schon so weitläufig gewesen. Da mein Leben und meine Meinungen voraussichtlich einigen Lärm in der Welt machen werden, und wenn ich richtig rechne, alle Stände, Berufsarten und Sorten von Menschen packen, ja nicht weniger werden gelesen werden, als *Des Pilgers Wanderung*, so daß am Ende aus ihnen wird, was *Montaigne* für seine *Essays* fürchtete, nämlich ein Buch, das im Fenster des Besuchszimmers liegt, so halte ich es für nötig, jedermann der Reihe nach um seinen Rat zu bitten. Ich bitte deshalb um Entschuldigung, wenn ich noch ein Stück weit so fortmache. Es ist mir deshalb auch ganz recht, daß ich meine Lebensgeschichte auf die Art begonnen habe, wie es geschehen ist, und daß ich jetzt so fortmachen, und alles wie *Horaz sagt, ab ovo* behandeln kann.

Ich weiß wohl, Horaz empfiehlt diese Mode nicht unbedingt, aber der Herr spricht da auch nur von einem epischen Gedichte oder von einer Tragödie (ich weiß nicht mehr von welcher;) wenn es nicht so ist, möchte ich Herrn *Horaz* um Entschuldigung gebeten haben; denn bei der Beschreibung, die ich mir vorgenommen habe, werde ich mich weder an seine Regeln noch an die Regeln von irgendeinem lebenden Wesen halten.

Denjenigen aber, welche in solchen Dingen nicht gerne so weit zurückgreifen, kann ich keinen anderen Rat geben, als daß sie den Rest dieses Kapitels überschlagen mögen; denn ich erkläre zum voraus, daß derselbe nur für die Wißbegierigen und Naseweisen geschrieben ist.

Tür zu.

– Ich ward in der Nacht vom 1. *Sonntag* auf den 1. Montag im Monat *März* des Jahres unseres Herrn 1718 gezeugt. Ich weiß das ganz bestimmt. Wie ich aber dazu kam in einer Sache, die vor meiner Geburt geschah, so genau zu Hause zu sein, das beruht auf einer andern kleinen Geschichte, die nur in unserer Familie bekannt ist, die ich aber jetzt an die Öffentlichkeit ziehe, um diesen Punkt besser aufzuklären.

Mein Vater, müssen Sie wissen, war ursprünglich ein Kaufmann, der nach der Levante fuhr, hatte aber sein Geschäft schon vor einigen Jahren aufgegeben, und sich auf sein väterliches Erbgut in der Grafschaft —— zurückgezogen, um dort den Abend seines Lebens zu verbringen. Dieser mein Vater war, glaube ich, der regelmäßigste Mann von der Welt in allem was er tat, mochten es nun Geschäftssachen oder Vergnügungen sein. Als ein kleines Beispiel von dieser außerordentlichen Pünktlichkeit, deren Sklave er in Wahrheit war, will ich nur anführen, daß er es sich seit Jahren zur Regel gemacht hatte, am ersten *Sonntagabend* jedes Monats jahraus, jahrein so sicher als der *Sonntagabend* kam, —— eigenhändig eine große Hausuhr aufzuziehen, die oben auf der Hintertreppe stand; und da er zu der Zeit, von der ich rede, so zwischen 50 und 60 Jahre zählen mochte, so hatte er es allmählich so eingerichtet, auch gewisse andere kleine Familiengeschäfte an dem gleichen Abend abzumachen, um sie, wie er oft zu meinem Onkel Toby sagte, alle auf einmal vom Halse zu kriegen, und im übrigen Monat nicht weiter damit behelligt und geplagt zu werden.

Diese Sache war nur mit einer Fatalität verbunden, die zum großen Teil mich traf und deren Wirkungen ich, wie ich fürchte, bis zu meinem Grabe werde mit mir schleppen müssen. Infolge einer unglücklichen Verbindung von Ideen nämlich, die eigentlich nichts miteinander gemein haben, konnte meine arme Mutter nie die Uhr aufziehen hören, ohne daß ihr der Gedanke an gewisse andere Dinge durch den Kopf fuhr – und umgekehrt – gewiß, eine jener seltsamen Ideenverbindungen, von denen der scharfsinnige *Locke*, der sich auf diese Dinge besser verstand, als die meisten Menschen, behauptet, sie hätten mehr verkehrte Handlungen herbeigeführt, als alle anderen Quellen von Vorurteilen zusammen.

Doch dies nur beiläufig.

Nun sagt aber eine Notiz in meines Vaters Taschenbuch, das vor mir liegt: daß mein Vater an *Mariä Verkündigung*, welche am 25. desselben Monats war, von welchem ich meine Zeugung datiere, mit meinem ältesten Bruder *Bobby* nach London reiste, um ihn in die Schule von *Westminster* zu bringen; und in derselben Quelle heißt es ferner: er sei erst in der zweiten Woche des folgenden Mai wieder zu Weib und Kind zurückgekehrt – hierdurch wird die Sache also nahezu zur Gewißheit. Was aber zu Anfang des nächsten Kapitels kommt, setzt sie außer allen Zweifel.

Aber sagen Sie mir doch, was Ihr Herr Vater im *Dezember*,

Januar und *Februar* tat? – Meine verehrte Frau, er litt diese ganze Zeit über am Ischias.

5. Kapitel

Am 5. Tag des *November* 1718, also so genau neun Kalendermonate nach jenem Ereignis als irgendein Ehemann vernünftigerweise erwarten konnte, wurde ich, *Tristram Shandy*, Wohlgeboren, in diese schnöde und unheilvolle Welt gesetzt. Ich wollte, ich wäre auf dem Mond geboren oder auf einem Planeten – nur nicht auf *Jupiter* oder *Saturn*, weil ich nie Kälte habe ertragen können – denn es hätte mir wohl auf keinem schlechter ergehen können – nur für die Venus stehe ich nicht ein! – als auf unserem gemeinen, schmutzigen Planeten, von dem ich wahrhaftig glaube, daß er, mit Respekt zu vermelden, von den Abfällen der übrigen fabriziert wurde; nicht daß der Planet nicht an sich gut genug wäre, wenn man nur mit einem großen Titel oder einem großen Vermögen darauf geboren ist, oder es einem auf irgendeine Weise gelingt, ein öffentliches Amt, eine Würde oder Machtstellung zu erringen, was mein Fall nun nicht war; und deshalb redet auch ein jeder von dem Markte, wie er eben Geschäfte darauf gemacht hat, und gerade aus diesem Grunde behaupte ich noch einmal, daß es eine der niederträchtigsten Welten ist, die je gemacht wurden; denn ich darf in Wahrheit sagen, daß ich von der ersten Stunde an, wo ich darin Atem holte, bis zu der jetzigen, wo ich überhaupt kaum noch atmen kann, wegen eines Asthmas, das ich mir holte als ich in *Flandern* gegen den Wind Schlittschuh lief – daß ich das beständige Spiel und Gespött der sogenannten Fortuna gewesen bin; und wenn ich ihr auch Unrecht täte, wenn ich sagen wollte, sie habe mich jemals die Last eines großen oder außerordentlichen Unglücks fühlen lassen, so muß ich doch bei aller Gutmütigkeit von der Welt sagen, daß diese ungnädige Dame in jeder Lage meines Lebens, an jeder Windung und Ecke, wo sie mir beikommen konnte, mich mit einer ganzen Reihe so jammerwürdiger Abenteuer und Kreuzquerzüge überschüttet hat, als nur je ein kleiner HELD erdulden mußte.

6. Kapitel

Zu Anfang des letzten Kapitels habe ich Ihnen genau gesagt, *wann* ich geboren wurde; ich habe Ihnen aber noch nicht mitgeteilt, *wie* das geschah. *Nein*, diesen Umstand habe ich für ein besonderes Kapitel aufgespart. Da Sie und ich einander zudem gewissermaßen vollkommen fremd sind, so wäre es nicht passend gewesen, wenn ich Sie auf einmal in allzu viele Verhältnisse, die mich betreffen, eingeführt haben würde. Sie müssen ein wenig Geduld haben. Ich habe, wie Sie wissen, unternommen, nicht nur mein Leben, sondern auch meine Meinungen zu schildern, weil ich hoffe und erwarte, daß wenn Sie erst meinen Charakter kennen und wissen, was für eine Gattung Sterblicher ich bin, dies Ihnen mehr Geschmack für die letzteren geben würde. Je länger Sie mit mir fortschreiten, desto mehr wird die Bekanntschaft, die jetzt zwischen uns begonnen hat, sich in einen vertrauten Umgang verwandeln, und wird, wenn nicht einer von uns den anderen im Stich läßt, endlich mit einer vollkommenen Freundschaft schließen. — — *O diem praeclarum!* —— Dann wird nichts, was mich betroffen hat, mehr unbedeutend oder langweilig erscheinen. Wenn Sie, mein teurer Freund und Gefährte, daher der Ansicht sein sollten, daß ich beim Beginn unserer Wanderung etwas sparsam in meiner Erzählung zu Werke gehe, so gedulden Sie sich mit mir, und lassen Sie mich nur so fortmachen und meine Geschichte auf meine Weise erzählen; und wenn Sie meinen sollten, ich trödle manchmal zu lange unterwegs, oder ich setze für ein paar Augenblicke eine Narrenkappe samt Schelle auf, so laufen Sie mir nicht davon, sondern haben Sie die Güte und trauen Sie mir etwas mehr Weisheit zu als es nach meinem Äußeren scheinen möchte; und während wir so forttrotteln lachen Sie mit mir, oder meinetwegen auch über mich oder tun Sie was Sie mögen, nur bleiben Sie bei guter Laune.

7. Kapitel

In dem nämlichen Orte, wo mein Vater und meine Mutter wohnten, lebte auch eine dünnleibige, ehrliche, mütterliche, würdige, brave alte Hebamme, welche mit Hilfe von einigem gesunden Menschenverstand und mehrjähriger Geschäftserfahrung, wobei sie sich übrigens immer wenig auf ihre eigene Kunst, um so mehr aber auf die der Mutter Natur verließ, sich in ihrer Art einen nicht geringen Ruf in der Welt erworben hatte; ich muß Euer Wohlgeboren gegenüber übrigens bemerken, daß ich unter dem Worte *Welt* hier nur einen kleinen etwa 4 *englische* Meilen im Durchschnitt messenden Kreis auf dem Erdkreis verstehe, dessen Zentrum das Häuschen vorstellt, in welchem die gute alte Frau wohnte. Sie war in ihrem 47. Lebensjahr zu einer sehr armen Witwe geworden, die 3 bis 4 kleine Kinder zu ernähren hatte; und da sie zugleich eine Frau von ehrbarem Lebenswandel, würdigem Benehmen, überdies eine Frau von wenig Worten und dabei ein Gegenstand des Mitleids war, deren Not, die sie noch dazu schweigend trug, um so lauter eine freundliche Unterstützung befürwortete, so war die Frau Pfarrerin des Sprengels davon gerührt worden. Und da diese oft Gelegenheit hatte, einen mißlichen Umstand zu beklagen, der ihres Gatten Herde seit Jahren belästigte, indem keinerlei Art von Hebamme oder dergleichen, und wenn der Fall noch so dringend war, aufzutreiben war, wenn man nicht 6–7 Meilen weit ritt, welche 7 Meilen in dunkeln Nächten und bei schlechten Straßen, da die Gegend hier herum aus zähem Lehmboden bestand, sich leicht in 14 verwandelten, was dann der Wirkung nach so viel war, als ob man gar keine Hebamme hätte, so fuhr es ihr durch den Kopf, daß es ebensowohl eine zeitgemäße Wohltat für die ganze Gemeinde wie für die arme Frau selbst wäre, wenn man ihr einigen Unterricht in den einfachen Grundsätzen dieses Berufs erteilen lassen könnte, um sie dann als Hebamme hier aufzustellen. Da niemand dort besser in der Lage war, diesen Plan auszuführen als sie selbst, so unterzog sich die brave Frau Pfarrerin der Aufgabe, und da sie einen großen Einfluß auf den weiblichen Teil des Sprengels übte, so fand sie keine Schwierigkeit dieselbe ganz nach ihrem Wunsche zu lösen. Der Pfarrer ging hierbei Hand in Hand mit seiner Frau, und um die Sache ganz ordnungsmäßig in Szene zu setzen, und dem armen Geschöpf ebenso ein gesetzliches Recht zur Praxis zu erwerben, wie es seine Frau durch den Unterricht getan, bezahlte er mit Vergnügen die Sporteln für den Rechtstitel, welche in Summa achtzehn Schillinge und vier Pence betrugen. So ward denn das gute Weib durch jene beiden in den ganzen realen und leiblichen Besitz ihres Amts mit all dessen *Rechten, Teilen und Zugehör irgendwelcher Art* eingesetzt.

Diese letzten Worte entflossen nicht etwa der alten Form, in welcher derartige Gerechtsame, Befähigungen und Befugnisse liefen, welche in ähnlichen Fällen hier zuvor der Schwesterschaft eingeräumt worden waren; sie schrieben sich vielmehr aus einer hübschen Formel von *Didius* eigener Erfindung her, der eine besondere Grille besaß alle Arten von Urkunden auf diese Weise zu zergliedern und umzuformen, und es nicht bei Aufstellung dieser anmutigen Verbesserung bewenden ließ, sondern vielen der mit allen Freibriefen versehenen Matronen der Nachbarschaft so lange zuredete, bis sie ihre Befugnisse erneuern ließen, nur damit dieser Zopf noch eingeschaltet würde.

Ich gestehe, daß ich *Didius* niemals um diese sonderbaren Mucken beneidete, allein ein jeder hat seinen eigenen Geschmack. Fand nicht Dr. *Kunastrokius,* jener große Mann, das denkbar größte Vergnügen daran, in seinen Mußestunden Eselsschwänze auszukämmen und die abgestorbenen Haare mit den Zähnen auszureißen, obschon er beständig Zängchen in der Tasche trug? Und, da wir einmal daran sind, möchte ich fragen, ob nicht die weisesten Männer aller Zeiten, Salomo selbst nicht ausgenommen, ihre STECKENPFERDE hatten: – ihre Rennpferde, ihre Sammlungen von Münzen, Muscheln, Trommeln und Trompeten, Geigen, Farbenschachteln, chinesischen Figuren und Schmetterlingen? Solange aber ein Mann sein STECKENPFERD in Ruhe und Frieden auf der allgemeinen Heerstraße reitet und weder Sie noch mich zwingt, hinten aufzusitzen, —— geht es weder Sie noch mich etwas an. Nicht wahr?

8. KAPITEL

– *De gustibus non est disputandum,* zu deutsch: gegen STECKENPFERDE läßt sich nichts sagen; ich selbst tue es selten; ich könnte es auch nicht wohl mit Anstand tun, und wenn ich ein noch so großer Feind derselben wäre; denn da ich zu gewissen Zeiten und Mondwechseln zugleich Geiger und Maler bin, je nachdem mich die Fliege sticht, so muß ich Ihnen sagen, daß ich selbst ein paar solche Paßgänger im Stalle habe, auf denen ich abwechselungsweise (es ist mir auch gleichgültig ob man es weiß oder nicht) ausreite und frische Luft schöpfe. Übrigens muß ich zu meiner Schande gestehen, daß ich manchmal längere Ritte darauf mache, als ein weiser Mann für recht halten mag. Offen gestanden bin ich aber eben kein weiser Mann, und überdies eine so unwichtige Persönlichkeit, daß es nicht viel macht, was ich auch tue; ich erhitze mich daher auch selten wegen so etwas; und es stört meine Ruhe durchaus nicht, wenn ich die großen Herren und Würdenträger, die ich hiernach aufzähle, nämlich die Herren von A, B, C, D, E, F, G, H, I, K, L, M, N, O, P, Q und so weiter, in einer Reihe auf ihren verschiedenen Pferdchen sehe, die einen mit langen Steigbügeln in einem ernsten, maßvollen Schritt, die andern im Gegenteil die Knie bis ans Kinn hinaufgezogen, mit Peitschen im Maul, darauf loshauend und fortpolternd, wie ebenso viele scheckige Teufel, die auf Hypotheken reiten, und wie wenn verschiedene derselben entschlossen wären, den Hals zu brechen. Um so besser, sage ich zu mir selbst, denn falls das Schlimmste geschehen sollte, so muß sich die Welt eben bemühen, auch ohne sie auszukommen; im übrigen aber, – nun Gott gebe ihnen einen glücklichen Fortgang! – lassen wir sie ohne Widerrede reiten; denn würden diese Herrschaften heute nacht abgeworfen, so ist zehn gegen eins zu wetten, daß viele von ihnen noch vor Morgenfrühe um die Hälfte schlechter beritten wären.

Keiner von diesen Umständen wird daher meine Ruhe stören, allein es gibt allerdings einen Umstand, der mich, ich gestehe es, außer Fassung bringt: wenn ich nämlich sehe, wie einer, der zu großen Handlungen geboren ist und was ihm noch mehr Ehre bringt, dessen Natur ihn zu guten Handlungen treibt, wenn ich sehe, wie ein Mann wie Sie selbst, gnädiger Herr, dessen Grundsätze und Sitten so rein und edel sind wie sein Blut und den eben deshalb diese schlechte Welt keinen Augenblick missen kann; wenn ich sehe, wie ein solcher, gnädiger Herr, und sei es auch nur eine Minute länger reitet, als ihm meine Liebe zu meinem Vaterlande gestatten kann und mein Interesse an seinem eigenen Ruhm es wünscht, dann gnädiger Herr, hört meine Philosophie auf und ich schicke in der ersten Hitze einer ehrlichen Ungeduld das STECKENPFERD mit allem was daran hängt zum Teufel.

Gnädiger Herr!
Ich will dies als eine Widmung angesehen wissen, unerachtet sie nach den 3 Hauptrichtungen Inhalt, Form und Art etwas sonderbar dastehen mag; ich bitte also, Sie möchten sie als solche annehmen und mir erlauben, Ihnen dieselbe in vereh-

rungsvollster Demut zu Füßen zu legen – wenn Sie gerade darauf stehen, was ja ganz bei Ihnen steht – somit, gnädiger Herr, so oft sich eine Gelegenheit dazu bietet, und ich setze hinzu, und zu den besten Zwecken.

Ich habe die Ehre zu sein,
mein gnädiger Herr,
Euer Gnaden gehorsamster,
und ergebenster
und untertänigster Diener
Tristram Shandy.

9. Kapitel

Ich erkläre feierlich vor der ganzen Welt, daß die obige Widmung keinem Fürsten, Prälaten, Papst oder Monarchen – Herzog, Marquis, Graf, Vicomte oder Baron dieses oder irgendeines anderen Reiches in der Christenheit gilt. Auch ist sie noch nicht ausgeboten, noch irgendeiner großen oder kleinen Persönlichkeit öffentlich oder privatim, direkt oder indirekt angeboten worden; es ist vielmehr ganz ehrlich eine echte, noch keiner Menschenseele anprobierte Jungfern-Dedikation.

Ich bin in diesem Punkte deshalb so ausführlich, weil ich jeden Einspruch oder Einwurf beseitigen möchte, der aus der Art und Weise entspringen könnte, wie ich vorschlage, dieselbe möglichst gut zu verwerten, nämlich in dem sie gerade zum öffentlichen Verkauf ausgesetzt wird, was ich hiermit tue.

—— Ein jeder Schriftsteller hat einen ihm eigentümlichen Weg, um seine Sachen an den Mann zu bringen, ich für meine Person hasse es, nur wegen ein paar Guineen in einem dunkeln Laden zu handeln und zu schachern, und habe mich deshalb entschlossen, gleich von Anfang an mit den großen Herren in dieser Sache offen und redlich zu verhandeln, und zu versuchen, ob ich so nicht am besten wegkomme.

Wenn daher ein Herzog, Marquis, Graf, Vicomte oder Baron in Seiner Majestät Reichen lebt, der eine nette, artige Widmung gerade brauchen kann und dem die obige paßt (denn beiläufig gesagt, wenn sie ihm nicht wenigstens einigermaßen paßt, so lasse ich sie gar nicht ab), so steht sie ihm für 40 Guineen zu Diensten; was gewiß 20 Guineen weniger ist, als mir ein Mann von Genius eigentlich dafür bieten dürfte.

Wenn Sie sie genau prüfen, gnädiger Herr, so werden Sie finden, daß es keineswegs eine solche Schmiererei ist wie manche andere Dedikationen. Die Idee ist, wie Sie sehen, gut, das Kolorit klar, die Zeichnung korrekt; oder wenn ich mehr als Mann der Wissenschaft spreche, und meine Arbeit mit dem zwanzigteiligen Maßstab des Malers messe, so dürfen wir, glaube ich, gnädiger Herr, den Umriß mit 12 ansetzen, die Komposition mit 9, das Kolorit mit 6, den Ausdruck mit 13½ und die Zeichnung – nun, gnädiger Herr, wenn ich meine eigene Zeichnung recht verstehe, und wenn man für ganz vollkommene Zeichnung 20 setzen darf – so denke ich, dürfte sie nicht weit von 19 sein. Überdies ist eine gewisse Haltung darin; und die dunkeln Pinselstriche am STECKENPFERD (eine sekundäre Figur und eine Art Hintergrund für das Ganze) geben den Hauptlichtern an ihrer eigenen Gestalt mehr Kraft und lassen sie herrlich hervortreten; und schließlich ist in dem ganzen Ensemble ein gewisser origineller Zug.

Haben Sie die Güte, lieber gnädiger Herr, die fragliche Summe in die Hand des Herrn *Dodsley* zugunsten des Verfassers auszahlen zu lassen; bei der nächsten Auflage werde ich dann Sorge tragen, daß dieses Kapitel ausgemerzt wird und Euer Gnaden Titel, Auszeichnungen, Wappen und gute Taten zu Anfang des vorstehenden Kapitels zu figurieren kommen, welches dann von den Worten *De gustibus non est disputandum* an, nebst allem was sich in diesem Buch auf STECKENPFERDE bezieht, aber sonst nichts, Ihnen, gnädiger Herr, gewidmet bleibt. – Das übrige widme ich dem *Mond*, der doch von allen denkbaren Gönnern und Gönnerinnen die größte

Macht besitzt, um mein Buch in Gang zu bringen und die Welt wie toll danach greifen zu lassen.

Lichthelle Göttin!

Wenn du nicht gerade zu viel mit den Angelegenheiten von CANDID und Fräulein KUNIGUNDE zu tun hast, so nimm auch diejenigen Tristram Shandys unter deinen Schutz.

10. Kapitel

Wie groß das kleine Verdienst war, welches in jenem Akte der Wohltätigkeit gegen die Hebamme lag, oder wer den Hauptanspruch darauf machen konnte, scheint auf den ersten Anblick nicht von wesentlicher Bedeutung für diese Geschichte. Soviel ist aber gewiß, daß der guten Frau Pfarrerin damals alles Verdienst beigemessen wurde; und doch kann ich, so wahr ich lebe, nicht umhin zu glauben, daß auch der Pfarrer selbst, obschon er nicht das Glück hatte, zuerst auf die Sache verfallen zu sein, doch dadurch, daß er sobald ihm der Plan vorgelegt wurde, von Herzen zustimmte, und ebenso von Herzen gern sein Geld dazu beitrug, um jenen ausführbar zu machen, einigen Anspruch darauf machen konnte, ja doch ihm eine volle Hälfte der Ehre gebührte.

Die Welt war damals geneigt, die Sache anders anzusehen.

Legen Sie einmal das Buch weg und ich gebe Ihnen einen halben Tag, um das Rätsel dieser Anschauung zu lösen. Aber Sie bringen es nicht heraus.

So erfahren Sie denn, daß der Pfarrer, mit dem wir zu tun haben, etwa 5 Jahre vor Anstellung der Hebamme, worüber Sie einen so umständlichen Bericht erhalten haben, sich durch eine Handlung, welche die Würde, die er seiner Person, seinem Stand und seinem Amte schuldig war, verletzte, zum Gespräch der ganzen Gegend gemacht hatte. Er erschien nämlich plötzlich auf einem magern, elenden, eselähnlichen Rosse, das ein Pfund fünfzehn Schillinge wert sein mochte, einem Roß, das, um meine Beschreibung abzukürzen ein Zwillingsbruder der *Rosinante* war, insoweit Ähnlichkeit eine solche Verwandtschaft herstellen kann, denn es kam der Beschreibung des letzteren in jeder Beziehung auf ein Haar breit nahe, mit alleiniger Ausnahme, daß ich mich nicht erinnere, ob *Rosinante* ebenfalls kurzatmig war; und daß *Rosinante*, wie die meisten *spanischen* Pferde, ob sie nun dick oder dürr sind, das Glück haben, ohne Zweifel in jeder Beziehung ein Roß war.

Ich weiß sehr wohl, daß das Roß jenes HELDEN von keuscher Aufführung war, was einen Grund zu der gegenteiligen Vermutung hätte abgeben können; aber es ist zugleich ebenfalls sicher, daß *Rosinantes* Enthaltsamkeit – wie dies aus dem Abenteuer mit den Fuhrleuten hervorgeht – keineswegs einem körperlichen Gebrechen oder einer ähnlichen Ursache, sondern seinem Temperament und dem geordneten Laufe seines Blutes entsprang. – Und gestatten Sie mir hier die Bemerkung, Madame, daß es eine große Portion sehr guter Keuschheit auf der Welt gibt, zu deren Gunsten sich absolut nichts weiter anführen ließe.

Sei dem wie dem sei, da es meine Absicht ist, einer jeden Persönlichkeit, die ich auf der Bühne dieses dramatischen Werkes erscheinen lasse, volle Gerechtigkeit widerfahren zu lassen, so durfte ich diesen Unterschied zu Gunsten von *Don Quijotes* Pferd nicht unterdrücken; in jeder anderen Beziehung aber war, wie gesagt, des Pfarrers Roß sein *alter ego*, es war eine so dürre, so schmale, und so armselige Mähre, daß die Demut selbst es hätte besteigen können.

Nach der Ansicht mancher Leute von schwachem Urteil wäre es großenteils bei dem Pfarrer gestanden, der Figur seines Rößleins etwas aufzuhelfen, denn er war im Besitz eines sehr schönen, halbaufgebauschten Sattels, der am Sitz mit grünem Plüsch abgenäht und mit einer doppelten Reihe von silbernen Stiften beschlagen war, wozu noch ein nobles Paar glänzender Messingbügel und eine sehr anständige Unterlegedecke von superfeinem grauem Tuch mit einer Einfassung von schwarzer Stickerei kam, die in dicke, schwarze, seidene Fransen, mit Goldfäden durchwirkt, verlief. Dies alles nebst einem mit erhabener Arbeit geschmückten und in jeder Beziehung wohl verzierten Zaume hatte er sich auf der stolzen Höhe seines Lebens angeschafft. Da er aber nicht die Absicht hatte, sein Tier durch diesen Trödel lächerlich zu machen, hatte er ihn hinter der Türe seines Studierzimmers aufgehängt, und sich dafür einen solchen Zaum und Sattel angeschafft, wie er gerade zu der Figur und dem Werte eines solchen Gaules paßte.

Man kann sich leicht vorstellen, daß der so ausgerüstete Pfarrer bei seinen verschiedenen Umritten in seinem Sprengel, und bei dem benachbarten Adel allerlei zu hören und zu sehen bekam, was seine Philosophie rostfrei erhielt. Er konnte in der Tat in kein Dorf reiten, ohne sofort die Aufmerksamkeit von alt und jung zu erregen. Die Arbeit stand still wo er vorüberkam, der Eimer blieb mitten über dem Brunnen hängen, das Spinnrädchen vergaß sich zu drehen, sogar das Grübchen- und das Anwerfspiel der Kinder erlitt eine Unterbrechung, solange er in Sicht war; und da seine Vorwärtsbewegung keine der schnellsten war, so hatte er in der Regel vollauf Zeit, um seine Betrachtungen anzustellen, das Seufzen der ernsten Leute und das Lachen der Munteren anzuhören, was er in aller Seelenruhe hinnahm. Sein Charakter war von der Art, daß er einen Spaß von Herzen liebte, und da er wohl sah, welche lächerliche Figur er machte, so pflegte er zu sagen, er könne anderen nicht böse sein, daß sie ihn in einem Licht erblickten, in welchem er sich selbst so sehr schaue. Gegenüber seinen Freunden aber, welche wußten, daß Liebe zum Geld nicht seine Schwäche war, und die sich daher um so weniger ein Gewissen daraus machten, über diese sonderbare Laune sich lustig zu machen, zog er es vor, – statt ihnen den wahren Grund davon anzugeben, in das Gelächter über sich selbst mit einzustimmen, und da er selbst keine Unze Fleisch auf den Knochen hatte und eine ganz ebenso schmächtige

Figur besaß wie sein Tier, so pflegte er bisweilen hervorzuheben, daß das Roß gerade so gut sei als der Reiter es verdiene; sie seien gewissermaßen wie die Zentauren eigentlich aus einem einzigen Stücke. Ein andermal, wenn er in einer anderen Stimmung und nicht aufgelegt war einen schlechten Witz zu machen, pflegte er zu sagen, er laboriere an der galoppierenden Schwindsucht, und setzte dann sehr ernst hinzu, er könne den Anblick eines fetten Pferdes nicht ohne Herzweh und ohne eine merkliche Herabstimmung seines Pulses ertragen; er habe deshalb das magere Pferd gewählt, nicht nur um seine Gemütsruhe nicht zu verlieren, sondern auch um stets guter Laune zu sein.

Er gab überhaupt im Laufe der Zeit wohl fünfzig launige und passende Gründe an, warum er lieber eine sanftmütige Mähre von kurzatmigem Gaul als ein feuriges Pferd reite; auf jenem könne er ganz mechanisch sitzen und in aller Gemütsruhe *de vanitate mundi et fuga saeculi* nachdenken, gerade wie wenn er einen Totenkopf vor sich hätte; wenn er so langsam dahinreite, könne er seine Zeit zu allen möglichen geistigen Übungen benutzen, und zwar ebensogut wie in seinem Studierzimmer, er könne dabei einen Beweis in seiner Predigt ebenso ruhig herstellen wie ein Loch in seinen Hosen; ein scharfer Trab und eine gemächliche Beweisführung seien zwei Bewegungen, die sich ebensowenig miteinander vertrügen wie Witz und Urteilskraft. Auf seinem Gaule aber könne er alles vereinigen und miteinander aussöhnen; da könne er seine Rede zurechtlegen, und auch seinen Husten, und wenn die Natur zum Schlafen dränge, so könne er auch das zuwege bringen. Kurz der Pfarrer pflegte bei solchen Anlässen alle möglichen Gründe anzuführen, nur den wahren nicht; und mit dem hielt er nur deshalb zurück, weil er glaubte, dieser Grund mache ihm Ehre, also lediglich aus Zartgefühl.

Die Sache war aber folgende: In seinen ersten Amtsjahren, um die Zeit, da er den flotten Sattel und Zaum kaufte, war er aus Eitelkeit oder nennen Sie es wie Sie wollen, gerade in das entgegengesetzte Extrem verfallen. Damals ging das Gerede in der Gegend, wo er wohnte, er liebe ein gutes Pferd, und gewöhnlich hatte er auch das beste im ganzen Kirchspiel im Stalle stehen, das immer bereit war gesattelt zu werden. Da nun die nächste Hebamme wie gesagt, wenigstens 7 Meilen weit von dem Dorfe wohnte und der Boden erbärmlich war, so kam es, daß fast keine Woche verging, daß nicht irgendeine flehentliche Bitte um sein Pferd an den armen Pfarrer erging; und da er kein hartherziger Mann und jeder Fall dringender und bedenklicher war als der letzte, so konnte er es nicht übers Herz bringen sein Tier abzuschlagen, so sehr er es auch liebte; das Ende vom Liede war dann in der Regel, daß sein Pferd entweder die Eisen verloren hatte oder spatlahm wurde, oder einen Hornspalt bekommen hatte, oder es war zitterig, oder kurzatmig geworden, oder es war ihm sonst etwas zugestoßen, was ihm vom Fleische half; so daß er alle 9–10 Monate einen schlechten Gaul abschaffen und einen neuen guten dafür anschaffen mußte.

Wie hoch sich der Verlust *communibus annis* bei einem solchen Handel belaufen mußte, überlasse ich einer Spezialjury von Leidensgefährten zu bestimmen. Wie es damit aber auch sein mochte, der Biedermann ertrug die Sache manches Jährchen ohne ein Wort zu sagen, bis er es endlich nach einer wiederholten Reihe von Unfällen jener Art für durchaus notwendig fand, die Sache einer näheren Betrachtung zu unterziehen; und nachdem er alles wohl erwogen und bei sich zusammenaddiert hatte, fand er es nicht nur außer allem Verhältnis mit seinen übrigen Ausgaben, sondern der Artikel fiel an und für sich selbst so ins Gewicht, daß er ihn außerstand setzte, irgendwelche andere Handlung der Wohltätigkeit in seinem Sprengel zu üben; ja mit der Hälfte der so weggaloppierten Summe, hätte er zehnmal mehr Gutes tun können. Was aber bei ihm noch schwerer wog als alle anderen Betrachtungen zusammen, war der Umstand, daß auf diese Art all seine Mildtätigkeit dem einen besonderen Kanal zufloß, wo sie nach seinem Dafürhalten am wenigsten angelegt war, nämlich dem Kinder tragenden und Kinder zeugenden Teil seines Sprengels; so daß nichts übrig blieb für die Kranken, die Altersschwachen und die vielen trostlosen Szenen, zu denen er stündlich gerufen wurde, wo Armut, Siechtum und Herzeleid beisammen wohnten.

Aus diesen Gründen beschloß er, diese Ausgabe fallen zu lassen. Es gab jedoch nur zwei Wege, um ihn ganz aus der Sache zu ziehen; entweder mußte er es sich zum unwiderruflichen Gesetz machen, sein Pferd nie wieder zu verleihen, die Bitte mochte noch so dringend sein, oder er mußte sich dahin bescheiden, die letzte arme Mähre so fortzureiten, wie sie sie ihm zugerichtet hatten mit all ihren Fehlern und Schwächen bis ans Ende vom Liede.

Da er seiner Standhaftigkeit im ersten Falle nicht traute, hielt er sich in aller Heiterkeit an den letzteren; und obwohl er die Sache wie gesagt, recht gut zu seiner Ehre auslegen konnte, so wollte er es gerade deshalb nicht, und zog es lieber vor die Verachtung seiner Feinde und das Gelächter seiner Freunde zu ertragen, als daß er eine Geschichte erzählte, die wie ein Loblied auf ihn lauten könnte.

Dieser einzige Zug im Charakter des ehrwürdigen Herrn gibt mir die höchste Idee von seinen edlen und zarten Empfindungen; er kommt meiner Ansicht nach einer jeden jener ehrenwerten Feinheiten des unvergleichlichen *Ritters von der Mancha* gleich, den ich beiläufig gesagt, trotz aller seiner Narrheiten mehr liebe als den größten Helden des Altertums und dem ich weiter nachgegangen wäre, um ihm einen Besuch zu machen, als diesen.

Doch dies ist nicht die Moral meiner Geschichte: was ich beabsichtige war, die Stimmung der Welt in dieser ganzen Sache auseinanderzusetzen. Denn Sie müssen wissen, daß so sehr auch diese Erläuterung dem Pfarrer Ehre gemacht hätte, keine Menschenseele darauf kam; ich glaube, daß seine Feinde nicht wollten, seine Freunde aber nicht konnten. Sobald er sich aber der Hebamme annahm und die Sporteln für sie bezahlte, kam das ganze Geheimnis heraus; jedes Pferd, das er verloren hatte, ja zwei Pferde mehr als er wirklich verloren hatte, nebst allen Umständen, wie sie zugrunde gerichtet wurden, kamen jetzt zu Tage und wurden aufs genaueste erörtert. Die Geschichte lief wie ein Lauffeuer um: Der Pfarrer habe wieder einen Anfall von Hochmut bekommen; er wolle sich wieder ein gutes Pferd anschaffen, und da werde er, das sei ja klar wie der Tag, die Unkosten der Sporteln in einem Jahr zehnfältig herausschlagen; da könne sich ein jeder selbst klar machen, was für einen Zweck er mit diesem Akte der Mildtätigkeit verfolgt habe.

Was sein Zweck bei dieser oder bei jeder anderen Handlung seines Lebens gewesen – oder vielmehr was die Meinungen seien, welche in anderer Leute Gehirn hierüber aufkamen, das war ein Gedanke, der nur zu sehr sein eigenes Gehirn bewegte und zu oft seine Ruhe störte, wo er alles Recht gehabt hätte gesund zu schlafen.

Vor etwa zehn Jahren hatte der Pfarrer das Glück, in dieser Beziehung vollkommen erleichtert zu werden, denn gerade so lange her ist es, daß er den Sprengel verließ – und zugleich die ganze übrige Welt; er ist nun einem Richter verantwortlich, über den sich zu beklagen er keine Ursache haben wird.

Aber den Handlungen einiger Menschen klebt eine gewisse Schicksalstücke an; sie mögen sie einrichten, wie sie wollen, sie passieren ein gewisses Medium, indem sie so verwirrt und von ihrer wahren Richtung abgebracht werden, —— daß wenn sie auch noch soviel Anspruch auf jedes Lob haben, welches den Taten eines edeln Herzens zukommt, die Ausüber derselben ohne ein solches leben und sterben müssen.

Der gute Pfarrer war ein peinliches Beispiel dieser Wahrheit. Um aber zu ersehen, wie dies kam, und um diese Einsicht nutzbringend für Sie selbst zu machen, ersuche ich Sie dringend, die beiden folgenden Kapitel zu lesen, welche eine solche Skizze seines Lebens und seiner Meinungen enthalten, daß die Moral sich von selbst daraus ergeben wird. Wenn dies geschehen ist und uns sonst nichts dazwischenkommt, wollen wir mit der Hebamme weitermachen.

11. Kapitel

Der Name dieses Pfarrers war *Yorick*, und was besonders merkwürdig an demselben ist, er wurde (wie aus einer alten, auf starkem Pergament geschriebenen und noch vollkommen wohl erhaltenen Familienurkunde hervorgeht) schon vor beinahe – um ein Haar hätte ich 900 Jahre gesagt, – genauso geschrieben. Doch möchte ich meinen Kredit nicht durch Aussprechen einer unwahrscheinlichen Behauptung erschüttern, so unbestreitbar dieselbe auch an sich wäre; und so beschränke ich mich darauf zu sagen, er wurde ohne die geringste Änderung oder Versetzung eines einzigen Buchstaben, vor ich weiß nicht wie langer Zeit genauso geschrieben. Das ist mehr als ich von der Hälfte der besten Namen im Königreich sagen möchte, die im allgemeinen im Lauf der Jahre ebenso viele Püffe und Wechsel erfahren haben wie ihre Eigentümer. War hieran der Stolz oder die Scham der Besitzer schuld? Wenn wir ehrlich sein wollen, so müssen wir sagen, daß bisweilen der eine, bisweilen die andere die Schuld trug, wie eben gerade die Versuchung wirkte. Aber es ist und bleibt eine abscheuliche Sache und wird uns eines Tages alle so durcheinander bringen, daß keiner mehr aufstehen und schwören kann, sein Urgroßvater sei der Mann gewesen, der dies oder jenes getan habe.

Gegen einen solchen Übelstand hat sich die kluge Vorsicht der Familie *Yorick* hinreichend verwahrt durch die fromme Aufbewahrung der angeführten Urkunde, die uns ferner unterrichtet, daß die Familie ursprünglich *dänischer* Abkunft gewesen, aber schon unter der Regierung des Königs *Horwendils* von *Dänemark* nach *England* gekommen sei. Am Hofe dieses

Königs hatte ein Vorfahre unseres Herrn *Yorick,* von dem dieser direkt abstammt, einen hohen Posten bis zu seinem Tode inne. Welcher Natur dieser hohe Posten gewesen, sagt die Urkunde nicht; sie fügt nur hinzu, derselbe sei seit 200 Jahren als gänzlich unnötig nicht nur an diesem Hofe, sondern überhaupt an jedem christlichen Hofe gänzlich abgeschafft.

Es ist mir öfter durch den Kopf gefahren, der Posten sei gewiß kein anderer gewesen, als der eines ersten Spaßmachers des Königs, und *Hamlets Yorick* in unserem Shakespeare, dessen Stücke ja zum großen Teil auf authentischen Tatsachen beruhen, sei gewiß jener Mann gewesen.

Ich habe nicht die Zeit, um in *Saxo Grammaticus' Dänischer Geschichte* nachzusehen, ob sich die Sache wirklich so verhält; wenn Sie aber Muße haben und das Buch leicht bekommen können, so können Sie das ja ebensogut tun.

Auf der Reise, die ich mit Herrn *Noddys* ältestem Sohn durch Dänemark machte, den ich im Jahre 1741 als Hofmeister begleitete, wobei wir eine merkwürdige Strecke durch den größten Teil von Europa mit unglaublicher Schnelligkeit zurücklegten und von welcher durch uns zwei ausgeführten originellen Reise im Verlauf dieses Werkes eine sehr ergötzliche Beschreibung folgen soll; – auf dieser Reise also hatte ich nur soviel Zeit, um die Wahrheit einer durch einen länger dort Lebenden gemachten Bemerkung zu bestätigen – nämlich: Daß die Natur bei der Austeilung von Genie und Talenten an die Bewohner jenes Landes, weder sehr verschwenderisch noch sehr karg gewesen sei, sondern wie ein umsichtiger Vater gegen alle mäßig freundlich gehandelt habe; indem sie die Leute hierzulande fast ganz gleichmäßig beschränkte, so daß man in jenem Reich nur wenige Beispiele höherer Begabung, dagegen aber in allen Klassen des Volks sehr viel gesunden Hausverstand findet, von dem ein jeder seinen Teil bekommen hat – was wie ich glaube, sehr richtig ist.

Bei uns ist wie Sie wissen, die Sache ganz anders: wir stehen entweder hoch oben oder tief unten – Sie sind ein großes Genie, mein Herr – oder es ist 50 gegen eins zu wetten, daß Sie ein großer Esel und Blechschädel sind; nicht daß es hier vollständig an Zwischenstufen fehlte, nein, so außer aller Ordnung sind wir nicht; aber jene zwei Extreme sind allgemeiner und in einem größeren Maße auf dieser verschrobenen Insel vorhanden, so die Natur bei Austeilung ihrer Gaben und Talente in dieser Richtung höchst launenhaft und bizarr verfährt; so daß das Glück selbst bei Austeilung seiner Güter nicht grillenhafter als sie sein kann.

Dieser Umstand aber war es allein, der meinen Glauben an *Yoricks* Abstammung wankend machte, denn nach allem was ich von ihm weiß und was ich über ihn zusammenbringen konnte, scheint er nicht einen Tropfen *dänischen* Bluts in seinem ganzen Organismus besessen zu haben; in 900 Jahren mochte freilich alles davongelaufen sein; darüber will ich mit Ihnen auch nicht einen Augenblick philosophieren; denn mochte geschehen sein was wollte, die Tatsache war die: daß statt des kalten Phlegma und der genauen Regelmäßigkeit von Geist und Gemüt, wie man sie an einem Mann solcher Abstammung finden sollte, er im Gegenteil von einem so leichtflüssigen und fein geläuterten Wesen, von einem in allen seinen Neigungen so absonderlichen Charakter, so erregt und possig und so voll *gaité de cœur* war, wie ihn nur das allerfreundlichste Klima schaffen und zusammenbringen konnte.

Bei all diesem Segelwerk führte der arme *Yorick* nicht ein Lot Ballast bei sich; er war durchaus unbekannt in der Welt, und mit 26 Jahren wußte er gerade nur so viel davon, wie er seinen Kurs in derselben zu steuern habe, wie ein argloses Mädchen von dreizehen, das sich im Spiele herumbalgt; so daß ihn wie man sich denken kann, gleich bei seiner ersten Ausfahrt der lebhafte Wind seines Geistes zehnmal am Tage in das Takelwerk eines andern trieb; und da, wie man sich gleichfalls leicht denken kann, gerade die ernsteren und bedächtigeren ihm am häufigsten in den Weg kamen, so hatte er in der Regel das Mißgeschick mit diesen sich am meisten zu verstricken.

Indessen mochte jedem solchem Zusammenstoß auch eine Beimischung von schlechtem Witze mit zugrunde liegen, denn offen gestanden, hatte *Yorick* einen unüberwindlichen Widerwillen gegen die Gravität, seine ganze Natur lehnte sich dawider auf; das heißt nicht gegen den Ernst an sich, denn wo der Ernst wirklich am Platze war, da war er gewiß Tage und Wochen lang der ernsthafteste, gesetzteste Mann von der Welt; aber er konnte es nicht leiden, wenn man nur die Maske des Ernstes vornahm und dieser Unsitte erklärte er offen den Krieg, da er in ihr nur eine Bemäntelung der Unwissenheit oder Albernheit erblickte; wenn diese ihm aber in den Weg kam, so gab er ihr selten Pardon, mochte sie nun noch so sehr verschanzt und gedeckt sein.

In seiner extravaganten Art sich auszudrücken, pflegte er bisweilen zu sagen, die Gravität sei eine Erzspitzbübin, und zwar, pflegte er hinzuzusetzen, von der allergefährlichsten Art, weil sie zugleich schlau sei, und er glaube wirklich, es würden durch sie in einem Jahre mehr ehrliche wohlmeinende Leute um Hab und Gut geprellt, als durch Taschen- und Ladendiebe in sieben. In der offenen Laune eines heiteren Gemüts, pflegte er zu sagen, liege nichts Gefährliches, höchstens für dieses selbst; dagegen sei das eigentliche Wesen der Gravität Absichtlichkeit, und somit Betrug; es sei ein wohl überlegter Kunstgriff, um von der Welt für klüger und gebildeter angesehen zu werden, als man eigentlich sei. Bei all ihren Ansprüchen aber sei sie doch nicht mehr, wohl aber oft weniger als wie sie ein *französisches* Witzwort schon vor langer Zeit bezeichnet habe, nämlich: *ein geheimnisvolles Gehaben des Leibes, um die Mängel des Gemüts zu verdecken* – welche Definition der Gravität, wie *Yorick* höchst unklug hinzuzusetzen pflegte, man in goldenen Lettern setzen sollte.

Er war aber wirklich in der Welt ganz unerfahren und ungewohnt; und auch bei jedem anderen Gegenstand der

Unterhaltung, wo die Klugheit Zurückhaltung gebietet, ebenso unbesonnen und närrisch. *Yorick* besaß nur eine Art Eindruck, den nämlich der für ihn aus der Natur der besprochenen Sache hervorging; und diesen Eindruck übersetzte er gewöhnlich in gutes *Englisch* ohne alle Umschreibung, und nur zu oft, ohne auf Person, Zeit oder Ort die mindeste Rücksicht zu nehmen; so daß wenn die Rede auf eine niederträchtige oder unedle Handlung kam, er sich nie auch nur einen Augenblick Zeit nahm, zu überlegen, wer der Held des Stückes, welches seine gesellschaftliche Stellung sei, oder inwieweit derselbe die Macht besitze, es ihm nachher einzutränken – sondern wenn es eine schmutzige Handlung war – ohne Umschweif aussprach: Der Mensch sei ein schmutziger Bursche – und so fort. Und da seine Aussprüche gewöhnlich das Mißgeschick hatten, entweder mit einem Witz zu schließen oder durch irgendeinen drolligen, humoristischen Ausdruck gewürzt zu sein, so bekam *Yoricks* Unbesonnenheit hierdurch Schwingen. Mit einem Wort, er suchte zwar nie einen Anlaß, ließ aber auch selten eine Gelegenheit vorübergehen etwas herauszusagen, was ihm gerade auf der Zunge lag, und zwar ohne lange Umstände, und fand so nur zu viele Versuchungen im Leben, seinen Witz und Humor, seine Späße und Possen loszulassen. —— Sie gingen nicht verloren, denn es gab immer Leute, die sie sammelten.

Was die Folge hiervon war, und wie *Yorick* schließlich daran scheiterte, werden Sie im nächsten Kapitel finden.

12. Kapitel

Der *Schuldner* und der *Gläubiger* unterscheiden sich in Beziehung auf die Größe des Geldbeutels nicht mehr voneinander, als der *Spötter* und der *Verspottete* in Beziehung auf die Güte des Gedächtnisses. Hierbei kriecht der Vergleich, wie die Scholiasten sagen, auf allen vieren; was beiläufig ein oder zwei Beine mehr ist, als sich einige der besten Vergleiche *Homers* rühmen können; es erhebt nämlich der eine eine Summe und der andere ein Gelächter auf Ihre Kosten und denkt nicht mehr daran. In beiden Fällen aber laufen Zinsen auf; die periodische oder zufällige Bezahlung derselben dient dann dazu die Erinnerung an die Sache frisch zu erhalten, bis endlich in einer bösen Stunde – hupp! der Gläubiger dasteht, und das Kapital nebst den vollen Zinsen bis auf den Tag einverlangt und so den Schuldner die ganze Größe seiner Verbindlichkeit fühlen läßt.

Da (ihre *Wenns* kann ich nicht leiden) der geneigte Leser die menschliche Natur zur Genüge kennt, so brauche ich nicht hinzuzufügen, daß mein Held unmöglich in diesem Tempo fortfahren konnte, ohne seine kleinen Erfahrungen zu machen und gelegentlich einmal derartige Mahnungen zu erhalten. Offen gesagt, er hatte sich leichtsinnigerweise eine Menge kleiner Buchschulden dieser Art zugelegt, die er trotz seines Freundes *Eugenius'* häufiger Warnungen allzu sehr vernachlässigte, weil er dachte, es sei ja keine in böslicher Absicht gemacht worden, sondern im Gegenteil aus ehrlichem Herzen und lediglich im heiteren Humor, und deshalb würden sie sich auch alle im Lauf der Zeit verwischen.

Eugenius wollte dies nie zugeben und sagte oft, man werde gewiß früher oder später mit ihm abrechnen; und setzte er oft in einem Tone kummervoller Besorgnis hinzu, – bis auf den Heller hinaus. Mit seiner gewöhnlichen Sorglosigkeit pflegte dann *Yorick* mit einem: Ah bah! darauf zu erwidern, und wenn die Sache im Freien verhandelt wurde – mit einem Luftsprung, Satz und Hupf am Ende; ging die Unterhaltung aber in einer geselligen Kaminecke vor sich, wo der Malefikant durch einen Tisch und ein paar Armstühle eingesperrt war, und nicht so leicht in einer Tangente durchgehen konnte, so fuhr *Eugenius* in seiner Vorlesung über Lebensklugheit und Vorsicht in geeigneten Worten fort – die übrigens etwas besser gewählt waren als die folgenden:

Glaub mir, lieber *Yorick*, diese deine unüberlegten Späße werden dich früher oder später in Verlegenheiten und Schwierigkeiten bringen, aus denen dich dann keine nachträgliche Klugheit mehr herauswinden wird. Ich sehe oft, daß sich bei solchen Possen der Ausgelachte als ein Beleidigter betrachtet und sich alle mit einem solchen Verhältnisse verbundenen Rechte beimißt; und wenn du ihn ebenfalls in diesem Lichte betrachten und seine Freunde, seine Familie, seine Verwandtschaft noch dazuzählen – und die vielen Rekruten hinzurechnen wolltest, die sich im Gefühl einer allgemeinen Gefahr unter seine Fahnen stellen – so würdest du, ohne Übertreibung gesprochen, für zehn Witze immer auf hundert Feinde rechnen können, die du dir durch jene zugezogen hast; aber du wirst dich nie davon überzeugen lassen, bis dir einmal der Wespenschwarm, den du aufgestachelt, um die Ohren schwirrt und dich halb zu Tode sticht.

Ich kann von dem Manne, den ich hochachte, nicht glauben, daß in diesen Späßen auch nur eine Spur von Bitterkeit oder boshafter Absicht liege; ich glaube und weiß vielmehr, daß sie ehrlich gemeint und eben nur scherzhafter Natur sind; aber bedenke doch, mein lieber Freund, daß die Dummköpfe dies nicht zu unterscheiden wissen, und die Schelme es nicht unterscheiden wollen; du aber weißt gar nicht was es heißt die einen herauszufordern oder sich über die anderen lustig zu machen. Wenn sie sich einmal zu gegenseitiger Verteidigung verbinden, so kannst du dich darauf verlassen, daß sie den Krieg gegen dich, mein lieber Freund, in einer Weise führen werden, daß es dir das Leben verleiden wird.

Aus irgendeinem giftigen Winkel wird die RACHE eine ehrenrührige Geschichte gegen dich schleudern, welche keine Unschuld des Herzens, keine Reinheit des Wandels verwischen wird. Das Glück deines Hauses wird wanken, dein Charakter, der es aufbaute, wird von allen Seiten bluten; man wird deine Redlichkeit in Frage stellen, deine Handlungen verleumden, deinen Witz vergessen, dein Wissen mit Füßen treten. Und in der letzten Szene deines Trauerspiels werden GRAUSAMKEIT und FEIGHEIT, diese Zwillingsschufte, welche BOSHEIT dazu angestiftet und im Dunkel gegen dich gesandt hat, einen Schlag gegen deine Schwächen und Irrtümer führen; die besten von uns haben ihre Blößen, mein lieber Freund, und glaube mir – glaube mir, *Yorick, wenn man einmal, um eine geheime Lust zu befriedigen, beschlossen hat, ein unschuldiges und hilfloses Geschöpf zugrundezurichten, so wird man mit größter Leichtigkeit aus jedem Gehölz, wo es herumgeirrt ist, Holz genug zu einem Feuer finden, auf dem es geopfert wird.* –

Yorick hörte diese traurige Weissagung seines Geschickes nie mit an, ohne daß sich ihm eine Träne aus dem Auge stahl, und daß sein Blick zugleich versprach, er wolle gewiß künftig sein Steckenpferd mit größerer Mäßigung reiten. – Aber es war leider, zu spät! – Schon ehe die erste Prophezeiung dieser Art ausgesprochen wurde, hatte sich eine große Verschwörung, mit **** und **** an der Spitze, gebildet. – Der ganze Angriffsplan gerade so wie *Eugenius* ihn vorausgesagt, wurde auf einmal ins Werk gesetzt – und zwar mit so wenig Erbarmen von Seiten der Verbündeten, und so wenig Argwohn von Seiten *Yoricks* in betreff dessen, was gegen ihn vorging – daß, als der gute leichtgläubige Mann wähnte, eine Beförderung könne ihm nicht entgehen – sie bereits die Wurzel unter ihm abgesägt hatten, und er nun fiel, wie mancher Biedermann vor ihm gefallen war.

Yorick kämpfte zwar eine Zeitlang mit aller erdenklichen Tapferkeit dagegen an; aber endlich überwältigte ihn die Übermacht, die Unfälle des Kampfes nützten ihn ab, – noch mehr freilich die unedle Art, wie derselbe geführt wurde – er warf das Schwert weg, und blieb zwar scheinbar bis zum letzten Moment aufrecht, starb aber doch wie man allgemein glaubte, am gebrochenen Herzen. Was *Eugenius* veranlaßte, dies ebenfalls zu glauben, war folgender Vorfall:

Wenige Stunden ehe *Yorick* den letzten Atemzug tat, trat *Eugenius* bei ihm ein, um ihn zum letzten Mal zu sehen und

Abschied von ihm zu nehmen. Als er *Yoricks* Vorhang beiseite zog und ihn fragte, wie es ihm sei, blickte ihn *Yorick* an, ergriff seine Hand und dankte ihm für seine vielfachen Beweise von Freundschaft, und sagte, wenn es ihr Schicksal sein sollte, sich dereinst wieder zu begegnen, so würde er ihm wiederholt dafür danken; denn, setzte er hinzu, in wenigen Stunden werde er seinen Feinden für immer entrinnen. Ich hoffe noch nicht, erwiderte *Eugenius,* während ihm Tränen die Wange herabliefen, und im zärtlichsten Tone, in dem je gesprochen wurde, ich hoffe noch nicht, *Yorick,* sagte er. Die einzige Antwort *Yoricks* war ein Blick nach oben und ein sanfter Druck der Freundeshand. Aber es schnitt *Eugenius* durchs Herz. – Komm, komm, *Yorick!* sagte *Eugenius,* indem er sich die Augen wischte und seine ganze Manneskraft zusammennahm – sei stark, mein alter Freund – laß deinen Mut, deine Kraft in dieser Krisis, wo du sie am meisten brauchst, nicht sinken – wer weiß, was es noch alles für Mittel gibt, und was Gottes Wille noch für dich tun kann! –

Yorick legte die Hand aufs Herz und schüttelte sachte den Kopf. – Aber ich, fuhr *Eugenius* fort und weinte laut bei diesen Worten – ich muß sagen, ich weiß nicht, wie ich es ohne dich werde aushalten können, *Yorick;* und ich möchte mir gar zu gerne mit der Hoffnung schmeicheln, fuhr *Eugenius* fort, und gab seiner Stimme wieder einen heiteren Anstrich, es sei noch genug von dir da, um einen Bischof daraus zu machen, und ich werde das noch erleben. – Ich bitte dich, *Eugenius,* sprach *Yorick* und nahm so gut es mit der linken Hand ging seine Nachtmütze ab – mit der Rechten hielt er noch *Eugenius'* Hand fest – ich bitte dich, sieh dir einmal meinen Kopf an. – Ich sehe nichts, was ihm fehlen soll, erwiderte *Eugenius.* – Ach dann, mein Freund, versetzte *Yorick,* muß ich dir sagen, daß die Streiche, die **** und **** und einige andere so unschön im Dunkel dagegen geführt haben, ihn so gebrochen und mißstaltet haben, daß ich mit *Sancho Pansa* sagen könnte: wenn ich je wieder gesund würde, und es würden Bischofsmützen vom Himmel fallen, so dicht wie Hagel, so würde mir keine mehr passen. – Als *Yorick* so sprach, hing ihm bereits der letzte Atemzug an den zitternden Lippen, – doch lag in seinem Tone noch etwas vom Geist des *Cervantes*, und während er so sprach, konnte *Eugenius* wohl bemerken, wie in seinen Augen für einen Moment ein Feuerstrahl aufflackerte; – ein schwacher Abglanz jener Geistesblitze, die (wie *Shakespeare* von seinem Ahnherrn sagte) die ganze Tafel in der Regel in ein lautes Gelächter versetzten!

Aber *Eugenius* gewann daraus die Überzeugung, daß das Herz seines Feundes gebrochen sei; er drückte ihm noch einmal die Hand und verließ dann unter Tränen leise das Zimmer. *Yorick* folgte *Eugenius* mit den Augen bis zur Türe – und schloß sie dann – und öffnete sie nicht wieder.

Er liegt in einer Ecke seines Kirchhofs im Kirchspiel –, unter einem flachen Marmorstein, den ihm sein Freund *Eugenius* mit Erlaubnis der Testamentsvollstrecker auf seinem Grabe hatte setzen lassen, und worauf nur die folgenden drei Worte standen, die zugleich als Grabschrift und Klagelied dienen konnten:

Ach, armer YORICK!

Zehnmal am Tage hat *Yoricks* Geist die tröstliche Beruhigung, diese Inschrift mit einer solchen Mannigfaltigkeit des klagenden Ausdrucks zu vernehmen, daß daraus hervorgeht, wie allgemein das Bedauern um ihn und die Hochachtung für ihn ist; da nämlich ein Fußweg hart an seinem Grabe vorbei über den Kirchhof führt, – so wandelt keiner vorüber, ohne einen Augenblick stehenzubleiben, einen Blick darauf zu werfen – und im Weitergehen zu seufzen:

Ach, armer YORICK!

13. Kapitel

Der Leser dieses rhapsodischen Werkes hat die Hebamme schon so lange verlassen, daß es hohe Zeit sein dürfte, dieselbe ihm wieder in Erinnerung zu bringen, nur um ihm zu Gemüte zu führen, daß noch so jemand auf der Welt ist, den ich, soweit ich meinen Plan gegenwärtig übersehe, im Begriff bin, allen Ernstes bei ihm einzuführen. Da aber ein neuer Gegenstand in Angriff genommen werden soll, und zwischen dem Leser und mir viele unerwartete Geschäfte zutage kommen werden, die eine sofortige Abwickelung erheischen, so mußte Sorge getragen werden, daß die arme Frau in der Zwischenzeit nicht verloren ging – weil, wenn man sie brauchte, wir ohne sie nicht fertig werden könnten.

Ich glaube, ich habe Ihnen bereits gesagt, daß diese gute Frau eine Person von nicht geringem Ansehen oder Bedeutung in unserem ganzen Dorf und Ortsgebiete war; daß ihr Ruf sich bis zum äußersten Rand des Wichtigkeitskreises erstreckte, mit dem sich jedes lebende Wesen, mag es nun ein Hemd auf dem Leibe tragen oder nicht, zu umgeben pflegt; welch besagter Kreis übrigens – wenn man irgend jemand als einen Mann von großem Gewicht und Bedeutung in der Welt bezeichnet, – von Euer Wohlgeboren nach Belieben erweitert oder verengert werden kann, je nach der Stellung, dem Amt, den Kenntnissen, Fähigkeiten, der Höhe und Tiefe (die beide zu bemessen sind) der Ihnen vorgeführten Person.

Wenn ich mich recht erinnere, so habe ich denselben im gegenwärtigen Falle auf 4-5 Meilen festgestellt, so daß nicht nur das ganze Kirchspiel, sondern auch noch 2-3 Meilen innerhalb der Grenzen des anstoßenden Sprengels mit einbegriffen waren, wodurch derselbe sehr an Bedeutung gewann. Ich muß hinzufügen, daß sie noch überdies in einem großen Meierhof und in einigen andern Häusern und Höfen auf 2-3 Meilen Entfernung von dem Rauch ihres Kamins gerne gesehen war; doch muß ich Sie hier ein für allemal benachrichtigen, daß alles dies auf einer Karte, welche sich gegenwärtig in den Händen des Kupferstechers befindet, genauer dargestellt und bezeichnet wird, welche Karte nebst vielen anderen Beweisstücken und Beilagen dem 20. Bande dieses Werks angefügt werden soll, nicht um das Werk dickleibiger zu machen – ich verabscheue den Gedanken an so etwas, sondern in der Form eines Kommentars, Anhanges, einer Erläuterung oder eines Schlüssels zu solchen Stellen, Punkten oder Andeutungen, in welchen ein geheimer Sinn, eine dunkle oder zweifelhafte Meinung gefunden werden sollte, nachdem alle Welt mein Leben und meine Meinungen durchgelesen haben wird (ich sage »durchgelesen«, man vergesse den Sinn dieses Wortes nicht); – was unter uns gesagt, trotz aller Herren Kritiker in *Großbritannien* und trotz allem was diese Würdigen dagegen sagen, oder schreiben werden, wie ich fest beschlossen habe, wirklich geschehen soll. Ich brauche wohl Euer Wohlgeboren nicht erst zu sagen, daß ich Ihnen das ganz im Vertrauen mitteile.

14. Kapitel

Als ich in meiner Mutter Heiratskontrakt nachsah, um mich und meine Leser über einen Punkt, der notwendig der Aufklärung bedurfte, ins Klare zu setzen, ehe wir in dieser Geschichte weitergehen konnten – hatte ich das Glück gerade auf die Sache, die ich suchte, zu stoßen, noch ehe ich 1½ Tag darin fortgelesen hatte; es hätte mich ebensogut einen Monat lang beschäftigen können; – woraus klar hervorgeht, daß wenn ein Mann sich hinsetzt, um eine Geschichte zu schreiben – und wenn es nur die Geschichte von *Jack Hickathrift* oder *Tom Tumb* wäre, er so wenig als sein Schuhabsatz eine Idee davon hat, was für Hindernisse und verwünschte Zufälle ihm in den Weg kommen können – oder zu was für einem Tanze ihn diese oder jene Abschweifung führen kann, ehe alles glücklich vorüber ist. Wenn ein Geschichtsschreiber seine Geschichte so vorwärts treiben könnte, wie ein Maultiertreiber sein Maultier – nämlich in gerader Richtung, – zum Beispiel von Rom gerade nach *Loretto*, ohne einmal den Kopf zur Seite zu drehen, weder zur Rechten noch zur Linken – so könnte er es allerdings wagen, Ihnen bis auf die Stunde hin vorauszusagen, wann er mit seiner Reise zu Ende kommen werde, – aber das ist, moralisch gesprochen, unmöglich; denn wenn er auch noch so wenig Geist besitzt, wird er mit dieser oder jener Gesellschaft fünfzig Abstecher von der geraden Linie machen, die er durchaus nicht vermeiden kann. Es werden sich ihm beständig Anblicke und Ausblicke bieten, die sein Auge in Anspruch nehmen, so daß er es nicht wird vermeiden können, stille zu stehen, und sie zu betrachten; überdies hat er verschiedene

Berichte zu vergleichen,
Anekdoten aufzulesen,
Inschriften zu entziffern,
Geschichten mit zu verweben,
Traditionen umzukleiden,
Personen zu besuchen,
Lobpreisungen an dieser Türe anzukleben,
Pasquille an jener: – was alles weder bei dem Treiber noch bei dem Maultier notwendig ist. Dazu muß er noch bei jedem Abschnitt in Archiven nachsehen, Listen, Tagebücher, Urkunden und endlose Genealogien nachlesen, zu deren gründlicher Lektüre ihn da und dort die Billigkeit veranlaßt: kurz die Sache nimmt gar kein Ende. – Ich für meinen Teil erkläre hier feierlich, daß ich seit 6 Wochen mit diesen Dingen beschäftigt bin, und mich nach Tunlichkeit beeilt habe – und doch bin ich immer noch nicht geboren; – ich kam gerade nur so weit, und das ist alles, um Ihnen zu sagen, wann es geschah, aber nicht *wie;* – so daß die Sache noch weit von ihrer Vollendung ist.

Diese unvorhergesehehen Aufenthalte, von denen ich, aufrichtig gestanden, noch keine Ahnung hatte, als ich mich auf den Weg machte, – die aber, wie ich jetzt überzeugt bin, beim Weitergehen eher wachsen als abnehmen werden, haben mir einen Wink gegeben, den ich entschlossen bin zu beachten – nämlich – mich nicht zu übereilen – sondern in aller Muße vorwärtszuschreiten, und alljährlich 2 Bände meines Lebens zu schreiben und herauszugeben – was ich dann, wenn man mich ruhig gehen läßt und ich einen annehmbaren Vertrag mit meinem Buchhändler abschließen kann, bis an mein Lebensende so fortsetzen werde.

15. Kapitel

Der Artikel im Heiratskontrakt meiner Mutter, den ich, wie ich dem Leser mitteilte, so eifrig suchte, und den ich, nachdem ich ihn gefunden, für passend halte ihm vorzulegen, – drückt sich über die Sache um soviel vollständiger aus, als ich selbst es zu tun hoffen könnte, daß es eine Barbarei wäre, wenn ich dem Manne des Rechts nicht das Wort lassen würde. Er lautete:

»*Und diese Urkunde* bezeugt ferner, daß der besagte *Walter Shandy*, Kaufmann, in Anbetracht der beabsichtigten Verheiratung, die zwischen besagtem *Walter Shandy* und vorbesagter *Elisabeth Mollineux* geschlossen und mit Gottes Hilfe wohl und wahrhaft gefeiert und vollzogen werden soll, wie auch in Anbetracht verschiedener anderer guter und gewichtiger Ursachen und Betrachtungen, die ihn noch besonders dazu bewegen – folgendes nebst den obengenannten Gewährsmännern den Herren *John Dixon* und *James Turner*, gewährt, zugibt, erlaubt, gestattet, festsetzt, und darüber Handels einig ist und zustimmt: – nämlich – daß falls es künftig so geschehen, sich zutragen, sich ereignen oder sonst eintreten sollte – daß besagter *Walter Shandy*, Kaufmann, sein Geschäft aufgeben sollte, vor der Zeit oder den Zeiten, da besagte *Elisabeth Mollineux* nach dem Lauf der Natur oder sonst aufgehört haben wird – Kinder zu empfangen und zu bekommen – und daß infolge davon, daß besagter *Walter Shandy* sein Geschäft aufgegeben, er trotz und gegen den freien Willen, Zustimmung und Belieben der besagten *Elisabeth Mollineux* – die Stadt *London* verlassen sollte, um sich zurückzuziehen oder zu wohnen, auf seinem Gut *Shandy Hall* in der Grafschaft —— oder auf irgendeinem anderen Landsitz, Burg, Halle, Herrenhaus, Gut oder Weinhof, den er bereits erworben hat oder künftig erwerben wird, oder auf einem Teil oder Nebengebäude eines solchen, daß dann, und so oft, als besagte *Elisabeth Mollineux* mit einem Kind oder Kindern schwanger gehen wird, die gesetzlich erzeugt wurden, oder die in dem Körper der besagten *Elisabeth Mollineux*, während ihres besagten Frauenstandes erzeugt werden – er der besagte *Walter Shandy* gehalten sein solle, auf seine eigenen Kosten und Lasten und von seinem eigenen Vermögen, auf sichere und vernünftige Nachricht, welche hiermit auf die Zeit innerhalb sechs Wochen nach ihrer der besagten *Elisabeth Mollineux* angestellten Berechnung, oder Zeit der angenommenen und berechneten Niederkunft festgestellt wird – zu bezahlen, oder bezahlen zu lassen, die Summe von einhundertundzwanzig Pfund guten und gesetzlichen Geldes an die Herren *John Dixon* und *James Turner*, oder deren Bevollmächtigte – auf Glauben und Vertrauen und zu dem hiernach bezeichneten Zweck und Zwecken, Absicht, Ende und Ziel: – nämlich – damit besagte Summe von einhundertundzwanzig Pfund in die Hände der besagten *Elisabeth Mollineux* ausbezahlt, oder sonst durch sie die besagten Gewährsmänner dazu verwendet werde, um eine Kutsche mit den hierzu nötigen und geeigneten Pferden ordentlich und richtig zu mieten, welche den Körper der besagten *Elisabeth Mollineux*, nebst dem Kind oder den Kindern, mit welchen sie dann und dort schwanger und in der Hoffnung sein wird – nach der Stadt *London* fahren und verbringen sollen; wie auch zur weiteren Bestreitung und Bezahlung aller anderen zufälligen Kosten, Lasten und Ausgaben irgendwelcher Art, – bei und für und in Beziehung auf besagte, bezeichnete Niederkunft und Wochenbett in besagter Stadt oder den Vorstädten derselben: und daß besagte *Elisabeth Mollineux* von Zeit zu Zeit, und zu jeder solchen Zeit und Zeiten, wie hier ausgemacht und übereingekommen ist – in Frieden und Ruhe besagte Kutsche und Pferde mieten könne und solle, wie auch freien Eintritt, Austritt und Wiedereintritt, während ihrer ganzen Reise in und aus besagter Kutsche habe, gemäß dem Wortlaut, wirklichen Inhalt und Sinn dieses Gegenwärtigen, ohne irgendein Hemmnis, Prozeß, Beunruhigung, Störung, Belästigung, Bezahlung, Hindernis, Buße, Enthebung, Behelligung, Unterbrechung oder Unannehmlichkeit irgendwelcher Art; – und daß es ferner besagter *Elisabeth Mollineux* gestattet sein solle, von Zeit zu Zeit, und so oft sie in ihrer besagten Schwangerschaft gut und getreulich vorgeschritten sein wird, bis zu der hier zuvor ausgemachten und übereingekommenen Zeit, – zu leben und zu wohnen an einem solchen Ort oder Orten, und in solcher Familie oder Familien, und bei solchen Verwandten, Freunden und sonstigen Personen in besagter Stadt *London,* wie sie es nach ihrem eigenen Willen und Belieben, unerachtet ihres gegenwärtigen Frauenstandes, und wie wenn sie eine für sich lebende und unverheiratete Frau wäre – es für gut finden wird. – Und dieser Vertrag beurkundet ferner, daß zur wirksameren Durchführung der besagten Übereinkunft der besagte *Walter Shandy,* Kaufmann, hierbei gewährt, verhandelt, verkauft, überträgt und bestätigt den besagten Herren *John Dixon* und *James Turner,* deren Erben, Vollstreckern und Bevollmächtigten ihren gegenwärtigen wirklichen Besitz kraft eines Handels- und Verkaufsvertrags auf ein Jahr, der zu ihren, der besagten Herren *John Dixon* und *James Turners* Gunsten durch ihn den besagten *Walter Shandy,* Kaufmann, hierüber abgeschlossen wurde; welcher besagter Handel und Verkauf auf ein Jahr das Datum des Tages zunächst vor dem Datum dieses Gegenwärtigen trägt, und kraft und in Vollmacht des Gesetzes für Übertrag von Nutzungen in Besitz – und zwar die Grundherrschaft und Lordschaft von Shandy, in der Grafschaft —— mit allen Rechten, Teilen und Zugehör, und alle und jede Güter, Häuser, Gebäude, Schuppen, Ställe, Obstgüter, Gärten, Hintergebäude, Rasenplätze, Einzäunungen, Einfriedigungen, Hütten, Ländereien, Wasen, Futterplätze, Weiden, Moorland, Allmenden, Wälder, Unterholz, Abzugsgräben, Fischereien, Gewässer und Wasserläufe – zunebst allen Zinsen, Heimfällen, Servituten, Annuitäten, Erbzinslehen, Ritterlehen, Sicherheitsämtern, Rückfällen, Lehensgebühren, Bergwerke, Steinbrüche, Hab und Gut von Verbrechern und Flüchtlingen, Selbstmördern und Vorgeladenen, verfallene Güter, Lehensfreiheiten, und alle andere königliche und gutsherrliche Rechte und Gerichtsbarkeiten, Privilegien und Erbschaftsrechte irgendwelcher Art – und auch das Patronatsrecht, Schenkung, Antrag und freie Verfügung über die Pfarrei, oder Seelsorge des vorbesagten *Shandy* und alle und jede Zehnten, Anteil und geistlichen Grundeigentum. –

Mit drei Worten: meine Mutter konnte (wenn es ihr beliebte) ihr Wochenbett in *London* abhalten. Um aber jedem unlauteren Spiel von Seiten meiner Mutter, dem durch einen Artikel dieser Art gar zu offenbar Tür und Tor geöffnet wurde, und an dessen Bedenklichkeit niemand gedacht hatte als mein Onkel *Toby Shandy*, einen Riegel vorzuschieben, – wurde eine Klausel zur Sicherung meines Vaters angehängt, die also lautete. – »Daß falls meine Mutter künftig zu irgendeiner Zeit aufgrund falscher Zeichen und Beteurungen meinen Vater in die Unlust und die Unkosten einer Reise nach *London* versetzen sollte – sie für jeden solchen Fall aller Rechte und Ansprüche, welche ihr der Vertrag gab, für das nächste Mal verlustig gehen sollte, – aber nicht weiter – und so fort, *toties quoties*, gerade so, wie wenn ein derartiger Vertrag zwischen ihnen gar nicht bestünde.« – Dies war offenbar nicht mehr als billig, allein so billig es auch war, so war es doch sehr hart für mich, daß die ganze Last dieses Artikels auf mich fallen mußte, wie dies in der Tat geschah.

Allein ich war nun einmal zum Unheil gezeugt und geboren; – denn meine arme Mutter, mochte nun Wind oder Wasser – oder eine Mischung beider – oder keines von beiden daran Schuld sein, – oder war es nur eine Blase der Einbildung, der Phantasie, – oder eine Mißleitung ihrer Urteilskraft durch das heftige Verlangen und Wünschen, daß es so sein möchte – kurz, mochte sie hierbei sich selbst oder andere getäuscht haben, was mir nicht zu entscheiden zukommt, – aber die Tatsache war die, daß meine Mutter gegen Ende *September* 1717, also gerade ein Jahr ehe ich geboren wurde, meinen Vater sehr gegen dessen Willen und Neigung nach der Stadt genötigt hatte, – und er nun ganz entschieden auf der Klausel bestand, so daß ich auf Grund eines Heiratskontrakts dazu verurteilt ward, eine Nase zu bekommen, die mir so platt auf das Gesicht gequetscht wurde, wie wenn die Parzen mich überhaupt ohne Nase gesponnen hätten.

Wie dies kam – und welch ein Schweif von Widerwärtigkeiten und Enttäuschungen mir in jeder Lage meines Lebens nur wegen des Verlustes oder vielmehr der Zusammenquetschung dieses einzigen Gliedes nachschleppte, – das wird der Leser alles zu seiner Zeit genau erfahren.

16. Kapitel

Jedermann kann sich leicht vorstellen, in welch verdrießlicher Laune mein Vater mit meiner Mutter wieder auf das Land zurückreiste. Die ersten 20 oder 25 Meilen tat er nichts, als daß er sich und natürlich meine Mutter ebenfalls mit Betrachtungen über die verwünschte Auslage plagte und quälte, die wie er sagte, bis auf den Schilling hinaus hätte erspart werden können. Was ihn aber mehr als alles andere ärgerte, war die empörende Jahreszeit, – es war wie ich bereits sagte, gegen Ende *September*, wo gerade sein Spalierobst und seine grünen Reineclauden, auf die er besonders versessen war, zum Abnehmen reif waren – »Wenn er in irgendeinem anderen Monat im Jahr durch die Botschaft eines Hausnarren nach *London* gejagt worden wäre, würde er nicht drei Worte deshalb verloren haben.«

Während der ganzen nächsten Stationen wurde nichts abgehandelt als der schwere Schlag, der ihm durch den Verlust eines Sohnes zugefügt worden, auf den er im Geiste bereits sicher gerechnet und den er bereits in sein Taschenbuch eingetragen hatte als zweiten Stab seines Alters, falls *Bobby* nicht einschlagen sollte. Diese Enttäuschung bemerkte er, falle für einen weisen Mann noch zehnmal schwerer in die Waagschale als alles Geld, das ihn die Reise gekostet, zusammen; – mögen die 120 Pfund daraufgehen – er schere sich keinen Pfifferling darum.

Die ganze Strecke von *Stilton* bis *Grantham* ärgerte ihn nichts so sehr auf der Welt, als die Aussicht auf die Beileidsbezeigungen seiner Freunde und der Gedanke an die lächerliche Figur, die er und seine Frau bei ihrem ersten Kirchgang am nächsten *Sonntag* spielen würden. In der satirischen Heftigkeit seines Witzes, der jetzt noch durch den Ärger geschärft war, entwarf er so humoristische und haarsträubende Schilderungen hiervon, und versetzte sich selbst und seine Hälfte in so peinliche Situationen und Beleuchtungen vor der ganzen Gemeinde, daß meine Mutter nachher sagte, diese 2 Stationen seien wirklich tragikomisch gewesen, und sie habe von einem Ende des Weges bis zum andern nur immer in einem Atem geschrien vor Lachen und Weinen.

Von *Grantham* bis sie den *Trent* passiert hatten, verlor mein Vater endlich alle Geduld über den gemeinen Possen und Betrug, den ihm, wie er meinte, meine Mutter in dieser Angelegenheit gespielt habe. – Ich bin überzeugt, sagte er das eine Mal über das andere zu sich selbst, die Frau hat sich nicht so selbst getäuscht —— wenn das möglich wäre —— welche *Schwäche!* —— Dieses unselige Wort riß seine Phantasie in einen dornenvollen Tanz und machte ihn, ehe noch alles vorüber war, ganz des Teufels! – denn sobald einmal das Wort *Schwäche* ausgesprochen war und sich in seinem Gehirn festgesetzt hatte, so begann dieses seine Variationen über die verschiedenen Arten von Schwächen auf der Welt —— da gab es körperliche Schwächen und dann wieder Schwächen des Geistes und Herzens – und dann begann er ein paar Stationen hindurch in sich selbst darüber zu philosophieren, inwieweit die Endursache aller dieser Widerwärtigkeiten in ihm selbst zu suchen wäre oder nicht.

Kurz, er fand so viele kleine Ursachen zu innerer Unruhe in dieser einen Angelegenheit, womit er sich nacheinander quälte und peinigte, daß meine Mutter, wie angenehm auch die Hinreise gewesen sein mochte, nur eine sehr ungemütliche Herreise hatte – kurz er hätte, wie sie zu meinem Onkel *Toby* klagend sagte, die Geduld jeder lebenden Seele erschöpfen können.

17. Kapitel

Obschon mein Vater, wie ich eben erzählte, nicht in der besten Laune heimwärts reiste – und den ganzen Weg über brummte und schnaubte – so hatte er doch die Freundlichkeit den schlimmsten Teil der Geschichte für sich zu behalten – nämlich den festen Entschluß den er gefaßt hatte, sich diejenige Genugtuung zu verschaffen, zu der ihn die von meinem Onkel *Toby* dem Heiratskontrakt angehängte Klausel berechtigte; und erst in der Nacht, da ich gezeugt ward, also 13 Monate später, bekam meine Mutter die erste Ahnung von seinem Vorhaben. Mein Vater war damals, wie Sie sich erinnern werden, etwas verdrießlich und außer Fassung und nahm deshalb, als sie nachher so im Bette lagen und noch eine Weile ernsthaft über das plauderten, was etwa kommen könne – die Gelegenheit wahr, ihr zu Gemüt zu führen, daß sie sich darauf gefaßt zu machen habe, die Konsequenzen ihres Heiratskontrakts zu tragen: nämlich mit ihrem nächsten Kinde auf dem Lande niederzukommen, um die Reise im vorigen Jahre auszugleichen.

Mein Vater besaß mancherlei Tugenden – er hatte aber auch einen starken Beigeschmack von einer Eigenschaft in seinem Wesen, die man je nachdem, zu den Tugenden rechnen konnte oder auch nicht. Dieselbe heißt bei einer guten Sache Beharrlichkeit, und bei einer schlimmen Eigensinn. Meine Mutter war hierüber soweit im Klaren, daß sie wußte, es würde lediglich zu nichts führen, wenn sie Vorstellungen dagegen erheben wollte – sie beschloß deshalb die Sache ruhig abzuwarten und sie nach Kräften zu ihrem Vorteil zu wenden.

18. Kapitel

Da es in jener Nacht ausgemacht, oder richtiger entschieden wurde, daß meine Mutter mit mir auf dem Lande niederkommen sollte, ergriff sie ihre Maßregeln dementsprechend. Als sie daher etwa 3 Tage oder so ungefähr, schwanger war, begann sie ihre Augen auf die Hebamme zu werfen, von der Sie schon so oft haben hören müssen; und ehe die Woche um war, hatte, sie, da der berühmte Dr. *Manningham* nicht zu haben war, in ihrem Innern einen Entschluß hierüber gefaßt: – Ungeachtet aber ein wissenschaftlich gebildeter Geburtshelfer nur 8 Meilen von uns wohnte, der überdies ausdrücklich ein Fünfschillingbuch über die Hebammenkunst geschrieben hatte, in welchem er nicht nur die Fehler dieser Schwesternschaft auseinandersetzte – sondern noch überdies eine Menge merkwürdiger Verbesserungen mitteilte, um den Fötus bei Querlagen und einigen andern gefährlichen Fällen, wodurch unser Eintritt in die Welt erschwert wird, rascher herauszubringen; – trotz alledem war meine Mutter, wie gesagt, fest entschlossen, ihr Leben und meines dazu keiner anderen Hand anzuvertrauen, als der jener alten Frau. – Nun muß ich sagen, das gefällt mir: – Wenn wir das nicht bekommen können was wir wünschen, auch das nicht zu wollen, was an Güte unmittelbar darauf kommt. Nein! das ist ja über alle Begriffe jammerwürdig! – Erst heute vor 8 Tagen – wir haben heute, wo ich dieses Buch zur Erbauung der Welt schreibe, den 9. *März* 1759 – sagte meine liebe, liebe *Jenny*, als sie bemerkte, daß ich ein etwas ernstes Gesicht machte, als sie um Seidenzeug zu fünfundzwanzig Schilling die Elle handelte – zu dem Krämer, es tue ihr leid, ihm so viel Mühe gemacht zu haben; – und ging gleich darauf hin und kaufte sich einen ellenbreiten Stoff zu 10 Pence die Elle! – dies ist eine Wiederholung derselben Seelengröße; nur wurde das Ehrenvolle davon in meiner Mutter Fall dadurch etwas gemindert, daß sie sich in kein so gewaltsames und gewagtes Extrem stürzen konnte, wie eine Frau in ihrer Lage hätte wünschen mögen, weil die alte Hebamme wirklich einen kleinen Anspruch auf Verläßlichkeit erheben konnte – soweit wenigstens als der Erfolg ihr einen solchen verleihen konnte, insofern sie im Laufe ihrer beinahe zwanzigjährigen Praxis in dem Kirchspiel jeder Mutter Sohn ohne einen Fehlgriff oder Unfall, der ihr hätte zur Last gelegt werden können, zur Welt befördert hatte.

Obschon diese Tatsachen ihr Gewicht hatten, so konnten dadurch doch einige Zweifel und Unbehaglichkeiten, die sich in Beziehung auf diese Wahl im Geiste meines Vaters erhoben hatten, nicht vollständig beseitigt werden. – Denn abgesehen von der natürlichen Wirkung der Menschlichkeit und des Rechtsgefühls – oder den Besorgnissen väterlicher und ehegattlicher Liebe, die ihn darauf verwiesen bei einem Falle dieser Art möglichst wenig dem Zufall zu überlassen, – war er noch ganz besonders dabei interessiert, daß diesmal alles seinen gewiesenen Weg gehen möchte, weil er sich von einer doppelten Last gedrückt wußte, wenn seinem Weib und Kind bei der Niederkunft in *Shandy Hall* ein Unfall zustoßen sollte. – Er wußte, daß die Welt immer nach dem Erfolg urteile, und sein Unglück in einem solchen Fall dadurch noch vermehren würde, daß sie ihm die ganze Schuld aufbürdete. »Ach das Unglück! – hätte man der armen Frau *Shandy* doch nur ihren Willen getan und sie in die Stadt reisen und dort niederkommen lassen! – es heißt ja, sie habe auf den bloßen Knien darum gefleht und gebettelt! – und wenn wir bedenken, was für ein schönes Vermögen Herr *Shandy* mit ihr erheiratet hat – so wäre es doch keine so große Sache gewesen, ihren Wunsch zu erfüllen – und dann würde die Frau und ihr Kind noch zur Stunde am Leben sein!« –

Gegen solche Reden, das wußte mein Vater, war nicht aufzukommen – und doch war er nicht allein wegen seiner eigenen Deckung, noch auch lediglich aus Sorge für seinen Sprößling und sein Weib so besonders ängstlich in diesem Punkte; mein Vater hatte in allem einen weiten Blick – und war überdies wie er glaubte, des öffentlichen Wohles wegen in dieser Sache interessiert, indem er fürchtete, daß ein unglückliches Beispiel in einem solchen Falle noch in anderer Richtung mißbraucht werden könnte.

Er hatte es sich längst tief zu Gemüte geführt, daß alle politischen Schriftsteller, die sich mit der Sache beschäftigten, seit Beginn der Regierung der Königin *Elisabeth* bis heute, darin übereinstimmten und es beklagten, daß die Strömung von Menschen und Geld nach der Hauptstadt aus diesem oder jenem leichtfertigen Grunde so stark geworden war, daß dadurch unsere bürgerlichen Rechte in Gefahr gerieten. Hierbei erschien ihm jedoch das Gleichnis einer *Strömung* nicht erschöpfend genug, er liebte es vielmehr den Ausdruck *Krankheit* zu gebrauchen und behauptete, er sei ganz derselbe Fall mit dem nationalen wie mit dem menschlichen Körper, wo, wenn das Blut und die Lebensgeister schneller in den Kopf getrieben würden, als sie den Weg wieder abwärts fänden, – eine Stockung in der Zirkulation eintreten müsse, die in beiden Fällen den Tod bedeute.

Es sei, pflegte er zu sagen, wenig Gefahr vorhanden, daß wir unsere Freiheiten durch die Politik *Frankreichs* oder gar durch eine *französische* Invasion verlieren würden; auch habe er keine Angst, daß aus der Masse verdorbener Stoffe und den schwärenden Säften in unserer Konstitution, die doch nicht so schlimm sei als man meine, eine Auszehrung entstehe; – wohl aber fürchte er, daß wir bei einem heftigen Stoß alle miteinander einen Staats-Schlaganfall erleiden könnten – und dann, pflegte er hinzuzusetzen, *sei uns Gott gnädig*.

Mein Vater brachte es aber nie übers Herz, die Geschichte dieser Krankheit zu schildern – ohne zugleich das Heilmittel anzugeben.

Wenn ich ein unumschränkter Fürst wäre, pflegte er zu sagen, wobei er sich aus seinem Armstuhl erhob, und seine Hosen mit beiden Händen hinaufzog, würde ich an allen Zugängen zu meiner Hauptstadt geschickte Richter aufstellen, welche einen jeden Narren, der des Weges käme, über seine Geschäfte vernehmen müßten; – und wenn aus einem ehrlichen und offenen Verhör hervorginge, daß kein genügender Grund vorhanden sei, um seine Heimat zu verlassen und mit Sack und Pack, Weib und Kind, Pächterssöhnen usw. im Gefolge daherzukommen, so müßten sie alle als Vagabunden von Konstabler zu Konstabler bis an den Ort ihrer gesetzlichen Wohnstätte zurücktransportiert werden. Durch diese Vorkehrung würde ich bewirken, daß meine Hauptstadt nicht unter ihrem eigenen Gewichte schwankte, – daß der Kopf nicht zu groß für den Körper würde, – daß die Extremitäten, welche jetzt öde liegen und ausgeschlossen sind, ihren natürlichen Anteil an der Nahrung, und damit ihre natürliche Kraft und Schönheit wieder gewinnen würden; –

ich würde bewirken, daß die Wiesen und Felder meiner Besitzungen lachen und singen sollten; – daß wieder gesellige Freude und Gastfreundschaft blühen sollte; – und daß dadurch so viel Macht und Einfluß in die Hände des Mittelstandes meines Reiches käme, damit das, was mein Adel jenen nimmt, wieder ausgeglichen würde.

»Wie kommt es«, pflegte er in einiger Aufregung zu fragen, während er im Zimmer auf und abging, »daß es in so vielen herrlichen Provinzen *Frankreichs* so wenig Schlösser und Edelsitze gibt? Woher kommt es, daß die wenigen noch vorhandenen *Châteaux* so zerfallen – so öde und leer, in einem so traurigen Zustande des Verkommens sind? – Deshalb, mein Herr«, erwiderte er dann, »weil in diesem Reiche niemand ein Interesse an dem Land und Landleben hat; – weil das kleine Interesse, das dort überhaupt einer besitzt, sich am Hofe, im Blick des großen Monarchen konzentriert; weil von dem Sonnenschein dieses Antlitzes oder dem Gewölk, das darüber geht, jeder Franzose lebt oder stirbt.«

Ein weiterer politischer Grund, der meinen Vater so sehr antrieb, gegen den geringsten Unfall beim Wochenbette meiner Mutter auf dem Lande, auf der Hut zu sein – war, daß jedes derartige schlimme Beispiel unfehlbar die ohnehin schon zu große Macht der schwächeren Gefäße des Landadels in seiner und in höheren Stellungen (nämlich der Frauen) noch vermehren mußte; was in Anbetracht der vielen anderen usurpierten Rechte, welche sich dieser Teil der Konstitution täglich anmaßte, schließlich dies monarchische System des, vom Anfang der Dinge an durch Gott eingesetzten Hausregiments gefährden mußte.

In dieser Beziehung war er ganz der Ansicht des Sir *Robert Filmer*, daß die Grundzüge und Einrichtungen der größten Monarchien des Morgenlands ursprünglich alle dem wundervollen Muster und Urbild dieser väterlichen und häuslichen Gewalt entnommen seien. – Zwar seien dieselben, fuhr er fort, seit einem Jahrhundert und länger allmählich in eine gemischte Regierungsweise ausgeartet, aber diese letztere Form, möge dieselbe auch bei großen Vereinigungen des Menschengeschlechts wünschenswert sein, sei bei kleinen sehr lästig und bringe, soviel er bis jetzt gesehen habe, selten etwas anderes als Verwirrung und Unheil zustande.

Aus allen diesen geheimen und offenen Gründen zusammen – war mein Vater entschieden für Beiziehung eines Geburtshelfers, meine Mutter aber ebenso entschieden dagegen. Mein Vater bat und drängte, sie möchte doch für diesmal ihr Vorrecht in dieser Angelegenheit fallen und ihn für sie wählen lassen; meine Mutter dagegen bestand fest auf ihrem Recht, für sich selbst zu wählen – und sich keines Sterblichen Beistandes bedienen zu müssen, als dessen der alten Frau. – Was konnte mein Vater weiter in der Sache tun? Er war mit seinem Witz zu Ende, – besprach es mit ihr nach allen Richtungen – setzte seine Gründe in das beste Licht – überlegte die Sache mit ihr als Christ – als Heide – als Gatte – als Vater – als Patriot – als Mann. Meine Mutter erwiderte auf alles nur als Weib; es war dies eine etwas harte Arbeit für sie – denn da sie die Sache nicht von so verschiedenen Standpunkten aus verfechten konnte – waren die Streitkräfte nicht ganz gleich verteilt – es war wie 7 zu 1. – Was konnte meine Mutter da tun? Sie hatte den Vorteil (sonst wäre sie gewiß besiegt worden), daß ihr aus einem im Grunde persönlichen Ärger eine kleine Verstärkung erwuchs, die sie aufrecht erhielt und sie in den Stand setzte, die Sache mit meinem Vater mit so gleichem Vorteil auszufechten – daß beide ein *Te deum* anstimmen konnten. Mit einem Wort, meine Mutter sollte die alte Frau haben – der Geburtshelfer aber sollte mit meinem Vater und meinem Onkel *Toby Shandy* im hinteren Zimmer eine Flasche Wein trinken dürfen – und dafür 5 Guineen erhalten.

Ehe ich dieses Kapitel verlasse, muß ich um die Erlaubnis bitten, bei meiner schönen Leserin in einer Beziehung vorbauen zu dürfen, und sie ersuchen: es nicht, weil ein paar unbedachte Worte in der Richtung entfallen sind, für ausgemacht anzunehmen, daß ich ein verheirateter Mann sei. Ich gebe zu, daß die zärtliche Benennung, »meine liebe, liebe *Jenny*« – sowie einige andere Proben ehelicher Kenntnisse, die da und dort eingeflossen sind, den ehrlichsten Richter von der Welt zu einer solchen Entscheidung gegen mich veranlassen könnten. – Alles was ich in diesem Falle beanspruche, Madame, ist strenge Gerechtigkeit; ich bitte diese gegen mich ebenso walten zu lassen, wie gegen sich selbst, und keinem solchen Eindruck von mir stattzugeben, bis Sie bessere Beweise, als wie ich versichert bin, dermalen gegen mich aufgebracht werden können, besitzen. – Nicht daß ich so eitel oder unvernünftig sein möchte, Madame, um zu wünschen, daß sie meine liebe, liebe *Jenny* deshalb für eine von mir ausgehaltene Geliebte halten sollten; – o nein! – das würde meinem Charakter nach dem anderen Extrem hin schmeicheln und ihm einen Anstrich von Freiheit beilegen, auf den er vielleicht durchaus keinen Anspruch machen darf. Was ich allein erkämpfen möchte, ist, daß es Ihnen oder dem scharfsinnigsten Geist auf der Welt einige Bände hierdurch durchaus unmöglich würde, herauszubringen, wie sich die Sache eigentlich verhält. – Es wäre ja nicht unmöglich, daß meine liebe, liebe *Jenny* trotz der Zärtlichkeit des Ausdrucks mein Kind wäre. – Bedenken Sie – ich wurde im Jahr achtzehn geboren – auch wäre es keine so unnatürliche oder ausschweifende Annahme, daß meine liebe *Jenny* meine Freundin wäre! – Freundin! – Meine Freundin. – Gewiß, Madame, es kann recht wohl eine Freundschaft zwischen den beiden Geschlechtern bestehen und eingehalten werden, auch ohne – Pfui, Herr *Shandy!* – Auch ohne irgendeine Beziehung, Madame, außer jenem zärtlichen und süßen Gefühl, welches sich immer da mit der Freundschaft vermischt, wo die Freunde von verschiedenem Geschlechte sind. Studieren Sie nur einmal die reinen und empfindsamen Teile der besten *französischen* Romane, Madame – und Sie werden staunen, mit welcher Mannigfaltigkeit keuscher Ausdrücke das köstliche Gefühl, von dem ich zu sprechen die Ehre habe, dort ausgestattet ist.

19. Kapitel

Ich wollte es eher unternehmen, die schwierigsten Probleme der Geometrie aufzulösen, als zu erklären, wie ein Mann mit dem gesunden Menschenverstand meines Vaters – der wie der Leser bemerkt haben muß, in der Philosophie zu Hause und scharfsinnig – auch in seinem politischen Raisonnement klug – und in der Polemik (wie der Leser finden wird) keineswegs unkundig war – eine so außer dem gewöhnlichn Geleise liegende Idee in seinen Kopf hineinkriegen konnte, – daß ich fürchte, wenn ich den Leser damit bekanntmache, dieser, wenn er im mindesten ein cholerisches Temperament hat, das Buch sofort beiseite wirft; oder wenn er sanguinischer Natur ist, herzlich darüber lacht – oder aber wenn er von ernstem und strengem Wesen ist, sie auf den ersten Blick als ausschweifend und phantastisch verdammt. Die Sache betraf aber die Wahl und Beilegung des Vornamens, wovon seiner Ansicht nach weit mehr abhängen sollte, als oberflächliche Gemüter zu begreifen imstande wären.

Seine Ansicht in dieser Richtung ging dahin, daß gute oder böse Namen, wie er sie nannte, auf unsern Charakter und Lebenswandel unwillkürlich eine wunderbare Zauberkraft übten, der man nicht widerstehen könne.

Der Held des *Cervantes* hätte sich nicht ernster und eifriger für diese Idee ereifern – noch fester daran glauben können – noch mehr über die Macht der Nekromantie, seine Taten herabzuwürdigen – oder die Macht von Dulcineas Namen einen Glanz auf dieselben zu werfen, zu sagen gewußt, als mein Vater über die Namen TRISMEGISTUS und ARCHIMEDES einer- und NYKY und SIMKIN andererseits zu sagen wußte. Wie viele CÄSARS und POMPEJUSE, pflegte er zu sagen, haben nur in diesen Namen die Begeisterung gefunden, sich ihrer würdig zu machen. Und wie viele, setzte er dann hinzu, hätten ein wackeres, menschenwürdiges Dasein geführt, wäre nicht ihr Geist, ihr Charakter zu einem Nichts herabgedrückt worden, weil sie NIKODEMUSIERT waren!

Ich sehe an Ihrem Blick (oder wie es eben der Zufall gab), mein Herr, pflegte mein Vater zu sagen – daß Sie sich nicht recht mit meiner Ansicht einverstanden bekennen – und ich muß gestehen, pflegte er hinzuzusetzen, – daß sie für diejenigen, welche die Sache nicht gründlich erwogen haben – mehr wie eine Grille als wie eine solide, auf die Vernunft begründete Anschauung erscheint; – und doch, mein lieber Herr, wenn ich mir schmeicheln darf, Ihren Charakter zu kennen, so bin ich moralisch überzeugt, ich würde wenig riskieren, wenn ich Ihnen nicht als Partei – sondern als Richter, einen Fall vorführen würde, und dürfte gewiß Ihrem eigenen gesunden Verstand und Ihrer ehrlichen Untersuchung der Sache alles Vertrauen schenken. Sie sind frei von den vielen engherzigen Vorurteilen der Erziehung der meisten Menschen – und wenn ich mir erlauben darf, tiefer in ihr Wesen einzudringen – von einer Freiheit des Geistes, die darüber erhaben ist, eine Ansicht nur deshalb gering zu schätzen, weil es ihr an Anhängern fehlt. Würden Sie Ihren Sohn – Ihren lieben Sohn – von dessen holdem, offenem Gemüt Sie so große Hoffnungen sehen dürfen – ich frage Sie, würden Sie IHREN BILLY, – Judas haben taufen lassen? – Würden Sie das, mein lieber Herr, pflegte er zu sagen, indem er Ihnen dabei mit der artigsten Bewegung die Hand auf die Brust legte – und sich mit jenem sanften, unwiderstehlichen Piano der Stimme an Sie wandte, das ein solches *argumentum ad hominem* durchaus erfordert – würden Sie, mein Herr, wenn ein *Jude* von Pate diesen Namen für Ihr Kind in Vorschlag gebracht und Ihnen zugleich damit seine Börse angeboten hätte, würden Sie Ihre Zustimmung zu einer solchen Entweihung des Kindes gegeben haben? – O mein Gott! rief er dann und schaute nach oben, wenn ich Ihr

Herz recht kenne, mein Herr, – so wären Sie dessen nicht fähig gewesen; – Sie würden jenes Ansinnen vielmehr mit Füßen getreten – würden dem Versucher die Mittel der Versuchung mit Abscheu an den Kopf geworfen haben.

Ihre Seelengröße hierbei, die ich bewundere, jene edle Verachtung des Geldes, die Sie bei der ganzen Angelegenheit an den Tag legen, ist wahrhaft schön; und was sie noch schöner macht, das ist die Erwägung, aus der die hervorgeht; – die väterliche Liebe machte die Hypothese zur überzeugenden Wahrheit, daß die Hypothese, wenn Ihr Sohn JUDAS genannt würde – der schmutzige, verräterische Gedanke, der mit diesem Namen so unzertrennlich ist, ihn wie ein Schatten sein ganzes Leben hindurch begleitet und ihn schließlich trotz Ihrem guten Beispiel, mein Herr, zu einem habsüchtigen Schuft gemacht haben würde.

Ich habe nie einen Mann gekannt, der imstande gewesen wäre, gegen einen solchen Beweis etwas vorzubringen. – In der Tat, wenn ich meinen Vater schildern soll wie er war, so muß ich sagen: er war rein unwiderstehlich – in seinen Reden wie in seinen Disputationen – er war ein geborener Redner – Θεοδίδακτος – die Überzeugung hing an seinen Lippen, und die Elemente der Logik und Rhetorik waren in so schön gemischt – und dabei besaß er ein so gefährliches Talent die Schwächen und Leidenschaften seines Gegners zu erraten – daß die NATUR selbst sich erheben und sagen mußte: Dieser Mann ist beredt! – Kurz, mochte er die falsche oder die wahre Seite einer Sache verteidigen, es war in beiden Fällen gefährlich ihn anzugreifen; – und doch hatte er merkwürdigerweise weder *Cicero* gelesen, noch *Quintilian de Oratore*, noch *Sokrates* noch *Aristoteles* noch *Longinus* unter den Alten – und ebensowenig *Vossius*, *Skioppius*, *Ramus* und *Farnaby* unter den Neueren; und was noch weit staunenswerter ist, es war ihm nie in seinem Leben auch nur durch eine einzige Vorlesung über *Crackenthorp* oder *Burgersdicius*, oder irgendeinen *niederländischen* Logiker, oder Kommentator das geringste Licht aufgesteckt, oder auch nur ein Funken von Scharfsinn übermittelt worden; – er hatte nicht die leiseste Idee davon, worin der Unterschied zwischen einem Beweis *ad ignorantiam* und einem Beweis *ad hominem* bestehe; und ich erinnere mich noch recht gut, daß, als er mit mir hinging, um mich in dem Jesuitenkollegium zu **** einzuschreiben, – sowohl meine würdigen Hofmeister, als auch zwei oder drei Genossen dieser gelehrten Gesellschaft sich höchlich verwunderten – wie ein Mann, der kaum die Namen seiner Werkzeuge kannte, auf diese Art mit ihnen hantieren konnte.

Möglichst gut mit ihnen zu hantieren, war mein Vater jedoch beständig gezwungen; – denn er hatte tausend kleine skeptische Ansichten komischer Natur zu verteidigen, – die meisten derselben traten wie ich wirklich glaube, zuerst nur als Grillen, als *vive la Bagatelle!* auf; und als solche pflegte er sich mit ihnen eine halbe Stunde lang zu amüsieren; und wenn er seinen Witz an ihnen geschärft hatte, sie bis auf ein andermal zu entlassen.

Ich erwähne dies nicht allein als Hypothese oder Vermutung über den Fortschritt und die Festsetzung mancher wunderlichen Ansichten meines Vaters – sondern auch als Warnung für den gelehrten Leser, vor der unvorsichtigen Annahme solcher Gäste, die, nachdem sie für einige Jahre einen freien und ungestörten Zutritt in unserem Gehirn erlangt haben – endlich eine Art Anspruch auf feste Niederlassung erheben – und die zwar bisweilen nur wie Schäume emporsteigen – weit häufiger aber wie die süßeste aller Leidenschaften als Scherz beginnen und als völliger Ernst endigen.

Ob dies auch mit den eigentümlichen Meinungen meines Vaters der Fall war – oder ob seine Urteilskraft schließlich von seinem Witz übertölpelt wurde – oder inwieweit er mit manchen seiner sonderbaren Ansichten eigentlich recht haben mochte, – das möge der Leser, wenn er daran kommt, selbst entscheiden. Alles was ich hier behaupte, ist, daß es ihm bei dieser einen Ansicht von dem Einfluß des Vornamens, mochte dieselbe nun bei ihm auf diese oder jene Art Fuß gefaßt haben, völlig Ernst war; – er war hierin ganz mit sich einig, – ganz systematisch und wie alle systematischen Denker, hätte er Himmel und Erde in Bewegung gesetzt und die ganze Natur angespannt, um seine Hypothese zu unterstützen. Mit einem Wort, ich wiederhole es abermals – es war ihm Ernst; und deshalb verlor er jede Spur von Geduld, wenn er sah, wie Leute, besonders von Stand, die es besser hätten wissen sollen – so sorglos und gleichgültig in betreff des Namens waren, den ihr Kind tragen sollte, – ja weit gleichgültiger, als wenn es sich darum handelte, ob sie ein junges Hündchen *Ponto* oder *Cupido* heißen sollten.

Dies, pflegte er zu sagen, sei ein schlimmes Zeichen – und dabei komme noch der erschwerende Umstand hinzu, daß, wenn einmal ein schlechter Name aus Mangel an Einsicht oder aus Verkehrtheit gegeben sei, es damit nicht sei wie mit dem Charakter eines Menschen, der wenn man ihn auch schlecht gemacht habe, später in das rechte Licht gesetzt; – und manchmal, wenn nicht in diesem zeitlichen Leben, so doch wenigstens möglicherweise nach seinem Tode – wieder hergestellt werden könne; während jenes Unrecht niemals wiedergutzumachen sei; – ja er zweifle, ob hier selbst eine Parlamentsakte etwas machen könnte. Er wisse so gut wie jeder, daß die Gesetzgebung eine Macht über die Geschlechtsnamen habe; aber aus sehr triftigen Gründen, die er angeben könnte, pflegte er zu sagen, habe sie es niemals gewagt, einen Schritt weiter zu tun.

Es war merkwürdig, daß obwohl mein Vater infolge dieser Anschauung, wie ich Ihnen bereits mitgeteilt habe, die größten Sympathien und Antipathien in betreff gewisser Namen hatte, – es doch eine Menge Namen gab, bei denen sich die Waagschale weder auf die eine noch die andere Seite neigte, die ihm vollständig gleichgültig waren. In diese Klasse gehörten *Jack, Dick* und *Tom;* mein Vater nannte sie neutrale Namen und behauptete, ohne eine Satire sagen zu wollen, es habe seit Anfang der Welt zum mindesten ebenso viele Spitzbuben und Narren wie Weise und Edle gegeben, die sie getragen – so daß er glaube, sie hätten ihre Wirkung gegenseitig aufgehoben, wie gleiche Kräfte, die in entgegengesetzter Richtung gegeneinander wirkten; – deshalb pflegte er oft zu sagen, er würde nicht einen Kirschkern drum geben, ob er diesen oder jenen derselben wählen sollte. Meines Bruders Name *Bob* gehörte auch zu diesen neutralen Vornamen, die nach jeder Richtung hin von geringer Wirkung waren; und da sich mein Vater gerade zu *Epsom* befand, als mein Bruder den Namen erhielt, dankte er oft dem Himmel, daß er nicht schlimmer ausgefallen war. *Andrew* war eine Art negative algebraische Größe in seinen Augen; er sei geringer als nichts, sagte er, *William* stand ziemlich hoch, *Numps* dagegen tief, und von *Nick* sagte er, das sei ein TEUFELSNAME.

Vor keinemNamen auf der weiten Erde hatte er aber einen so unüberwindlichen Widerwillen als vor TRISTRAM; – von ihm hatte er die niedrigste, verächtlichste Meinung von der Welt, und glaubte, er könne unmöglich *in rerum naturae* etwas anderes als etwas ganz Gemeines und Erbärmliches zuwege bringen, so daß er mitten in einem Disput über diesen Gegenstand, worin er beiläufig bemerkt nicht selten verwickelt ward – bisweilen mit einem plötzlichen, geistreichen EPIPHONEMA oder richtiger einer EROTESIS abbrach, dabei die Stimme um eine Terze, bisweilen um eine volle Quinte über die Tonart des Gesprächs erhob – und seinen Gegner kategorisch fragte, ob er zu sagen wage, er erinnere sich – oder er habe einmal gelesen, – oder er habe jemals gehört, daß ein Mensch mit Namen TRISTRAM etwas Großes oder Denkwürdiges ausgeführt habe? – Nein – setzte er dann hinzu – TRISTRAM! – Das ist rein unmöglich.

Es fehlte nichts mehr, als daß mein Vater ein Buch geschrieben hätte, um seine Ansicht über diesen Gegenstand der Welt mitzuteilen. Es macht ja dem scharfsinnigen Denker wenig, wenn er mit seiner Meinung allein steht – wenn er nur in der

Lage ist, ihr gehörig Luft zu machen. – In der Tat machte es mein Vater auch so: – denn im Jahr sechzehn, also zwei Jahre ehe ich geboren wurde, ging er wirklich daran und schrieb eigens eine Dissertation über das Wort TRISTRAM – worin er der Welt mit großer Ehrlichkeit und Bescheidenheit die Gründe auseinandersetzte, weshalb er einen so tiefen Abscheu vor dem Namen hegte.

Wenn der geneigte Leser diese Geschichte mit dem Titelblatt des Buches vergleicht – muß er da nicht meinen Vater aus tiefster Seele bedauern! Daß einem so methodischen und gut gesinnten Mann, mit – wenn auch sonderbaren doch durchaus harmlosen Ansichten durch zufällige Querstriche so schändlich mitgespielt wurde! daß er in allen seinen kleinen Systemen und Wünschen so verhöhnt und mißhandelt werden mußte! daß eine ganze Reihe von Ereignissen eines ums andere gegen ihn ausfiel, und zwar auf eine so kritische und grausame Weise, als ob sie absichtlich in Szene gesetzt und gegen ihn aufgespielt worden wären, um seine Pläne und Absichten zu kränken! Mit einem Wort, daß ein Mann in seinem vorgerückten Alter, wo man derartige Widerwärtigkeiten nicht mehr gut erträgt, zehnmal am Tag sich selbst einen Stich durchs Herz geben – zehnmal am Tag das Kind seiner Gebete TRISTRAM rufen mußte! – Melancholisch zweisilbiges Wort! in seinem Ohr gerade soviel wie *Hansnarr* oder jeder andere Schimpfname unter der Sonne. – Bei seiner Asche! ich schwöre es: wenn je ein boshafter Geist sich ein Vergnügen oder ein Geschäft daraus machte, die Absichten eines Sterblichen zu durchkreuzen – so muß es in diesem Falle gewesen sein; – und wenn es nicht notwendig wäre, daß ich vorher geboren würde, ehe ich getauft werde, so würde ich dem Leser die Sache gleich jetzt erzählen.

20. Kapitel

– Wie konnten Sie so wenig achtgeben, Madame, als Sie das letzte Kapitel lasen! Ich erzählte Ihnen ja darin, *daß meine Mutter keine Papistin gewesen sei* – Papistin! Sie sagten kein Wort davon. – Erlauben Sie, Madame, daß ich wiederhole: ich habe es Ihnen wenigstens so deutlich gesagt, als es Worte, aus denen sich etwas klar folgern läßt, ausdrücken können. – Dann muß ich eine Seite überschlagen haben. – Nein, Madame, Sie haben kein Wort überschlagen. – Dann habe ich geschlafen, mein Herr. – Das kann mein Stolz nicht zugeben, Madame, —— dann muß ich sagen, verstehe ich kein Wort von der ganzen Sache. – Das ist es gerade, was ich Ihnen zur Last lege, Madame; und zur Strafe muß ich darauf bestehen, daß Sie sofort wieder umkehren, das heißt sobald Sie bis an den nächsten Absatz gekommen sind, und dann das ganze vorige Kapitel noch einmal lesen.

Ich habe der Dame diese Buße weder aus Mutwillen noch aus Grausamkeit, sondern in der besten Absicht auferlegt; und werde mich deshalb auch nicht bei ihr entschuldigen, wenn sie wiederkommt: – Es geschah um eine üble Gewohnheit zu rügen, welche sich auch bei tausend anderen Damen eingeschlichen hat – nämlich immer darauf loszulesen und sich mehr um die Abenteuer zu kümmern als um die tiefe Gelehrsamkeit und Wissenschaft, welche ihnen ein Buch dieser Art, wenn es so gelesen wird, wie es gelesen werden soll, unfehlbar beibringen müßte. – Der Geist sollte sich daran gewöhnen, beim Vorwärtsschreiten in einem Buche, weise Betrachtungen anzustellen, und merkwürdige Schlüsse zu ziehen; *Plinius* der Jüngere hatte diese Gewohnheit und konnte deshalb sagen, er habe nie ein Buch gelesen, so schlecht dasselbe auch gewesen, ohne daß er etwas daraus gelernt hätte. Ich behaupte, daß sogar die Geschichte von *Griechenland* und *Rom*, wenn man sie ohne diese Behandlung und Nutzanwendung liest, weniger nützt, als die Geschichte des *Parismus* und

Parismenus, oder die sieben Ritter von *England* mit einer solchen.

Doch da kommt unsere schöne Dame wieder. – Nun, haben Sie das Kapitel noch einmal durchgelesen, Madame, wie ich Sie ersuchte? – Ach Sie haben es; und haben Sie jetzt beim zweiten Lesen den Passus bemerkt, aus welchem sich jene Folgerung ziehen läßt? – Nicht die Spur! – Nun, Madame, dann haben Sie die Güte und überlegen sich einmal die zweitletzte Zeile des Kapitels, wo ich mir erlaube zu sagen: ich mußte zuerst geboren werden, ehe ich getauft wurde. – Nun, Madame, wäre meine Mutter eine Papistin gewesen, so folgte dies nicht notwendig hieraus.*

* Die römischkatholische Kirchenordnung bestimmt die Taufe des Kindes in gefährlichen Fällen, auch ehe es geboren ist, doch mit dem Vorbehalt, daß irgendein Teil vom Körper des Kindes dem Taufenden sichtbar sein müsse. Die Doktoren der Sorbonne jedoch haben auf Grund einer am 10. April 1733 gepflogenen Beratung die Befugnisse der Hebammen erweitert und entschieden, daß wenn auch kein Teil von dem Körper des Kindes sichtbar sein sollte, die Taufe desselben gleichwohl mittelst Einspritzung – *par le moyen d'une petite canulle* – zu Deutsch, mittelst einer kleinen Spritze, zu geschehen habe. – Es ist sehr seltsam, daß der heilige Thomas von Aquino, der doch so viel mechanisches Talent hatte, um die Knoten der Scholastik zu schürzen und zu lösen, nach all der Mühe, die er auf diesen Punkt verwendete, ihn endlich als zweite *Chose impossible* aufgegeben hat. »*Infantes in maternis uteris existentis* (sagt der hl. Thomas) *baptizari possunt nullo modo.*« O Thomas! Thomas!

Falls der Leser gerne wissen möchte, wie die Frage der Taufe mittels Einspritzung an die Doktoren der Sorbonne gelangte und wie ihre Beratung hierüber verlief, so möge er das Folgende lesen:

Mémoire présenté à Messieurs les Docteurs de la Sorbonne

Un Chirurgien Accoucheur represente á Messieurs les Docteurs de la Sorbonne, qu'il y a des cas, quoique très rares, où une mère ne saurait accoucher, et même où l'enfant est tellement renfermé dans le sein de sa mère, qu'il ne fait paraître aucune partie de son corps, ce qui serait un cas, suivant les Rituels, de lui conférer du moins sous condition, le baptême. Le Chirurgien, qui consulte, présente, par le moyen d'une *petite canulle*, de pouvoir baptiser immediatement l'enfant, sans faire aucun tort à la mère. Il demande si ce moyen, qu'il vient de proposer, est permis et légitime, et s'il peut s'en servir dans les cas qu'il vient d'exposer.

Réponse

Le Conseil estime, que la question proposée souffre de grandes difficultés. Les Théologiens posent d'une côté pour principe, que le baptême, qui est une

Es ist ein schreckliches Mißgeschick für dieses mein Buch, noch mehr aber für die gelehrte Welt überhaupt – so daß mein spezielles Mißgeschick im Hinblick hierauf ganz verschwindet – daß dieser nämliche gemeine Kitzel nach neuen Abenteuern in allen Dingen, so ganz in unsere Gewohnheit und Art übergegangen ist, und daß wir so darauf aus sind, unsere ungedul-

naissance spirituelle, suppose une première naissance: il faut être né dans le monde, pour renaître en Jésus Christ, comme ils l'enseignent. S. Thomas 3 part. quaest. 88. artic. 11. suit cette doctrine, comme une vérité constante; l'on ne peut, dit ce S. Docteur, baptiser les enfants qui sont renfermés dans le sein de leurs mères, et S. Thomas est fondé sur ce, que les enfants ne sont point nés et ne peuvent être comptés parmi les autres hommes; d'où il conclut, qu'ils ne peuvent être l'object d'une action extérieure pour recevoir par leur ministère les sacrements nécessaires au salut: Pueri in maternis uteris existentes, nondum prodierunt in lucem ut cum aliis hominibus vitam ducant; unde non possunt subjici actioni humana, ut per eorum ministerium sacramenta recipant ad salutem. Les rituels ordonnent dans la pratique ce que les théologiens ont ètabli sur les mêmes matières, et ils defendent tous d'une manière uniforme, de baptiser les enfants qui sont renfermés dans le sein de leurs mères, s'ils ne font paraître quelque partie de leurs corps. Le concours des théologiens, et des rituels, qui sont les règles de diocèses, parait former une autorité qui termine la question présente; cependant le conseil de conscience considerant d'un côté que le raisonnement des théologiens est uniquement fondé sur une raison de convenance, et que la deffense des rituels suppose que l'on ne peut baptiser immediatement les enfants ainsi renfermés dans le sein de leurs mères, ce qui est contre la supposition présente; et d'un autre côté, considerent que les mêmes théologiens enseignent, que l'on peut risquer les sacrements que Jésus Christ a etablis comme des moyens faciles, mais nècessaires pour sanctifier les hommes; et d'ailleurs estimant, que les enfants renfermés dans le sein de leurs mères, pourraient être capables de salut, parce qu'ils sont capables de damnation: – pour ces considerations, et en égard à l'exposé, suivant lequel on assure avoir trouvé un moyen certain de baptiser ces enfants ainsi renfermés, sans faire aucun tort à la mère, le Conseil estime, que l'on pourrait se servir du moyen proposé, dans la confiance qu'il a, que Dieu n'a point laissé ces sortes d'enfants sans aucuns secours, et supposant, comme il est exposé, que le moyen dont il s'agit est propre à leur procurer le baptême; cependant comme il s'agirait, en autorisant la pratique proposée, de changer une règle universellement établie, le Conseil croit que celui qui consulte doit s'addresser à son évêque, et à qui il appartient de juger de l'utilité et du danger du moyen proposé et comme, sous le bon plaisir de l'évêque, le Conseil estime qu'il faudrait recourir au Pape, qui a le droit d'expliquer les règles de l'église, et d'y déroger dans le cas, où la loi ne saurait obliger, quelque sage et quelque utile que paraisse la manière de baptiser dont il s'agit, le Conseil ne pourrait l'approuver sans le concours de ces deux autorités. On conseille au moins à celui qui consulte de s'addresser à son évêque, et de lui faire part de la présente décision, afin que, si le prélat entre dans les raisons

dige Neugierde zu befriedigen, – daß nur die gröberen und mehr fleischlichen Teile einer Dichtung hinuntergehen – die feineren Winke und scharfsinnigen Mitteilungen der Wissenschaft aber wie Geister aufwärts fliegen und die schwere Moral nach abwärts versinkt, so daß beide der Welt so vollständig verloren gehen, als ob sie noch am Boden des Tintenfasses säßen.

Ich wünsche, der männliche Leser möchte nicht manche ebenso interessante wie feine Stelle wie diese überschlagen haben, bei welcher der weibliche Leser erwischt wurde. Ich wünsche, dieser Fall möchte seine Wirkung nicht verfehlen, – und alle guten Leute, männliche und weibliche ein Exempel daran nehmen und ebenso gut denken wie lesen lernen.

sur lesquelles les Docteurs soussignés s'appuyent, il puisse être autorisé, dans le cas de nécessité, où il risquerait trop d'attendre que la permission fût demandée et accordée d'employer le moyen qu'il propose si avantageux au salut de l'enfant. Au reste, le Conseil, en estimant que l'on pourrait s'en servir, croit cependant, que si les enfants dont il s'agit, renaient au monde, contre l'éspérance de ceux qui se seraient servis du même moyen, il serait nécessaire de les baptiser *sous conditions;* et en cela le Conseil se conforme à tous les rituels qui en autorisant le baptême d'un enfant qui fait paraître quelque partie de son corps, enjoignent néanmoins, et ordonnent de la baptiser *sous condition,* s'il vient heureusement au monde.

Délibéré au Sorbonne le 10. Avril 1733.

A. Le Moyne.
L. de Romigny.
De Marcilly.

Herrn Tristram Shandys Empfehlung an die Herren Le Moyne, De Romigny und De Marcilly; er hofft, sie haben alle in der Nacht nach dieser mühsamen Beratung gut geschlafen. Es wäre ihm angenehm zu erfahren, ob nicht, wenn alle Homunkuli nach der Trauung und noch vor Vollziehung der Ehe, auf einmal, Bums! durch Einspritzung getauft würden, die Sache noch wesentlich abgekürzt und bei weitem sicherer gemacht würde? unter der Bedingung wie oben, daß wenn sich die Homunkuli gut halten und nachher sicher zur Welt kommen, ein jeder von ihnen wieder getauft werde *(sous conditions);* – und vorausgesetzt zweitens, daß das Ding sich *par le moyen d'une petite canulle* und *sans faire aucun tort à la mère* machen ließe, was wie Herr Shandy meint, möglich sein dürfte!

21. Kapitel

Ich möchte nur wissen, was all der Lärm und das Hin- und Herrennen da droben zu bedeuten hat? sagte mein Vater (nachdem sie etwa anderthalb Stunden schweigend beisammen gesessen waren) zu meinem Onkel *Toby* – der am anderen Ende des Kaminfeuers saß und die ganze Zeit her sein geselliges Pfeifchen rauchte und dabei ein Paar neue schwarze Sammethosen, die er anhatte, betrachtete; – was mögen sie wohl tun? sagte mein Vater, – wir können ja kaum unser eigenes Wort hören.

Ich denke, erwiderte mein Onkel *Toby*, indem er die Pfeife aus dem Mund nahm und mit dem Kopf derselben ein paarmal auf den Nagel seines linken Daumens klopfte, ehe er seine Rede begann – ich denke, sagte er, – allein um die Ansichten meines Onkels *Toby* in dieser Sache recht zu verstehen, müssen Sie erst ein wenig mit seinem Charakter bekannt gemacht werden, von dem ich Ihnen jetzt einen leichten Umriß geben will. Hernach kann das Zwiegespräch zwischen ihm und meinem Vater wieder ruhig weitergehen.

Wie hieß doch der Mann – denn ich schreibe in solcher Eile, daß ich keine Zeit habe mich darauf zu besinnen oder deshalb nachzuschlagen – der zuerst die Bemerkung machte: daß in unserer Luft und unserem Klima große Unbeständigkeit herrsche? Wer es immer gewesen sein mag, seine Bemerkung ist richtig und gut. – Allein der daraus gezogene Schluß, nämlich: daß es daher komme, daß wir eine solche Menge seltsamer, grillenhafter Charaktere haben – stammt nicht von ihm; das hat ein anderer Mann wenigstens anderthalb Jahrhunderte später herausgefunden. Die Bemerkung sodann – daß dieses reiche Magazin der Originalität die wirkliche und natürliche Ursache davon sei, daß unsere Lustspiele um soviel besser seien als die französischen oder irgendwelche andere, die man auf dem Kontinent geschrieben habe oder schreiben könne: – diese Entdeckung wurde erst um die Mitte der

Regierung des Königs *William* gemacht, – wo der große *Dryden* (wenn ich nicht irre) in einer seiner langen Vorreden so glücklich war, darauf zu kommen.

Gegen Ende der Regierung der Königin *Anna* begann dann der große *Addison* diese Entdeckung unter seinen Schutz zu nehmen, und sie in einigen Nummern seines Spectators der Welt weitläufig auseinanderzusetzen; – gemacht hat er sie aber nicht.

Viertens und letztens aber, daß diese merkwürdige Unregelmäßigkeit in unserem Klima, indem sie eine so merkwürdige Unregelmäßigkeit in unseren Charakteren erzeuge – uns hierdurch einigermaßen schadlos halte, indem sie uns etwas gebe, womit wir uns erheitern können, wenn die Witterung uns nicht gestattet, auszugehen – diese Bemerkung kommt von mir – und wurde von mir heute den 26. *März* 1759, an einem recht regnerischen Tag, morgens zwischen 9 und 10 Uhr gemacht.

So – meine Herren Kollegen und Mitarbeiter an dieser großen Ernte der Wissenschaft, die gegenwärtig vor unseren Augen reift – so ist es durch langsames Vorwärtsschreiten auf dem Wege zufälligen Wachstums so weit gekommen, daß unsere physikalischen, metaphysischen, physiologischen, polemischen, nautischen, mathematischen, enigmatischen, technischen, biographischen, romantischen, chemischen und hebammischen Kenntnisse, nebst weiteren fünfzig Gattungen, die meistens auch auf *ischen* endigen, in diesen letzten zwei Jahrhunderten und etwas darüber, sich allmählich jener Ακμὴ ihrer Vervollkommnung genähert haben, von der wir, wenn wir nach den Fortschritten dieser letzten sieben Jahre schließen dürfen, nicht mehr weit entfernt sein können.

Wenn wir sie aber erreicht haben, ist zu hoffen, daß damit allen Arten von Schreibereien ein Ende gemacht werde – der Mangel an Schriften aber wird allem Lesen ein Ende machen; und das muß – *wie Krieg Armut erzeugt, Armut aber wieder Frieden* – natürlich wieder in Kürze jeder Art von Wissenschaft ein

Ende machen – und dann – müssen wir alle wieder von vorn anfangen; oder mit andern Worten wir sind dann wieder da angelangt, von wo wir ausgegangen waren.

—— Glückliche, dreimal glückliche Zeiten! Ich wünsche nur, daß die Ära meiner Zeugung wie auch die Art und Weise derselben ein wenig anders gewesen wäre – oder daß sie, wofern es meinem Vater oder meiner Mutter gepaßt hätte, noch etliche 20-25 Jahre verschoben geblieben wäre, wo dann ein Mann in der literarischen Welt mehr Aussicht gehabt hätte.

Doch ich vergesse meinen Onkel *Toby,* der die ganze Zeit her die Asche aus seiner Tabakspfeife klopft.

Sein Humor war von der besonderen Sorte, die unserer Atmosphäre Ehre macht; und ich würde mich keinen Augenblick besonnen haben, ihn unter ihre Produkte erster Klasse zu reihen, hätten sich nicht dabei so viele starke Züge einer Familienähnlichkeit gezeigt, aus denen hervorging, daß er die Eigentümlichkeit seines Wesens mehr dem Blut als dem Wind oder Wetter oder einer Verbindung, einer Abart beider zu verdanken habe. Ich habe mich daher auch oft gewundert, daß mein Vater – (ich glaube freilich, daß er seine besonderen Gründe dazu hatte), – wenn er an mir als Knaben gewisse Anzeichen von Sonderbarkeit bemerkte, – sich niemals die Mühe nahm, dieselben auf diese Weise zu erklären; denn die ganze FAMILIE SHANDY hatte einen eigentümlichen Charakter: – ich meine die männlichen Mitglieder derselben – denn die weiblichen hatten gar keinen Charakter – mit Ausnahme meiner Großtante Dinah, die vor etwa 60 Jahren ihren Kutscher geheiratet und ein Kind von ihm bekommen hatte; weshalb mein Vater, seiner Hypothese in betreff der Vornamen getreu, zu sagen pflegte, sie habe sich bei ihren Paten und Patinnen dafür zu bedanken.

Es wird sonderbar erscheinen – und wenn ich den Leser raten lassen wollte, wie das zuging, so möchte es scheinen ich wolle ihm ein Rätsel aufgeben, was nicht in meinem Interesse liegt – daß ein Ereignis dieser Art so viele Jahre nachher noch den Frieden und die Eintracht stören sollte, die sonst in so herzlicher Weise zwischen meinem Vater und meinem Onkel *Toby* bestanden. Man hätte denken sollen, daß sich die ganze Macht des Ungewitters gleich anfangs in der Familie entladen und verzehrt hätte – wie dies gewöhnlich der Fall ist. – Aber in unserer Familie ging eben nichts auf die gewöhnliche Weise. Möglich daß zur Zeit da jenes geschah, noch irgend etwas anderes sie schmerzlich betraf; und da uns ja die Trübsal zu unserem Besten geschickt wird, der FAMILIE SHANDY aber aus jenem Mißgeschick noch nie irgend etwas Gutes erwachsen war, so mochte es wohl auf passendere Zeiten und Umstände warten, wo es gelegentlich seinen Zweck erfüllen konnte. – Ich bitte übrigens zu bemerken, daß ich hierüber nichts Bestimmtes gesagt haben will. Mein Weg ist immer der, daß ich dem Wißbegierigen verschiedene Spuren der Nachforschung andeute, auf denen er bis zu der Quelle der Ereignisse gelangen kann, die ich erzähle; – nicht mit dem Griffel des Pedanten – oder in der entschiedenen Weise des *Tacitus*, der klüger ist als er selbst und sein Leser; sondern mit der dienstfertigen Demut eines Herzens, das nur die Wißbegierigen unterstützen will: – für diese schreibe ich – und von ihnen werde ich auch bis ans Ende der Welt gelesen werden – wenn eine solche Lektüre sich so lange halten kann.

Weshalb also diese Quelle der Betrübnis für meinen Vater und Onkel aufbehalten blieb, lasse ich unentschieden. Wie und in welcher Richtung sie aber wirkte, um die Ursache einer mißvergnügten Stimmung zwischen ihnen zu werden, nachdem sie einmal begonnen hatte zu wirken, das kann ich mit größter Genauigkeit auseinandersetzen. Die Sache war so:

Mein Onkel TOBY SHANDY, Madame, besaß neben den Tugenden, welche gewöhnlich den Charakter eines ehrenhaften und rechtschaffenen Mannes bezeichnen – noch eine andere und zwar in hohem Grade, welche sonst selten oder nie auf der Liste steht; und das war eine außerordentliche, beispiellose Züchtigkeit von Natur – doch ich streiche das Wort Natur wieder, weil ich einen Punkt nicht im voraus entscheiden möchte, der bald näher untersucht werden muß: ob nämlich diese Züchtigkeit ihm von Natur anklebte oder ob sie erworben war? – Auf welchem Wege aber mein Onkel dazu gekommen sein mochte, Züchtigkeit im reinsten Sinne des Wortes war es; und zwar, Madame, nicht in Beziehung auf seine Worte, denn er hatte über sehr wenige zu gebieten – sondern in sachlicher Beziehung – und diese Art Züchtigkeit hatte ihn so in Beschlag genommen, und eine solche Höhe in ihm erreicht, daß sie fast der Züchtigkeit eines Weibes gleich kam, wenn das möglich ist, jenem weiblichen Zartgefühl, Madame, jener inneren Reinheit des Gemüts und der Phantasie, das uns so große Ehrfurcht vor Ihrem Geschlechte einflößt.

Sie denken vielleicht, Madame, mein Onkel habe diese Tugend aus letzterer Quelle bezogen; – er habe einen großen Teil seiner Zeit im Umgang mit Ihrem Geschlechte zugebracht; er habe sich diese liebenswürdige Eigenschaft durch eine innige Bekanntschaft mit Ihrem Geschlecht, durch die Nachahmung, welche so schöne Beispiele unwiderstehlich hervorrufen, erworben.

Ich wollte, ich könne sagen, es sei so: – allein mit Ausnahme seiner Schwägerin, meines Vaters Gattin und meiner Mutter – wechselte mein Onkel *Toby* mit dem schönen Geschlecht kaum drei Worte in ebensoviel Jahren. – Nein, Madame, er erhielt es durch eine Quetschung. – Eine Quetschung! – Ja, Madame, durch eine Quetschung, die ihm ein Stein beibrachte, der bei der Belagerung von *Namur* durch eine Kanonenkugel von der Brustwehr eines Hornwerks abgesprengt wurde und der meinen Onkel gerade auf das Schambein traf. – Und wie konnte das jene Wirkung hervorbringen? – Diese Geschichte ist lang und interessant, Madame, – aber ich würde meine Erzählung vollkommen überstürzen, – wenn ich sie hier geben wollte. – Ich spare sie für später als Episode auf; und an der geeigneten Stelle soll Ihnen dann jeder Umstand getreulich vorgelegt werden; – bis dahin liegt es nicht in meiner Macht ein weiteres Licht über die Sache zu verbreiten, oder mehr zu sagen als was ich bereits gesagt habe – daß nämlich mein Onkel *Toby* ein Mann von beispielloser Züchtigkeit war, welche durch die beständige Wärme eines kleinen Familienstolzes noch etwas verdünnt und verfeinert wurde – beide zusammen brachten in ihm die Wirkung hervor, daß er niemals hören konnte, daß man die Geschichte meiner Tante DINAH berührte, ohne in die größte Aufregung zu geraten. – Die leiseste Hindeutung darauf genügte, um ihm das Blut in das Gesicht zu jagen; – wenn sich aber mein Vater in einer gemischten Gesellschaft über die Geschichte verbreitete, wozu ihn die notwendige Erläuterung seiner Hypothese nicht selten veranlaßte – so traf der unselige Mehltau, der damit auf einen der schönsten Zweige der Familie fiel, auch meines Onkels *Toby* Ehrgefühl und Züchtigkeit aufs schwerste; und er nahm dann meinen Vater oft in der äußersten Aufregung beiseite und sagte ihm, er wolle ihm gerne geben, was er nur wolle, wenn er nur die Geschichte in Ruhe lasse.

Mein Vater hatte gewiß die aufrichtigste Liebe und Anhänglichkeit für meinen Onkel *Toby,* die je ein Bruder gegen einen anderen hegte; und würde gewiß gerne alles auf der Welt getan haben, was ein Bruder vernünftigerweise vom andern verlangen konnte, um meines Onkels *Toby* Herz in diesem wie in jedem andern Punkte zu erleichtern. Aber hier lag es nicht in seiner Macht.

Mein Vater war, wie ich Ihnen bereits sagte, ein echter Philosoph – spekulativ – systematisch; – und die Geschichte meiner Tante DINAH war für ihn eine so wichtige Sache, wie es die Rückläufigkeit der Planeten für *Kopernikus* war: – das Abfallen der Venus in ihrer Bahn bestätigte bekanntlich das nach ihm genannte Kopernikanische System; das Abfallen meiner Tante DINAH aber tat ganz den gleichen Dienst zu

Feststellung des Systems meines Vaters, welches, wie ich überzeugt bin, für alle Zukunft nach ihm das *Shandyanische System* heißen wird.

Bei jeder anderen Familienunehre hatte mein Vater gewiß ein ebenso kitzliges Schamgefühl als irgendeiner; – und weder er – noch gewiß auch *Kopernikus* – würde die Sache weiter verbreitet oder die geringste Notiz von ihr vor der Welt genommen haben, wenn sie sich nicht beide, wie sie meinten, verpflichtet gefühlt hätten, die Wahrheit zu sagen. *Amicus Plato*, pflegte mein Vater zu sagen, indem er im Auf- und Abgehen meinem Onkel *Toby* die Worte erklärte; *Amicus Plato* – das heißt, DINAH war meine Tante; – *sed magis amica veritas* – aber die WAHRHEIT ist meine Schwester.

Dieser Gegensatz in der Gemütsart bei meinem Vater und meinem Onkel war die Veranlassung zu manchem brüderlichen Hader. Der eine konnte die Geschichte von dem Familienunheil nicht erzählen hören; – und der andere ließ kaum einen Tag vorübergehen, ohne eine Anspielung darauf zu machen.

Um Gottes willen, pflegte dann mein Onkel *Toby* zu rufen, – und um meinetwillen, und um unser aller willen, lieber Bruder *Shandy* – so laß doch diese Geschichte von unserer Tante bei ihrer Asche ruhen. – Wie kannst du – wie kannst du nur so wenig Gefühl und Rücksicht für den guten Namen unserer Familie haben? – Was ist der gute Name einer Familie gegen eine Hypothese? pflegte mein Vater zu erwidern. – Ja, wenn du damit kommst – was ist das Leben einer Familie? – Das Leben einer Familie! – sagte dann mein Onkel *Toby*, warf sich in seinen Lehnstuhl zurück und erhob seine Hände, seine Augen und ein Bein gen Himmel. – Ja das Leben, fuhr dann mein Vater fort und hielt seinen Satz aufrecht.

Wieviel tausend Leben werden alljährlich für eine Hypothese weggeworfen (wenigstens in allen zivilisierten Ländern) – und als gewöhnliche Luft betrachtet! – Nach meiner einfachen Beurteilung der Dinge, erwiderte dann mein Onkel

Toby – ist jeder Fall der Art reiner Mord, begehe ihn wer will. – Da irrst du dich, pflegte mein Vater zu erwidern; – denn in *Foro Scientiae* gibt es keinen MORD – sondern nur TOTSCHLAG, Bruder.

Mein Onkel *Toby* pflegte diesem Ausspruch keinen andern Beweisgrund entgegenzustellen, als daß er ein Halbdutzend Takte des *Lillabullero* pfiff. – Dies war nämlich der gewöhnliche Kanal, in welchem sich seine Leidenschaften Luft machten, wenn ihn irgend etwas alterierte oder in Staunen setzte; besonders aber wenn etwas behauptet wurde, was er für höchst abgeschmackt hielt.

Da nicht einer unserer Schriftsteller über Logik, nicht einer der Kommentatoren derselben, so weit ich weiß, es für angezeigt gehalten hat, dieser besonderen Beweisart einen Namen zu geben – so nehme ich mir hier die Freiheit, es selbst zu tun, und zwar aus zwei Gründen; erstens damit derselbe, um alle Verwirrung bei Wortgefechten zu vermeiden, ein für allemal von jeder anderen Beweisart so vollständig geschieden dastehe – wie das *Argumentum ad Verecundiam, ex Absurdo, ex Fortiori,* oder irgendein anderes Argument; – und zweitens, damit wenn mein Haupt zur Ruhe gelegt ist, meine Kindeskinder sagen können, der Kopf ihres gelehrten Großvaters habe sich mit ebensoviel wichtigen Dingen beschäftigt als der anderer Leute; – er habe einen Namen erfunden, – und ihn in edelmütigster Weise dem SCHATZ der *Ars Logica* überlassen, als einer der unwiderleglichsten Beweise der ganzen Wissenschaft; und wenn der Zweck eines Wortstreits eher darin besteht, den Gegner zum Schweigen zu bringen als ihn zu überzeugen – so können sie wenn sie wollen, noch hinzufügen – zugleich als einen der besten Beweise.

Ich verordne und befehle daher hiermit aufs bündigste, daß dieser Beweis künftig unter dem Namen und Titel *Argumentum Fistulatorium* und unter keinem andern bekannt und bezeichnet sein solle; – daß er auf gleicher Rangstufe mit dem *Argumentum Baculinum* und dem *Argumentum ad Crumenam* stehen und künftighin für ewige Zeiten in dem gleichen Kapitel abgehandelt werden solle.

Was das *Argumentum Tripodium* betrifft, welches nur von der Frau gegen den Mann benützt wird; – sowie das *Argumentum ad Rem,* welches im Gegenteil nur von dem Mann gegen die Frau zur Anwendung kommt; – so sollen, da diese zwei wahrlich für eine Vorlesung genug sind – und da überdies der eine dieser Beweise die beste Antwort auf den andern ist – sie gleichfalls abgesondert und in einem besonderen *Placit* abgehandelt werden.

22. Kapitel

Der gelehrte Bischof *Hall,* ich meine den berühmten Dr. *Joseph Hall,* der unter der Regierung des Königs *Jacob* I. Bischof von *Exeter* war, sagt uns in einer seiner *Dekaden,* am Schluß seiner Göttlichen Kunst der Betrachtung, die in London im Jahre 1610 bei *John Beal* in der *Aldersgatestraße* gedruckt wurde: »daß es etwas ganz Nichtswürdiges von einem Mann sei, wenn er sich selbst lobe« – und ich bin in der Tat der Ansicht, daß es so ist.

Und doch wenn andererseits etwas auf eine meisterliche Art durchgeführt worden ist, und wahrscheinlich sonst nicht ans Licht gekommen wäre; – so halte ich es für ebenso nichtswürdig, wenn ein Mann die Ehre dieser Tat verlieren und aus der Welt gehen sollte, mit dem Gedanken, daß es in seinem Kopfe verfaulen solle.

In dieser Lage bin ich nun gerade.

Denn in dieser langen Abschweifung, zu der ich ganz zufällig veranlaßt wurde, wie in allen meinen Abschweifungen (eine einzige ausgenommen) liegt ein Meisterstück der Abschweifungskunst, dessen Wert, wie ich fürchte, die ganze Zeit über von meinem Leser übersehen wurde, – nicht weil es ihm an Scharfsinn gefehlt hätte – sondern weil es ein

Vorzug ist, den man in einer Abschweifung selten findet, oder überhaupt erwartet – nämlich, daß, obschon meine Abschweifungen alle an sich sehr schön sind, wie Sie sehen – und ich von dem, woran ich gerade bin, so weit und so oft abschweife als irgendein Schriftsteller in *Großbritannien* – ich doch beständig Sorge trage, die Sachen so einzurichten, daß mein Hauptgeschäft deshalb doch in meiner Abwesenheit nicht stille steht.

So war ich zum Beispiel eben daran, Ihnen den höchst grillenhaften Charakter meines Onkels *Toby* in großen Umrissen zu schildern – als meine Tante *Dinah* und ihr Kutscher dazwischenkam und uns einige Millionen Meilen weit bis in das Herz des Planetensystems wandern ließ; trotz alledem, werden Sie aber bemerken, daß die Schilderung von meines Onkels *Toby* Charakter die ganze Zeit über ruhig weiterging; – nicht in den großen Umrissen – das war unmöglich – aber in einigen Familienzügen und leichten Andeutungen, die da und dort in unserem Weitergehen berührt wurden, so daß Sie jetzt mit meinem Onkel *Toby* weit besser bekannt sind, als Sie es vorher waren.

Dieser Kunstgriff macht die Maschinerie meines Werks zu einer ganz eigentümlichen; sie erhält dadurch zwei entgegengesetzte Bewegungen, die sich doch wieder vereinigen, während man hätte glauben sollen, daß sie einander stören würden. Mit einem Wort, mein Werk schweift ab und kommt doch vorwärts – und zwar zu gleicher Zeit.

Es ist dies, mein Herr, etwas ganz anderes als die Umdrehung der Erde um ihre Achse bei ihrem täglichen Weiterrollen, mit ihrem Fortschreiten in einer elliptischen Bahn, wodurch das Jahr vollendet und die Mannigfaltigkeit und der Wechsel der Jahreszeiten, deren wir uns erfreuen, bewirkt wird; – obwohl ich zugebe, daß ich dadurch auf den Gedanken kam – wie ich auch glaube, daß die größten Verbesserungen und Entdeckungen, deren wir uns rühmen, aus ähnlichen kleinen Winken entstanden sind.

Abschweifungen sind unleugbar der Sonnenschein – das Leben, die Seele der Lektüre – man nehme sie zum Beispiel aus diesem Buche – so könnte man ebensogut das ganze Buch mitnehmen – auf jeder Seite desselben würde ein kalter ewiger Winter herrschen; man gebe sie dem Schriftsteller zurück – und er schreitet daher wie ein Bräutigam – bietet allen seinen Gruß, bringt Mannigfaltigkeit herein und verhindert, daß der Appetit abhanden kommt.

Die ganze Kunst besteht darin, daß diese Abschweifungen gut gekocht und so hergerichtet werden, daß sie nicht nur dem Leser, sondern auch dem Schriftsteller zugute kommen, dessen Not hierbei wirklich jammernswürdig ist; denn wenn er eine Abschweifung beginnt – im gleichen Augenblick werden Sie bemerken, daß sein ganzes Werk stille steht – und wenn er dann wieder in der Hauptsache fortfährt, ist es mit seiner Abschweifung aus.

—— Das ist aber ein elendes Geschäft. – Und deshalb sehen Sie, habe ich gleich von Anfang an das Hauptwerk so konstruiert und die zufälligen Teile desselben mit solchen Einschnitten versehen und die abschweifenden und fortschreitenden Bewegungen so miteinander und ineinander verbunden, ein Rad mit dem andern, daß die ganze Maschine im Gang bleibt; – und was noch mehr ist, sie soll ihre 40 Jahre lang so fortgehen, wenn es der Quelle aller Gesundheit gefällt mich solange am Leben und bei guter Laune zu erhalten.

23. Kapitel

Ich fühle eine starke Neigung in mir, dieses Kapitel mit einem rechten Unsinn anzufangen; ich will auch meiner Laune diesmal keinen Zwang antun – und so fahre ich denn folgendermaßen vor:

Wenn, wie der Erzkritikus *Momus* als wesentliche Verbesserung vorgeschlagen, wirklich ein Glasfenster vor das menschliche Herz gesetzt worden wäre – so hätte dies gewiß in erster Linie eine sehr närrische Folge gehabt – die Weisesten und Ernstesten von uns nämlich hätten in dieser oder jener Münze tagtäglich Fenstersteuer zahlen müssen. Und zweitens wäre besagtes Fenster eingesetzt worden, so hätte es weiter nichts gebraucht, um den Charakter eines Menschen kennenzulernen, als daß man einen Stuhl genommen hätte und damit sachte, wie an einen gläsernen Bienenkorb herangegangen wäre, und hätte hineingeschaut – die Seele in ihrer Nacktheit betrachtet, – alle ihre Bewegungen und Regungen bemerkt – alle ihre Grillen von ihrem Entstehen bis zu ihrem Zumvorscheinkommen beobachtet – ihre Luftsprünge, ihre Purzelbäume und sonstige Possen mit angesehen, auch ihr feierlicheres Benehmen unmittelbar nach solchen Sprüngen wohl gemerkt – und dann Feder und Tinte genommen und eben nur niedergeschrieben, was man gesehen und was man beschwören konnte. – Allein diesen Vorteil besitzt ein Biograph auf unserem Planeten leider nicht; – auf dem *Merkur* mag er es vielleicht so finden; wo nicht noch besser – denn dort muß die intensive Hitze des Landes, die auf Grund seiner Sonnennähe als derjenigen des Rotglüheisens gleich berechnet worden ist – meiner Ansicht nach längst die Körper der Bewohner (als wirkende Ursache) zu Glas verwandelt haben, um sie dem Klima (das die Endursache ist) anzupassen, so daß zwischen ihnen beiden das ganze Anwesen ihrer Seelen von oben bis unten, was auch die trefflichste Philosophie dagegen sagen mag, nichts anderes sein kann als ein feiner durchsichtiger Körper von hellem Glas (die Nabelgegend abgerechnet) – so daß bis zu dem Zeitpunkt, wo die Bewohner alt und einigermaßen runzlig werden, infolgedessen dann die Sonnenstrahlen bei ihrem Hindurchgehen sich so merkwürdig brechen – oder in solchen Kreuz- und Querlinien von der Oberfläche nach dem Auge zurückstrahlen, daß man nicht mehr hindurchsehen kann – die Seele (es sei denn anstandshalber oder wegen des geringen Vorteils, den ihr der Nabel gewährte,) –

in jeder anderen Beziehung den Narren gerade so gut außer dem Hause als drinnen spielen könnte.

Allein dies ist, wie ich schon oben bemerkte, bei den Erdenbewohnern nicht der Fall; – unsere Seelen scheinen nicht durch den Körper hindurch, – sondern sind in eine dunkle Hülle von unkristallisiertem Fleisch und Blut gepackt, so daß, wenn wir den spezifischen Charakter derselben kennenlernen wollen, wir schon einen anderen Weg dazu einschlagen müssen.

Mancherlei sind allerdings die Wege, welche der menschliche Scharfsinn gehen mußte, um ein genaues Resultat in dieser Beziehung zu erhalten.

Einige zum Beispiel bestimmen alle ihre Charaktere nach Blasinstrumenten – diesen Weg schlägt *Vergil* in der Geschichte mit *Dido* und *Aeneas* ein – aber dieser Weg ist so trügerisch wie das Blasen der Fama; – und deutet überdies auf einen beschränkten Geist. Es ist mir nicht unbekannt, daß die *Italiener* behaupten, sie bestimmen eine besondere Art von Charakteren unter ihnen mit mathematischer Sicherheit nach dem *forte* oder *piano* gewisser bei ihnen im Gebrauch befindlicher Blasinstrumente – und sie sagen, das sei ganz untrüglich. – Ich wage es nicht, dieses Blasinstrument hier mit Namen zu nennen; – es genüge, wenn ich sage, wir haben es auch – doch fällt es uns nicht ein, damit ein Tongemälde, eine Charakterzeichnung zu machen; – ich spreche hier in Rätseln, und zwar absichtlich, wenigstens *ad populum;* – und deshalb bitte ich Sie auch, Madame, wenn Sie an diese Stelle kommen, so schnell als möglich weiterzulesen und ja keine Frage darüber zu stellen.

Dann gibt es wieder andere, welche den Charakter eines Menschen lediglich nach dessen Ausleerungen bestimmen wollen; – dabei erhält man aber oft sehr ungenaue Umrisse – wenn man nicht zugleich auch eine Skizze seiner Wiederauffüllungen entwirft; und indem man die eine Zeichnung durch die andere korrigiert, so aus beiden die richtige Figur zu gewinnen sucht.

Ich habe gegen diese Methode nichts einzuwenden, nur glaube ich, daß sie zu stark nach der Studierlampe riecht – und dadurch noch lästiger wird, daß sie uns zwingt, die übrigen *Nonnaturalia* des Menschen ins Auge zu fassen. – Warum man die allernatürlichsten Tätigkeiten im Menschenleben seine *Nonnaturalia* heißt – ist wieder eine andere Frage.

Dann gibt es viertens noch andere, welche alle diese Auskunftsmittel verachten – nicht etwa weil sie besonders reich an eigenen sind, sondern weil sie den ehrenwerten Erfindungen, welche die pentagraphischen* Brüder vom Pinsel zu Anfertigung von Kopien aufgebracht haben, verschiedene Mittel und Wege entlehnten. – Das, müssen Sie wissen, sind unsere großen Geschichtsschreiber.

So sehen Sie, wie der eine einen Charakter in Lebensgröße gegen das Licht aufnimmt – das ist nicht liberal – nicht ehrlich – und sehr hart für den Charakter des Mannes, der dazu sitzt.

Andere machen, um die Sache noch besser zu machen, ein Bild von Ihnen in der *Camera obscura;* – das ist die allerhinterlistigste Methode, denn bei diesem Verfahren dürfen Sie versichert sein, daß man Sie in einer Ihrer lächerlichsten Stellungen aufnimmt.

Und all diese Irrtümer bei Schilderung des Charakters meines Onkels *Toby* zu vermeiden, bin ich entschlossen, bei Zeichnung desselben zu gar keinen mechanischen Hilfsmitteln zu greifen; – auch soll mein Griffel nicht durch irgendein Windinstrument beeinflußt werden, das schon auf dieser oder jener Seite der Alpen geblasen worden ist; – ebensowenig werde ich seine Auffüllungen oder Entleerungen in Betracht ziehen – oder seine *Nonnaturalia* berühren; mit einem Wort, ich werde den Chrakter meines Onkels *Toby* auf Grund seines STECKENPFERDES entwerfen.

* Pentagraph: Instrument zum mechanischen Kopieren von Drucken und Gemälden in jedem beliebigen Verhältnis.

24. Kapitel

Wenn ich nicht moralisch überzeugt wäre, daß der Leser vor Ungeduld brennt, den Charakter meines Onkels *Toby* kennenzulernen – so würde ich ihn hier zum voraus überzeugt haben, daß kein Instrument so geeignet ist, um so etwas zu zeichnen als gerade das, auf welches ich verfallen bin.

Ich kann zwar nicht behaupten, daß ein Mann und sein STECKENPFERD gerade so aufeinander wirken wie Leib und Seele; aber es besteht zweifellos eine gewisse Verbindung zwischen ihnen; und zwar meiner Ansicht nach in der Art wie die Elektrizität auf die Körper wirkt – und zwar mittelst derjenigen erwärmten Teile des Reiters, welche in unmittelbare Berührung mit dem Rücken des STECKENPFERDES kommen. – Bei langen Ritten und großer Friktion wird der Körper des Reiters auf diese Art endlich so voll von STECKENPFERDSTOFF werden, als er überhaupt in sich aufnehmen kann; – so daß wenn man in der Lage ist, eine klare Beschreibung von der Natur des einen zu geben, man sich eine ziemlich genaue Vorstellung von dem Genius und Charakter des andern wird machen können.

Nun war das STECKENPFERD, welches mein Onkel *Toby* beständig ritt, nach meiner Ansicht ein solches, daß es wohl eine Schilderung verdiente, wäre es auch nur wegen seiner großen Sonderbarkeit – denn Sie konnten von *York* nach *Dover* – und von *Dover* nach *Penzance* in *Cornwall*, und von *Penzance* wieder zurück nach *York* reisen, ohne auf dem Wege einem ähnlichen zu begegnen; oder wenn Sie je auf ein solches trafen, hätten Sie, und wenn es Ihnen auch noch so pressierte, unfehlbar Halt machen und es sich betrachten müssen. Ja die Gangart und Figur desselben war so eigentümlich und so ganz anders vom Kopf bis zum Schwanz als alle anderen seiner Rasse, daß man wirklich nicht selten darüber stritt, ob es denn eigentlich ein STECKENPFERD sei oder nicht. Wie aber der Philosoph sich gegen den Skeptiker, der ihm die Wirklichkeit der Bewegung bestritt, keines andern Beweisgrundes bediente, als daß er die Beine erhob und durch das Zimmer ging; – so pflegte sich mein Onkel *Toby* keines anderen Beweises zu bedienen, um darzutun, daß sein STECKENPFERD wirklich ein Steckenpferd sei, als daß er sich auf seinen Rücken schwang und darauf herumritt, – die Welt mochte sich dann über die Sache lustig machen, wie es ihr beliebte.

Mein Onkel *Toby* ritt es wirklich mit soviel Vergnügen, und es trug meinen Onkel *Toby* so schön – daß er sich sehr wenig darüber beunruhigte, was die Welt dazu sagen oder davon denken werde.

Es ist jedoch jetzt höchste Zeit, daß ich eine Beschreibung von ihm gebe: – um jedoch regelrecht vorzugehen, bitte ich nur Sie vorher darüber verständigen zu dürfen, wie mein Onkel *Toby* dazu kam.

25. Kapitel

Da die Wunde, welche mein Onkel *Toby* bei der Belagerung von *Namur* am Schambein erhalten hatte, ihn zu fernerem Dienst untauglich machte, hielt man es für angezeigt, daß er nach England zurückkehre, um dort womöglich wieder hergestellt zu werden.

Er war vier Jahre lang zum Teil ans Bette, jedenfalls aber an das Zimmer gefesselt; und litt im Laufe seiner Kur, welche diese ganze Zeit über währte, unaussprechliche Trübsal, indem eine Reihe von Abblätterungen vom *os pubis* und der äußeren Kante desjenigen Teils vom *coxendix*, der das *os illium* heißt, stattfanden. Diese beiden Knochen waren nämlich ganz schrecklich zerquetscht worden, sowohl durch die unregelmäßige Gestalt des Steins, der wie ich Ihnen erzählte vom Wall abgerissen worden war, – als durch die Größe desselben, welche so bedeutend war, daß der Wundarzt auf den Gedanken kam, die große Verletzung, die mein Onkel *Toby* am

Schambein davongetragen, sei mehr der Schwere des Steins selbst als der Triebkraft, die derselbe empfangen, zuzuschreiben – was wie er oft zu sagen pflegte, noch ein wahres Glück sei.

Mein Vater hatte um diese Zeit gerade in *London* sein Geschäft begonnen und ein Haus gemietet; und da die treueste Freundschaft und Herzlichkeit zwischen den beiden Brüdern herrschte – und mein Vater dachte, mein Onkel *Toby* könne nirgends besser als in seinem Hause gepflegt und besorgt werden – wies er ihm das beste Zimmer darin an – und was ein noch aufrichtigeres Zeugnis seiner Zuneigung war, kein Freund oder Bekannter durfte bei irgendeiner Gelegenheit sein Haus betreten, ohne daß er ihn bei der Hand nahm und ihn zu seinem Bruder hinaufführte, um ein Stündchen neben dessen Bette zu verplaudern.

Wenn ein Soldat die Geschichte seiner Wunde erzählen kann, kommt er leichter über den Schmerz derselben hinweg; wenigstens dachten die Besucher meines Onkels so; und deshalb brachten sie aus Artigkeit häufig die Rede auf diesen Gegenstand – und von der Wunde verbreitete sich dann in der Regel das Gespräch auf die Belagerung selbst.

Diese Unterhaltungen waren außerordentlich freundlich gemeint, und taten meinem Onkel *Toby* ungemein wohl, sie würden ihm aber noch viel wohler getan haben, wenn sie ihn nicht in unvorhergesehene Verlegenheiten versetzt hätten, welche seine Kur drei volle Monate hindurch sehr verzögerten; und wäre er nicht auf ein Auskunftsmittel verfallen, um sich denselben zu entziehen, so glaube ich wirklich, hätten sie ihn ins Grab gebracht.

Welcher Natur diese Verlegenheiten meines Onkels *Toby* waren – das können Sie unmöglich erraten; – wenn Sie es könnten – würde ich erröten; nicht als Verwandter von ihm – noch als Mann – noch sogar als Frau – sondern ich würde erröten als Schriftsteller; denn ich lege kein geringes Gewicht darauf, daß mein Leser bis jetzt noch niemals imstande war etwas zum voraus zu erraten; und in dieser Beziehung bin ich so ängstlicher und eigener Natur, daß wenn ich glaubte, Sie könnten sich irgendein Urteil darüber bilden oder eine annähernde Vermutung von dem haben, was auf dem nächsten Blatte vorkommen könnte – ich es aus meinem Buche reißen würde.

ZWEITES BUCH

1. Kapitel

Ich habe ein neues Buch begonnen, damit ich Raum genug bekomme, um die Natur der Verlegenheiten zu erklären, in welche mein Onkel *Toby* durch die vielen Unterhaltungen und Fragen über die Belagerung von *Namur,* wobei er seine Wunde erhielt, geraten war.

Ich muß den Leser, falls er die Geschichte der Kriege des Königs *Wilhelm* gelesen hat, daran erinnern – oder wenn dies nicht der Fall ist, in Kenntnis setzen, daß einer der denkwürdigsten Angriffe bei dieser Belagerung derjenige war, welchen die *Engländer* und *Holländer* gegen die Spitze der vorgeschobenen Kontereskarpe des Tors *St. Nikolaus,* welche die große Schleuse deckte, richteten, wobei die *Engländer* dem furchtbaren Feuer von der Kontergarde und der Halbbastion *St. Roch* ausgesetzt waren. Der heiße Kampf schloß in drei Worten damit: daß sich die *Holländer* auf der Kontergarde festsetzten – und daß sich die Engländer zu Herrn des bedeckten Wegs vor dem *St. Nikolaustor* machten, ungeachtet sich ihnen die *französischen* Offiziere mit großer Tapferkeit auf dem Glacis mit dem Degen in der Hand entgegenstellten.

Da dies der Hauptangriff war, welchen mein Onkel *Toby* bei *Namur* mit eigenen Augen sah, – indem die Belagerer durch den Zusammenfluß der *Maas* und der *Sambre* getrennt und somit verhindert waren, viel von den gegenseitigen Operationen zu sehen – so war mein Onkel *Toby* in der Regel bei dieser Schilderung beredter und ausführlicher; seine vielen Verlegenheiten erwuchsen aber daraus, daß er fast unüberwindliche Schwierigkeiten darin fand, seine Geschichte deutlich vorzutragen, und die Verschiedenheit zwischen Eskarpe und Kontereskarpe – Glacis und bedecktem Weg – Halbmond und Ravelin so klarzulegen, daß die Gesellschaft vollständig begriff, um was es sich handelte.

Sogar Schriftsteller von Profession verwechseln nicht selten diese Ausdrücke; so daß man sich um so weniger wundern wird, wenn mein Onkel *Toby* bei seinen Bemühungen dieselben klarzumachen und Mißverständnisse zu beseitigen, seine Besucher oftmals in Verwirrung brachte, manchmal sogar sich selbst.

Die Wahrheit zu sagen, wenn die Gesellschaft, die mein Vater heraufbrachte, nicht aus besonders hellen Köpfen bestand, oder sich mein Onkel *Toby* in einer besonders glücklichen Erklärerstimmung befand, so war es eine schwierige Sache, das Gespräch von aller Dunkelheit freizuhalten.

Was die Schilderung dieses Gefechts noch verwickelter für meinen Onkel *Toby* machte, war der Umstand – daß bei dem Angriff auf die Kontereskarpe vor dem *St. Nikolaustor,* die sich von den Ufern der *Maas* bis zu dem großen Damme herauf erstreckte, – der Grund und Boden von so zahlreichen Dämmen, Kanälen, Rinnen und Schleusen nach allen Richtungen hin durchschnitten und durchkreuzt war, – und er selbst so schrecklich dadurch irregeführt wurde und dazwischen festsaß, daß er häufig nicht mehr vor- noch rückwärts konnte um sein Leben zu retten; und sich deshalb manchmal genötigt sah, nur aus dem Grunde den Angriff aufzugeben.

Diese beschämenden Niederlagen brachten meinem Onkel *Toby Shandy* größere Gemütsunruhe als man sich vorstellen kann; und da mein Vater in seiner Liebenswürdigkeit immer wieder neue Freunde und neue Frager zu ihm heraufbrachte, – so machte er ihm damit eine höchst peinliche Arbeit.

Mein Onkel *Toby* besaß allerdings eine große Selbstbeherrschung und konnte, glaube ich, den Schein so gut wahren, wie die meisten Menschen; aber jedermann kann sich vorstellen, daß wenn er sich nicht aus dem Ravelin zurückziehen konnte, ohne in den Halbmond zu stürzen, oder den bedeckten Weg verlassen ohne die Kontereskarpe herabzufallen, noch den

Damm überschreiten, wenn er nicht Gefahr laufen wollte, in den Graben zu rutschen, es innerlich notwendig in ihm kochen und dampfen mußte; – und das tat es auch – und wenn diese kleinen und stündlichen Aufregungen einem Manne, der den *Hippokrates* nicht gelesen hat, geringfügig und unbedeutend erscheinen mögen, so wird doch der, welcher den Hippokrates oder den Dr. *James Mackenzie* gelesen und die Wirkungen in Betracht gezogen hat, welche Leidenschaften und Gemütsbewegungen auf die Verdauung ausüben – (und warum nicht diejenigen einer Wunde ebensogut wie die eines Mittagessens?) – leicht begreifen, welch heftige Paroxysmen und Verschlimmerungen meinem Onkel *Toby* nur aus dieser Ursache für seine Wunden erwuchsen.

– Mein Onkel *Toby* vermochte hierüber nicht zu philosophieren; – für ihn war es genug, daß er fühlte es sei so – und nachdem er monatelang hierüber Pein und Ärger gehabt hatte, war er fest entschlossen sich auf eine oder die andere Art aus der Affäre zu ziehen. Er lag eines morgens auf dem Rücken im Bett, denn der Schmerz und die Natur seiner Wunde am Schambein gestattete ihm nicht eine andere Lage anzunehmen, als ihm der Gedanke durch den Kopf fuhr; wenn er sich sowas wie einen großen Plan von den Befestigungen der Stadt und Zitadelle *Namur,* nebst Umgegend, verschaffen könnte und ihn dann auf den Tisch klebte, so möchte er dadurch große Erleichterung bekommen. – Ich bemerke absichtlich, daß er neben der Stadt und Zitadelle auch noch die Umgegend haben wollte – denn mein Onkel *Toby* hatte seine Wunde in einer der Traversen erhalten, etwa 30 Toisen vom einspringenden Winkel der Tranché entfernt, gegenüber von dem ausspringenden Winkel der Halbbastion *St. Roche;* so daß er sich getraute dann mit einer Stecknadel den Fleck zu bezeichnen, wo er gestanden hatte, als ihn der Stein traf.

Das alles gelang ihm nach Wunsch und befreite ihn nicht nur einer Menge unangenehmer Erörterungen, sondern es gestaltete sich auch zu dem glücklichen Mittel, wodurch, wie Sie nun lesen werden, mein *Onkel Toby* zu seinem STECKENPFERDE kam.

2. Kapitel

Es gibt nichts Törichteres, als wenn der, der eine Bewirtung dieser Art gibt, die Sachen so schlecht macht, daß die Kritiker und die Leute von feinem Geschmack sie herabsetzen müssen; auch werden sie durch nichts mehr hierzu veranlaßt, als wenn man sie nicht dazu einlädt, oder was ebenso beleidigend ist, wenn man den übrigen Gästen eine so besondere Aufmerksamkeit widmet, als wenn gar keine Kritiker (von Profession) mit bei Tische säßen.

—— Ich hüte mich vor beidem; denn erstens habe ich ein Halbdutzend Pläne eigens für sie offengelassen; – und dann mache ich ihnen allen den Hof. – Meine Herren, ich küsse Ihnen die Hände; ich versichere Sie, daß mir keine Gesellschaft halb so angenehm sein könnte wie die Ihrige; – auf Seligkeit, ich bin erfreut Sie zu sehen – ich bitte nur, betrachten Sie sich nicht als Fremde, nehmen Sie Platz ohne Umstände, und greifen Sie herzhaft zu.

Ich sagte bereits, daß ich sechs Plätze freigelassen habe; ich war auf dem Punkt die Artigkeit soweit zu treiben, ihnen sogar einen siebenten zu überlassen – und zwar gerade den Fleck, wo ich selbst stehe; da mir aber ein Kritiker (nicht von Profession, sondern von Natur) sagte, ich hätte meine Pflicht gut genug erfüllt, so will ich diesen sofort besetzen, und hoffe zugleich im nächsten Jahre in der Lage zu sein, noch weit mehr Raum bieten zu können. —— Wie zum Henker! konnte Ihr Onkel *Toby*, der wie es scheint, doch Militär war und den Sie als keinen Dummkopf schilderten – zugleich ein so verworrener, dickköpfiger Dunkelmann sein, um – Sehen Sie selbst.

Dies, Herr Kritiker, hätte ich erwidern können; aber ich verschmähe dieses Auskunftsmittel. – Es wäre das unhöflich ausgesprochen – und würde sich nur für einen Mann passen, der keine klare, ausreichende Rechenschaft von den Dingen ablegen, noch tief genug in die ersten Ursachen menschlicher Unwissenheit und Verworrenheit hinabtauchen kann. Es wäre das überdies die Antwort eines Tapfern gewesen – und deshalb verwerfe ich sie; denn wenn sie auch dem Charakter meines Onkels *Toby* als Soldat trefflich entsprochen hätte und er sie, hätte er sich nicht daran gewöhnt gehabt bei solchen Angriffen den *Lillabullero* zu pfeifen, ganz sicher gegeben hätte, da es ihm nicht an Mut fehlte; – so würde sie doch für mich keineswegs ausgereicht haben. Sie sehen sehr deutlich, daß ich als ein Mann von gelehrter Bildung schreibe; – daß selbst meine Gleichnisse, meine Anspielungen, meine Illustrationen und Metaphern gelehrter Natur sind, – und daß ich diesen Charakter aufrecht erhalten und in passender Weise hervorheben muß, – was würde sonst aus mir werden? – Ich wäre rein fertig, geliefert; in dem Augenblick, wo ich hier im Begriff gewesen wäre einen Platz zu besetzen, den eigentlich ein Kritiker in Anspruch nehmen konnte, – würde ich Raum für ein paar gemacht haben.

—— Ich antworte daher folgendermaßen:

Sagen Sie mir, mein Herr, haben Sie bei Ihrer großen Belesenheit je einmal ein Buch in die Hand bekommen, das *Lockes* Abhandlung über den menschlichen Verstand hieß? – Antworten Sie mir nicht zu schnell, – denn ich weiß, daß viele das Buch zitieren, die es nie gelesen haben – und daß manche es gelesen, aber nicht verstanden haben. – Wenn das eine oder das andere bei Ihnen der Fall sein sollte, so will ich Ihnen, da ich ja der Belehrung halber schreibe, in drei Worten sagen, was das Buch enthält. – Es enthält eine Geschichte. – Eine Geschichte? von wem? worüber? wo? und wann? – Nicht so hastig? – Ja es ist ein Geschichtsbuch, mein Herr (das mag es der Welt möglicherweise empfehlen), und erzählt, was im

Innern des Menschen vorgeht; und wenn Sie dies von dem Buche sagen, und nicht mehr, so werden Sie, glauben Sie mir, keine verächtliche Rolle in einem metaphysischen Zirkel spielen.

Doch dies nur beiläufig.

Wenn Sie es nun wagen wollen, weiter mit mir zu gehen und der Sache auf den Grund zu schauen, so werden wir finden, daß es dreierlei Ursachen für die Dunkelheit und Verwirrung im Innern eines Menschen gibt.

In erster Linie, mein Herr, stumpfe Organe, zweitens leichte, vorübergehende Eindrücke von Seiten des betreffenden Gegenstandes, wenn die Organe nicht stumpf sind; und drittens, ein Gedächtnis wie ein Sieb, das nicht imstande ist, das zu behalten, was es in sich aufgenommen hat. – Rufen Sie einmal Ihr Kammermädchen *Dolly* herab und ich will Ihnen meine Kappe und die Schellen dazu schenken, wenn ich diese Sache nicht so klar auseinandersetze, daß selbst *Dolly* sie so gut versteht wie *Malebranche*. – Wenn *Dolly* ihren Brief an *Robin* niedergeschrieben hat und dann mit ihrem Arm in die an ihrer rechten Seite hängende Tasche fährt – so nehmen Sie die Gelegenheit wahr, bemerken, daß die Organe und Fähigkeiten der Auffassung durch nichts auf der Welt so treffend dargestellt und erläutert werden können als durch das, was *Dollys* Hand jetzt sucht. – Ihr Organ ist gewiß nicht so stumpf, daß ich Ihnen erst sagen müßte – es sei ein Endchen rotes Siegellack.

Wenn dieses dann geschmolzen und auf den Brief gefallen ist, und *Dolly* so lange nach ihrem Fingerhut herumtastet, bis das Wachs bereits zu hart geworden ist, so wird es bei dem gewöhnlichen Druck, den sie zu geben pflegt, das Zeichen ihres Fingerhutes nicht mehr annehmen. Gut! Ist aber *Dollys* Lack in Ermangelung eines bessern, gewöhnliches Nähwachs oder sonst zu weicher Natur – so wird es den Eindruck zwar in sich aufnehmen, aber ihn nicht behalten, so fest auch *Dolly* darauf drücken mag; und endlich angenommen, das Siegellack sei gut und nehme den Fingerhut an, werde aber nur in der Hast aufgedrückt, weil ihr die Gebieterin gerade schellt – so wird in jedem dieser drei Fälle der durch den Fingerhut gemachte Eindruck dem Muster so wenig gleichsehen wie eine Türschnalle.

Nun müssen Sie wissen, daß keiner dieser Fälle die wahre Ursache von der Verwirrung in der Rede meines Onkels *Toby* war; und gerade deshalb habe ich mich solange dabei aufgehalten, nach der Gewohnheit der großen Physiologen, – der Welt zu zeigen, woraus sie *nicht* entstanden sei.

Aus was jenes entstand, habe ich schon oben angedeutet; und es ist dies auch wirklich eine reiche Quelle der Dunkelheit – und wird es immer bleiben – nämlich der schwankende Gebrauch der Worte, und hierdurch sind schon die klarsten und bedeutendsten Köpfe in Verwirrung gebracht worden.

Ich wette zehn gegen eins, (bei *Arthur*) daß Sie die Literaturgeschichte der Vergangenheit nicht gelesen haben, – haben Sies aber, welche schreckliche Schlachten, sogenannte *Logomachien* sind dadurch hervorgerufen und mit Galläpfeln und Tintenblut verewigt worden – so daß ein Mann von weichem Herzen die Berichte nicht ohne Tränen im Auge lesen kann.

Edler Kritikus! wenn du dies alles erwogen, und dir zugleich vor Augen gehalten hast, wie oft dein eigenes Wissen, Reden und Unterhalten hierdurch und nur hierdurch zu einer oder der andern Zeit verwirrt und untereinander gebracht worden ist; – welchen Lärm und Spektakel es bei KONZILIEN wegen οὐσία und ὑπόστασις gegeben hat; und in den GELEHRTENSCHULEN wegen Kraft und Geist; – wegen Essenz und Quintessenz – wegen Stoff und Raum; – welche Verwirrung auf noch größeren SCHAUPLÄTZEN wegen Worten von wenig Bedeutung und ebenso unbestimmtem Sinne entstanden ist; – wenn du dies alles bedenkst, so wirst du dich nicht mehr über meines Onkels *Toby* Verlegenheiten wundern – du wirst eine Träne des Mitleids auf seine Eskarpe und

Kontereskarpe, – auf sein Glacis und seinen bedeckten Weg, – sein Ravelin und seinen Halbmond fallen lassen: nicht durch Ideen wurde sein Leben gefährdet – beim Himmel! sondern lediglich durch Worte.

3. Kapitel

Sobald mein Onkel *Toby* seinen Plan von *Namur* bekommen hatte, begann er sofort sich dem Studium desselben mit dem größten Eifer zu widmen; denn da ihm nichts wichtiger war als seine Wiederherstellung und diese, wie Sie gelesen haben, von den Erregungen und Bewegungen seines Gemüts abhing, so mußte er sich die größte Mühe geben, um seines Stoffes soweit Herr zu werden, daß er ohne Aufregung darüber sprechen konnte.

Nach vierzehntägiger fleißiger und mühsamer Arbeit, die beiläufig gesagt der Wunde meines Onkels *Toby* an seinem Schambein keineswegs guttat, – war er mit Hilfe einiger Randbemerkungen unten am Plan, nebst *Gobesius'* aus dem *Flämischen* übersetzter Militärbaukunst und Feuerwerkerei, so weit gekommen, daß er eine ziemlich klare Rede darüber halten konnte; und ehe er es zwei volle Monate so getrieben hatte – war er sogar ganz beredt hierüber geworden, und konnte nicht nur den Angriff auf die vorspringende Kontereskarpe in aller Ordnung ausführen – sondern da er mit der Zeit weit tiefer in die Kunst eindrang, als es für seinen ursprünglichen Zweck nötig gewesen wäre, war mein Onkel *Toby* jetzt im Stande, die *Maas* und *Sambre* zu überschreiten, Diversionen bis zur *Vaubanlinie* und zur Abtei von *Salsines* zu machen, und seinen Besuchern eine so bestimmte Schilderung eines jeden dieser Angriffe zu geben, als desjenigen auf das Tor von *St. Nicolas*, wo er die Ehre gehabt hatte seine Wunde zu erhalten.

Allein die Begierde nach weiteren Kenntnissen wächst wie

der Durst nach Reichtümern gerade mit Erwerbung derselben. Je mehr mein Onkel über seinem Plan brütete, desto mehr fand er eine Freude daran – nach demselben Prozeß, derselben elektrischen Assimilierung, nach welcher, wie ich Ihnen bereits gesagt habe, die Seelen der Kenner durch lange Friktion mit dem – und Eindringung in den – Gegenstand das Glück haben endlich ganz kenntnisvoll – gemäldevoll – schmetterlingsvoll und geigenvoll zu werden.

Je mehr mein Onkel *Toby* aus dieser süßen Quelle der Wissenschaft trank, desto größer wurde die Gier und Ungeduld seines Durstes; so daß noch ehe das erste Jahr seiner Krankheit um war, es kaum eine befestigte Stadt in *Italien* oder *Flandern* gab, von der er sich nicht auf irgendeine Weise einen Plan verschafft hatte, den er alsbald studierte und sorgfältig mit der Geschichte ihrer Belagerung, Zerstörung, Verstärkung und Vergrößerung verglich, was er mit solch energischem Fleiß und so tiefem Vergnügen tat, daß er darüber sich selbst, seine Wunde, seine Abschließung, ja sein Essen vergaß.

Im zweiten Jahre kaufte mein Onkel *Toby* die Übersetzungen aus dem Italienischen von *Ramelli* und *Cataneo;* dann kamen *Stevinus, Moralis,* Chevalier *de Ville, Lorini, Cochorn, Sheeter,* Graf *Pagan,* Marschall *Vauban,* Monsieur *Blondel* und sonst fast noch so viele Bücher über Kriegsbaukunst, als einst bei *Don Quijote* über das Rittertum gefunden wurden, als der Pfarrer und der Barbier in seine Bibliothek eindrangen.

Gegen Anfang des dritten Jahres, im August neunundneunzig fand es mein Onkel *Toby* unerläßlich, auch ein wenig von der Ballistik zu verstehen; und da er es fürs beste hielt, seine Kenntnis gleich an der Hauptquelle zu schöpfen, so begann er mit *N. Tartaglia,* der zuerst die Entdeckung gemacht zu haben scheint, daß es eine Täuschung sei, wenn man glaube, eine Kanonenkugel verübe all ihr Unheil, indem sie sich in einer geraden Linie bewege. – Dies sei, bewies *N. Tartaglia* meinem Onkel *Toby,* ein Ding der Unmöglichkeit.

—— Die Erforschung der Wahrheit ist doch ein endloses Geschäft.

Sobald mein Onkel *Toby* darüber im Klaren war, welchen Weg eine Kanonenkugel nicht mache, sah er sich unvermerkt dahin geführt, und beschloß in seinem Herzen, nachzuforschen und den Weg herauszufinden, den die Kugel wirklich mache; zu welchem Zweck er sich aufs neue an den alten Maltus machte und ihn eifrig studierte. – Dann kam er an *Galilei* und *Toricellius*, in denen er auf Grund gewisser geometrischer, unfehlbar dargelegter Regeln fand, daß jener Weg genau eine PARABEL – oder auch eine HYPERBEL sei – und daß der Parameter oder *latus rectum* des Kegelschnitts besagten Wegs in demselben Verhältnis zur Quantität und zum Umfang stehe, wie die ganze Linie zu dem Sinus des doppelten Einfallswinkels, der durch das Bodenstück mit einer horizontalen Ebene gebildet werde; – und daß der Halbparameter – Halt jetzt, lieber Onkel *Toby!* —— Halt! – geh nicht einen Fuß weiter auf diesem dornenvollen und irreführenden Pfade – verwickelt sind die Treppen! verwickelt die Irrgänge dieses Labyrinths! verwickelt die Verlegenheiten, welche die Verfolgung jenes reizenden Trugbilds WISSEN über dich bringen werden. – O Onkel! – fliehe – fliehe – fliehe vor demselben wie vor einer Schlange! – Ist es gut – du Ehrlicher, daß du mit der Wunde an deinem Schambein ganze Nächte aufsitzest und dein Blut durch zehrende Nachtwachen erhitzest? Ach! das wird deine Zufälle verschlimmern – deine Ausdünstungen hemmen – deine Lebensgeister verflüchtigen – deine animalische Kraft verbrauchen – deine Lebenssäfte vertrocknen – dir Verstopfung zuziehen – deine Gesundheit schädigen und alle Schwächen des Alters beschleunigen. – O meine Onkel! mein Onkel *Toby!*

4. Kapitel

Ich gäbe einem nicht einen Groschen für seine Kenntnis der Macht der Feder, wenn er nicht begriffe: – daß die beste einfache Erzählung von der Welt, welche hart an die letzte lebhafte Apostrohpe an meinen Onkel *Toby* angefügt würde – dem Gaumen des Lesers kalt und schal hätte erscheinen müssen; – ich machte deshalb diesem Kapitel ein Ende, obschon ich mitten in meiner Geschichte war.

—— Schriftsteller meiner Art haben einen Grundsatz mit Malern gemein. Wo ein genaues Widergeben unser Gemälde weniger effektvoll machen würde, wählen wir das geringere Übel; und halten es für verzeihlicher gegen die Wahrheit als gegen die Schönheit zu sündigen. Dies ist *cum grano salis* zu verstehen; doch möge dem sein wie ihm wolle – da die Parallele mehr deshalb gezogen wurde, um die Apostrophe einstweilen verkühlen zu lassen als aus einem anderen Grunde – so ist es nicht von großer Bedeutung, ob der Leser sie aus irgendeinem andern Grunde gut heißt oder nicht.

Als mein Onkel *Toby* gegen Ende des dritten Jahres bemerkte, daß der Parameter und Halbparameter des Kegelschnitts seine Wunde verschlimmerte, gab er das Studium der Ballistik mit einigem Gepolter auf und warf sich ausschließlich auf den praktischen Teil der Befestigung; und wie ein zurückgehaltener Quell kehrte die Freude daran mit verdoppelter Kraft in ihm zurück.

In diesem Jahr fing mein Onkel an, in seiner Gewohnheit täglich ein frisches Hemd anzuziehen, nachzulassen – seinen Barbier wieder fortzuschicken, ohne sich rasieren zu lassen – und dem Wundarzt kaum soviel Zeit zu gönnen, um seine Wunde zu verbinden, wobei er sich so wenig um dieselbe bekümmerte, daß er jenen unter sieben Malen kaum einmal fragte, wie er sie finde; als er plötzlich – ja der Wechsel kam wie ein Blitzstrahl – ungestüm nach seiner Heilung zu seufzen begann – sich gegen meinen Vater beklagte, mit dem Wundarzt ungeduldig wurde – und eines morgens, als er diesen die Treppe heraufkommen hörte, seine Bücher zuschlug und seine Instrumente beiseite warf, und sich gegen jenen wegen des langen Hinausziehens der Heilung zu vereifern, die wie er ihm bemerkte, in dieser langen Zeit gewiß hätte beendigt sein können. – Er sprach sich des breiten über das Ungemach aus, das er alles durchgemacht, und die traurige nun vier Jahre dauernde Einsperrung; und setzte hinzu, wenn er sich nicht der freundlichen Blicke und Aufmunterungen des besten der Brüder zu erfreuen gehabt, wäre er seinen Leiden längst erlegen. – Mein Vater war zugegen. – Die Beredsamkeit meines Onkels *Toby* rührte ihn zu Tränen; sie kam so ganz unerwartet. – Mein Onkel *Toby* war von Natur nicht beredt; – um so größer war die Wirkung. – Der Wundarzt war bestürzt; – nicht daß es an Gründen für einen solchen Ausdruck der Ungeduld, ja für einen noch stärkeren gefehlt hätte – aber es kam auch ihm so unerwartet. In den vier Jahren, daß er meinen Onkel *Toby* besuchte, hatte er in dem Benehmen desselben nie etwas Ähnliches wahrgenommen; nie hatte er ein ärgerliches oder unzufriedenes Wort fallen lassen – er war ganz Geduld – ganz Ergebung gewesen.

Wir verlieren oft das Recht uns zu beklagen, weil wir keinen Gebrauch davon machen – oft aber verdreifachen wir dadurch die Kraft der Klage; – der Wundarzt war verblüfft; aber noch weit mehr, als mein Onkel *Toby* weiterging und mit Energie darauf bestand, daß jetzt die Wunde sofort geheilt werde —— oder er schicke zu Monsieur *Ronjat,* dem Leibchirurgen des Königs, damit der es statt seiner tue.

Der Wunsch nach Leben und Gesundheit ist dem Menschen von Natur eingepflanzt; – die Sehnsucht nach Freiheit und Ungebundenheit ist jenem nahe verschwistert, diese Empfindungen hatte mein Onkel *Toby* mit den übrigen Menschen gemein; – und eine jede derselben genügte, um seinen ernstlichen Wunsch zu erklären, endlich einmal gesund zu werden und wieder hinauszukönnen; – ich habe Ihnen jedoch bereits gesagt, daß in unserer Familie nichts den gewöhnlichen Weg ging; – und aus der Zeit und Art, wie sich dieser heftige Wunsch kundgab, wird der scharfsinnige Leser bereits abnehmen, daß eine besondere Ursache oder Grille im Kopfe meines Onkels *Toby* daran Schuld gewesen sein müsse. – Und so war es auch; und das nächste Kapitel soll der Auseinandersetzung dieser Ursache und Grille gewidmet sein. Wann dies geschehen ist, dann dürfte es allerdings Zeit sein zu dem Kamin zurückzukehren, wo wir meinen Onkel *Toby* in der Mitte seines Satzes gelassen haben.

5. Kapitel

Wenn sich ein Mann der Herrschaft einer Leidenschaft hingibt —— oder mit andern Worten, wenn sein Steckenpferd halsstarrig wird —— dann gute Nacht kalte Vernunft und ordentliche Überlegung.

Die Wunde meines Onkels war nahezu heil; und sobald der Wundarzt sich von seiner Überraschung erholt hatte und zu Wort kommen konnte – sagte er ihm, sie beginne zu vernarben, und wenn keine neue Abblätterung eintrete, wofür keinerlei Anzeichen vorläge, werde sie in fünf bis sechs Wochen ganz geschlossen sein. Hätte man meinem Onkel *Toby* zwölf Stunden früher ebenso viele Olympiaden genannt, so würde es ihm kürzer vorgekommen sein. – Jetzt aber folgten sich seine Gedanken so rasch, – er brannte so sehr vor Ungeduld sein Vorhaben auszuführen, – daß er ohne eine lebende Seele weiter zu fragen – was offenbar ganz richtig ist, sobald man einmal entschlossen ist, sich um keiner Seele Rat zu bekümmern – seinem Diener *Trim* insgeheim den Befehl erteilte, ein Bündel Scharpie und Verbandzeug zusammenzupacken und einen vierspännigen Wagen zu bestellen, der Punkt zwölf Uhr vorgefahren sein sollte, da er wußte, daß mein Vater um diese Stunde auf der Börse sein würde. – Dann ließ er eine Banknote für die Bemühungen des Wundarztes und einen Brief voll zärtlichen Dankes für die Pflege meines Vaters auf dem Tisch zurück – packte seine Pläne, seine Werke über Befestigung und seine Instrumente zusammen, stieg mit Hilfe einer Krücke auf der einen und *Trims* auf der andern Seite in den Wagen und fuhr *Shandy Hall* zu.

Die Ursache, oder vielmehr der Entstehungsgrund dieser plötzlichen Auswanderung war folgender:

Da der Tisch im Zimmer meines Onkels *Toby*, an welchem er am Abend vorher, ehe obiges geschah, mit seinen Plänen usw. um ihn herum saß – für die Menge großer und kleiner wissenschaftlicher Instrumente, die beständig darauf lagen, viel zu klein war – so passierte es ihm, als er nach seinem Tabakkasten hinüberlangte, daß er seinen Zirkel auf den Boden warf, und als er sich bückte um den Zirkel aufzuheben, daß er mit seinem Ärmel sein Reißzeugkästchen und seine Lichtschere hinabstreifte, – und da nun schon einmal der Teufel los war, im Bestreben die Lichtschere beim Fallen zu erhaschen – auch Monsieur *Blondel* hinunterwarf und auf diesen den Grafen *Pagan*.

In Anbetracht seiner Lahmheit konnte mein Onkel *Toby* nicht daran denken, diese Schäden alle selbst wieder in Ordnung zu bringen, – er schellte daher seinem Diener *Trim*. – *Trim*, sagte mein Onkel *Toby*, da sieh einmal, was ich für ein Durcheinander angerichtet habe – ich muß durchaus eine bessere Einrichtung haben, *Trim*. – Nimm einmal meinen Maßstab und miß die Länge und Breite dieses Tisches und dann bestelle mir einen doppelt so großen. – Zu Befehl, Euer Gnaden, erwiderte *Trim* mit einem Bückling; ich hoffe aber, Euer Gnaden werden bald wieder so wohl sein, daß Sie nach Ihrem Landsitz reisen können – und da Euer Gnaden eine so große Freude am Festungswesen haben, so könnten wir das dort aufs Tüpfelchen hinaus besorgen.

Ich muß Sie hier in Kenntnis setzen, daß dieser Diener meines Onkels *Toby*, der auf den Namen *Trim* ging, Korporal in meines Onkels Kompanie gewesen war – er hieß eigentlich *James Butler;* – allein da er im Regiment den Spitznamen *Trim* bekommen hatte, so nannte ihn auch mein Onkel *Toby* nie anders, wenn er nicht gerade besonders ärgerlich auf ihn war.

Der arme Bursche war durch eine Verwundung am linken Knie dienstuntauglich geworden, von einer Flintenkugel her, die er zwei Jahre vor der Affäre bei *Namur* in der Schlacht bei *Landen* erhalten hatte – und da er im Regiment sehr beliebt und dazu ein gewandter Bursche war, so nahm ihn mein Onkel *Toby* als Diener an; er zeigte sich wirklich als höchst brauchbar, da er meinem Onkel im Lager und Quartier als Kammerdiener, Reitknecht, Barbier, Koch, Schneider und Krankenwärter Dienste leistete, und ihn von Anfang bis zu Ende mit großer Treue und Anhänglichkeit pflegte und bediente.

Mein Onkel *Toby* liebte den Mann gleichfalls; und was ihn noch anhänglicher an ihn machte, das war die Ähnlichkeit ihrer wissenschaftlichen Ausbildung – denn dadurch, daß Korporal *Trim* (so will ich ihn künftig nennen) vier Jahre lang der gelegentliche Zuhörer bei den Vorlesungen seines Herrn über befestigte Städte gewesen war, auch beständig in seines Herrn Pläne usw. hineingesehen hatte, hatte er – abgesehen davon, was er als ein an sich zwar nicht mit einem STECKENPFERD behafteter Leibdiener doch hierbei an STECKENPFERDLICHKEIT mitnahm – nicht wenig in jener Wissenschaft profitiert; so daß die Köchin und Zimmermädchen überzeugt waren, er wisse von der Natur der Festungen so viel wie mein Onkel *Toby* selbst.

Ich habe nur noch einen Pinselstrich zu tun, um das Gemälde von Korporal *Trims* Charakter zu vollenden – und zwar ist dies die einzige dunkle Linie darin. – Der Bursche gab gerne einen guten Rat – oder vielmehr er hörte sich gerne reden; sein Benehmen war jedoch so respcktvoll, daß es leicht war ihn schweigend zu erhalten, wenn er einmal schwieg; war aber seine Zunge einmal im Gange – so gab es kein Aufhalten mehr

– sie war zu geläufig. Allein das beständige Durchspicken seiner Rede mit Euer Gnaden und sein ganzes achtungsvolles Wesen sprach so sehr zugunsten seiner Redseligkeit – daß man wohl davon belästigt – aber doch dem Manne nicht böse sein konnte. Mein Onkel *Toby* vollends war selten das eine oder das andere – oder wenigstens hatte dieser Fehler *Trims* bei ihm nichts zu sagen. Mein Onkel *Toby* liebte wie gesagt den Mann; und da er einen treuen Diener immer wie einen gehorsamen Freund ansah – konnte er es nicht über sich gewinnen, ihm den Mund zu stopfen. – So war Korporal *Trim.*

Wenn ich es wagen dürfte, fuhr *Trim* fort, Euer Gnaden einen Rat zu geben und meine Ansicht in der Sache auszusprechen. – Das ist mir ganz recht, *Trim,* erwiderte mein Onkel *Toby* – sprich nur – sprich ohne Furcht, was du von der Sache denkst, Mann. – Nun denn, versetzte *Trim* (wobei er keineswegs die Ohren hängen ließ und sich den Kopf kratzte wie ein Bauernlümmel, sondern) indem er sein Haar aus der Stirne strich und sich stramm hinstellte wie vor seine Division —— ich denke, sagte *Trim* und stellte dabei seinen linken Fuß, der der lahme war, etwas vor, – und deutete mit der ausgestreckten rechten Hand auf einen Plan von *Dünkirchen,* der an die Tapete geheftet war – ich denke, sagte Korporal *Trim,* wobei ich mich übrigens Euer Gnaden besserem Urteil gehorsamst unterwerfe – diese Ravelins, diese Bastionen, Kurtinen und Hornwerke spielen hier auf dem Papier nur eine armselige, elende, läppische Rolle gegen das was Euer Gnaden und ich daraus machen könnten, wenn wir bei uns auf dem Lande draußen wären und hätten nur eine oder anderthalb Ruten Grund und Boden, um darauf nach Belieben zu hantieren. Jetzt da der Sommer herannaht, fuhr *Trim* fort, könnten Euer Gnaden im Freien dabeisitzen und dürften mir nur eine Nographie – (es heißt Ichnographie, bemerkte mein Onkel) – von der Stadt oder Zitadelle geben, die Euer Gnaden belagern wollen, und Euer Gnaden sollen mich auf dem Glacis niederschießen lassen, wenn ich sie nicht ganz nach

George Cruikshank

Euer Gnaden Wunsch befestige. – Ja das könntest du recht gut, *Trim*, sagte mein Onkel. – Denn wenn Euer Gnaden, fuhr *Trim* fort, mir nur das Polygon angeben wollten und die genaue Länge der Linien und Größe der Winkel – (das könnte ich ganz gut, meinte mein Onkel) – dann würde ich alsbald mit dem Graben beginnen; und wenn mir dann Euer Gnaden nur sagen wollten, wie tief und wie breit er sein solle – (das kann ich auf ein Haar breit hin, versetzte mein Onkel) – so würde ich nach dieser Seite hin gegen die Stadt, die Erde zur Eskarpe aufwerfen, und nach jener Seite gegen das offene Land zur Kontereskarpe – (Ganz richtig, *Trim!* rief mein Onkel *Toby*) – und wenn ich ihnen diejenige Böschung gegeben hätte, die Euer Gnaden wünschen, – so würde ich, wenn Euer Gnaden erlauben, – das Glacis mit Rasen verkleiden, wie es bei den schönsten Festungen in Flandern der Fall ist – (und so wie Euer Gnaden wissen, daß sie es sein sollten) – und würde auch den Wall und die Brustwehr mit Rasen verkleiden. – Die besten Ingenieure nennen sie Gazons, *Trim*, sagte mein Onkel *Toby*. – Nun Gazons oder Rasen, das ist gleich, erwiderte *Trim;* Euer Gnaden wissen, sie sind zehnmal besser als eine Verkleidung mit Backstein oder Werkstein. – Das weiß ich, *Trim*, in gewisser Beziehung – bemerkte mein Onkel *Toby* und nickte mit dem Kopfe – denn eine Kanonenkugel dringt gerade in den Gazon ein, ohne Schutt nach sich zu ziehen, was (wie dies am *St. Nikolaustor* der Fall war) den Graben ausfüllen und das Überschreiten desselben erleichtern könnte.

Euer Gnaden verstehen diese Dinge besser als irgendein Offizier in Seiner Majestät Dienst, erwiderte Korporal *Trim;* – wenn aber Euer Gnaden belieben wollten, die Bestellung mit dem Tisch zu lassen, und aufs Land zu gehen, da würde ich unter Euer Gnaden Leitung wie ein Pferd arbeiten und Euer Gnaden eine Festung machen wie einen Kuchen, mit allen Batterien, Sappen, Gräben und Palisaden, daß die Leute von 20 Meilen weit herreisen würden, um sichs anzusehen.

Mein Onkel *Toby* wurde scharlachrot, wie *Trim* so ins Zeug ging; – aber nicht aus Schuldbewußtsein – oder Bescheidenheit – oder Zorn – sondern lediglich aus Freude; – Korporal *Trims* Projekt und Schilderung hatte ihn ganz in Feuer und Flammen gesetzt – *Trim!* sagte mein Onkel *Toby,* jetzt ists genug. —— Wir könnten, fuhr *Trim* fort, den Feldzug an dem gleichen Tag eröffnen, da Seine Majestät mit Ihren Verbündeten ins Feld rückten, und dann eine Stadt um die andere demolieren, so schnell als – *Trim!* fiel mein Onkel *Toby* ihm ins Wort, nichts weiter! – Euer Gnaden, machte *Trim* fort, könnten dabei bei schönem Wetter in Ihrem Lehnsessel (er deutete auf diesen) sitzen und mir Ihre Befehle erteilen, und ich würde – Sei still, *Trim,* sagte mein Onkel *Toby.* —— Und dabei hätten Euer Gnaden nicht nur ein Vergnügen und einen netten Zeitvertreib – sondern auch gute Luft und gute Motion und Gesundheit – und Euer Gnaden Wunde wäre in vier Wochen heil. —— Du hast jetzt genug gesagt, *Trim,* sprach mein Onkel *Toby* und steckte die Hand in die Hosentasche – dein Plan gefällt mir sehr – und wenn Euer Gnaden erlauben, so gehe ich gleich und kaufe einen Pioniersspaten, damit wir ihn mitnehmen können; und bestelle eine Schaufel und eine Spitzhacke und ein paar, – *Trim,* sag nichts mehr! rief mein Onkel *Toby* und hüpfte ganz außer sich vor Entzücken auf einem Bein hin und drückte *Trim* eine Guinee in die Hand – *Trim,* wiederholte mein Onkel *Toby, kein* Wort mehr; – aber geh gleich hinunter, *Trim,* und bring mir mein Nachtessen, alter Bursche.

Trim eilte hinunter und brachte seinem Herrn das Nachtessen – aber es war umsonst – *Trims* Operationsplan ging meinem Onkel *Toby* so im Kopf herum, daß er keinen Bissen anrühren konnte. – *Trim,* sagte mein Onkel *Toby,* bring mich zu Bett. – Aber es war alles gleich. – Die Schilderung des Korporals *Trim* hatte seine Einbildungskraft zu sehr erhitzt; – mein Onkel *Toby* konnte kein Auge schließen. – Je mehr er die Sache überdachte, desto berückender erschien sie ihm; – so daß er zwei Stunden vor Tagesanbruch zu einem Entschluß gekommen war und den ganzen Plan für seinen und Korporal *Trims* Abmarsch entworfen hatte.

Mein Onkel *Toby* besaß ein hübsches, kleines Landhaus in dem Dorfe, wo meines Vaters Gut lag, in *Shandy;* es war ihm von einem alten Oheim nebst einem kleinen Grundstück, das etwa 100 Pfund jährlich ertrug, vermacht worden. Hinter diesem Hause und unmittelbar daranstoßend, lag ein etwa einen halben Morgen großer Küchengarten; und am Ende desselben und durch eine hohe Eibenhecke davon getrennt, ein Rasenplatz, der gerade so groß war als Korporal *Trim* gewünscht hatte; – so daß als *Trim* sagte: »anderthalb Ruten Grund und Boden würden ausreichen« – dieser Rasenplatz sofort vor dem inneren Auge meines Onkels *Toby* in den schönsten Farben auftauchte – was die physische Ursache war, daß er die Farbe wechselte, oder wenigstens in dem erzählten Grade röter wurde als gewöhnlich.

Nie eilte ein Liebhaber seiner Geliebten in größerer Aufregung und Erwartung entgegen, als mein Onkel *Toby* tat, um jenes stille Vergnügen zu genießen; – ich sage, stille Vergnügen – denn der Fleck war, wie ich bereits gesagt habe, durch eine hohe Eibenhecke vom Hause getrennt und auf den drei anderen Seiten durch wilde Stechpalmen und dichte Blütensträuche vor jedem sterblichen Auge geschützt; – so daß der Gedanke dabei nicht gesehen zu werden, nicht wenig zu dem Vergnügen beitrug, womit mein Onkel *Toby* der Verwirklichung seines Planes entgegenschaute. – Eitler Wahn! Wie konntest du nur denken, mein lieber Onkel *Toby,* daß du etwas, was anderthalb Ruten Boden umfaßte – und wenn es noch so dicht umhegt, – noch so heimlich war – für dich würdest genießen können – ohne daß es bekannt würde!

Wie mein Onkel *Toby* und Korporal *Trim* diese Sache betrieben – das mag zunebst der Geschichte ihrer Feldzüge, die nicht arm an Ereignissen war – ein nicht uninteressantes Zwischenspiel in der Entwickelung und dem Abspielen dieses

Dramas geben. – Für jetzt muß ich diese Szene fallen lassen, und mich wieder zu dem Kamin im Wohnzimmer wenden.

6. Kapitel

Was mögen sie nur haben, Bruder? sagte mein Vater. – Ich denke, erwiderte mein Onkel *Toby,* – indem er wie gesagt die Pfeife aus dem Munde nahm und die Asche daraus klopfte, während er seinen Satz begann – ich denke, erwiderte er, – es wäre nicht übel, Bruder, wenn wir klingeln würden.

Höre, *Obadiah,* fragte mein Vater, was soll denn das Gefuhrwerk über unseren Köpfen bedeuten? – mein Bruder und ich können ja kaum verstehen, was wir miteinander sprechen.

Herr Shandy, antwortete *Obadiah,* wobei er einen Bückling nach seiner linken Schulter hin machte – es hat Frau Shandy sehr scharf gepackt. – Und weshalb hat *Susannah* so den Garten hinunterzurennen, als ob man ihr auf den Leib wollte? – Sie läuft auf dem kürzesten Weg nach der Stadt, Herr Shandy, erwiderte *Obadiah,* um die alte Hebamme zu holen. – Dann sattle du ein Pferd, sagte mein Vater, und reite zu Dr. *Slop,* dem Geburtshelfer, und sag ihm mein Kompliment und ich lasse ihm sagen, Frau Shandy befinde sich in Nöten und ich ersuche ihn, schleunigst mit dir zurückzukommen.

Es ist sehr sonderbar, bemerkte mein Vater gegen meinen Onkel *Toby,* nachdem *Obadiah* die Türe geschlossen hatte – da doch so ein geschickter Operateur wie Dr. *Slop* in der Nähe ist – daß meine Frau gleichwohl bis zum letzten Moment auf ihrer eigensinnigen Grille besteht und das Leben meines Kindes, das ein Mißgeschick bereits betroffen hat, der Unwissenheit eines alten Weibes anvertrauen will! – ja nicht nur das Leben meines Kindes, Bruder, – sondern sogar ihr eigenes Leben, und damit das Leben all der Kinder, die ich möglicherweise noch hiernach von ihr hätte haben können.

Vielleicht, Bruder, versetzte mein Onkel *Toby,* vielleicht tut meine Schwägerin das der Unkosten wegen. – Nicht die Spur! – erwiderte mein Vater; – der Doktor muß bezahlt werden, ob er in Tätigkeit tritt oder nicht – im letzteren Fall vielleicht sogar noch mehr – um ihn bei Laune zu erhalten.

—— Dann kann es aus keinem andern Grunde von der Welt sein, sagte mein Onkel *Toby* in der Einfalt seines Herzens, als aus SCHAMGEFÜHL. – Meine Schwägerin würde es wohl genieren, käme ein Mann so nahe an ihre***. – Ich will nicht bestimmt sagen, ob mein Onkel *Toby* hiermit seinen Satz schloß oder nicht – zu seinen Gunsten will ich annehmen, er tat es – da ich glaube, daß die Beifügung auch nur eines einziges Wortes denselben keineswegs verschönert hätte.

Wäre andererseits mein Onkel *Toby* noch nicht ganz an dem Schluß seiner Periode angelangt gewesen – dann verdankt die Welt dem Umstand, daß in diesem Augenblick die Tabakspfeife meines Vaters zerbrach, eines der feinsten Beispiele jener Zierform der Rhetorik, welche die Gelehrten *Aposiopesis* heißen. – Guter Gott! wie bestimmt doch das *Poco più* und das *Poco meno* der italienischen Künstler, – das unmerkliche Mehr oder Weniger die genaue Schönheitslinie in einem Satz wie an einer Statue! Wie gibt doch ein leichter Druck des Meißels, des Pinsels, der Feder, des Fidelbogens *et caetera* – die wahre Steigerung, welche gerade das wahre Vergnügen erzeugt! – O teure Landsleute, seid heikel – seid vorsichtig in der Wahl eurer Worte; – vergeßt nie, niemals, von welch kleinen Silben eure Beredsamkeit und euer guter Ruf abhängt!

Meine Schwägerin, sagte mein Onkel *Toby*, würde es vielleicht genieren, käme ein Mann so nahe an ihre**** –. Setzt diesen Gedankenstrich und es ist eine *Aposiopesis;* – nehmt den Gedankenstrich weg und schreibt, – Hinterteil – so wird es eine Zote; streicht Hinterteil und setzt gedeckte Passage, so wird es eine Metapher; – und da die Befestigungskunst meinem Onkel *Toby* so sehr im Kopfe herumging, so darf ich wohl sagen: wenn er seinem Satz noch ein Wort hätte beifugen können, so wäre es gewiß dieses Wort gewesen.

Ob dies aber der Fall war oder nicht – oder ob jenes Zerbrechen von meines Vaters Tabakspfeife im kritischen Augenblick aus Zufall oder aus Ärger geschah, – das werden wir zu seiner Zeit erfahren.

7. Kapitel

Obschon mein Vater ein guter Naturphilosoph war, – hatte er doch auch etwas von einem Moralphilosophen. Als ihm daher seine Tabakspfeife in der Mitte abbrach – hätte er als ein solcher die zwei Stücke ruhig nehmen und sachte ins Feuer fallen lassen müssen. – Das tat er aber nicht, er schleuderte sie vielmehr mit der größten Heftigkeit hinein, – und um dieser Handlung noch mehr Nachdruck zu verleihen, – sprang er dabei mit beiden Beinen in die Höhe.

Dies sah etwas hitzig aus; – und die Art wie er meinem Onkel *Toby* auf seine Äußerung diente, bewies, daß es wirklich so war.

– Genieren! rief mein Vater, indem er die Worte meines Onkels *Toby* wiederholte, wenn ein Mann ihr so nahe käme! – Beim Himmel! Bruder *Toby,* du könntest die Geduld eines *Hiob* erschöpfen; und ich habe doch wahrlich auch ohne das die Plagen eines *Hiob.* – Wieso? – Weshalb? – Warum? – Wegen meiner? fragte mein Onkel im höchsten Erstaunen – wenn ich höre, fuhr mein Vater fort, daß ein Mann in deinem Alter, Bruder, die Weiber noch so wenig kennt! – Ich kenne sie gar nicht, – erwiderte mein Onkel *Toby,* und fuhr er fort, der Stoß, den ich ein Jahr nach der Demolierung von Dünkirchen in meiner Geschichte mit der Wittwe *Wadman* empfing: – und den ich, wie du weißt, nicht empfangen haben würde, wenn mir nicht alle Kenntnis des Geschlechts abging – er hat mir gerechten Anlaß gegeben zu sagen, daß ich von den Weibern und ihren Angelegenheiten nichts weiß und nichts verstehe, und mir auch gar nicht annahm, etwas davon zu verstehen –

Bruder, versetzte mein Vater, du hättest, dächte ich, wenigstens das rechte Ende bei einem Weib vom falschen unterscheiden können.

In *Aristoteles Meisterwerk* heißt es: Wenn ein Mensch an etwas Vergangenes denkt, – so blickt er zur Erde; – denkt er aber an etwas Zukünftiges, so blickt er zum Himmel empor.

Mein Onkel *Toby* dachte, scheints an keins von beiden, denn er sah geradeaus. – Das rechte Ende! murmelte mein Onkel *Toby* vor sich hin und heftete dabei seine Blicke unwillkürlich auf eine kleine Spalte, die durch eine lose Fuge am Kamingesimse entstanden war —— das rechte Ende von einem Weib! – ich muß gestehen, sagte mein Onkel, ich weiß so wenig was das sein soll als der Mann im Mond; – und wenn ich mich vier Wochen lang besänne, fuhr mein Onkel *Toby* fort, wobei er die lose Fuge nicht aus den Augen ließ, ich würde es nicht herausfinden.

Dann will ich dirs sagen, Bruder *Toby*, erwiderte mein Vater.

Alles auf der Welt, begann mein Vater, und stopfte eine frische Pfeife – Alles auf der Welt, lieber Bruder *Toby*, hat zwei Enden. – Nicht immer, meinte mein Onkel *Toby*. – Wenigstens zwei Seiten, versetzte mein Vater, – was auf eins herauskommt. – Wenn sich nun ein Mann in Ruhe hinsetzt, und bei sich das Machwerk, die Gestalt, die Zusammensetzung, Erreichbarkeit und Zweckdienlichkeit der Teile in Betracht zieht, welche zusammen das animalische Wesen bilden, welches wir Weib nennen, und sie einem analogen Vergleiche unterzieht – den Sinn dieses Wortes habe ich nie recht verstanden, sagte mein Onkel *Toby*.——

ANALOGIE, erklärte mein Vater, bedeutet die Beziehung und Übereinstimmung von verschiedenen – hier brach ein verwünschtes Pochen an die Türe meines Vaters Erklärung entzwei (wie vorhin seine Tabakspfeife) – und schlug damit der bedeutendsten und interessantesten Besprechung, die je aus dem Schoße der Spekulation hervorging, den Kopf ein; –

es dauerte einige Monate bis mein Vater eine Gelegenheit erwischte, wo er sie in Ruhe loslassen konnte; – und zu dieser Stunde ist es noch so problematisch wie der Gegenstand der Besprechung selbst, – ob ich (in Anbetracht der Verwirrung und Ungelegenheiten unsers häuslichen Mißgeschicks, die einander nun dicht auf den Fersen folgen) imstande sein werde, im dritten Band einen Platz dafür zu finden oder nicht.

8. Kapitel

Es ist jetzt etwa anderthalb Stunden leidlich guten Lesens her, seit mein Onkel *Toby* schellte und *Obadiah* die Weisung erhielt, ein Pferd zu satteln und den Geburtshelfer Dr. *Slop* zu holen; – so daß niemand ein Recht hat zu sagen, ich habe *Obadiah* nicht – in poetischem Sinne und in Anbetracht der Dringlichkeit der Sache – Zeit genug gegeben, um hin- und zurückzukommen; – wenn auch im wahrscheinlichen und wirklichen Sinn gesprochen, der Mann vielleicht kaum so viel Zeit gehabt hätte, um in seine Stiefel zu kommen.

Wenn ein Hyperkritikus der Sache strenger auf den Leib gehen, etwa eine Pendeluhr zur Hand nehmen und die wirkliche Zeitentfernung zwischen dem Läuten der Glocke und dem Pochen an die Türe ausmessen wollte; und wenn er dann fände, daß sie nicht mehr als zwei Minuten und 13 3/5 Sekunden betrage – und mir dann wegen dieses Bruches der Einheit oder vielmehr dieser Sünde gegen die Zeitwahrscheinlichkeit den Kopf waschen wollte, – so würde ich ihn daran erinnern, daß der Begriff der Dauer und ihrer einfachen Modalitäten von dem Gange und der Folge unserer Gedanken abhängt – und daß diese das einzig richtige scholastische Pendel ist – nach welchem ich als Scholastiker in dieser Angelegenheit beurteilt werden darf, – und daß ich die Herrschaft eines jeden anderen Pendels abweise, abschwöre und verabscheue.

Ich möchte ihn daher ersuchen in Betracht zu ziehen, daß

es nur elende acht Meilen von *Shandy Hall* bis zum Hause des Geburtshelfers Dr. *Slop* ist, – und daß während *Obadiah* diese Meilen hin und her zurücklegte, ich meinen Onkel *Toby* von *Namur* durch ganz *Flandern* bis *England* brachte: – daß ich ihn dort beinahe vier Jahre krank hatte – und ihn nachher mit Korporal *Trim* in einem Vierspänner nahezu zweihundert Meilen weit nach Yorkshire hinunter reisen ließ; – was alles zusammen die Einbildungskraft des Lesers genügend auf das Erscheinen des Dr. *Slop* auf der Bühne hätte vorbereiten können – wenigstens ebensogut (hoffe ich) als ein Tanz, ein Gesang oder ein Konzert im Zwischenakt.

Läßt aber mein Hyperkritikus nicht mit sich reden, und behauptet, zwei Minuten und 13 Sekunden seien eben doch nicht mehr als zwei Minuten und 13 Sekunden – trotz allem was ich darüber gesagt habe; und meine Verteidigung, möge sie mich auch dramatisch retten, verdamme mich doch biographisch und mache mein Buch von diesem Augenblick an zugestandenermaßen zu einem Roman, während es bis dahin ein apokryphisches Buch gewesen; – werde ich wirklich so gedrängt, – nun so mache ich dem ganzen Einwurf und Streit ein für allemal dadurch ein Ende, – daß ich ihn benachrichtige, daß *Obadiah* kaum hundert Schritte vom Stall weg war, als er Dr. *Slop* begegnete; – und er lieferte wirklich einen ziemlich schmutzigen Beweis dafür, daß er ihm begegnete, ja er hätte um ein Haar einen tragischen liefern können.

Denken Sie sich – doch damit beginn ich besser ein neues Kapitel.

9. Kapitel

Denken Sie sich eine kurze, dicke, ungehobelte Figur von etwa 4 ½ Schuh vom Boden mit einem so breiten Buckel und einem so vollen Wanst, daß er einem Sergeanten bei der Leibgarde alle Ehre gemacht hätte, so haben Sie den Dr. *Slop*.

Das waren also die Umrisse seiner Figur, und wenn Sie *Hogarths* Analyse der Schönheit gelesen haben – (wenn Sie sie nicht gelesen haben, so wünschte ich, Sie tätens) – so müssen Sie wissen, daß dieselbe ebensogut mit drei Strichen als mit 300 karikiert und uns zu Gemüte geführt werden kann.

Denken Sie sich also so eine Figur – denn wie gesagt, das war die Silhouette des Dr. *Slop* – wie sie langsam Schritt für Schritt auf dem Rücken eines kleinen Diminutivponys durch den Schmutz daherwatschelt, auf einem Pony, das zwar keine üble Farbe hatte – aber so schwach war, daß es unter einem solchen Gewicht kaum im Paß gehen konnte, wenn die Straßen in einem Paß – baren Zustande waren. – Sie waren es aber diesmal nicht —— und nun denken Sie sich *Obadiah* wie er auf einem Ungetüm von Kutschengaul ihm im vollen Galopp und in möglichster Eile gerade entgegenkommt.

Erlauben Sie, daß ich Sie einen Augenblick bei diesem Bilde festhalte.

Hätte Dr. *Slop Obadiah* auf die Entfernung einer Meile in einem engen Feldweg in dieser ungestümen Gangart gerade auf sich losrennen sehen, —— wie er wie der Teufel durch dick und dünn daherpatschte und spritzte; – hätte eine solche Erscheinung mit diesem Wirbel von Kot und Wasser, der sich mit ihm um seine Achse daherwälzte – hätte sie nicht für Dr. *Slop* in seiner Lage ein Gegenstand weit ernsterer Befürchtungen sein müssen als der schlimmste von Whistons Kometen? – Von dem NUKLEUS, nämlich dem *Obadiah* und seinem Kutschenpferd will ich gar nichts sagen. Nach meiner Meinung reichte ihr Wirbel allein schon hin, um wo nicht den Doktor, so doch dessen Pony, zu umschlingen und ganz mit fortzureißen. Sie können sich daher denken, welchen Schreck, welche Wasserscheue Dr. *Slop* empfinden mußte, wenn Sie hören (was nun sofort der Fall sein wird) daß er so sachte im Vorrücken gegen *Shandy Hall* begriffen und diesem Ort bis auf etwa 60 Schritte nahe gekommen war, und nur noch 5 Schritte bis zu einer plötzlichen Wendung der Straße hatte, er durch den spitzigen Winkel der Gartenmauer veranlaßt wurde, gerade am schmutzigsten Punkt des schmutzigen Weges, als *Obadiah* und sein Kutschengaul scharf, wie wütig – bums – gerade auf ihn losstürmten! – Gewiß gibt es in der ganzen Natur nichts Fürchterlicheres als einen solchen Zusammenstoß – um so mehr als er so unerwartet kam und Dr. *Slop* so ganz unvorbereitet traf.

Was konnte Dr. *Slop* tun? – er bekreuzigte sich † – Oh! – aber mein lieber Herr, der Doktor war katholisch. – Tut nichts, er hätte besser daran getan, wenn er sich am Sattelknopf gehalten hätte. – Das hätte er auch sollen – ja es wäre diesmal am besten gewesen, wenn er gar nichts getan hätte; denn als er sich bekreuzte, ließ er seine Peitsche fallen – und als er diese beim Hinuntergleiten zwischen Knie und Sattelrand zu retten suchte, verlor er den Bügel – und damit auch den Sitz; und bei diesen vielen Verlusten (woraus beiläufig hervorgeht, wie wenig beim Bekreuzen herauskommt) verlor der unglückliche Doktor auch noch alle Geistesgegenwart. Und ohne *Obadiahs* Anprall abzuwarten, überließ er sein Pony seinem Schicksal und purzelte in schräger Linie darüber hinunter, etwa wie ein Wollsack ohne irgendeine schlimme Folge des Falls, außer daß er (wie es nicht anders sein konnte) mit seinem breitesten Teil etwa 12 Zoll tief in dem Kot versank.

Obadiah zog seine Mütze zweimal vor Dr. *Slop*, – einmal als er fiel – und dann wieder als er ihn festsitzen sah. – Unzeitige Höflichkeit! – wäre es nicht vernünftiger gewesen, wenn der Bursche sein Roß angehalten hätte, herabgesprungen wäre und jenem geholfen hätte? – Herr, er tat, was nur der Augenblick gestattete: – aber die Triebkraft des Kutschenpferdes war so groß, daß *Obadiah* nicht alles auf einmal tun konnte; er ritt dreimal eine Volte um Dr. *Slop*, ehe er dazu kam; – und als er endlich sein Tier zum Stehen brachte, geschah es mit einer solchen Kotexplosion, daß es besser gewesen wäre, *Obadiah* hätte sich eine Wegstunde weiter weg befunden. Kurz noch nie war ein Dr. *Slop* so verschmiert, so transsubstantiiert worden, seitdem letzteres Mode geworden ist.

10. Kapitel

Als Dr. *Slop* in das hintere Zimmer trat, wo mein Vater und mein Onkel *Toby* sich über die Natur des Weibes unterhielten – war schwer zu entscheiden, ob Dr. *Slops* Aussehen oder sein Erscheinen überhaupt sie in größeres Staunen versetzte; denn da jener Vorfall so nahe am Hause geschah, daß es *Obadiah* nicht der Mühe wert erschien, ihn wieder herzurichten – hatte ihn *Obadiah* hereingeführt wie er war, ungestriegelt, ungebügelt, mit allen seinen Spritzern und Flecken. – Da stand er nun wie *Hamlets* Geist, regungslos und sprachlos, volle anderthalb Minuten unter der Tür (wobei *Obadiah* ihn bei der Hand hielt) in der ganzen Majestät seines Schmutzes: – die hintere Partie, auf die er gefallen war, über und über beschmiert; – und an jedem anderen Teil durch *Obadiahs* Explosion derart bespritzt, daß man (ohne Mentalreservation) hätte schwören können, jedes Schmutzkörnchen habe getroffen.

Hier wäre nun die schönste Gelegenheit für meinen Onkel *Toby* gewesen, seinerseits über meinen Vater zu triumphieren; – denn kein Sterblicher, der Dr. *Slop* in dieser Sauce sah, hätte meines Onkels *Toby* Ansicht bestreiten mögen, daß seine Schwägerin einen solchen Dr. *Slop* sich nicht zu nahe kommen lassen wolle. – Allein dies wäre ein *argumentum ad hominem* gewesen; und wenn mein Onkel *Toby* hiermit nicht bei der Hand war, so glauben Sie vielleicht, daß er sich eines solchen nicht zu bedienen verstanden habe. – Nein, der Grund war: – es lag nicht in seiner Natur, jemand wehe zu tun.

Dr. *Slops* Erscheinen zu dieser Stunde war ebenso unerklärlich wie die Art, wie dies geschah; doch hätte mein Vater das Rätsel leicht lösen können, wenn er nur einen Augenblick darüber nachgedacht hätte; denn erst vor acht Tagen hatte er Dr. *Slop* benachrichtigt, daß es bei meiner Mutter ihrer Rechnung nach Zeit sei; und da der Doktor seitdem nichts mehr gehört hatte, so war es ganz natürlich und zugleich sehr klug

George Cruikshank

von ihm, wenn er nach *Shandy Hall* ritt, wie er wirklich tat, lediglich um zu sehen, wie die Sachen stünden.

Allein meines Vaters Geist schlug unglücklicherweise einen falschen Weg ein, als er darüber nachsann; wie der Geist des Hyperkritikus faßte er nur das Schellen der Glocke und das Pochen an die Türe ins Auge – maß ihre Entfernung und war so eifrig mit dieser Sache beschäftigt, daß er nichts anderes denken konnte – die gewöhnliche Schwachheit der größten Mathematiker! die mit aller Macht nur am Beweise arbeiten und ihre ganze Kraft daran setzen, so daß ihnen keine mehr bleibt, um einen nützlichen Schluß daraus zu ziehen.

Auch auf das Sensorium meines Onkels *Toby* machte das Läuten der Glocke und das Pochen an der Tür einen starken Eindruck; – rief aber hier einen ganz anderen Gedankengang hervor; – diese zwei unvereinbaren Töne brachten meinem Onkel *Toby* sofort den großen Ingenieur *Stevenus* zu Sinn. Was *Stevenus* hierbei zu tun hatte, – ist jedenfalls das größte Rätsel: – es soll gelöst werden; – aber nicht im nächsten Kapitel.

11. Kapitel

Das Schreiben, wenn es richtig getrieben wird (und Sie können versichert sein, daß ich denke, dies sei bei mir der Fall), ist nur eine andere Art von Gespräch. Wie jemand, der weiß, wie er sich in einer guten Gesellschaft zu benehmen hat, dort nicht wagen wird alles herauszuschwatzen, – so darf auch ein Schriftsteller, der die Grenzen des Anstandes und der Bildung kennt, nicht alles denken; er erweist daher dem Geiste des Lesers keine größere Achtung, als wenn er die Sache freundschaftlich halbiert und der Einbildungskraft jenes ebenfalls etwas überläßt.

Was mich anbelangt, so erweise ich ihm unaufhörlich Artigkeiten dieser Art und tue alles was in meinen Kräften steht, um seine Phantasie ebenso tätig zu erhalten als meine eigene.

Die Reihe ist jetzt an ihm; – ich habe ihm eine weitläufige Schilderung von Dr. *Slops* traurigem Sturz und seiner traurigen Erscheinung im hinteren Zimmer gegeben; – seine Einbildungskraft muß sich nun eine Zeitlang hiermit beschäftigen.

Stelle sich der Leser also vor, Dr. *Slop* habe seine Geschichte erzählt – wobei seiner Phantasie überlassen bleibt, sich dessen Worte und etwaige Übertreibungen zu denken; – er stelle sich ferner vor, auch *Obadiah* habe seine Geschichte erzählt, und er verleihe diesem so klägliche Blicke scheinbarer Teilnahme, wie er es für das Geeignetste hält, um den Gegensatz der zwei Figuren, wie sie so nebeneinanderstehen, gehörig hervorzuheben. – Er denke sich, daß mein Vater die Treppe hinaufgegangen ist, um nach meiner Mutter zu sehen; und um das Werk seiner Phantasie zu vollenden, – denke er sich den Doktor jetzt gewaschen – abgerieben, bedauert, – beglückwünscht – in ein Paar von *Obadiahs* Hausschuhe geschlüpft und der Türe zugehend, um in Aktion zu treten.

Gemach! – gemach, guter Dr. *Slop!* – hemme deine geburtshelferische Hand; – stecke sie ruhig wieder in deinen Busen, um sie warm zu halten; – du weißt ja nicht welche Hindernisse – welche verborgene Gründe ihre Tätigkeit lähmen. Hast du, Dr. *Slop,* – hast du die geheimen Artikel des feierlichen Vertrags gelesen, der dich hierher geführt hat? – Weißt du, daß in diesem Augenblick eine Tochter der *Lucina* dir geburtshelferisch über den Kopf gewachsen ist? Ach! – es ist nur zu wahr! – Überdies, du großer Sohn des *Pilumnus,* was könntest du denn tun? Du bist ja ohne Waffen auf dem Schlachtfeld erschienen; – du hast deinen *Tire-tête* zu Hause gelassen – deine neu erfundene Zange – deine Klammer, – deine Spritze, kurz alle deine Rettungs- und Entbindungsinstrumente: – beim Himmel! sie hängen ruhig in einem grünen wollenen Beutel zwischen deinen zwei Pistolen zu Häupten deines Betts. Schelle! – rufe! – schicke *Obadiah* in aller Eile auf dem Kutschenpferd hin.

– Eile dich, eile dich, *Obadiah*, sagte mein Vater, du sollst eine Krone von mir haben! – Und von mir auch, setzte mein Onkel *Toby* hinzu.

12. Kapitel

Ihr plötzliches und unerwartetes Erscheinen, sagte mein Onkel *Toby* zu Dr. *Slop* (alle drei setzten sich an den Kamin, als mein Onkel *Toby* zu sprechen begann) – erinnerte mich sogleich an den großen *Stevenus*. Sie müssen wissen, das ist ein Lieblingsschriftsteller von mir. —— Dann, bemerkte mein Vater, wobei er sich des Arguments *ad crumenam* bediente, – dann wette ich 20 Guineen gegen eine Krone (die du dem *Obadiah* geben kannst, wenn er zurückkommt), daß dieser *Stevenus* ein Ingenieur oder so was war, – oder etwas direkt oder indirekt auf die Befestigung Bezügliches geschrieben hat.

Das hat er auch, erwiderte mein Onkel *Toby*. – Das wußte ich ja, sagte mein Vater, aber so wahr ich lebe, ich kann nicht begreifen, in welchem Zusammenhang das plötzliche Erscheinen des Dr. *Slop* mit einer Abhandlung über Befestigung steht. Ich habe es aber gleich gefürchtet. – Wir mögen ja sprechen von was wir wollen – die Sache mag diesem Stoff noch so fremd sein, dazu passen wie eine Faust auf ein Auge – du weißt es doch darauf zu bringen. O Bruder *Toby*, fuhr mein Vater fort, – ich möchte meinen Kopf nicht so voll von Kurtinen* und Hornwerken haben wie du. – Ja, das glaub ich wohl, rief Dr. *Slop* dazwischen, und lachte unmäßig über sein Wortspiel.

Der Kritiker *Dennis* konnte ein Wortspiel oder die Andeutung eines solchen nicht gründlicher hassen und verachten als mein Vater es tat; —— er geriet allemal darüber in Zorn: – aber bei einer ernsten Unterhaltung durch ein solches unterbrochen zu werden, das, pflegte er zu sagen, sei so schlimm wie ein Nasenstüber; – er sehe keinen Unterschied.

* englisch curtain, Kurtine und Bettvorhang, Gardine.

Mein Herr, sagte mein Onkel *Toby* zu Dr. *Slop* – die Kurtinen, von denen mein Bruder *Shandy* hier spricht, sind etwas ganz anderes als Bettvorhänge; – allerdings sagt *Du Cange* die Bettkurtinen haben sehr wahrscheinlich ihren Namen von jenen bekommen; auch haben die Hornwerke, die er erwähnt hat, durchaus nichts mit den Hornwerken des betrogenen Ehemannes zu tun. Kurtine, mein Herr, ist vielmehr ein Ausdruck der Befestigungskunst, den wir für denjenigen Teil des Walls oder Rampart gebrauchen, der zwischen zwei Bastionen liegt und sie miteinander verbindet. – Der Belagerer treibt seinen Angriff selten direkt gegen die Kurtine vor, weil dieselbe so gut *flankiert* ist (Gerade wie bei den andern Kurtinen, sagte Dr. *Slop* lachend). Um sie jedoch ganz sicherzustellen, legen wir gewöhnlich Ravelins davor, wobei wir Sorge tragen, daß sie über die Fossé oder den Graben hinausreichen. – Gewöhnliche Leute, welche nichts von Befestigung verstehen, verwechseln das Ravelin mit dem Halbmond; – das sind aber zwei ganz verschiedene Dinge, nicht sowohl in betreff ihrer Form oder Konstruktion, denn wir machen beide in allen Teilen gleich; sie bestehen nämlich immer aus zwei Facen, die einen ausspringenden Winkel bilden und deren Kehle keine enge ist, sondern die Form eines Halbmonds hat. – Worin liegt dann der Unterschied? fragte mein Vater etwas ärgerlich. – In ihrer Lage, erwiderte mein Onkel *Toby;* – denn wenn ein Ravelin vor der Kurtine liegt, Bruder, so ist es ein Ravelin; liegt es aber vor einer Bastion, so ist das Ravelin kein Ravelin – sondern ein Halbmond; ebenso ist ein Halbmond nur solange ein Halbmond, als er vor seiner Bastion liegt, und nicht länger; wenn er aber seinen Platz wechseln und vor die Kurtine kommen könnte – dann wäre es kein Halbmond mehr; ein Halbmond ist in diesem Falle kein Halbmond – er ist nur noch ein Ravelin. – Mir scheint, bemerkte mein Vater, diese edle Befestigungskunst hat so gut ihre schwachen Seiten – wie jede andere Wissenschaft.

– Was aber das Hornwerk anbelangt (Ojerum! seufzte mein

Vater), von welchem mein Bruder sprach, fuhr mein Onkel *Toby* ruhig fort, so ist das ein sehr wichtiges Außenwerk; – es wird von den französischen Ingenieuren *ouvrage à cornes* genannt; wir legen es im allgemeinen an, um solche Stellen zu decken, die wir für schwächer halten als die übrigen. Es wird aus 2 Epaulements oder Halbbastionen gebildet – es sieht sehr hübsch aus – und wenn Sie einen kleinen Gang machen wollen, so getraue ich mir Ihnen eins zu zeigen, das schon der Mühe verlohnt. – Wenn wir es krönen, fuhr mein Onkel *Toby* fort, dann ist es allerdings viel stärker; allein es wird dann auch sehr kostspielig und bedarf eines großen Raumes. Ich bin deshalb der Ansicht, daß es am besten dazu taugt, den Zugang zu einem Lager zu decken oder zu verteidigen; sonst möchte ich dem doppelten Doppelzangenwerk —— bei der Mutter, die uns geboren hat, Bruder *Toby!* rief mein Vater, der es nicht mehr aushalten konnte, – du könntest einen Heiligen außer sich bringen; – da hast du uns plötzlich, ich weiß nicht wie, wieder mitten in die alte Geschichte hineingebracht – und so voll ist dein Kopf von diesen verdammten Werken, daß trotzdem meine Frau mitten in ihren Wehen ist und du sie schreien hörst, du doch an nichts denkst als den Geburtshelfer spazieren zu führen. —— Den Accoucheur, wenn ich bitten darf, sagte Dr. *Slop*. – Sehr gern, erwiderte mein Vater, es ist mir gleich, wie man Sie nennt; – aber ich wollte die ganze Befestigungskunst mit allen ihren Erfindern wäre beim Teufel; – sie hat schon Tausenden den Tod gebracht – und wird ihn mir auch noch bringen. – Ich möchte mein Gehirn nicht so voll von Sappen, Minen, Blendierungen, Schanzkörben, Palissaden, Ravelins, Halbmonden und wie das Zeug alles heißt, haben, Bruder *Toby,* und wenn man mir *Namur* und alle *flandrischen* Städte dafür schenkte!

Mein Onkel *Toby* ertrug Kränkungen mit Geduld; – nicht aus Mangel an Mut – ich habe Ihnen in einem früheren Kapitel gesagt, daß er Mut hatte; und ich füge hier bei, daß wo ein kritischer Fall eintrat, oder es nötig machte – ich niemand kannte, bei dem ich lieber Zuflucht genommen hätte; – auch war es nicht Folge von Unempfindlichkeit oder intellektueller Stumpfheit – denn er fühlte diese Kränkung von seiten meines Vaters so tief, als man nur konnte; – aber er besaß ein sanftes, friedliches Naturell – es war durchaus kein bissiges Element in ihm – alles war da so freundlich, so gutherzig gemischt, daß mein Onkel *Toby* es kaum übers Herz bringen konnte, einer Fliege wehe zu tun.

– Geh – sagte er eines Tages beim Mittagessen zu einer recht dicken, die ihm das ganze Essen über um die Nase geschwirrt war und ihn gepeinigt hatte – und die er nach zahllosen vergeblichen Versuchen endlich erwischt hatte; – ich will dir nichts tun, sagte mein Onkel *Toby* und stand auf und ging mit der Fliege in der Hand ans Fenster – ich will dir kein Haar auf deinem Haupte verletzen: – Geh, sagte er und schob das Fenster zurück und öffnete dabei die Hand, damit sie fortfliegen konnte – geh, armes Ding, mach daß du fortkommst, warum sollte ich dir was tun? – Die Welt ist groß genug, um dir und mir Raum zu gewähren.

Ich war erst zehn Jahre alt, als dies geschah; aber mochte nun die Handlung an sich in jenem Alter der Weichheit mehr mit meinen Empfindungen zusammenstimmen, so daß sie mein ganzes Wesen von dem süßesten Gefühl erbeben machte; – oder mochte die Art wie sie geschah, der Ausdruck in dem sie erfolgte, mir besonders sympathisch sein; – oder mochte der Ton der Stimme, die Harmonie der vom Mitleid gestimmten Bewegung durch irgendeinen geheimen Zauber den Weg zu meinem Herzen finden – ich weiß nicht was es war – aber soviel ist gewiß, daß die Lehre von einem alles beherrschenden Gesetz der Güte, die mir mein Onkel *Toby* damals gab und einprägte, sich seither nie mehr in mir verwischt hat; und wenn ich auch nicht verkennen will, was das Studium der *literae humaniores* auf der Universität in dieser Richtung mir nützte, noch auch die andern Hilfsmittel einer kostspieligen Erziehung zu Hause und auswärts zu gering anschlagen möchte; – so muß ich doch oft denken, daß ich die Hälfte meiner Menschenfreundlichkeit jenem zufälligen Eindruck verdanke.

☞ Dies möge Eltern und Erziehern statt eines ganzen Buches über diesen Gegenstand dienen.

Ich konnte diesen Zug im Bilde meines Onkels *Toby* dem Leser nicht mit dem Griffel geben, mit welchem ich die übrigen Teile desselben zeichnete —— indem diese nur die STECKENPFERDÄHNLICHKEIT behandelt – während jener Zug zu seinem moralischen Charakter gehört. In Beziehung auf dieses geduldige Hinnehmen von Kränkungen war mein Vater ganz anderer Art, wie der Leser längst bemerkt haben wird; er besaß eine weit schärfere und raschere Empfänglichkeit, die einen ätzenden Beigeschmack hatte. Wenn ihn sein Temperament auch nie zu etwas hinriß, was wie Bosheit aussah: —— so benahm er sich doch bei den kleinen Reibungen und Ärgernissen des Lebens mit einer gewissen drolligen und witzigen Herbigkeit. —— Er besaß jedoch eine offene, edle Natur; —— und war stets der Überzeugung zugänglich; und bei den kleinen Ausbrüchen seines sauren Humors gegen andere, besonders aber gegen meinen Onkel *Toby*, den er wahrhaft liebte —— empfand er selbst mehr Pein, zehnmal mehr (ausgenommen bei der Geschichte mit meiner Tante *Dinah* oder wenn es sich um eine Hypothese handelte) als er jemals verursachte.

Die Charaktere der beiden Brüder setzten einander in dieser Beziehung gegenseitig in ein vorteilhaftes Licht, was sich besonders bei dem Handel zeigte, der wegen *Stevenus* anging.

Ich brauche dem Leser, wenn er selbst ein STECKENPFERD besitzt, nicht zu sagen, – daß eines Menschen STECKENPFERD zu den kitzligsten Dingen gehört, die er besitzt; und daß diese durch nichts hervorgerufenen Hiebe auf das Steckenpferd meines Onkels *Toby* nicht spurlos an diesem vorübergingen – Nein! – wie ich schon oben bemerkte, mein Onkel *Toby* fühlte sie, und zwar sehr tief.

Und was sagte er dazu? – Wie benahm er sich? – O mein Herr! das war großartig. Sobald mein Vater sein STECKENPFERD so beschimpft hatte – wendete er seinen Kopf ohne die geringste Aufregung von Dr. *Slop* weg, an den er seine Rede gerichtet hatte, und sah meinem Vater ins Gesicht mit einer Miene, in der so viel Gutmütigkeit – so viel Sanftmut —— so viel Brüderlichkeit – so unaussprechlich viel Zärtlichkeit lag, daß es meinem Vater einen Stich durchs Herz gab. Er sprang auf, faßte meinen Onkel *Toby* bei beiden Händen und sprach: – Bruder *Toby*, sagte er – ich bitte dich um Verzeihung – vergib mir dieses jähe Wesen, das ich von meiner Mutter habe. – Lieber, lieber Bruder, erwiderte mein Onkel *Toby*, indem er sich mit meines Vaters Hilfe erhob, sprich nichts mehr davon – beruhige dich, es hat nichts auf sich, und wenn es zehnmal ärger gewesen wäre. – Aber es ist unedel, fuhr mein Vater fort, irgend jemand zu beleidigen – vollends einen Bruder – aber gar einen Bruder zu beleidigen, der so sanft ist wie du – der so wenig Anlaß gibt – so gar nicht nachträgt – das ist schlecht, – bei Gott, es ist feig. – Beruhige dich doch, lieber Bruder, es hat nichts auf sich, wiederholte mein Onkel *Toby* – und wenn es fünfzigmal ärger gewesen wäre. – Und was gehen mich denn deine Unterhaltungen und Vergnügungen an, lieber *Toby*, rief mein Vater, außer wenn es in meiner Macht stünde sie zu vermehren (was nicht der Fall ist)? – Bruder *Shandy*, erwiderte mein Onkel *Toby*, indem er ihm ernst ins Gesicht sah, – in dieser Beziehung täuschest du dich sehr – denn du vermehrst wirklich mein Vergnügen, indem du, solang du am Leben bist, Kinder für die Familie *Shandy* zeugst. – Aber damit vermehrte Herr *Shandy* sein eigenes Vergnügen, sagte Dr. *Slop*. —— Nicht im geringsten, versetzte mein Vater.

13. Kapitel

Mein Bruder tut es aus Grundsatz, warf mein Onkel *Toby* ein. – Aus einem intimen, denke ich, bemerkte Dr. *Slop*. – Ach was! sagte mein Vater, es ist nicht der Rede wert.

14. Kapitel

Wir haben am Schlusse des Kapitels meinen Vater und meinen Onkel *Toby* stehen lassen, wie *Brutus* und *Cassius*, wo sie am Schluß des Stückes ihre Rechnungen ausgleichen.

Als mein Vater die letzten Worte gesprochen hatte, setzte er sich wieder nieder; – mein Onkel *Toby* folgte genau seinem Beispiel, nur schellte er, ehe er sich setzte, dem Korporal *Trim*, der außen wartete, und befahl ihm nach Hause zu gehen und den *Stevenus* zu holen: – das Haus meines Onkels *Toby* lag nämlich nur gerade gegenüber.

Manche würden jetzt die Geschichte mit *Stevenus* haben fallen lassen; – allein mein Onkel *Toby* hatte ja keinen Groll im Herzen, und so fuhr er ruhig in der Sache fort, um meinem Vater zu zeigen, daß er keinen Groll hatte.

Ihr plötzliches Erscheinen, Dr. *Slop*, sagte mein Onkel, indem er die Rede wieder aufnahm, erinnerte mich sogleich an *Stevenus*. (Meinem Vater fiel es natürlich nicht ein, nochmals auf *Stevenus* zu wetten.) Denn, fuhr mein Onkel *Toby* fort, jener berühmte Segelwagen, der dem Prinzen Maurice gehörte und der so merkwürdig konstruiert war und eine solche Schnelligkeit besaß, daß er ein halbes Dutzend Mann ich weiß nicht mehr in wieviel Minuten dreißig *deutsche* Meilen weit führte – war von dem großen Mathematiker und Ingenieur *Stevenus* erfunden.

Sie hätten Ihrem Diener, der ja lahm ist, die Mühe ersparen können, den *Stevenus* zu holen, sagte Dr. *Slop*, denn als ich von *Leiden* über *Den Haag* heimkehrte, ging ich eigens um den

Wagen zu sehen von *Haag* zu Fuß nach *Scheveningen*, was zwei gute Meilen weit ist. – Das ist noch nichts gegen das was der gelehrte *Peireskius* tat, erwiderte mein Onkel *Toby*, denn der ging nur um diesen Wagen zu sehen, 500 Meilen zu Fuß, nämlich von *Paris* nach *Scheveningen* und von *Scheveningen* wieder nach *Paris*.

Es gibt Leute, die es nicht ertragen können, wenn man sie übertrifft.

Um so närrischer war dieser *Peireskius*, versetzte Dr. *Slop*. – Jedoch wohl verstanden, damit wollte er keine Geringschätzung des *Peireskius* aussprechen; – er sagte es vielmehr nur, weil diese weite Fußwanderung des *Peireskius* aus reiner Liebe zur Wissenschaft die Heldentat des Dr. *Slop* auf Null reduzierte. – Um so närrischer war der *Peireskius*, wiederholte er. – Wieso? fragte mein Vater, der jetzt meines Onkels Partei ergriff, jedoch nicht allein, um die Kränkung, die er jenem angetan und die meinen Vater noch drückte, wiedergutzumachen; – sondern teilweise weil sich mein Vater wirklich für die Sache zu interessieren begann. – Wieso? fragte er, weshalb sollte *Peireskius* oder irgendwer verunglimpft werden, weil ihn nach diesem oder jenem Trunk gesunder Kenntnis dürstete? denn wenn ich von dem fraglichen Wagen auch nichts Näheres weiß, fuhr er fort, so muß der Erfinder desselben doch ein sehr mechanischer Kopf gewesen sein; und wenn ich auch nicht erraten kann, nach welchen Grundsätzen der Philosophie er dabei verfahren ist, —— so muß seine Maschine doch einen sehr soliden Grund gehabt haben, sonst hätte sie nicht so wie mein Bruder anführt, arbeiten können.

Sie arbeitete wirklich so wie ich sagte, wo nicht noch besser, sagte mein Onkel *Toby;* denn wie sich *Peireskius* elegant ausdrückt, wo er von der Schnelligkeit ihrer Bewegung spricht *tam citus erat, quam erat ventus;* was, wenn ich mein Latein nicht ganz vergessen habe, heißt: Sie war so geschwind wie der Wind.

Aber bitte, Dr. *Slop,* sagte mein Vater, meinen Onkel unterbrechend, den er jedoch zugleich deshalb um Verzeihung bat, nach welchen Grundsätzen wurde dieser Wagen in Gang gesetzt? – Nach prächtigen Grundsätzen, erwiderte Dr. *Slop;* —— und ich habe, fuhr er fort, indem er jene Frage umging, mich oft gewundert, weshalb unsere Herrn Gutsbesitzer, die in großen Ebenen leben wie hier die Umgegend, (besonders wenn sie Frauen haben, die noch Kinder bekommen können) nicht den Versuch machen, etwas Ähnliches in Gang zu bringen. Es würde sich nicht nur bei Blitzbesuchen, wie sie bei diesem Geschlecht vorkommen, außerordentlich praktisch erweisen – vorausgesetzt, es wehte der Wind – sondern es wäre auch sehr ökonomisch, sich der Winde zu bedienen, die nichts kosten und nichts fressen wie die Pferde, die (hol sie der Teufel!) sehr viel kosten und viel fressen.

Gerade deshalb, entgegnete mein Vater, weil die Winde nichts kosten und nichts fressen – ist der Plan schlecht; – denn der Verbrauch unserer Produkte und die Herstellung derselben gibt eben den Hungrigen Brot, treibt den Verkehr um, bringt Geld ein und hält den Wert unserer Güter aufrecht; – wenn ich ein Fürst wäre, würde ich deshalb den wissenschaftlichen Kopf, der eine solche Erfindung gemacht hätte, reichlich belohnen, – aber ich würde den Gebrauch derselben auf das bestimmteste verbieten.

Mein Vater war hier in sein Element geraten und schon im Begriff, sich jetzt ebenso gedeihlich über den Handel zu verbreiten, wie mein Onkel *Toby* es vorhin über die Befestigungskunst getan hatte —— allein zum Schaden der Wissenschaft, hatten die Parzen an diesem Morgen bestimmt, daß mein Vater heute keinerlei Abhandlung zu Ende spinnen sollte, —— denn gerade wie er den Mund öffnete, um den nächsten Satz zu beginnen, trat Korporal *Trim* mit dem *Stevenus* ein: – Aber jetzt war es zu spät – der ganze Stoff war ohne ihn erschöpft worden und die Unterhaltung lief bereits in einem anderen Kanal.

Du kannst das Buch wieder heimtragen, *Trim,* sagte mein Onkel *Toby,* und nickte ihm zu.

Bitte, Korporal, sagte mein Vater scherzend, – sehen Sie doch erst einmal hinein, ob Sie nicht einen Segelwagen drin bemerken.

Korporal *Trim* hatte im Dienst gelernt zu gehorchen – und niemals eine Widerrede zu erheben; – er nahm daher das Buch auf einen Nebentisch und durchlief die Blätter. Halten zu Gnaden, sagte *Trim,* ich sehe nichts der Art, will mich aber, fuhr der Korporal fort, nun seinerseits einen Scherz machend, doch vergewissern, halten zu Gnaden. – Er nahm also das Buch bei beiden Deckeln, bog sie rückwärts, ließ die Blätter nach unten hängen und schüttelte sie ordentlich.

Da ist doch was herausgefallen, halten zu Gnaden, sagte *Trim;* – 's ist aber kein Wagen oder etwas derart. – Was ists denn, Korporal, fragte mein Vater lächelnd. – Ich glaub, erwiderte *Trim* und bückte sich, um es aufzuheben – es ist so was wie eine Predigt – denn es fängt mit einer Stelle aus der Bibel an, nebst Kapitel und Vers – und geht dann weiter, nicht wie ein Wagen, sondern gerade wie eine Predigt.

Die Gesellschaft lächelte.

Ich begreife nicht, sagte mein Onkel *Toby,* wie eine Predigt in meinen *Stevenus* hineinkommen konnte.

Ich glaube doch, daß es eine Predigt ist, versetzte *Trim;* – wenn aber Euer Gnaden gestatten, so will ich eine Seite lesen; es ist eine schöne Handschrift. – Denn *Trim,* müssen Sie wissen, hörte sich ebenso gerne vorlesen wie sprechen.

Es kitzelt mich immer sehr, sagte mein Vater, Dinge, die mir so ganz zufällig in den Weg kommen, näher ins Auge zu fassen; – und da wir im Augenblick nichts Besseres zu tun haben, wenigstens bis *Obadiah* zurück ist, so wäre ich dir sehr verbunden, Bruder, wenn nämlich Dr. *Slop* nichts dagegen hat, wenn du den Korporal veranlassen wolltest, uns ein paar Seiten zum besten zu geben – wenn er es ebensogut kann wie er es gerne zu tun scheint. – Halten zu Gnaden, bemerkte *Trim*, ich habe zwei volle Feldzüge in *Flandern* hindurch Schreibersdienste beim Kaplan unseres Regiments versehen. – Er kann so gut lesen wie ich selbst, sagte mein Onkel *Toby*. – Ich versichere dich, *Trim* war der Gebildeteste in meiner ganzen Kompanie; und er hätte die nächste Unteroffiziersstelle erhalten, wenn den armen Burschen nicht das Unglück betroffen hätte. – Korporal *Trim* legte die Hand aufs Herz und machte eine demütige Verbeugung gegen seinen Herrn; – dann legte er seinen Hut auf den Boden und nahm die Predigt in die linke Hand, um seine rechte frei zu behalten; – hierauf trat er ohne Bedenken in die Mitte des Zimmers, wo er am besten sehen konnte und wo auch er von seinen Zuhörern am besten gesehen wurde.

16. Kapitel

Wenn Sie irgend etwas dagegen haben sollten, sagte mein Vater zu Dr. *Slop*. – Nicht das mindeste, erwiderte Dr. *Slop*: – es läßt sich ja noch gar nicht sagen, für welche Seite der Frage die Predigt geschrieben ist – sie kann ebensogut von einem Priester unserer Kirche sein, als Ihrer; so daß unser Risiko das gleiche ist. – Sie ist für keine von beiden Seiten geschrieben, sagte *Trim*, denn sie handelt vom Gewissen, wenn Euer Gnaden erlauben.

Trims Erklärung versetzte seine Zuhörerschaft in gute Laune – mit Ausnahme des Dr. *Slop*, der seinen Kopf nach *Trim* herumdrehte und etwas ärgerlich dreinsah.

Jetzt fang an, *Trim* – und lies recht deutlich, sagte mein Vater. – Das will ich, halten zu Gnaden, erwiderte der Korporal, machte eine Verbeugung und dann eine Bewegung mit der rechten Hand, womit er um Aufmerksamkeit bat.

17. Kapitel

Ehe der Korporal aber beginnt, muß ich Ihnen erst eine Schilderung seiner Stellung geben; – sonst könnte er in Ihrer Einbildungskraft irgendeine unbequeme Haltung haben – steif – senkrecht – das Gewicht seines Körpers gleichmäßig auf beide Beine verteilt; – das Auge geradeaus wie in Reihe und Glied; – den Blick starr, die Rede krampfhaft in der linken Hand wie sein Gewehr. – Mit einem Wort, Sie könnten sich *Trim* ausmalen, wie er etwa in seiner Abteilung und fertig zum Gefecht stand. – Seine Haltung war aber eine total verschiedene.

Er stand so, daß sein Körper schwebte und sich vorwärts neigte, so daß er etwa einen Winkel von 85½ Grad mit der Horizontalebene bildete; – die geübten Redner, denen ich dies sage, wissen sehr gut, daß dies der echte überzeugende Einfallswinkel ist; man kann allerdings unter jedem anderen Winkel ebenfalls sprechen und predigen – gewiß; und es geschieht auch alle Tage, – aber mit welcher Wirkung – das mag die Welt entscheiden.

Und zeigt nicht zugleich der Umstand, daß gerade ein Winkel von 85½ Grad mit mathematischer Genauigkeit nötig war, nebenbei, in welchem engen Verhältnis Künste und Wissenschaften zueinander stehen?

Wie der verwünschte Korporal *Trim,* der nicht einmal einen spitzigen Winkel von einem stumpfen unterscheiden konnte, dazu kam, diesen so genau zu treffen; – oder ob es Zufall, natürliches Geschick, richtiges Gefühl oder Nachahmung war, das soll in demjenigen Teil der Zyclopädie der Künste und Wissenschaften erläutert werden, wo die mitwirkenden Teile der Beredsamkeit des Senats, der Kanzel und der Gerichtsschranke, des Kaffeehauses, des Schlafzimmers und Kamins abgehandelt werden.

Er stand —— ich wiederhole es, um mit einem Blick ein Bild von ihm zu erhalten, mit dem Körper schwebend und etwas vorwärts geneigt – etwa mit 7/8 seines ganzen Gewichts auf dem rechten Bein – den Vorderfuß seines linken Beins, dessen Gebrechen bei dieser Haltung nicht nachteilig war, etwas vorgeschoben, – nicht seitwärts und nicht gerade vorwärts, sondern in einer Linie zwischen beiden – sein Knie gebogen, aber nicht stark – so daß es noch in die Grenzen der Schönheitslinie fiel – und muß ich hinzufügen, auch der Wissenschaft; denn es hatte den achten Teil seines Körpers zu tragen – so daß in diesem Fall die Stellung des Beines bestimmt ist – denn der Fuß konnte nicht weiter vorgesetzt, das Knie nicht mehr gebogen werden, als ihm mechanisch gestattet war, um eben jenen achten Teil seines ganzen Gewichts darauf zu nehmen und zu tragen.

☞ Diese Stellung empfehle ich den Herrn Malern – ich brauche wohl nicht hinzuzusetzen, den Herrn Rednern? – ich glaube nicht: denn wenn sie es nicht von selbst so machen, fallen sie notwendig auf ihre Nasen.

So viel von Korporal *Trims* Rumpf und Beinen. – Er hielt die Predigt lose, doch keineswegs nachlässig in der linken Hand, etwas oberhalb der Magengegend und ein wenig von der Brust entfernt; – sein rechter Arm fiel nachlässig an seiner Seite herab, wie Natur und das Gesetz der Schwerkraft verlangten, – die Hand war geöffnet und den Zuhörern zugekehrt, um sobald dies erforderlich wäre, dem Gefühl nachzuhelfen.

Korporal *Trims* Augen und Gesichtsmuskeln standen in vollkommenem Einklang mit den übrigen Körperteilen, – er blickte frei weg – ungezwungen – etwas sicher – aber nicht übergreifend.

Der Kritiker frage nicht, wie Korporal *Trim* zu alldem kommen konnte – ich habe ihm bereits gesagt, es solle seine Erklärung finden; – so stand er nun einmal vor meinem Vater, vor meinem Onkel *Toby* und vor Dr *Slop*; – mit so vorhängendem Leibe, so abstehenden Beinen und einem solchen rednerischen Schwung in der ganzen Gestalt, daß ein Bildhauer darnach hätte modellieren könnten; – ja ich zweifle ob das älteste Mitglied eines Kollegiums – oder der Professor des *Hebräischen* selbst viel daran hätte verbessern können. *Trim* machte eine Verbeugung, und las wie folgt:

DIE PREDIGT

Hebräer XIII, 18

– »Denn wir vertrauen, *daß wir ein gutes Gewissen haben.*«

Unser Trost! – unser Trost ist, daß wir ein gutes Gewissen haben!

[*Trim,* unterbrach ihn mein Vater, Sie legen einen ganz unrichtigen Akzent auf die Worte; Sie rümpfen ja die Nase, Mann, und lesen in einem so spöttischen Tone, als ob der Pfarrer dem Apostel eins anhängen wollte.

Erlauben Euer Gnaden, das will er auch, erwiderte *Trim.* Oho! sagte mein Vater und lächelte.

Trim wird wohl recht haben, bemerkte Dr. *Slop;* denn die schnippische Art, wie der Verfasser (der wie ich aus allem entnehme ein Protestant ist) den Apostel zitiert, beweist, daß er ihm zu Leibe steigen will; – wenn er es nicht schon bereits durch diese Behandlungsweise getan hat. – Aber woraus, entgegnete mein Vater, schließen Sie so schnell, daß es ein Redner unserer Kirche ist, Dr. *Slop?* denn soviel ich bis jetzt davon verstehe – könnte er jeder Kirche angehören. – Weil er, erwiderte Dr. *Slop,* wenn er einer der Unsrigen wäre, es sich ebensowenig erlauben dürfte sich so etwas herauszunehmen, als einen Bären am Bart zu zupfen. Wenn es bei uns jemand wagte, einen Apostel – einen Heiligen – oder auch nur die Spitze seines Nagels zu kränken, würde man ihm die Augen auskratzen, Herr. – Wie? der Heilige selbst? fragte mein Onkel *Toby.* – Nein, versetzte Dr. *Slop,* aber er würde ein altes Haus über den Kopf bekommen. – Sagen Sie, ist die Inquisition ein altes Haus oder ein neues? fragte mein Onkel *Toby.* – Ich verstehe mich nicht auf Architektur, erwiderte Dr. *Slop.* – Erlauben Sie, fuhr *Trim* dazwischen, die Inquisition ist das elendeste – erspare uns deine Beschreibung, *Trim*, ich bitte dich, sagte mein Vater, ich habe schon genug am Namen. – Tut nichts, entgegnete Dr. *Slop*, sie hat auch ihr Gutes; ich will sie zwar nicht verteidigen, aber in einem solchen Falle würde sie den Betreffenden bald bessere Manieren lehren; wenn er in dieser Weise vorginge, dürfte er versichert sein, der Inquisition zur Strafe ausgeliefert zu werden. – Dann möge Gott ihm beistehen, sagte mein Onkel *Toby*. – Amen, setzte *Trim* hinzu, ich habe leider einen armen Bruder, der seit vier Jahren in den Kerkern der Inquisition sitzt – davon hab ich ja noch nie ein Wort gehört, rief mein Onkel *Toby* hastig; wie kam er denn dahin, *Trim?* – O Herr, das Herz im Leibe wird Ihnen über der Geschichte bluten, – wie es mir tausendmal geblutet hat; – aber die Geschichte ist zu lang, als daß ich sie jetzt erzählen könnte; – ich werde sie Euer Gnaden einmal von einem Ende bis zum andern erzählen, wenn ich neben Ihnen an unsern Befestigungen arbeite. – Aber in wenig Worten ist die Sache die: – mein Bruder *Tom* ging als Diener nach *Lissabon* – dort heiratete er die Witwe eines *Juden*, die einen kleinen Laden hatte und Würste verkaufte, und das gab auf irgendeine Weise den Grund ab, daß man ihn einmal mitten in der Nacht aus dem Bette holte, wo er mit seinem Weib und zwei kleinen Kindern lag, und ihn geradeswegs nach der Inquisition schleppte, wo nun, Gott steh ihm bei! fuhr *Trim* fort und seufzte tief auf – der arme brave Bursche bis heutigestags liegt. Er war eine so ehrliche Seele, als je eine auf Gottes Welt herumlief, setzte *Trim* hinzu und zog sein Taschentuch heraus. ——

Die Tränen flossen *Trim* schneller über die Wangen herab, als er sie abwischen konnte. – Einige Minuten lang war es totstille im Zimmer. —— Gewiß ein Beweis der Teilnahme!

Komm, *Trim*, sagte mein Vater, als er bemerkte, daß der Schmerz des armen Burschen sich etwas Luft gemacht hatte – lies weiter – und schlag dir die traurige Geschichte aus dem Kopf: – es tut mir leid, daß ich dich unterbrochen habe; aber ich bitte dich, beginne die Predigt von neuem; – denn wenn der erste Satz, wie du sagst, einen tadelnden Charakter hat, so bin ich sehr begierig zu hören, was der Apostel getan hat, daß man ihm so kommt.

Korporal *Trim* wischte sich das Gesicht ab und steckte das Taschentuch wieder ein; dann machte er eine Verbeugung wie vorhin und begann von neuem.]

DIE PREDIGT

Hebräer XIII, 18

»Denn wir vertrauen, daß wir ein gutes Gewissen haben.«

Vertrauen! – Vertrauen, daß wir ein gutes Gewissen haben. Wahrlich, wenn es etwas in diesem Leben gibt, worauf sich ein Mensch verlassen kann, und das er auf die unzweifelhafte Weise kennen lernen kann, so ist es gewiß das – ob er ein gutes Gewissen hat oder nicht.

[Jetzt bin ich überzeugt, daß ich recht habe, sagte Dr. *Slop*.]

Wenn ein Mensch überhaupt denkt, kann er dem wahren Zustand dieser Sache nicht fremd bleiben: – er muß seine eigenen Gedanken und Wünsche kennen; – er muß sich seiner vergangenen Bestrebungen erinnern, und wissen, welche Triebfedern und Beweggründe im allgemeinen die Handlungen seines Lebens bestimmt haben.

[Ich nehm's ohne Sekundanten mit ihm auf, sagte Dr. *Slop*.]

In andern Dingen können wir uns durch den falschen Schein täuschen lassen, und wie der Weise klagt: *»Nur schwer erraten wir die Dinge recht, die auf Erden vor sich gehen; und nur mit Mühe erforschen wir die Dinge, die vor uns liegen.«* Hier aber findet das Herz alle Zeugen und Tatsachen in sich selbst; – es kennt das Gewebe, das es selbst gewoben – kennt sein Korn und seine Feinheit, und den genauen Anteil, den jede Leidenschaft je nach den Mustern, welche die Tugend oder das Laster ihm vorgelegt haben, an seiner Arbeit hat.

[Die Sprache ist gut, und ich muß sagen, *Trim* liest sehr gut, bemerkte mein Vater.]

Da nun das Gewissen nichts anderes ist, als die Kenntnis, welche das Herz von sich selbst besitzt, und die beifällige oder tadelnde Beurteilung, welche es den einzelnen Handlungen unseres Lebens unvermeidlich zuteil werden läßt; so ergibt sich hieraus klar, daß, wenn dieses innere Zeugnis gegen einen geht und er sich selbst anklagt, er notwendig schuldig sein muß; – und umgekehrt, daß wenn das Fazit ein günstiges ist und sein Herz ihn nicht verdammt, – es nicht bloß eine Sache des Trostes oder des Glaubens ist, wie der Apostel sagt, vielmehr eine Sache der Gewißheit, daß das Gewissen gut ist und der Mensch es somit auch sein muß.

[Dann hätte also der Apostel unrecht, sagte Dr. *Slop*, und der protestantische Geistliche recht. – Nur Geduld, erwiderte mein Vater, wir werden gleich sehen, daß der heilige Paulus und der protestantische Geistliche der gleichen Ansicht sind. – Ja ja, versetzte Dr. *Slop*, so ganz gleich wie Ost und West; das kommt aber alles von der Pressefreiheit her, fuhr er fort und hob die Arme zum Himmel.

Wenns hoch kommt, so handelt es sich hier um die Kanzelfreiheit, bemerkte mein Onkel *Toby*, denn es scheint nicht, daß die Predigt gedruckt wurde oder es je werden wird.

Mach weiter, *Trim* sagte mein Vater.]

Auf den ersten Anblick möchte die Sache unter diesem Gesichtspunkte erscheinen: ich zweifle auch nicht, daß die Erkenntnis von Recht und Unrecht jedem menschlichen Herzen so tief eingeprägt ist – daß wofern es nicht manchmal geschähe, daß das Gewissen eines Menschen durch die lange Gewohnheit der Sünde nach und nach verhärtet würde (wie nach dem Wort der Bibel in der Tat geschieht), – und wie einige zarte Teile seines Körpers – durch große Anstrengung und beständigen harten Gebrauch allmählich jenes feine Gefühl verlöre, das Gott und die Natur ihm verliehen hat; – niemals etwas der Art eintreten würde; – oder wäre es gewiß, daß Selbstsucht das Urteil niemals im mindesten beeinträchtigte – oder daß die kleinen Interessen sich niemals erheben und die Tätigkeit der höheren Regionen verwirren und sie in Wolken und dichte Finsternis einhüllen könnten: – dürfte niemals Gunst und Zuneigung diesen heiligen GERICHTSHOF betreten – würde es der WITZ verschmähen, dort einen Bestechungsversuch zu machen – oder würde er sich schämen, als Advokat für unerlaubte Genüsse aufzutreten; oder dürften wir schließlich versichert sein, daß das Interesse stets unberücksichtigt bliebe, solange der Fall anhängig wäre – daß niemals Leidenschaft auf den Richtersitz gelangte und dort statt der Vernunft, von der man sonst annimmt, daß sie den Vorsitz bei dem Falle führe und die Entscheidung gebe, das Urteil spräche; – wäre dies alles wirklich so, wie der Einwurf annehmen muß – dann wäre ohne Zweifel der religiöse und moralische Zustand eines Menschen genau so, wie er ihn selbst beurteilt: – und die Schuld oder Unschuld in eines Menschen Leben könnte im allgemeinen durch kein richtigeres Maß ermessen werden, als den Grad seines eigenen Beifalls oder Tadels.

Ich gebe zu, daß ein Mensch, wenn sein Gewissen ihn anklagt, wirklich schuldig ist (da es in dieser Beziehung selten irregeht), und den Fall der Melancholie und Hypochondrie ausgenommen, dürfen wir dann beruhigt aussprechen, daß genügende Gründe zur Anklage vorliegen. Aber der umgekehrte Satz hält keineswegs Stich – nämlich, daß wo eine Schuld vorliege, das Gewissen auch notwendig anklagen müsse; und daß wenn es dies nicht tue, der Mensch deshalb unschuldig sei. – Dies ist keineswegs der Fall. – Somit ist aber auch der allgemeine Trost, womit sich mancher gute Christ oder Nichtchrist täglich beruhigt: – daß ihn Gott sei Dank sein Herz nicht anklage, und daß er ein gutes Gewissen habe, weil er ein ruhiges hat – ein trügerischer; – und so landläufig auch diese Folgerung ist und so unfehlbar die Regel auf den ersten Anblick scheinen mag, so erkennt man doch, wenn man sie näher ins Auge faßt und die Wahrheit der Regel an klaren Tatsachen untersucht – daß sie bei falscher Anwendung ebensoviel Irrtümern unterworfen ist; – daß der Grundsatz, auf dem sie beruht, so oft verkehrt wird – ihre ganze Kraft verloren geht und oft so elend verschleudert wird, daß man nur mit Mühe die alten gewöhnlichsten Beispiele aus dem Menschenleben, welche den Satz bestätigen, zusammenbringt.

Angenommen ein Mann lebe lasterhaft, durchaus grundsatzlos; – vorwurfsvoll in seinem Benehmen gegenüber der Welt; er lebe wirklich schamlos und begehe eine Sünde, welche keine Vernunft, kein Vorwand rechtfertigen kann, – eine Sünde durch die er, aller Humanität entgegen, die betrogene Genossin seiner Schuld für immer zugrunde richtet; – er beraube sie ihres besten Schatzes, und häufe nicht nur Schande auf ihr Haupt; – sondern stürze zugleich eine ganze tugendhafte Familie in Schmach und Kummer. Sollte man da nicht denken, daß das Gewissen einem solchen Manne das Leben sauer mache; daß ihm die Vorwürfe desselben Tag und Nacht keine Ruhe lassen?

Ach das Gewissen hat die ganze Zeit über etwas ganz anderes zu tun, als über ihn herzufallen; gerade wie *Elias* dem *Gotte Baal* vorwarf, – dieser Hausgott *war entweder gerade in einem Gespräch begriffen, oder verfolgte irgendeinen Zweck, oder er war verreist, oder er schlief zufällig und konnte nicht geweckt werden.*

Vielleicht war ER in Gesellschaft der EHRE ausgezogen, um ein Duell auszufechten, eine Spielschuld zu entrichten; – oder ein schändliches Jahrgeld, den Sold seiner Sinnenlust auszubezahlen. Vielleicht war das Gewissen die ganze Zeit über tüchtig beschäftigt, zog laut gegen kleine Diebstähle los, und bestrafte jene geringen Vergehen, vor denen ihn Vermögen und Lebensstellung schützte; so daß er ebenso vergnügt lebt [wenn er unserer Kirche angehörte, könnte er das doch nicht, bemerkte Dr. *Slop*], ebenso gesund in seinem Bette schläft – und endlich dem Tod ebenso ruhig entgegen sieht – ja vielleicht noch viel ruhiger als ein weit besserer Mann.

[Das alles wäre bei uns unmöglich, sagte Dr. *Slop*, indem er sich gegen meinen Vater wendete, das könnte in unserer

Kirche nicht vorkommen. – In unserer aber kommt es leider nur zu oft vor, erwiderte mein Vater. – Ich gebe zu, versetzte Dr. *Slop*, den das offene Zugeständnis meines Vaters doch etwas außer Fassung brachte, daß ein Mensch in der römischen Kirche ebenso schlecht leben könnte, aber so leicht sterben könnte er dann nicht. – Es tut nichts zur Sache wie ein Schuft stirbt, bemerkte mein Vater in einem gleichgültigen Tone. – Ich will damit sagen, erwiderte Dr. *Slop*, daß ihm die Wohltat des letzten Sakraments verweigert werden würde. —— Bitte, wie viele haben Sie im ganzen, fragte mein Onkel *Toby*, ich vergesse es immer wieder. – Sieben, gab Dr. *Slop* zur Antwort. – Potztausend! sagte mein Onkel *Toby*, aber nicht in einem Tone der Befriedigung, sondern in dem der Verwunderung, wie ein Mensch, der in eine Schublade schaut und mehr darin findet, als er erwartet hat. – Potztausend, sagte also mein Onkel *Toby*; Dr. *Slop*, der ein sehr feines Gehör hatte, verstand meinen Onkel *Toby* so gut, wie wenn er einen ganzen Band gegen die sieben Sakramente geschrieben hätte. —— Potztausend, fuhr nun Dr. *Slop* auf, indem er gewissermaßen meinem Onkel *Toby* seinen Beweis wieder zurückschleuderte. —— Gibt es denn nicht auch sieben Haupttugenden, sieben Todsünden, sieben goldene Leuchter, sieben Himmel? – Das hab ich nicht gewußt, versetzte mein Onkel *Toby*. —— Gibt es nicht sieben Weltwunder, sieben Schöpfungstage, sieben Planeten, sieben Plagen? —— Ja das gibts, sagte mein Vater, mit scheinbar größtem Ernst. Aber *Trim*, fuhr er fort, laß uns jetzt deine übrigen Charaktere hören.]

Ein anderer wieder ist ein Knauser, ein unbarmherziger Mensch, (hier schwenkte *Trim* die rechte Hand), ein engherziger, selbstsüchtiger Halunke, unfähig eines freundschaftlichen Gefühls oder eines solchen für das allgemeine Wohl. Er geht an Witwen und Waisen in ihrer Not vorbei und kann all das Elend, das ein Menschenleben treffen mag, ohne einen Seufzer, ohne ein Gebet mit ansehen.

[Euer GNADEN entschuldigen, rief *Trim* dazwischen, einen

solchen Menschen halte ich noch für schlechter als den ersten.]

Sollte da nicht das Gewissen sich erheben und ihm bei solchen Gelegenheiten seinen Stachel zu fühlen geben? – O nein! es hat ja Gott sei Dank! gar keine Ursache dazu: *ich gebe einem jeden, was ihm gebührt; – ich habe mir keine unzüchtige Handlung vorzuwerfen; – keine gebrochenen Gelübde oder Versprechungen gutzumachen – ich habe keines Menschen Weib oder Kind mißbraucht. Gott sei Dank! ich bin nicht wie andere Leute, ein Ehebrecher, ein Ungerechter oder gar wie der Freigeist, der da vor mir steht.*

Ein dritter ist von Natur kniffig und hinterlistig. Überblickt einmal sein Leben! Es besteht aus nichts als aus einer Kette dunkler Künste, unredlicher Vorwände, um die wahre Absicht der Gesetze zu umgehen, jedes offene Handeln und den sicheren Genuß des Eigentums unmöglich zu machen. —— Ein solcher Mensch spinnt ein Gewebe kleinlicher Kniffe, um die Unwissenheit, die Verlegenheit des Armen und Bedürftigen darin zu fangen; – er zieht Nutzen aus der Unerfahrenheit der Jugend, aus dem arglosen Tun seines Freundes, der ihm Leib und Seele anvertraut haben würde.

Wenn dann das Alter kommt und die Reue ihn antreibt, auf sein schwarzes Register zurückzublicken und es mit seinem Gewissen durchzurechnen – dann sieht das GEWISSEN in das GESETZBUCH, und findet kein besonderes Gesetz durch sein Tun verletzt, – bemerkt keinerlei Strafverwirkung oder Geldbuße; – sieht keine Geißel über seinem Haupte, keine offene Kerkertüre. – Wovor sollte denn sein Gewissen erschrecken? – Das Gewissen hat sich hinter den Buchstaben des Gesetzes trefflich verschanzt, sitzt dort unverwundbar, durch Fälle und Entscheidungen so gut nach allen Seiten hin gedeckt, —— daß keinerlei Predigt es aus seiner Feste vertreiben kann.

[Hier wechselten Korporal *Trim* und mein Onkel *Toby* einige bedeutungsvolle Blicke miteinander. – Ei, ei, *Trim*! sagte mein Onkel *Toby* und schüttelte den Kopf, das sind traurige Befestigungen, *Trim*. – O sehr armselige Werke, erwiderte *Trim,* gegen die, die Euer Gnaden und ich machen. —— Der Charakter dieser letzten Figur, bemerkte Dr. *Slop,* ist der abscheulichste von allen, und scheint einem Ihrer ränkesüchtigen Advokaten nachgebildet. In unserer Kirche könnte das Gewissen eines Mannes unmöglich solange verblendet sein; wenigstens dreimal im Jahre muß er ja zur Beichte gehen. – Macht ihn dies wieder ganz sehend? fragte mein Onkel *Toby.* – Mach weiter, *Trim,* sagte mein Vater, sonst kommt *Obadiah* zurück, ehe du mit deiner Rede fertig bist. – Sie ist sehr kurz, versetzte *Trim.* – Ich wollte, sie wäre länger, denn sie gefällt mir ausnehmend, sagte mein Onkel *Toby.* – *Trim* fuhr fort.]

Ein vierter hat nicht einmal diesen Hinterhalt; – er durchbricht die ganze Zeremonie langsamer Schikane – verschmäht die zweifelhafte Wirkung seiner Kabalen und vorsichtiger Fallen, um zu seinem Ziele zu gelangen – dieser freche Bursche lügt, betrügt, schwört Meineide, raubt, mordet mit offener Stirne! – Entsetzlich! – Aber in diesem Falle war nichts Besseres zu erwarten. – Der arme Mensch war eben im Dunkel! – sein Priester hatte die Leitung seines Gewissens übernommen, und alles was er ihn davon kennen lehren wollte, bestand darin, daß er an den Papst glauben – zur Messe gehen – sich bekreuzen – sein Paternoster hersagen – kurz ein guter Katholik sein müsse; und daß dies alles Ernstes genug sei, um ihn in den Himmel zu bringen. Wie? – auch wenn er einen Meineid schwört? – Nun er kann sich ja einen stillschweigenden Vorbehalt machen. – Wenn er aber ein so schlechter und verdorbener Mensch ist, wie Sie ihn schildern – wenn er raubt – wenn er mordet, wird da nicht das Gewissen bei jeder solchen Handlung selbst einen Stoß bekommen? – Das wohl – der Mensch hat die Sache aber gebeichtet, dadurch wird der Stoß gemildert, und in kürzester Zeit bringt die Absolution vollkommene Heilung. O Papsttum, o Pfaffentum! was hast du alles zu verantworten! – Nicht zufrieden mit den vielen natürlichen schlimmen Wegen, auf denen das Herz des Menschen täglich sich selbst hinters Licht zu führen sucht, – hast du diesem unvorsichtigen Wanderer noch absichtlich das offene Tor des Betrugs vor die Nase gerückt – diesem Menschen, der leider Gottes nur zu sehr geneigt ist, von selbst schon in der Irre zu schweifen und sich vertrauensvoll in Frieden zu lullen, wo doch kein Frieden ist.

Diese allgemeinen, dem Leben entnommenen Beispiele sind zu bekannt, um eines Beweises zu bedürfen. Wenn jemand an ihrer Tatsächlichkeit zweifeln oder es für unmöglich halten sollte, daß ein Mensch so an sich selbst zum Betrüger werden könne, – muß ich ihn an sein Nachdenken verweisen, und sein eigenes Herz wird mein Wort bestätigen müssen.

Wenn der Mensch bedenkt, wie sehr verschieden der Grad von Abscheu ist, womit man eine Menge schlechter Handlungen betrachtet, die ihrer Natur nach doch ganz gleich schlecht und verwerflich sind – so wird er bald finden, daß diejenigen derselben, zu denen ihn eine starke Neigung und Gewohnheit hingetrieben hat, gewöhnlich mit all den falschen Reizen, die ihnen eine sanfte, schmeichlerische Hand verleihen kann, ausgestattet und ausgemalt werden; – und daß die anderen, zu denen er keine Neigung verspürt, ihm in ihrer ganzen Nacktheit und Abscheulichkeit erscheinen und all die wirklichen Kennzeichen der Torheit und Schlechtigkeit an sich tragen.

Als *David* den schlafenden *Saul* in der Höhle beschlich und ihm einen Zipfel seines Gewands abschnitt – da lesen wir, daß ihm das Herz wegen seiner Tat schlug; – aber in der Angelegenheit des *Uria,* wo ein getreuer und tapferer Diener, den er allen Grund zu lieben und zu ehren hatte, fallen mußte, damit er seine Lüste befriedigen konnte – wo das Gewissen also weit mehr Grund gehabt hätte in Aufruhr zu geraten, da schlug ihm das Herz nicht. Fast ein ganzes Jahr war seit Verübung dieses Verbrechens vergangen, bis *Nathan* gesandt wurde, um ihm Vorhalt darüber zu machen, und wir lesen nirgends, daß er die geringste Reue oder Zerknirschung über seine Tat während dieser ganzen Zeit kundgegeben hätte.

So nimmt das Gewissen, dieser einst so gewaltige Mahner, der als ein Richter in uns bestellt ist und der nach der Absicht unseres Schöpfers ein gerechter und unparteiischer Richter sein sollte, – infolge einer unseligen Reihe von Beweggründen und Hindernissen oft eine so unvollkommene Kenntnis von dem was vorgeht, – tut seine Pflicht so nachlässig – bisweilen so parteiisch – daß man sich durchaus nicht darauf verlassen kann; und deshalb halten wir es für notwendig, für durchaus notwendig, noch ein anderes Prinzip mit ihm zu verbinden, um seinen Entschlüssen nachzuhelfen, wo nicht sie zu lenken.

Wenn ihr euch daher ein richtiges Urteil über das bilden wollt, was für cuch von größter Wichtigkeit ist, damit ihr nicht irregeht, – nämlich über die Frage, welchen Grad von Verdienst ihr wirklich besitzet, sei es als ein ehrlicher Mann, oder als ein nützlicher Bürger, als ein getreuer Untertan eures Königs oder als ein frommer Diener eures Gottes – so müßt ihr noch Religion und Sittlichkeit beiziehen. Was steht in dem Wort Gottes geschrieben? – Wie liesest du es?

Ziehe die ruhige Vernunft und die unwandelbaren Verpflichtungen der Rechtschaffenheit und Wahrheit zu Rate; – was sagen sie dir?

Dann mag dein GEWISSEN aufgrund der Berichte dieser die Sache entscheiden; – und wenn dich dein Herz dann nicht verdammt, welches der Fall ist, den der Apostel annimmt – dann wird die Regel unfehlbar sein; – [Hier schlief Dr. *Slop* ein.] – Du wirst Vertrauen zu Gott haben; – das heißt, du wirst einen guten Grund haben, um zu glauben, daß das Urteil, das du über dich selbst gefällt hast, das Urteil Gottes ist; daß es nichts anderes ist als ein Vorschmack jenes gerechten Richterspruches, welcher dereinst durch dasjenige Wesen über dich ausgesprochen werden wird, welchem du am Ende aller Dinge über dein Tun und Lassen wirst Rechenschaft ablegen müssen.

Selig wird dann wirklich der Mensch sein, wie *Jesus Sirach* sagt, *der nicht durch die Menge seiner Sünden gestachelt wird; selig wird der*

Mensch sein, den sein Herz nicht verdammt hat; sei er nun reich oder arm, wenn er nur ein rechtschaffenes Herz hat – ein so gelenktes und belehrtes Herz –, *er wird sich immer einer heiteren Miene erfreuen; sein Herz wird ihm mehr sagen, als sieben Wächter, die hoch oben auf einem Turme sitzen.* —— [Ein Turm hat keine Stärke, wenn er nicht flankiert ist, bemerkte mein Onkel *Toby.*] – In den dunkelsten Zweifeln wird es ihn sicherer leiten als tausend Kasuisten, und dem Staat, in welchem er lebt, ein besseres Pfand für seine Aufführung geben, als all die Fälle und Beschränkungen zusammen, welche die Gesetzgeber beständig vermehren müssen: – ja müssen, wie die Dinge nun einmal stehen. Denn die menschlichen Gesetze sind nicht aus einer ursprünglichen freien Wahl hervorgegangen, sondern lediglich aus der Notwendigkeit, und sollen gegen die schlimmen Wirkungen solcher Gewissen schützen, die nicht Gesetze für sich selbst sind; sie sollen und wollen durch ihre mannigfachen Verkehrungen, in all den schlechten und mißleiteten Fällen, wo uns weder Grundsätze noch die Mahnungen des Gewissens zu einem rechtschaffenen Handeln veranlassen, jene verstärken und uns durch die Schrecknisse von Kerker und Strang dazu nötigen.

[Es ist mir jetzt ganz klar, sagte mein Vater, daß diese Predigt in der Absicht verfaßt wurde, um im Tempel* – oder bei einer Schwurgerichtsverhandlung gehalten zu werden. – Die Art des Raisonnements gefällt mir – und es tut mir leid, daß Dr. *Slop* eingeschlafen ist, ehe er sich von dem wirklichen Sachverhalt überzeugen konnte; – denn es ist jetzt klar, daß der Pfarrer den heiligen *Paulus* nicht im geringsten schmähen wollte, wie ich gleich dachte; – ja es besteht nicht die leiseste verschiedene Ansicht zwischen ihnen, Bruder. – Und was wäre es auch gewesen, wenn sie verschiedener Ansicht waren, bemerkte mein Onkel *Toby,* – die besten Freunde von der Welt können ja manchmal verschiedener Ansicht sein. – Sehr wahr, Bruder *Toby,* sagte mein Vater und schüttelte ihm die

* Rechtsschule in London.

Hand, – wir wollen unsere Pfeifen neu stopfen und dann soll *Trim* weiterlesen.

Nun, sagte mein Vater zu Korporal *Trim*, während er nach seiner Tabakkiste griff, was denkst du von der Sache?

Ich denke, erwiderte der Korporal, die sieben Wächter auf dem Turm – die doch wohl alle Schildwachen vorstellen – sind mehr als nötig, wenn Euer Gnaden erlauben; – wenn man auf diese Art ins Zeug ginge, so wäre ein Regiment bald ruiniert, und das wird ein kommandierender Offizier, der seine Leute liebt, niemals tun, wenn er nicht durchaus muß; denn eine Doppelschildwache, setzte der Korporal hinzu, tut denselben Dienst wie zwanzig. – Ich war selbst in der Leibgarde wohl hundertmal Wachkommandant, fuhr *Trim* fort, wobei er um einen guten Zoll höher wurde, – aber in der ganzen Zeit, wo ich die Ehre hatte, Seiner Majestät dem König *Wilhelm* zu dienen und die wichtigsten Posten abzulösen, habe ich nie mehr als zwei Mann auf einem Posten abgegeben.

– Das war sehr richtig, *Trim*, bemerkte mein Onkel *Toby*, aber du bedenkst nicht, *Trim*, daß die Türme zur Zeit *Salomos* anders waren als unsere Bastionstürme, die durch andere Werke flankiert und verteidigt werden. – Diese Erfindung, *Trim*, trat erst nach *Salomo* ein; auch hatte man damals weder Hornwerke noch Ravelins vor den Kurtinen; – auch keine solchen Gräben wie wir sie herstellen, mit einer Küvette in der Mitte und bedecktem Weg und palissadierter Kontereskarpe den Graben entlang, um gegen einen *Handstreich* gesichert zu sein; – die sieben Mann auf dem Turm bildeten somit wohl einen Teil der Wachmannschaft selbst, und hatten nicht bloß Ausschau zu halten, sondern auch den Turm zu verteidigen. –

– Dann war es eben nur ein Unteroffiziersposten, halten zu Gnaden. – Mein Vater lächelte im Innern, nicht nach außen, denn der Gegenstand war doch zu ernst, um ihn zum Gegenstand eines Scherzes zu machen: – er steckte somit nur die Pfeife in den Mund, die er eben wieder angezündet hatte, –

und begnügte sich *Trim* zu sagen, er solle weiterlesen. Dieser las wie folgt:]

»Die Furcht Gottes vor Augen zu haben, und bei unserem Verkehr mit andern unsere Handlungen nach dem ewigen Maß von Recht und Unrecht zu richten – ist einesteils Gebot der Religion, andernteils der Moral. Beide sind aber so unzertrennlich miteinander verknüpft, daß man diese zwei *Gesetzestafeln* selbst nicht einmal in Gedanken voneinander trennen kann – obschon man dies in der Praxis häufig versucht hat –, ohne beide zu zerbrechen und zu zerstören.«

Ich sagte, man habe es oft versucht, und so ist es auch: – es ist nichts Ungewöhnliches einen Mann zu finden, der durchaus keinen Sinn für Religion hat und auch wirklich so ehrlich ist, keinen Anspruch darauf zu machen, der es aber für die tödlichste Beleidigung ansehen würde, wenn man seinen moralischen Charakter auch nur mit einem Verdacht antasten – oder denken wollte, er sei nicht im höchsten Grade gewissenhaft und rechtschaffen.

Wenn es wirklich den Anschein hat, als ob es so sei – obwohl man nicht gerne das Vorhandensein einer so liebenswürdigen Tugend wie sittliche Rechtschaffenheit ist, in einem solchen Falle annimmt, so würden wir, das bin ich überzeugt, wenn wir ihren Gründen nachforschen wollten, doch wenig Ursache haben, einen solchen Mann um die Ehre seiner Beweggründe zu beneiden.

Wenn er auch noch so großartig über die Sache spricht, so wird man doch leicht wahrnehmen, daß die Grundlagen seiner Handlungen aus Interesse, Stolz, Bequemlichkeit oder irgendeiner anderen kleinen veränderlichen Leidenschaft bestehen, die uns keine große Bürgschaft dafür gewährt, daß seine Handlungen auch in schweren Nöten Farbe halten werden.

Ich will dies durch ein Beispiel erläutern.

Ich weiß, daß der Bankier, mit dem ich Geschäfte mache, oder der Arzt, den ich für gewöhnlich berufe – [Es besteht kein Bedürfnis, sagte Dr. *Slop*, der eben aufwachte] – beide nicht viel Religion haben: ich höre, wie sie sich täglich darüber lustig machen und alle heilige Handlungen so spöttisch behandeln, daß hierüber kein Zweifel sein kann. Nun gut – trotzdem vertraue ich dem einen mein Vermögen an, – und was mir noch teurer ist, mein Leben der treuen Geschicklichkeit des andern.

Prüfen wir nun, weshalb ich ein so großes Vertrauen habe. In erster Linie ist es nicht wahrscheinlich, daß der eine oder der andere die Macht, die ich in seine Hände lege, zu meinem Nachteil mißbrauchen werde; ich ziehe dabei in Betracht, daß Redlichkeit überhaupt den irdischen Zwecken diene. Ich weiß, daß das Gedeihen jener Herren wesentlich auf der Gediegenheit ihres Charakters beruht. Mit einem Wort, ich bin überzeugt, daß sie mir nicht schaden können, ohne sich selbst noch mehr zu schaden.

Nehmen wir nun aber das Gegenteil an, nämlich daß das Interesse einmal ganz auf der anderen Seite liege, daß ein Fall eintreten könne, wo der eine, ohne daß sein Ruf befleckt würde, mich um mein Vermögen bringen, mich völlig ausziehen könne; – oder wo der andere mich aus der Welt schaffen und durch meinen Tod ohne Schädigung seiner selbst oder seiner Kunst sich bereichern könne; – woran kann ich mich in einem solchen Falle halten? – Die Religion, der stärkste aller Beweggründe, bleibt aus dem Spiel, – das Interesse, der mächtigste Hebel dieser Welt, ist ganz gegen mich. – Was kann ich noch in die andere Waagschale werfen, um diese Versuchung im Gleichgewicht zu halten? – Ach es bleibt mir nichts – nichts oder etwas was leichter ist als eine Seifenblase – ich muß mich auf das Ehrgefühl oder sonst eine launenhafte Empfindung verlassen – eine saubere Sicherheit für zwei der wertvollsten Güter – mein Vermögen und mein Leben.

Da somit auf Sittlichkeit ohne Religiosität kein Verlaß ist; – so ist andererseits auch von Religiosität ohne Sittlichkeit nichts Besseres zu erhoffen; gleichwohl ist es nichts so Seltenes, daß man einen Mann sieht, dessen moralischer Charakter einen sehr niedern Standpunkt einnimmt und der doch in Sachen der Religiosität einen sehr hohen Begriff von sich hat.

Er ist vielleicht nicht nur habsüchtig, rachsüchtig, unversöhnlich, – sondern es fehlt ihm sogar an der ganz gewöhnlichen Rechtschaffenheit; aber wenn er nur recht laut gegen den Unglauben der Zeit deklamiert, – in gewissen religiösen Dingen Eifer an den Tag legt, – täglich zweimal in die Kirche geht, – den Sakramenten anwohnt, – und sich mit einigen nebensächlichen Teilen der Religion abgibt, – so wird er sein Gewissen leicht in die Ansicht hineinhetzen, daß er ein wirklich religiöser Mensch sei und seine Pflicht gegen Gott in Wahrheit erfüllt habe, und man wird finden, daß ein solcher Mann kraft dieser Selbsttäuschung mit einem gewissen geistlichen Hochmut auf alle anderen herabsieht, die weniger Frömmigkeit heucheln – wenn sie vielleicht auch zehnmal rechtschaffener sind als er.

Auch dies ist ein schweres Übel unter der Sonne, und ich glaube, es gibt kaum einen mißverstandeneren Glaubenssatz, der zu seiner Zeit mehr Unheil angerichtet hat. Als allgemeinen Beweis hierfür prüfen wir einmal die Geschichte der römischkatholischen Kirche; – [Nun, was wollen Sie denn da herausbringen? rief Dr. *Slop*] – betrachten wir all die Szenen der Grausamkeit, des Mords, der Gewalttat, des Blutvergießens – [Daran war nur die eigene Halsstarrigkeit der Leute Schuld! schrie Dr. *Slop*] – welche durch eine Religion, die sich nicht streng in den Grenzen der Sittlichkeit hielt, geheiligt wurden.

In wie vielen Reichen dieser Welt – [Hierbei fuhr *Trim* mit der rechten Hand von dem Blatt hinaus soweit er den Arm strecken konnte und wieder herein, und machte so fort bis zum Schluß des Paragraphen.]

In wie vielen Reichen dieser Welt hat das abenteuernde Schwert der Kreuzfahrer, dieser mißleiteten fahrenden Heiligen weder Alter noch Verdienst, weder Geschlecht noch Stand verschont? und da sie unter der Fahne einer Religion fochten, die sie von Recht und Menschlichkeit dispensierte, zeigten sie auch keine; unbarmherzig traten sie auf beiden herum, hörten weder auf das Geschrei der Unglücklichen noch fühlten sie Mitleid mit ihrem Elend.

[Ich war in mancher Schlacht, Euer Gnaden, sagte *Trim* mit einem schweren Seufzer, aber niemals in einer so traurigen: – ich hätte keinen Schuß gegen solche arme Teufel tun können, – und wenn man mich dafür zum General gemacht hätte. —— Was verstehen Sie von der Sache? fragte Dr. *Slop* und blickte *Trim* mit etwas mehr Verachtung an, als das ehrliche Herz des Korporals verdiente. – Was wissen Sie von der Schlacht, Freund, von der Sie da reden? – Ich weiß, erwiderte *Trim*, daß ich niemals einem Mann den Pardon verweigerte, der darum bat: – ehe ich aber auf ein Weib oder Kind anlegte, fuhr *Trim* fort, wollte ich doch lieber mein Leben tausendmal verlieren. – Da hast du eine Krone, *Trim*, vertrinke sie heute abend mit *Obadiah*, sagte mein Onkel *Toby*, ich will dem *Obadiah* auch eine geben. – Gott segne Euer Gnaden, sagte *Trim*, ich wollte lieber, die armen Weiber und Kinder hätten das Geld. —— Du bist ein braver Bursche, sagte mein Onkel *Toby*. —— Mein Vater nickte mit dem Kopf, als wollte er sagen: – Das ist er auch! ——

Aber *Trim*, sagte mein Vater, mache daß du jetzt fertig wirst, – ich sehe, du hast noch eine oder zwei Seiten.

Korporal *Trim* las weiter:]

Wenn das Zeugnis vergangener Jahrhunderte in dieser Sache nicht genügt, – so darf man ja nur hinsehen, wie die Anhänger dieser Religion täglich Gott durch Handlungen zu dienen und ehren wähnen, welche für sie selbst eine Schande und ein Schimpf sind.

Um uns hiervon zu überzeugen, treten wir einen Augenblick in die Kerker der Inquisition [Gott steh meinem armen Bruder *Tom* bei!]. Hier sitzt die Religion mit der Barmherzigkeit und dem Recht in Ketten zu ihren Füßen auf einem schwarzen Richterstuhl, der auf Folter- und Marterwerkzeugen ruht. – Horch! – Horch dieses jämmerliche Stöhnen! –

[Hier wurde *Trims* Gesicht aschgrau] – Seht hier den Unglückseligen, der den Schrei ausgestoßen hat [Tränen begannen ihm die Wange herabzuträufeln] – eben hat man ihn herangeschleppt, damit er die Nöte eines Scheinverhörs durchmache und all die Qualen leide, die ein wohl durchdachtes System der Grausamkeit ersonnen hat – [der Teufel hole sie alle, rief *Trim,* der jetzt wieder blutrot im Gesicht wurde] – Seht nun, wie das hilflose Opfer seinen Peinigern überliefert wird – seht diesen von Kummer und Kerkerhaft verwüsteten Leib [O das ist mein Bruder, rief der arme *Trim* in höchster Leidenschaft, ließ die Predigt fallen und schlug die Hände zusammen – ja so gehts dem armen *Tom!* – Das Herz meines Vaters und meines Onkels *Toby* empfanden das größte Mitleid mit dem Schmerz des armen Menschen, *Slop* selbst zeigte einige Teilnahme. – Aber *Trim,* sagte mein Vater, das ist ja keine Geschichte – du liesest ja nur eine Predigt; komm, fang den Satz noch einmal an.] Seht nun wie das hilflose Opfer seinen Peinigern überliefert wird, seht diesen von Kummer und Kerkerhaft verwüsteten Leib, wie jeder Nerv, jeder Muskel bebt.

Seht, wie sich jetzt jene schreckliche Maschine bewegt [Lieber wollte ich in die Mündung einer Kanone schauen, sagte *Trim* stampfend] – wie ihn der Krampf des Schmerzes verdreht und verzerrt – ich welch gezwungener Lage er jetzt ausgestreckt ist – welche ausgesuchte Qualen er dadurch leidet! [Ich hoffe nur, daß hier nicht von *Portugal* die Rede ist.] – Es ist das Äußerste was die Natur ertragen kann! Guter Gott! Seht, wie ihm die müde Seele an den zitternden Lippen hängt! [Ich möchte keine Zeile weiterlesen, sagte *Trim,* nicht um alles in der Welt! – Ich fürchte, Euer Gnaden, das alles handelt von *Portugal,* wo sich mein armer Bruder *Tom* befindet. – Ich sage dir aber ja, *Trim,* sagte mein Vater, daß es keine geschichtliche Erzählung ist – es ist nur eine Beschreibung. – Es ist nur eine Beschreibung, ehrlicher Mann, sagte *Slop,* es ist kein wahres Wort daran. – Das ist wieder eine andere Frage, versetzte mein Vater. – Da das Lesen *Trim* aber so angreift, so wäre es grausam, wenn wir ihn nötigen wollten, es bis zu Ende zu lesen. – Gib mir einmal die Predigt, *Trim.* – Ich will sie für dich zu Ende lesen und du kannst gehen. – Nein, ich möchte bleiben und es mit anhören, erwiderte *Trim,* wenn Euer Gnaden es erlauben – aber selbst möchte ich nicht weiterlesen, nicht um ein Oberstengehalt. – Armer *Trim!* sagte mein Onkel *Toby.* – Mein Vater fuhr fort:]

Seht in welch gezwungener Lage er jetzt ausgestreckt ist – welche ausgesuchte Qualen er dadurch erleidet – es ist das Äußerste was die Natur ertragen kann. Guter Gott! seht, wie ihm die müde Seele an den zitternden Lippen hängt – sie will dahin fahren – aber man läßt sie nicht fort! – Jetzt wird der Unglückliche in seinen Kerker zurückgeschleppt [Gott sei Dank! sagte *Trim,* so haben sie ihn doch wenigstens nicht umgebracht] – jetzt wird er von neuem herausgerissen, um den Flammen und in seinem letzten Todeskampf noch den Schmähungen preisgegeben zu werden, welche dieses Prinzip – dieses Prinzip, daß es eine Religion auch ohne Barmherzigkeit geben könne, für ihn aufgespart hat – [Nun gottlob, jetzt ist er tot, sagte *Trim* – er ist seiner Pein ledig – sie haben ihr Schlimmstes an ihm getan. – O ihr Herren! – Ruhig, *Trim,* sagte mein Vater und fuhr in seiner Rede fort, damit *Trim* den Dr. *Slop* nicht aufbringen sollte – auf diese Art werden wir heute nicht mehr fertig.]

Der sicherste Weg, um den wahren Wert einer bestrittenen Ansicht kennenzulernen, ist, wenn man allen Konsequenzen nachgeht, welche dieselbe hervorgebracht hat, und sie mit dem Geiste des Christentums vergleicht – es ist dies die kurze und bestimmte Regel, welche unser Erlöser uns für diese und ähnliche Fälle hinterlassen hat und die tausend Beweise wert ist: – *an ihren Früchten sollt ihr sie erkennen.*

Ich will dieser langen Predigt nur noch zwei bis drei kurze und voneinander unabhängige Sätze beifügen, die sich daraus ableiten lassen.

Erstens, wenn ein Mann sich laut gegen die Religion ausspricht, so darf man immer annehmen, daß es nicht seine Vernunft, sondern seine Leidenschaft ist, die über seinen Glauben Herr geworden ist. Ein schlechtes Leben und ein guter Glauben sind unangenehme, unruhige Nachbarn, und wo sie sich voneinander trennen, da darf man darauf zählen, daß es aus keinem anderen Grunde geschieht, als um Ruhe voreinander zu haben.

Zweitens, wenn ein solcher Mann auch in irgendeinem Falle sagt, daß etwas gegen sein Gewissen gehe – so darf man versichert sein, daß er damit genau dasselbe meint als wenn er gesagt hätte, es gehe etwas gegen seinen Magen, ein augenblicklicher Mangel an Appetit ist einzig und allein die Ursache von beiden.

Mit einem Wort – trauet einem Manne in keiner Sache, der nicht in jeder GEWISSENHAFT ist.

Und für euch selbst erinnert euch an diesen klaren Unterschied, dessen Mißverstehen Tausende zu Grunde gerichtet hat, – daß euer Gewissen kein Gesetz ist. – Nein, das Gesetz wird von Gott und der Vernunft gemacht, sie haben das Gewissen in euch gesetzt, um zu entscheiden – nicht wie ein *asiatischer Kadi* je nach der Ebbe und Flut seiner eigenen Leidenschaft – sondern wie ein *englischer Richter* in diesem Land der Freiheit und des gesunden Menschenverstandes, der kein neues Gesetz macht, sondern getreu das Gesetz auslegt, das bereits geschrieben ist.

ENDE

Du hast die Predigt vortrefflich vorgelesen, *Trim,* sagte mein Vater. – Wenn er uns seine Glossen erspart hätte, bemerkte Dr. *Slop,* hätte er sie noch um vieles besser gelesen. – Ich hätte sie zehnmal besser gelesen, Herr, erwiderte *Trim,* wenn mein Herz nicht so voll gewesen wäre. – Gerade deshalb, *Trim,* sagte mein Vater, hast du die Predigt so gut gelesen, wie du getan hast, und wenn unsere Geistlichen, fuhr mein Vater fort, indem er sich dabei gegen Dr. *Slop* wendete, das was sie uns sagen, ebenso ernst nehmen würden, wie dieser arme Bursche getan hat, – so würde, da ihre Ausarbeitungen gut sind – [das bestreite ich, sagte Dr. *Slop*] – und ich halte es aufrecht – so würde unsere Kanzelberedsamkeit bei so zündenden Stoffen ein Muster für die ganze Welt sein; – aber ach! fuhr mein Vater fort, ich muß mit Schmerz zugeben, es geht ihnen wie den *französischen* Staatsmännern, sie verlieren im Feld, was sie im Kabinett gewonnen. – Es ist wirklich schade, bemerkte mein Onkel, daß das verloren gehen soll. – Die Predigt hat mir sehr gut gefallen, fuhr mein Vater fort, – sie ist dramatisch gehalten – und in dieser Schreibweise liegt, wenn sie nur geschickt gehandhabt wird, etwas, was die Aufmerksamkeit fesselt. – Bei uns, sagte Dr. *Slop*, wird häufig in dieser Weise gepredigt. – Das weiß ich recht wohl, sagte mein Vater, aber in einem Tone und in einer Art, die Dr. *Slop* ebensosehr mißfiel, als ihm dessen einfache Zustimmung gefallen haben würde. – Darin aber, setzte Dr. *Slop* etwas spitzig hinzu, sind unsere Predigten sehr im Vorteil, daß bei uns niemals Charaktere auftreten die unter der Stufe eines Patriarchen, des Weibes eines Patriarchen, eines Märtyrers oder Heiligen sind. – In dieser Predigt sind allerdings einige sehr schlechte Charaktere aufgeführt worden, sagte mein Vater, aber ich halte sie deshalb nicht im mindesten für schlechter. – Aber, fragte mein Onkel *Toby*, von wem kann diese Predigt sein? – Wie ist sie in meinen *Stevenus* hineingekommen? – Um die zweite Frage zu entscheiden, sagte mein Vater, müßte man ein so großer Hexenmeister wie *Stevenus* sein. Die erste aber, glaube ich, beantwortet sich leichter; – denn wenn mich mein Urteil nicht sehr trügt, – kenne ich den Verfasser; es ist ganz gewiß von unserem Pfarrer geschrieben.

Was meinen Vater zu dieser Vermutung führte, war die Ähnlichkeit, die diese Predigt im Stil und der ganzen Art mit denjenigen hatte, welche mein Vater beständig in seiner Dorfkirche zu hören bekam – dieses *Argumentum a priori* bewies seinem philosophischen Geiste so scharf als es nur möglich war, daß niemand anders als *Yorick* jene geschrieben haben könne – das wurde am andern Tag aber auch *a posteriori* bewiesen, denn da schickte *Yorick* einen Diener zu meinem Onkel *Toby* und ließ danach fragen.

Es stellte sich heraus, daß *Yorick,* der sich mit allen möglichen Wissenschaften beschäftigte, den *Stevenus* von meinem Onkel *Toby* entlehnt und seine Predigt, unmittelbar nachdem er damit fertig war, in Gedanken in den *Stevenus* gesteckt hatte. Da er sehr vergeßlich war, hatte er dann den *Stevenus* zurückgeschickt und die Predigt darin gelassen.

Unglückselige Predigt! Nachdem man dich so wiedergefunden, wardst du ein zweites Mal verloren, spieltest dich durch ein nicht geahntes Loch in deines Herrn Tasche in ein verräterisches und zerrissenes Rockfutter – wurdest dann durch den linken Hinterfuß seines Rosinante, der, als du hinabfielst, unbarmherzig auf dich trat, in den Kot gestampft, – lagst zehn Tage im Straßenmorast – wurdest durch einen Bettler herausgezogen, – für einen halben Pfennig an einen Küster verkauft – von diesem seinem Pfarrer gebracht – gingst so deinem rechtmäßigen Eigentümer für immer verloren – und wardst seinen ruhelosen MANEN erst in dem Augenblick zurückgegeben, als ich der Welt diese Geschichte erzählte.

Sollte es der Leser für möglich halten, daß diese Predigt *Yoricks* vor tausend Zeugen, die es beschwören können, in der Kathedrale von *York* durch einen Würdenträger dieser Kirche gehalten und nachher von demselben publiziert wurde? und zwar nur 2 Jahre und 3 Monate nach *Yoricks* Tode? – *Yorick* ist allerdings in seinem ganzen Leben nicht besser behandelt worden – aber es war doch ein wenig hart, ihn so zu mißhandeln und auszuplündern, da er bereits im Grabe lag.

Da jedoch der Herr, der dies tat, *Yorick* sehr wohl wollte, – und im Bewußtsein seiner Tat nur einige wenige Exemplare davon zum Verteilen drucken ließ – er auch, wie man mir sagte, eine ebensogute Predigt hätte machen können, wenn er es für passend gefunden hätte, – so muß ich erklären, daß ich diese Anekdote nicht veröffentlicht haben würde – (ich veröffentliche sie auch wirklich nicht, um seinem Charakter und seiner Beförderung in der Kirche zu nahe zu treten – ich überlasse das andern) – wenn ich nicht zwei gute Gründe hierfür gehabt hätte, denen ich nicht widerstehen kann.

Der erste ist, daß ich durch diesen Akt der Gerechtigkeit dem Geiste *Yoricks* Ruhe verschaffe; – denn dieser geht noch um – wie die Bauern und noch einige andere Leute behaupten.

Der zweite Grund ist, daß ich durch die Veröffentlichung dieser Geschichte eine Veranlassung bekomme, um das Publikum zu benachrichtigen, – daß falls der Charakter des Pfarrers *Yorick* und dieses Muster seiner Predigtweise gefallen sollte – sich im Besitz der Familie *Shandy* noch so viele Predigten von ihm befinden, daß man einen hübschen Band daraus zum Nutzen der Welt machen könnte, —— sie würden gewiß viel Gutes stiften.

18. Kapitel

Obadiah hatte die zwei Kronen zweifellos verdient; denn gerade als Korporal *Trim* das Zimmer verließ, klapperte er herein mit sämtlichen Instrumenten in dem bewußten grünen Beutel, den er quer über die Schulter gehängt hatte.

Es dürfte jetzt, sagte Dr. *Slop*, dessen Blicke sich bei diesem Anblick aufhellten, es dürfte jetzt, da wir imstande sind, Frau *Shandy* von einigem Nutzen zu sein, an der Zeit sein, hinaufzuschicken, um zu hören wie es steht.

Ich habe, erwiderte mein Vater, der alten Hebamme befohlen sofort herunterzukommen, wenn sich die leiseste Schwierigkeit ergeben sollte; – denn Sie müssen wissen, Dr. *Slop*, fuhr mein Vater mit einem etwas verlegenen Lächeln fort, daß Sie kraft eines besonderen, zwischen mir und meiner Frau feierlich abgeschlossenen Vertrags in diesem Falle nur die Rolle der Hilfstruppen übernehmen dürfen – und zwar erst dann, wenn die dürre alte Hebamme droben nicht ohne Ihre Hilfe fertig wird. Die Weiber haben nun einmal ihre besonderen Grillen, und in derartigen Angelegenheiten, fuhr mein Vater fort, wo sie die ganze Last zu tragen haben und so viele Schmerzen im Interesse unserer Familien und zum Wohl der Rassen erdulden, – haben sie auch ein Recht *en souveraines* zu entscheiden, unter wessen Händen und auf welche Art sie die Sache durchmachen wollen.

Darin haben Sie auch ganz recht, bemerkte mein Onkel *Toby*.

– Aber mein Herr, entgegnete Dr. *Slop*, der von der Bemerkung meines Onkels *Toby* keine Notiz nahm, sondern sich gegen meinen Vater wandte – sie sollten lieber in andern Richtungen maßgebend sein; und ein Vater, der die Fortdauer seiner Familie sichern will, müßte nach meiner Ansicht dieses Vorrecht für sich in Anspruch nehmen und lieber einige andere Rechte dafür aufgeben. – Ich wüßte nicht, erwiderte mein Vater und sah dabei etwas zu sauer drein, um ganz kaltblütig zu sein, – ich wüßte nicht, sagte er, welches Recht wir für das entscheidende Wort in der Frage: wer unsere Kinder zur Welt befördern dürfe, noch aufzugeben hätten, außer etwa die Entscheidung darüber – wer sie zeugen dürfe. – O dafür sollte man nahezu alles aufgeben, versetzte Dr. *Slop*. – Da muß ich doch bitten! rief mein Onkel *Toby*. – Sie würden staunen, Herr, fuhr Dr. *Slop* fort, wenn Sie wüßten, welche Fortschritte in den letzten Jahren in allen Zweigen der Geburtshilfe gemacht wurden, insbesondere aber in der Kunst einer raschen und sicheren Herausbeförderung des *Fötus* – es ist hierüber ein solches Licht verbreitet worden, daß ich (dabei hob er die Arme in die Höhe) offen gestehen muß, ich wundere mich wie die Welt – ich wollte, fuhr mein Onkel *Toby* dazwischen, Sie hätten gesehen, was für wundervolle Armeen wir in Flandern hatten.

19. Kapitel

Ich lasse für einen Augenblick den Vorhang über diese Szene fallen – um den Leser an etwas zu erinnern – und ihm etwas anderes mitzuteilen.

Was ich dem Leser mitzuteilen habe, mag allerdings hier etwas unpassend stehen; – es hätte eigentlich 150 Seiten früher gesagt werden sollen, aber dort sagte ich mir, es würde doch richtiger später kommen und hier nützlicher sein als irgend sonst wo. – Schriftsteller müssen voraussehen, um das woran sie eben sind, mit jenem in einer geistigen Verbindung zu erhalten.

Wenn diese zwei Dinge geschehen sind, – soll der Vorhang wieder aufgezogen werden, und mein Onkel *Toby*, mein Vater und Dr. *Slop* sollen ihre Unterhaltung ohne weitere Unterbrechung fortsetzen.

Erstens also, an was ich Sie zu erinnern habe, ist: – daß Sie durch die Pröbchen von Sonderbarkeit, die mein Vater in Sachen von Vornamen an den Tag legte, sowie aus manchen andern Gründen, wie ich glaube zu der Ansicht gelangt sind – (und ich weiß gewiß, daß ich es auch sagte) daß mein Vater auch in fünfzig andern Punkten ein ebenso wunderlicher und kurioser Herr war.

Es gab in der Tat nicht eine Stufe im Menschenleben vom ersten Akte seiner Zeugung an – bis zu den dünnen und schlotterigen Hosen seiner zweiten Kindheit, aus der er nicht eine, ihm eigentümliche Lieblingsansicht gezogen hätte, die ebenso skeptisch, ebenso außerhalb der allgemeinen Heerstraße der Anschauungen war, wie die zwei bereits näher erläuterten.

Herr *Shandy*, mein Vater, wollte kein Ding in dem Lichte betrachten, in das andere es gestellt hatten; – er setzte die Sachen in sein eigenes Licht; er wog nichts in der allgemeinen Waagschale – nein, er war ein zu feiner Forscher, um so groben Täuschungen zu unterliegen. – Um das genaue Gewicht der Dinge auf der wissenschaftlichen Schnellwaage festzustellen, müßte, pflegte er zu sagen, das *fulcrum** fast unsichtbar sein, damit so jede Friktion mit allgemein angenommenen Sätzen vermieden würde; – geschähe das nicht, so würden die *minutiae*** der Philosophie, welche stets den Ausschlag bei dem Abwägen geben, gar nicht ziehen. Das Wissen, pflegte er zu behaupten, sei ebenso *in infinitum* teilbar wie der Stoff – es habe ebensogut seine Grane und Skrupel wie die Schwerkraft der ganzen Welt. – Mit einem Wort, pflegte er zu sagen, Irrtum sei Irrtum – gleichviel wo er einschlage – ob als Bruchteil oder als Pfund – der Wahrheit sei beides gleich verhängnisvoll; und sie werde ebenso unfehlbar durch ein Mißverständnis über den Staub eines Schmetterlingsflügels – als über die Scheibe der Sonne, des Monds und aller Sterne des Himmels zusammen in der Tiefe ihres Borns zurückgehalten.

Oft klagte er darüber, daß nur weil man dies nicht gehörig beachte, oder es sowohl auf bürgerliche Angelegenheiten als auf spekulative Wahrheiten nicht geschickt anwende, so viele Dinge auf dieser Welt auf den Beinen seien; – das politische Gewölbe nachgebe, – und sogar die Fundamente unserer trefflichen Kirchen- und Staatsverfassung so unterwühlt seien, wie die Meinungsbefrager berichtet hätten.

Man schreit, wir seien ein zugrundegerichtetes, verlornes Volk, pflegte er zu sagen. – Warum? fragte er, wobei er sich des Sorites oder Syllogismus des *Zeno* und *Chrysippus,* ohne zu wissen, daß derselbe diesen Herren angehörte, bediente, – warum? warum sollen wir zugrundegerichtet sein? – Weil wir bestechlich sind. – Weshalb sind wir denn bestechlich? – Weil wir dürftig sind, – unsere Armut, nicht unser Wille treibt uns dazu; – und weshalb sind wir dürftig? – Weil wir, pflegte er zu antworten, unsere Pence und unsere Halbpence nicht in acht nehmen; – unsere Banknoten, Herr, und unsere Guineen – ja sogar schon unsere Schillinge wissen für sich zu sorgen.

* Der Stützpunkt.
** Die kleinen Umstände, die kleinen Gewichte.

So ist es im ganzen Umkreis der Wissenschaft, pflegte er zu sagen; – die großen, feststehenden Punkte derselben stürzen nicht so leicht ein. – Die Gesetze der Natur verteidigen sich selbst; – aber der Irrtum (pflegte er hinzuzusetzen und sah dabei meine Mutter mit einem ernsten Blicke an) – der Irrtum schleicht sich durch die kleinen Ritzen und schmalen Spalten ein, welche die menschliche Natur nicht gehörig hütet.

An diese Denkungsweise meines Vaters mußte ich Sie erinnern: – der Punkt aber, über den Sie noch unterrichtet werden müssen, und den ich für diese Stelle aufsparte, ist folgender:

Unter den vielen trefflichen Gründen, womit mein Vater meine Mutter bestürmt hatte, lieber den Beistand des Dr. *Slop* als den des alten Weibes anzunehmen – war einer ganz eigentümlicher Natur, auf den er, wenn er ihr die Sache zuerst vom christlichen Standpunkt aus dargestellt hatte, und sie ihr nun auch vom philosophischen vorstellte, seinen Hauptnachdruck legte, sich als seinen Pflichtanker stützte. – Gleichwohl ließ er ihn im Stiche, nicht weil der Beweis an sich zu schwach gewesen wäre, sondern weil es ihm ums Leben nicht gelang, ihr die Kraft desselben begreiflich zu machen.

Verwünschtes Schicksal! – sprach er zu sich selbst, als er eines abends das Zimmer verließ, nachdem er ihn ihr anderthalb Stunden lang vergeblich vordemonstriert hatte; – verwünschtes Schicksal! sprach er und biß sich in die Lippen, als er die Türe schloß, – daß ein Mann eine der schönsten Folgerungsgaben von der Welt besitzt – und zugleich ein Weib mit einem solchen Stück von einem Kopf hat, daß er auch nicht eine einzige Folgerung hineinbringen kann, um seine Seele vom Verderben zu retten!

Dieser Beweisgrund, der an meiner Mutter völlig verloren ging – hatte aber für ihn mehr Wert als alle anderen Gründe zusammen: Ich will daher versuchen ihm hier sein Recht widerfahren zu lassen und ihn mit all dem Scharfsinn dessen ich fähig bin, auseinanderzusetzen.

Mein Vater stützte sich auf folgende zwei Grundsätze:

Erstens, eine Unze eigenen Verstandes sei mehr wert als eine Tonne fremden; und

Zweitens (beiläufig war dies das Fundament des ersten Satzes, obschon es hintendrein kommt), eines jeden Menschen Verstand müsse aus seiner eigenen Seele hervorgehen, nicht aus anderer Leute ihrer.

Da es nun für meinen Vater eine ausgemachte Sache war, daß alle Seelenkräfte von Hause aus einander gleich seien – und daß der große Unterschied zwischen dem schärfsten und stumpfesten Verstand – nicht von der ursprünglichen Schärfe oder Stumpfheit herrühre, die ein denkendes Wesen mehr oder weniger als ein anderes habe – sondern von der glücklichen oder unglücklichen Organisation des Körpers an derjenigen Stelle herrühre, wo die Seele hauptsächlich ihre Wohnung aufgeschlagen habe – so hatte er es zum Gegenstand seiner Forschung gemacht, eben diese Stelle herauszufinden.

Auf Grund der besten Darstellungen, die er sich über diese Sache zu verschaffen gewußt hatte, war er nun zu der Überzeugung gelangt, daß jene Stelle sich nicht da befinde, wo Descartes sie hinverlegt hat, nämlich auf der Spitze der *Zirbeldrüse* im Gehirn, die wie jener Philosoph behauptet hatte, ein Kissen von der Größe einer englischen Erbse für jene bilde; obschon dies eigentlich keine so üble Annahme war; indem so viele Nerven dort ihren Ausgangspunkt haben; und ohne Zweifel wäre auch mein Vater mit jenem großen Philosophen mitten in diesen Irrtum gefallen, wenn mein Onkel *Toby* nicht gewesen wäre. Dieser aber befreite ihn hiervon, indem er ihm die Geschichte von einem *wallonischen* Offizier erzählte, dem in der Schlacht bei *Landen* durch eine Flintenkugel ein Teil des Gehirns weggeschossen und ein weiterer Teil nachher durch einen *französischen* Wundarzt herausgenommen worden war, und der trotz allem wieder genesen war und seinen Dienst wie vorher versehen hatte.

Wenn der Tod, sagte sich mein Vater in seinem Selbstdisput, nichts weiter ist als die Trennung der Seele von dem

Körper – und wenn es wahr ist, daß Leute auch ohne Gehirn herumgehen und ihre Geschäfte besorgen können – so kann die Seele dort ihren Wohnsitz nicht haben. *Quod erat demonstrandum!*

Was nun aber jenen sehr dünnen, feinen und sehr wohlriechenden Saft betrifft, den der große *Mailänder* Arzt *Coglionissimo Borri* in einem Brief an *Bartholinus* in den Zellen des am Hinterhaupte liegenden Gehirnteils gefunden zu haben behauptet, und den er ebenfalls für den Hauptsitz der vernünftigen Seele ausgibt (denn der Leser muß wissen, daß es seit diesen letzten, aufgeklärteren Zeiten zwei Seelen gibt, die im Menschen leben, und wovon die eine nach dem großen *Metheglingius* der *Animus*, die andere *Anima* heißt), was also die *Borrische* Ansicht anbelangt, – so konnte sich mein Vater derselben niemals anschließen; der Gedanke, daß ein so edles, verfeinertes, stoffloses und erhabenes Ding wie die *Anima* oder auch der *Animus*, wie ein Kaulfrosch den ganzen Tag lang Sommer und Winter in einer Pfütze – oder eben in irgendeiner Flüssigkeit, ob sie nun so dick oder so dünn sein mochte, wie man wollte, leben und plätschern sollte, das pflegte er zu sagen, sei doch seiner Phantasie zu viel zugemutet; er könne dieser Lehre kaum ein Ohr leihen.

Am wenigsten bestreitbar erschien ihm daher der Gedanke, daß das Obersensorium oder Hauptquartier der Seele, der Ort, bei welchem alle Rapporte einliefen, und von wo aus alle Befehle ergingen, in oder in der Nähe des Kleinhirns oder vielmehr um die *Medulla oblongata* herum sitze, wo sich auch nach der allgemeinen Ansicht *holländischer* Anatomen alle die winzigen Nerven sämtlicher Organe der sieben Sinne wie die Straßen und Gassen einer Stadt auf einem Marktplatze zusammenfänden.

Bis hierher war nichts Besonderes in meines Vater Ansicht – die besten Philosophen aller Zeiten und Länder gingen mit ihm. – Von hier an aber schlug er seinen eigenen Weg ein, und baute auf die Ecksteine, die jene vor ihm gesetzt hatten, eine neue *Shandysche* Hypothese – und welche besagte Hypothese gleichfalls ihren guten Grund hatte. Er fragte nämlich: ob die Zartheit und Feinheit der Seele von dem Wärmegrad oder der Helligkeit der besagten Flüssigkeit oder aber von dem feineren Netz und Gewebe im *Cerebellum* selbst abhänge? Letztere Ansicht war die seinige.

Er behauptete, daß nächst der pflichtschuldigen Umsicht, die man beim Zeugungsakte selbst haben müsse, der die größtmögliche Sorgfalt erfordere, da hierdurch der Grund zu jenem unfaßbaren Gewebe gelegt werde, auf welchem Verstand, Gedächtnis, Phantasie, Beredsamkeit und was man gewöhnlich unter guten natürlichen Anlagen versteht, beruhe; – daß also nächst dieser Umsicht und dem Vornamen, was die zwei ersten und hauptsächlichsten Ursachen von allem anderen seien; – die dritte Ursache oder vielmehr wie die Logiker sagen, die *Causa sine qua non*, da ohne sie alles was sonst geschehen, ohne jede Bedeutung wäre, – in der guten Behütung jenes zarten und feingesponnenen Gewebes vor der Beschädigung bestehe, welche dasselbe durch das gewaltsame Zusammendrücken und Quetschen erleide, das der Kopf deshalb durchzumachen habe, weil man der unsinnigen Methode huldige, uns mit diesem voraus zur Welt zu befördern.

– Es erfordert dies eine nähere Erklärung.

Mein Vater, dem alle Arten von Büchern durch die Hand gingen, hatte, als er in den von Adrianus Smelvogt herausgegebenen *Lithopädus Senonesis de Partu difficili** guckte, herausgefunden, daß, da die Knochen des Cranium bei der Geburt noch keine Nähte haben, der Kopf eines Kindes sich in einem

* Der Verfasser begeht hier einen doppelten Irrtum, denn statt *Lithopädus* sollte es erstens heißen: *Lithopädii Senonensis Icon;* zweitens ist *Lithopädus* kein Schriftsteller, sondern die Zeichnung von einem versteinerten Kinde. Der von Athosius um 1580 hierüber veröffentlichte Bericht steht am Schluß von Cordäus Werken im Spachius. Herr Tristram Shandy wurde zu diesem Irrtum verleitet, entweder weil er den Namen *Lithopädus* kürzlich in einem Katalog gelehrter Schriftsteller, den Dr. – herausgegeben, fand, oder weil er bei der großen Ähnlichkeit der Namen *Lithopädus* mit *Trinecavellius* verwechselte.

so weichen und dehnbaren Zustande befinde – daß infolge der gewaltsamen Anstrengungen, welche bei schweren Nöten im Durchschnitt einem Gewicht von 470 Pfund Krämergewicht gleichkommen, die senkrecht darauf wirken – es geschähe, daß in 49 Fällen unter 50 der besagte Kopf zu der Figur eines länglichen kegelförmigen Stückes Teig zusammengedrückt und geformt werde, wie ihn der Pastetenbäcker in der Regel rollt, wenn er eine Pastete machen will. – Guter Gott! rief mein Vater, wie muß hierdurch das unendlich feine und zarte Gewebe des *Cerebellum* beschädigt, ruiniert werden! – Oder wenn es einen solchen Saft gibt, wie *Borri* behauptet, muß dabei nicht die klarste Flüssigkeit der Welt trüb und dick werden?

Wie groß aber wurde erst seine Befürchtung als er weiter hörte, daß diese gerade auf den Kopfwirbel wirkende Kraft nicht nur das Gehirn selbst, das *Cerebrum*, beschädige – sondern auch notwendig das *Cerebrum* gegen das *Cerebellum* oder den unmittelbaren Sitz der Verstandeskräfte hindrücke und treibe! – O all ihr Engel und Diener der göttlichen Barmherzigkeit, schützt uns davor! rief mein Vater, – kann eine Menschenseele einem solchen Stoß widerstehen? – Da ist es kein Wunder, daß das Verstandsgewebe so zerrissen und zerfetzt ist, wie wir täglich sehen, und daß so viele unserer besten Köpfe innen nicht viel besser aussehen wie ein verwirrter Strang Seide – inwendig ganz Verworrenheit und Konfusion!

Als mein Vater aber weiterlas und mit dem Geheimnis bekannt wurde, daß wenn ein Kind umgewendet werde, was für einen Geburtshelfer eine leichte Sache sei, so daß es dann bei den Füßen herausbefördert werden könne – dann nicht das *Cerebrum* gegen das *Cerebellum* hingetrieben werde, sondern umgekehrt, das *Cerebellum* gegen das *Cerebrum*, wodurch keinerlei Beschädigung eintreten könne, – da rief er aus: Bei Gott! die Welt hat sich ja förmlich verschworen, das bißchen Verstand, das uns Gott gegeben hat, auszutreiben – und die Professoren der Geburtshilfe stecken mit im Komplott. – Was macht das mir, ob mein Sohn mit diesem oder jenem Ende zuerst auf die Welt kommt, wenn nur alles gut dabei abläuft und sein *Cerebellum* nicht beschädigt wird!

Es liegt in der Natur der Hypothese, daß wenn man einmal eine solche empfangen hat, man ihr alles und jedes als passende Nahrung zuführt; und sie von dem ersten Augenblick ihrer Erzeugung in der Regel an allem wächst, was man sieht, hört, liest oder kennenlernt. Das ist sehr vorteilhaft.

Nachdem sie mein Vater einen Monat lang mit sich herumgetragen, gab es kaum noch irgendeine Erscheinung der Torheit oder des Genies, die er nicht sofort mittelst derselben zu lösen vermochte: – aus ihr erklärte er sich, weshalb der älteste Sohn in der Regel der größte Dummkopf in der Familie sei. – Der arme Teufel! pflegte er zu sagen, er mußte dem Talent seiner jüngeren Brüder die Bahn brechen. – Hieraus erklärte sich ihm die an Faselnarren und unförmlichen Köpfen gemachte Beobachtung – es konnte ja *a priori* gar nicht anders sein – wofern nicht . . . ich weiß nicht was. Es erklärte sich hieraus aufs wundervollste der Scharfsinn des asiatischen Genius, die lebhaftere Natur, die durchdringendere Anschauungsweise des Geistes in wärmeren Ländern; da ließ er die matte, alltägliche Erklärung durch den klaren Himmel, den beständigen Sonnenschein usw. nicht gelten – denn durch die letzteren Ursachen konnten ja die Seelenkräfte, wenn sie übertrieben wirkten, ebenso leicht verdünnt und abgeschwächt werden, wie sie in kälteren Ländern durch das zu wenig verdichtet werden konnten; – er führte die Sache vielmehr zu ihrer Quelle zurück; – zeigte, daß die Natur in wärmeren Ländern eine leichtere Steuer auf den schönsten Teil der Schöpfung gelegt – ihm mehr Vergnügen gewährt und weniger Nöte auferlegt habe, so daß der Druck auf den Wirbel bei der Geburt so gering sei, daß dabei die ganze ursprüngliche Organisation des *Cerebellum* gewahrt bleibe; – ja er glaube, daß dort bei natürlichen Geburten auch nicht eine einzige Faser des Gewebes verrückt oder verletzt werde,

– so daß der Geist darin so handeln könne wie es ihm beliebe.

Nachdem mein Vater einmal so weit gekommen war – warfen die Berichte über den Kaiserschnitt und die großen Genies, welche durch ihn zur Welt gekommen waren, ein weiteres mächtiges Licht auf diese Hypothese! Daran können Sie es sehen! pflegte er zu sagen, hierbei hat das *Sensorium* keinen Schaden gelitten, – der Kopf wurde nicht gegen das Becken gedrückt, – das *Cerebrum* nicht gegen das *Cerebellum* vorgetrieben, weder durch das *os pubis* auf der einen, noch durch das *os coxygis* auf der andern Seite; – und was waren die glücklichen Ergebnisse dieser Operation? Nun zuerst *Julius Cäsar*, der ihr den Namen gab, – *Hermes Trismegistus*, der so zur Welt kam noch ehe die Operation einen Namen hatte, – *Scipio Africanus*, *Manlius Torquatus*, unser *Eduard* VI. – Der, wenn er nur am Leben geblieben wäre, der Hypothese gewiß alle Ehre gemacht haben würde; – diese Männer und noch manche andere, die eine hohe Stufe in den Annalen des Ruhms einnehmen – kamen von der Seite in die Welt.

Sechs Wochen lang ging der Schnitt in den *Abdomen* und *Uterus* meinem Vater im Kopf herum; – er hatte mit Befriedigung gelesen, daß Einschnitte in das *Epigastrium* und die *Matrix* nicht tödlich seien, und der Leib der Mutter somit mit Leichtigkeit geöffnet werden könne, um das Kind durchzulassen. – Er erwähnte die Sache eines Abends gegen meine Mutter – vorerst nur als eine Tatsache; aber als er sah, daß sie schon beim Nennen der Sache todesblaß wurde, so hielt er es doch, so sehr die Operation seinen Hoffnungen geschmeichelt haben würde, – für besser, nicht mehr darauf zurückzukommen, – und begnügte sich etwas zu bewundern, was er gleichwohl für zwecklos hielt in Vorschlag zu bringen.

Dies war also die Hypothese meines Vaters, des Herrn *Shandy*. Ich habe nur noch beizufügen, daß mein Bruder *Bobby* derselben so große Ehre machte (mochte er nun der Familie welche machen oder nicht) als irgendeiner der angeführten

Herren; denn da er nicht nur wie ich bereits gemeldet, getauft wurde als mein Vater sich in *Epsom* befand, sondern auch zu dieser Zeit zur Welt kam – er überdies das erste Kind meiner Mutter war, – mit dem Kopf *voraus* geboren wurde – und hernach ein Bursche von merkwürdig schwachen Geisteskräften wurde – so buchstabierte sich mein Vater dies alles in seinen Gedanken zusammen; und da er mit dem einen Ende kein Glück gehabt hatte, – so war er entschlossen, es diesmal mit dem andern zu probieren.

Dabei war aber von der Hebammenzunft nichts zu hoffen, die sich nicht so leicht aus dem gewohnten Weg bringen läßt; – deshalb war mein Vater so sehr für einen Mann der Wissenschaft, – mit dem er besser zu fahren hoffte.

Von allen Männern in der Welt erschien ihm aber Dr. *Slop* als der geeignetste; denn wenn auch seine neu erfundene Zange eine Waffe, die er erprobt hatte, und seiner Ansicht nach das beste Instrument für die Entbindung war, so hatte er doch in seinem Buch hierüber auch ein paar Worte zugunsten der Sache fallen lassen, die meinem Vater durch den Kopf ging; – zwar nicht in dem Sinne einer Wahrung der Geisteskräfte durch das Entbinden bei den Füßen, wie mein Vater im Sinne hatte – sondern lediglich aus geburtshilflichen Gründen.

Hieraus erklärt sich, weshalb sich mein Vater in dem nun folgenden Gespräch, das ein wenig scharf gegen meinen Onkel *Toby* ging, auf die Seite des Dr. *Slop* schlug. – Wie ein einfacher Mann, der nichts für sich hatte als den gewöhnlichen Menschenverstand, es mit zwei solchen in der Wissenschaft Verbündeten aufnehmen konnte, – ist schwer zu begreifen. – Der Leser möge sich gefälligst seine Gedanken hierüber machen, – und wenn einmal seine Einbildungskraft im Gang ist, so möge er ihr Mut machen noch weiterzugehen und zu erforschen suchen, aus welchen Gründen und natürlichen Wirkungen es sich so machte, daß mein Onkel durch die Wunde, die er am Schambein bekam, so schüchtern und zartfühlend wurde. – Der Leser mag sich ein System zurechtmachen und sich den Verlust meiner Nase aus den Artikeln des Ehekontraktes erklären; – er kann der Welt zeigen, wie es kam, daß ich das Unglück hatte, *Tristram* genannt zu werden, trotz der gegenteiligen Hypothese meines Vaters und trotz der Wünsche der ganzen Familie, Paten und Patinnen nicht ausgeschlossen. – Diese und noch fünfzig andere bis jetzt unaufgeklärte Dinge mag er zu lösen suchen, wenn er die Zeit dazu hat; – ich sage ihm aber zum voraus, es wird ihm nicht gelingen, denn selbst der weise *Alquife*, der Zauberer in Don *Belianes* von *Griechenland*, und die nicht weniger berühmte Hexe *Urganda*, dessen Gemahlin, würde (wenn beide noch lebten) der Wahrheit nicht auf eine Wegstunde nahekommen.

Der Leser muß sich indessen bescheiden, die vollständige Erklärung dieser Dinge erst im nächsten Jahre zu vernehmen, – wenn erst eine Reihe anderer Dinge, von denen er sich nichts träumen läßt, auseinandergesetzt worden sind.

DRITTES BUCH

Multitudinis imperitae non formido judicia; meis tamen, rogo, parcant opusculis – in quibus fuit propositi semper, a jocis ad seria, a seriis vicissim ad jocos transire.

– Joan. Saresberiensis, Episcopus Ludgun.

1. Kapitel

Ich wollte, Dr. *Slop,* sagte mein Onkel *Toby* (indem er seinen Wunsch Dr. *Slop* ein zweites Mal aussprach und zwar in einem eifrigeren und ernsteren Tone, als das erste Mal). Ich wollte Dr. *Slop,* sagte mein Onkel *Toby, Sie hätten gesehen, was wir für wundervolle Armeen in Flandern hatten.*

Der Wunsch meines Onkels *Toby* kam Dr. *Slop* so quer, wie das gute Herz jenes es nie gegen einen Menschen beabsichtigte; – er verwirrte ihn – und da hierbei seine Gedanken in eine Unordnung gerieten, die bald in Flucht ausartete, so konnte er sie um keinen Preis wieder sammeln.

In allen – weiblichen oder männlichen Wortgefechten, – mag es sich nun um Ehre, Nutzen oder Liebe handeln – der Gegenstand tut nichts zur Sache; – ist nichts gefährlicher als ein Wunsch, der so unerwartet von der Flanke her über uns kommt. Die beste Art, wie man im allgemeinen einem solchen Wunsch seine Kraft nimmt, ist wenn der Teil, an den der Wunsch gerichtet ist, sofort auf die Beine springt und dem Wünschenden irgendeinen andern Wunsch von ungefähr dem gleichen Wert entgegenwirft; – indem man so die Sache auf dem Fleck ins Gleichgewicht bringt, bleibt man stehen, wo man stand; – ja bisweilen gewinnt man hierbei den Vorteil des angreifenden Teils.

Ich werde dies der Welt in meinem Kapitel über die Wünsche des näheren auseinandersetzen.

Dr. *Slop* verstand sich nicht auf diese Art der Verteidigung

– er ließ sich vielmehr verblüffen, und das Gespräch erlitt eine 4½ Minuten lange Pause; – 5 Minuten wären vernichtend dafür geworden: – aber mein Vater bemerkte die Gefahr; – das Gespräch war eines der interessantesten von der Welt, es handelte sich ja darum: »ob das Kind seiner Gebete und Anstrengungen mit oder ohne Kopf zur Welt kommen sollte.« – Er wartete bis auf den letzten Augenblick, daß Dr. *Slop*, an den der Wunsch gerichtet war, sein Recht der Entgegnung benützen würde; da er aber wie gesagt, bemerkte, daß jener ganz verblüfft war und mit jener wirren Leere im Auge, die den Verblüfften eigen ist, – bald meinem Onkel *Toby* ins Gesicht starrte, – bald ihm selbst, – bald an die Decke, – bald auf den Boden, – bald nach Ost, – bald nach Ost-Nord-Ost, – dann an der Randleiste des Getäfels bis zum entgegengesetzten Punkte der Windrose hinschiffte – und bereits begonnen hatte, die messingenen Nägel am Arm seines Lehnstuhls zu zählen, – so glaubte mein Vater, es sei jetzt mit meinem Onkel *Toby* keine Zeit zu verlieren, er nahm also die Rede wie folgt wieder auf: –

2. Kapitel

Was ihr für wundervolle Armeen in *Flandern* hattet! Bruder *Toby*, erwiderte mein Vater, wobei er seine Perücke mit der rechten Hand vom Kopf nahm und mit der linken ein gestreiftes *ostindisches* Tuch aus seiner rechten Rocktasche zog, um sich den Kopf zu reiben, während er gegen meinen Onkel *Toby* vorging ——

– Nun aber glaube ich, daß mein Vater hierin sehr zu tadeln war, und werde gleich meine Gefühle hierfür auseinandersetzen.

Dinge, die an sich scheinbar nicht von größerer Bedeutung waren, als der Umstand, *ob mein Vater seine Perücke mit der rechten oder der linken Hand abnahm,* – haben die größten Reiche gespalten und die Kronen der Monarchen, die sie regierten, auf ihren Köpfen ins Schwanken gebracht. – Ich brauche dem Leser auch nicht erst zu sagen, daß die Umstände, womit jedes Ding auf dieser Welt umgeben ist, jedem Ding auf dieser Welt seine Größe und Gestalt verleihen – und indem sie es auf die eine oder andere Art verengen oder erweitern, es zu dem machen was es ist – groß – klein – gut – schlecht – gleichgültig oder interessant, wie es sich eben trifft.

Da sich das *ostindische* Taschentuch meines Vaters in seiner rechten Rocktasche befand, so hätte er in keiner Weise zugegeben sollen, daß sich seine rechte Hand mit etwas anderem abgab; im Gegenteil statt seine Perücke mit ihr herunterzuziehen, hätte er dies Geschäft ganz seiner linken Hand überlassen sollen; wenn dann ein natürliches Bedürfnis meinen Vater veranlaßte sich den Kopf zu reiben, und er dazu sein Taschentuch nötig hatte, so brauchte er nichts zu tun als seine rechte Hand in seine rechte Rocktasche zu stecken und es herauszuziehen; – was er dann ohne alle Gewaltanstrengung, ohne die geringste ungraziöse Verdrehung einer Sehne oder eines Muskels an seinem ganzen Körper hätte bewirken können.

In diesem Falle wäre (wofern nicht mein Vater durchaus einen Pinsel aus sich machen wollte, indem er die Perücke steif in der linken Hand hielt, – oder am Ellbogen oder der Armgrube irgendeinen unsinnigen Winkel machte) – seine ganze Haltung leicht – natürlich – ungezwungen gewesen. *Reynolds* selbst, so großartig und anmutig er auch seine Porträts auffaßt, hätte ihn, wie er so dasaß, malen können.

Nun aber stelle man sich einmal vor, welche verzwickte Figur mein Vater machte, als er diese Sache so angriff, wie ich oben beschrieben habe.

Zu Ende der Regierung der Königin *Anna* und zu Anfang der Regierung Königs *Georg*, des Ersten, *waren die Rocktaschen noch dazu sehr weit unten in den Schoß geschnitten.* – Ich sage nichts weiter; – der Vater des Bösen hätte vier Wochen lang daran schmieden können, er hätte für jemand in meines Vaters Lage keine schlimmere Mode herausbringen können.

3. Kapitel

Unter keines Königs Regierung war es (wenn man nicht ein so magerer Untertan war wie ich) eine leichte Sache mit der Hand diagonal, quer über den ganzen Leib, bis nach dem unteren Ende der entgegengesetzten Rocktasche zu fahren. Im Jahr eintausendsiebenhundertundachtzehn aber, wo obiges geschah, war es sehr schwer; so daß als mein Onkel *Toby* die querlaufende Zickzacklinie der Approchen meines Vaters gewahrte, ihm sogleich diejenigen einfielen, in denen er vor dem Tor *St. Nikolaus* Dienst getan hatte; – diese Idee aber brachte seine Gedanken so vollständig von dem Gegenstande ab, der eben verhandelt wurde, daß er bereits die rechte Hand ausstreckte, um *Trim* zu schellen, damit er seinen Plan von *Namur* nebst Zirkel und Sektor hole, um die einspringenden Winkel der Traversen dieses Angriffs zu messen – besonders aber denjenigen, wo er seine Wunde an dem Schambein erhielt.

Mein Vater runzelte die Stirne und wie er sie runzelte, schien ihm alles Blut seines Körpers ins Gesicht zu steigen – mein Onkel *Toby* stieg sogleich ab. – Ich habe nicht gewußt, daß Ihr Onkel *Toby* zu Pferd gestiegen war? ——

4. Kapitel

Eines Menschen Leib und Seele sind, mit der äußersten Achtung vor beiden sei es gesagt, gerade wie eine Jacke und deren Futter; – verkrümpelt man die eine, verkrümpelt man auch das andere. Dieser Fall erleidet nur eine einzige Ausnahme, nämlich wenn man so glücklich ist, eine Jacke von gummiertem Taffet und ein Futter von Sarsenett oder dünner Seide zu besitzen.

Zeno, Cleanthes, Diogenes Babylonius, Dionysius, Heracleotes, Antipater, Panätius und *Possidonius* unter den *Griechen; – Cato, Varro und Seneca* unter den *Römern; Pantenus, Clemens Alexandrinus und Montaigne* unter den *Christen;* und etliche und dreißig so gute, rechtschaffene, gedankenlose *Shandyänen* als jemals lebten, deren Namen mir aber entfallen sind, – haben alle behauptet, ihre Jacken seien von dem eben bezeichneten Stoffe gewesen: – man habe sie nach allen Richtungen verkrümpeln und verrunzeln, zusammenlegen und falten, zerreiben und zerknittern; – kurz man habe auf das Schauderhafteste damit umgehen können, und doch sei an der Innenseite, am Futter auch nicht ein Faden verrückt worden, man habe tun mögen, was man wollte.

Ich glaube aufrichtig, daß auch meine Jacke so ziemlich in diese Kategorie gehört: – denn noch nie wurde eine arme Jacke in solchem Maße zerkratzt als die meinige in diesen letzten 9 Monaten, – und gleichwohl darf ich behaupten, daß ihr Futter – soweit ich es wenigstens beurteilen kann, – dadurch nicht um ein Dreipencestück schlechter geworden ist; – kreuzweis, überzwerch, hinter sich, für sich, vorn und hinten, an der kurzen und an der langen Seite, mit Stich und mit Hieb, haben sie es mir ausgeklopft: – wäre das Futter im geringsten gummiert gewesen, es wäre bei Gott! schon längst bis zu einem Faden zerrieben und abgenutzt.

Ihr Herrn Zeitungskritiker, wie habt ihr meine Jacke so mißhandeln können, wie ihr tatet? – Wer sagte euch, daß ihr auf diese Art nicht auch mein Futter zugrunde richten würdet?

Von ganzem Herzen und von ganzer Seele empfehle ich euch und eure Angelegenheiten dem Schutze des Wesens, das nicht will, daß einem von uns etwas geschehe; – Gott sei mit euch! Wenn aber im nächsten Monat wieder einer oder der andere von euch mit den Zähnen knirscht und gegen mich stürmt und wütet wie im letzten Mai (wo es allerdings, soviel ich mich erinnere, sehr heiß war), – so ärgert euch nicht, wenn ich abermals mit gutem Humor darüber weggehe, – denn ich bin nun einmal entschlossen, solange ich lebe oder schreibe (was in meinem Falle dasselbe ist) einem solchen Ehrenmann nie ein schlimmeres Wort zu geben oder ihm mit einem schlimmeren Wunsch zu kommen, als mein Onkel *Toby* mit jener Fliege tat, die ihm das ganze *Mittagessen* über um die Nase geschwirrt hatte. – Geh – geh, armes Ding, sagte er; – mach daß du fortkommst: – warum sollte ich dir etwas tun? Die Welt ist ja groß genug für uns beide.

5. Kapitel

Ein jeder, der einigermaßen rückwärts zu schließen verstand und in acht nahm, welche Menge Blut meinem Vater zu Gesichte stieg, – wodurch er (da ihm wie gesagt alles Blut, was er im Leib hatte, in das Gesicht gestiegen zu sein schien) malerisch, wie wissenschaftlich gesprochen, um 6½ Schattierungen, wo nicht gar um eine volle Oktave über seine natürliche Farbe an Röte zulegen mußte; – ein jeder (nur nicht mein Onkel *Toby*) der dies bemerkt hätte – zumal wenn er noch das heftige Zusammenziehen der Augenbrauen meines Vaters und die gewöhnliche Verdrehung seines ganzes Körpers während jenes Vorgangs in Betracht zog – würde hieraus den Schluß gezogen haben, daß mein Vater wütend sei; und war er dann – dies vorausgesetzt – auch noch ein Freund jener Art Harmonie, die aus zwei solchen genau zusammengestimmten Instrumenten entsteht, – so würde er sofort das seinige auf die gleiche Höhe geschraubt haben – und dann war der Teufel und die ganze Hölle los – und das Stück wurde aufgespielt wie Nr. 6 von Avison Scarlatti – nämlich *con furia* – möglichst toll. – Geduld! Geduld! Was hat *con furia* – *con strepido* – oder irgend sonst ein Höllenlärm mit Harmonie zu tun?

Ein jeder, sag ich, – nur mein Onkel *Toby* nicht, dessen Herzensgüte jede körperliche Bewegung auf die freundlichste Art, die sie gestattete, auslegte, – würde den Schluß gezogen haben, daß mein Vater höchst ärgerlich sei und würde ihn noch dazu gezankt haben. Mein Onkel *Toby* schmähte niemand als den Schneider, der die Tasche zugeschnitten hatte; – er saß also ruhig da, bis mein Vater sein Taschentuch herausgebracht hatte und sah ihm die ganze Zeit über mit der äußersten Gutmütigkeit ins Gesicht – bis mein Vater endlich also fortfuhr: –

6. Kapitel

»– Was ihr für wundervolle Armeen in *Flandern* hattet!«

– Bruder *Toby*, sagte mein Vater, ich halte dich für einen so rechtschaffenen, gutherzigen und biederen Mann als Gott je einen geschaffen hat; – du bist auch nicht daran schuld, wenn alle Kinder, welche erzeugt wurden, werden, werden können, sollen oder müssen, mit dem Kopf zuerst auf die Welt kommen; – glaube mir aber, lieber *Toby*, die schlimmen Zufälle, welche ihnen unfehlbar auflauern, nicht nur während wir sie zeugen, – obschon diese meiner Meinung nach alle Beachtung verdienen, – sondern die Gefahren und Schwierigkeiten, die unserer Kinder warten, wenn sie einmal die Welt betreten haben, sind wahrlich groß genug – so daß es wahrhaftig ganz unnötig ist, sie auch noch während ihres Eintritts in dieselbe, welchen auszusetzen.

Sind diese Gefahren, fragte mein Onkel *Toby*, wobei er meinem Vater die Hand auf das Knie legte und ihm in ernster Erwartung der Antwort ins Gesicht sah, – sind diese Gefahren heutzutage größer, Bruder, als sie es früher waren? – Bruder *Toby*, erwiderte mein Vater, wenn ein Kind nur richtig erzeugt und lebendig und gesund zur Welt gebracht war, und sich die Mutter nachher wohl befand, so bekümmerten sich unsere Vorfahren um weiter nichts. – Mein Onkel *Toby* zog sofort seine Hand vom Knie meines Vaters zurück, sank wieder sanft in seinen Stuhl zurück, hob den Kopf gerade so hoch, daß er noch die Kranzleiste des Zimmers erblicken konnte, brachte Backen- und Lippenmuskeln in die richtige Verfassung – und begann den *Lillabullero* zu pfeifen.

7. Kapitel

Während mein Onkel *Toby* meinem Vater den *Lillabullero* vorpfiff, – stampfte Dr. *Slop* mit den Füßen, und fluchte und schimpfte auf *Obadiah* in einer fürchterlichen Weise. – Es würde dem Herz des Lesers gewiß gutgetan und ihn für immer von der abscheulichen Sünde des Fluches kuriert haben, wenn er es mit angehört hätte. Ich bin deshalb entschlossen, ihm die ganze Sache ausführlich zu erzählen.

Als Dr. *Slops* Mädchen *Obadiah* den grünen wollenen Beutel mit den Instrumenten ihres Herrn übergab, riet sie ihm sehr verständigerweise den Kopf und einen Arm durch die Schnüre zu stecken, um ihn so beim Reiten schräg über den Leib geschlungen zu tragen. Sie öffnete daher den Hauptknopf, um dann die Stränge zu verlängern und half ihm ohne viel Mühe hinein. Dadurch wurde aber die Öffnung des Beutels einigermaßen gelöst; damit nun nicht beim Zurückgaloppieren – denn *Obadiah* drohte mit diesem Tempo – etwas heraushüpfen möchte, beschlossen sie den Beutel wieder herunterzunehmen; und in der großen Vorsicht und Vorsorge ihres Herzens, knüpften sie die Stränge, nachdem sie zuerst die Öffnung des Beutels zusammengezogen hatten, mit einem halben Dutzend festen Knöpfen zusammen, die *Obadiah*, um ja recht sicher zu gehen, mit aller Leibeskraft zusammengeschnürt hatte.

Dies erfüllte den Zweck, den *Obadiah* und das Mädchen im Auge hatte, vollkommen; schützte aber nicht gegen gewisse

Mißstände, die weder er noch sie voraussahen. So fest nämlich der Beutel oben zusammengebunden war, so hatten die Instrumente doch gegen den Boden des Beutels hin, der eine kegelförmige Gestalt hatte, so viel Spielraum, daß *Obadiah* sich nicht in Trab setzen konnte, ohne daß Kopfeisen, Zange und Spritze ein so fürchterliches Geklapper zusammen machten, daß es den *Hymenäus*, wenn er gerade einen Gang durch die Gegend gemacht hätte, leicht hätte davonjagen können; als aber *Obadiah* seine Bewegung beschleunigte und von einem einfachen Trab in vollen Galopp überging – da war das Geklapper wirklich unbeschreiblich.

Da *Obadiah* ein Weib und drei Kinder hatte, – so dachte er dabei nicht an die Schändlichkeit der Unzucht und die vielen andern üblen politischen Konsequenzen dieses Geklirrs; – er hatte jedoch seinen Nachteil, der ihn selbst anging und bei ihm soviel wog, wie es schon oft den größten Patrioten passiert ist: – *der arme Bursche war auf diese Art nicht imstande sich selbst pfeifen zu hören.*

8. Kapitel

Da aber *Obadiah* diese Windmusik all der Musik auf den Instrumenten, die er mit sich schleppte, vorzog – so setzte er alsbald seine Einbildungskraft in Arbeit, um etwas auszuhecken, wodurch er sich in die Lage versetzen könnte, jene zu genießen.

In allen Notfällen (musikalische ausgenommen), wo man kleiner Schnüre bedarf, fällt einem nichts so natürlich ein als seine Hutschnur: – der philosophische Grund hierfür ist so naheliegend, – daß ich es verschmähe, weiter darauf einzugehen.

Da *Obadiahs* Fall ein gemischter war —— der geneigte Leser merke wohl – ich sage ein gemischter; denn er war geburtshelferisch, beutlerisch, spritzerisch, papistisch – und insofern als auch das Kutschenkaballo dabei eine Rolle spielte – kabbalistisch – und nur teilweise musikalisch; so machte sich *Obadiah* kein Gewissen daraus, nach dem ersten besten Hilfsmittel zu greifen, das sich ihm darbot. Er faßte daher den Beutel mit den Instrumenten, drückte sie mit der einen Hand fest zusammen, nahm mit dem Daumen und Zeigefinger der andern das Ende der Hutschnur zwischen die Zähne, glitt dann mit der Hand bis nach der Mitte des Beutels herab und schnürte die Instrumente von einem Ende zum andern – wie man einen Koffer verschnürt – mit so zahllosen Rund- und Kreuz- und Querschlingen zusammen, wobei er noch bei jedem Durchschnittspunkt der Schnüre einen festen Knopf machte, – daß Dr. *Slop* wenigstens drei Fünftel von *Hiobs* Geduld hätte haben müssen, um sie alle zu lösen. – Wahrlich wenn die NATUR zufällig gerade in einer ihrer flinken Launen zu einem derartigen Wettkampf aufgelegt gewesen wäre, – und wenn sie und Dr. *Slop* zugleich vom Standpunkt abgeritten wären – so hätte wohl kein Sterblicher den Beutel mit allem, was *Obadiah* daran gemacht hatte, sehen – und zugleich die große Eile, welche die Göttin, wenn sie es für passend hält, anwenden kann, ins Auge fassen, und dann noch den leisesten Zweifel darüber haben können, wer von den beiden den Preis davontragen würde. – Meine Mutter, meine hochverehrte Leserin! hätte wenigstens um 20 *Knoten* früher als der grüne Beutel entbunden werden können.

– O *Tristram Shandy*, der du das Spiel kleiner Zufälle bist und ewig sein wirst! hätte man diese Probe zu deinen Gunsten gemacht, – und es war 50 gegen 1 zu wetten, daß das geschah – so wären deine Angelegenheiten nicht so niedergedrückt worden (wenigstens nicht deine Nase) als sie es wurden; noch wäre das Glück deines Hauses und die Gelegenheiten es zu machen, die sich im Laufe deines Lebens so oft darboten, nicht so oft, so ärgerlich, so elend, so unwiederbringlich dahingefahren – wie du gezwungen wurdest, sie fahren zu lassen; – aber das ist nun vorüber – alles vorüber bis auf die Erzählung davon, die dem neugierigen Leser nicht früher gegeben werden kann, bis ich zur Welt gekommen bin.

9. Kapitel

Große Geister haben ihre klugen Einfälle; – in dem Augenblick, da Dr. *Slop* seine Augen auf den Beutel warf (was er nicht eher tat, als bis der Streit mit meinem Onkel *Toby* wegen der Hebammenkunst ihn daran erinnerte), kam ihm der gleiche Gedanke wie mir oben. – Es ist wahrhaftig eine Gnade von Gott, sagte er (zu sich selbst), daß Frau *Shandy* so schwer tut, sonst hätte sie siebenmal niederkommen können, bis ich auch nur die Hälfte dieser Knoten gelöst hätte. – Hier ist jedoch zu unterscheiden: – dieser Gedanke schwamm nur in Dr. *Slops* Gemüt, ohne Segel und Ballast, als ein einfacher Satz; Millionen solcher Sätze schwimmen, wie der verehrte Leser weiß, täglich ruhig in der Mitte des dünnen Saftes menschlicher Vernunft, ohne vorwärts oder rückwärts zu kommen, bis ein kleiner Windstoß des Interesses oder der Leidenschaft sie nach einer Seite hin treibt.

Ein plötzliches Füßegetrampel in dem oberen Zimmer an meiner Mutter Bett tat dem Satze den Dienst, von dem ich eben sprach. Bei allem Mißgeschick der Erde! rief Dr. *Slop*, wenn ich mich nicht beeile, so passiert mir die Sache gerade so wie ich eben dachte.

10. Kapitel

Wenn es sich um *Knoten* handelt, wobei ich in erster Linie bemerken will, daß ich keine solche Knoten meine, die sich von selbst zuziehen – weil im Verlauf meines Lebens und meiner Meinungen – meine Ansichten in betreff ihrer in passender Weise zu Tage kommen sollen, wenn ich der Katastrophe meines Großonkels des Herrn *Hammond Shandy* gedenke – eines kleinen Mannes – aber von hohem Geist – er beteiligte sich an der Geschichte des Herzogs von *Monmouth;* zweitens meine ich hier auch nicht jene besondere Art von Knoten, die man Schleifen nennt; – denn diese zu lösen, bedarf es so wenig Kunst, Geschicklichkeit oder Geduld, daß ich es unter meiner Würde halte, überhaupt eine Ansicht über sie auszusprechen. – Unter den Knoten, von denen ich hier spreche, möge sich der geneigte Leser vielmehr gute ehrliche, teuflisch feste, harte Knöpfe vorstellen, die *bona fide* gemacht wurden, so wie *Obadiah* die seinigen machte; – Knoten, bei welchen durch das Doppeltnehmen und Zurückführen der beiden Stränge durch den von dem zweiten *Umlegen* derselben bewirkten *Annulus* oder Nasenring keinerlei spielende Vorsorge getroffen worden ist, – um sie daran aufzuziehen und aufzulösen. –

Ich hoffe, der Leser versteht mich.

Wenn es sich also um solche *Knoten* und die verschiedenen Hemmnisse handelt, welche, wenn der geneigte Leser gütigst erlaubt, uns solche Knoten in den Weg werfen, – so kann jeder hitzige Mann sein Federmesser herausnehmen und sie durchschneiden. – Aber da hat er Unrecht. Glaube mir der liebe Leser nur, der tugendhafteste Weg, den einzuschlagen Vernunft und Gewissen raten – ist, wenn man die Zähne und Finger zu Hilfe nimmt. Dr. *Slop* hatte aber seine Zähne verloren – sein Lieblingsinstrument war ihm nämlich einmal bei einer schweren Geburt beim Ausziehen in einer falschen Richtung oder bei einer unrichtigen Anlegung desselben unglücklicherweise ausgerutscht und er hatte sich hierbei drei seiner besten Zähne mit dem Stiele desselben ausgeschlagen. – Er wollte daher jetzt die Finger nehmen – aber ach! er hatte die Nägel an Finger und Daumen frisch geschnitten. – Hols der Henker! rief Dr. *Slop,* ich bringe es nicht auf, weder so noch so.

– Das Getrampel über seinem Kopf neben dem Bette meiner Mutter wurde stärker. – Der Kerl soll die Pocken kriegen! Ich bringe die Knoten in meinem ganzen Leben nicht auf. –

Meine Mutter stieß einen hörbaren Seufzer aus. – Ich bitte, geben Sie mir Ihr Federmesser – ich muß die Knoten eben durchschneiden. – Oh! – Auh! – Herr Gott! Da habe ich mir den Daumen bis zum Knochen durchgeschnitten. – Der Teufel hole den Kerl! – wenn es nicht auf 50 Meilen in der Runde einen zweiten Geburtshelfer gibt – denn ich bin für diesmal fertig – ich wollte, der Bursch hinge am Galgen – ich wollte, sie hätten ihn totgeschossen, ich wollte, alle Teufel der Hölle würgten dieses Rindvieh!

Mein Vater hielt sehr viel auf *Obadiah,* und mochte nicht hören, daß man auf diese Art mit ihm umging: – überdies hielt er auch auf sich selbst – und mochte die unwürdige Behandlung, die ihm selbst damit widerfuhr, ebensowenig ruhig hinnehmen.

Hätte sich Dr. *Slop* in irgendeinen andern Teil als den Daumen geschnitten, – so hätte es mein Vater so hingehen lassen – seine Klugheit hätte den Sieg davongetragen – wie die Sache aber stand, beschloß er sich seine Rache zu nehmen.

Kleine Flüche bei großen Anlässen, Dr. *Slop,* sagte mein Vater, nachdem er ihm zuerst seine Teilnahme wegen des Unfalls bezeigt hatte, sind ebensoviele nutzlose Vergeudungen unserer Kraft und geistigen Gesundheit. – Das muß ich zugeben, erwiderte Dr. *Slop.* – Sie sind, wie wenn man mit Vogeldunst gegen eine Bastion schösse, sagte mein Onkel *Toby,* indem er sein Pfeifen unterbrach. – Sie bringen die Säfte in Aufruhr, fuhr mein Vater fort, – nehmen ihnen aber nichts von ihrer Schärfe; – was mich selbst betrifft, so schwöre ich selten und fluche nie – ich halte es nicht für gut; – wenn ich mich aber einmal in einem unbedachten Augenblicke dazu verleiten lasse, so behalte ich in der Regel soviel Geistesgegenwart (recht so, bemerkte mein Onkel *Toby*), daß ich damit meinen Zweck erreiche; – das heißt, ich fluche dann fort, bis ich Linderung verspüre. Ein weiser und gerechter Mann sollte sich jedoch stets bestreben, den Lauf, den er seiner übeln Laune läßt, nicht nur nach dem Grade der eigenen Aufregung

– sondern auch nach der Größe und bösen Absicht der Beleidigung zu bemessen, der sie zugedacht ist. – *Kränkungen* gehen stets von dem Herzen aus, sagte mein Onkel *Toby*. – Eben deshalb, fuhr mein Vater mit höchst *Cervantischer* Würde fort, habe ich die größte Verehrung von der Welt vor dem Manne, der aus Mißtrauen gegen seine eigene Besonnenheit in dieser Beziehung, sich hingesetzt und (somit in aller Muße) geeignete und für alle Fälle von der niedersten bis zur höchsten Herausforderung, die ihm möglicherweise werden konnte, passende Formen komponiert hat; – welche Formen er, nachdem er sie bei sich wohl überlegt und gefunden hatte, daß er dabei bleiben konnte, er immer auf seinem Kamin liegen, und so bei der Hand hatte, daß er sich sofort ihrer bedienen konnte: – Ich habe in meinem Leben nicht gehört, erwiderte Dr. *Slop*, daß man je auf einen solchen Gedanken gekommen ist, – noch weniger, daß man ihn durchgeführt hat. – Ich bitte um Entschuldigung, erwiderte mein Vater, ich habe meinem Bruder *Toby* heute morgen, während er den Tee eingoß, eine dieser Formeln vorgelesen, doch nicht im Ernst; – sie liegt da auf dem Brett über meinem Kopf – wenn ich mich aber recht erinnere, so ist sie zu stark für einen Schnitt in den Daumen. – O gewiß nicht! rief Dr. *Slop*, – der Teufel hole den Kerl! – Dann steht sie Ihnen ganz zu Diensten, Dr. *Slop*, erwiderte mein Vater, – unter der Bedingung jedoch, daß Sie sie laut lesen. – Er stand auf, langte eine Exkommunikationsformel der *römischen* Kirche herab, deren Abschrift sich mein Vater (als großer Kuriositätensammler) aus dem von dem Bischof *Ernulphus* verfaßten Hauptbuch der Kirche von *Rochester* hatte abschreiben lassen, – und gab sie Dr. *Slop* mit einer so prächtig affektierten Ernsthaftigkeit in Blick und Stimme in die Hand, daß es dem *Ernulphus* selbst wohlgetan hätte. – Dr. *Slop* wickelte seinen Daumen in eine Ecke seines Taschentuchs und las mit einem schiefen Gesicht, wiewohl ganz arglos, das folgende laut vor – während mein Onkel *Toby* die ganze Zeit über so laut er nur konnte seinen *Lillabullero* pfiff.

11. Kapitel

Textus de Ecclesia Roffensi,
per Ernulfum episcopum.

*Excommunicatio**
Ex auctoritate Dei omnipotentis, Patris, et Filii, et Spiritus sancti, et sanctorum canonum, sanctaeque et intemeratae Virginis Dei genetricis Mariae –

Im Namen des Allmächtigen Gottes, des Vaters, des Sohnes und des heiligen Geistes, wie auch der heiligen Kanons und der heiligen und unbefleckten Jungfrau Maria, der Mutter unseres Heilands. –

(Ich glaube, sagte Dr. *Slop,* indem er das Papier auf seine Knie sinken ließ und sich gegen meinen Vater wendete, – es ist nicht notwendig, daß ich es laut lese, da Sie es selbst erst kürzlich gelesen haben, – und Kapitän *Shandy* keine große Lust zu verspüren scheint es zu hören; – ich kann es also ebensogut für mich leise lesen. – So haben wir nicht gewettet, erwiderte mein Vater. – Überdies liegt etwas so Wunderliches darin, besonders gegen den Schluß hin, daß es mir leidtun würde, auf den Genuß einer nochmaligen Lektüre verzichten zu müssen. – Dr. *Slop* wollte gar nicht recht anbeißen; – da sich nun aber mein Onkel *Toby* anbot, sein Pfeifen stecken zu lassen, und es ihnen selbst vorzulesen, – so dachte Dr. *Slop,* er könnte es gedeckt durch das Pfeifen meines Onkels *Toby,* ebensogut selbst vorlesen, – als leiden, daß es mein Onkel *Toby* allein las, – er erhob somit das Papier wieder, hielt es gerade parallel mit seinem Gesicht, um seinen Ärger zu verbergen – und las dann laut wie folgt, – während mein Onkel *Toby* seinen *Lillabullero* pfiff, doch nicht so laut wie vorher.

* Da die Echtheit der obigen Beratung der Sorbonne über die Taufe von einigen angezweifelt, von anderen sogar bestritten wurde – so wurde für angezeigt gehalten, das Original dieser Exkommunikation abzudrucken, für deren Abschrift Herr *Shandy* dem Kapitelschreiber des Dekanats und Kapitels von Rochester hier seinen Dank ausspricht.

– Atque omnium coelestium virtutum, angelorum, archangelorum, thronorum, dominationum, potestatum, cherubin ac seraphin, et sanctorum patriarcharum, prophetarum, et omnium apostolorum et evangelistarum, et sanctorum innocentium, qui in conspectu Agni sancti digni inventi sunt canticum cantare novum, et sanctorum martyrum, et sanctorum confessorum, et sanctarum virginum, atque omnium simul sanctorum et electorum Dei, – Excommunicamus, et ana-
vel os
thematizamus hunc furem vel
s vel os s
hunc malefactorem, N. N. et a liminibus sanctae Dei ecclesiae sequestramus, et aeternis suppliciis
vel i n
excruciandus, mancipetur, cum Dathan et Abiram, et cum his, qui dixerunt Domino Deo, Recede a nobis, scientiam viarum tuarum nolumus: et sicut aqua ignis extinguitur, sic extinguator
vel eorum
lucerna ejus in secula seculorum,
n
nisi respuerit, et ad satisfactionem
n
venerit. Amen.

Im Namen usw. und aller himmlischen Tugenden, Engel, Erzengel, Throne, Herrschaften, Mächte, Cherubim und Seraphim, und aller heiligen Patriarchen, Propheten, und aller Apostel, und Evangelisten, und der heiligen Unschuldigen, welche im Anblick des heiligen Lammes würdig erfunden sind, den neuen Gesang zu singen der heiligen Märtyrer und heiligen Bekenner und heiligen Jungfrauen und aller Heiligen zusammen und Auserlesenen Gottes – möge er (*Obadiah*) verdammt sein (weil er diese Knoten geknüpft hat), – Exkommunizieren und bannen wir ihn; und stoßen ihn aus von der Schwelle der heiligen Kirche Gottes, damit ihn die ewige Verdammnis treffe und er ausgeliefert werde mit Dathan und Abiram, und mit denen die zu Gott dem Herrn sagen: Weiche von uns, wir wollen nichts von deinen Wegen: Und wie das Feuer durch das Wasser ausgelöscht wird, so soll sein Licht ausgelöscht werden für immer, wofern er nicht bereuet (nämlich *Obadiah* die Knöpfe, die er gemacht hat) und Genugtuung leiste (für sie). Amen.

os
Maledicat illum Deus Pater,
os
qui hominem creavit. Maledicat

Ihn verfluche Gott der Vater, der den Menschen erschaffen hat! Ihn verfluche Gott der Sohn, der

illum Dei Filius, qui pro homine
os
passus est. Maledicat illum Spiritus sanctus, qui in baptismo effu-
os
sus est. Maledicat illum sancta crux, quam Christus pro nostra salute hostem triumphans ascendit.

für uns gelitten hat! Ihn (*Obadiah*) verfluche der heilige Geist, der in der Taufe über uns ausgegossen wurde. Ihn verfluche das heilige Kreuz, an dem Christus für unser Heil, über den bösen Feind triumphierend, gehangen hat.

os

Maledicat illum sancta Dei genetrix et perpetua Virgo Maria,
os
Maledicat illum sanctus Michael, animarum susceptor sacrarum.
os
Maledicant illum omnes angeli et archangeli, principatus et potestates, omnesque militiae coelestes.

Ihn verfluche die heilige und ewige Jungfrau Maria, die Mutter Gottes. Ihn verfluche der heilige Michael, der Fürsprecher der heiligen Seelen. Ihn mögen verfluchen alle Engel und Erzengel, Fürsten und Machthaber und alle himmlischen Heere. (Unsere Soldaten in *Flandern,* rief mein Onkel *Toby,* fluchten fürchterlich – aber dagegen ist es nichts. Ich könnte es nicht übers Herz bringen, meinen Hund so zu verfluchen.) Ihn verfluche die preiswürdige Zahl der Patriarchen und Propheten! Ihn verfluche der heilige Johannes, der Vorläufer und Täufer Christi, der heilige Petrus und der hl. Paulus und der hl. Andreas und alle andern Apostel Christi, wie auch die übrigen Jünger und die vier Evangelisten, die durch ihre Predigten die ganze Welt bekehrt haben.

os

Maledicat illum patriarcharum et prophetarum laudabilis numerus.

os

Maledicant illum sanctus Johannes Praecursor et Baptista Christi, et sanctus Petrus, et sanctus Paulus, atque sanctus Andreas, omnesque Christi apostoli, simul et caeteri discipuli, quatuor quoque evangelistae, qui sua praedicatione mundum universum converterunt.

os

Maledicat illum cuneus martyrum et confessorum mirificus, qui Deo bonis operibus placitus inventus est.

Ihn (den *Obadiah*) verfluche die wundervolle Phalanx der Märtyrer und Bekenner, welche durch ihre guten Werke Gott angenehm geworden sind.

os

Maledicant illum sacrarum virginum chori, quae mundi vana causa honoris Christi respuenda

os

contempserunt. Maledicant illum omnes sancti, qui ab initio mundi usque in finem seculi Deo dilecti inveniuntur.

Mögen ihn verfluchen die Chöre der heiligen Jungfrauen, welche für die Ehre Christi dem Zeitlichen entsagt haben! Ihm mögen fluchen alle Heiligen, welche von Beginn der Welt bis ans Ende der Zeiten Gott wohlgefällig erfunden werden. Ihm (*Obadiah*) oder ihr (oder wer seine Hand beim Knüpfen dieser Knoten im Spiel hatte) fluchen die Himmel, und die Erde, und alles Heilige was darinnen!

os

Maledicant illum coeli et terra, et omnia sancta in eis manentia.

i n n

Maledictus sit ubicunque fuerit, sive in domo, sive in agro, sive in via, sive in semita, sive in silva, sive in aqua, sive in ecclesia.

Möge er (*Obadiah*) verflucht sein wo er sich befinde, im Hause oder im Stalle, im Garten oder auf dem Feld, auf der Landstraße oder dem Fußweg, im Wald, oder im Wasser, oder in der Kirche!

i n

Maledictus sit vivendo, moriendo – – –

Möge er verflucht sein lebendig oder tot! (Hier benutzte mein Onkel *Toby* eine halbe Note im 2. Teil seiner Melodie, und hielt sie bis zum Schluß des Satzes aus, – wobei sich Dr. *Slop* mit seiner Variation von Flüchen wie ein begleitender Baß nebenher bewegte.) Beim Essen, Trinken, Hungern, Dursten, Fasten, Schlummern, Schlafen, Wachen,

manducando, bibendo, esuriendo, sitiendo, jejunando, dormitando, dormiendo, vigilando, ambulando, stando, sedendo, jacendo, operando, quiescendo, mingendo, cacando, flebotomando.

Wandeln, Stehen, Sitzen, Liegen, Arbeiten, Ruhen, Wasserlassen, Schweraustreten und Aderlassen.

i n

Maledictus sit in totis viribus corporis.

i n

Maledictus sit intus et exterius.

Er (*Obadiah*) sei verflucht in allen Tätigkeiten des Körpers, er sei verflucht innen und außen.

i n

Maledictus sit in capillis; male-

i n i n

dictus sit in cerebro. Maledictus sit in vertice, in temporibus, in fronte, in auriculis, in superciliis, in oculis, in genis, in maxillis, in naribus, in dentibus mordacibus et molaribus, in labiis, in gutture, in humeris, in carpis, in brachiis, in manibus, in digitis, in pectore, in corde, et in omnibus interioribus stomacho tenens, in renibus, in inguine, in femore, in genitalibus, in coxis, in genubus, in cruribus, in pedibus, et in unguibus.

Verflucht sei er in den Haaren; verflucht im Gehirn, verflucht auf dem Scheitel (das ist ein trauriger Fluch, sagte mein Vater), an den Schläfen, auf der Stirne, in den Ohren, an den Augenbrauen, in den Augen, Wangen, Kinnbacken, Naslöchern, Zähnen, Vorderzähnen und Backenzähnen, Lippen, in der Kehle, den Schultern, Ellbogen, Armen, Händen, Fingern, in der Brust, im Herzen und in allen Eingeweiden, die der Bauch enthält, in den Nieren, dem Becken und Schambein (Gott soll uns bewahren! rief mein Onkel *Toby*), im Zeugungsglied (mein Vater schüttelte den Kopf), im Dickfleisch, in den Hüften, Knien, Beinen, Füßen und Zehen.

i n

Maledictus sit in totis compagibus membrorum, a vertice capitis usque ad plantam pedis. – Non sit in eo sanitas.

Verflucht sei er in allen Gelenken vom Scheitel seines Hauptes bis zur Sohle des Fußes! Kein gesunder Teil sei an ihm.

os

Maledicat illum Christus Filius Dei vivi toto suae majestatis imperio –

Verflucht sei er durch Christum, den Sohn des lebendigen Gottes in aller Glorie seiner Majestät –

(Hier warf mein Onkel *Toby* seinen Kopf zurück und stieß ein ungeheures, langes und lautes Hu – u – u! aus; so etwas zwischen dem Wort Huida! und einem dazwischen geschobenen Pfiff.

– Bei dem goldenen Barte *Jupiters* – und der *Juno* (wenn Ihre Majestät auch einen trug) und bei den Bärten aller übrigen heidnischen Herrschaften, beiläufig keiner geringeren Zahl, sintemalen hierzu gehören: die Bärte der himmlischen Götter, die der Luft- und Wassergötter – dazu noch die Bärte der Stadt- und der Landgötter, die der himmlischen Göttinen, ihrer Weiber, oder der höllischen Göttinnen, ihrer Kebsweiber und Beischläferinnen (falls sie wirklich bei ihnen schlafen) – welche Bärte, wie *Varro* auf sein Ehrenwort versichert, wenn zusammengezählt, nicht weniger als 30 000 wirkliche Bärte heidnischer Abkunft ausmachen; – von welchen ein jeder das Recht und Privilegium beansprucht, daß man ihn streichelt und bei ihm schwört; – bei all diesen Bärten zusammen also – beteure und behaupte ich, daß ich von den zwei schlechten Leibröcken, die ich auf dieser Welt besitze, den besseren so gerne wie je *Cid Hamet* den seinigen anbot, hingegeben hätte, – wenn ich dabeistehen und meines Onkels *Toby* Begleitmusik hätte mit anhören können.)

os
et insurgat adversus illum coelum
eis
cum omnibus virtutibus quae in
os
eo moventur ad damnandum
n
eum, nisi poenituerit et ad satis-
n
factionem venerit. Amen. Fiat, fiat. Amen.

und möge der Himmel, fuhr Dr. *Slop* fort, mit allen Mächten, die sich darin regen, sich gegen ihn erheben, und ihn (den *Obadiah*) verdammen, wofern er nicht bereut und dafür Buße tut. Amen. So geschehe es, – so geschehe es. Amen.

Ich muß sagen, bemerkte mein Onkel *Toby*, mein Herz würde mir nicht gestatten, den Teufel selbst so arg zu verfluchen. – Er ist der Vater der Flüche, erwiderte Dr. *Slop*. – Aber ich nicht, entgegnete mein Onkel *Toby*. – Er ist übrigens schon in alle Ewigkeit verflucht und verdammt, versetzte Dr. *Slop*.

Das tut mit leid, meinte mein Onkel *Toby*.

Dr. *Slop* zog den Mund in die Höhe und wollte eben meinem Onkel *Toby* das Kompliment seines Hu – u – u! oder Zwischenpfeifens zurückgeben, als die Türe – im übernächsten Kapitel – rasch aufging und der Sache ein Ende machte.

12. Kapitel

Wir wollen uns jetzt nicht in die Brust werfen und behaupten, daß die Schwüre, die wir in diesem unserem freien Lande losgeben, unser Eigentum seien: wollen uns auch nicht einbilden, daß weil wir so viel Geist haben, um sie zu schwören, wir auch so viel Witz gehabt hätten, sie zu erfinden.

Ich will es auf mich nehmen, dies sofort gegenüber jedem Menschenkind zu beweisen, außer gegenüber einem Kenner; – ich muß jedoch bemerken, daß ich nur einen Kenner im Schwören ablehne – wie ich es auch mit einem Kenner im Malen usw. machen würde, denn diese ganze Sippschaft ist so mit dem Gebimmel und Gebammel der Kritik behangen und befetischt – oder um mein Gleichnis fallen zu lassen, was wirklich schade ist, denn ich habe es ja von der fernen Küste von *Guinea* hergeholt; – ihre Köpfe, mein lieber Leser, stecken so voll Regeln und Schablonen und sie haben die leidige Neigung sie unaufhörlich bei jeder Gelegenheit in Anwendung zu bringen, daß ein geistreiches Werk lieber gleich zum Teufel fährt, als daß es sich durch sie zu Tode sticheln und foltern läßt.

– Nun wie sprach *Garrick* gestern abend seinen Monolog? – O gegen alle Regel, Herr – höchst ungrammatikalisch; er ließ zwischen Substantiv und Adjektiv, die doch in Zahl, Fall und Geschlecht zusammenstimmen sollten – eine solche Lücke – hielt inne, als ob die Sache erst festgestellt werden müßte; – und zwischen dem Nominativ, der, wie Sie wohl wissen, mein Herr, das Verbum regieren sollte, und diesem hielt er im Epilog wohl ein dutzendmal je $3^3/_5$ Sekunden lang – nach einer Sekundenuhr, Herr – mit der Stimme zurück. – O trefflicher Grammatikus! – Aber wenn er die Stimme zurückhielt, hielt er denn auch den Sinn zurück? Füllte keine ausdrucksvolle Bewegung oder Miene diese Kluft aus? – War sein Auge stumm? – Sahen Sie auch genau hin? – Ich sah nur nach der Sekundenuhr, mein Herr. – O herrlicher Beobachter!

Und was ist es denn mit dem neuen Buch, das so viel Lärm in der Welt macht? – O das ist ganz aus allem Blei, mein Herr – ein ganz unregelmäßiges Produkt – nicht eine der Ecken an den vier Enden bildet einen rechten Winkel. Ich hatte mein Lineal, meinen Zirkel usw. in der Tasche, mein Herr! —— Vortrefflicher Kritikus!

Und was das epische Gedicht betrifft, das Sie mich anzusehen ersuchten – so habe ich es in der Länge, Breite, Höhe und Tiefe nachgemessen und mit einem genauen Maßstab von *Bossu* verglichen – aber es stimmt nach keiner Richtung hin, mein Herr. —— Wundervoller Kenner!

– Und sind Sie auf dem Rückweg auch ein wenig bei dem Maler eingetreten und haben das neue große Bild besichtigt? – O eine traurige Schmiererei, mein Herr! nicht in einer einzigen Gruppe das *pyramidale Prinzip* gewahrt! – und welch ein Preis! – Denn da ist weder das Kolorit *Tizians* noch der Ausdruck des *Rubens* – noch die Grazie *Raffaels* – noch die Reinheit des *Domenichino* – noch der *Correggismus* des *Corregio* – oder die Gelehrtheit *Poussins* – die feinen Mienen *Guidos* – der Geschmack der *Carraccij* – oder die großartigen Umrisse *Michelangelos.* —— Gott schenke mir Geduld! – Von all dem Kauderwelsch, das in der welschenden Welt gewelscht wird, mag immerhin das Kauderwelsch der Heuchelei das schlimmste sein – aber das der Kritik ist jedenfalls das unausstehlichste!

Gerne wollte ich 50 Meilen zu Fuß machen, denn ich habe leider kein reitbares Pferd, um die Hand des Mannes zu küssen, dessen edelmütiges Herz die Zügel seiner Einbildungskraft in die Hände seines Autors legt, – dem etwas gefällt, ohne daß er weiß weshalb, und der nicht fragt, warum?

Großer *Apollo!* wenn du gerade in einer freigebigen Laune sein solltest, – so gib mir – ich verlange nicht mehr – nur einen Zug natürlichen Humors – nebst einem einzigen Funken deines Feuers – und schicke den *Merkur* mit *Lineal* und *Zirkel,* wenn du ihn gerade entbehren kannst, nebst meinem Kompliment zum – gleichviel!

– Also gegenüber jedermann sonst will ich den Beweis antreten, daß alle die Flüche und Verwünschungen, welche wir in den letzten 250 Jahren als Originalflüche in dieser Welt ausgestoßen haben – ausgenommen: beim Daumen des heiligen *Paulus!* – und *Gottes Fleisch* und *Gottes Fisch!* was für monarchische Flüche und in Anbetracht ihrer Schöpfer nicht so übel sind; und bei denen es auch, weil es königliche Flüche waren, nicht darauf ankommt, ob sie Fisch oder Fleisch sind – sonst aber, sage ich, gibt es nicht eine Beteuerung oder wenigstens nicht einen Fluch, der nicht tausend- und abertausendmal aus *Ernulphus* abgeschrieben wäre; nur daß sie wie alle Nachmachereien unendlich weniger Kraft und Geist haben als das Original! – So hält man zum Beispiel: *»Gott soll dich verdammen!«* für keinen so übeln Fluch – und an und für sich kann er sich auch wohl sehen lassen. – Stellt man ihn aber neben den des *Ernulphus:* – »Gott der allmächtige Vater soll dich verdammen, – Gott der Sohn soll dich verdammen – und Gott der heilige Geist soll dich verdammen!« – so ist es offenbar nichts mit ihm. – Es liegt in letzterem eine orientalische Großartigkeit, gegen die wir nicht aufkommen; überdies ist *Ernulphus* weit reicher in seiner Erfindung – besitzt weit mehr

Verfluchertalent – hat eine so gründliche Kenntnis der menschlichen Gestalt, ihrer Glieder, Nerven, Sehnen, Bänder, Gelenke – daß wenn er einmal zu verfluchen anfing, kein Teil ihm entging. – Es liegt allerdings eine gewisse *Härte* in seiner Art und Weise – ein gewisser Mangel an *Grazie* wie bei *Michelangelo* – aber dafür besitzt er eine solche Großartigkeit im Geschmack.

Mein Vater, der alle Dinge in einem ganz anderen Lichte zu sehen pflegte als die übrigen Menschenkinder, wollte übrigens nie zugeben, daß *Ernulphus'* Fluch ein Original sei. – Er betrachtete ihn vielmehr nur als eine Art Fluchreglement, worin, wie er vermutete, als das Fluchen unter einem milderen Pontifikate etwas herabgekommen war, *Ernulphus* auf Befehl des folgenden Papstes mit großer Gelehrsamkeit und Fleiß alle darüber bestehenden Satzungen zusammengetragen hatte; – gerade wie *Justinian* beim Verfall des römischen Reichs seinem Kanzler *Tribonian* befohlen hatte, alle römischen oder bürgerlichen Gesetze in einem Kodex, den Pandekten, zu sammeln, – damit sie nicht durch den Rost der Zeit – und das Mißgeschick, dem alle mündlichen Überlieferungen ausgesetzt sind, – der Welt für immer verloren gehen möchten.

Deshalb behauptete mein Vater öfter, es gebe keinen Fluch, von dem großen und furchtbaren *Wilhelms* des Eroberers *(Beim Glanze Gottes!)* bis zu dem elenden eines Gassenkehrers *(Gott verdamme deine Augen!)*, der nicht in *Ernulphus* zu finden wäre. – Kurz, pflegte er hinzuzufügen, – ich möchte einen Fluch hören, der da *nicht drin stünde!*

Diese Hypothese ist wie die meisten meines Vaters ebenso eigentümlich wie geistreich; – ich habe nur das daran auszusetzen, daß sie meine eigene über den Haufen wirft.

13. Kapitel

Ach du meine Güte! —— meine arme Herrin ist am Ohnmächtigwerden – und ihre Wehen setzen aus – und die Tropfen sind fertig – und die Flasche mit dem Kühltrank ist zerbrochen – und die Wärterin hat sich in den Arm geschnitten – (und ich in den Daumen! rief Dr. *Slop*); und das Kind ist wo es war, fuhr *Susanna* fort – und die Hebamme ist rückwärts auf die Kante des Kamingitters gefallen, so daß ihre Hüfte so schwarz aussieht wie Ihr Hut. –

– Da will ich gleich danach sehen, sagte Dr. *Slop*. – Das ist nicht nötig, erwiderte *Susanna,* sehen Sie lieber nach meiner Herrin – die Hebamme möchte Ihnen aber vorher gerne berichten, wie die Sachen stehen; sie läßt Sie daher ersuchen geschwind heraufzukommen.

Die menschliche Natur ist in jedem Beruf die gleiche.

Die Hebamme war Dr. *Slop* vorgezogen worden – das hatte er nicht verdaut. – Nein, erwiderte Dr. *Slop,* es würde sich vielmehr passen, wenn die Hebamme zu mir herunter käme. – Ich liebe die Subordination, sprach mein Onkel *Toby* – wenn die nicht gewesen wäre, so weiß ich nicht, was nach der Einnahme von *Lille* aus der Garnison von *Gent* geworden wäre, als da im Jahre zehn ein Brotkrawall entstand. – Und ich, erwiderte Dr. *Slop,* (indem er meines Onkel *Tobys* Steckenpferd-Betrachtung parodierte, obschon er selbst ein ebenso großer Steckenpferdreiter war) – und ich, Kapitän *Shandy,* weiß nicht, was aus der Garnison da droben bei der Verwirrung und dem Krawall, der jetzt entstanden zu sein scheint, werden könnte, zeigten nicht Finger und Daumen Subordination gegen **** – ja die Anwendung derselben ist bei diesem meinem Mißgeschick so sehr angezeigt, Herr, daß ohne sie der Schnitt in meinem Daumen von der Familie *Shandy* so lange hätte verspürt werden können als die Familie *Shandy* einen Namen trägt.

14. Kapitel

Wir kommen auf die **** im vorigen Kapitel zurück. Es ist ein ganz besonderer Pfiff der Beredsamkeit (wenigstens war es so, als die Beredsamkeit noch in *Athen* und *Rom* blühte; und würde jetzt noch so sein, wenn unsere Redner Mäntel trügen), den Namen eines Dinges nicht zu nennen, wenn man das Ding *in petto* bei sich trägt und es flugs hervorziehen kann, sobald man es braucht. Sei es nun eine Narbe, eine Axt, ein Schwert, ein durchlöchertes Wams, ein rostiger Helm, 1½ Pfund Pottasche in einer Urne, oder ein irdener Topf für anderthalb Pence; – vor allem aber ein zartes königlich geschmücktes Kind; – obschon dieses, wenn es noch sehr jung ist und die Rede so lange dauert wie des *Tullius Cicero* zweite *Philippika*, notwendig den Mantel des Redners vermachen müßte; – und dann wieder, wenn es zu alt ist, – es für das Gebärdenspiel so unbequem und beschwerlich würde, daß er durch das Kind wieder ebensoviel verlöre als er damit gewinnen könnte. Im anderen Falle aber, wenn ein politischer Redner das richtige Alter auf die Minute hin getroffen – sein Bambino im Mantel so schlau, daß es kein Sterblicher riechen kann, verborgen – und dann so geschickt zum Vorschein gebracht hat, daß keine Seele sagen kann, es sei auf eine erzwungene Weise geschehen – o meine Herren, dann hat es stets Wunder bewirkt, – es hat die Tränenschleusen einer halben Nation eröffnet, ihre Köpfe verdreht, ihre Grundsätze erschüttert und ihre Politik aus den Angeln gehoben.

Solche Taten konnten jedoch wie gesagt nur in den Staaten und zu den Zeiten geschehen, da die Redner Mäntel trugen – und zwar hübsch weite Mäntel, meine Brüder, von etlichen 20 oder 25 Ellen gutem Purpur, extrafeinen, marktfähigen Tuches, – mit breiten fließenden Falten und Futter, und in einem großen Stil der Zeichnung. ——

Aus welchem allem, wenn der geneigte Leser erlaubt, deutlich hervorgeht, daß der Verfall der Beredsamkeit und der geringe gute Dienst, den sie gegenwärtig in und außer dem Hause leistet, von nichts anderem herrührt als von den kurzen Röcken und dem Abkommen der *Pluderhosen.* —— Unter unsern jetzigen können wir nichts bergen, Madame, was des Vorzeigens wert wäre.

15. Kapitel

Dr. *Slop* wäre um ein Haar eine Ausnahme von dieser Regel gewesen: denn da er zufällig seinen grünwollenen Beutel auf den Knien liegen hatte, als er meinen Onkel *Toby* zu parodieren begann – so war dies für ihn so gut wie der beste Mantel auf der Welt; zu welchem Ende er, sobald er merkte, daß der Satz mit seiner neuerfundenen *Zange* schließen würde, die Hand in den Beutel steckte, um sofort mit jener an der Stelle, wo der geneigte Leser die **** bemerkte, hereinzuklappen. Und hätte er dies zustande gebracht – so war mein Onkel *Toby* unzweifelhaft geschlagen, da Satz und Beweis dann so scharf zusammenfielen, wie die zwei Facen, welche den ausspringenden Winkel eines Ravelins bilden. – Dr. *Slop* hätte sie nicht fahren lassen – und mein Onkel *Toby* wäre wohl ebenso leicht auf Flucht bedacht gewesen, als daß er sie mit Gewalt genommen hätte; allein Dr. *Slop* krabbelte so ungeschickt herum, bis er sie herausbrachte, daß er dem Effekt die Spitze vollständig abbrach, und was noch zehnmal schlimmer war (denn solche Widerwärtigkeiten kommen nie allein im Leben), wie er die *Zange* herauszog, nahm diese zum Unglück auch noch die *Klistierspritze* mit heraus.

Wenn ein Satz auf zwei verschiedene Arten verstanden werden kann, – so ist es ein Gesetz des Wortgefechts, daß der Antwortgeber auf denjenigen Sinn erwidern darf, der ihm am passendsten dünkt oder am meisten gefällt. – Dies brachte den Vorteil ganz auf Seite meines Onkels *Toby.* —— Guter Gott! rief mein Onkel *Toby*, bringt man denn die Kinder mittels einer Klistierspritze zur Welt?

16. Kapitel

Auf Ehre, mein Herr, Sie haben mir mit Ihrer Zange alle Haut von dem Rücken meiner beiden Hände heruntergeschunden, schrie mein Onkel *Toby* – und meine Knöchel zu Brei zusammengedrückt. – Daran sind Sie selbst Schuld, sagte Dr. *Slop*, – Sie hätten, wie ich Ihnen sagte, Ihre beiden Fäuste in der Form eines Kinderkopfes zusammendrücken und dabei still sitzen sollen. – Das hab ich auch getan, sagte mein Onkel *Toby*. – Dann waren die Spitzen meiner Zange nicht gehörig hergerichtet, oder die Schließe nicht fest – oder es ist auch möglich, daß mich der Schnitt in meinen Daumen etwas ungeschickt gemacht hat – oder möglicherweise – Es ist nur gut, bemerkte mein Vater, indem er das Detail der Möglichkeiten unterbrach – daß der Versuch nicht zuerst am Kopf meines Kindes gemacht wurde. – Es wäre nicht um einen Kirschkern schlechter weggekommen, erwiderte Dr. *Slop*. – Und ich behaupte, sagte mein Onkel *Toby*, es hätte ihm das *Cerebellum* zerquetscht (wofern der Schädel nicht so hart wie eine Granate war) und es vollständig in Milchsuppe verwandelt. – Ach was! erwiderte Dr. *Slop*, der Kopf eines Kindes ist von Natur so weich wie das Fleisch eines Apfels; – die Nähte geben nach, – und überdies hätte ich es ja nachher bei den Füßen extrahieren können. – Aber Sie nicht, sagte sie. – Ich wollte, Sie fingen mit letzterem an, versetzte mein Vater.

Darum möcht ich auch gebeten haben, setzte mein Onkel *Toby* hinzu.

17. Kapitel

– Aber ich bitte Sie, liebe Frau, wollen Sie es auf Ihre Verantwortung nehmen zu behaupten, Sie hätten des Kindes Kopf gespürt, könnte es nicht ebensogut die Lende sein? – (Es ist ganz gewiß der Kopf, erwiderte die Hebamme.) – Denn, fuhr

Dr. *Slop* gegen meinen Vater gewendet fort, so bestimmt sich auch diese alten Frauen in der Regel aussprechen – so ist das doch sehr schwer genau zu wissen – und doch ist es höchst wichtig, es zu wissen – denn würde die Lende für den Kopf genommen, – so wäre es leicht möglich (wenn es ein Knabe ist), daß durch die Zange ****

Was für eine Möglichkeit hierbei war, flüsterte Dr. *Slop* meinem Vater und dann meinem Onkel *Toby* ganz leise ins Ohr. – Bei dem Kopf hat es diese Gefahr nicht, setzte er hinzu. – Nein wahrhaftig, erwiderte mein Vater; – wenn aber einmal das was Sie für möglich halten, an der Lende stattgefunden hätte – dann könnten Sie ihm ebensogut auch noch den Kopf mitnehmen.

—— Es ist moralisch unmöglich, daß der Leser dies verstehen kann; – es genügt, daß Dr. *Slop* es verstand – er nahm nun den grünwollenen Beutel zur Hand und trippelte in *Obadiahs* Hausschuhen für einen Mann seiner Dicke ziemlich hurtig durch das Zimmer nach der Türe; – dort zeigte ihm die gute alte Hebamme den Weg nach den Gemächern meiner Mutter.

18. Kapitel

Es sind jetzt zwei Stunden und zehn Minuten – nicht mehr, – seit Dr. *Slop* und *Obadiah* ankamen, sagte mein Vater, indem er auf seine Uhr sah; – und ich weiß nicht wie es kommt, Bruder *Toby*, – aber es will mich bedünken, als sei es schon eine Ewigkeit her.

– Da, lieber Leser – bitte, nehmen Sie meine Mütze; – o nehmen Sie nur die Schelle auch mit, und meine Pantoffeln dazu. ——

Sie stehen Ihnen vollständig zu Dienste; ja ich mache Ihnen ein Geschenk damit, unter der Bedingung, daß Sie diesem Kapitel Ihre ganze Aufmerksamkeit schenken.

Mein Vater sagte zwar: er wisse nicht wie es komme, – er wußte jedoch recht gut wie es kam; – und war schon in dem Augenblick wo er so sprach, innerlich entschlossen, meinem Onkel *Toby* hierüber genaue Rechenschaft zu geben und zwar in einer metaphysischen Dissertation über die *Zeitdauer* und *deren einfache Arten,* und meinem Onkel *Toby* dabei auseinanderzusetzen, durch welchen Mechanismus, durch welche Messungen im Gehirn es geschehen sei, daß die rasche Aufeinanderfolge ihrer Ideen und das beständige Springen der Unterhaltung von einem Gegenstand zum andern, seitdem Dr. *Slop* in das Zimmer getreten war, einem so kurzen Zeitraum eine so unbegreiflich lange Ausdehnung gegeben hatte. – Ich weiß nicht wie es kommt – sagte mein Vater, – aber es kommt mir wie eine Ewigkeit vor.

– Das, erwiderte mein Onkel *Toby*, kommt einzig von der raschen Aufeinanderfolge unserer Ideen her.

Mein Vater, der wie alle Philosophen die Wut hatte, über alles was ihm aufstieß zu räsonieren und es zu erklären zu suchen, – hatte sich bereits ein ungeheures Vergnügen davon versprochen, sich über die Ideenfolge auszusprechen. Es fiel ihm nicht im Schlafe ein, daß mein Onkel *Toby* ihm die Sache so aus der Hand winden würde, denn dieses ehrliche Gemüt nahm alle Dinge in der Regel wie sie kamen, – und plagte sein Gehirn mit nichts weniger auf der Welt als mit dunkeln Ideen – mit den Gedanken von Zeit und Raum – oder mit der Frage wie wir zu diesen Gedanken kämen – oder aus welchem Stoffe sie bestünden – oder ob sie mit uns geboren seien – oder ob wir sie später unterwegs wo aufgeschnappt – ob wir es im Kinderröckchen getan – oder erst nachdem wir Hosen bekommen, – nebst noch tausend andern Fragen und Betrachtungen über UNENDLICHKEIT, VORHERWISSEN, FREIHEIT, NOTWENDIGKEIT usw., über welchen verzweifelten und nicht zu bewältigenden Ideen schon so manche feine Köpfe sich verdrehten und zerbrochen wurden – dem allem tat mein Onkel *Toby* nie das geringste; das wußte mein Vater – und war deshalb ebenso erstaunt als verblüfft über meines Onkels zufällige Lösung der Frage.

Kennst du die Theorie, die dieser Sache zugrunde liegt? erwiderte mein Vater.

O nein, sagte mein Onkel.

—— Aber du hast doch eine gewisse Idee, von dem was du gesagt hast? fuhr mein Vater fort.

So wenig wie mein Pferd, erwiderte mein Onkel *Toby*.

Guter Gott! rief mein Vater, indem er nach oben sah und die Hände zusammenschlug, – es liegt ein gewisser Wert in deiner ehrlichen Unwissenheit, Bruder *Toby;* – fast ist es schade, sie gegen die Kenntnis umzutauschen. —— Ich will dir aber sagen, wie die Sache ist.

Um zu verstehen, was Zeit eigentlich ist, ohne welchen Begriff wir die *Unendlichkeit* nie verstehen können, da jene ein Teil dieser ist – müssen wir ernstlich in Betracht ziehen, welchen Begriff wir von der Dauer haben, um uns Rechenschaft darüber geben zu können, wie wir dazu gelangten. – Zu was soll denn das gut sein? fragte mein Onkel Toby.* – *Denn wenn du deinen Blick auf dein Inneres heftest,* fuhr mein Vater fort, *und es aufmerksam beobachtest, so wirst du finden, Bruder, daß während du und ich miteinander sprechen und denken und unsere Pfeifen rauchen, oder während wir nach und nach Ideen in uns aufnehmen, wir bewußt sind, daß wir existieren; und so betrachten wir unsere Existenz oder die Fortdauer derselben, oder von irgend etwas, nach dem Maßstab der Ideenfolge in unserem Innern, der Dauer unserer selbst oder irgendeines anderen Dings, das mit unserem Denken koexistiert; so folgt aus dem Vorgedachten* – mir steht der Verstand still! rief mein Onkel *Toby*.

Daher kommt es, versetzte mein Vater, daß wir bei unserer Berechnung der Zeit so an Minuten, Stunden, Wochen und Monate – und an Uhren gewöhnt sind (ich wollte, es gäbe im ganzen Königreiche keine Uhr), um ihre einzelnen Teile uns und unseren Angehörigen zuzumessen – daß es gut gehen

* Siehe Locke.

muß, wenn uns für die Zukunft die *Folge unserer Ideen* überhaupt zu irgend etwas nutz sein soll.

Nun findet aber, fuhr mein Vater fort, ob wir es nun beobachten oder nicht, in jedes gesunden Mannes Kopf eine regelmäßige Ideenfolge irgendeiner Art statt, welche Ideen einander gerade so folgen wie ein Zug – wie ein Zug Artillerie? fragte mein Onkel *Toby*. – Ein Zug Unsinn! – sagte mein Vater, – welche einander in unserem Geist auf gewisse Entfernungen folgen, gerade wie die Bilder im Innern einer Laterne, welche durch die Wärme eines Lichts herumgedreht werden. – Da muß ich sagen, rief mein Onkel *Toby* aus, in meiner Laterne sind es lauter Rauchbilder. – Dann Bruder *Toby*, sagte mein Vater, habe ich dir nichts mehr über die Sache zu sagen.

19. Kapitel

– Welch eine herrliche Möglichkeit ging auf diese Art verloren! – Mein Vater war in seiner besten Erklärerlaune – in eifrigster Verfolgung eines metaphysischen Ziels bis in die Regionen, wo es sich bald in Wolken und dichter Finsternis verloren hätte; – mein Onkel *Toby* in einer der schönsten Stimmungen von der Welt; – sein Kopf wie eine Rauchlaterne – der Rauchfang ungeputzt, die Ideen schwirrten darin umher, vollständig dunkel und mit Rußstoff geschwärzt! – Beim Grabmal *Lucians* – wenn er eines hat; – wo nicht, bei seiner Asche! bei der Asche meines teuern *Rabelais*, meines noch teureren *Cervantes!* – meines Vaters und meines Onkel *Toby* Gespräch über ZEIT und EWIGKEIT – war ein Gespräch, das jedes frommen Wunsches würdig war! und der ungestüme Humor meines Vaters, der ihm so plötzlich ein Ende machte, war ein wahrer Juwelenraub aus der *ontologischen Schatzkammer*, und es sieht nicht danach aus, als ob ein Zusammentreffen großer Gelegenheiten und großer Männer dasselbe jemals wiederbringen könnte.

20. Kapitel

Obschon aber mein Vater darauf beharrte, diese Unterhaltung nicht weiter fortzusetzen – so konnte er doch meines Onkel *Toby* Rauchlaterne nicht aus dem Kopfe kriegen – so sehr sie ihn anfangs verletzt hatte; – es lag in dem Vergleiche doch im Grunde etwas, was seine Phantasie frappierte; er ließ den Ellbogen auf dem Tisch ruhen, neigte die rechte Seite seines Kopfes gegen die flache Hand – sah zuerst noch starr ins Feuer – und begann dann mit sich selbst darüber zu Rate zu gehen und zu philosophieren; da aber sein Kopf durch die Anstrengung, womit er nach neuen Pfaden forschte und die beständige Beschäftigung des Gehirns mit jenen mannigfaltigen Gegenständen, auf die die Unterhaltung nach und nach geraten, müde geworden war – so kehrte die Idee der Rauchlaterne seine Gedanken bald vollends ganz zuunterst und -oberst – so daß er in Schlaf versank, ehe er wußte, woran er eigentlich damit war.

Was meinen Onkel *Toby* betrifft, so hatte sich seine Rauchlaterne kaum ein dutzendmal umgedreht, als er ebenfalls in Schlaf versank. – Friede sei mit ihnen beiden! – Dr. *Slop* ist mit der Hebamme und meiner Mutter in der oberen Stube beschäftigt. – *Trim* verwandelt ein Paar alte Kanonenstiefel in Mörser, um sie als solche nächsten Sommer bei der Belagerung von *Messina* zu verwenden; – er bohrt gerade die Zündlöcher mit der Spitze eines glühenden Schüreisens. – So sind mir alle meine Helden aus der Hand geschlüpft; – es ist das erste Mal, daß ich einen Augenblick übrig habe, – ich will ihn daher benutzen und meine Vorrede schreiben.

Die Vorrede des Autors

Nein, ich will nicht ein Wort deshalb verlieren: – hier ist sie! – Indem ich sie veröffentliche, appelliere ich an die Welt – und der Welt überlasse ich sie; – sie muß für sich selbst sprechen.

Alles was ich von der Sache weiß ist, daß als ich mich hinsetzte, ich die Absicht hatte, ein gutes Buch zu schreiben; und soweit die Armseligkeit meines Geistes es gestatten würde, – ein weises, ja, ein vernünftiges Buch – wobei ich nur Sorge trug, im Weiterschreiten all den Witz und Verstand (mochte es nun viel oder wenig sein) hineinzulegen, den der große Schöpfer und Verleiher desselben für passend erachtet hatte mir mitzugeben; – so daß, wie der geneigte Leser sieht, – dies gerade so geworden ist, wie es Gott gefallen hat.

Nun sagt *Agelastes* (in tadelndem Tone), es möge, soviel er davon verstehe, einiger Witz darin sein – aber durchaus kein Verstand; und *Triptolemus* und *Phutatorius,* die ihm beistimmen, werfen noch die Frage auf, wie es denn überhaupt möglich wäre, daß Verstand dabei sein könnte? denn Witz und Verstand gingen in dieser Welt niemals Hand in Hand, da dies zwei geistige Operationen seien, die voneinander so weit entfernt seien wie Ost und West. – So sagt *Locke;* wie einen Wind streichen lassen und schluchzen, sage ich. Allein in Entgegnung hierauf behauptet der große Kirchenrechtslehrer *Didius* in seinem Kodex *de fartendi et illustrandi fallaciis,* daß ein Gleichnis noch lange kein Beweis sei, und setzt dies näher auseinander; – ebensowenig behaupte ich, daß das Hellwischen eines Spiegels ein Vernunftschluß ist; – aber jedermann sieht dann doch besser; der Hauptvorteil, den diese Dinge haben, besteht somit darin, daß sie den Verstand aufhellen, ehe der Beweis selbst in Anwendung kommt, ihn von all den kleinen Stäubchen oder Flecken von Verdunklungsstoff reinigen, die, wenn man sie darin schwimmen ließe, das Begreifen hindern und alles verderben könnten.

Nun, meine lieben Anti-Shandianer und dreimal trefflichen Kritiker und Kollegen (denn für euch schreibe ich diese Vorrede) – und ihr höchst feinen Staatsmänner und klugen Doktoren (kommt – nehmt eure Bärte herunter), die ihr wegen eurer Würde und Weisheit berühmt seid; – *Monopolus,* mein Politikus, – *Didius,* mein Rat, – *Kysarcius,* mein Freund,

– *Phutatorius*, mein Führer – *Gastripheres*, mein Lebenserhalter, – *Somnolentius*, mein Balsam und meine Beruhigung – nicht zu vergessen all die anderen, Schlafende wie Wachende, Geistliche und Bürger, die ich der Kürze halber, keineswegs aus Groll gegen euch, in einen Topf werfe. —— Glaubt mir, ihr sehr Ehrenwerten.

Mein dringendster Wunsch, mein heißestes Gebet für euer Heil, und auch für meines, falls das nicht bereits für uns geordnet ist – besteht darin, daß die großen Gaben und Bescherungen von Witz und Verstand, nebst allem was sie gewöhnlich begleitet —— als da sind Gedächtnis, Phantasie, Geist, Beredsamkeit, schnelle Fassungsgabe und was es sonst noch gibt – in diesem köstlichen Augenblick ohne Maß und Ziel, ohne Hemmnis und Störung so warm als es ein jeder von uns vertragen kann, – mit Schaum und Hefe und allem (denn ich möchte nicht, daß ein Tropfen verlorenginge), eingegossen würden in die verschiedenen Behälter, Zellen und Zellchen, Wohnsitze, Schlafkammern, Refektorien und leeren Räume unseres Gehirns – so zwar daß dieselben fortwährend vollgeschüttet und aufgefüllt würden, gemäß dem wahren Inhalt und Sinn meines Wunsches, bis jedes dieser Gefäße, die großen wie die kleinen, so davon gefüllt, gesättigt und vollgestopft wäre, daß nichts mehr hinein- oder herausginge, und wenn ein Menschenleben damit gerettet würde. Guter Gott! – was für ein treffliches Werk würden wir dann machen: wie würde ich es wegkritzeln! – wie gehoben würde ich mich fühlen, es für solche Leser niederzuschreiben! – und ihr – gerechter Himmel! – mit welchem Entzücken würdet ihr dasitzen und lesen! —— aber ach! —— das ist zu viel! – ich werde krank – schon beim Gedanken daran falle ich in eine süße Ohnmacht! – das ist mehr als die Natur ertragen kann! – haltet mich! – ich schwindle – es wird mir schwarz vor den Augen – ich sterbe – ich bin hinüber. – Zu Hilfe! zu Hilfe! zu Hilfe! – Doch halt, – es wird mir wieder etwas besser, denn ich beginne vorauszusehen, daß wir, wenn dies vorüber ist, und wir dann alle große Geister sind, – keinen Tag mehr bis an das Lebensende einer Meinung sein würden; – da gäbe es soviel Satire und Sarkasmus – soviel Spott und Hohn, Necken und Entgegnen – soviel Stöße und Abwehren in einem oder dem anderen Winkel – daß nichts als Unheil daraus entstünde. – Ihr heiligen Sterne! wie würden wir uns beißen und kratzen, was würden wir für ein Gelärm und Gepolter machen, was gäbe es für zerschlagene Köpfe, zerklopfte Knöchel und wunde Stellen – es wäre nicht mehr mit uns zu leben.

Dagegen wieder, da wir dann auch alle Leute von großem Verstand wären, würden wir die Dinge auch so schnell wieder herrichten, als sie übel gingen; und wenn wir einander auch zehnmal schlimmer als ebensoviel Teufel oder Teufelinnen verabscheuten, würden wir gleichwohl, meine lieben Geschöpfe, ganz nur Artigkeit und Freundlichkeit, Milch und Honig sein, – es wäre ein zweites Land der Verheißung – ein Paradies auf Erden, wenn überhaupt so etwas herzustellen wäre; – so daß wir im ganzen nicht so übel fahren würden.

Worüber ich aber jetzt hauptsächlich mich ärgere und Wut schnaube, und was meine Erfindungsgabe am meisten quält, ist, wie ich die Sache selbst möglich machen soll; denn wie der geneigte Leser wohl weiß, von jenen himmlischen Ergüssen von *Witz* und *Verstand*, die ich dem Leser und mir selbst so reichlich gewünscht habe, – ist für uns alle, zum Nutzen und Bedarf des ganzen Menschengeschlechts nur ein gewisses *Quantum* aufgespeichert; und nur kleine Portionen davon werden in die weite Welt hinausgesandt, um da und dort in einem oder dem andern Winkel zu verlaufen, – und noch dazu in so schmalen Rinnen und mit so gewaltigen Zwischenräumen voneinander, daß man sich nur wundern muß, wie es für die Bedürfnisse und Nöte so vieler großer Staaten und volkreicher Länder ausreichen kann.

Hierbei ist allerding eines in Betracht zu ziehen, daß nämlich in *Nowa Zembla*, im *nördlichen Lappland* und in all jenen kalten schrecklichen Gegenden der Erdoberfläche, welche unter den beiden Polarkreisen liegen, wo das ganze Gebiet menschlicher Beziehungen fast neun Monate lang innerhalb des engen Raums seiner Höhle liegt – wo die Geister fast zu nichts zusammengedrückt sind, und wo die Leidenschaften des Menschen nebst allem was dazu gehört so kalt sind wie die Zone selbst – die denkbar geringste Qualität *Verstand* ausreicht – während man den *Witz* durchaus sparen kann – und da man keinen Funken davon braucht, so wurde dort auch kein Funken ausgeteilt. Ihr Engel und Diener der Gnade beschützt uns! was für ein unseliges Ding wäre es für uns gewesen, wenn wir mit einem so *reichlichen Mangel an Witz* und Verstand hätten ein Reich regieren, eine Schlacht schlagen, einen Vertrag abschließen, einen Wettkampf austragen, ein Buch schreiben, ein Kind zeugen oder ein Provinzialkapitel abhalten müssen! – Denken wir nicht mehr daran, um Gottes willen! sondern reisen wir so schnell als möglich südwärts nach *Norwegen* und gehen wir dann, wenn es Ihnen recht ist, nach *Schweden* und durch die schmale dreieckige Provinz *Angermanland* bis zum *bottnischen* Meerbusen; verfolgen wir hierauf die Küste von *Ost- und Westbottnien* bis *Karelien* hinab und so fort durch all die Staaten und Provinzen, welche an den *Golf von Finnland* und den nordöstlichen Teil des baltischen Meeres grenzen, bis *Petersburg* und betreten wir dann Ingrien; von da werden wir uns durch die nördlichen Teile des russischen Reichs, wobei wir *Sibirien* ein wenig links liegen lassen, bis wir in das Herz *Rußlands* und die *asiatische Tatarei* gelangt sind.

Nun werden Sie auf der langen Tour, die ich Sie führte, bemerkt haben, daß die guten Leute hier weit besser daran sind, als in den Polargegenden, die wir eben verlassen haben; – denn wenn Sie die Hand über die Augen halten und aufmerksam zusehen, so werden Sie einen kleinen Schimmer von Witz nebst einem erfreulichen Vorrat von gutem gesundem *Hausverstand* bemerken, womit sie es, Qualität und Quantität zusammengenommen, recht gut umtreiben; – und hätten sie von dem einen oder dem andern mehr, so würde das richtige

Gleichgewicht zwischen ihnen gestört; überdies bin ich überzeugt, es würde ihnen an Gelegenheit fehlen, sie anzubringen.

Wenn ich den geneigten Leser nun auf diese wärmere und üppiger ausgestattete Insel zurückführe, wo er die Hochflut unseres Bluts und Humors wahrnehmen kann; wo wir mehr Ehrgeiz und Stolz, Neid und Wollust und andere böse Leidenschaften zu zähmen und der Vernunft zu unterwerfen haben, – so wird er bemerken, daß die *Höhe* unseres Witzes und die *Tiefe* unseres Verstandes genau im Verhältnis zu der *Länge* und *Breite* unserer Bedürfnisse steht; – und deshalb hat man sie uns auch in jener anständigen und achtbaren Fülle zukommen lassen, daß niemand auf den Gedanken kommen kann, er habe Ursache sich zu beklagen.

Man muß hierbei übrigens zugeben, daß, da unsere Luft an einem Tag zehnmal heiß und kalt, naß und trocken ist, wir jene Eigenschaften nicht in einer regelmäßigen, geordneten Weise besitzen; – so daß man manchmal fast ein halbes Jahrhundert lang sehr wenig Witz oder Verstand bei uns sieht oder hört; – die kleinen Kanäle dieser Gaben scheinen dann vollkommen versiegt; – auf einmal brechen aber die Schleusen auf und es stürzt daher wie wütend – es sieht aus, als lasse es sich gar nicht mehr stopfen; – und dann geschieht es, daß wir im Schreiben und Fechten und zwanzig anderen wackeren Dingen die ganze Welt vor uns hertreiben.

Diese Beobachtungen und ein vorsichtiges Schließen nach Analogien in derjenigen Art der Beweisführung, welche *Suidas* die *dialektische Induktion* nennt, – haben mich in den Stand gesetzt, folgenden Satz als höchst wahr und richtig aufzustellen:

Es dürfen so viele Ausstrahlungen dieser beiden Lichtkörper von Zeit zu Zeit uns beglücken, als Er bei seiner unendlichen Weisheit, die alles im rechten Maß und Gewichte verteilt, für gerade recht hält, um unsern Weg in dieser Nacht unserer Dunkelheit zu erleuchten. Jetzt wird der hochverehrte Leser auch herausfinden, und es ist auch keinen Augenblick länger in meiner Macht es ihm zu verhehlen, daß der warme Wunsch zu seinen Gunsten, womit ich begonnen habe, nichts weiter war als das erste gewinnende: *Wie gehts?* – eines schmeichlerischen Vorwortschreibers, womit er seinem Leser in einer heftigen Umarmung den Mund stopfen will, wie es ein Liebhaber oft bei einer spröden Geliebten probiert. Denn ach! könnte jener Lichterguß nur so leicht gewonnen werden, wie die Vorrede es wünschte! – Aber ich zittere bei dem Gedanken, wie viele Tausende in Nacht wandelnde Pilger (wenigstens in den gelehrten Wissenschaften) deshalb in der langen Nacht ihres Lebens herumtappen und herumstolpern mußten! – wie sie ihre Köpfe gegen Pfosten schlugen und sich das Gehirn herausfielen, ohne je an das Ende ihrer Wanderung zu gelangen; – wobei einige mit ihren Nasen senkrecht in Gruben stürzten; – andere mit den Schweifen horizontal in Gossen fielen; – hier die eine Hälfte einer gelehrten Profession direkt gegen die andere anrannte, wobei sie dann wie Schweine im Kot übereinanderpurzelten und -rollten; – dort die Brüder eines anderen Berufs, die eigentlich einander feindlich hätten entgegentreten müssen, im Gegenteil wie eine Herde wilder Gänse alle in der gleichen Richtung und Reihe dahinflatterten! Welche Verwirrung! welche Mißgriffe! – Geiger und Maler, die nach dem Auge, nach dem Ohr urteilten – wundervoll! – die auf die erregten Leidenschaften bauten – sei es mittelst einer Melodie oder einer für das Herz gemalten Geschichte – statt sie mit dem Quadranten zu messen!

Im Vordergrund dieses Gemäldes ein *Staatsmann*, der das politische Rad wie ein unvernünftiges Tier falsch herumdreht – nämlich *gegen* den Strom der Verderbnis – beim Himmel! – statt *mit* ihm!

In dieser Ecke ein Sohn des göttlichen *Äskulap*, der ein Buch gegen die Vorausbestimmung schreibt; vielleicht noch schlimmer – der den Puls seines Patienten fühlt, statt den seines Apothekers; – ein Bruder der Fakultät im Hintergrund auf seinen Knien und in Tränen – der die Decke von einem verstümmelten Opfer wegzieht und es um Verzeihung bittet; – eine Entschädigung anbietet, statt eine zu fordern.

In jener weiten HALLE eine Versammlung von Rechtsgelehrten von allen Gerichtshöfen, die eine verfluchte, schmutzige, ärgerliche Sache mit aller Macht auf dem falschen Wege betreiben – indem sie sie aus dem großen Tor *hinauswerfen*, statt *hereinreißen!* – und zwar mit einer solchen Wut in den Blicken und einem solchen Grad von Hartnäckigkeit im Hinauswerfen, als ob die Gesetze eigentlich zur Herstellung des Friedens und der Erhaltung der Menschheit gemacht wären: – vielleicht daß sie sogar einen noch gewaltigeren Mißgriff begehen – einen streitigen Punkt ehrlich abmachen: – zum Beispiel die Frage, ob *John o' Nokes* Nase ohne Eigentumsverletzung in *Tom o' Stiles* Gesicht stehen könne – rasch in 25 Minuten entscheiden, was, wenn man die vorsichtigen Pros und Kontras, die ein so verwickelter Fall erfordert, angewendet hätte, ebenso viele Monate in Anspruch genommen; – und auf das militärische Gebiet übergeführt (wie bekanntlich mit jeder Aktion geschehen sollte), und mit all den dabei anwendbaren Kriegskünsten versehen – nämlich Scheinangriffen – forcierten Märschen – Überfällen – Hinterhalten, maskierten Batterien und tausend andern Streichen der Taktik, die darin bestehen, daß beide Parteien alle Vorteile für sich zu erhaschen suchen – möglicherweise ebenso viele Jahre gedauert, und einem Zentumvirat vom Handwerk ebenso lange Futter und Kleidung gegeben haben würde.

Was aber die Geistlichkeit anbelangt —— Nein! —— Wenn ich ein Wort gegen sie sage, soll man mich totschießen. – Ich möchte nicht daran rühren; und wenn ich auch möchte – so würde ich mirs ums Leben nicht getrauen. Bei meinen schwachen Nerven und meinem schwachen Kopf, und in der Lage, in der ich mich gegenwärtig befinde, hieße es wirklich fast das Leben riskieren, wenn ich mich durch eine so schlimme, traurige Schilderung vollends ganz herunterbringen und niederdrücken wollte; – es ist daher sicherer für mich, wenn ich einen Vorhang darüberfallen lasse, und so schnell als es mir möglich ist, zu dem Hauptpunkt übergehe, den ich aufzuklären unternommen habe; – und das ist die Frage: wie es komme, daß Leute von möglichst wenig *Witz* für solche von außerordentlich viel *Verstand* ausgegeben werden? – Doch merken Sie wohl! – ich sage, ausgegeben werden – denn, mein lieber Leser, es ist wirklich nicht mehr als eine *Behauptung*, die wie noch zwanzig andere, welche man täglich auf Treu und Glauben annimmt, eben nur eine niederträchtige und noch dazu boshafte Behauptung ist.

Mittelst der bereits vorangeschickten und wie ich hoffe von dem geneigten Leser gehörig abgewogenen und erwogenen Beobachtung werde ich dies sofort dartun.

Ich hasse die regelmäßigen Dissertationen; – und vor allem ist es eines der einfältigsten Dinge, wenn man seine Hypothese dadurch erschwert, daß man eine Anzahl großer, dunkler Worte eins vor das andere in gerader Linie zwischen das eigene Begriffsvermögen und das des Lesers stellt, – während wenn man sich recht umgesehen hätte, man höchstwahrscheinlich irgend etwas hätte herumstehen oder -hängen sehen, was den betreffenden Punkt sofort aufgeklärt hätte; – denn welches Hindernis, welchen Schaden oder Nachteil bringt einem Menschen denn der löbliche Durst nach Wissen, ob er nun von einem Tropf oder Topf, einem Schöps oder Stuhl, einem Pelzhandschuh, einem Flaschenzug, dem Deckel eines Schmelztiegels, einer Ölflasche, einem alten Pantoffel oder einem Rohrstuhl ausgeht? – Ich sitze nämlich gerade auf einem. Wollen Sie mir erlauben, diese Frage von Witz und Verstand an den zwei Knöpfen seiner Rücklehne zu erläutern? Diese sind, wie Sie sehen, mittelst zweier Zapfen befestigt, welche leicht in zwei Zapfenlöcher eingelassen sind, und sollen was ich zu sagen habe in ein so helles Licht stellen, daß Sie den Sinn und die Meinung meiner ganzen Vorrede so leicht durchschauen, als ob jeder Punkt und einzelne Teile derselben aus Sonnenstrahlen bestünden.

Ich gehe jetzt schnurstracks auf die Sache selbst ein.

Hier steht der *Witz* – und da steht der *Verstand*, hart nebeneinander, gerade wie die zwei besagten Knöpfe auf der Rücklehne des Stuhls, auf dem ich sitze, Sie sehen, es sind die höchsten und zierlichsten Teile des Rahmens – wie es Witz und Verstand von dem *unsrigen* sind – und wie diese sind auch jene beiden ganz unzweifelhaft gemacht und zusammengepaßt, um wie wir in solchen Fällen einer doppelten Verzierung zu sagen pflegen – einander *zu entsprechen.*

Des Versuchs halber und zur deutlicheren Erklärung der Sache – wollen wir nun für einen Augenblick die eine dieser Zierden (gleichviel welche) von der Spitze oder dem Zapfen des Stuhls, auf dem sie steht, wegnehmen: – nein, Sie müssen nicht darüber lachen – sahen Sie je in Ihrem Leben eine lächerlichere Anstalt, als jetzt der Stuhl dadurch geworden ist? – Ja, es ist ein so erbärmlicher Anblick wie ein Schwein mit einem Ohr; und gerade soviel Sinn und Symmetrie in diesem wie in jenem. – Bitte – stehen Sie einen Augenblick auf und sehen Sie es sich an. – Nun, glauben Sie, daß ein Mann, dem nur im mindesten an seinem Charakter gelegen wäre, eine Arbeit in einem solchen Zustand aus seiner Hand gegeben hätte? – Legen Sie die Hand aufs Herz und beantworten Sie mir die einfache Frage, ob dieser einzelne Knopf, der jetzt wie ein wahrer Dummkopf dasteht, zu irgend etwas anderem auf der Welt dienen kann, als daß er einem den Wegfall des anderen fühlbar macht? – und lassen Sie mich die weitere Frage stellen: würden Sie nicht, falls der Stuhl Ihnen gehörte, im Innern denken, es wäre zehnmal gescheiter, wenn gar kein Knopf da wäre als der eine?

Nun sind aber diese zwei Knöpfe – oder obersten Zierden des menschlichen Geistes, die sein ganzes Gestell krönen – nämlich Witz und Verstand, wie ich bewiesen habe, die am meisten nötigen – die am höchsten geschätzten – die am schwersten zu entbehrenden und demgemäß auch die am schwierigsten zu erringenden von allen; – und aus all diesen

Gründen gibt es keinen unter uns, der sowenig Freude an einem guten Namen oder Unterkommen hätte – oder so unwissend in den Dingen, die ihm guttun, wäre, – daß er nicht den Wunsch und festen Willen hätte, Herr des einen oder andern, oder vielmehr beider, wenn die Sache sich halbwegs machen ließe, zu werden oder wenigstens dafür zu gelten.

Da nun die ernsteren Herrschaften wenig oder keine Aussicht haben den einen zu gewinnen – wofern sie nicht schon den anderen haben – was glauben Sie wohl, daß aus Ihnen geworden wäre? – Nun, mein lieber Leser, trotz aller ihrer Gewichtigkeit hätten sie sich mit einem nackten Innern zufrieden geben müssen: – dies aber hätten sie nur durch eine Anstrengung der Philosophie ertragen können, die im fraglichen Falle nicht vorausgesetzt werden durfte; – so daß ihnen niemand zürnen konnte, wären sie mit dem wenigen zufrieden gewesen, das sie unter ihre Mäntel und ihre großen Perücken raffen und verstecken konnten, hätten Sie nicht zugleich gegen die rechtmäßigen Eigentümer ein so großes Geschrei erhoben.

Ich brauche dem geehrten Leser nicht erst zu erzählen, daß dies mit soviel Schlauheit und Kunst geschah, daß sogar der große *Locke*, der sich selten durch falsche Töne irremachen ließ, – hier übertölpelt wurde. – Das Geschrei war, scheints, ein so starkes und ernsthaftes, und mit Hilfe der großen Perücken, feierlichen Mienen und anderer Kunstgriffe ein so allgemeines gegen die *Armen im Geiste*, daß sich der Philosoph selbst dadurch täuschen ließ: – es war sein Ruhm, die Welt von dem Gerümpel tausend gewöhnlicher Irrtümer befreit zu haben; – dieser aber zählte nicht darunter. Anstatt jedoch sich kaltblütig hinzusetzen, wie ein solcher Philosoph hätte tun müssen, um erst die Tatsache zu untersuchen, ehe er darüber philosophierte, – nahm er im Gegenteil die Sache für erwiesen an, und schrie mit und lärmte so laut wie die andern.

Seitdem wurde dies zur *Magna Charta* der Dummheit; aber der geneigte Leser sieht jetzt, daß dieselbe auf eine Weise erlangt wurde, daß der Rechtstitel keinen Groschen wert ist; – beiläufig eine der vielen, niederträchtigen Betrügereien, welche Ernsthaftigkeit und ernsthafte Leute dereinst zu verantworten haben.

Was die großen Perücken betrifft, über die man vielleicht denkt, daß ich mich zu frei ausgesprochen habe, – so möchte ich mir erlauben, alles was zu ihrem Tadel oder Nachteil unbedachtsamerweise gesagt worden sein mag, durch folgende allgemeine Erklärung zu mildern: – Ich verabscheue, hasse und verwerfe große Perücken oder lange Bärte nur dann, wenn ich sehe, daß man sich auf sie beruft und sie wachsen läßt, einzig um – zu irgendeinem Zweck – jene betrügliche Wirkung damit hervorzubringen. – Friede sei mit ihnen.

☞ Nur merke man sich: – ich schreibe nicht für sie.

21. Kapitel

Tagtäglich seit wenigstens zehn Jahren nahm sich mein Vater vor es machen zu lassen: – es ist aber noch immer nicht gemacht, keine andere Familie hätte es nur eine Stunde lang ausgehalten; – und was das Merkwürdigste an der Sache ist, es gab nichts auf der Welt, worüber mein Vater beredter werden konnte als über Türangeln; – und doch glaube ich, war er zu gleicher Zeit einer der größten Narren derselben, den die Geschichte aufweisen kann. Seine Rhetorik und seine Praxis lagen einander ja stets in den Haaren. – Niemals wurde die Türe zum Wohnzimmer aufgemacht – ohne daß sie seiner Philosophie oder seinen Grundsätzen ins Gesicht schlug. – Drei Tropfen Öl an einer Feder und ein ordentlicher Streich mit dem Hammer hätten seine Ehre für ewige Zeiten gerettet.

Was für ein sich selbst widersprechendes Ding ist es doch um einen Menschen! – er stöhnt unter den Wunden, die er doch die Kraft hat zu heilen! – sein ganzes Leben steht in Widerspruch zu seinem Wissen! – seine Vernunft, jene köstliche Gabe Gottes dient nur dazu, seine Erregbarkeit noch zu schärfen (statt Öl darauf zu gießen), – seine Leiden zu vermehren und ihn dadurch noch melancholischer und schwerfälliger zu machen! – armes unglückliches Geschöpf, daß du so handeln mußt! – Gibt es nicht notwendige Ursachen des Elends genug auf der Welt, mußt du denn dein Häufchen Jammer auch noch aus freien Stücken vermehren? – gegen Übel kämpfen, die du vermeiden könntest, und andern unterliegen, die du mit dem zehnten Teil der Qual, die sie dir schaffen, für immer vom Herzen abschütteln könntest?

Bei allem was gut und tugendhaft ist, wenn man innerhalb zehn Meilen von *Shandy* Hall drei Tropfen Öl und einen Hammer bekommen kann – so soll die Türangel im Wohnzimmer noch unter der jetzigen Regierung in Ordnung gebracht werden.

22. Kapitel

Als Korporal *Trim* seine zwei Mörser hergerichtet hatte, freute er sich über die Maßen an seiner Arbeit; und da er wußte, was es seinem Herrn für ein großes Vergnügen machen würde sie zu sehen, so konnte er dem Kitzel nicht widerstehen, sie geradezu in das Wohnzimmer zu bringen.

Neben der moralischen Lehre, die ich im Auge hatte, als ich die Geschichte der Türangeln erwähnte, hatte ich auch noch eine spekulative Betrachtung *in petto*, die daraus erwuchs, nämlich: –

Wenn die Türe zum Wohnzimmer so aufgegangen und in ihren Angeln gelaufen wäre, wie eine Türe eigentlich soll ——

Oder zum Beispiel, so geschickt wie unsere Regierung sich auf ihren Angeln gedreht hat – (das heißt, falls der geneigte Leser gut dabei gefahren ist – sonst gebe ich mein Gleichnis auf) – in diesem Falle, sage ich, hätte das Hereingucken von Korporal *Trim* weder für den Herrn noch für den Diener irgendeine Gefahr gehabt. Sobald er meinen Vater und meinen Onkel *Toby* fest schlafen sah, – hätte er sich bei seinem ganzen respektvollen Wesen mäuschenstill wieder zurückgezogen und hätte jene in ihren Armstühlen so süß fortträumen lassen, wie er sie fand. Dies war aber moralisch gesprochen, ganz untunlich, weil die Angel schon seit vielen Jahren aus Rand und Band und unter den stündlichen Plackereien, denen sich mein Vater deshalb ausgesetzt sah, namentlich auch die war, daß er nie nach Tisch die Arme übereinanderschlug, um sein Schläfchen zu machen, ohne daß der Gedanke, die erste Person, welche die Türe öffne, werde ihn unfehlbar aufwecken, immer zuoberst in seiner Phantasie stand und sich beständig zwischen ihn und die erste balsamische Schlafregung stellte, so daß er ihm, wie er oft sagte, die ganze Ruhigkeit des Schlafes raubte.

»Wenn sich die Dinge in schlechten Angeln bewegen, kann es dann anders sein, geneigter Leser?«

Was gibts? Wer ist da? rief mein Vater, der in dem Augenblick erwachte, als die Türe zu krächzen begann. – Wenn doch der Schlosser einmal nach der verdammten Angel sehen wollte! – Es ist nichts, Euer Gnaden, sagte *Trim*, ich bringe da nur zwei Mörser. – Man soll mir damit hier kein Geklapper machen, rief mein Vater hastig. Wenn Dr. *Slop* Arzneien zurechtzumachen hat, so soll er es in der Küche tun. – Entschuldigen, Euer Gnaden, versetzte *Trim*, es sind zwei Mörser für eine Belagerung im nächsten Sommer, ich habe sie aus ein Paar Kanonenstiefeln gemacht, die Euer Gnaden nicht mehr tragen, wie mir *Obadiah* gesagt hat. – Gott im Himmel! rief mein Vater und sprang dabei von seinem Stuhl auf. Ich habe kein Möbel, auf das ich soviel halte als auf diese Kanonenstiefel: unser Großvater hat sie getragen, Bruder *Toby;* – es war ein Erbstück. – Dann fürchte ich, sagte mein Onkel *Toby*, *Trim* hat die Schäfte abgeschnitten. – Ich habe nur die Stulpen abgetrennt, Euer Gnaden, sagte *Trim*. – Ich hasse Dinge, die sich auf ewig

George Cruikshank fec.

vererben, so sehr wie irgendeiner, rief mein Vater; aber diese Reitstiefel, fuhr er fort (wobei er trotz seinem wirklichen Zorn doch lächeln mußte), sind seit den Bürgerkriegen in unserer Familie gewesen; – Sir *Roger Shandy* hat sie in der Schlacht bei *Marston Moor* getragen. – Ich hätte sie nicht für 10 Pfund hergegeben. – Ich will dir das Geld bezahlen, Bruder *Shandy*, sagte mein Onkel *Toby*, während er die zwei Mörser mit unendlichem Vergnügen betrachtete, und mit der Hand in die Hosentasche griff, wobei sich seine Augen nicht davon abwandten, – ich zahl dir sogleich die 10 Pfund, mit dem größten Vergnügen. ——

Bruder *Toby*, erwiderte mein Vater und änderte nun seinen Ton, du bekümmerst dich nicht darum, wieviel Geld du verschwendest und wegwirfst, wenns nur für eine BELAGERUNG geht. – Hab ich nicht außer meinem Halbsold 120 Pfund jährlich? rief mein Onkel *Toby*. – Was will das heißen, entgegnete mein Vater schnell, wenn du 10 Pfund für ein Paar Stulpen ausgibst, zwölf Guineen für deine Pontons, und halbsoviel für deine *holländische* Zugbrücke? Von dem Zug kleiner Bronzekanonen will ich gar nicht reden, die du letzthin bestellt hast, noch von den zwanzig andern Vorbereitungen für deine Belagerung von *Messina!* Glaube mir, lieber Bruder *Toby*, fuhr mein Vater fort und nahm ihn dabei freundlich bei der Hand, – diese militärischen Operationen übersteigen deine Kräfte; – du meinst es gut, Bruder, – aber sie stürzen dich in größere Ausgaben als du anfangs beabsichtigt hast; – und glaube mir, Bruder *Toby*, sie werden dich am Ende dein ganzes Vermögen kosten und dich zum Bettler machen. – Was tut das, Bruder, erwiderte mein Onkel *Toby*, wenn ich nur weiß, daß es zum Besten des Landes ist?

Mein Vater mußte unwillkürlich darüber lächeln; – sein Ärger war ohnedem nie mehr als ein Aufflammen und der Eifer und die Einfalt *Trims*, sowie die edle (wenn auch steckenpferdliche) Anschauungsweise meines Onkels *Toby* söhnte ihn sofort wieder vollkommen mit ihnen aus.

Edle Seelen! – Gott segne euch und eure Mörser dazu! sagte mein Vater zu sich selbst.

23. Kapitel

Alles ist still und ruhig, sagte mein Vater, wenigstens im Zimmer droben: – ich höre keinen Fuß gehen. – Wie ist es denn in der Küche, *Trim?* – Es ist keine Seele in der Küche, erwiderte *Trim*, indem er eine tiefe Verbeugung machte, außer Dr. *Slop*. – Diese Konfusion! – rief mein Vater und sprang von neuem empor – heute geht auch kein einziges Ding seinen rechten Weg! Wenn ich an Astrologie glauben würde, Bruder (was übrigens mein Vater wirklich tat), so hätte ich geschworen, es müsse irgendein rückläufiger Planet über meinem unglücklichen Hause stehen und jeden einzelnen Gegenstand von seinem richtigen Platz vertreiben. – Ich glaubte doch fest, Dr. *Slop* sei droben bei meiner Frau; und Sie sagten es auch. – Was hat der Mensch jetzt in der Küche zu tun! – Euer Gnaden, erwiderte *Trim*, er ist damit beschäftigt eine Brücke zu machen. – Das ist sehr freundlich von ihm, sagte mein Onkel *Toby;* – sag Dr. *Slop* mein untertäniges Kompliment, *Trim*, und ich lasse ihm herzlich danken.

Mein Onkel *Toby* mißverstand natürlich die Brücke – wie mein Vater die Mörser mißverstanden hatte: – damit der Leser aber verstehe, wie mein Onkel *Toby* die Brücke mißverstehen konnte – muß ich wohl den Weg genau beschreiben, der ihn dahin führte; – oder um mein Gleichnis fallenzulassen (denn nichts ist unartiger von einem Geschichtsschreiber, als wenn er sich solcher Gleichnisse bedient), – damit der Leser die Wahrscheinlichkeit dieses Irrtums von seiten meines Onkels begreife, muß ich erst, obwohl sehr gegen meinen Willen, ein Abenteuer von *Trim* erzählen; ich sage, sehr gegen meinen Willen, weil die Geschichte in einer Beziehung hier gar nicht an ihrem Platz ist; denn von Rechts wegen sollte sie entweder bei der Liebesgeschichte meines Onkels *Toby* mit der Witwe *Wadman,* wobei Korporal *Trim* keine kleine Rolle spielte – oder aber bei seinen und meines Onkel *Toby* Feldzügen auf dem Rasenplatze kommen; sie würde recht gut an die eine wie an die andere Stelle passen; – spare ich sie aber für diesen oder jenen Teil meiner Geschichte auf – so ruiniere ich das Kapitel an dem ich gerade bin; – und erzähle ich sie hier – so überstürze ich die Dinge und schädige dort.

– Was wünscht der geneigte Leser, daß ich in diesem Falle tun soll?

Erzählen Sie, Herr *Shandy,* immerzu! – Sie sind ein Esel, *Tristram,* wenn Sie es tun.

O ihr MÄCHTE! (denn Mächte seid ihr und dazu noch große Mächte) – die ihr den Sterblichen befähigt, eine hörenswerte Geschichte zu erzählen, – die ihr ihm freundlich zeigt, wo er damit anzufangen hat – und wo er sie schließen soll – was er in dieselbe hineinbringen soll – und was er lieber außen läßt – welche Teile er im Schatten halten – und über welche er wieder Licht verbreiten soll! – Ihr, die ihr jenem großen Reiche biographischer Freibeuter vorsteht und seht, in wie viele Nöte und Verlegenheiten eure Untertanen stündlich geraten – darf ich euch um eines bitten?

Ich bitte und flehe euch an, daß ihr (falls ihr nichts Besseres für uns tun wollt) überall da, wo ein Teil eures Gebietes so gestaltet ist, daß drei verschiedene Straßen nach einem Punkte führen, wie in dem vorliegenden Falle – wenigstens aus Mitleid einen Wegweiser in die Mitte derselben stellt, der einem unsichern armen Teufel zeigt, welche derselben er einschlagen soll.

24. Kapitel

Obwohl der Schreck, den mein Onkel *Toby* ein Jahr nach der Schleifung von *Dünkirchen* in seiner Geschichte mit der Witwe

Wadman abbekam, den Entschluß in ihm befestigt hatte, nie mehr an das schöne Geschlecht – oder was dazu gehörte – zu denken, so hatte doch Korporal *Trim* mit sich selbst keinen derartigen Vertrag abgeschlossen. – Im Falle meines Onkels *Toby* waren mehrere merkwürdige und unvorhergesehene Umstände zusammengekommen, welche ihn unmerklich dahin führten, jene schöne und starke Zitadelle zu belagern. – Bei *Trim* dagegen war nichts auf der Welt zusammengekommen als er selbst und *Bridget* in der Küche; – denn die Liebe und Verehrung, die er für seinen Herrn hegte, war so groß, und er so darauf erpicht ihn in allem nachzuahmen was er tat, daß wenn mein Onkel *Toby* seine Zeit und seinen Geist dazu angewendet hätte, Spitzen zu klöppeln – ich überzeugt bin, der ehrliche Korporal würde die Waffen niedergelegt haben und seinem Beispiel mit Vergnügen gefolgt sein. Als daher mein Onkel *Toby* sich vor der Herrin lagerte, – nahm Korporal *Trim* sofort Stellung vor deren Mädchen.

Nun, mein lieber Freund *Garrick,* den ich soviel Ursache habe zu schätzen und zu verehren – (warum oder weshalb, gehört nicht hierher) – es ist Ihrem Scharfsinn – ich appelliere an ihn – wohl nicht entgangen, daß eine Menge von Schauspielschreibern und Verfassern von Albernheiten seither nach dem Muster *Trims* und meines Onkels *Toby* gearbeitet haben? – Ich kehre mich nicht daran, was *Aristoteles* oder *Pacuvius* oder *Bossu* oder *Riccaboni* sagen – (ich habe auch niemals einen derselben gelesen) – aber der Unterschied zwischen einem Einspänner und *Madame Pompadour vis-à-vis* ist gewiß nicht größer als der zwischen einer Einzelliebe und einer auf so edle Art gedoppelten, die durch ein ganzes großes Drama auf allen vieren tanzt. – Ja mein Herr, eine einfache, einzelne dumme Geschichte dieser Art – verliert sich vollständig in 5 Akten; – das ist aber weder hier noch dort der Fall.

Nach einer Reihe von Angriffen und Zurückweisungen, die meines Onkels *Toby* Hauptquartier im Laufe von neun Monaten durchmachte, wovon eine höchst genaue Detailbeschreibung am geeigneten Orte gegeben werden soll, hielt es mein Onkel *Toby*, der brave Mann, für notwendig seine Streitkräfte zurückzuziehen und die Belagerung einigermaßen ärgerlich aufzuheben.

Korporal *Trim* hatte, wie gesagt, keinen derartigen Handel abgeschlossen weder mit sich selbst – noch mit sonst jemand – da es jedoch sein treues Herz nicht über sich vermochte, ein Haus zu betreten, das sein Herr mit Verdruß verlassen hatte, – so begnügte er sich damit seinen Teil der Belagerung in eine Blockade zu verwandeln; – das heißt, er hielt andere davon fern; – denn wenn er auch niemals wieder in das Haus kam, so begegnete er doch *Bridget* niemals im Dorfe ohne ihr zuzuwinken, oder zuzunicken, oder zuzulächeln, oder sie freundlich anzusehen – oder nach Umständen ihr auch die Hand zu drücken – oder sie liebreich zu fragen, wie es ihr gehe – oder ihr auch ein Band zu schenken; – zuweilen sogar, wenn es mit Anstand geschehen konnte, gab er ihr einen –

So standen die Sachen etwa fünf Jahre lang, das heißt von der Schleifung *Dünkirchens* im Jahr dreizehn bis ans Ende der Feldzüge meines Onkels *Toby* im Jahr achtzehn, somit sechs bis sieben Wochen vor der Zeit, von der ich spreche – als *Trim*, wie es seine Gewohnheit war, nachdem er meinen Onkel *Toby* zu Bette gebracht hatte, in einer mondhellen Nacht hinunterging, um nachzusehen, ob bei der Schanze alles in Ordnung sei, – und auf dem Weg, der durch blühende Büsche und Stechpalmen von dem Rasen getrennt war – seine *Bridget* erspähte.

Da der Korporal der Ansicht war, es gebe auf der Welt nichts Sehenswürdigeres, als die herrlichen Werke, die er und mein Onkel *Toby* gemacht hatten, so nahm *Trim* sie artig und galant bei der Hand und führte sie hinein. Dies geschah jedoch nicht so sehr im geheimen, daß es nicht die schmutzmäulige Trompete der Fama von Ohr zu Ohr getutet hätte, bis es endlich auch an das meines Vaters gelangte, und zwar mit dem widerwärtigen Zusatz, daß die merkwürdige auf *holländische* Art konstruierte und bemalte Zugbrücke meines Onkels *Toby,* die über den Graben ging, in derselben Nacht hinuntergebrochen und ganz in Stücke gegangen sei.

Wie der geneigte Leser bereits bemerkt hat, besaß mein Vater eben keine große Achtung vor dem Steckenpferd meines Onkels *Toby;* er hielt es für das lächerlichste Pferd, das ein Kavalier je bestiegen; er konnte nie daran denken ohne zu lächeln, außer wenn mein Onkel *Toby* ihn damit langweilte; – und wenn es je einmal lahm ging oder irgendein Pech hatte, so kitzelte es meines Vaters Phantasie über die Maßen. Da jener Unfall aber mehr als irgendein anderer, der es befallen, etwas für seinen Humor war, so wurde er eine unerschöpfliche Quelle des Vergnügens für ihn. – Schön, schön – aber lieber *Toby,* pflegte mein Vater zu sagen, jetzt erzähle mir einmal ernstlich, wie das Ding war, was mit der Brücke geschah. – Wie magst du mich nur soviel damit langweilen, erwiderte dann mein Onkel *Toby;* ich habe es dir ja schon zwanzigmal erzählt, und Wort für Wort, wie es mir *Trim* berichtete. – Bitte, Korporal, wie war es nur? rief dann mein Vater und wendete sich gegen *Trim.* – Es war ein reines Mißgeschick, Euer Gnaden. – Ich zeigte Jungfer *Bridget* unsere Schanze, und als ich dabei zu nahe an den Rand des Fossé kam, glitschte ich unglücklicherweise hinein. – Sehr gut, *Trim!* rief dann mein Vater (während er geheimnisvoll lächelte und nickte – ohne ihn jedoch zu unterbrechen) – und da ich dabei Arm in Arm mit Jungfer *Bridget* stand, zog ich sie mir nach, wobei sie mit dem Rücken gegen die Brücke zu fallen kam – und *Trims* Fuß (fiel hier in der Regel Onkel *Toby* ein und nahm diesem die Geschichte aus dem Munde) geriet dabei in die Küvette, so daß er ebenfalls mit aller Macht gegen die Brücke fiel. – Es war noch ein großes Glück, pflegte dann mein Onkel *Toby* hinzuzusetzen, daß der arme Bursche nicht sein Bein brach. – Ja wahrhaftig, rief dann mein Vater, – ein Glied ist unter solchen Umständen leicht gebrochen, Bruder *Toby.* – Und so brach die Brücke, die wie Euer Gnaden wissen sehr schwach war, unter uns zusammen und ging in tausend Stücke.

Zu anderen Zeiten, besonders aber wenn mein Onkel *Toby* so unglücklich war, eine Silbe von Kanonen, Bomben oder Petarden verlauten zu lassen, – pflegte mein Vater alle Hilfsquellen seiner Beredsamkeit (die in der Tat bedeutend waren) zu erschöpfen, um die RAMMBÖCKE der Alten – die VINEA, deren sich *Alexander* bei der Belagerung von *Tyrus* bediente – zu rühmen. – Er pflegte dann meinem Onkel *Toby* von den KATAPULTEN der *Syrer* zu erzählen, welche ungeheure Steine viele hundert Fuß weit schleuderten und die stärksten Bollwerke in ihren Grundfesten erschütterten; – ging dann weiter und beschrieb den wundervollen Mechanismus der BALLISTA, von der *Marcellinus* so viel Aufhebens macht! – die furchtbaren Wirkungen der PYRABOLI, welche Feuer schleuderten; – die Gefahr der TEREBRA und des SCORPIO, welche Speere warfen. – Was sind diese Dinge aber, pflegte er zu sagen, gegen Korporal *Trims* Zerstörungsmaschine? – Glaube mir, Bruder *Toby,* keine Brücke, kein Bollwerk, keine Ausfallspforte, die jemals auf dieser Welt erbaut wurde, vermag sich gegen eine solche Artillerie zu halten.

Mein Onkel *Toby* versuchte nie eine andere Verteidigung gegen die Macht dieser Ironie, als daß er seinen Tabaksqualm noch einmal so stark emporblies. Bei einem solchen Anlaß machte er einmal nach dem Abendessen einen derartigen Rauch, daß mein Vater, der etwas lungenleidend war, einen heftigen Hustenanfall bekam, und fast erstickte; mein Onkel *Toby* sprang alsbald auf, ohne der Schmerzen an seinem Schambein zu achten – stellte sich mit unendlichem Mitleid hinter den Stuhl meines Vaters und klopfte ihm mit der Hand auf den Rücken, wobei er ihm mit der andern den Kopf hielt, und ihm von Zeit zu Zeit mit einem reinen Batistsacktuch, das er aus der Tasche zog, die Augen wischte. – Die liebevolle, gutherzige Art, wie mein Onkel *Toby* die kleinen Dienste verrichtete – schnitt meinem Vater durchs Herz, es peinigte ihn, daß er ihm eben wehegetan hatte. – Man soll mir das Gehirn mit einem Rammbock oder einem Katapult einschlagen, sagte mein Vater zu sich selbst – wenn ich diese edle Seele je wieder kränke!

25. Kapitel

Da die Zugbrücke nicht mehr herzustellen war, so erhielt *Trim* sofort den Befehl, eine neue anzufertigen, – aber nicht mehr nach dem nämlichen Modell; denn da um diese Zeit die Intrigen des Kardinals *Alberoni* an den Tag kamen und mein Onkel *Toby* richtig voraussah, daß ein Kampf zwischen *Spanien* und dem römischen Reich unvermeidlich sei, und daß wahrscheinlich *Neapel* oder *Sizilien* der Operationsschauplatz des künftigen Feldzugs sein werde – entschied er sich für eine *italienische* Brücke – (mein Onkel *Toby* traf beiläufig gesagt mit seinen Vermutungen so ziemlich das Richtige); – aber mein Vater, der bei weitem der bessere Politikus und im Kabinett meinem Onkel *Toby* ebensoweit voraus war, als dieser ihm im Feld – überzeugte ihn, daß wenn der König von *Spanien* und der Kaiser einander an den Ohren nehmen sollten, *England, Frankreich* und *Holland* kraft ihrer früher eingegangenen Verbindlichkeiten gleichfalls in die Kampfbahn treten müßten. – Ist dies aber der Fall, Bruder *Toby*, so werden die Kämpfenden, so gewiß als wir beide leben, wieder auf dem alten Tummelplatze, in *Flandern,* übereinander herfallen – was willst du dann mit deiner italienischen Brücke anfangen?

– So wollen wir sie also wieder nach dem alten Modell machen, rief mein Onkel *Toby*.

Als Korporal *Trim* sie in diesem Stil etwa halbfertig hatte – entdeckte mein Onkel *Toby* einen Hauptfehler daran, den er sich vorher nicht gehörig klargemacht hatte. Sie drehte sich nämlich auf beiden Seiten in Angeln und öffnete sich in der Mitte, so daß die eine Hälfte auf dieser, die andere auf jener

Seite des Grabens aufgezogen wurde; der Vorteil dieser Vorrichtung bestand darin, daß durch das Verteilen des Gewichts der Brücke in zwei gleiche Teile mein Onkel *Toby* imstande war, sie mit dem Ende seiner Krücke zu heben oder niederzulassen und zwar mit einer Hand, was bei der Schwäche seiner Garnison alles war, was er dazu abgeben konnte; – aber der Nachteil dieser Konstruktion war überwältigend; – denn auf diese Art, pflegte er zu sagen, überlasse ich die Hälfte meiner Brücke dem Feinde; – wozu nützt mir dann der andere Teil?

Die natürlichste Abhilfe wäre ohne Zweifel gewesen, wenn er seine Brücke nur an dem einen Ende mit Angeln befestigt hätte, so daß das Ganze auf einmal in die Höhe gehoben und senkrecht aufgestellt werden konnte, – dies wurde aber aus dem oben angegebenen Grunde verworfen.

Eine ganze Woche lang war er entschlossen eine Brücke von jener eigentümlichen Konstruktion zu erbauen, daß sie horizontal zurückgezogen werden konnte, um den Übergang zu hindern, und die dann wieder hereingezogen wurde, um den Übergang zu ermöglichen – von dieser Art Brücken hätte der geneigte Leser in *Speyer* vor dessen Schleifung drei sehen können – wovon sich die eine jetzt, soviel ich weiß, in *Breisach* befindet. – Mein Vater riet aber meinem Onkel *Toby* allen Ernstes, sich nicht mehr mit Zugbrücken zu befassen – und da mein Onkel überdies voraussah, daß dies die Erinnerung an Korporal *Trims* Mißgeschick verewigen würde – so entschied er sich für die Erfindung des Marquis *d'Hôpital*, welche der jüngere *Bernoulli* so schön und gelehrt beschrieben hat, wie der geneigte Leser in *Act. Erud. Lips. an. 1695* lesen kann. Bei dieser Art Brücken wird durch ein Bleigewicht ein beständiges Gleichgewicht hergestellt, und jenes hält so gut Wache wie eine Doppelschildwache, indem diese Brücke in einer Kurve konstruiert ist, die sich einer Zykloide nähert, oder wirklich eine Zykloide bildet.

Mein Onkel *Toby* kannte die Natur der Parabel, so gut als irgendein Mann in *England;* – eine Zykloide hatte er jedoch nicht so gut im Kopf: – er sprach zwar alle Tage darüber – aber die Brücke machte darum keine Fortschritte. – Wir müssen jemand darüber befragen, sagte mein Onkel *Toby* zu *Trim.*

26. Kapitel

Als *Trim* hereinkam und meinem Vater sagte, Dr. *Slop* sei in der Küche und damit beschäftigt eine Brücke zu machen, – so nahm mein Onkel *Toby* – in dessen Gehirn die Geschichte mit den Stulpstiefeln eben eine Reihe militärischer Gedanken erweckt hatte – sofort für ausgemacht an, daß Dr. *Slop* ihm ein Modell der Brücke des Marquis *d'Hôpital* herstelle. – Das ist sehr freundlich von ihm, sagte mein Onkel *Toby;* – sei so gut, *Trim,* und mache Dr. *Slop* mein Kompliment dafür und sag ihm, ich lasse ihm herzlich danken.

Wäre der Kopf meines Onkels *Toby* ein Savoyardenguckkasten gewesen, und hätte mein Vater die ganze Zeit über auf der einen Seite hereingesehen – so hätte er keine genauere Kenntnis von den Operationen gewinnen können, die in meines Onkels *Toby* Phantasie vor sich gingen, als durch diese Äußerung. Trotz der Katapulte und des Rammbocks und seiner bitteren Verwünschung derselben wollte er daher eben wieder triumphierend beginnen. ——

Als ihm *Trims* Antwort in einem Nu den Lorbeer von der Schläfe riß und ihn in Stücke zerpflückte.

27. Kapitel

– Eure unglückselige Zugbrücke, begann mein Vater. – Ich bitte um Entschuldigung, Euer Gnaden, sagte *Trim,* es ist eine Brücke für die Nase des jungen Herrn. Wie er ihn mit seinen schlechten Instrumenten zur Welt brachte, hat er ihm, wie

Susanna sagt, die Nase so platt wie einen Pfannkuchen in das Gesicht gedrückt; deshalb macht er ihm jetzt eine Brücke oder einen falschen Nasenrücken aus einem Stückchen Baumwolle und einem Fischbein aus *Susannas* Korsett, um die Nase wieder aufzurichten. – Führe mich noch in diesem Augenblick auf mein Zimmer, Bruder *Toby,* rief mein Vater.

28. Kapitel

Von dem ersten Augenblick an, da ich mich niedersetzte, um mein Leben zur Unterhaltung der Welt und meine Meinungen zu ihrer Belehrung niederzuschreiben, hat sich allmählich eine Wolke über meinem Vater zusammengezogen. – Eine Flut von kleinen Übeln und Widerwärtigkeiten hat sich gegen ihn in Bewegung gesetzt. Nicht ein einziges Ding ist, wie er selbst bemerkte, seinen gewiesenen Weg gegangen; und nun hat sich das Gewölk verdichtet, das Wetter ist am Losbrechen, um sich vollständig über seinem Haupte zu entladen.

Ich beginne diesen Teil meiner Geschichte in der nachdenklichsten, schwermütigsten Gemütsverfassung, die je über eine sympathetische Seele kam. —— Meine Nerven lassen nach, während ich sie erzähle. —— Bei jeder Zeile, die ich schreibe, fühle ich ein Schwächerwerden meines Pulses und zugleich jener sorglosen Heiterkeit, infolge deren jeder Tag meines Lebens mich dazu drängt, tausend Dinge zu sagen und zu schreiben, die ich eigentlich nicht erwähnen sollte: – und eben jetzt, da ich die Feder in mein Tintenfaß tauchte, konnte ich nicht umhin zu bemerken, mit welch behutsamer Miene betrübter Fassung und Feierlichkeit ich dies tat. – Gott! wie verschieden von dem raschen Ruck und wilden Gespritz, womit du, *Tristram,* das sonst tatest, wenn du in anderer Laune warst – wo du deine Feder hinwarfst – deine Tinte über Tisch und Bücher kleckstest – als ob deine Feder und deine Tinte, deine Bücher und deine Möbel dich nichts kosteten!

Ich will nicht lange mit Ihnen darüber streiten: – aber es ist so; – und ich bin so sehr als möglich davon überzeugt, Madame, daß Mann wie Frau Schmerzen und Kummer (und soviel ich weiß auch ein Vergnügen) nirgends besser ertragen als in einer horizontalen Lage.

Sobald mein Vater auf sein Zimmer gelangt war, warf er sich in der denkbar wildesten Unordnung auf sein Bett, zugleich aber auch in der jammerwürdigsten Haltung des vom Kummer niedergeschmettertsten Mannes, um den je ein mitleidiges Auge eine Träne vergoß. – Während er auf das Bett fiel, faßte die rechte Hand nach der Stirne, bedeckte den größten Teil seiner Augen und sank langsam mit dem Kopf hinab (wobei der Ellbogen sich nach rückwärts bog), bis seine Nase das Polster fühlte; der linke Arm hing schlaff über das Bett herunter, wobei das Handgelenk auf den Griff des Nachttopfs zu lehnen kam, der unter dem Bettüberwurf hervorsah; – sein rechtes Bein (das linke hatte er gegen den Körper hinaufgezogen) hing halb über die Bettseite herab, wobei die scharfe Kante derselben sein Schienbein traf. – Er fühlte es nicht. Ein tiefer, unerschütterlicher Kummer lagerte sich in jeder Linie seines Gesichts. – Er seufzte einmal – seine Brust hob sich zum öftern – aber er sprach kein Wort.

Ein alter abgenähter, bordierter und ringsherum mit abgebleichten gesponnenen Troddeln eingefaßter Stuhl stand am Kopfende des Bettes, gegenüber der Seite, wo der Kopf meines Vaters lehnte. – Mein Onkel *Toby* setzte sich darauf.

Ehe man einen Schmerz verdaut hat, – kommt das Trösten immer zu frühe; – ist er aber überwunden, – so kommt es zu spät; hieraus ergibt sich, Madame, daß es nur eine kaum haarbreite Linie zwischen diesen beiden Zuständen gibt, wo ein Tröster wirken kann. – Mein Onkel *Toby* befand sich immer entweder auf der einen oder der andern Seite dieser Linie, und pflegte oft zu sagen, er glaube wahrlich, er könnte ebensogut die geographische Länge finden. Als er sich deshalb in den Stuhl setzte, zog er den Vorhang ein wenig zu – und da er stets für jeden eine Träne bereit hatte, – zog er ein Batistsacktuch hervor – tat einen tiefen Seufzer, – blieb aber ruhig sitzen.

30. Kapitel

»Es ist nicht alles Profit, was in den Beutel kommt.« – Obschon mein Vater das Glück hatte, die seltsamsten Bücher auf der Welt gelesen zu haben, und überdies in sich selbst den seltsamsten Gedankengang besaß, womit je ein Mann gesegnet war, so hatte das doch auch die Schattenseite, – daß ihm manchmal daraus die seltsamsten, wunderlichsten Mißgeschicke erwuchsen; und das besondere Mißgeschick, dem er eben jetzt erlag, war das stärkste Beispiel davon.

Ohne Zweifel würde das Zerquetschen des Nasenbeins eines Kindes mittelst einer Zange – wenn dieselbe auch noch so wissenschaftlich angewendet worden – einen jeden unangenehm berührt haben, dem schon das Zeugen eines Kindes so vielerlei Beschwerden gemacht hatte, wie dies bei meinem Vater der Fall war; – doch läßt sich daraus noch nicht das Außerordentliche seines Schmerzes erklären, noch die unchristliche Art rechtfertigen, womit er sich ihm hingab und unterlag.

Um dies zu erklären, muß ich ihn für eine halbe Stunde auf dem Bette liegen und meinen Onkel *Toby* in seinem alten befransten Stuhl neben ihm sitzen lassen.

31. Kapitel

Das halte ich für eine ganz ungerechtfertigte Forderung – rief mein Urgroßvater, band das Papier zusammen und warf es auf den Tisch. – Nach diesem Überschlag, Madame, besitzen Sie nur 2000 Pfund Vermögen, nicht einen Schilling mehr; – und doch verlangen Sie ein jährliches Witwengeding von 300 Pfund.

– Das kommt daher, erwiderte meine Urgroßmutter, weil Sie nur eine ganz kleine oder eigentlich gar keine Nase haben, mein Herr. ——

Ehe ich mich jedoch ein zweites Mal des Wortes *Nase* bediene, dürfte es, um jedes Mißverständnis in dem, was in diesem interessanten Teil meiner Geschichte hierüber gesagt werden soll, zu beseitigen, angezeigt sein, meine eigene Ansicht hierüber auszusprechen und möglichst genau und bestimmt festzustellen, was ich unter jenem Ausdruck verstanden haben möchte; denn ich bin der Meinung, daß es nur von der Nachlässigkeit und dem Eigensinn der Schriftsteller, welche diese Vorsichtsmaßregel verachten, und von nichts anderem herrührt, – daß alle polemischen Schriften über Göttlichkeit nicht so klar und deutlich sind wie die über ein *Irrlicht* oder sonst einen gesunden Teil philosophischer und naturhistorischer Forschung. Man sollte daher – wofern man nicht die Absicht hat, die Welt bis zum jüngsten Tag zu verwirren —— ehe man anfängt, stets eine gute Definition von dem Schlagwort, mit dem man am meisten zu tun hat, geben und daran festhalten – es gewissermaßen wie eine Guinee in Scheidemünze umsetzen. – Wenn dies geschehen ist, – so möge der Vater der Verwirrung ein Durcheinander drin machen, wenn er kann; oder in unsere oder des Lesers Kopf einen anderen Sinn hineinbringen, wenn er weiß wie.

In Büchern strengster Sittlichkeit und schärfster Logik wie dasjenige ist, an dem ich schreibe – ist eine Vernachlässigung dieser Art gar nicht zu entschuldigen; und der Himmel ist mein Zeuge, wie sich die Welt schon dafür an mir gerächt hat, daß ich so viele Gelegenheiten zu zweideutigen Auffassungen gegeben, – und mich immer so sehr auf die reine Einbildungskraft meiner Leser verlassen habe.

—— Hier ist ein Doppelsinn, rief *Eugenius,* als wir miteinander spazieren gingen, und zeigte dabei mit dem Zeigefinger der rechten Hand auf das Wort *Spalte* im siebten Kapitel des zweiten Buches dieses Buchs der Bücher, – hier steckt ein Doppelsinn, – sagte er. – Und hier sind zwei Wege, erwiderte ich, indem ich mich scharf gegen ihn kehrte, ein schmutziger und ein reiner – welchen wollen wir einschlagen? – Den reinen, natürlich! erwiderte *Eugenius.* – *Eugenius,* sagte ich zu ihm, indem ich vor ihn hintrat und ihm die Hand auf die Brust legte, – erklären – heißt mißtrauen. – So triumphierte ich über *Eugenius;* aber ich triumphierte über ihn wie ein Tor, wie ich immer tue. – Es ist jedoch mein Trost, daß ich kein eigensinniger bin: deshalb erkläre und bestimme ich jetzt eine Nase wie folgt: – wobei ich nur zum voraus meine Leser, männliche wie weibliche, von welchem Alter, Temperament und Stand sie immer sein mögen, um der Liebe Gottes und ihrer eigenen Seelen willen bitte und ersuche, sich gegen die Verlockungen und Einflüsterungen des Teufels vorzusehen und nicht zu dulden, daß er durch irgendwelche Kunst oder List ihnen andere Gedanken in den Kopf setze, als ich es durch meine Erklärung tue; – denn was das Wort *Nase* anbelangt, so erkläre ich, daß ich in diesem ganzen langen Nasenkapitel und in jedem anderen Teil meines Werks, wo das Wort *Nase* vorkommt, – mit diesem Worte eine Nase und nichts mehr oder weniger meine.

32. Kapitel

Weil, sagte meine Urgroßmutter und wiederholte die Worte, – Sie eine ganz kleine oder eigentlich gar keine Nase haben, mein Herr. Tod und Verdammnis! rief mein Urgroßvater, und schlug mit der Hand auf seine Nase – sie ist nicht so klein, wie Sie tun! sie ist um einen ganzen Zoll länger als die meines Vaters. – Nun war aber meines Urgroßvaters Nase geradeso wie die Nase aller Männer, Frauen und Kinder, welche *Pantagruel* auf der Insel ENNASIN fand. – Wenn der geneigte Leser den seltsamen Weg kennenlernen will, wie man unter einem so flachnasigen Volke einen Schwager bekommen kann, so muß er eben das Buch lesen; – er selbst wird niemals darauf kommen. –

– Sie hat eine Form wie das Kreuzaß, mein Herr.

– Um einen ganzen Zoll, fuhr mein Urgroßvater fort, indem er mit Daumen und Zeigefinger auf den Rücken seiner Nase drückte und seine Behauptung wiederholte – um einen ganzen Zoll ist sie länger als die meines Vaters, Madame. – Sie müssen die ihres Onkels meinen, erwiderte meine Urgroßmutter.

Mein Urgroßvater war überzeugt. – Er band das Papier wieder auf, und unterschrieb den Artikel.

33. Kapitel

– Was zahlen wir da für ein unverantwortlich großes Witwengeding von unserem kleinen Vermögen, mein Lieber? sagte meine Großmutter zu meinem Großvater.

Mein Vater, versetzte mein Großvater, hatte nicht mehr Nase, meine Liebe, als ich auf dem Rücken meiner Hand, – sie war nur markiert.

– Nun muß der geneigte Leser wissen, daß meine Urgroßmutter meinen Urgroßvater um 12 Jahre überlebte, so daß mein Großvater diese ganze Zeit über das Wittum mit 150 Pfund halbjährlich – an *Michaelis* und *Mariä Verkündigung* – zu bezahlen hatte.

Niemand erledigte Geldverbindlichkeiten auf eine liebenswürdigere Art als mein Vater; – und bis zu 100 Pfund pflegte er das Geld Guinee für Guinee mit einer beschwingten Geste ehrlicher Willfährigkeit auf den Tisch zu werfen, wie noble Seelen, aber nur noble Seelen zu tun imstande sind; sobald er aber an die weiteren 50 kam – ließ er in der Regel ein lautes Hem! hören, rieb sich die Nase mit dem flachen Teil des Zeigefingers, – schob die Hand vorsichtig zwischen Kopf und Perückennetz – betrachtete jede Guinee auf beiden Seiten, ehe er sich von ihr trennte – kam selten bis an das Ende der 50 Pfund, ohne daß er das Taschentuch zog und sich die Schläfe wischte.

Gütiger Himmel! schütze mich vor jenen Quälgeistern, welche keine Nachsicht mit solchen inneren Regungen haben. – Laß mich niemals – niemals in dem gleichen Zelte mit denen liegen, welche beständig den Bogen spannen, und kein Gefühl für die Macht der Erziehung und vorgefaßter von den Vorfahren ererbter Meinungen haben!

Seit wenigstens drei Generationen hatte dieser Glaubenssatz zugunsten langer Nasen allmählich Wurzel in unserer Familie gefaßt. – Die TRADITION stand ihm zur Seite, und das INTERESSE war alle Halbjahr dazugetreten, um ihn zu verstärken; so daß man diese Anschauung keineswegs allein auf Rechnung des wunderlichen Geistes meines Vaters setzen konnte, wie dies fast bei allen seinen andern seltsamen Ansichten der Fall war; – ja man durfte in hohem Maße behaupten, er habe jene mit der Muttermilch eingesogen. Gleichwohl tat er das Seinige dazu. – Wenn Erziehung diese Schrulle (falls es eine war) pflanzte, so bewässerte mein Vater sie und brachte sie zur Reife.

Oft, wenn er seine Gedanken über diesen Gegenstand aussprach, sagte er, er könnte nicht begreifen, wie die größte Familie in *England* eine ununterbrochene Folge von 6 bis 7 kurzer Nasen durchmachen könnte. – Und aus dem entgegengesetzten Grunde pflegte er in der Regel hinzuzusetzen, müßte es eines der größten Probleme im bürgerlichen Leben sein, ob nicht die gleiche Zahl langer und schöner Nasen, die in direkter Linie aufeinander folgten, eine solche Familie zu den höchsten Ehrenstellen des Landes emporheben würde. – Er rühmte sich dabei oft, daß die Familie *Shandy* zu den Zeiten des Königs *Heinrich* VIII. eine sehr hohe Stellung eingenommen, dies aber keiner Staatskunst verdankt habe, – sondern lediglich diesem Umstand; – wie bei mancher anderen Familie aber – pflegte er hinzuzusetzen – habe sich auch hier das Rad gedreht und die Familie sich nie mehr von dem Schlage erholt, den ihr die Nase meines Urgroßvaters beigebracht. – Es war wahrhaftig ein Kreuzaß, pflegte er zu sagen und den Kopf zu schütteln; – und ein so niederträchtiges, als je eines für eine unglückliche Familie Trumpf wurde.

– Schöne, sanfte, edle Leserin! – wohin verirrt sich deine Phantasie! – So wahr der Mensch ein Geschöpf der Wahrheit ist, ich verstehe unter der Nase meines Urgroßvaters das äußere Organ des Riechens, oder jenen Teil des menschlichen Körpers, der ihm im Gesicht steht – und der, wie Maler behaupten, bei guten schönen Nasen und wohlproportionierten Gesichtern ein volles Drittel desselben beträgt; – vom Anwuchs des Haares an nach abwärts gemessen.

—— Was hat doch ein Schriftsteller nicht alles durchzumachen!

34. Kapitel

Es ist ein besonderer Segen, daß die Natur das Gemüt des Menschen mit derselben glücklichen Abgeneigtheit und Widerspenstigkeit gegen Überzeugung ausgestattet, wie man an alten Hunden bemerkt, – daß sie keine neuen Kunststücke mehr lernen wollen.

In welch einen Federball würde der größte Philosoph, der jemals gelebt, sofort verwandelt, wenn er nur solche Bücher lesen, solche Tatsachen beobachten und solche Gedanken denken würde, die ihn beharrlich veranlaßten, seinen Standpunkt zu wechseln!

Nun verachtete mein Vater dies alles, wie ich Ihnen schon im vorigen Jahre erzählte; – er hob eine Ansicht auf, wie ein

Mensch im Naturzustand einen Apfel aufhebt – er wird sein Eigentum; – und wenn er ein Mann von Geist ist, würde er eher sein Leben verlieren, als daß er ihn aufgäbe.

Ich kann mir denken, daß *Didius* der große Zivilrechtslehrer diesen Satz bestreitet und mir entgegenhält: – Woher der Mensch ein Recht an dem Apfel habe? *Ex confesso,* wird er sagen, – die Dinge befanden sich in einem Zustande der Natur; – der Apfel gehört ebensogut dem *Hinz* wie dem *Kunz.* –

Bitte, Herr *Shandy,* welchen Rechtstitel kann er dafür aufweisen? und wie begann er sein Eigentum zu werden? geschah es als er ihm wohlgefiel? oder als er ihn ergriff? oder als er ihn kaute? oder als er ihn briet? oder da er ihn schälte? oder da er ihn verzehrte? oder da er ihn verdaute? – oder da er ihn endlich ——? – Denn es ist klar, mein Herr, daß wenn nicht das Aufheben des Apfels ihn zu seinem Eigentum machte, – es auch keine der folgenden Handlungen tun konnte.

Bruder *Didius,* wird *Tribonius* antworten – (da der Bart des Zivil- und Kirchenrechtslehrers *Tribonius* 3 ½ Zoll lang, somit um ⅜ länger ist als der Bart des *Didius* – so ist es mir sehr lieb, daß er die Waffe für mich ergriffen hat; ich brauche mich daher nicht mehr wegen der Antwort zu beunruhigen). – Bruder *Didius,* wird *Tribonius* sagen, es ist eine ausgemachte Sache, wie Ihr es in den Kodexfragmenten von *Gregorius* und *Hermogenes* finden könnt, wie auch in allen Gesetzbüchern von *Justinian* bis *Louis* und *Des Eaux* – daß der Schweiß an der Stirne eines Mannes und die Ausschwitzungen seines Gehirns ebensosehr das Eigentum eines Mannes sind wie die Hosen die er anhat; – welche besagten Ausschwitzungen, während der Anstrengung, womit er den Apfel suchte und aufhob, auf diesen fielen; und da sie so durch den Aufheber mit dem aufgehobenen, heimgetragenen, gebratenen, geschälten, gegessenen, verdauten usw. Ding unauflöslich verbunden und daran verbraucht worden sind, – so ist klar, daß der Apfelaufheber durch diese Handlung etwas was sein eigen war, mit dem Apfel der nicht sein eigen war, vermischt hat, wodurch er ein Eigentumsrecht auf den letzteren erworben hat; – mit anderen Worten, der Apfel gehört dem *Kunz*.

Ganz derselben Art gelehrter Schlußfolgerung bediente sich mein Vater bei seinen Ansichten; er hatte es sich keine Mühe verdrießen lassen, sie aufzulesen und je mehr sie außerhalb der gewöhnlichen Fahrstraße lagen, desto größer war sein Eigentumsrecht daran. – Kein Sterblicher machte einen Anspruch darauf; sie hatten ihn überdies wie beim obigen Fall soviel Anstrengung beim Kochen und Verarbeiten gekostet, daß er sie mit Fug und Recht für sein Hab und Gut ausgeben konnte. – Deshalb hielt er auch mit Zähnen und Händen daran fest – griff nach allem, was er unter die Hände bekommen konnte – und verschanzte und befestigte sie mit soviel Umwallungen und Brustwehren, wie es mein Onkel *Toby* mit einer Zitadelle gemacht haben würde.

Die Sache hatte nur einen unangenehmen Haken: es gab blutwenig Material, um die Sache im Fall eines tüchtigen Angriffs einigermaßen ordentlich zu verteidigen; da nur wenige Männer von großem Genie ihre Darstellungsgabe an Büchern über große Nasen versucht hatten. Beim Trab meines dürren Gaules! Das Ding ist unglaublich, und ich komme ganz außer mir, wenn ich bedenke, welch ein Schatz kostbarer Zeit und Talente zusammen an viel schlechtere Dinge vergeudet worden ist – und wie viele Millionen von Büchern in allen Sprachen, in allen möglichen Druckweisen und Einbänden über Dinge fabriziert worden sind, die nicht halbsoviel zur Einträchtigkeit und Friedlichkeit auf der Welt beitragen! – Was jedoch hierüber zu haben war, brachte er in um so größerer Menge bei; und wenn sich mein Vater zuweilen über meines Onkels *Toby* Bibliothek lustigmachte – die allerdings ziemlich lächerlich zusammengesetzt war – so sammelte er doch gleichzeitig selbst alle Bücher und Abhandlungen, welche systematisch von Nasen handelten, ebenso sorgfältig wie es mein ehrlicher Onkel *Toby* mit den Büchern über Militärbaukunst tat. – Allerdings hätte man für jene einen weit kleineren Tisch gebraucht; – aber daran warst du nicht Schuld, mein lieber Onkel.

Hier – doch warum hier eher als an einem anderen Punkt meiner Geschichte? – Das vermag ich nicht zu sagen – es ist nun einmal hier – mein Herz treibt mich an, dir, mein lieber Onkel *Toby*, ein für allemal den Tribut abzustatten, den ich deiner Herzensgüte schulde. – Hier laß mich meinen Stuhl beiseite schieben und niederknien, während ich das wärmste Gefühl der Liebe für dich, und der Verehrung für deinen vortrefflichen Charakter ausströme, das Tugend und Natur je im Busen eines Neffen entflammten. – Friede und Ruhe sei für immer über deinem Haupte. – Du hast niemand um sein behagliches Leben beneidet, – niemand in seinen Ansichten verletzt, – keines Menschen Charakter angeschwärzt, niemand sein Brot weggegessen! Mit deinem getreuen *Trim* hinter dir wandeltest du freundlich um den kleinen Kreis deiner Vergnügungen, stießest niemand beiseite, der dir in den Weg kam: für jedermanns Kummer hattest du eine Träne; – für jedermanns Not einen Schilling.

Solange ich jemand bezahlen kann, der das Unkraut beseitigt, soll der Fußweg von deiner Türe nach deinem Rasen nicht überwachsen. Solange die Familie *Shandy* noch anderthalb Ruten Land besitzt, sollen deine Schanzen, mein lieber Onkel *Toby*, nicht zerstört werden.

35. Kapitel

Die Sammlung meines Vaters war nicht groß; dagegen aber merkwürdig; er bedurfte deshalb auch längerer Zeit um sie anzulegen; hatte jedoch das große Glück dadurch einen guten Anfang zu machen, daß er *Bruscambilles* Prolog über lange Nasen fast für nichts erhielt; – denn er gab nur drei halbe Kronen dafür; daran war nur der Umstand schuld, daß der

Mann in der Bude bemerkte, welche ungewöhnliche Begierde mein Vater nach dem Buch zeigte, sobald er es in die Hand bekommen hatte. – Es gibt nicht drei *Bruscambille* in der Christenheit, sagte der Antiquar, die ausgenommen, die in den Bibliotheken der Liebhaber unauflöslich festsitzen. Mein Vater warf das Geld blitzschnell hin – steckte den *Bruscambille* in seinen Busen; – und eilte damit so hastig von *Piccadilly* nach *Colemanstreet,* als ob er einen Schatz heimtrüge; den ganzen Weg über ließ er seine Hand nicht von dem *Bruscambille.*

Diejenigen welche noch nicht wissen, ob *Bruscambille* männlichen oder weiblichen Geschlechts ist – insofern eine Abhandlung über lange Nasen ebensogut von dem einen wie von dem andern Geschlecht geschrieben werden kann, – werden nichts gegen das Gleichnis einzuwenden haben, wenn ich sage, daß als mein Vater zu Hause angelangt war, er sich mit *Bruscambille* in derselben Weise erlustigte, wie zehn gegen eines zu wetten ist, daß der geneigte Leser mit seiner ersten Geliebten tat: – nämlich von morgens bis abends; was zwar für den Verliebten äußerst ergötzlich sein mag – für die Umgebung jedoch wenig oder gar nicht unterhaltend ist. – Bemerken Sie wohl, ich verfolge das Gleichnis nicht weiter; – das Auge meines Vaters war größer als sein Appetit, – sein Eifer größer als sein Können, – er kühlte sich ab – seine Neigungen wurden geteilt; – er verschaffte sich *Prignitz,* kaufte *Scroderus, Andrea Paräus, Bouchets* Abendunterhaltungen; und vor allem den großen und gelehrten *Hafen Slawkenbergius;* über den ich künftig noch viel zu sagen haben werde, – weshalb ich jetzt nichts von ihm sage.

36. Kapitel

Unter all den Abhandlungen, die sich mein Vater zur Unterstützung seiner Hypothese mit Mühe zu verschaffen wußte und studierte, gab es nicht eine, die ihm anfangs eine grausamere Enttäuschung bereitet hätte, als der berühmte Dialog zwischen *Pamphagus* und *Cocles* über die verschiedenen Verwendungen und zeitgemäßen Anwendungen langer Nasen, welcher Dialog aus der keuschen Feder des großen und ehrwürdigen *Erasmus* stammt. – Nun, mein teures Mädchen, gestatten Sie ja nicht, daß sich Satan in diesem Kapitel irgendeines hochgelegenen Punktes bemächtige, um von da aus Ihre Phantasie zu besteigen; oder wenn es seiner Flinkheit gelingt doch hinaufzukommen, so bitte ich Sie inständig, *springen Sie, spritzen Sie, hüpfen Sie, steigen Sie, bocken Sie wie ein ungesatteltes Füllen – und schlagen Sie aus in langem oder kurzem Ansatz,* bis Sie wie *Kitzelmaiers Roß* einen Bügel oder einen Gurt zerreißen und Seine Herrlichkeit in den Kot werfen. —— Umzubringen brauchen Sie ihn nicht.

Aber bitte, wie war es denn mit *Kitzelmaiers Roß?* – Dies mein Herr, ist eine so schmähliche und ungebildete Frage, als ob Sie gefragt hätten, in welchem Jahre *(ab urb. cond.)* der zweite punische Krieg ausgebrochen sei? – Was es mit *Kitzelmaiers Roß* war? – Lesen Sie, lesen Sie, lesen Sie, mein ungelehrter Leser! – lesen Sie! – oder bei der Gelehrsamkeit des großen *Saint Paraleipomenon* – ich sage Ihnen zum voraus, Sie täten besser daran, Sie legten das Buch gleich beiseite; denn ohne viel *Lesen,* worunter ich wie Sie wissen, *viel Gelehrsamkeit* verstehe, werden Sie die Moral eines marmorierten Blattes (das scheckige Sinnbild meines Werkes!) ebensowenig verstehen als die Welt mit all ihrem Scharfsinn imstande war, die vielen Ansichten, Abhandlungen und Wahrheiten zu enthüllen, welche noch unter dem dunkeln Schleier eines schwarzen Blattes mystisch verborgen liegen.

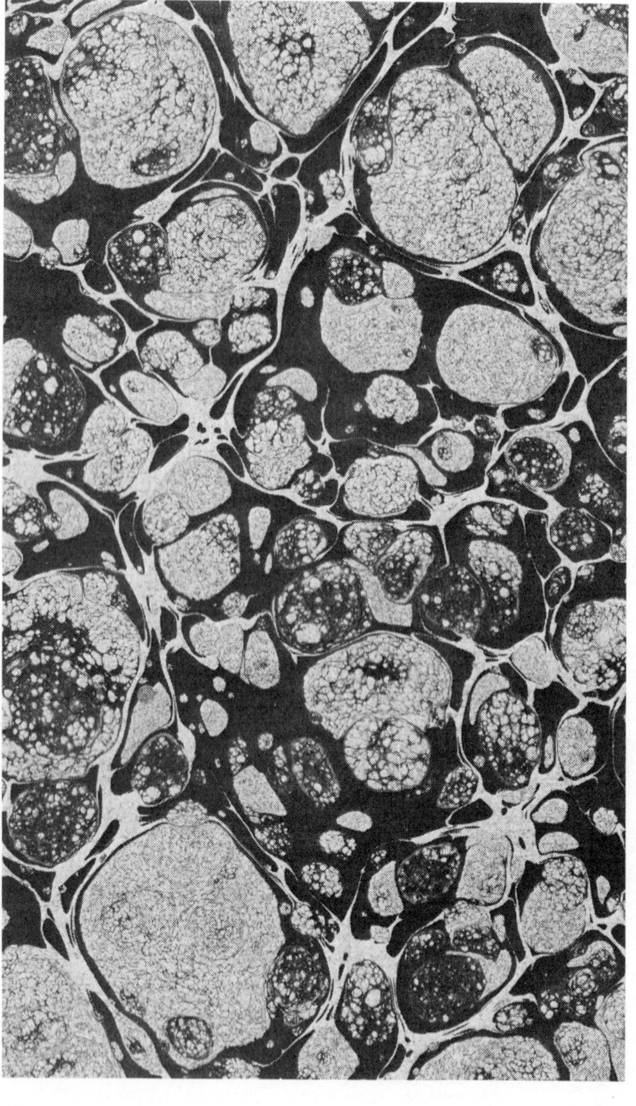

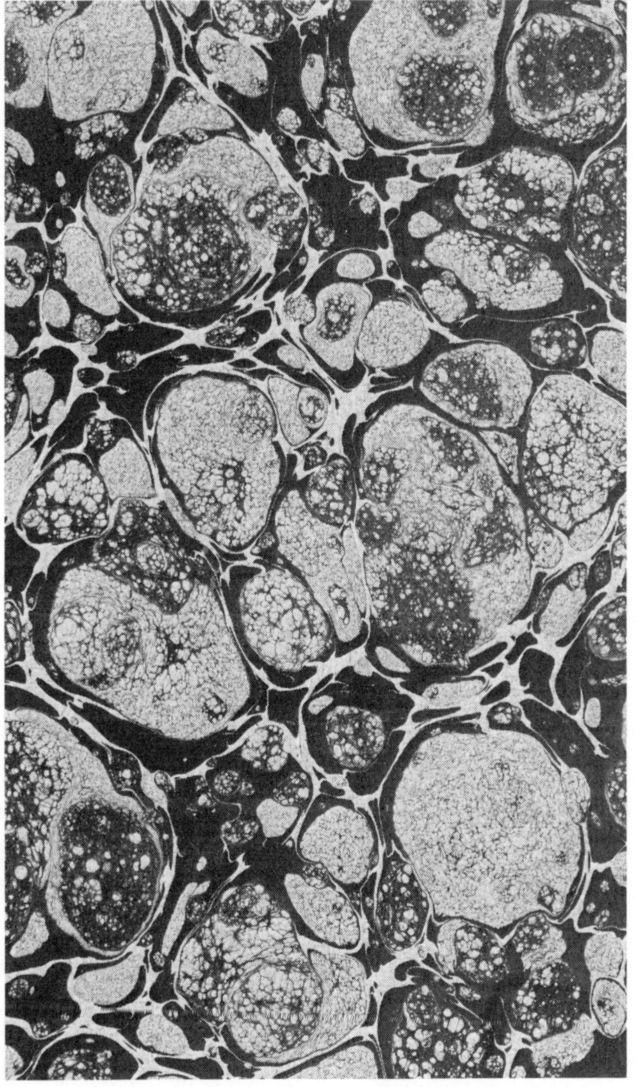

Nihil me poenitet hujus nasi, sagte *Pamphagus,* – zu deutsch: – Meine Nase hat mein Glück gemacht. – *Nec est cur poeniteat,* erwiderte *Cocles;* das heißt: Wie könnte es einer solchen Nase nicht glücken!

Der Lehrsatz wurde wie Sie sehen von *Erasmus* mit der größten Offenheit ausgesprochen, wie es auch mein Vater wünschte; die Enttäuschung meines Vaters aber bestand darin, daß er bei einer so gewandten Feder nichts mehr fand als die einfache Tatsache ohne irgendeine jener spekulativen Feinheiten oder Doppelzüngigkeiten der Beweisführung, die der Himmel dem Menschen verliehen hat, um die Wahrheit zu erforschen und nach allen Seiten zu verfechten. – Mein Vater schimpfte und schmähte anfangs schrecklich darüber. – Es ist aber immer gut, wenn man einen angesehenen Namen hat. Da der Dialog von *Erasmus* war, so kam mein Vater bald wieder zu sich selbst, las ihn zu wiederholten Malen mit aller Aufmerksamkeit durch und studierte jedes Wort, ja jede Silbe desselben durch und durch nach deren strengsten, wörtlichen Bedeutung. – Doch konnte er auch so nichts daraus machen. Vielleicht, sagte mein Vater, ist damit mehr gemeint als wirklich ausgesprochen ist. – Gelehrte Männer, Bruder *Toby,* schreiben nicht Dialoge über Nasen für nichts und wieder nichts. – Ich muß den mystischen und allegorischen Sinn der Sache herausstudieren. – Hier ist Raum genug, um das eigene Ich des Menschen hineinzulegen.

Mein Vater las weiter. ——

Nun muß ich dem geneigten Leser mitteilen, daß außer den vielen von *Erasmus* aufgezählten nautischen Verwendungen der langen Nasen, der Dialog behauptet, eine lange Nase habe auch ihre häuslichen Vorteile; denn im Notfall – und wenn es an einem Blasebalg fehle, sei sie auch sehr gut *ad excitandum focum,* um das Feuer damit anzublasen.

Die Natur war in Verleihung ihrer Gaben an meinen Vater

höchst verschwenderisch und hatte namentlich auch die Saat der Wortkritik so tief in ihn gesät wie die jeder anderen Kenntnis; – er hatte also sein Federmesser zur Hand genommen und experimentierte an obigen drei Wörtern; er wollte sehen ob er nicht einen besseren Sinn hineinradieren könnte. – Ich habe jetzt den mystischen Sinn des *Erasmus* bis auf einen Buchstaben herausgebracht, Bruder *Toby*, rief mein Vater. – Dann bist du nahe genug daran, Bruder, erwiderte mein Onkel allen Ernstes. —— Ach was! rief mein Vater, indem er weiter radierte. Ich möchte ebensogut sieben Meilen weit davon sein. – Jetzt bin ich fertig, sagte mein Vater, und schnappte mit den Fingern. Sieh, mein lieber Bruder *Toby*, wie ich den Sinn verbessert habe. – Aber du hast ein Wort verstümmelt, erwiderte mein Onkel *Toby*. – Mein Vater setzte seine Brille auf, – biß sich in die Lippen, – und riß das Blatt im Zorn heraus.

38. Kapitel

O *Slawkenbergius!* Du getreuer Zergliederer meiner *Disgrazias*, du trauriger Vorhersager so mancher Hiebe und Verkürzungen, die mir in der einen oder anderen Epoche meines Lebens wegen der Kürze meiner Nase und soviel ich mir bewußt bin aus keinem anderen Grunde zuteil wurden – sage mir, *Slawkenbergius!* welcher geheime Antrieb war es? welcher Ton der Stimme? woher kam er? wie fiel er in dein Ohr? – Bist du überzeugt, daß du ihn gehört? – was zuerst dir zurief: – Geh – geh, *Slawkenbergius!* widme diesem Zank die Arbeit deines Lebens, – vernachlässige deinen Zeitvertreib – versammle alle Kräfte und Fähigkeiten deiner Natur – kreuzige dich selbst im Dienst der Menschheit, und schreibe einen großen Folioband für sie, und zwar über ihre Nasen.

Wie diese Sache dem Empfindungssitze der Nerven des *Slawkenbergius* mitgeteilt wurde – so daß *Slawkenbergius* wußte wessen Finger die Tasten berührte – und wessen Hand den Blasebalg trieb – darüber können wir, da *Hafen Slawkenbergius* über 90 Jahre her tot ist und in seinem Grabe ruht – nur Vermutungen aufstellen.

Man hat sein Spiel mit *Slawkenbergius* getrieben, soviel ich weiß, wie mit einem Schüler von *Whitefield;* – das heißt mit einem so bestimmten Verständnis davon, welcher der beiden *Meister* auf seinem *Instrument* gespielt – daß es ganz nutzlos ist, weiter hierüber zu verhandeln.

– Denn in dem Bericht, in welchem *Slawkenbergius* der Welt die Gründe und Veranlassungen mitteilt, warum er schrieb und so viele Jahre seines Lebens auf dieses eine Werk verwendete – gegen das Ende seiner Einleitung die eigentlich vorn hätte kommen sollen, von dem Buchbinder aber höchst unverständig zwischen den analytischen Inhalt des Buchs und das Buch selbst versetzt wurde, – benachrichtigt er seine Leser, daß seit er in das Alter der Unterscheidungskraft gelangt und imstande sei, mit kaltem Blute niederzusitzen und bei sich selbst den wahren Zustand und die Beschaffenheit des Menschen in Betracht zu ziehen und den Hauptzweck und die Absicht seines Seins zu ergründen; – oder – um meine Übersetzung abzukürzen, denn das Buch des *Slawkenbergius* ist *lateinisch* geschrieben und an dieser Stelle nicht wenig weitschweifig; – seit der Zeit, sagt *Slawkenbergius,* da ich etwas begriff, – oder vielmehr wußte, wo Barthel den Most holt, – und bemerken konnte, daß das Thema der langen Nasen von allen meinen Vorgängern zu oberflächlich behandelt worden sei, – habe ich, *Slawkenbergius,* einen starken inneren Trieb, einen mächtigen, unwiderstehlichen Beruf in mir gefühlt, mich selbst zu diesem Unternehmen zu rüsten.

Und man muß *Slawkenbergius* die Gerechtigkeit widerfahren lassen, daß er mit einer stärkeren Lanze in die Kampfbahn getreten ist und eine weit größere Strecke in ihr zurückgelegt hat, als irgendeiner, der sie vor ihm betrat; so daß er in der Tat in mancher Beziehung als ein Muster für alle Schriftsteller, wenigstens für alle Verfasser von dickleibigen Werken, aufgestellt werden darf, um ihre Bücher dem seinigen nachzubilden; – denn er hat den Gegenstand vollständig umfaßt, – jeden einzelnen Teil desselben dialektisch geprüft, – und ihn dann in das vollste Licht gestellt; ja ihn mit all der Lichthelle übergossen, die dem Zusammenstoß seiner natürlichen Gaben entfloß – oder die ihn die tiefste Kenntnis der Wissenschaften auszustreuen in den Stand setzte; indem er im weiteren Verlauf alles was hierüber in den Schulen und Hörsälen der Gelehrten geschrieben oder erstritten worden, verglich, sammelte und verarbeitete, erbettelte, entlehnte und stahl; so daß *Slawkenbergius'* Buch nicht nur als ein Muster, – sondern als die Pandekten der Nase, als regelrechte *Nasenlehre* betrachtet werden kann, die alles enthält, was über sie zu wissen nötig ist oder werden kann.

Deshalb unterlasse ich es auch von so vielen sonst wertvollen Büchern und Abhandlungen aus der Sammlung meines Vaters zu reden, die entweder geradezu über Nasen geschrieben sind, – oder sie nebenbei berühren; – wie zum Beispiel von *Prignitz,* der auf dem Tisch vor mir liegt, und der mit unendlicher Gelehrsamkeit und nach der gewissenhaftesten, pedantischsten Prüfung von über 4000 verschiedenen Schädeln in mehr als 20 schlesischen Beinhäusern, die er zu dem Ende durchstöbert hatte, – uns belehrt, daß die Maßverhältnisse und Gestaltung der knöchernen oder beinigen Teile der menschlichen Nase in allen Ländern mit Ausnahme der *Tataren* in der *Krim,* wo die Nasen den Kindern mit dem Daumen eingedrückt werden, so daß über sie kein Urteil gefällt werden kann, – einander weit ähnlicher seien als man denkt, – ja, daß der Unterschied ein so unbedeutender sei, daß es gar nicht der Rede verlohne; – daß aber die Größe und Schönheit jeder einzelnen Nase, vermöge welcher eine Nase höher rangiert als die andere und einen höheren Wert hat, lediglich von den knorpeligen und muskulösen Teilen derselben herrühre, in deren Kanäle und Höhlungen das Blut und die animalischen Geister durch die Wärme und Kraft der Phantasie getrieben werden, welche letztere nur einen Schritt davon entfernt liege (außer bei Blödsinnigen, die, wie *Prignitz*, der viele Jahre in der *Türkei* gelebt hatte, annimmt, unter der unmittelbaren Obhut des Himmels stehen) – daher kommt es, sagt *Prignitz*, und kann gar nicht anders sein, daß die Trefflichkeit der Nase in einem direkten arithmetischen Verhältnis zur Trefflichkeit der Phantasie ihres Inhabers steht.

Aus demselben Grunde – das heißt, weil doch alles in *Slawkenbergius* schon enthalten ist – sage ich auch nichts von *Scroderus (Andrea)*, der wie alle Welt weiß sich in heftige Opposition gegen *Prignitz* stellte; – und auf seine Art zuerst logisch und dann durch eine Reihe unerschütterlicher Tatsachen bewies, daß *Prignitz* mit seiner Behauptung: die Phantasie ziehe die Nase, weit von der Wahrheit entfernt sei, indem im Gegenteil die Phantasie aus der Nase erwachse.

Die Gelehrten hatten *Scroderus* im Verdacht, daß er sich hierin einen unanständigen Sophismus erlaube, – und *Prignitz* behauptete in dem darüber entstandenen Streite laut, *Scroderus* habe ihm jene Idee nur angedichtet; – allein *Scroderus* fuhr fort seinen Satz zu behaupten. –

Mein Vater war gerade in der Schwebe, für welche der beiden Ansichten er sich entscheiden sollte, als *Ambrosius Paräus* in einem Nu die Sache entschied, die beiden Systeme von *Prignitz* und *Scroderus* über den Haufen warf und meinen Vater mit einem Schlag aus beiden Lagern vertrieb.

Man muß nämlich wissen –

Ich sage dem gelehrten Leser nichts Neues – wenn ich diese Mitteilung mache; – ich erwähne sie nur, um dem Gelehrten zu zeigen, daß ich die Sache selbst weiß –

Daß dieser *Ambrosius Paräus* der Leibarzt und Nasenflicker von *Franz* IX. von *Frankreich* war, und in hoher Achtung bei diesem sowie den zwei vorhergehenden oder nachfolgenden Königen (ich weiß nicht wie sie heißen) war – und daß er mit

Ausnahme des Fehlgriffs, den er in seiner Geschichte von der Nase des *Taliacotius* und in seiner Art wie er diese ansetzte, beging – bei allen Ärzten jener Zeit als ein größerer Kenner in Sachen der Nase galt denn irgendeiner, der eine Nase in die Hand genommen.

Dieser *Ambrosius Paräus* nun überzeugte meinen Vater, daß die wahre und wirkliche Ursache dessen, was so sehr die Aufmerksamkeit der Welt erregt, und woran *Prignitz* und *Scroderus* soviel Gelehrsamkeit und schöne Talente vergeudet hatten, – weder hierin noch darin zu suchen sei; – daß vielmehr die Länge und Güte der Nasen einfach von der Weichheit und Nachgiebigkeit der Brust der Amme herrühre; – wie die Stumpfheit und Kürze kleiner Nasen von der Festigkeit und Elastizität desselben Organs der Nahrung bei frischen und lebhaften Ammen herkomme; – welch letzteres zwar angenehm für die Frau aber verderblich für das Kind sei, da seine Nase hierdurch so abgestumpft, verstoßen, verschlagen und verkühlt werde, daß sie niemals *ad mensuram suam legitimam* gelangen könne; – während falls die Brust der Amme oder Mutter mürbe und weich sei – die Nase, sagte *Paräus*, wie in Butter hineinsinke und dadurch gepflegt, genährt, aufgeschwellt, erfrischt, erquickt und zum Wachstum angeregt werde.

Ich habe über *Paräus* nur noch zweierlei zu bemerken: erstens, daß er dies alles mit der größten Züchtigkeit und Wohlanständigkeit im Ausdruck erklärt; – wofür seine Seele ewigen Frieden haben möge!

Und zweitens, daß *Ambrosius Paräus* mit seiner Hypothese nicht nur die Systeme von *Prignitz* und *Scroderus* gründlich über den Haufen warf – sondern auch zugleich das System des Friedens und der Harmonie in unserer Familie; und drei Tage lang nicht nur das Verhältnis zwischen meinem Vater und meiner Mutter zerrüttete, sondern auch im ganzen Hause alles umkehrte, meinen Onkel *Toby* ausgenommen.

Gewiß fand zu keiner Zeit und in keinem Lande je eine

lächerlichere Erzählung von einem Streite zwischen einem Manne und seiner Frau den Weg durch das Schlüsselloch einer Haustüre.

Sie müssen nämlich wissen, daß meine Mutter – doch ich habe Ihnen erst noch 50 nötigere Dinge mitzuteilen; – es liegen noch hundert Schwierigkeiten vor mir, die ich zu beseitigen versprochen habe, tausend Nöte und häusliche Widrigkeiten wachsen eine auf dem Nacken der anderen über mich herein. Eine Kuh brach heute früh in die Schanze meines Onkels *Toby*, fraß 2½ Rationen Heu und riß die Rasen aus, womit das Hornwerk und der bedeckte Weg verkleidet war. – *Trim* besteht darauf, daß ein Kriegsrecht über sie abgehalten werde – die Kuh soll erschossen – *Slop gekreuzigt* ich selbst *getristramt* und bei meiner Taufe zum Märtyrer gemacht werden. – Was sind wir alle doch für unglückliche arme Teufel! – ich muß noch gewickelt werden – doch ich habe keine Zeit zu weiteren Ausrufungen. – Ich ließ meinen Vater auf seinem Bette liegen und meinen Onkel *Toby* auf dem alten befransten Stuhl neben ihm sitzen, und versprach, ich würde in einer halben Stunde zu ihnen zurückkehren; und nun sind schon 35 Minuten vorüber. – Gewiß ist dies die größte Verlegenheit, in der man jemals einen sterblichen Schriftsteller gesehen hat; denn ich habe auch noch den Folioband des *Hafen Slawkenbergius* fertigzumachen; – ein Gespräch zwischen meinem Vater und meinem Onkel *Toby* über die Lösung von *Prignitz*, *Scroderus*, *Ambrosius Paräus*, *Ponokrates* und *Grangousier* zu erzählen; – eine Geschichte aus *Slawkenbergius* zu übersetzen; und das alles in keiner Zeit weniger 5 Minuten! – Was braucht man da für einen Kopf dazu! – ich wollte, meine Feinde sähen nur, wie es in ihm aussieht.

39. Kapitel

Es gab keine unterhaltendere Szene in unserer Familie – und um ihr in diesem Punkte Gerechtigkeit widerfahren zu lassen, – und hier nehme ich meine Mütze ab und lege sie auf den Tisch neben mein Schreibzeug, um meine Erklärung vor der Welt in betreff dieses Punktes um so feierlicher abzugeben, – ich glaube, so wahr ich lebe (falls mich nicht Eigenliebe und Parteilichkeit für meinen Verstand verblendet), die Hand des höchsten Schöpfers und ersten Erfinders aller Dinge hat niemals eine Familie gemacht oder zusammengestellt (wenigstens zu der Zeit, da ich mich niedergesetzt habe, um ihre Geschichte zu schreiben) – deren Charaktere mit einem so dramatischen Geschick entworfen oder einander gegenübergestellt wären als die unsrigen; oder wo das Talent so herrliche Szenen zu bieten, und die Kraft sie beständig von morgens bis in die Nacht zu wechseln, so eingebürgert und mit einem so unbegrenzten Vertrauen begabt gewesen wären wie in der FAMILIE SHANDY.

Keine dieser Szenen, sage ich, war aber auf diesem unserem wunderlichen Theater unterhaltender – als diejenige, welche nicht selten aus diesem Kapitel der langen Nasen entfloß – besonders wenn die Einbildungskraft meines Vaters durch diese Untersuchung angefeuert war; und er hatte dann keine Ruhe, bis er auch die meines Onkels *Toby* erhitzt hatte.

Mein Onkel *Toby* pflegte dann meinem Vater bei dessen Versuch alle möglichen Einräumungen zu machen; saß mit unendlicher Geduld da und rauchte ganze Stunden lang seine Pfeife, während mein Vater an seinem Kopf arbeitete und alle möglichen Zugänge versuchte, um die Ansichten von *Prignitz* oder *Scroderus* hineinzutreiben.

Mochten diese nun über den Horizont meines Onkels gehen – oder ihm widerstreben – oder war sein Gehirn wie feuchtes Holz, daß kein Funke daran haftete; oder war es so voll Sappen, Minen, Blendierungen, Kurtinen und andern militärischen Dingen, daß diese ihn außerstand setzten, die Lehren von *Prignitz* und *Scroderus* in sich aufzunehmen – ich kann es nicht sagen; das mögen Schulmänner, – Küchenjungen, – Anatomen und Ingenieure miteinander ausfechten.

Es war allerdings bei dieser Sache einigermaßen ungeschickt, daß mein Vater jedes Wort erst übersetzen mußte, damit es mein Onkel *Toby* verstand; und da mein Vater kein großer Held im Latein war, so war auch seine Übersetzung nicht immer am reinsten – und in der Regel an solchen Stellen am wenigsten, wo es am notwendigsten gewesen wäre. Hierdurch wurde natürlich einem zweiten Mißgeschick Tür und Tor geöffnet, – daß nämlich, je wärmer er in seinem Eifer wurde meinem Onkel *Toby* die Augen zu öffnen, meines Vaters Ideen um ebensoviel rascher über die Übersetzung hinausliefen, als die Übersetzung über diejenigen meines Onkels *Toby:* – und so verhalfen weder diese noch jene der Vorlesung meines Vaters zu größerer Klarheit.

40. Kapitel

Die Gabe des Folgerns und Schließens, – ich meine beim Menschen, denn in den höheren Klassen von Wesen wie bei Engeln und Geistern, wird dies alles, wie man mir sagt, mittelst der INTUITION abgemacht, – und Wesen niederer Art folgern wie der geneigte Leser weiß, vermöge ihrer Nasen; doch gibt es eine (aber nicht sehr bequem) im Meere schwimmende Insel, deren Bewohner, wenn mich mein Gedächtnis nicht täuscht, so wundervoll organisiert sind, daß sie gleichfalls nach letzterer Weise folgern, und oft recht gut dabei auskommen; – aber dies gehört nicht hierher. –

Die Gabe des richtigen Folgerns bei uns oder der große und Hauptakt des Vernunftschlusses beim Menschen besteht, wie die Männer der Logik uns sagen, darin, die Übereinstimmung oder Nichtübereinstimmung zweier Ideen miteinander mit Beihilfe einer dritten (die *medius terminus* heißt) zu finden; gerade wie ein Mann, nach *Locke,* mittelst einer Rutenstange feststellen kann, daß zwei Kegelbahnen gleich lang sind, die doch nicht zusammengebracht werden könnten, um ihre Gleichheit durch *Juxta – position* zu messen.

Wenn der gleiche große Denker gesehen hätte, wie mein Vater sein Nasensystem illustrierte, und wenn er dabei das Benehmen meines Onkels *Toby* beobachtet hätte – welche Aufmerksamkeit er jedem Worte schenkte; – und wie er, so oft er die Pfeife aus dem Munde nahm, die Länge derselben mit so merkwürdigem Ernste betrachtete! – wie er sie zwischen Daumen und Zeigefinger hielt und dann auch in der Quere besah; – dann sie gerade vorwärtsstreckte, – dann nach dieser Seite und dann nach jener, kurz in allen möglichen Richtungen und Verkürzungen, – so würde er daraus geschlossen haben, mein Onkel *Toby* habe seinen *medius terminus* gefunden, und schließe und messe daran im Geist die Wahrheit jeder Hypothese über lange Nasen in der Reihenfolge, wie sie mein Vater vorbrachte. Dies wäre eigentlich mehr gewesen als mein Vater verlangte; – sein Ziel bei all den Mühen, die er sich mit diesen philosophischen Vorlesungen machte, – ging dahin, meinen Onkel *Toby* in den Stand zu setzen, nicht daß er *mitstreite* – sondern nur daß er *verstehe;* – daß er die Grane und Skrupel der Gelehrsamkeit in sich *aufnehme;* – nicht daß er sie *wäge.* – Mein Onkel *Toby* tat freilich, wie der geneigte Leser aus dem nächsten Kapitel ersehen wird, weder das eine noch das andere.

41. Kapitel

Es ist schade, sagte mein Vater an einem Winterabend, nachdem er drei Stunden lang mühsam aus *Slawkenbergius* übersetzt hatte, – es ist schade, sagte mein Vater, und legte dabei meiner Mutter Garnwickel als Zeichen in das Buch, – daß die Wahrheit, Bruder *Toby*, sich in solche uneinnehmbaren Festungen einschließt und so hartnäckig ist, daß sie sich oft auch bei der engsten Belagerung nicht ergibt –

Nun geschah es, wie allerdings schon oft vorher geschehen war, daß die Phantasie meines Onkels *Toby* während mein Vater ihm den *Prignitz* auslegte, – da sie hier keinen Haltpunkt fand, – einen kleinen Ausflug nach dem Rasen gemacht hatte: – sein Körper wäre recht gern auch dahin gegangen; – so daß mein Onkel *Toby*, so sehr er ein Gesicht machte, als ob er tief mit dem *medius terminus* beschäftigt sei – in Wahrheit ebensowenig von der ganzen Vorlesung und all ihren Für und Wider gehört hatte, als ob mein Vater den *Hafen Slawkenbergius* vom *Lateinischen* in das *Irokesische* übersetzt hätte. Aber das von meinem Vater als Gleichnis benützte Wort *Belagerung* wehte mit der Kraft eines Talismans die Phantasie meines Onkels *Toby* so schnell wieder zurück, wie ein Ton der Berührung einer Saite folgt, – er spitzte die Ohren; – und als mein Vater bemerkte, daß er die Pfeife aus dem Munde nahm, und den Stuhl näher an den Tisch rückte, als wollte er von der Rede profitieren, – begann dieser mit großem Vergnügen seinen Satz von neuem, – wobei er nur den Plan änderte und das Gleichnis mit der Belagerung fallen ließ, um etwaigen Gefahren, welche mein Vater von daher witterte, auszuweichen.

Es ist schade, sagte mein Vater, daß sich die Wahrheit nur auf einer Seite befinden kann, Bruder *Toby* – wenn man in Betracht zieht, wie geistreich sich diese gelehrten Männer bei ihrer Lösung der Nasenfrage gezeigt haben. – Lassen sich denn Nasen auflösen? erwiderte mein Onkel *Toby*.

– Mein Vater stieß seinen Stuhl zurück, – sprang auf, – setzte seinen Hut auf, – tat vier große Schritte nach der Türe, – riß sie auf, – streckte den Kopf halbwegs hinaus, – schloß sie wieder, – kehrte sich nicht an ihr Krächzen, – trat wieder an den Tisch, – zog meiner Mutter Garnwickel aus dem *Slawken-*

bergius, – ging rasch nach seinem Schreibtisch, – kehrte langsam wieder zurück, – wickelte meiner Mutter Wickelpapier um seinen Daumen – knöpfte die Weste auf, schleuderte meiner Mutter Wickel ins Feuer, – biß ihr seidenes Nadelkissen auf, wobei er den Mund voll Kleie bekam, – fluchte darüber: – aber wohlgemerkt! – der Fluch galt eigentlich dem Kopf meines Onkels *Toby* – der eigentlich schon wirr genug war; – die Kleie war nur die Ladung für den Fluch – wie es das Pulver für die Kugel ist.

Es war nur gut, daß die Leidenschaften meines Vaters nicht lange dauerten; denn solange sie dauerten, machten sie ihm viel zu schaffen; und es ist eines der unauflöslichsten Probleme, dem ich bei meinen Beobachtungen der menschlichen Natur begegnete, daß nichts meinen Vater so sehr in Hitze brachte, oder seine Leidenschaft wie Pulver aufflammen ließ, als wenn seine Wissenschaft von der eigentümlichen Einfalt in den Fragen meines Onkels *Toby* einen Schlag ins Gesicht bekam. – Hätten ihn zehn Dutzend Hornissen alle zu gleicher Zeit an ebensoviel verschiedenen Stellen hinten gestochen, – er hätte nicht mehr mechanische Funktionen in weniger Sekunden ausführen, – oder auch nur halb so auffahren können, als er es bei dem einzigen *Quaere* dreier Worte tat, die so unzeitig in seine steckenpferdlichen Sprünge hineinfuhren.

Mein Onkel *Toby* dachte dabei nichts Böses – er rauchte seine Pfeife in ungetrübter Ruhe weiter; – sein Herz dachte nicht daran seinen Bruder zu verletzen; – und da sein Kopf selten herausfand, wo denn eigentlich der Stachel lag, der jenen aufgebracht hatte, – so ließ er meinem Vater immer Zeit sich abzukühlen. – Diesmal brauchte er fünf Minuten und fünfunddreißig Sekunden dazu.

Bei allem was gut ist! sagte mein Vater, der sobald er zu sich kam zu schwören anfing und seine Beteurung den Fluch-Pandekten des *Ernulphus* entnahm – (dies war jedoch, um meinem Vater Gerechtigkeit widerfahren zu lassen, ein Fehler, in den er, wie er Dr. *Slop* in der Sache mit *Ernulphus* sagte, so selten verfiel als irgend jemand auf der Welt) – bei allem was gut und groß ist, Bruder *Toby*, sagte mein Vater, käme einem nicht die Philosophie so sehr zu Hilfe, – du könntest einen ganz außer sich bringen. – Unter der Lösung der Nasen, von der ich dir sprach, verstand ich, wie du leicht hättest merken können, wenn du mir auch nur ein Gran Aufmerksamkeit geschenkt hättest, die verschiedenen Erklärungen, welche Gelehrte verschiedener Art der Welt über die Ursache der kurzen und langen Nasen gegeben haben. – Dafür gibt es nur eine Ursache, gab mein Onkel *Toby* zur Antwort, – wenn die Nase eines Menschen länger ist als die eines andern, so ist es, weil es Gott so gefallen hat. – Das ist die Lösung von *Grangousier*, sagte mein Vater. – Er ist es, fuhr mein Onkel *Toby* fort, indem er emporschaute und die Unterbrechung meines Vaters nicht beachtete, der uns alle erschaffen, und uns solche Formen und Verhältnisse und zu solchen Zwecken gegeben hat, wie es seiner unendlichen Weisheit gefiel. – Das ist eine fromme Erklärung, aber keine philosophische, sagte mein Vater; – es ist mehr Religion darin als gesunde Wissenschaft. – Es war mit meines Onkels *Toby* Charakter nicht unvereinbar, daß er Gott fürchtete und die Religion hochachtete. – Sobald daher mein Vater seine Bemerkung schloß – begann mein Onkel *Toby* seinen *Lillabullero* eifriger (aber auch noch falscher) als gewöhnlich zu pfeifen. –

Was ist aus dem Garnwickel meiner Frau geworden?

42. Kapitel

Gleichviel! – als Zugehör zum Nähen mochte der Garnwickel für meine Mutter von einigem Werte sein; – als Zeichen im *Slawkenbergius* war er für meinen Vater wertlos. – *Slawkenbergius* war ja auf jeder Seite ein reicher Schatz unerschöpflichen Wissens für meinen Vater; – er konnte ihn nicht aufschlagen, ohne etwas für sich zu finden; und oft, wenn er das Buch schloß, pflegte er zu sagen: Wenn alle Künste und Wissenschaften auf der Welt nebst den Büchern, die von ihnen handelten, verlorengingen, – wenn die Weisheit und Kunst der Regierungen jemals, pflegte er zu sagen, durch Mangel an Gebrauch vergessen werden könnte; und ebenso alle Staatsmänner, welche über die starken und schwachen Seiten der Höfe und Reiche geschrieben, – und nur *Slawkenbergius* übrigbliebe – so würde man in ihm, pflegte er zu sagen, in jeder Richtung soviel finden, daß man die Welt wieder in Gang bringen könnte. Er war somit wirklich ein Schatz, eine Vorschrift, die alles enthielt, was über Nasen und sonst zu wissen notwendig war: – Morgens, mittags und abends war *Hafen Slawkenbergius* seine Erholung und sein Ergötzen: er war beständig in seiner Hand: – man hätte darauf schwören mögen, es sei ein kirchliches Gebetbuch, – so abgenützt, so geglättet, so verrunzelt und so von Zeigefinger und Daumen abgearbeitet war es von einem Ende zum andern.

Ich bin kein solcher Anbeter von *Slawkenbergius,* wie mein Vater: – er hat ohne Zweifel viel Gutes; aber das Beste, ich will nicht sagen das Nützlichste, jedoch das Unterhaltendste in *Hafen Slawkenbergius* sind meiner Ansicht nach seine Erzählungen: – und wenn man erwägt, daß er ein *Deutscher* war, sind manche nicht ohne Phantasie. – Sie bilden sein zweites Buch, beinahe die Hälfte eines Foliobandes, und sind in zehn Dekaden abgeteilt, wovon jede zehn Erzählungen enthält. – Man baut Philosophie nicht auf Erzählungen; und deshalb hatte *Slawkenbergius* gewiß nicht recht, daß er sie unter diesem Namen in die Welt schickte! – Auch finden sich in seiner 8., 9. und 10. Dekade mehrere, die, ich muß sagen, eher mutwillig und scherzhaft als spekulativ sind; – im allgemeinen aber betrachten die Gelehrten sie als ein Detail von ebensoviel voneinander unabhängigen Tatsachen, die sich aber alle auf die eine oder die andere Art um seinen eigentlichen Gegenstand als Kern drehen, die mit großer Treue gesammelt sind und seinem Werk zahlreiche Erläuterungen über die Lehre von den Nasen beifügen.

Da wir gerade übrige Zeit haben, – so will ich hier, wenn Sie erlauben, verehrte Leserin, die 9. Erzählung der 10. Dekade geben.

VIERTES BUCH

Slawkenbergii Fabella*

Die Erzählung des Slawkenbergius

Vespera quadam frigidula, posteriori in parte mensis Augusti, peregrinus, mulo fusco colore insidens, mantica a tergo, paucis indusiis, binis calceis, braccisque sericis coccineis repleta, Argentoratum ingressus est.

Es war an einem kühlen, erfrischenden Abend am Schlusse eines schwülen Tages gegen Ende *August* als ein Fremdling, auf einem dunklen Maultier, mit einem kleinen Mantelsack hinter sich, der einige Hemden, ein Paar Schuhe und ein Paar Kniehosen aus carmoisinfarbener Seide enthielt, in die Stadt *Straßburg* einzog.

Militi cum percontanti, quum portus intraret, dixit, se apud Nasorum promontorium fuisse, Francofortum proficisci, et Argentoratum, transitu ad fines Sarmatiae mensis intervallo, reversurum.

Er sagte der Schildwache am Tor, als sie ihn examinierte: er komme vom Vorgebirge der Nasen, reise jetzt nach *Frankfurt* und werde in einem Monat auf den Tag genau, nach seiner Wanderung zu den *Tataren* der *Krim*, wieder in *Straßburg* sein.

Miles peregrini in faciem suspexit: – Di boni, nova forma nasi!

Der Soldat sah dem Fremdling ins Gesicht: so eine Nase hatte er Zeit seines Lebens nicht gesehen.

Ad multum mihi profuit, inquit peregrinus, carpum amento extrahens, e quo pependit acinaces: loculo manum inseruit, et magna

Sie ist mir schon sehr nützlich gewesen, sagte der Fremdling, und indem er das Handgelenk aus der Schleife eines schwarzen Ban-

* Da Hafen Slawkenbergius *de Nasis* sehr selten ist, so wird es dem gelehrten Leser nicht unangenehm sein, wenn er hier ein kleines Muster vom Urtext erhält. Ich enthalte mich jeder Bemerkung hierüber, und möchte nur sagen, daß seine lateinische Erzählung gedrängter ist als der philosophische Teil des Buches, und wie ich glaube, auch mehr Latinität enthält.

cum urbanitate, pilei parte interiore tacta manu sinistra, ut extendit dextram, militi florinum detit, et processit.

Dolet mihi, ait miles, tympanistam nanum et valgum alloquens, virum adeo urbanum vaginam perdidisse: itinerari haud poterit nuda acinaci; neque vaginam toto Argentorato habilem inveniet. – Nullam unquam habui, respondit peregrinus respiciens – seque comiter inclinans – hoc more gesto, nudam acinacem elevans, mulo lente progrediente, ut nastum tueri possim.

Non immerito, benigne peregrine, respondit miles.

Nihili aestimo, ait ille tympanista, e pergamena factitius est.

Prout Christianus sum, inquit miles, nasus ille, ni sexties major sit, meo esset conformis.

Crepitare audivi, ait tympanista.

Mehercule! sanguinem emisit, respondit miles.

des zog, an dem ein kurzer Säbel hing, steckte er die Hand in die Tasche, und mit der linken Hand mit großer Artigkeit an den Schirm seiner Mütze greifend, streckte er die Rechte aus, gab der Schildwache einen Gulden und ritt weiter.

Schade, sagte der Soldat zu einem kleinen, krummbeinigen Tambour, daß dieser höfliche Mann seine Scheide verloren hat; er kann nicht mit dem bloßen Säbel reisen; und doch wird er in ganz *Straßburg* keine passende Scheide finden. – Ich hatte nie eine, erwiderte der Fremdling, indem er sich zurückwandte und höflich verneigte, – ich hielt ihn so, sagte er, indem er den bloßen Säbel in die Höhe hielt und langsam auf seinem Maultier weiterritt, um meine Nase zu beschützen.

Sie verdient es auch, edler Fremdling, erwiderte der Soldat.

Sie ist keinen Groschen wert, bemerkte der Tambour, es ist ja eine falsche Nase aus Pappe.

So wahr ich ein Christ bin, rief die Schildwache, es ist eine Nase wie die meinige, nur sechsmal größer.

Ich hörte sie knittern, sagte der Tambour.

Donnerwetter! erwiderte die Schildwache, sie blutet ja.

Schade, schade! sagte der

George Cruikshank

Miseret me, inquit tympanista, quin non ambo tetigimus!

Eodem temporis puncto, quo haec res argumentata fuit inter militem et tympanistam, disceptabatur ibidem tubicine et uxore sua, qui tunc accesserunt, et peregrino praetercunte, restiterunt.

Quantus nasus! aeque longus est, ait tubicina, ac tuba.

Et ex eodem metallo, ait tubicen, velut sternutamento audias.

Tantum abest, respondit illa, quod fistulam dulcedine vincet.

Aeneus est, ait tubicen.

Nequaquam, respondit uxor.

Rursum affirmo, ait tubicen, quod aeneus est.

Rem penitus explorabo; prius enim digito tangam, ait uxor, quam dormivero.

Mulus peregrini gradu lento progressus est, ut unumquodque verbum controversiae, non tantum inter militem et tympanistam, verum etiam inter tubicinem et uxorem ejus, audiret.

Nequaquam, ait ille, in muli

Tambour, daß wir sie nicht beide befühlten!

Zu derselben Zeit, als sich dieser Streit zwischen der Schildwache und dem Tambour erhob, wurde der gleiche Gegenstand zwischen einem Trompeter und seiner Frau erörtert, die dazugekommen waren und den Fremden hatten vorüberreiten sehen.

Barmherzigkeit! Welch eine Nase sagte die Frau des Trompeters, die ist ja so lang wie eine Trompete.

Und aus dem gleichen Metall, sagte der Trompeter, wie du am Niesen hören kannst.

O weit entfernt, erwiderte sie, sie tut so sanft wie eine Flöte.

Sie ist von Messing, sagte der Trompeter.

Fällt ihr nicht ein, erwiderte seine Frau.

Und ich sage dir, sie ist von Messing, wiederholte der Trompeter.

Ich werde die Sache näher untersuchen, sagte die Frau, ehe ich heute schlafen gehe, muß ich sie mit meinem Finger berühren.

Das Maultier des Fremdlings schritt so langsam vorwärts, daß er jedes Wort des Streits sowohl zwischen dem Soldaten und dem Tambour als zwischen dem Trompeter und dessen Frau hören konnte.

Nein, sagte jener, indem er dem

collum fraena demittens, et manibus ambabus in pectus positis (mulo lente progrediente) nequaquam, ait ille respiciens, non nècesse est ut res isthaec dilucidata foret. Minime gentium! meus nasus nunquam tangetur, dum spiritus hos reget artus – Ad quid agendum? ait uxor burgomagistri.

Peregrinus illi non respondit. Votum faciebat tunc temporis sancto Nicolao; quo facto, in sinum dextram inserens, e qua negligenter pependit acinaces, lento gradu processit per plateam Argentorati latam, quae ad diversorium templo ex adversum ducit.

Peregrinus mulo descendens stabulo includi, et manticum inferri jussit; qua aperta et coccineis sericis fermoralibus extractus cum argenteo laciniato Περι ζώμαντὲ, his sese induit, statimque, acinaci in manu, ad forum deambulavit.

Quod ubi peregrinus esset ingressus, uxorem tubicinis obviam euntem aspicit; illico cursum flectit, metuens ne nasus suus exploraretur, atque ad diversorium regressus est – exuit se vestibus; braccas coccineas sericas manti-

Maultier die Zügel auf den Hals legte und beide Hände über der Brust kreuzte (während das Tier langsam weiterging). Nein! sagte er, indem er zurücksah, es ist durchaus nicht nötig, daß diese Sache aufgeklärt werde. Nein! Niemand soll meine Nase berühren, solange der Geist mir die Kraft verleiht – Wozu? fragte die Frau des Bürgermeisters.

Der Fremdling gab ihr keine Antwort. Aber er tat ein Gelübde zu *St. Nikolaus*; dann steckte er die Rechte in den Busen, an welcher nachlässig der Säbel hing und ritt langsam durch die Hauptstraßen *Straßburgs* bis zu dem großen Gasthof auf dem Marktplatz gegenüber von dem Münster.

Sobald der Fremdling abgestiegen war, befahl er sein Maultier in den Stall zu führen und seinen Mantelsack hineinzutragen. Dann öffnete er diesen und nahm seine rotseidenen Hosen mit silberbefranstem Lätzchen oder Schürzchen heraus, und spazierte dann mit dem Säbel in der Hand auf den Paradeplatz.

Der Fremdling war kaum hier eingetreten, als er die Frau des Trompeters ihm entgegenkommen sah. Alsbald drehte er um, da er befürchtete, daß seiner Nase eine Untersuchung drohte und kehrte nach dem Gasthof zurück.

cae imposuit mulumque educi jussit.

Francofortum proficiscor, ait ille, et Argentoratum quatuor abhinc hebdomadis revertar.

Bene curasti hoc jumentum? ait, muli faciem manu demulcens – me, manticamque meam, plus sexcentis mille passibus portavit.

Longa via est, respondit hospes, nisi plurimum esset negotii. – Enimvero, ait peregrinus, a Nasorum promontorio redivi, et nasum speciosissimum, egregiosissimumque, quem unquam quisquam sortitus est, acquisivi.

Dum peregrinus hanc miram rationem de se ipso reddit, hospes et uxor ejus, oculis intentis, peregrini nasum contemplantur. – Per sanctos sanctasque omnes, ait hospitis uxor, nasis doudecim maximis in toto Argentorato major est! – estne, ait illa mariti in aurem insusurrans, nonne est nasus praegrandis?

Dolus inest, anime mi, ait hospes –nasus est falsus.

Verus est, respondit uxor. Ex

Dort kleidete er sich um, packte seine rotseidenen Hosen wieder in den Mantelsack und befahl sein Maultier vorzuführen.

Ich reise nach *Frankfurt*, sagte der Fremdling, und werde von heute über vier Wochen wieder in *Straßburg* sein.

Ich hoffe, ihr habt das Tier gut verpflegt, setzte er hinzu und strich dem Maultier mit der Linken über das Gesicht, – es hat mich und meinen Mantelsack über 600 Stunden weit getragen.

Das ist ein weiter Weg, meinte der Gastwirt, da muß man schon wichtige Geschäfte haben. – Allerdings, erwiderte der Fremdling, ich komme vom Vorgebirge der Nasen und habe mir dort eine der schönsten, trefflichsten Nasen angeschafft, die jemals einem Sterblichen zuteil geworden ist.

Während der Fremdling so Rechenschaft von sich gab, betrachteten Wirt und Wirtin die Nase des Fremdlings mit gespannter Aufmerksamkeit. – Bei allen Heiligen! rief die Wirtin, diese Nase ist zwölfmal größer als die größten in ganz *Straßburg*! – Nicht wahr, flüsterte sie ihrem Mann ins Ohr, es ist eine herrliche Nase?

Da steckt eine Spitzbüberei dahinter, mein Schatz, erwiderte der Wirt, – die Nase ist offenbar falsch.

Sie ist echt! erwiderte die Wir-

abiete factus est, ait ille, terebinthinum olet.	tin. Ich sage, sie ist aus Kiefernholz, entgegnete er, sie riecht ja nach Terpentin.
Carbunculus inest, ait uxor.	Es ist ein Karbunkel daran, sagte die Wirtin.
Mortuus est nasus, respondit hospes.	Es ist eine tote Nase, versetzte der Wirt.
Vivus est, ait illa, – et si ipsa vivam, tangam.	Nein, sie ist lebendig, sagte sie, und so wahr ich selbst lebendig bin, ich werde sie anrühren.
Votum feci sancto Nicolao, ait peregrinus, nasum meum intactum fore usque ad – Quodnam tempus? illico respondit illa.	Ich habe ein Gelübde bei dem hl. *Nikolaus* getan, daß niemand meine Nase berühren darf bis – Bis wann? fragte jene.
Minime tangetur, inquit ille, manibus in pectus compositis, usque ad illam horam – Quam horam? ait illa. – Nullam, respondit peregrinus, donec pervenio ad – Quem locum? obsecro, ait illa. – Peregrinus nil respondens mulo conscenso discessit.	Niemand soll sie berühren, versetzte er und kreuzte die Hände über der Brust bis zu der Stunde – Bis zu welcher Stunde? fragte jene. – Zu keiner, erwiderte der Fremdling, gelange ich selbst nicht an – An was? ich beschwöre euch? rief jene. – Der Fremdling erwiderte nichts, bestieg sein Maultier und ritt weiter.

Der Fremdling hatte auf seinem Wege gen *Frankfurt* noch nicht eine halbe Stunde zurückgelegt, als bereits ganz *Straßburg* wegen seiner Nase in Aufruhr war. Die Abendglocken läuteten und riefen die *Straßburger*, um die Pflichten des Tags mit Gebet abzuschließen: – aber keine Seele in *Straßburg* hörte sie, – die Stadt war wie ein Bienenschwarm, – Männer, Frauen und Kinder rannten dahin und dorthin (während die Betglocke fortwährend bimmelte) – zur einen Türe hinein zur andern hinaus – kreuz und quer, die eine Straße hinauf die andere hinunter – in jenes Gäßchen hinein, aus diesem heraus. – Habt ihr sie gesehen? Habt ihr sie gesehen? Habt ihr sie gesehen? O habt ihr sie gesehen? Wer hat sie gesehen? Wer hat sie gesehen? Um Gottes willen, wer hat sie gesehen?

Ach du meine Güte, ich war gerade in der Vesper! – Ich war beim Waschen, beim Stärken, beim Scheuern, beim Nähen. – Ach du lieber Gott, ich habe sie nicht gesehen! – habe sie nicht berührt – o wäre ich doch die Schildwache gewesen, oder der säbelbeinige Tambour, oder der Trompeter oder die Frau Trompeterin, so rief und jammerte es durch alle Straßen und Gassen von *Straßburg*.

Während diese heillose Verwirrung und Unordnung in der großen Stadt *Straßburg* triumphierte, war der artige Fremdling auf seinem Maultier so harmlos *Frankfurt* zugeritten, als ob ihn die ganze Sache nichts anginge, – dabei sprach er den ganzen Weg über in abgebrochenen Sätzen bald mit seinem Maultier, – bald mit sich selbst, – bald mit seiner Julia.

O Julia, meine holde Julia! – Nein, ich kann nicht halten, damit du diese Disteln abfrissest. – Daß die verwünschte Zunge eines Nebenbuhlers mich eines solchen Genusses berauben konnte, als ich gerade auf dem Punkte stand ihn zu kosten.

Oh! – es sind nur Disteln – laß sie stehen; – du sollst heute abend ein besseres Fressen haben.

Aus meinem Vaterlande verbannt, – von meinen Freunden getrennt – von dir!

Armer Teufel! du scheinst sehr ermüdet von deiner Wanderung! – Komm! – schreite etwas rascher aus – es ist ja nichts in meinem Mantelsack als zwei Hemden – die seidenen Hosen – und das Ding mit den Fransen – teure Julia!

Aber warum nach *Frankfurt?* – gibt es denn eine unsichtbare Hand, die mich geheimnisvoll all diese Schlangenpfade durch harmlose Länder führt?

Es stolpert bei jedem Schritt, bei St. *Nikolaus!* – Wenn es so fortgeht, wird es Nacht bis wir hinkommen –

Geh ich dem Glück entgegen – oder ist es mir beschieden, vom Schicksal und von der Verleumdung mißhandelt zu werden? – soll ich unüberwiesen – ungehört – ungerührt weitergetrieben werden? – Warum blieb ich dann nicht in Straßburg, wo die Gerechtigkeit – aber ich hatte es geschworen! – Komm, du sollst saufen – bei St. *Nikolaus* – O Julia! – Warum spitzest du die Ohren? Es ist nur ein Mann usw.

Der Fremdling ritt weiter, indem er sich bald an sein Maultier, bald an Julia wendete, – bis er an seinem Gasthof ankam, wo er alsbald abstieg, dafür besorgt war, daß sein Maultier, wie er es versprochen hatte, gut verpflegt wurde, – seinen Mantelsack mit den rotseidenen Hosen abschnallte und eine Omelette zum Abendessen bestellte. Dann legte er sich gegen zwölf Uhr zu Bett und war nach fünf Minuten in Schlaf versunken.

Um dieselbe Zeit etwa legte sich die Aufregung in *Straßburg* für diese Nacht, – die *Straßburger* gingen ebenfalls zu Bett – aber weder ihre Körper noch ihre Geister genossen der gleichen Ruhe wie der Fremdling. Die Feenkönigin hatte sich der Nase des Fremdlings bemächtigt und sie, ohne daß dadurch ihr Umfang gemindert wurde, in so viele Nasen von verschiedenem Zuschnitt und Form verwandelt, als es Köpfe in Straßburg gab. Die Äbtissin von *Quedlinburg*, die mit den vier Großwürdenträgerinnen ihres Kapitels, der Priorin, der Dekanin, der Untersängerin und der Oberkanonissin in dieser Woche nach Straßburg gekommen war, um die Universität in einer Gewissensfrage in betreff ihrer Unterrockschlitze zu Rate zu ziehen, – war die ganze Nacht krank.

Die Nase des artigen Fremdlings hatte sich auf die Zirbeldrüse ihres Gehirns gesetzt und in den Phantasien der vier Großwürdenträgerinnen ihres Kapitels einen solchen Aufruhr erregt, daß sie die ganze Nacht hindurch kein Auge zutun konnten; – sie vermochten kein Glied ruhig zu halten: – kurz als sie aufstanden, sahen sie wie Gespenster aus.

Die Büßerinnen von der dritten Ordnung des hl. *Franziskus*, die Nonnen vom *Kalvarienberg*, die *Prämonstratenserinnen*, die *Kluniazenserinnen**, die *Kartäuserinnen* und alle strengeren Non-

* Hafen Slawkenbergius versteht darunter die Benediktiner Nonnen von Cluny, deren Orden im Jahr 940 durch den Abt Odo von Cluny gestiftet worden war.

nenorden, welche in jener Nacht auf Leintüchern oder härenen Ziechen lagen, waren in einer noch schlimmeren Lage als die Äbtissin von *Quedlinburg;* indem sie sich die ganze lange Nacht hindurch von der einen Seite ihres Bettes nach der andern warfen und wälzten. Die verschiedenen Schwesterschaften kratzten und prügelten sich fast zu Tode; alle glaubten, der hl. *Antonius* habe sie mit seinem Feuer heimgesucht, um sie zu prüfen; kurz sie hatten von der Vesper bis zum Morgen kein Auge zugetan.

Die Nonnen der hl. *Ursula* handelten am klügsten; sie machten gar nicht den Versuch zu Bett zu gehen.

Der Dekan von *Straßburg,* die Domherren, die Kapitelherren und Domizellare, die am Morgen als geistliches Kapitel zusammengetreten waren, um die Frage der Butterwecken in Betracht zu ziehen, wünschten sämtlich, sie hätten das Beispiel der *Ursulinerinnen* befolgt.

In der Aufregung und Verwirrung, in der sich in dieser Nacht alles befunden hatte, hatten die Bäcker total vergessen, ihren Hefeteig anzumachen; – so gab es in ganz *Straßburg* keine Butterwecken zum Frühstück. – Der ganze Dombezirk befand sich in beständiger Bewegung: – eine solche Ruhelosigkeit und Erregung, ein so eifriges Forschen nach der Ursache dieser Ruhelosigkeit war in *Straßburg* nicht dagewesen, seitdem *Martin Luther* die Stadt mit seiner Lehre auf den Kopf gestellt hatte.

Wenn sich die Nase des Fremdlings so die Freiheit nahm, sich in die Speisen* der religiösen Orden zu mischen, welch einen Karneval mußte sie nicht unter denen der Laien anrichten! – Das ist mehr als meine stumpfgeschriebene Feder zu schildern vermag; doch erkenne ich an (ruft *Slawkenbergius* in einem heiteren Gedankengange als ich von ihm erwartet

* Herrn Shandys Glückwunsch an die Redner! – es ist ihm sehr leid, daß Slawkenbergius hier sein Gleichnis verändert hat woran er allein die Schuld trägt; – Herr Shandy als Übersetzer tat die ganze Zeit her, was er konnte, um sich genau daran zu halten – hier aber war es unmöglich.

hätte), daß es gegenwärtig viele gute Gleichnisse auf der Welt gibt, die meinen Landsleuten eine Idee davon geben könnten. Wäre es aber am Schlusse eines solchen, ihnen zulieb geschriebenen Foliobandes, worauf ich den größten Teil meines Lebens verwendet habe, – wenn ich auch zugebe, daß es ein solches Gleichnis geben mag – nicht unvernünftig von ihnen, wenn sie erwarten würden, daß ich übrige Zeit und Lust habe, um ihm nachzuspüren? Es genüge, wenn ich sage, daß die Verwirrung und Unordnung, die dasselbe in den Phantasien der *Straßburger* anrichtete, so allgemein war, – alle ihre geistigen Fähigkeiten in so überwältigender Weise beherrschte, – daß so viele seltsame Dinge mit gleicher Zuversicht von allen Seiten und mit gleicher Beredsamkeit an allen Orten hierüber besprochen und beteuert wurden, daß der ganze Strom der Unterhaltung und Verwunderung in dieser Richtung floß. Jede Menschenseele, die Guten und die Bösen, die Reichen und die Armen, die Gelehrten und die Ungelehrten, Doktoren und Studenten, Frauen und Mädchen, Edle und Bürgerliche, Nonnenfleisch und Weiberfleisch in *Straßburg* brachte die ganze Zeit damit zu, Neues hierüber in Erfahrung zu bringen; – jedes Auge in *Straßburg* schmachtete danach die Nase zu sehen, – jeder Finger, jeder Daumen in *Straßburg* brannte sie zu befühlen.

Was aber dieses heftige Verlangen noch steigerte, wenn es überhaupt noch dessen bedurfte, war, daß Schildwache, krummbeiniger Tambour, Trompeter, Trompeters Weib, Bürgermeisters Frau, Wirt und Wirtin, wie weit sie auch in ihren Beschreibungen der Nase des Fremdlings auseinandergingen, – alle in zwei Punkten vollkommen miteinander übereinstimmten: – nämlich daß er nach *Frankfurt* gegangen sei und in Monatsfrist nach *Straßburg* zurückkehren werde; und zweitens, daß, mochte seine Nase nun eine echte oder falsche sein, der Fremdling selbst eines der vollkommensten Schönheitsmuster – der feinste Mann unter der Sonne – der edelste, – der freigebigste – der artigste in seinem ganzen Wesen, der jemals *Straßburg* betreten, gewesen sei; – daß wie er so mit dem leicht am Handgelenk hängenden Säbel durch die Straßen geritten – wie er in seinen rotseidenen Hosen über den Paradeplatz gegangen sei – er dies mit einem milden Ausdruck sorgloser Bescheidenheit und doch zugleich so männlich getan habe, – daß er (falls seine Nase nicht im Wege gestanden wäre) das Herz jeder Jungfrau, die das Auge auf ihn geworfen, in Gefahr gebracht haben würde.

Ich kann ein Herz, welches dem Pulsieren und Schmachten einer so erregten Neugierde fremd ist, nicht auffordern die Äbtissin von *Quedlinburg*, die Priorin, die Dekanin und die Untersängerin zu entschuldigen, weil sie nachmittags nach dem Weibe des Trompeters schickten. Letztere schritt mit der Trompete ihres Mannes in der Hand durch die Straßen von *Straßburg* – es war dies der beste Apparat, den ihr die Kürze der Zeit – sie konnte nicht länger als drei Tage bleiben – gestattete, um ihre Theorie zu verdeutlichen.

Und die Schildwache und der säbelbeinige Tambour! – O diesseits des alten Athen kam ihnen nichts gleich; sie hielten ihre Vorlesungen an alle Kommenden und Gehenden unter den Stadttoren und mit derselben Würde wie ein *Chrysippus*, ein *Crantor* unter seinem Portikus.

Der Gastwirt mit seinem Hausknecht zur Linken hielt seine Vorlesung in dem gleichen Stil – unter der Halle oder dem Torweg seines Stallhofes; – seine Frau die ihrige etwas abgeschlossener in einem hinteren Zimmer. Jedermann strömte zu ihren Reden; nicht untereinander – sondern bald zu dieser bald zu jener, wie dies bei solchen Dingen stets der Fall ist, wo Glaube und Leichtgläubigkeit führten. Mit einem Wort jeder Straßburger drängte sich nach Wissen, und jeder Straßburger erhielt auch das Wissen, dessen er bedurfte.

Für alle Beweisführungen aus der Naturphilosophie ist die Tatsache bemerkenswert, daß sobald das Trompetersweib die Privatstunde, welche sie der Äbtissin von *Quedlinburg* gab, beendigt hatte, und nun öffentlich zu sprechen begann, was sie von einem Stuhl in der Mitte des Paradeplatzes aus tat – sie die anderen Redner dadurch wesentlich beeinträchtigte, daß sie sofort das feinste Publikum von Straßburg um sich versammelte. – Freilich (ruft *Slawkenbergius* aus) wenn ein über Philosophie Sprechender über eine *Trompete* verfügt, wie kann da ein Nebenbuhler in der Wissenschaft beanspruchen, sich neben ihm noch Gehör zu verschaffen?

Während die Ungelehrten mittels dieser Kanäle der Mitteilung auf den Grund des Brunnens zu kommen bemüht waren, wo die WAHRHEIT ihren kleinen Hof hält, – versuchten die Gelehrten es auf ihre Weise sie durch die Röhren dialektischer Induktion herauszupumpen; – sie befaßten sich nicht mit Tatsachen, – sie räsonierten.

Kein Beruf würde auch wirklich mehr Licht über diese Sache verbreitet haben als die Fakultät, – wären nicht alle ihre Disputationen in Fleisch- und Wassergeschwülsten verlaufen, die sie um alles in der Welt nicht vermeiden konnten. – Aber des Fremdlings Nase hatte weder mit Fleisch- noch mit Wassergeschwülsten etwas zu schaffen.

Doch wurde zur Genüge nachgewiesen, daß eine so gewaltige Masse heterogenen Stoffes sich, solange sich das Kind noch *in utero* befand, nicht an der Nase sammeln und vereinigen konnte, ohne das statische Gleichgewicht des Fötus zu zerstören und ihn neun Monate vor der Zeit mit einem Ruck auf den Kopf zu stellen.

Die Opponenten gaben die Theorie zu, – aber sie bestritten die Folgerungen.

Und, sagten sie, wenn nicht ein gehöriger Vorrat von Blut- und Pulsadern usw. für die richtige Ernährung einer solchen Nase schon in die ersten Stamina oder Grundzüge ihrer Bildung gelegt worden wäre, ehe sie zur Welt kam, so hätte sie (den Fall einer Fleischgeschwulst ausgenommen) später nicht regelmäßig wachsen und unterhalten werden können.

Dies wurde in einer Dissertation über die Nahrung und die Wirkung, welche die Nahrung auf die Ausdehnung der Gefäße, sowie auf das Wachstum und die Verlängerung der Muskelteile der größten Größe und denkbarsten Ausdehnung übe, widerlegt. – Im Übermaß dieser Theorie verstiegen sie sich zu der Behauptung, es liege in der Natur kein Hindernis vor, warum eine Nase nicht so groß werden könne, wie der Mensch selbst.

Die Gegner überzeugten die Welt, daß ein solches Ereignis nie eintreten könne, solange ein Mensch nur einen Magen und ein Paar Lungen habe; – denn, sagten sie, da der Magen das einzige Organ zur Aufnahme der Nahrung und Verwandlung derselben in Milchsaft, und die Lunge die einzige Maschine zur Blutbereitung sei, – so könne jener nicht mehr verarbeiten, als ihm der Hunger zuführe; und wenn man auch zugebe, daß ein Mensch seinen Magen überladen könne, so habe die Natur doch der Lunge Grenzen gesetzt, – diese Maschine sei von einer bestimmten Größe und Stärke und könne in einer gegebenen Zeit nur eine gewisse Menge verarbeiten, – das heißt, sie könne eben nur soviel Blut bereiten, als für einen einzigen Menschen hinreichend sei und nicht mehr; so daß wenn die Nase so groß wäre wie der Mensch, notwendig der eine oder die andere zu kurz kommen müsse; und da beide unmöglich erhalten werden könnten, müsse entweder die Nase von dem Menschen abfallen oder der Mensch von der Nase.

Die Natur bequemt sich Notfällen immer an, riefen die Widersacher, was würde denn sonst aus einem ganzen Magen und einer ganzen Lunge in einem *halben* Menschen, das heißt, wenn ihm unglücklicherweise beide Füße abgeschossen wären?

Er stirbt an Plethora (Überfülle), erwiderten jene, – oder er spuckt Blut und stirbt nach vierzehn Tagen oder drei Wochen an der Auszehrung.

Das geschieht aber nicht, entgegneten die ersteren.

Aber es müßte geschehen, sagten die letzteren.

Die wißbegierigeren und energischeren Forscher auf dem

Gebiete der Natur und ihrer Taten gingen zwar eine gute Strecke zusammen, doch trennten sie sich über die Nase selbst fast so weit als die Mitglieder der Fakultät.

Sie sprachen sich freundschaftlich dahin aus, daß in den verschiedenen Teilen des menschlichen Körpers eine richtige, geometrische Ordnung und Austeilung im Verhältnis zu ihren verschiedenen Bestimmungen, Zwecken und Obliegenheiten bestehe, über die sie nur innerhalb gewisser Grenzen hinausgehen könne; – daß die Natur sich allerdings Spiele erlaube – aber doch nur innerhalb eines gewissen Kreises; – freilich über den Durchmesser dieses Kreises konnten sie sich nicht vereinigen.

Die Logiker hielten sich strenger an den vorliegenden Fall als die übrigen Klassen der Literaten; – das Wort Nase war ihr erstes und letztes Wort; und hätte sich nicht einer ihrer fähigsten Köpfe gleich bei Beginn des Kampfes in eine *petitio principii* verrannt, so wäre der Streit sofort festgestellt worden.

Eine Nase, folgerte der Logiker, kann nicht bluten ohne daß sie Blut, – und zwar nicht nur Blut – sondern darin zirkulierendes Blut hat, um jene Erscheinung in einer Folge von Tropfen zu bewirken – (ein Strom ist nur eine raschere Folge der Tropfen, und somit darin einbegriffen, sagte er) – da nun der Tod, fuhr der Logiker fort, nichts anders ist als das Erstarren des Bluts –

Ich leugne diese Begriffsbestimmung: – der Tod ist die Trennung der Seele vom Körper, sagte sein Gegner. – Dann sind wir über unsere Waffen nicht einig, erwiderte der Logiker. – Dann hat auch der Streit ein Ende, versetzte der andere.

Die Verfechter des römischen Rechts waren noch schärfer, was sie vorbrachten war mehr eine Art Beschluß – als eine Disputation.

– Wenn, sagten sie, eine so ungeheuerliche Nase eine wirkliche Nase gewesen wäre, so hätte man sie nicht in der bürgerlichen Gesellschaft dulden können; – war sie aber falsch, so war der Versuch, die Gesellschaft durch solche unechten Zeichen und Erscheinungen zu täuschen, eine noch stärkere Verletzung ihrer Rechte und hätte um so weniger Gnade verdient.

Der einzige Einwurf gegen diese Aufstellung war, daß, wenn sie etwas bewies, sie bewies, daß des Fremdlings Nase weder echt noch falsch war.

Hierdurch ward Raum zur Fortsetzung des Streits gewonnen. Die Anwälte des geistlichen Gerichtshofs stellten den Satz auf, daß nichts im Wege stehe, hierüber ein Dekret zu erlassen, da der Fremdling ja *ex mero motu* zugestanden habe, er sei auf dem Vorgebirge der Nasen gewesen und habe dort eine der schönsten erhalten usw. – Hierauf wurde erwidert, es sei gar nicht möglich, daß es ein Vorgebirg der Nasen gebe, ohne daß die Gelehrten wüßten, wo es läge. Der Kommissär des Bischofs von *Straßburg* griff die Anwälte an und erklärte die Sache in einer Abhandlung über sprichwörtliche Phrasen, worin er zeigte, daß das Vorgebirg der Nasen nur ein allegorischer Ausdruck sei, der nicht mehr heißen solle, als daß die Natur ihm eine lange Nase verliehen habe: zum Beweis dafür führte er mit großer Gelehrsamkeit die hier unten* bezeichneten Autoritäten an, welche den Streitpunkt unzweifelhaft entschieden hätten, hätte es sich nicht gezeigt, daß ein Streit in betreff einiger Freiheiten von Dekanats- und Kapitelgütern 19 Jahre früher gleichfalls dadurch entschieden worden war.

Es geschah nun – ich kann nicht sagen zum Nachteil für die Wahrheit, weil diese dadurch in einer anderen Richtung

* Nonnulli ex nostratibus cadem loquendi formula utun. Quinimo et Logistae et Canonistae. – Vid. Parce Barne Jas in d. L. Provincial. Constitut. de conjec. vid. Vol. Lib. 4. Titul. 1. n. 7. qua etiam in re conspir. Om. de Promontorio Nas. Tichmak. ff. d. tit. 3. fol. 189 passim. Vid. Glos. de contrahend. empt. etc. necnon J. Scrudr. in cap. §. refut. per totum. Cum his conf. Rever. J. Tubal, Sentent, et Prov. cap. 9. ff. 11, 12, obiter. V. et Librum, cui Tit. de Terris et Phras. Belg. ad finem, cum comment. N. Bardy Belg. Vid. Scrip. Argentoratens. de Antiqu. Ecc. in Episc. Archiv. fid. coll. per Von Jacobum Koinshoven Folio Argent. 1583 praecip. ad finem. Quibus add. Rebuff in L. obvenire de Signif. Nom. ff. fol. et de jure Gent. et Civil. de protib. aliena feud. per federa, test. Joha. Luxius in prolegom. quem velim. videas. de Analy. Cap. 1, 2, 3. Vid. Idea.

wieder verstärkt wurde, – daß die zwei Universitäten *Straßburgs,* – die im Jahr 1538 durch den Ratsherrn *Jakobus Sturmius* gestiftete *lutherische,* – und die durch den Herzog *Leopold* von *Oesterreich* gegründete *katholische,* – damals gerade die ganze Tiefe ihrer Gelehrsamkeit (mit Ausnahme desjenigen Teils, der durch die Unterrockschlitze der Äbtissin von *Quedlinburg* in Anspruch genommen wurde) darauf verwendeten, – sich über *Martin Luthers* Verdammnis endgültig auszusprechen.

Die katholischen Theologen hatten es unternommen, *a priori* zu beweisen, daß *Luther* infolge des notwendigen Einflusses der Planeten am 22. Tag des *Oktobers* 1483 – da sich der Mond im zwölften, *Jupiter, Mars* und *Venus* im dritten, Sonne, *Saturn* und *Merkur* im vierten Hause befanden, – selbstverständlich und unvermeidlich verdammt sein müsse und daß seine Lehren deshalb in direkter Schlußfolge gleichfalls verdammte Lehren sein müßten.

Aus der Betrachtung seines Horoskops, wobei fünf Planeten zugleich mit dem Skorpion* (wenn mein Vater dies las, pflegte er stets den Kopf zu schütteln) im neunten Hause, das die Araber der Religion zuweisen, im Einklang waren, – ergab sich, daß sich *Martin Luther* keinen Deut um die Sache kümmerte; – und aus dem in Konjunktion mit *Mars* gebrachten Horoskop wiesen sie gleichfalls klar nach, daß er unter Flüchen und Lästerungen sterben müsse; und daß dann seine Seele mit solchen Mehltau belastet (und in Schuld getaucht) vor dem Wind in das Meer des höllischen Feuers segeln müsse. Der kleine Einwurf, den die *lutherischen* Doktoren hiergegen

* Haec mira, satisque horrenda. Planetarum coitio sub Scorpio asterismo in nona coeli statione, quam Arabes religioni deputabant, efficit Martinum Lutherum sacrilegium hereticum, Christianae religionis hostem accerrimum atque profanum, ex horoscopi directione ad Martis coitum, religiosissimus obiit, ejus anima selectissima ad infernos navigavit, – ab Alecto, Tisiphone, et Megara flagellis igneis cruciata perenniter.

– Lucas Gauricus in Tractatu astrologico de praeteritis multorum hominum accidentibus per genituras examinatis.

erhoben, bestand darin, daß es ganz sicher die Seele eines anderen am 22. *Oktober* 1483 geborenen Mannes sein müsse, die auf diese Art vor dem Wind dahinzufahren genötigt sei, – insofern aus den Geburtsregistern von *Eisleben* in der Grafschaft *Mansfeld* sich ergebe, daß *Luther* nicht im Jahre 1483 geboren sei, sondern 1484; und nicht am 22. Tag des *Oktobers*, sondern am 10. des *Novembers*, am Vorabend des Martinstags, woher er auch den Namen *Martin* erhalten habe.

(– Ich muß meine Übersetzung hier einen Augenblick unterbrechen; denn tät ich es nicht, so bin ich überzeugt, würde ich meine Augen ebensowenig schließen können wie die Äbtissin von *Quedlinburg*. – Ich muß dem Leser nämlich sagen, daß mein Vater diese Stelle aus *Slawkenbergius* meinem Onkel *Toby* niemals ohne triumphierenden Ausdruck vorlas, – nicht über meinen Onkel *Toby*, denn dieser erhob niemals eine Einwendung dagegen, – sondern über die ganze Welt. Du siehst jetzt, Bruder *Toby*, pflegte er zu sagen, indem er die Augen zum Himmel erhob, daß Taufnamen keineswegs so gleichgültige Dinge sind; – hätte *Luther* einen anderen Namen bekommen als *Martin*, so wäre er in alle Ewigkeit verdammt worden; – nicht daß ich *Martin* für einen besonders guten Namen hielte, pflegte er hinzuzusetzen, – weit entfernt, – er ist etwas besser als ein gleichgültiger, aber nicht viel – aber so wenig er auch zu bedeuten hat, so kann man doch sehen, daß er *Luthern* von Vorteil war.

Mein Vater wußte so gut wie der beste Logiker, wie schwach dieser Pfeiler seiner Hypothese war, – aber so ist nun einmal die Schwäche des Menschen: da er ihm gerade in den Weg kam, so hätte er sich um sein Leben nicht enthalten können, Gebrauch davon zu machen; und gewiß geschah es aus diesem Grunde, daß, obschon es in *Hafen Slawkenbergius'* Dekaden noch viele Erzählungen gab, die ganz ebenso unterhaltend waren wie die, welche ich hier übersetze, mein Vater doch keine derselben auch nur mit halb dem Vergnügen las wie diese; – sie schmeichelte zugleich zweien seiner seltsamsten Hypothesen – der Namen- und der Nasen-Hypothese. – Ich darf sagen, er hätte alle Bücher der *Alexandrinischen* Bibliothek lesen können, – wenn nicht das Schicksal anderweitig über sie verfügt hätte, – ohne daß er ein Buch oder eine Stelle in einem Buche gefunden hätte, die so wie diese zwei Nägel mit einem Schlag auf den Kopf traf.)

Die zwei Universitäten *Straßburgs* arbeiten stark an dieser Schiffahrt *Luthers*. Die protestantischen Doktoren hatten nachgewiesen, daß er gar nicht vor dem Wind segelte, wie die katholischen behauptet hatten; und da jedermann wußte, daß man dem Wind nicht gerade entgegensegeln konnte, so waren sie im Begriff festzustellen, um wieviel Striche er, falls er überhaupt segelte, außerhalb der Linie gewesen sei; ob Martin das Kap umsegelt oder an einer Küste unter dem Wind Anker geworfen habe; und da dies ohne Zweifel eine höchst erbauliche Forschung war, wenigstens für diejenigen, welche sich auf diese Art von SCHIFFAHRT verstanden, wären sie trotz der Größe der Nase des Fremdlings damit vorgegangen, hätte nicht die Größe der Nase des Fremdlings die Aufmerksamkeit der Welt von dem abgezogen, bei dem sie gerade waren; – es war daher ihres Amts, der Welt zu folgen.

Die Äbtissin von *Quedlinburg* und ihre vier Würdenträgerinnen konnten sie nicht aufhalten; denn da der ungeheure Umfang der Nase des Fremdlings ihre Phantasien ebensosehr beschäftigte wie jener Gewissensfall – so erkaltete die Sache mit den Rockschlitzen; – mit einem Wort, die Setzer erhielten die Weisung ihre Lettern abzulegen: – alle Streitereien hierüber wurden einstweilen beiseite gestellt.

Man konnte eine viereckige Mütze mit einer silbernen Troddel darauf gegen eine Nußschale wetten, wer erraten würde, auf welche Seite der Nase sich die zwei Universitäten spalten würden.

Das geht über die Vernunft, riefen die einen Doktoren.

Nein, unter die Vernunft, sagten die anderen.

Es ist glaubhaft, behauptete der eine.

Possen sinds, sagte der andere.

Möglich ists, rief dieser.

Es ist ganz unmöglich, erwiderte jener.

Gottes Macht ist unendlich, erklärten die Nasenmänner, er kann alles.

Er kann keinen Widerspruch gegen sich selbst begehen, sagten die Antinasenmänner.

Er kann machen, daß der Stoff denkt, sagten die Nasenmänner.

Ja, so gut ihr aus einem Schweinsohr eine Samtmütze machen könnt, erwiderten die Antinasenmänner.

Er kann aus zweimal zwei fünf machen, versetzten die katholischen Doktoren.

Nichts nutz! entgegneten die Lutherischen.

Allmacht ist nun einmal Allmacht, sagten die Doktoren, welche für die *Wirklichkeit* der Nase einstanden.

Sie bezieht sich nur auf mögliche Dinge, versetzten die *Lutheraner*.

Bei Gott im Himmel! schrien die katholischen Doktoren; er kann, wenn er es für passend hält, eine Nase machen, so groß wie der *Straßburger* Münsterturm.

Da nun aber der *Straßburger* Turm der dickste und höchste aller Kirchtürme der Welt ist, so leugneten die Antinasenmänner, daß man eine Nase von 575 geometrischer Füße Länge tragen könne, wenigstens nicht ein Mann von mittlerer Größe. –

Die katholischen Doktoren schworen, er könne es: – die lutherischen sagten: Nein, er könne es nicht.

Hieraus entspann sich ein neuer Streit über die Ausdehnung und die Beschränkung der moralischen und natürlichen Eigenschaften Gottes, den sie längere Zeit verfolgten. – Der Streit führte sie ganz natürlich zu *Thomas Aquino*, und von *Thomas Aquino* zum Teufel.

In diesem Streit hörte man nichts mehr von der Nase des Fremdlings; – sie tat jetzt nur noch den Dienst einer Fregatte, welche jene in den Golf der scholastischen Theologie schleppte, und dann segelten sie alle vor dem Wind.

Je weniger wirkliches Wissen, desto mehr Hitze und Aufregung.

Der Streit über Attribute, – statt die Einbildungskraft der *Straßburger* abzukühlen, – entflammte sie im Gegenteil in einem außerordentlichen Grade. – Je weniger sie von der Sache verstanden, desto größer war ihre Verwunderung darüber; – sie sahen sich in allen Nöten unbefriedigten Verlangens – sahen ihre Doktoren, die *Pergamentisten*, die *Messingisten*, die *Terpentinisten* auf der einen Seite, – die katholischen Doktoren auf der andern, wie *Pantagruel* und seine Gefährten im Suchen nach dem Orakel der Flasche, sämtliche außer Sicht in See.

– Und die armen *Straßburger* standen am Ufer und hatten das Nachsehen!

Was war da zu tun? – Man durfte nicht säumen; – die Aufregung stieg – alles war aus Rand und Band – die Stadttore standen offen.

Ihr unglücklichen *Straßburger!* im Magazin der Natur, in der Rumpelkammer der Gelehrsamkeit, im großen Arsenal des Zufalls war auch nicht ein einziges Werkzeug, das nicht benutzt worden wäre, um eure Neugierde zu quälen, euer Verlangen auf die Folter zu spannen, das die Hand des Schicksals nicht gegen eure Herzen gerichtet hätte! – Ich tauche keineswegs die Feder in meine Tinte, um eure schließliche Ergebung zu entschuldigen, – nein, sondern um euer Lob zu singen. Man zeige mir eine so von Erwartung gefolterte Stadt, – die 27 Tage lang nicht aß, nicht trank, nicht schlief, nicht betete, nicht auf den Ruf der Religion und der Natur hörte, und die es einen Tag länger ausgehalten hätte.

Am achtundzwanzigsten hatte der höfliche Fremdling versprochen, nach *Straßburg* zurückzukehren.

Siebentausend Kutschen (*Slawkenbergius* hat ohne Zweifel in seinen Zahlen einen kleinen Irrtum begangen), 7000 Kutschen, – 15 000 Einspänner, – 20 000 Leiterwagen, so voll gepfropft als möglich mit Senatoren, Ratsherren, Syndicis, – Beguinen, Witwen, Frauen, Jungfrauen, Domherren, Konkubinen, alle in ihren Kutschen: – die Äbtissin von *Quedlinburg*, mit der Priorin, der Dekanin, und der Untersängerin an der Spitze des Zugs in einer Kutsche, der Dekan von *Straßburg* mit den vier Großwürdenträgern seines Kapitels zu ihrer Linken, – die übrigen Einwohner untereinander hinterdrein, einige zu Pferde, – andere zu Fuß, – einige geführt, – andere gezogen, – ein Teil auf dem *Rhein*, – ein anderer auf diesem und jenem Wege – alle, alle zogen vor Tagesanbruch aus, um dem artigen Fremdling unterwegs zu begegnen.

Nun rasch zur *Katastrophe* meiner Erzählung, – ich sage *Katastrophe* (sagt *Slawkenbergius*), da eine richtige gefügte Erzählung sich nicht nur der *Katastrophe* und *Peripetia* eines DRAMAS erfreut *(gaudet)*, sondern auch aller andern wesentlichen und integrierenden Teile eines solchen: – sie hat ihre *Protasis, Epitasis, Katastasis,* ihre *Katastrophe* oder *Peripetia*, wobei die eine aus der andern nach der zuerst von *Aristoteles* festgestellten Ordnung hervorgeht, – ohne welche man lieber gar keine Erzählung macht, sagt *Slawkenbergius*, sondern sie bei sich behält.

In allen meinen zehn Erzählungen, in allen meinen zehn Dekaden habe ich, *Slawkenbergius*, jede Erzählung so fest und genau an diese Regel gebunden, wie die vorliegende von dem Fremdling und seiner Nase.

– Die *Protasis* oder die Einleitung geht vom ersten Gespräch mit der Schildwache bis zu seinem Verlassen der Stadt *Straßburg*, nachdem er seine rotseidenen Hosen wieder ausgezogen hat; – hierbei werden die Charaktere der *personae dramatis* leicht skizziert und der Gegenstand selbst sachte begonnen.

Die *Epitais*, worin die Handlung schon energischer auftritt, bis sie den Zustand oder die Höhe erreicht, welche *Catastasis* heißt, und die gewöhnlich den zweiten und dritten Akt einbegreift, ist in jener tätigen Periode meiner Erzählung zwischen dem ersten nächtlichen Aufruhr wegen der Nase bis zu dem

Schlusse der Vorlesungen der Trompetersfrau hierüber in der Mitte des großen Paradeplatzes enthalten. Die Zeit von der ersten Einschiffung der Gelehrten des Streits wegen bis zu ihrem schließlichen Wegsegeln und Zurücklassen der Straßburger in Not am Ufer, heißt die *Catastasis*, oder das Heranreifen der Ereignisse und Leidenschaften bis zu ihrem Losbrechen im fünften Akt.

Dieser beginnt mit der Ausfahrt der *Straßburger* auf der Straße nach *Frankfurt* und endet mit dem Entwirren des Labyrinths und dem Verbringen des Helden aus einem Zustand der Aufregung (wie es *Aristoteles* nennt) zu einem solchen der Ruhe und des Friedens.

Dieser Akt, sagt Hafen *Slawkenbergius*, bildet die *Catastrophe* oder *Peripetia* meiner Erzählung, und diesen Teil derselben werde ich nun vornehmen.

Wir ließen den Fremdling schlafend hinter dem Vorhang; jetzt tritt er auf die Bühne.

Weshalb spitzest du die Ohren? – Es ist nur ein Mann zu Pferde, – war das letzte Wort, das wir von dem Fremdling hörten.

Es war damals nicht am Platze, dem Leser zu sagen, daß das Maultier seinem Herrn glaubte und ohne weitere Wenn und Aber den Reisenden und sein Roß vorüberließ.

Der Reisende beeilte sich sehr, um noch in dieser Nacht nach *Straßburg* zu kommen. Welch ein Narr bin ich doch! sagte der Reisende zu sich selbst, als er etwa eine Wegstunde weitergeritten war, daß ich durchaus noch heute nacht nach *Straßburg* gelangen will! Nach *Straßburg* – dem großen *Straßburg!* – Der Hauptstadt des *Elsasses!* nach *Straßburg,* der kaiserlichen Stadt! nach *Straßburg,* der freien Reichsstadt! in der 5000 der besten Truppen der Welt liegen! – Ach! selbst wenn ich jetzt vor den Toren von *Straßburg* stünde, ich käme nicht für einen Dukaten hinein, – nein! nicht für anderthalb Dukaten: – es ist zuviel – besser ich kehre wieder nach dem letzten Gasthof zurück, in dem ich war – als daß ich mich wer weiß wo niederlegen, – oder wer weiß was zahlen muß. Nachdem der Reisende bei sich selbst diese Betrachtungen angestellt hatte, wendete er den Kopf seines Pferdes um und langte drei Minuten, nachdem man unserem Fremdling sein Zimmer gewiesen hatte, gleichfalls in demselben Gasthofe an. – Wir haben Schinken im Hause und Brot, sagte der Wirt; – und bis heute abend 11 Uhr hatten wir auch drei Eier; aber ein Fremdling, welcher vor einer Stunde anlangte, hat sich einen Eierkuchen daraus machen lassen, und jetzt haben wir nichts.

Ach, sagte der Reisende, ich bin so ermüdet, daß ich nur ein Bett brauche. – Ich habe ein so weiches als irgendeins im ganzen *Elsaß*, erwiderte der Wirt.

Eigentlich, fuhr er fort, hätte der Fremdling darin schlafen sollen, denn es ist mein bestes Bett, aber es ging nicht wegen seiner Nase. – Er hat wohl einen rechten Schnupfen? sagte der Reisende. – Ich wüßte nicht, erwiderte der Wirt; aber es ist ein Feldbett und *Jacinta,* fuhr er fort und sah das Zimmermädchen an, meinte, er werde nicht Platz haben, um seine Nase umzudrehen. – Wieso das? rief der Reisende und fuhr in die Höhe. – Seine Nase ist so gar lang, erwiderte der Wirt. – Der Reisende schaute auf *Jacinta,* dann auf den Boden, – kniete dann auf sein rechtes Knie und legte die Hand auf die Brust. – Scherzt nicht mit meiner Angst, sagte er dann und erhob sich. – Es ist kein Scherz, erwiderte *Jacinta,* es ist eine wundervolle Nase! – Der Reisende fiel abermals auf sein Knie, – legte die Hand auf die Brust – und sprach, indem er das Auge zum Himmel erhob: Dann hast du mich an das Ende meiner Wanderschaft geführt – dann ists *Diego!*

Der Reisende war der Bruder derselben Julia, die der Fremdling während er auf seinem Maultier von *Straßburg* herritt, so oft angerufen hatte; er kam in ihrem Auftrag, um den Fremdling aufzusuchen. Er hatte seine Schwester von *Valladolid* über die *Pyrenäen* durch *Frankreich* begleitet und hatte in seiner Verfolgung durch die vielfachen Krümmungen und schroffe Absprünge, wie sie der Dornenpfad eines Liebhabers mit sich bringt, manchen Knäuel abzuwickeln gehabt. – Julia war den Anstrengungen erlegen, – in *Lyon* vermochte sie keinen Schritt weiterzureisen; sie erkrankte hier an den vielen Unruhen eines zärtlichen Herzens, von denen alle sprechen, – die aber nur wenige fühlen, – hatte jedoch noch soviel Kraft, um einen Brief an *Diego* zu schreiben; und nachdem sie ihren Bruder beschworen, nicht wieder zu ihr zurückzukehren, bis er ihn aufgefunden und ihm den Brief übergeben hätte, legte sich Julia auf das Krankenlager.

Fernandez (dies war der Name ihres Bruders) konnte in seinem Bett kein Auge schließen, obgleich es so weich war wie irgendeines im *Elsaß*. – Sobald der Tag angebrochen war und er hörte, daß *Diego* sich erhoben hatte, trat er bei ihm ein und entledigte sich des Auftrags seiner Schwester.

Im Brief stand folgendes:

Herr Diego,

Mag mein Verdacht in betreff Eurer Nase ein berechtigter gewesen sein oder nicht, – darum handelt es sich jetzt nicht; – es ist genug, daß ich nicht Entschlossenheit genug besaß, um es näher zu untersuchen.

Wie habe ich mich doch so wenig gekannt, als ich meine *Duenna* zu Euch schickte, um Euch zu verbieten, je wieder unter mein Gitter zu kommen? Und wie habe ich Euch so wenig gekannt, *Diego,* daß ich glauben konnte, Ihr würdet auch nur einen Tag länger in *Valladolid* bleiben, um meine Zweifel zu heben? – Mußtet Ihr mich verlassen, *Diego,* weil man mich getäuscht hatte? oder war es freundlich, mich beim Wort zu nehmen, mochte nun mein Verdacht gerecht sein oder nicht, um mich zu verlassen, wie Ihr tatet, eine Beute so großer Ungewißheit und Betrübnis?

Wie schmerzlich Julia dies empfunden hat, – wird Euch mein Bruder erzählen, wenn er diesen Brief in Eure Hände legt; er wird Euch sagen, wie bald sie die übereilte Botschaft, die sie Euch sandte, bereut hat, – in welch wilder Hast sie nach ihrem Gitter stürzte, und wieviel Tage und Nächte sie unbeweglich auf ihrem Ellbogen lehnte und nach dem Wege ausschaute, woher *Diego* zu kommen pflegte.

Er wird Euch erzählen, wie sie, als sie hörte, Ihr seiet abgereist, fast den Verstand verlor, wie ihr Herz litt, – wie jämmerlich sie klagte, – wie tief sie den Kopf hängen ließ. O *Diego!* wie manchen sauern Schritt machte ich an der Hand meines mitleidigen Bruders, um Euch wiederzufinden! wie hat die Sehnsucht mich so viel weitergeführt, als meine Kraft ging! – wie oft bin ich unterwegs ohnmächtig geworden und ihm in die Arme gesunken, nur noch fähig zu rufen: O mein *Diego!*

Wenn Euer Herz Eurem edeln Wesen entspricht, so werdet Ihr jetzt ebenso rasch zu mir fliegen, als Ihr mir entflohen seid: – aber eilet so sehr Ihr möget – Ihr werdet doch nur kommen, um mich sterben zu sehen. – Das ist ein bitteres Tränklein, *Diego;* aber ach! es wird dadurch noch bitterer, daß ich sterben soll ohne –!

Sie konnte nicht weiter!

Slawkenbergius ist der Ansicht, sie habe schreiben wollen: *ohne mich überzeugen zu lassen;* aber ihre Schwäche ließ sie den Brief nicht vollenden.

Als der artige *Diego* den Brief las, ging ihm das Herz über: – er befahl, daß man alsbald sein Maultier und das Pferd des *Fernandez* satteln solle; und da bei solchen Herzensstürmen – wo der Zufall, der uns ebensooft zu einem Heilmittel als zu einer Krankheit führt, uns ein Stück Holzkohle in das Fenster schleudert – uns die Poesie weit mehr Luft macht als die Prosa, griff *Diego* zu der Holzkohle; und während der Hausknecht sein Maultier fertig machte, erleichterte er sein Gemüt durch folgenden Vers, den er an die Wand schrieb:

Ode

Hart erklingt das Notenheer der Liebe,
Bis den Schlüssel meine Julia faßt;
Ihre Hand nur darf den Teil berühren,

Dessen süße Triebe
Unser ganzes Herz verführen,
Hin uns reißen in einfühlsamer Hast.

2.

O Julia!

Diese Zeilen waren so natürlich – denn sie paßten gar nicht für den Fall, sagt *Slawkenbergius*, und es ist wirklich schade, daß es nicht mehr waren; aber entweder war Herr *Diego* etwas langsam im Versemachen – oder der Hausknecht besonders flink im Satteln von Maultieren, – die Sache ist nicht klargestellt; gewiß ist nur, daß *Diegos* Maultier und *Fernandez'* Pferd vor der Türe des Wirtshauses bereitstanden, ehe *Diego* mit seinem zweiten Vers fertig war. So stiegen sie, ohne die Vollendung der Ode abzuwarten, auf, ritten hinaus, passierten den *Rhein*, ritten durch das *Elsaß*, richteten ihren Marsch auf *Lyon*, und ehe die *Straßburger*, und die Äbtissin von *Quedlinburg* ihren Auszug angetreten, hatten *Fernandez*, *Diego* und seine *Julia* bereits die *Pyrenäen* überschritten und waren glücklich in *Valladolid* angelangt.

Wir brauchen den geographiekundigen Leser nicht erst zu belehren, daß, während sich *Diego* bereits in Spanien befand, es nicht möglich war, dem artigen Fremdling auf der Straße nach *Frankfurt* zu begegnen. Es mag genügen, wenn ich sage, daß, da von allen unruhigen Begierden die Neugierde die gewaltigste ist, – die *Straßburger* die ganze Macht derselben empfanden; und daß sie von der stürmischen Wut dieser Leidenschaft drei Tage und Nächte auf der Frankfurter Straße hin- und hergeworfen wurden, ehe sie sich entschließen konnten wieder umzukehren; – wo sie ach! ein Ereignis erwartete, welches das traurigste ist, das ein freies Volk treffen kann.

Da diese Umwälzung der Dinge in *Straßburg* vielfach besprochen aber wenig verstanden worden ist, so will ich, sagt *Slawkenbergius*, der Welt eine Erklärung derselben geben, und damit meine Geschichte schließen.

Jedermann kennt das große System einer Universalmonarchie, welches auf Befehl des Herrn *Colbert* verfaßt und im Jahr 1664 im Manuskript *Ludwig* dem Vierzehnten vorgelegt wurde.

Eine der vielen Konsequenzen dieses Systems war bekanntlich die Besitznahme von *Straßburg*, um jederzeit das Einrücken in *Schwaben* zu erleichtern und die Ruhe in *Deutschland* zu stören; – und infolge dieses Plans fiel *Straßburg* unglückseligerweise endlich in die Hände der *Franzosen*.

Es ist nur wenigen gegeben, die wahren Beweggründe dieser und ähnlicher Umwälzungen aufzuspüren; – die Masse sieht darüber hinaus – die Staatsmänner schauen darunter hinweg, – die Wahrheit liegt gewöhnlich in der Mitte.

Wie verhängnisvoll kann der Volksstolz für eine freie Stadt werden! sagt ein Geschichtsschreiber. – Die *Straßburger* hielten es für eine Schwächung ihrer Freiheit, wenn sie eine kaiserliche Garnison aufnähmen; – so bekamen sie eine *französische*.

Das Schicksal der *Straßburger*, sagt ein anderer, mag eine Warnung für jedes freie Volk sein, mit seinem Gelde sparsam umzugehen. – Sie verbrauchten ihre Einkünfte zum voraus, – mußten sich mit Steuern belasten und dadurch ihre Kraft aufzehren, und wurden schließlich so schwach, daß sie nicht mehr stark genug waren, um ihre Tore zu schließen; und so stießen die *Franzosen* sie auf.

Ach nein! ach nein! ruft *Slawkenbergius*, es waren nicht die Franzosen, ihre eigene NEUGIERDE stieß sie auf. – Als die *Franzosen*, die immer auf der Lauer standen, freilich sahen, daß sämtliche *Straßburger*, Männer, Weiber und Kinder auszogen, um der Nase des Fremdlings entgegenzugehen, – brauchten sie nur ihrer eigenen nachzugehen und einzurücken.

Handel und Gewerbe sind seitdem dort immer mehr zerfallen und herabgekommen, – aber nicht aus den von Handelsgrößen bezeichneten Gründen; sondern einzig deshalb, weil den *Straßburgern* die Nasen beständig so im Kopf herumgingen, daß sie ihren Geschäften nicht mehr recht nachkamen.

Ach, ach! ruft *Slawkenbergius* noch einmal aus; – es ist nicht die erste – und ich fürchte sehr auch nicht die letzte Festung, die durch Nasen gewonnen – oder verloren wurde!

Ende der Erzählung des *Slawkenbergius*

1. Kapitel

Bei all dieser Nasengelehrsamkeit, die beständig meinem Vater durch den Kopf ging – bei so vielen Familienvorurteilen, – und zehn Dekaden solcher Erzählungen, die immer nebenher liefen, – wie war es da möglich, daß bei einem so feinen – aber war es denn eine echte Nase? – daß ein Mann von so feinem Gefühl wie mein Vater jenen Schlag im unteren Zimmer überhaupt, – und im oberen Zimmer in einer anderen Lage als in der oben beschriebenen durchmachen konnte?

Werfen Sie sich immerhin ein dutzendmal auf das Bett, – aber tragen Sie dabei Sorge, erst vorher einen Spiegel auf einen Stuhl danebenzustellen. – Aber war denn die Nase des Fremdlings eine echte oder eine falsche?

Wenn ich Ihnen dies jetzt schon sagen würde, Madame, so würde ich damit eine der schönsten Erzählungen in der Christenheit schwer schädigen; nämlich die zehnte in der zehnten Dekade, die unmittelbar darauf folgt.

Die Erzählung, rief *Slawkenbergius* etwas triumphierend aus, ist von mir aufgespart worden, um als Schlußerzählung meines ganzen Werkes zu figurieren; denn ich weiß recht gut, daß wenn ich sie erzählt habe und wenn mein Leser ihr bis zum Schlusse gefolgt ist, – es für uns beide hohe Zeit sein wird das Buch zuzumachen; denn ich wüßte in der Tat nicht, führt *Slawkenbergius* fort, welche Erzählung auf diese noch folgen könnte.

– Es ist dies in der Tat eine Erzählung –!

Sie beginnt mit der ersten Zusammenkunft in dem Gasthof in *Lyon*, da wo *Fernandez* den artigen Fremdling und seine Schwester *Julia* allein auf deren Zimmer läßt, und trägt die Überschrift:

DIE SCHWIERIGKEITEN

des

Diego und der Julia

Himmel! was für ein sonderbarer Mensch bist du, *Slawkenbergius!* welch eine eigentümliche Anschauung von den Verwicklungen innerhalb des weiblichen Herzens hast du uns eröffnet! wie kann dies jemals übersetzt werden! und doch wenn dieses Muster der Erzählungen des *Slawkenbergius* und die Vorzüglichkeit seiner Moral der Welt gefallen sollte, – so sollen ein paar Bände davon übersetzt werden. – Im übrigen habe ich allerdings nicht die entfernteste Idee davon, wie dieselben jemals in einer modernen Sprache wiedergegeben werden könnten. – An einigen Stellen scheint es, als ob ein sechster Sinn nötig wäre, um es gehörig tun zu können. Was kann er unter dem züngelnden Geäugel eines schlaffen, leisen, lechzenden Geplauders, fünf Töne unter dem natürlichen Laute verstehen, – was, wie Sie wissen, Madame, wenig mehr als ein Geflüster ist? In dem Augenblick, da ich die Worte aussprach, konnte ich den Versuch zu einer Vibrierung der Saiten in der Herzgegend bemerken – das Gehirn ging nicht darauf ein. – Es besteht oft kein gutes Einvernehmen zwischen beiden. – Es war mir, als verstehe ich es. – Ich hatte keine Ideen. – Die Bewegung konnte doch nicht ohne ihre Ursache sein. – Aber ich bin hier überfragt. – Ich vermag nichts daraus zu machen, außer etwa, wenn der geneigte Leser erlaubt, daß die Stimme, die in diesem Falle wenig mehr als ein Geflüster ist, die Augen unabweisbar zwinge sich einander nicht nur bis auf sechs Zoll zu nähern – sondern sich in die Augäpfel zu schauen. – Kann das nicht gefährlich werden? Aber es ist nicht zu vermeiden: – denn sieht man an die Decke, so müssen sich beide Kinne notwendig begegnen; – und sieht man sich gegenseitig in den

Schoß, so berühren sich die Stirnen, und die Unterhaltung nimmt sofort ein Ende, – ich meine den empfindsamen Teil derselben. – Was dann noch übrigbleibt, Madame, ist nicht wert, daß man sich deshalb länger aufhält.

2. Kapitel

Mein Vater lag anderthalb Stunden lang über das Bett hingestreckt, als ob die Hand des Todes ihn niedergeworfen hätte; dann begann er mit der großen Zehe des Fußes, der über das Bette herabhing, auf dem Boden zu spielen. Meinem Onkel *Toby* wurde bei diesem Anblick das Herz um ein gutes Pfund leichter. – Nach einigen Minuten kam auch die linke Hand, deren Knöchel die ganze Zeit über auf dem Henkel des Nachtgeschirrs geruht hatte, wieder zum Gefühl; – er schob letzteres etwas mehr unter das Bett; – streckte dann die Hand in den Busen – und ließ ein Hem! hören. Mein guter Onkel *Toby* gab ihm mit innigster Freude Antwort darauf; er würde jetzt in die eröffnete Lücke gar zu gerne eine tröstliche Bemerkung eingegossen haben; allein da er hierfür, wie bereits erwähnt, kein Talent hatte und überdies fürchtete, er möchte etwas vorbringen, was das Übel ärger machte, so begnügte er sich damit, sein Kinn sanft auf dem Griff seiner Krücke ruhen zu lassen.

Nun ist aber nicht schwer zu entscheiden, ob dieser Druck das Gesicht meines Onkels *Toby* zu einem freundlicheren Oval verkürzte, – oder ob sein menschenfreundliches Herz, als er seinen Bruder allmählich aus jenem Meer der Trübsal emportauchen sah, seine Muskeln angespannt hatte, – so daß der Druck auf sein Kinn das Wohlwollen, welches schon vorher darin lag, nur verdoppelte. – Als mein Vater den Kopf nach ihm drehte, traf ihn ein solcher Sonnenstrahl, daß die Starrheit seines Kummers im Nu daran schmolz.

Er brach das Stillschweigen mit folgenden Worten:

3. Kapitel

Bruder *Toby,* rief mein Vater, indem er sich auf seinem Ellbogen erhob und sich nach der entgegengesetzten Seite des Bettes herumdrehte, wo mein Onkel *Toby* auf seinem alten befransten Stuhle, das Kinn auf der Krücke, saß, – Bruder *Toby,* rief er, hat je ein armer unglücklicher Mann so viele Hiebe erhalten? – Die meisten, die ich austeilen sah, erwiderte mein Onkel *Toby* und zog dabei die Glocke am oberen Ende des Bettes, damit *Trim* kommen möchte – erhielt ein Grenadier, soviel ich mich erinnere, von *Mackays* Regiment.

Wenn mein Onkel *Toby* meinem Vater eine Kugel durchs Herz geschossen hätte, hätte er nicht jäher mit der Nase auf die Decke fallen können.

Herr, du meine Güte! sagte mein Onkel *Toby.*

4. Kapitel

War es nicht bei *Mackays* Regiment, fragte mein Onkel *Toby,* daß der arme Grenadier wegen der Dukaten so unbarmherzig in *Brügge* gepeitscht wurde? – O Jesus! rief *Trim* mit einem tiefen Seufzer, und er war erst noch unschuldig und wurde fast zu Tode gepeitscht, halten zu Gnaden! Es wäre besser für ihn gewesen, sie hätten ihn gleich totgeschossen, wie er bat, und er wäre geradewegs in den Himmel gekommen, denn er war so unschuldig wie Euer Gnaden. – Ich danke dir, *Trim,* sagte mein Onkel *Toby.* – Ich denke nie an sein und meines armen Bruders *Tom* Unglück, fuhr *Trim* fort, denn wir waren alle drei Schulkameraden, ohne daß ich heule wie ein Feigling. – Tränen sind kein Beweis von Feigheit, *Trim;* – ich vergieße selbst bisweilen welche, versetzte mein Onkel *Toby.* – Das weiß ich, Euer Gnaden, erwiderte *Trim,* und deshalb schäme ich mich auch ihrer nicht. – Aber denken zu müssen, Euer Gnaden, fuhr *Trim* fort und eine Träne stahl sich ihm dabei in den Augenwinkel, – denken zu müssen, daß zwei brave Burschen mit so warmen Herzen im Leibe und so ehrlich, wie Gott einen nur erschaffen kann, die Kinder ehrlicher Leute, – die so froh und mutig in die Welt gingen um drin ihr Glück zu machen, – daß sie so übel fahren mußten! – daß der arme *Tom* wegen eines Nichts – weil er eine Judenwitwe, die Würste verkaufte, geheiratet hatte, – auf die Folter gespannt wurde! – daß dem ehrlichen *Dick Johnson* wegen der Dukaten, die ein anderer in seinen Tornister geschoben hatte, die Seele aus dem Leibe gepeitscht wurde! – O! das sind Schicksale, rief *Trim* und zog sein Taschentuch heraus – das sind Schicksale, Euer Gnaden, wegen der man sich wohl niederwerfen und laut schreien dürfte.

– Mein Vater wurde unwillkürlich rot.

Es sollte mir leid tun, *Trim*, sagte mein Onkel *Toby*, wenn du je dein eigenes Geschick beklagen müßtest; – du fühlst so zart für andere. – Ach Gott! erwiderte der Korporal und sein Gesicht hellte sich auf, Euer Gnaden wissen ja, ich habe weder Weib noch Kind; – ich kann ja keinen Kummer auf der Welt haben. – Mein Vater mußte unwillkürlich lächeln. – Ja, ja, *Trim*, so wenig als irgendeiner, versetzte mein Onkel *Toby;* ich könnte auch gar nicht begreifen, wie ein Mensch von deinem leichten Herzen zu einem Leiden kommen sollte, außer, wenn in deinem hohen Alter die Not der Armut über dich käme, wenn du keinen Dienst mehr leisten kannst, *Trim*, – und deine Freunde tot sind. – O fürchten das Euer Gnaden nicht, entgegnete *Trim* heiter. – Ich möchte aber, daß du nichts zu fürchten hättest, *Trim*, erwiderte mein Onkel *Toby;* und deshalb, fuhr mein Onkel *Toby* fort, warf die Krücke weg und stellte sich auf seine eigenen Beine, als er das Wort »deshalb« aussprach, – sollst du, *Trim*, als Belohnung für deine vieljährige Treue gegen mich und für die Herzensgüte, von der ich so viele Beweise hatte, – solang dein Herr noch einen Schilling hat, – niemand auch nur um einen Pfennig ansprechen, *Trim*. – *Trim* versuchte meinem Onkel *Toby* zu danken; – er vermochte es aber nicht, – die Tränen flossen ihm so schnell die Wange herab, daß er nicht damit fertig wurde sie abzuwischen. – Er legte die Hände auf sein Herz, – machte eine Verbeugung bis auf den Boden hinab, – und schloß die Türe.

Ich habe *Trim* meinen Schanzplatz vermacht, sagte mein Onkel *Toby*. – Mein Vater lächelte. – Und außerdem habe ich ihm eine Pension ausgesetzt, fuhr mein Onkel *Toby* fort. – Mein Vater wurde ernsthaft.

5. Kapitel

Ist das jetzt eine passende Zeit, um von PENSIONEN und GRENADIEREN zu sprechen? sagte mein Vater zu sich selbst.

6. Kapitel

Als mein Onkel *Toby* zuerst des Grenadiers erwähnte, fiel mein Vater wie gesagt mit der Nase flach auf die Decke und zwar so jählings, wie wenn mein Onkel *Toby* ihn niedergeschossen hätte. Ich habe jedoch nicht beigefügt, daß auch jedes andere Glied meines Vaters gerade wie die Nase genau wieder dieselbe Stellung annahm, in der er zuerst dalag; so daß, als Korporal *Trim* das Zimmer verlassen hatte und mein Vater sich geneigt fühlte, sich vom Bett zu erheben, – er all die kleinen vorbereitenden Bewegungen wieder durchmachen mußte, ehe er es vermochte. – Stellungen an sich bedeuten nichts, Madame! – aber der Übergang von einer Stellung zur anderen, – wie die Vorbereitung und Auflösung der Mißstimmung in Harmonie, bedeutet alles.

Deshalb führte mein Vater wieder dasselbe Zwischenspiel mit der großen Zehe auf dem Boden auf, – stieß den Nachttopf noch etwas weiter von der Bettkante zurück, – ließ ein Hem! ertönen, – erhob sich auf dem Ellbogen und war eben im

Begriff sich an meinen Onkel *Toby* zu wenden, – als er sich erinnerte, wie wirkungslos seine erste Anstrengung in dieser Stellung gewesen war. Er stand deshalb vollends auf, ging dreimal im Zimmer auf und ab und blieb dann hart vor meinem Onkel *Toby* stehen. Hierauf legte er die drei ersten Finger seiner rechten Hand in die geöffnete Linke, bückte sich ein wenig vor und sprach dann also zu meinem Onkel *Toby:*

7. Kapitel

Wenn ich über den MENSCHEN nachdenke, Bruder *Toby,* und jene dunkle Seite von ihm betrachte, welche sein Leben darstellt, wie es so vielen Ursachen der Wirrsal preisgegeben ist; – wenn ich bedenke, Bruder *Toby,* wie oft wir das Brot der Betrübnis essen, und daß wir hierfür geboren sind, als einem Teil unserer Erbschaft – Ich war zu nichts als zu meiner Offiziersstelle geboren, unterbrach mein Onkel *Toby* meinen Vater. – Ei daß dich! sagte mein Vater, hinterließ dir nicht mein Onkel 120 Pfund jährlich? – Was hätte ich ohne sie anfangen können? fragte mein Onkel *Toby.* – Das ist eine andere Frage, sagte mein Vater trocken; aber ich sage dir, *Toby,* wenn man die Liste all der Fehlrechnungen und offenen Posten überblickt, womit das menschliche Herz belastet ist, so muß man sich nur wundern, vermöge welcher verborgenen Hilfsmittel das Gemüt imstande ist, alles das auszuhalten und mit all den Lasten, die ihm unsere Natur auferlegt, so fertigzuwerden, wie es wirklich tut. – Das geschieht eben unter dem Beistand des allmächtigen Gottes, sagte mein Onkel *Toby,* indem er zum Himmel emporschaute und die flachen Hände gegeneinanderpreßte, – aus unserer eigenen Stärke vermögen wir das nicht, Bruder *Shandy;* – ebensogut könnte es eine Schildwache in einem hölzernen Schilderhause mit einer Abteilung von 50 Mann aufzunehmen wagen. – Die Gnade und der Beistand des besten aller Wesen hält uns aufrecht.

– Das heißt den Knoten zerhauen, statt ihn aufzulösen, erwiderte mein Vater. – Aber erlaube, Bruder *Toby,* daß ich dich etwas tiefer in das Geheimnis einführe.

Herzlich gern, erwiderte mein Onkel *Toby.*

Mein Vater tauschte sofort die Stellung, die er eingenommen hatte, mit derjenigen, in welcher *Raffael* den *Sokrates* in seiner Schule von *Athen* so schön gemalt hat; der geneigte Leser weiß, daß diese so geistreich erfunden ist, daß sogar die besondere Art und Weise, wie *Sokrates* zu räsonieren pflegte, dadurch ausgedrückt wird; – denn er hält den Zeigefinger seiner linken Hand zwischen dem Zeigefinger und Daumen der Rechten; gerade als ob er zu dem Wüstling, dem er ins Gewissen redet, sagen wollte: *Ihr gebt mir dies – und dies zu;* um das und das frage ich euch gar nicht – das folgt ganz von selbst daraus.

So stand mein Vater da, hielt den einen Zeigefinger fest zwischen dem Daumen und dem anderen Zeigefinger, und debattierte mit meinem Onkel *Toby,* der noch immer auf dem alten befransten Stuhle saß, welcher mit abgebleichten gesponnenen Troddeln besetzt war. – O *Garrick!* – welch' eine reiche Szene würde dein gewaltiges Talent daraus machen und wie gerne würde ich sie beschreiben, um mich deiner Unsterblichkeit zu bedienen und meine eigene dadurch zu sichern!

8. Kapitel

Obschon der Mensch das merkwürdigste aller Fuhrwerke ist, sagte mein Vater, so ist er doch zugleich von einem so schwachen Gestell und so lotterig zusammengesetzt, daß die jähen Stöße und schweren Puffe, die er auf seinem holperigen Gange unvermeidlich durchmachen muß, ihn alle Tage ein dutzendmal umwerfen und in Stücke brechen würden, – wenn es nicht eine geheime Federkraft in uns gäbe, Bruder *Toby.* – Und diese Federkraft, sagte mein Onkel *Toby,* ist nichts anderes als die Religion. – Kann die meinem Kind wieder eine Nase einsetzen? fragte mein Vater, ließ die Finger los und schlug mit der einen Hand gegen die andere. – Sie macht alles vor uns gerade und eben, antwortete mein Onkel *Toby*. – Figürlich gesprochen, lieber *Toby*, mag dies der Fall sein, soviel ich weiß, versetzte mein Vater; die Feder aber, von der ich spreche, ist die große und elastische Kraft in uns, welche dem Unheil die Waage hält; die wie die geheime Feder in einem gutgemachten Wagen den Stoß zwar nicht abwenden – aber wenigstens unser Gefühl darüber täuschen kann.

Nun siehst du, mein lieber Bruder, sagte mein Vater und erhob seinen Zeigefinger wieder in die vorige Lage, da er jetzt dem Punkte näherkam, – wäre mein Kind richtig zur Welt gekommen und nicht an seinem kostbarsten Teile verstümmelt worden, so ist der Himmel mein Zeuge, daß ich, – so sonderbar und wunderlich ich der Welt wegen meiner Ansicht über Taufnamen und jenen magischen Stempel, den gute oder schlimme Namen unserem Charakter und Benehmen einprägen, erscheinen mag – gleichwohl in meinen höchsten Wünschen für das Glück meines Kindes niemals sein Haupt mit mehr Ruhm und Ehre zu krönen gewünscht hätte, als die Namen GEORGE oder EDWARD darüber hätten ausstreuen können.

Aber ach! fuhr mein Vater fort, jetzt, da ihm das größte Übel zugestoßen ist – muß es notwendig durch das größte Gut ausgeglichen und beseitigt werden.

Er soll den Namen *Trismegistus* erhalten, Bruder.

Ich wünsche von Herzen, daß das helfen möge, erwiderte mein Onkel *Toby* und stand auf.

9. Kapitel

Welch eine Reihe von Zufällen, sprach mein Vater und drehte sich auf dem ersten Treppenabsatz um, während er mit meinem Onkel *Toby* wieder hinunterging, – welch eine lange Reihe von Zufällen breiten die Ereignisse dieser Welt vor uns aus! Nimm einmal Tinte und Feder zur Hand, Bruder *Toby*, und berechne sie genau. – Ich verstehe vom Rechnen so wenig wie dies Geländer, sagte mein Onkel *Toby* und schlug mit seiner Krücke daran, wobei er aber auch meinem Vater einen heftigen Streich auf das Schienbein versetzte. – Es war hundert gegen eins, rief mein Onkel *Toby*. – Ich glaubte, sagte mein Vater und rieb sein Schienbein, du verstehst nichts vom Rechnen, Bruder *Toby*. – Es war reiner Zufall, sagte mein Onkel *Toby*. – Dann ist es einer mehr in jener langen Reihe, versetzte mein Vater.

Der doppelte Erfolg, den mein Vater mit seinen Antworten hatte, nahm alsbald den Schmerz am Schienbein weg: – es war gut, daß dies geschah – (wieder ein Zufall!) – denn sonst würde die Welt den Gegenstand niemals erfahren haben, mit dem mein Vater rechnete; – ihn zu erraten, war keinerlei Hoffnung da. – Welch ein glückliches Kapitel von Zufällen ist dies geworden! es erspart mir die Mühe ein besonderes Kapitel hierüber zu schreiben; da ich doch wahrhaftig Arbeit genug ohne das vor mir habe. – Habe ich nicht der Welt ein Kapitel über Knoten versprochen? ferner zwei Kapitel über das richtige und falsche Ende eines Weibes? ein Kapitel über Bärte? ein Kapitel über Wünsche? – ein Kapitel über Nasen – Nein damit wäre ich fertig; – ein Kapitel über die Züchtigkeit meines Onkels *Toby*, und dann noch ein Kapitel über Kapitel, das ich beenden will, ehe ich schlafen gehe. – Beim Backenbart meines Großvaters, ich werde in diesem Jahre nicht mit der Hälfte davon fertig.

Nimm Tinte und Feder zur Hand, Bruder *Toby*, und rechne es genau aus, sagte mein Vater; und du wirst finden, es war wie eine Million gegen eins, daß die scharfe Kante der Zange von allen Teilen des Körpers unglückseligerweise gerade auf denjenigen fallen und ihn zertrümmern würde, in dem zugleich das Glück unseres Hauses zertrümmert werden konnte.

Es hätte noch schlimmer gehen können, erwiderte mein Onkel *Toby*. – Das verstehe ich nicht, sagte mein Vater. –

Nimm nur einmal an, die Hüfte hätte sich vorgeschoben, wie Dr. *Slop* vermutete, versetzte mein Onkel *Toby*.

Mein Vater dachte eine halbe Minute nach; – dann blickte er zu Boden und berührte die Mitte seiner Stirne leicht mit dem Finger.

– Du hast recht, sagte er.

10. Kapitel

Ist es nicht eine Schande, daß ich von etwas, was beim Herabsteigen von ein paar Treppen passierte, zwei Kapitel mache? Denn wir sind erst beim ersten Absatz angelangt und es sind noch 15 Stufen bis herab; und da mein Vater und mein Onkel *Toby* offenbar in einer Schwatzlaune sind, so kann es noch so viele Kapitel geben als Stufen. Dem mag nun sein wie ihm wolle, ich kann es ebensowenig abwenden, lieber Leser, als mein Schicksal. – Da kommt mir eine plötzliche Eingebung: – laß den Vorhang fallen, *Shandy:* – ich lasse ihn fallen. – Ziehe eine Linie hier quer über das Papier, *Tristram:* – ich ziehe die Linie – heisa! ein neues Kapitel.

Ich habe mich bei dieser Sache den Henker um andere Verordnungen zu kümmern; – und wenn ich es hätte – wie bei mir alles außer der Ordnung geht – so würde ich die Verordnung zerknittern, in Fetzen reißen und ins Feuer werfen. – Bin ich etwa hitzig? Ja ich bin es und habe auch alle Ursache dazu; – ein hübsches Geschichtchen! hat denn der Mensch Verordnungen zu folgen – und nicht vielmehr die Verordnung dem Menschen?

Nun müssen Sie wissen, daß dies hier mein Kapitel über Kapitel gibt, welches ich noch vor Schlafengehen zu schreiben versprochen habe, und daß ich es für passend erachtet habe, mein Gewissen vollständig zu erleichtern, ehe ich mich niederlege, indem ich der Welt auf einmal alles erzähle, was ich von der Sache weiß. Ist dies nicht zehnmal besser als dogmatisch mit einer sentenziösen Auskramung von Weisheit zu beginnen und der Welt die Geschichte von einem gebratenen Pferde zu erzählen? Neue Kapitel erheben den Geist, – sie unterstützen die Einbildungskraft – oder täuschen sie wenigstens – und sind in einem so dramatisch angelegten Werk wie dieses ist, so notwendig wie die Verwandlung der Szenen, – nebst 50 andern kalten Gedanken, welche genügen um das Feuer zu löschen, woran jenes gebraten wurde! – O um dies zu verstehen, was ein Windstoß beim Brand des Dianentempels ist, – müssen Sie *Longinus* lesen: – lesen Sie immer zu: – wenn Sie beim ersten Durchlesen nicht um ein Jota klüger werden, – lassen Sie es sich nicht anfechten – lesen Sie ihn nochmals. – *Avicenna* und *Licetus* lasen die Metaphysik des *Aristoteles* vierzigmal durch und verstanden niemals ein einziges Wort! – Aber hören Sie die Folgen: – *Avicenna* wurde ein wütender Schreiber von allen Arten von Schriften; – denn er schrieb Bücher *de omni scribili;* und was den *Licetus (Fortunio)* betrifft, so wuchs er – obschon jedermann weiß, daß er als ein Fötus*

* Ce foctus n'était pas plus grand que la paume de la main; mais son père l'ayant examiné en qualité de médecin, et ayant trouvé que c'était quelque chose de plus qu'un embryon, le fit transporter tout vivant à Rapallo, où il le fit voir à Jerôme Bardi et à d'autres médecins du lieu. On trouva qu'il ne lui manquait rien d'essentiel à la vie; et son père pour faire voir un essai de son experience, entreprit l'enfant avec le même artifice que celui dont on se sert pour faire éclorer les poulets en Egypte. Il instruisit une nourisse de tout ce qu'elle avait à faire, et ayant fait mettre son fils dans un jour proprement accommodé, il réussit à l'élever à lui faire prendre ses accroissements nécessaires, par l'uniformité d'une chaleur étrangère mesurée exactement sur les dégrés d'un thermomètre ou d'un autre instrument équivalent. (Vide Mich. Giustinian, ne gli Scritt. Liguri a Cart. 223. 448.)

On aurait toujours été très satisfait de l'industrie d'un père si expérimenté dans l'art de la génération, quand il n'aurait pu prolonger la vie à son fils que pour quelques mois ou pour peu d'années.

Mais quand on se représente que l'enfant a vécu près de quatrevingts ans, et qu'il a composé quatre-vingts ouvrages différentes, tous fruits d'une longue lecture – il faut convenir que tout ce qui est incroyable n'ést pas toujours du côté de la Vérité.

Il n'y avait que dix neuf ans lorsqu'il composa Gonopsychanthropologia, de Origine Animae Humanae. (Les Enfans célèbres, revus et corrigés par M. de la Monnoye de l'Académie française.)

von nicht mehr als 5 ½ Zoll Länge zur Welt kam, zu einer so erstaunlichen Höhe in der Literatur an, daß er ein Buch schrieb mit einem Titel, welcher so lang war als er selbst. Die Gelehrten wissen, daß ich seine *Gonopsychanthropologia* über den Ursprung der menschlichen Seele meine.
So viel von meinem Kapitel über Kapitel, welches ich für das beste Kapitel in meinem ganzen Werke halte; und ich gebe mein Wort, daß wer es liest, seine Zeit gerade so gut anwendet, als wenn er Stroh hackte.

11. Kapitel

Wir werden die Sachen schon noch in Ordnung bringen, sagte mein Vater, indem er den Fuß vom Treppenabsatz auf die erste Stufe weiter abwärts stellte. ——Dieser *Trismegistus*, fuhr mein Vater fort, zog sein Bein wieder zurück und wendete sich gegen meinen Onkel *Toby*, – war das größte aller irdischen Wesen, *Toby*; – er war der größte König, – der größte Gesetzgeber, – der größte Philosoph, – und der größte Priester; – und Ingenieur, sagte mein Onkel *Toby*.
– Allerdings, sagte mein Vater.

12. Kapitel

– Und wie geht es deiner Herrin? rief mein Vater, während er den nämlichen Schritt vom Treppenabsatz aus nochmals herab machte, er hatte es *Susanna* zugerufen, die er unten an der Treppe mit einem ungeheuern Nadelkissen in der Hand vorbeigehen sah. – Wie geht es deiner Herrin? – So gut als man unter den Umständen erwarten kann, erwiderte *Susanna* und trippelte ohne aufzuschauen weiter. – Was für ein Esel bin ich doch! sagte mein Vater und zog das Bein abermals wieder zurück, – es mag ja gehen wie es will, man bekommt ja doch immer die nämliche Antwort. – Und wie geht es dem Kind? – Keine Antwort. – Und wo ist Dr. *Slop?* setzte mein Vater mit gehobener Stimme hinzu und blickte über das Geländer. – Aber *Susanna* war schon so weit, daß sie nichts mehr hörte.

Von allen Rätseln im ehelichen Leben, sprach mein Vater, schritt über den Treppenabsatz und lehnte sich mit dem Rücken an die Wand, während er meinem Onkel *Toby* vortrug – von all den wunderlichen Rätseln im Ehestand, sprach er – und ich sage dir, Bruder *Toby*, es gibt deren mehr Eselslasten als alle Esel *Hiobs* hätten tragen können, – ist doch keines merkwürdiger als das: – daß von dem Augenblick an, wo die Frau in die Wochen kommt, jedes weibliche Wesen im Hause von der Kammerjungfer an bis zum Küchenpudel herab um einen Zoll größer wird, und sich mit diesem einen Zoll ein größeres Ansehen gibt, als mit allen ihren übrigen Zöllen zusammen.

Ich glaube vielmehr, erwiderte mein Onkel *Toby*, daß wir um einen Zoll kleiner werden. – Mir wenigstens geht es so, wenn ich nur einer Frau begegne, die in der Hoffnung ist. – Es ist das doch eine schwere Last, welche dieser Hälfte unserer Mitgeschöpfe auferlegt ist, Bruder *Shandy*, sagte mein Onkel *Toby*. – Es ist eine mitleiderregende Bürde für sie, fuhr er kopfschüttelnd fort. – Ja, ja, es ist eine peinliche Sache, versetzte mein Vater und schüttelte gleichfalls den Kopf: – aber seitdem man Köpfe schüttelte, sind gewiß nie zwei Köpfe zu gleicher Zeit aus so verschiedenen Gründen geschüttelt worden.

Gott segne	sie alle, sagten mein Onkel *Toby* und
Der Teufel hole	mein Vater, ein jeder für sich.

13. Kapitel

Heda! – Sänftenträger! – Hier ist ein Sechspencestück: – geht mir doch zu dem Buchhändler dort und holt mir einen Tagelöhner von Kritiker. Ich will ihm gerne eine Krone geben, wenn er mir mit seinem Handwerkzeug helfen will, meinen Vater und meinen Onkel *Toby* von der Treppe weg und ins Bett zu bringen.

– Es ist aber auch hohe Zeit; denn außer dem kurzen Schlummer, den sie genossen, während *Trim* die Stulpstiefel anbohrte, – und der noch dazu meinem Vater wegen der Türangel gar nicht gut ankam, – haben sie ihre Augen schon seit neun Stunden von dem Augenblick, da *Obadiah* den Dr. *Slop* in jenem schmutzigen Aufzug in das hintere Zimmer brachte, nicht geschlossen.

Wäre jeder Tag meines Lebens so voll Geschäfte, wie dieser, – und nähme er – doch still!

Ich will diesen Satz nicht schließen, ohne vorher eine Bemerkung über das eigentümliche Verhältnis des Lesers zu mir während des gegenwärtigen Standes der Dinge zu machen, – eine Bemerkung, die seit Erschaffung der Welt auf keinen Biographen anwendbar war als auf mich: – die, wie ich glaube, auch auf keinen andern mehr bis zu ihrem schließlichen Untergange anwendbar sein wird; – und die deshalb schon wegen ihrer Neuheit der Aufmerksamkeit des Lesers würdig sein dürfte.

Ich bin in diesem Monat um ein ganzes Jahr älter, als ich heute vor zwölf Monaten war; und da ich in dieser Zeit, wie Sie bemerken werden, fast bis in die Mitte meines dritten Bandes gekommen bin, – und es doch nicht weiter gebracht habe als bis zu meinem ersten Lebenstage, so folgt daraus klar, daß ich jetzt 364 Tage mehr von meiner Lebensbeschreibung zu schreiben habe, als da ich anfing; so daß ich statt wie jeder andere Schriftsteller mit dem, was ich bis jetzt daran getan, weiter vorwärts zu kommen, – ich im Gegenteil um ebensoviele Bände zurückgekommen bin.

Wäre jeder Tag meines Lebens so voll Geschäfte wie dieser, – und warum sollte er es nicht sein? – und nähme die Schilderung seiner Ereignisse und Meinungen ebensoviel Raum in

Anspruch, – und weshalb sollten sie abgekürzt werden? – so würde daraus folgen, daß, da ich nach diesem Tempo gerade 364 mal schneller leben als schreiben würde, – ich, je mehr ich schriebe, desto mehr zu schreiben hätte, – und daß deshalb auch der geneigte Leser um so mehr zu lesen haben würde, je mehr er läse.

Wäre dies wohl gut für die Augen des geneigten Lesers?

Für die meinigen wäre es gut; und wenn mich meine MEINUNGEN nicht den Hals kosten, so wird mich gerade dieses mein Leben in den Stand setzen, ein sehr angenehmes Leben damit zu führen; oder mit andern Worten ein paar angenehme Leben zu gleicher Zeit zu führen.

Wollte man den Vorschlag machen, ich solle jährlich 12 Bände oder einen Band im Monat schreiben, so würde dies nichts an meiner Aussicht ändern: – ich mag schreiben wie ich will und mich noch so rasch in die Mitte der Dinge stürzen, wie *Horaz* anrät, – ich werde doch niemals mich selbst einholen, und wenn ich aufs äußerste gepeitscht und gejagt würde. Im schlimmsten Falle bliebe ich meiner Feder doch immer um einen Tag voraus – und ein Tag genügt für zwei Bände – und zwei Bände für ein Jahr.

Der Himmel segne die Papierfabrikanten unter der glücklichen Regierung, die sich jetzt eben vor uns eröffnet hat! – wie ich hoffe, daß die Vorsehung auch jedes andere Ding, das unter dieser Regierung vorgenommen wird, segnen werde.

Wegen der Fortdauer der Gänse – habe ich keine Sorge, – die Natur ist allgütig; – es wird mir gewiß nie an Handwerkszeug fehlen.

– Sie haben also meinen Vater und meinen Onkel *Toby* die Treppe herunter und zu Bette gebracht, mein Freund? – Und wie fingen Sie das an? – Sie ließen am Ende der Treppe einen Vorhang fallen. – Ich dachte mir wohl, daß Sie kein anderes Mittel wüßten. – Hier ist eine Krone für Ihre Mühe.

14. Kapitel

– So gib mir meine Hosen vom Stuhl herüber, sagte mein Vater zu *Susanna.* – Es reicht nicht mehr zum Anziehen, Herr! schrie *Susanna,* – das Kind ist im Gesicht bereits so schwarz wie mein – Wie dein Was? fragte mein Vater, der wie alle Redner sehr auf Gleichnisse aus war. – Ach Herr! sagte *Susanna,* das Kind hat einen Anfall. – Und wo ist Herr *Yorick?* – Nicht da wo er sein sollte, erwiderte *Susanna,* aber sein Vikar ist im Besuchszimmer mit dem Kind auf dem Arm und wartet nur auf den Namen: – und meine Herrin befahl mir so schnell als möglich hierherzulaufen, da Kapitän *Shandy* der Pate ist, und zu fragen, ob es nicht nach ihm genannt werden solle?

Wenn man sicher wäre, sagte mein Vater zu sich selbst, indem er sich an den Augenbrauen kratzte, daß das Kind stürbe, so könnte man meinem Bruder *Toby* schon die Artigkeit erweisen, – in einem solchen Fall wäre es sogar schade, wenn ein so großer Name wie *Trismegistus* daran vergeudet würde: – aber es könnte sich auch erholen.

Nein, nein, – sagte mein Vater zu *Susanna,* – ich will aufstehen. – Dazu reicht es nicht, rief *Susanna,* das Kind ist schon so schwarz wie mein Schuh. – Also *Trismegistus,* sagte mein Vater. – Aber Halt – du bist ein leckes Schiff, *Susanna,* setzte mein Vater hinzu; kannst du auch den Namen *Trismegistus* in deinem Kopf über den Gang tragen, ohne ihn zu verschütten? – Was werd ichs nicht können! schrie *Susanna* und warf die Türe zu. – Wenn sies kann, so laß ich mich totschießen, sagte mein Vater und sprang im Finstern aus dem Bette und suchte nach seinen Hosen.

Susanna rannte wie besessen über den Gang.

Mein Vater eilte möglichst rasch die Hosen anzubekommen.

Aber *Susanna* hatte einen Vorsprung und behielt ihn. – ’s ist etwas wie *Tris* – rief *Susanna.* – Es gibt keinen christlichen

Vornamen der mit *Tris* anfängt, als *Tristram*, sagte der Vikar. – Dann ist es *Tristramgistus*, sagte *Susanna*.

Es *gistust* sich nichts, Sie Gans! – es ist ja mein eigener Name, versetzte der Vikar und tauchte die Hand in das Becken; *Tristram!* sprach er, im Namen usw. – So wurde ich *Tristram* getauft und werde so heißen bis an mein seliges Ende.

Mein Vater eilte *Susanna* nach, den Schlafrock im Arm und nichts am Leib als die Hosen, die er in der Eile nur mit einem einzigen Knopf zugemacht hatte, und der Knopf war in der Hitze nur halb in das Knopfloch gekommen.

Sie hat doch den Namen nicht vergessen? rief mein Vater noch unter der Türe. – Nein, nein, sagte der Vikar in einem verständnisvollen Tone. – Und mit dem Kinde geht es besser, rief *Susanna*. – Und mit deiner Herrin? – So gut wie es nach Umständen sein kann, versetzte *Susanna*. – Ei, daß dich! sagte mein Vater, und in diesem Augenblick schlüpfte ihm der Hosenknopf aus dem Loch, – so daß es ungewiß bleibt, ob der Ausruf *Susannen* oder dem Knopfloch galt – ob es ein Ausruf des Ärgers oder der Verlegenheit war; und in dieser Ungewißheit muß es bleiben, bis ich Zeit haben werde, folgende drei Lieblingskapitel zu schreiben: mein Kapitel über *Kammerjungfern*, mein Kapitel über die *Daß dich!*, und Kapitel über *Knopflöcher*.

Alles was ich dem Leser einstweilen zu seiner Aufklärung sagen kann, ist, daß in dem Augenblick, da mein Vater: Daß dich! rief, er sich rasch umdrehte, – und die Hosen in der einen Hand haltend und den Schlafrock über den andern Arm geworfen, durch den Gang nach dem Bette zurückkehrte, aber etwas langsamer, als er gekommen war.

15. Kapitel

Ich wollte, ich könnte ein Kapitel über den Schlaf schreiben.

Eine passendere Gelegenheit hätte sich nie dargeboten, als

eben jetzt, wo alle Vorhänge in der Familie zugezogen – die Lichter gelöscht, – und keines Menschen Augen offen sind als das einzige der Amme meiner Mutter, denn das andere war schon seit zwanzig Jahren zu.

Es ist ein schönes Thema!

Aber so schön es ist, so wollte ich doch lieber ein Dutzend Kapitel über Knopflöcher schreiben, und zwar rascher und mit mehr Erfolg als ein einziges über diesen Stoff.

Knopflöcher! – schon in dem Begriff liegt etwas Munteres – und glauben Sie mir, wenn ich einmal dahintergerate, ja ihr Herren mit den großen Bärten, – seht nur so ernst drein als ihr wollt, – so will ich eine lustige Geschichte aus meinen Knopflöchern machen – sie sollen ganz Geschöpfe von mir werden – der Stoff ist noch unberührt – und ich werde keines Mannes Weisheit oder schöne Redensarten darüber benutzen.

Was aber den Schlaf betrifft, – so weiß ich schon, ehe ich nur anfange, daß ich nichts daraus werde machen können; – erstens bin ich kein Held in euern schönen Redensarten; – und dann kann ich ums Leben kein wichtiges Gesicht zu einem schlechten Stoff machen und der Welt sagen: – er sei ein Asyl für den Unglücklichen, – die Befreiung für den Gefangenen, – ein weicher Schoß für den Hoffnungslosen, Mühseligen und Gebrochenen; auch vermöchte ich mich nicht zu der Lüge emporzuschwingen und zu behaupten, er sei von all den süßen und köstlichen Tätigkeiten unserer Natur, womit ihr großer Schöpfer in seiner Güte uns für die Leiden belohnen wollte, womit seine Gerechtigkeit und sein Belieben uns heimgesucht hat, – die erste und beste (ich wenigstens kenne zehnmal bessere Freuden); – möchte nicht sagen, was für ein Glück es für einen Menschen sei, wenn die Ängste und Leidenschaften des Tages vorüber seien, und er sich niedergelegt habe, daß dann seine Seele in ihm so ruhe, daß, wohin sie immer die Augen wenden möge, der Himmel ruhig und klar sich über ihr wölbe, und kein Verlangen – keine Furcht – kein Zweifel die Luft trübe, noch irgendeine vergangene, gegenwärtige oder künftige Not, über welche die Phantasie in dieser süßen Abgeschiedenheit nicht ungestraft hinwegkommen könnte.

– Gott segne den Mann, sagte Sancho Pansa, der jenes treffliche Ding, das man den Schlaf nennt, erfunden hat: – es deckt den Menschen zu wie ein Mantel. – Hierin liegt für mich mehr und es spricht wärmer zu meinem Herzen und Gemüt, als all die Redensarten, die all den gelehrten Köpfen zusammen über diese Sache entflohen sind.

– Doch will ich, was *Montaigne* hierüber gesagt hat, keineswegs herabsetzen; – es ist in seiner Art herrlich: (Ich zitiere aus dem Gedächtnis) die Welt, sagt er, genießt auch andere Vergnügungen, gerade wie sie es mit dem Schlaf macht, sie schmeckt nicht und fühlt nicht, wie er dahinschlüpft. Wir sollten aber darüber nachdenken und studieren, um dann dem gehörig dafür zu danken, der ihn uns schenkte. Ich lasse mich deshalb absichtlich im Schlafe stören, um ihn besser zu genießen und tiefer zu empfinden: – und doch, fährt er fort, kenne ich wenige, die mit weniger Schlaf auskommen könnten, wenn es nötig wird; mein Körper erträgt eine nachhaltige Erregung, aber keine plötzliche und heftige, – ich vermeide seit einiger Zeit alle gewaltsamen Übungen, – aber im Gehen werde ich nicht müde; – dagegen bin ich von Jugend auf nicht gerne auf Pflaster gefahren. Ich liege gerne hart und allein, und auch ohne meine Frau. – Dieser letztere Ausspruch mag der Welt Zweifel einflößen; – aber man denke an den Satz: *La Vraisemblance* (wie *Bayle* in der Sache des *Licetus* sagt) *n'est pas toujours du Côté de la Vérité.* – Soviel über den Schlaf.

16. Kapitel

Wenn es meine Frau mit ihm riskieren will, Bruder *Toby*, so soll man *Trismegistus* anziehen und zu uns herunter bringen, während du und ich zusammen frühstücken.

Geh, *Obadiah,* und sage *Susanna,* sie soll hereinkommen.

Eben ist sie hinaufgerannt, gab *Obadiah* zur Antwort, und hat dabei geschluchzt und geheult und die Hände gerungen, als ob ihr das Herz brechen wollte.

Wir kriegen da einen saubern Monat, sagte mein Vater, wendete sich von *Obadiah* ab und sah meinem Onkel *Toby* eine Zeitlang ernst ins Gesicht, – wir kriegen einen ganz höllischen Monat, Bruder *Toby,* sagte mein Vater, stemmte die Arme in die Seite und schüttelte den Kopf: Feuer, Wasser, Weiber, Wind – Bruder *Toby!* – Es wird irgendein Unheil passiert sein, meinte mein Onkel *Toby.* – Darin liegt alles Unheil, sagte mein Vater, – daß jetzt eine solche Menge rasselnder, klappernder Elemente losgelassen sind und durch jeden Winkel des Hauses im Triumph dahinfahren. – Damit allein wird der Frieden in einer Familie nicht gewahrt, Bruder *Toby,* daß wir zwei den Kopf nicht verlieren und ruhig und unbeweglich dasitzen, wenn solch ein Sturm über unseren Häuptern wütet –

– Was gibt es denn eigentlich, *Susanna?* – Sie haben das Kind *Tristram* getauft – und meine Frau hat deshalb eben einen hysterischen Anfall gehabt. – O ich bin gewiß nicht daran schuld, sagte *Susanna,* – ich sagte ja, es sei *Tristramgistus.*

Mach dir nur allein deinen Tee, Bruder *Toby,* sagte mein Vater und langte seinen Hut herunter; – aber wie ganz anders klang dabei seine Stimme, wie ganz anders bewegten sich seine Glieder, als ein gewöhnlicher Leser sich etwa vorstellen möchte.

Er sprach nämlich im allersanftesten Ton – und nahm seinen Hut mit der mildesten Bewegung herab, wie sie mit seiner tiefgedrückten inneren Stimmung harmonierte.

Geh nach dem Rasen und hol mir den Korporal *Trim,* sagte mein Onkel *Toby* zu *Obadiah,* sobald mein Vater das Zimmer verlassen hatte.

17. Kapitel

Als das Mißgeschick mit meiner NASE meinen Vater so schwer traf, – ging er, wie sich der Leser erinnern wird, augenblicklich nach seinem Zimmer hinauf und warf sich auf das Bett; hiernach wird der Leser, wenn er nicht einen tiefen Einblick in die menschliche Natur besitzt, beim Mißgeschick mit meinem Namen einen Kreislauf der gleichen auf- und absteigenden Bewegungen bei meinem Vater erwarten. – Keineswegs!

Das verschiedene Gewicht, mein lieber Leser, – ja sogar die verschiedene Packung zweier Widerwärtigkeiten von dem gleichen Gewicht, – macht einen sehr großen Unterschied in der Art, wie wir es tragen und damit fertigwerden. – Es ist noch keine halbe Stunde her, daß ich (in der großen Eile und Überstürzung eines armen Teufels, der um sein tägliches Brot schreibt) einen schönen Bogen, den ich gerade beendigt und sorgsam ausgeschrieben hatte, statt des Konzepts ins Feuer warf.

Sofort fuhr ich in meine Perücke und schmiß sie mit aller erdenklichen Wut an die Decke meines Zimmers hinauf: – beim Herunterfallen fing ich sie allerdings wieder auf – und damit war die Sache abgemacht; ich glaube auch nicht, daß mir irgend etwas auf der Welt eine so augenblickliche Linderung verschafft hätte. Die gütige *Natur* bestimmt uns in allen derartigen ärgerlichen Fällen mittelst eines augenblicklichen Antriebs, dies oder jenes Glied loszulassen, – oder wirft uns an diesen oder jenen Ort, in diese oder jene Lage des Körpers, ohne daß wir wissen, wie es zugeht; – aber merken Sie wohl, Madame, wir leben in Rätseln und Geheimnissen. – Die deutlichsten Dinge, die uns in den Weg treten, haben ihre dunkeln Stellen, welche das schärfste Auge nicht zu durchdringen vermag; und selbst unsere klarsten und erhabensten Geister fühlen sich fast überall, wo die Werke der Natur eine Kluft zeigen, betroffen und überfragt. Diese Eigentümlichkeit aber gestaltete sich, wie tausend andere Dinge, für uns so, daß wir uns zwar nicht klar darüber werden können, aber doch unwillkürlich das Richtige finden, wenn Sie gütigst erlauben, – und damit können wir uns zufrieden geben.

So hätte mein Vater sich mit diesem neuen Kummer nicht um alles in der Welt niederlegen – noch ihn wie den ersten die Treppe hinauftragen können; – er ging daher ruhig mit ihm hinaus und wandelte nach dem Fischteich.

Hätte mein Vater den Kopf auf die Hand gestützt und eine Stunde lang überlegt, welchen Weg er einschlagen solle, – so hätte ihm die Vernunft mit aller ihrer Kraft keinen besseren zeigen können; es liegt nämlich etwas in Fischteichen, lieber Leser – was es ist, mögen Systembauer und Fischteichgräber miteinander ausmachen; – es liegt aber in einem ruhigen und mäßigen Wandel nach einem Fischteich, im ersten wirren Schuß der übeln Laune, etwas so unergründlich Beruhigendes, daß ich mich oft gewundert habe, daß weder *Pythagoras*, noch *Plato*, noch *Solon*, noch *Lykurg*, noch *Mohammed*, noch irgendeiner unserer bekannten Gesetzgeber hierüber eine Bestimmung erließ.

18. Kapitel

Euer Gnaden, sagte *Trim* und schloß die Zimmertüre, ehe er zu sprechen anfing, Euer Gnaden haben wohl von dem unglücklichen Zufall gehört? – Jawohl, *Trim*, erwiderte mein Onkel *Toby*, es macht mir großen Kummer. – Ich bin auch sehr darüber bekümmert; aber ich hoffe, Euer Gnaden lassen mir die Gerechtigkeit widerfahren, sagte *Trim*, und glauben, daß ich durchaus keine Schuld daran trage. – Du – *Trim?* rief mein Onkel *Toby*, und sah ihm gütig ins Gesicht, – *Susanna* und der Vikar haben eine Dummheit miteinander gemacht. – Was für ein Geschäft hatten denn die miteinander im Garten, Euer Gnaden? – Du meinst, im Gang, versetzte mein Onkel *Toby*.

Trim merkte, daß er auf falscher Fährte sei, hielt darum an sich und machte eine tiefe Verbeugung. – Zwei Unfälle, sagte der Korporal zu sich selbst, sind wenigstens um zwei zu viel, um zu gleicher Zeit verhandelt zu werden, – den Unfall, daß die Kuh in unsere Schanze hereingebrochen ist, kann Seine Gnaden auch noch später erfahren. – Die tiefe Verbeugung, womit *Trim* die Sache geschickt zu verstecken wußte, ließ in meinem Onkel *Toby* keinerlei Verdacht aufkommen; er fuhr daher in dem, was er *Trim* zu sagen hatte, fort:

Was mich betrifft, *Trim,* sprach er, so finde ich zwar wenig oder keinen Unterschied, ob man meinen Neffen *Tristram* oder *Trismegistus* nennt; – da sich mein Bruder aber die Sache so zu Herzen nimmt, *Trim* – so wollte ich gerne 100 Pfund geben, wenn ich es ungeschehen machen könnte. – Hundert Pfund, Euer Gnaden! rief *Trim,* – ich gäbe keinen Kirschkern drum. – Ich auch nicht, *Trim,* wegen meiner selbst, sagte mein Onkel *Toby;* – aber mein Bruder, mit dem sich in dieser Sache nicht sprechen läßt, – behauptet, es hänge von dem Taufnamen weit mehr ab, *Trim,* als die dummen Leute wüßten! – er sagt, solange die Welt bestehe, habe noch nie ein *Tristram* eine große heldenmütige Tat ausgeführt. – Ja er behauptet, *Trim,* mit diesem Namen könne ein Mann weder gelehrt, noch weise, noch tapfer werden. – Das ist eitel Phantasterei, halten zu Gnaden: – ich focht geradesogut, sagte der Korporal, als man mich im Regiment *Trim* hieß, wie da man mich *James Butler* nannte. – Und was mich betrifft, sagte mein Onkel *Toby,* ich müßte zwar schamrot werden, wenn ich mich selbst rühmen wollte, *Trim;* – aber wenn ich auch *Alexander* geheißen hätte, ich hätte vor *Namur* doch nur meine Schuldigkeit tun können. – Guter Gott! rief *Trim,* indem er drei Schritte vorwärts machte, denkt ein Mann an seinen Taufnamen, Euer Gnaden, wenn er zum Angriff vorgeht? – Oder wenn er in der Tranché steht, *Trim,* sprach mein Onkel *Toby* mit festem Blick. – Oder wenn er durch eine Bresche rückt? fuhr *Trim* fort und drängte sich zwischen die Stühle. – Oder die

Linien durchbricht? rief mein Onkel, erhob sich schnell und fällte seine Krücke wie eine Pike. – Oder Front gegen ein feindliches Peloton macht? versetzte *Trim* und legte seinen Stock an wie eine Muskete. – Oder das Glacis stürmt? schrie mein Onkel *Toby*, der jetzt warm wurde und einen Fuß auf den Stuhl setzte. –

19. Kapitel

Mein Vater war von seinem Gang nach dem Fischteich zurückgekehrt, – und öffnete die Tür mitten in der Attacke, gerade als mein Onkel *Toby* das Glacis stürmte. – *Trim* zog die Arme zurück. – Noch nie in seinem Leben war mein Onkel *Toby* bei einem wütenderen Ritt betroffen worden! Ach Onkel *Toby!* Hätte nicht eine wichtigere Sache die ganze Beredsamkeit meines Vaters in Anspruch genommen, wie wärst du und dein armes STECKENPFERD mißhandelt worden.

Mein Vater hängte seinen Hut wieder mit derselben Miene auf, wie er ihn herabgenommen hatte; und nachdem er einen flüchtigen Blick auf die Unordnung im Zimmer geworfen hatte, nahm er einen der Stühle, welche Korporal *Trims* Bresche gebildet hatten und stellte ihn meinem Onkel *Toby* gegenüber; dann setzte er sich und brach, sobald das Teegeschirr abgeräumt und die Tür geschlossen war, in folgende Klagen aus:

KLAGE MEINES VATERS

Es ist rein umsonst, sprach mein Vater, wobei er sich ebensosehr gegen *Ernulphus'* Verfluchungsregister, das auf der Kaminecke lag, – als gegen meinen Onkel *Toby* wandte, der darunter saß: – es ist rein umsonst, sprach mein Vater in der denkbar kläglichsten Laune, noch länger gegen diese widrigste aller menschlichen Überzeugungen anzukämpfen. – Ich sehe nun klar, daß der Himmel, sei es nun wegen meiner eigenen Sünden, Bruder *Toby,* oder wegen der Sünden und Torheiten der Familie *Shandy* es für passend erachtet hat, seine schwerste Artillerie gegen mich aufzupflanzen und daß das Glück meines Kindes die Zielscheibe ist, gegen die deren ganze Kraft gerichtet ist. – Das würde ja die ganze Welt um uns her zermalmen, Bruder *Shandy,* sagte mein Onkel *Toby,* wenn es so wäre. – Unglücklicher *Tristram!* Kind des Zorns! Kind der Abgelebtheit! der Unterbrechung! des Mißgriffs und des Mißvergnügens! Wo ist das Mißgeschick, das Unheil im Buche embryotischer Übel, das deine Gestalt auseinanderrenken, deine Fasern verwirren konnte, und das nicht auf dein Haupt gestürzt wäre, sogar noch ehe du zur Welt kamst! – wieviel Übel hast du beim Eintritt selbst erlitten! – wieviel seitdem du da bist – gezeugt schon auf der absteigenden Lebensleiter deines Vaters, – wo die Kräfte seiner Einbildungskraft und seines Körpers schwächer geworden waren, – wo das Grundfeuer und der Grundsaft, die Elemente, welche die deinigen hätten beeinflussen sollen, bereits im Vertrocknen waren; wo nichts da war, um deinen Lebenszettel zu grundieren als Verneinungen! – Es ist im besten Fall kläglich, Bruder *Toby,* und es bedurfte all der kleinen Hilfen, die Sorgsamkeit und Aufmerksamkeit von beiden Seiten gewähren konnten. – Aber welche Niederlage haben wir erlitten! Du kennst das Ereignis, Bruder *Toby,* – es ist zu traurig, um es zu wiederholen – die wenigen animalischen Geister, über die ich auf der Welt zu gebieten hatte, die Gedächtnis, Phantasie, Leben übertragen konnten – sie wurden sämtlich zerstreut, verwirrt, zerschlagen, zum Teufel geschickt! –

Hier war nun der Augenblick gekommen, wo diese Jagd gegen mich ein Ende nehmen konnte, – wo wenigstens der Versuch zu machen war, ob die Ruhe und geistige Heiterkeit deiner Schwägerin, Bruder *Toby,* bei gehöriger Rücksicht auf ihre Ausleerungen und Wiederauffüllungen, – und ihre außerordentlichen Naturverhältnisse nicht im Laufe von neun Monaten alles wieder in Ordnung bringen könnten. – Aber meinem Kind sollte es nicht so gut werden! – Wie plagte sie sich und demzufolge auch ihren Fötus mit jener unsinnigen Besorgnis, weil sie ihr Kindbett nicht in der Stadt abhalten sollte! – Ich habe geglaubt, meine Schwägerin habe sich mit der größten Geduld in diese Bestimmung gefügt, erwiderte mein Onkel *Toby*, – ich hörte sie nie auch nur ein ärgerliches Wort darüber äußern. – O sie tobte innerlich, rief mein Vater, und weißt du, Bruder, das war zehnmal schlimmer für das Kind, – und dann – welche Kämpfe hatte sie mit mir, welche beständigen Stürme wegen der Hebamme! – Zu irgendeinem Loch mußte es doch hinaus! sagte mein Onkel *Toby*. – Loch! rief mein Vater und sah empor.

Was war aber dies alles, mein lieber *Toby*, gegen das Unheil, das uns betraf, als mein Kind mit dem Kopf zuerst auf die Welt kam, während doch mein einziger Wunsch bei diesem allgemeinen Schiffbruch seines Daseins war, daß wenigstens dieses kleine Gehäuse ungebrochen und ungeschunden zur Welt kommen möchte!

Aber wie wurde mein System trotz aller meiner Vorsichtsmaßregeln schon in der Gebärmutter über den Haufen geworfen! und nachher der Kopf des Kinds der Gewalttätigkeit und einem Druck von 470 Pfund gemeinen Gewichts preisgegeben, der so senkrecht auf seinen Scheitel wirkte, – daß man noch bis zu dieser Stunde nicht versichert ist, ob nicht das feine Netzwerk des intellektuellen Gewebes in tausend Fetzen zerrissen und zermalmt wurde.

Aber man hätte immer noch auskommen können! – War er auch blöd, dumm, tölpelhaft – wenn er nur wenigstens eine NASE hatte! War er auch ein Krüppel, ein Zwerg, ein Faselhans, ein Gimpel, – das Pförtchen des Glücks stand ihm dann immer noch offen. O *Licetus*, *Licetus!* wäre ich doch mit einem 5½ Zoll langen Fötus gesegnet worden, wie du warst, – ja das Schicksal hätte das Ärgste tun können!

Und trotz allem, Bruder *Toby*, hatte unser Kind noch einen Wurf im Glückspiel übrig: – O *Tristram*, *Tristram*, *Tristram!*

Wir wollen nach Herrn *Yorick* schicken, sagte mein Onkel *Toby*.

Schick meinethalben zu wem du willst, erwiderte mein Vater.

20. Kapitel

In welchem Tempo bin ich darauflosgeritten, welche Sprünge und Sätze habe ich gemacht, zwei hinauf und zwei hinunter, durch ganze drei Bände hindurch, ohne auch nur einmal zurück oder zur Seite zu blicken und zu sehen, ob ich nicht jemand niederreite! – O ich werde niemand überreiten, – sagte ich zu mir selbst, als ich zu Pferde stieg; – ich werde einen guten rasselnden Galopp anschlagen; aber ich werde nicht den geringsten Esel unterwegs verletzen. – So ritt ich ab – eine Gasse hinauf – eine andere hinab, – durch diesen Schlagbaum hindurch, – über jenen hinweg, als ob der Erzjockei aller Jockeis hinter mir her wäre.

Nun reite man in diesem Tempo in der besten Absicht, mit den redlichsten Vorsätzen, – so ist doch eine Million gegen eins zu wetten, daß man dabei irgend jemand einen Puff gibt, wo nicht sich selbst. – Da wird er herumgeschleudert – verliert seinen Sitz – fliegt herunter – bricht den Hals – jagt in das Gerüst der Kritik hinein, wird sich den Schädel an einem ihrer Pfosten einschlagen! – springt wieder hinaus! – schau – da reitet er wie ein Toller mit eingelegter Lanze durch einen Haufen Maler, Geiger, Dichter, Biographen, Physiker, Advokaten, Logiker, Schauspieler, Schulmänner, Kirchendiener, Staatsdiener, Soldaten, Kasuisten, Kunstkenner, Prälaten, Päpste und Ingenieurs. – Nur keine Angst, habe ich gesagt. – Ich werde auch nicht dem geringsten Esel auf des Königs Landstraße etwas tun. – Aber dein Pferd wirft Kot in die Höhe; schau, da hast du einen Bischof beschmutzt! – Ich hoffe zu Gott, es ist nur *Ernulphus,* sprach ich. – Und den Herren *Le Moyne, De Romigny* und *De Marcilly,* Doktoren der Sorbonne, hast du das Gesicht vollgespritzt. – Das war schon im vergangenen Jahr, gab ich zur Antwort. – Und eben jetzt bist du auf einem König herumgeritten. – Da wären die Könige zu bedauern, wenn Leute wie ich auf ihnen herumreiten könnten, sagte ich.

– Und du hast es doch getan, versetzte mein Ankläger.

Und ich leugne es, sagte ich, und so kam ich los, und stehe nur mit dem Zügel in der einen und der Kappe in der anderen Hand da, um meine Geschichte zu erzählen. – Was für eine Geschichte? – Das sollt ihr im nächsten Kapitel hören.

21. Kapitel

Als *Franz* I. von *Frankreich* sich an einem Winterabend an der Asche eines Holzfeuers wärmte und mit seinem ersten Minister über verschiedene Dinge zum Wohl des Staates* plauderte, sagte er, während er mit seinem Stock die Asche aufrührte: Es wäre nicht übel, wenn wir das gute Einvernehmen zwischen uns und der *Schweiz* noch etwas verstärken könnten. – Sire; erwiderte der Minister, diese Leute können gar nicht genug Geld kriegen, – sie würden noch den Schatz von *Frankreich* verschlingen. – Ah bah! entgegnete der König, es gibt noch andere Mittel und Wege, um Staaten zu gewinnen, Herr Premier, als daß man ihnen Geld gibt; – ich will der *Schweiz* die Ehre antun, sie zum Paten für mein nächstes Kind zu erbitten. – Dann werden Eure Majestät alle Grammatiker *Europas* auf den Leib bekommen, sagte der Minister, denn da die *Schweiz* als Republik weiblichen Geschlechts ist, kann sie unmöglich Pate sein. – So soll sie Patin sein, erwiderte *Franz* schnell, benachrichtigt sie gleich morgen durch einen Kurier von meiner Absicht.

Es wundert mich, sagte *Franz* I. vierzehn Tage später zu seinem Minister, als er in das Kabinett trat, – daß noch keine

* Siehe Menagiana, Vol I.

Antwort von der *Schweiz* da ist. – Eben, Sire, erwiderte der Herr Premier, wollte ich meine Aufwartung machen, um Eurer Majestät meine Depeschen in dieser Angelegenheit vorzulegen. – Haben sie es freundlich aufgenommen? fragte der König. – Allerdings, Sire, erwiderte der Minister, sie wissen die hohe Ehre, die Euer Majestät ihnen angetan, aufs tiefste zu würdigen; aber die Republik nimmt als Patin das Recht in Anspruch, dem Kind den Namen zu geben.

Das ist ganz in der Ordnung, sagte der König; – sie wird den Knaben *Franz*, oder *Heinrich* oder *Ludwig* nennen, oder ihm sonst einen Namen geben, der uns angenehm ist. – Da irren sich Euer Majestät, entgegnete der Minister; – ich habe eben von unserem dortigen Residenten eine Depesche mit der Entschließung der Republik über diesen Punkt erhalten. – Und welchen Namen bestimmt die Republik dem Dauphin? – *Sadrach, Meschech, Abednego*, versetzte der Minister. – Beim Gürtel des heiligen *Petrus!* ich will nichts mit der *Schweiz* zu tun haben! rief *Franz* I., zog die Hosen herauf und schritt hitzig im Zimmer auf und ab.

Eure Majestät können nicht mehr zurückgehen, versetzte der Minister ruhig.

Wir befriedigen sie mit Geld, sagte der König.

Sire, es sind nicht 60 000 Kronen im Schatz, antwortete der Minister. – So will ich das beste Juwel meiner Krone verpfänden, sprach *Franz* I.

Eure Ehre ist bereits in dieser Sache verpfändet, erwiderte der Herr Premier.

Nun dann, Herr Premier, sprach der König, beim ——! so fangen wir Krieg mit ihnen an.

22. Kapitel

Lieber Leser, ich war zwar stets ernstlich darauf aus und bemühte mich eifrigst, – nach Maßgabe der geringen Fähigkeit, die Gott mir gewährt hat, und soviel eine passende Befreiung von andern nötigen Brotarbeiten, und ein gesunder Zeitvertreib es gestattet haben – durch diese kleinen Büchelchen, die ich dir in die Hand gegeben, manche dickeren Bücher entbehrlich zu machen; – gleichwohl habe ich mich gegen dich so grillenhaft benommen, eine so sorglose Kurzweil aufgeführt, daß ich mich jetzt sehr schäme, deine Nachsicht ernstlich in Anspruch nehmen zu müssen, – und dich bitte mir doch ja zu glauben, daß ich in der Geschichte von meinem Vater und seinen Taufnamen, – keineswegs die Absicht habe, *Franz* I., zu nahezutreten, – noch in der Nasengeschichte, *Franz* IX., – noch im Charakter meines Onkels *Toby* die militärischen Geister meines Landes zu charakterisieren; die Wunde auf seinem Schambein schließt jede Vergleichung dieser Art aus; – noch, daß ich in *Trim* den Herzog von *Ormond* habe zeichnen wollen; oder daß mein Buch gegen Vorausbestimmung, freien Willen oder Steuern geschrieben sei. Wenn es gegen irgend etwas geschrieben ist, – so ist es, wenn der gütige Leser erlaubt, gegen den Spleen geschrieben, um mittelst einer häufigeren und krampfhafteren Hebung und Senkung des Zwerchfells und die Erschütterungen der Rippen- und Bauchmuskeln beim Gelächter, die Galle und andere bittere Säfte aus der Gallenblase, Leber- und Kälberdrüse von Seiner Majestät Untertanen nebst all den bösen Leidenschaften, die daran hängen, heraus und in den Zwölffingerdarm zu treiben.

23. Kapitel

Aber kann denn die Sache ungeschehen gemacht werden, *Yorick?* fragte mein Vater; – nach meiner Ansicht, fuhr er fort, ist es nicht möglich. – Ich bin kein großer Held im Kirchenrecht, erwiderte *Yorick;* – da ich aber von allen Übeln die Ungewißheit für die quälendste halte, so sollten wir wenigstens das Ärgste in dieser Sache zu erfahren suchen. – Ich hasse die großen Gastereien, sagte mein Vater. – Es handelt sich nicht um die Größe der Gasterei, erwiderte *Yorick;* – was uns nottut, Herr *Shandy,* ist, daß wir dem Zweifel, ob der Name noch geändert werden kann oder nicht, auf den Grund gehen; – und da die Bärte so vieler Kommissäre, Beamten, Advokaten, Verwalter, Registratoren, und die bedeutendsten unserer Schultheologen und anderer Geistlichen dann alle an einer Tafel zu treffen sind, und *Didius* Sie so dringend eingeladen hat, – warum sollten Sie in Ihrer Not diese Gelegenheit vorübergehen lassen? Das einzige, was zu geschehen hätte, wäre, daß Sie *Didius* einen Wink geben, damit er die Unterhaltung nach Tisch auf den Gegenstand lenke. – Dann soll mein Bruder *Toby* mit uns gehen, rief mein Vater und schlug die Hände zusammen.

Trim, hänge heute nacht meine alte Knotenperücke und meine gestickte Uniform ans Feuer, sagte mein Onkel *Toby.*

25. Kapitel

Es leidet keinen Zweifel, verehrtester Leser, – es fehlt hier ein ganzes Kapitel – und das Buch hat dadurch eine zehn Seiten große Lücke erhalten; – gleichwohl ist der Buchbinder weder ein Esel noch ein Spitzbube; – noch das Buch um ein Jota unvollkommener (wenigstens in dieser Beziehung); – sondern im Gegenteil das Buch ist durch das Fehlen des Kapitels vollkommener und vollständiger, als wenn es dasselbe hätte, wie ich Ihnen in folgendem beweisen werde. – Beiläufig möchte ich die Frage aufwerfen, ob man den gleichen Versuch nicht mit demselben Erfolg auch an verschiedenen anderen Kapiteln anstellen könnte? – aber das gäbe ein endloses Experimentieren mit Kapiteln, – und wir haben davon schon genug gehabt; – somit lassen wir diese Frage ruhen.

Ehe ich jedoch meine Auseinandersetzung beginne, will ich Ihnen nur noch sagen, daß das Kapitel, welches ich herausgerissen habe, und das Sie sonst statt diesem hier gelesen hätten – die Beschreibung vom Ausritt und der Reise meines Vaters, meines Onkels *Toby, Trims* und *Obadiahs* zu der Visitation in x. enthielt.

Wir wollen in der Kutsche hinfahren, sagte mein Vater. – Ist das Wappen abgeändert worden, *Obadiah?* – Meine Geschichte wäre viel schöner ausgefallen, wenn ich damit begonnen hätte, Ihnen zu erzählen, daß, als das Wappen meiner Mutter zu dem der *Shandys* hinzugefügt und die Kutsche zur Hochzeit meines Vaters frisch gemalt wurde, der Kutschenmaler, sei es, daß er alle seine Arbeiten mit der linken Hand verrichtete wie der Römer *Turpilius* und *Hans Holbein* von *Basel*, oder daß vielmehr der Kopf den Schnitzer machte, oder endlich weil alles in der Familie *Shandy* einen linkischen Zug hat, – kurz, daß der Kutschenmaler statt eines rechtslaufenden Schrägbalkens, wie er uns seit der Regierung *Heinrich* VIII. gebührt, unseligerweise einen linkslaufenden durch das Wappen der *Shandy* zog. Es ist kaum glaublich, daß ein so verständiger Mann wie mein Vater war, sich durch eine solche Kleinigkeit so sehr aus der Fassung bringen ließ; aber man konnte nie das Wort Kutsche – mochte diese nun angehören wem sie wollte, – oder Kutscher, oder Kutschenpferd oder Kutschenmiete in der Familie nennen, ohne daß er alsbald darüber zu klagen begann, daß er dieses schändliche Zeichen der Illegimität an seiner eigenen Kutschentüre sehen müsse. Niemals stieg er in die Kutsche ein oder aus ihr heraus, ohne daß er sich herumdrehte, das Wappen betrachtete und schwor, dies sei aber gewiß das letzte Mal, daß er seinen Fuß hineinsetze, bis der linkslaufende *Schrägbalken* entfernt wäre, – aber es ging damit wie mit der Türangel, es war eines der vielen Dinge, wovon im *Buche des Schicksals* stand, es sollte immer darüber geschimpft werden (auch in klügeren Familien als die unsrige war), – ohne daß man es jemals änderte.

– Ist der linkslaufende Schrägbalken weggewischt worden, frage ich? sagte mein Vater. – Nichts ist gewischt worden, Herr, antwortete *Obadiah,* als der innere Überzug. – Dann reisen wir zu Pferde, sagte mein Vater zu *Yorick* hin. – Aber die Politik ausgenommen wissen die Geistlichen von nichts in der Welt weniger als von der Heraldik, bemerkte *Yorick.* – Gleichviel, rief mein Vater; ich möchte um keinen Preis mit einem Fehler in meinem Wappenschild vor ihnen erscheinen. – Der linke Balken tut nichts, sagte mein Onkel *Toby,* und setzte seine Knotenperücke auf. – Das tut er auch nicht, versetzte mein Vater, und du kannst immerhin mit Tante *Dinah* mit einem linken Schrägbalken zu einer Visitation fahren, wenn es dir Vergnügen macht. – Mein armer Onkel *Toby* wurde feuerrot. Jetzt ärgerte sich mein Vater wieder über sich selbst. – Nein, lieber Bruder *Toby,* fuhr er in einem anderen Tone fort; aber die Feuchtigkeit des Kutschenfutters könnte mir wieder den Ischias zuziehen, wie sie letzten Winter im *Dezember, Januar* und *Februar* tat; wenn es dir also recht ist, reitest du meiner Frau Stute, – und da Sie zu predigen haben, *Yorick,* würden Sie am besten tun vorauszureiten und mir die Sorge für meinen Bruder *Toby* zu überlassen, wir kommen dann in einem langsameren Tempo nach.

Das Kapitel, welches ich mich veranlaßt gesehen habe herauszureißen, enthielt nun eben die Schilderung dieser Kavalkade, wobei Korporal *Trim* und *Obadiah* auf den zwei Wagenpferden, in gleicher Höhe und langsam wie eine Patrouille vorausritten, – während mein Onkel *Toby* in seiner gestickten Uniform und Knotenperücke mit meinem Vater folgte, in einer tiefgehenden Straße und in ebenso tiefen Abhandlungen über die Vorzüge des Studiums und der Kriegskunst, je nach dem der eine oder der andere die Unterhaltung führte.

– Die Schilderung dieser Reise erschien mir aber beim Wiederdurchlesen soweit erhaben über den Stil und die Art jeder anderen Schilderung in diesem Buch, daß sie nicht darin bleiben konnte, wenn nicht jenes notwendige Gleichgewicht (im Guten oder Schlechten) zwischen den einzelnen Kapiteln gestört werden sollte, von dem das richtige Verhältnis und die Harmonie des ganzen Werkes abhängt. Allerdings habe ich das Bücherschreiben erst angefangen und verstehe somit noch wenig davon; aber nach meiner Ansicht ist es mit dem Bücherschreiben wie wenn man ein Lied summt; – wenn Sie nur im Ton bleiben, Madame, gleichviel ob Sie einen hohen oder tiefen anschlagen.

– Dies ist auch der Grund, wenn der geneigte Leser erlaubt, weshalb oft auch die gewöhnlichsten und flachsten Werke recht gut abgehen (wie *Yorick* eines Abends zu meinem Onkel *Toby* sagte) – durch die Ausfallspforte nämlich. – Mein Onkel *Toby* spitzte die Ohren bei dem Wort *Ausfallspforte;* aber er konnte sich keinen Vers daraus machen.

Ich muß nächsten Sonntag bei Hofe predigen, sagte *Homenas;* – lesen Sie doch meine Komposition durch: – ich summte die Noten des Dr. *Homenas* also vor mich hin; – die Modulation war recht brav. – Es geht, *Homenas,* wenn es in diesem Tempo bleibt; – ich summte weiter, – ich dachte, die Melodie wäre nicht so übel; und hätte wahrhaftig heute noch nicht eingesehen, wie ordinär, wie flach, wie geistlos und nüchtern sie war, wenn ich nicht plötzlich in der Mitte auf eine so schöne, reiche, himmlische Weise gestoßen wäre, – daß sie meine Seele ganz in die andere Welt hinaufriß. Nun hätte ich mich (wie *Montaigne* in einem ähnlichen Falle klagte) – wenn ich den Abhang sanft oder den Aufgang leicht fand – gewiß täuschen lassen. – Ihre Noten, *Homenas*, würde ich gesagt haben, sind gute Noten; – nun aber kam ein so jäher Absturz, – ein so vollständiger Abfall und Abriß von dem übrigen, daß ich bei der ersten Note, die ich summte, mich in eine andere Welt hinauf gehoben sah, und nun erst entdeckte, wie tief, wie nieder, wie häßlich das Tal war, durch das ich bis dahin gewandert war, so daß ich es nie wieder übers Herz bringen werde, in dasselbe hinabzusteigen.

☞ ein Zwerg, der einen Maßstab daherschleppt, um seine eigene Größe daran zu messen, – der ist, darauf gebe ich Ihnen mein Wort, in mehr als einer Beziehung ein Zwerg. – Und soviel über das Herausreißen von Kapiteln.

26. Kapitel

– Sehen Sie nur, schneidet er nicht alles in Fidibusse und reicht sie herum, um die Pfeifen damit anzuzünden! – Das ist ja entsetzlich! erwiderte *Didius*. – Das sollte man nicht ungerügt hingehen lassen, bemerkte Dr. *Kysarcius:* – er stammte von den *Kysarcii* aus den *Niederlanden*.

Es will mir scheinen, sprach *Didius*, indem er sich halb in seinem Stuhle erhob, um eine Flasche und einen großen Krug, die in gerader Linie zwischen ihm und *Yorick* standen, beiseitezuschieben, – Sie hätten uns diesen sarkastischen Streich ersparen und einen passenderen Ort dafür finden können, Herr *Yorick;* – oder hätten Ihre Verachtung dessen was wir eben verhandelt auf eine schicklichere Gelegenheit ersparen können. Wenn die Predigt nicht mehr wert war, als um Pfeifen damit anzuzünden, – so war sie auch nicht gut genug, Herr, um vor so einer gelehrten Körperschaft gehalten zu werden; war sie aber gut genug, um vor einer so gelehrten Körperschaft gehalten zu werden, – so war sie ganz gewiß zu gut, Herr, um nachher die Pfeifen damit anzuzünden.

Jetzt habe ich ihn, sprach *Didius* zu sich selbst, jedenfalls an einem der beiden Hörner meines Dilemmas aufgespießt, – wir wollen sehen, wie er davon loskommt.

Die Abfassung dieser Predigt für diese Gelegenheit hat mir so unaussprechliche Qualen bereitet, versetzte *Yorick,* – daß ich Ihnen erklären muß, *Didius,* ich wollte lieber ein tausendfaches Märtyrertum erleiden, – und wenn es möglich wäre, mein Pferd mit mir, als daß ich mich noch einmal hinsetzen und so eine Predigt machen wollte; ich wurde von ihr am falschen Fleck entbunden, – sie kam aus dem Kopf statt aus dem Herzen; – und wegen der Pein, die sie mir beim Schreiben und beim Predigen machte, habe ich mich auf diese Art an ihr gerächt. – Wenn man nur predigt, um den Umfang seines Wissens, oder die Schärfe seines Verstandes zu zeigen, – um in den Augen des großen Haufens mit der bettelhaften Aufzählung einiger gelehrten Sätze zu prahlen, die mit ein paar gleißenden Worten ausgeputzt sind, welche wenig Licht und noch weniger Wärme bieten, – so macht man einen schlechten Gebrauch von der armen halben Stunde, die uns allwöchentlich gegeben ist: – das heißt dann nicht das Evangelium, sondern uns selbst predigen. – Ich würde viel lieber fünf Worte direkt nach dem Herzen abschießen, setzte *Yorick* hinzu.

Als *Yorick* das Wort *abschießen* aussprach, erhob sich mein Onkel *Toby,* um etwas über Geschosse zu sagen, – als ein einziges Wort von der entgegengesetzten Seite des Tisches die Aufmerksamkeit aller dahin zog; – ein Wort, das man wohl zuletzt von allen im Wörterbuch an diesem Orte erwarten durfte; – ein Wort, das ich mich schäme niederzuschreiben, – das jedoch geschrieben – und gelesen werden muß; – ein gesetzwidriges – unkanonisches Wort – Sie mögen 10 000 mal 10 000 raten, – Ihre Phantasie anstrengen und zermartern wie Sie wollen, Sie bringen es nicht heraus. – Aber im nächsten Kapitel sollen Sie es hören.

27. Kapitel

VERFLUCHT! – V – t! rief *Phutatorius*, halb vor sich hin, – aber doch laut genug um gehört zu werden – und was merkwürdig erschien, er sprach das mit einem Blick und in einem Ton, die die Mitte hielten zwischen Bestürzung und körperlichem Schmerz.

Einige, die sehr feine Ohren hatten und den Ausdruck und die Mischung der beiden Töne so deutlich zu unterscheiden vermochten, wie eine *Terz* oder *Quinte* oder irgendeinen anderen Akkord, – waren höchst verblüfft, ja verwirrt hierüber. – Die *Zusammenstimmung* war an sich gut; – aber sie war ganz außerhalb dem Tonschlüssel, und ließ sich durchaus nicht auf den Gegenstand anwenden, von dem eben gehandelt wurde: – so daß sie trotz all ihrem Wissen und Können nicht wußten, was sie daraus machen sollten.

Andere, die nicht musikalisch waren, und ihr Ohr lediglich dem klaren Inhalt des *Wortes* liehen, glaubten, *Phutatorius*, der etwas cholerischer Natur war, sei im Begriff, *Didius* die Peitsche aus der Hand zu nehmen, um *Yorick* ein wenig durchzuhauen; – und das greuliche Wort V – t sei nur die Einleitung zu einer Rede, die, wie sie nach diesem Muster abnahmen, eine ziemlich brutale Behandlung jenes voraussehen ließ; so daß es meinem Onkel *Toby* in seiner Gutmütigkeit vor dem bange war, was *Yorick* erwartete. Aber als *Phutatorius* gleich wieder stille war und keine Absicht kundgab fortzufahren, – begann eine dritte Partei zu vermuten, es sei nur eben ein unwillkürlicher Ausbruch gewesen, der ganz zufällig die Form eines gemeinen Fluchs annahm – ohne daß es so gemeint war.

Doch gab es auch einige, besonders einen oder zwei, die ihm zunächst saßen, die ihn im Gegenteil als einen wirklichen und inhaltsschweren Fluch ansahen, der ausdrücklich auf *Yorick* gemünzt war, den *Phutatorius*, wie man allgemein wußte, nicht leiden konnte; – welch besagter Fluch, wie mein Vater philosophierte, damals gerade in den oberen Regionen von *Phutatorius'* Schlund wühlte und rauchte. Es war daher ganz natürlich und entsprach vollkommen dem Lauf der Dinge, daß er durch die plötzliche Einströmung von Blut in die rechte Herzkammer des *Phutatorius* herausgedrückt wurde, als dieser über jene seltsame Predigttheorie außer sich vor Erstaunen geriet.

Wie fein räsonieren wir oft über Dinge, die wir doch ganz falsch aufgefaßt haben!

Trotz all dieser verschiedenen Meinungen, welche sich über das von *Phutatorius* ausgestoßene Wort bildeten, gab es doch keine Seele, welche nicht für ausgemacht angenommen hätte und davon als Hauptsatz ausging, daß *Phutatorius* von dem Gegenstand des Streites, der sich zwischen *Didius* und *Yorick* entsponnen; lebhaft in Anspruch genommen sei; und da er zuerst den einen und dann den anderen mit der Miene eines Mannes ansah, der dem was vorgetragen wird eifrig lauscht, – so konnte man wohl auch auf keinen anderen Gedanken kommen. In Wahrheit aber vernahm *Phutatorius* nicht ein Wort, nicht eine Silbe von dem, was um ihn vorging; – all sein Denken und Sinnen war vielmehr von einem Vorfall in Anspruch genommen, der in diesem Augenblick innerhalb der Räume seiner Pluderhosen und zwar in demjenigen Teile derselben vorging, den er vor allem vor Unfällen zu wahren bestrebt war. Ungeachtet er daher mit der scheinbar äußersten Aufmerksamkeit dreinschaute, und allmählich jede Nerve und Muskel in seinem Gesicht bis zu dem höchsten Strich anspannte, den das Instrument ertrug, um, wie alles glaubte, *Yorick,* der ihm gerade gegenüber saß, eine scharfe Antwort zu geben, – so war doch in keinem Winkel von *Phutatorius'* Gehirn ein *Yorick* zu finden; – die wahre Ursache seines Ausrufs war vielmehr eine gute Elle tiefer unten zu suchen.

Ich will versuchen, Ihnen dies so anständig als immer möglich auseinanderzusetzen.

Sie müssen also wissen, daß *Gastripheres* etwas vor dem Essen einen Gang nach der Küche gemacht hatte, um zu sehen, wie die Sachen dort stünden. Hier hatte er einen Weidenkorb voll schöner Kastanien auf dem Anrichttisch bemerkt und angeordnet, daß man ein paar Hundert rösten und gleich nach dem Essen hereinbringen möchte; – wobei *Gastripheres* seine Anordnung noch durch die Bemerkung verstärkte, daß *Didius* und besonders *Phutatorius* sie gar zu gerne äßen.

Etwa zwei Minuten ehe mein Onkel *Toby Yoricks* Rede unterbrach, – waren die Kastanien hereingebracht worden; – und da der Kellner sich gemerkt hatte, daß sie ein Leibgericht von *Phutatorius* seien, hatte er sie noch ganz heiß in eine saubere Damastserviette gehüllt vor diesen hingesetzt.

Da es nun physisch unmöglich war, daß, wenn ein halbes Dutzend Hände auf einmal in die Serviette fuhren, nicht eine oder die andere Kastanie, die etwas mehr Leben und Rundung als die übrigen besaß, in Bewegung geriet, – so geschah es, daß eine wirklich über den Tisch hinrollte; und da *Phutatorius* mit ausgespreizten Beinen dasaß, – fiel sie senkrecht in diejenige Öffnung von *Phutatorius* Hosen, für welche, zur Schmach und Schande unserer Sprache sei es gesagt, im ganzen Wörterbuch von *Johnson* kein anständiges Wort zu finden ist; – es genüge, wenn ich sage, daß es diejenige eigentümliche Öffnung war, welche in allen guten Gesellschaften nach den Anforderungen der Wohlanständigkeit stets so strenge geschlossen sein muß wie der Tempel des *Janus* (wenigstens in Friedenszeiten).

Die Vernachlässigung dieser Anstandsregel von seiten des

Phutatorius (es sollte dies für jedermann eine Warnung sein) hatte jenem Zufall das Tor geöffnet.

– Zufall nenne ich es nach der allgemein angenommenen Sprechweise, – will mich aber nicht im Widerspruch mit den Ansichten von *Acrites* oder *Mythogeras* hierüber setzen; ich weiß wohl, sie beide waren vollkommen überzeugt – und sind es noch bis auf diese Stunde, daß von Zufall bei dem ganzen Vorfall die nicht Rede war, – daß vielmehr der Umstand, daß die Kastanie jenen eigentümlichen Lauf nahm und zwar aus freiem Antrieb – und dann in all ihrer Glut gerade auf jenen Ort fiel und keinen andern – eine Art Gottesurteil gegen *Phutatorius* wegen der schmutzigen, unanständigen Abhandlung *de Concubinis retinendis* bildete, die *Phutatorius* etwa 20 Jahre früher herausgegeben hatte, – und von der er gerade in dieser Woche der Welt eine zweite Auflage schenken wollte.

Es ist nicht meines Amts, mich in diesen Streit zu mischen; – es läßt sich unzweifelhaft von beiden Seiten viel darüber sagen; alles was mir als Geschichtsschreiber obliegt, ist, die Tatsache zu schildern und es dem Leser glaubhaft zu machen, daß der Hiatus in *Phutatorius'* Hosen groß genug war, um die Kastanie durchzulassen; – und daß die Kastanie senkrecht herabfiel und noch ganz heiß hineinglitt, ohne daß es *Phutatorius* oder sonst jemand anfangs bemerkt hätte.

In den ersten 20 oder 25 Sekunden war die natürliche Wärme, welche die Kastanie mitteilte, nicht unangenehm; und lenkte *Phutatorius'* Aufmerksamkeit nur ganz gelinde auf den Punkt: – aber die Hitze nahm allmählich zu und stieg in wenig Sekunden zu einer Höhe, die über das Vergnügen hinaus war, ging dann rasch auf das Gebiet des Schmerzes über, so daß die Seele des *Phutatorius,* alle ihre Ideen, Gedanken, ihre Aufmerksamkeit, Phantasie, Urteilskraft, Entschließung, Überlegung, Folgerungskraft, Erinnerung in Verbindung mit zehn Bataillonen animalischer Geister durch verschiedene Engnisse und Umfassungen alle in größter Verwirrung an dem gefährdeten Punkte zusammenliefen und alle oberen Regionen, wie man sich leicht vorstellen kann, so leer ließen wie meine Börse.

Trotz aller Meldungen, welche diese Boten ihm machten, war *Phutatorius* nicht imstande zu ergründen, was denn eigentlich da unten vor sich gehe; er konnte sich auch entfernt keine Vermutung darüber bilden, was zum Teufel eigentlich los sei. Da er jedoch nicht wußte, welche Ursache sich herausstellen würde, hielt er es in der Lage, in der er sich befand, fürs klügste, – es womöglich wie ein Stoiker auszuhalten; was er mit Beihilfe einiger verzerrter Gesichter und Zusammenpresssungen der Lippen hätte gewiß durchführen können, wenn seine Einbildungskraft dabei neutral geblieben wäre; – aber in Dingen dieser Art lassen sich die Ausbrüche der Phantasie nicht zügeln. – Auf einmal schoß ihm der Gedanke durch den Kopf, es könnte, obschon er in seiner Pein das Gefühl einer Glühhitze hatte, – gleichwohl ebensogut ein Biß als ein Brand sein; und dann wäre es nicht unmöglich, daß eine Eidechse oder Blindschleiche oder sonst ein abscheulicher Wurm an ihm heraufgekrochen wäre und ihn mit seinen Zähnen bearbeitete. Diese entsetzliche Idee, die mit einem erneuerten, peinvollen Brennen, das in diesem Augenblick von der Kastanie ausging, zusammentraf, versetzte *Phutatorius* in eine jähe Panik; – und in der ersten erschreckenden Verwirrung und Aufregung brachte es ihn, wie es schon den besten Generalen passiert ist, ganz aus dem Konzept: – er sprang unwillkürlich in die Höhe und stieß dabei jenen so viel besprochenen Ausruf der Überraschung aus, den wir mit V – t! und den langen Gedankenstrichen dahinter bezeichnet haben – welcher Ausruf allerdings nicht ganz kanonisch, aber das Geringste war, was ein Mann in dieser Lage sagen konnte – und den *Phutatorius,* mochte er nun kanonisch sein oder nicht, ebensowenig in seiner Gewalt hatte, als die Ursache desselben.

In meiner Erzählung hat dies allerdings einen ziemlich großen Raum eingenommen, in Wirklichkeit aber nahm es nicht mehr Zeit in Anspruch, als *Phutatorius* dazu brauchte, um die Kastanie herauszulangen und sie heftig auf den Boden zu werfen, – und *Yorick*, um aufzustehen und sie aufzuheben.

Es ist merkwürdig, was für eine Macht ganz unbedeutende Dinge auf unser Gemüt haben – welches unglaubliche Gewicht sie auf Bildung und Leitung unserer Ansichten über Personen und Dinge üben! wie Kleinigkeiten, leicht wie die Luft, einen Glauben in die Seele wehen, und so felsenfest darin pflanzen – daß, wenn man *Euklids* Beweise in Batterie gegen sie aufführen würde, diese durchaus nicht imstande wären, jene niederzuwerfen.

Ich sagte, *Yorick* habe die Kastanie aufgehoben, die *Phutatorius* im Zorn auf den Boden geworfen: – diese Handlung war an sich gewiß unbedeutend; – ich muß mich schämen, nur davon zu sprechen; – er tat es – aus keinem anderen Grunde, als weil er dachte die Kastanie sei durch den Vorgang nicht um ein Jota schlechter geworden; – und weil er glaubte, eine gute Kastanie sei schon der Mühe wert, daß man sich deshalb bücke. – Aber dieser Umstand, so unbedeutend er war, wirkte in *Phutatorius'* Kopfe ganz anders. Er betrachtete *Yoricks* Aufstehen vom Stuhle und Aufheben der Kastanie als ein klares Zugeständnis, daß die Kastanie ursprünglich ihm gehört habe; – und daß es somit der Eigentümer der Kastanie und niemand anders gewesen sein müsse, der ihm jenen Streich mit derselben gespielt habe. Was ihn sehr in dieser Ansicht bestärkte, war der Umstand, daß der Tisch ein längliches Rechteck und sehr schmal war, wodurch *Yorick*, der *Phutatorius* gerade gegenübersaß, die schönste Gelegenheit erhielt, ihm die Kastanie hineinzupraktizieren; – und demnach hatte er es auch getan. Der mehr als argwöhnische Blick, den *Phutatorius* auf *Yorick* warf, als diese Idee in ihm auftauchte, drückte seine Meinung nur zu deutlich aus; – und da man natürlich annahm, *Phutatorius* müsse die Sache besser wissen als irgendeiner, so wurde seine Ansicht sofort die allgemeine; und aus einem Grunde, der von allen bisher angeführten völlig verschieden ist, in kürzester Zeit ganz zweifellos.

Wenn auf der Bühne dieser sublunarischen Welt große oder unerwartete Ereignisse eintreten, – so eilt der Geist in seinem Forschereifer alsbald hinter die Kulissen, um zu sehen, welches die Ursache und erste Quelle derselben war. – In diesem Falle dauerte die Forschung nicht lange.

Jedermann wußte, daß *Yorick* niemals eine günstige Meinung von der Abhandlung gehegt hatte, welche *Phutatorius* über *Concubinis retinendis* schrieb, da er fürchtete, dieselbe habe nicht wenig Schaden in der Welt angerichtet: – es war demnach unschwer zu erkennen, daß in *Yoricks* Streich ein mystischer Sinn lag – und daß sein Schnellen der heißen Kastanie in *Phutatorius'* * * * – * * * * ein sarkastischer Pfeil war, der seinem Buche galt; – dessen Lehren, wie man behauptete, manchen Mann an dem gleichen Fleck verbrannt hatten.

Diese Idee weckte sogar *Somnolentius* auf, – brachte *Agelastes* zum Lächeln, – und wenn sich der geneigte Leser den Blick und die Miene eines Mannes vergegenwärtigen kann, der damit beschäftigt ist ein Rätsel herauszubringen, – so hat er einen Begriff von dem Gesicht, das *Gastripheres* machte; – kurz viele waren der Ansicht, *Yorick* habe damit einen Meisterstreich von Witz gemacht.

Dies war nun freilich, wie der Leser des langen und breiten gehört hat, ebenso grundlos wie die Träume der Philosophie. *Yorick* war ohne Zweifel, wie *Shakespeare* von seinem Ahn gesagt, ein Spaßvogel, aber seine Scherze waren durch etwas gemäßigt, das ihn von diesem und manchen anderen unfeinen Streichen abhielt, die ihm ganz unverdienterweise zur Last gelegt wurden. – Es war aber sein ganzes Leben lang sein Mißgeschick, daß er tausend Dinge gesagt oder getan haben sollte, die seiner Natur durchaus ferne lagen (ich müßte mich denn in ihm sehr getäuscht haben). Was ich allein an ihm auszusetzen habe, – oder vielmehr, was ich zwar an ihm auszusetzen habe, was ihn mir aber gerade auch wieder wert machte, war jene Eigentümlichkeit seines Wesens, die es nicht litt, daß er die Welt über einen Irrtum aufklärte, auch wenn es in seiner Macht stand. Bei jeder harten Beschuldigung dieser Art handelte er genauso wie in der Geschichte mit seinem dürren Gaul. – Er hätte sie sehr gut zu seiner Ehre erklären können, aber er fühlte sich darüber erhaben; und überdies sah er auf den, welcher ein gemeines für ihn so nachteiliges Gerücht erfand, verbreitete oder glaubte, so tief herab, – daß er es nicht über sich gewinnen konnte, ihn über die Sache aufzuklären; – er überließ es vielmehr stets der Zeit und der Wahrheit, es für ihn zu tun.

Dieser edle Zug hatte aber manche Unannehmlichkeiten für ihn zur Folge; – im gegenwärtigen Fall zog er sich dadurch *Phutatorius'* Rache zu, der, als *Yorick* eben mit seiner Kastanie fertig war, sich zum zweiten Male erhob, um ihm dies zu Gemüt zu führen: – er tat es mit einem Lächeln und sagte nur, er werde sich bemühen nicht zu vergessen, welche Erkenntlichkeit er ihm schuldig sei.

Der Leser muß jedoch zwei Dinge wohl merken und sorgfältig voneinander trennen und unterscheiden: –

– Das Lächeln war für die Gesellschaft.

– Die Drohung galt Yorick.

28. Kapitel

– Können Sie mir sagen, sagte *Phutatorius* zu *Gastripheres,* der ihm zunächst saß, – denn in einer so kuriosen Sache konnte er sich doch nicht an den Wundarzt wenden, – können Sie mir sagen, *Gastripheres,* wie man das Feuer aus einer Brandwunde am besten herauszieht? – Fragen Sie *Eugenius,* sagte *Gastripheres.* – Das, erwiderte *Eugenius,* wobei er tat, als habe er das Abenteuer nicht bemerkt, das kommt ganz auf den Körperteil an. – Wenn es ein sehr zarter Teil ist, und er läßt sich leicht umwickeln – Das ist beides der Fall, erwiderte *Phutatorius* und legte während er so sprach die Hand mit einem nachdrücklichen Kopfnicken auf den fraglichen Teil, wobei er zugleich sein rechtes Bein etwas in die Höhe hob, um jenen zu erleichtern und zu lüften. – Wenn dies der Fall ist, sagte *Eugenius*, dann möchte ich Ihnen raten, *Phutatorius*, keinen Doktor zu gebrauchen; schicken Sie lieber zu dem nächsten Buchdrucker, und kurieren Sie sich einfach mit einem weichen Bogen Papier, der eben von der Presse kommt, – Sie brauchen nichts zu tun als ihn herumzuwickeln. – Das feuchte Papier, bemerkte *Yorick*, der seinem Freund *Eugenius* zunächst saß, hat zwar allerdings eine erfrischende Kühle, – aber ich glaube doch, daß es eigentlich nur der Träger ist – und daß das Öl und der Lampenruß, von dem es so stark gesättigt ist, die Hauptsache tut. – Ganz recht, sagte *Eugenius*, auch ist es bei jeder äußeren Anwendung, wozu ich es empfehle, das sicherste und schmerzstillendste Mittel.

Wenn ich in dem Falle wäre, sagte *Gastripheres*, so würde ich, da Öl und Lampenruß die Hauptsache ist, diese dick auf ein Lümpchen streichen und dieses direkt auflegen. – Das würde ja eine Teufelsgeschichte daraus machen, versetzte *Yorick*. – Und überdies, setzte *Eugenius* hinzu, würde es dem Zwecke nicht entsprechen, denn es bedarf hier der äußersten Sauberkeit und Eleganz, was nach der Ansicht der Ärzte schon die halbe Kur ist; – denn wenn die Lettern sehr klein sind (was sie eigentlich sein müßten), so entsteht daraus der Vorteil, daß die heilenden Teile, welche in dieser Form mit dem Gegenstand in Berührung kommen, so unendlich dünn und mit solcher mathematischen Gleichheit (Initialen und große Buchstaben ausgenommen) darauf verbreitet werden, wie sie keine Kunst in Anwendung der Spatel gewähren kann. – Es trifft sich sehr glücklich, sagte *Phutatorius*, daß sich gerade die zweite Auflage meiner Abhandlung *de Concubinis retinendis* unter der Presse befindet. – Da können Sie jedes Blatt davon brauchen, gleichviel welches, versetzte *Eugenius*. – Nur darf nichts Schmutziges daran kleben, bemerkte *Yorick*.

Sie drucken jetzt gerade das neunte Kapitel, fuhr *Phutatorius* fort, – es ist das vorletzte des Buchs. – Wie ist der Titel dieses Kapitels? – fragte *Yorick* mit einer achtungsvollen Verbeugung gegen *Phutatorius*. – Ich glaube: *de Re Concubinaria,* antwortete *Phutatorius*.

Ums Himmels willen bleiben Sie von diesem Kapitel weg, sagte *Yorick*.

Unbedingt! setzte *Eugenius* hinzu.

29. Kapitel

– Wäre, sprach *Didius,* indem er sich erhob und die rechte Hand mit ausgespreizten Fingern auf die Brust legte, – wäre ein solches Versehen mit einem Taufnamen vor der Reformation passiert – (Es passierte erst vorgestern, sagte mein Onkel *Toby* bei sich selbst), – wo die Taufformel in lateinischer Sprache gesprochen wurde (es geschah alles auf *Englisch,* sagte mein Onkel), – so hätten dabei allerlei Dinge zusammentreffen können; und man hätte aufgrund verschiedener Bestimmungen die Taufe für nichtig erklären und die Ermächtigung erteilen können, dem Kinde einen neuen Namen zu geben. – Hätte ein Priester zum Beispiel, was nicht selten vorkam, aus Unkenntnis der *lateinischen* Sprache ein Kind *Tom o' Stiles in nomine patriae et filia et spiritum sanctos* getauft, – so wäre die Taufe für nichtig erklärt worden. – Entschuldigen Sie, warf *Kysarcius* ein, – in diesem Falle, wo der Fehler nur die Endungen betraf, wäre die Taufe gültig gewesen; – um sie ungültig zu machen, hätte der Fehler des Priesters auf die erste Silbe jedes Namens, – und nicht wie in dem von Ihnen angeführten Falle auf die letzte fallen müssen.

Mein Vater fand an Spitzfindigkeiten dieser Art das größte Vergnügen und lauschte mit gespannter Aufmerksamkeit.

Gesetzt *Gustripheres* zum Beispiel, fuhr *Kysarcius* fort, taufte ein Kind *John Stradlings in gomine Gatris* usw. anstatt *in nomine Patris* usw. – wäre eine solche Taufe gültig? – Nein, sagen die geschicktesten Kasuisten; weil hierbei die Wurzel jedes Wortes ausgerissen, der Sinn und die Meinung desselben verlassen und in etwas ganz anderes verwandelt wurde; denn *gomine* heißt nicht Namen und *Gatris* nicht Vater. – Was bedeuten sie denn? fragte mein Onkel *Toby*. – Gar nichts, erwiderte *Yorick*. – *Ergo* ist eine solche Taufe ungültig, schloß *Kysarcius*.

Natürlich! bemerkte *Yorick*, in einem Tone, der zu ⅔ Scherz und ⅓ Ernst war.

In dem angeführten Falle dagegen, fuhr *Kysarcius* fort, wo *patriae* für *patris*, *filia* für *filii* usw. gesetzt ist, liegt der Fehler nur in der Deklination, die Wurzeln der Worte bleiben unberührt, und so können auch die Beugungen derselben in dieser oder jener Richtung in keiner Weise die Taufhandlung beeinträchtigen, da die Worte den gleichen Sinn beibehalten haben wie vorher. – Dann aber, sprach *Didius*, muß nachgewiesen werden, daß es die Absicht des Priesters war, sie grammatikalisch auszusprechen. – Ganz recht, antwortete *Kysarcius*, und hiervon, Bruder *Didius*, haben wir ein Beispiel in einem Dekret der Dekretalen des Papstes *Leo* III. – Aber meines Bruders Kind hat mit dem Papste nichts zu schaffen, rief mein Onkel *Toby*; – es ist einfach das Kind eines protestantischen Gutsbesitzers, das gegen den Willen und Wunsch des Vaters und der Mutter und aller Anverwandten *Tristram* getauft wurde.

Wenn nur, sagte *Kysarcius*, meinen Onkel *Toby* unterbrechend, wenn nur der Wille und Wunsch derjenigen, welche mit Herrn *Shandys* Kind verwandt sind, in dieser Sache in die Waagschale fallen, so hat Frau *Shandy* am allerwenigsten dabei zu schaffen. – Mein Onkel *Toby* legte seine Pfeife weg, mein Vater aber rückte seinen Stuhl noch näher an den Tisch, um die Schlußfolgerung einer so seltsamen Einleitung zu hören.

Es ist nicht nur unter den* besten Juristen und Zivilrechtslehrern dieses Landes, Kapitän *Shandy*, stets eine Frage gewesen, ob die Mutter mit ihrem Kinde blutsverwandt sei, fuhr

* Vide Swinburn on Testaments, Part 7, § 8.

Kysarcius fort; – sondern dieselbe ist auch nach vielen leidenschaftlosen Erörterungen und Hin- und Herwerfen der Beweise von beiden Seiten – schließlich verneinend beantwortet worden; – das heißt dahin: daß die Mutter nicht mit dem Kinde blutsverwandt sei.* – Mein Vater drückte meinem Onkel *Toby* sofort die Hand auf den Mund, wobei er tat, als flüstere er ihm etwas ins Ohr; – in Wahrheit hatte er aber Angst vor dem *Lillabullero,* – und da er ein großes Verlangen trug, mehr über eine so merkwürdige Beweisführung zu hören, bat er meinen Onkel *Toby* um Himmels willen, ihn nicht darum zu bringen. – Mein Onkel *Toby* nickte – griff wieder zu seiner Pfeife und begnügte sich nun innerlich den *Lillabullero* zu pfeifen, während *Kysarcius, Didius* und *Triptolemus* ihr Gespräch folgendermaßen fortsetzten:

So sehr diese Entscheidung, fuhr *Kysarcius* fort, dem Strom der allgemeinen Anschauungen hierüber entgegen zu sein scheint, so hat sie doch die Vernunft auf ihrer Seite, und wurde durch jenen berühmten Fall, der unter dem Namen: der Fall des Herzogs von *Suffolk* allgemein bekannt ist, ganz außer Zweifel gesetzt. – Der Fall ist in *Brooke* zitiert, sagte *Triptolemus.* – Auch Lord *Cooke* nimmt davon Notiz, setzte *Didius* hinzu. – Sie finden ihn auch in *Swinburn* über Testamente, bemerkte *Kysarcius.*

Dieser Fall, Herr *Shandy,* war folgender:

Unter der Regierung *Eduards* VI. hatte der Herzog *Karl* von *Suffolk* aus der einen Ehe einen Sohn, aus der anderen eine Tochter. In seinem Testament vermachte er sein Vermögen seinem Sohn und starb; nach seinem Tode starb sein Sohn ebenfalls, – aber ohne Testament, ohne Weib und Kind; – dagegen lebten noch seine Mutter und seine Schwester von Vaters Seite (denn sie war aus der ersten Ehe). Die Mutter übernahm die Verwaltung der Güter ihres Sohnes gemäß der 21. Verordnung von *Heinrich* VIII., worin bestimmt ist, daß, wenn jemand ohne ein Testament zu hinterlassen, sterbe, die

* Vide Brooke, Abridg. Tit. Administr. Nr. 47.

Verwaltung seiner Güter dem, nächsten Anverwandten zu übertragen sei.

Nachdem die Verwaltung so (heimlicherweise) der Mutter zuerkannt war, – begann die Schwester von Vaters Seite einen Prozeß vor dem geistlichen Richter, worin sie anführte, erstens, daß sie selbst die nächste Anverwandte sei, und zweitens, daß die Mutter mit dem Verstorbenen überhaupt nicht verwandt gewesen sei und daß sie demgemäß den Gerichtshof ersuche, er möchte die Übergabe der Verwaltung an die Mutter widerrufen und ihr als der nächsten Anverwandten kraft besagter Verordnung übertragen.

Es wurden nun, da der Fall ein sehr wichtiger war und viel von seinem Ausgang abhing – voraussichtlich auch künftig viele Fälle, wo es sich um große Hinterlassenschaften handelte, nach diesem Vorgang entschieden werden konnten – die Gelehrtesten sowohl in den Rechten dieses Landes als im römischen Rechte über die Frage zu Rate gezogen: ob die Mutter mit ihrem Sohn blutsverwandt sei oder nicht? – Worauf nicht nur weltliche, sondern auch geistliche Richter, – Rechtsanwälte, – Rechtsgelehrte, – Zivilrechtslehrer, – Advokaten, geistliche Kommissäre, die Richter des Konsistoriums und die Prärogativgerichte von *Canterbury* und *York*, sowie die Obmänner der Fakultäten, alle einstimmig die Ansicht aussprachen: daß die Mutter nicht mit ihrem Kinde verwandt sei.*

Und was sagte die Herzogin von *Suffolk* dazu? fragte mein Onkel *Toby*.

Die unerwartete Frage meines Onkels *Toby* verwirrte *Kysarcius* mehr als der geschickteste Advokat gekonnt hätte. – Er blieb eine volle Minute still und sah meinem Onkel *Toby* ins Gesicht, ohne eine Antwort herauszubringen; – und in dieser einzigen Minute verdrängte ihn *Triptolemus* und riß mit folgenden Worten die Leitung an sich:

Es ist ein Grundprinzip im Rechtswesen, sprach *Triptole-*

* Mater non numeratur inter consanguineos. Balt. in ult. C. de Verb. signific.

mus, daß die Dinge nicht auf-, sondern absteigen; und ohne Zweifel ist dies der Grund, warum, wenn auch das Kind von dem Blut und Samen der Eltern ist, – doch die Eltern nicht von dem Blut und Samen des Kindes sind, insofern die Eltern nicht durch das Kind erzeugt wurden, sondern das Kind durch die Eltern; – denn es steht geschrieben: – *Liberi sunt de sanguine patris et matris, sed pater et mater non sunt de sanguine liberorum.*

Das beweist zuviel, *Triptolemus,* rief *Didius;* – denn daraus würde nicht nur folgen, was ja von allen Seiten zugestanden ist, daß die Mutter nicht mit dem Kinde verwandt sei, – sondern auch der Vater nicht. – Man hält dies auch, sprach *Triptolemus,* für die richtigere Ansicht; weil der Vater, die Mutter und das Kind zwar drei Personen aber doch von einem Fleische *(una caro*)* und demnach nicht miteinander verwandt sind – noch eine solche Verwandtschaft auf natürlichem Wege erreichen können. – Da gehen Sie wieder zu weit mit Ihren Beweisen, bemerkte *Didius;* – denn der natürliche Weg verhindert nicht – wohl aber das levitische Gesetz – daß ein Mann seiner Großmutter ein Kind erzeugen kann; in diesem Falle wäre dasselbe, wenn es eine Tochter wäre, verwandt sowohl mit – Aber wer hat denn je daran gedacht, bei seiner Großmutter zu schlafen? rief *Kysarcius.*
– Der junge Herr, von dem *Selden* spricht, erwiderte *Yorick,* der nicht allein daran dachte, sondern die Sache auch seinem Vater gegenüber durch das Wiedervergeltungsrecht zu rechtfertigen suchte: Du hast bei meiner Mutter gelegen, sagte der Bursche, warum sollte ich nicht bei der deinigen liegen? – Man heißt dies *Argumentum commune,* setzte *Yorick* hinzu.

– Ganz nach Verdienst, meinte *Eugenius* und langte nach seinem Hute.

Die Gesellschaft brach auf.

* Vide Brookes Abridg. tit. Administ. N. 47.

30. Kapitel

– Sagen Sie einmal, sagte mein Onkel *Toby* zu *Yorick*, als dieser und mein Vater ihm gemächlich die Treppe hinabhalfen – nur keine Angst, Madame, dieses Treppengespräch wird nicht so lange dauern wie das letzte – sagen Sie einmal, *Yorick*, sagte mein Onkel *Toby*, wie haben denn nun eigentlich jene gelehrten Herren den Fall mit *Tristram* festgestellt? – Sehr befriedigend, erwiderte *Yorick;* er geht keinen Menschen etwas an; – denn Frau *Shandy*, die Mutter, ist gar nicht verwandt mit ihm – und da die Mutter immer noch der sicherste Teil ist, – so hat Herr *Shandy* natürlich weniger als nichts zu bedeuten. – Kurz er ist mit dem Kind nicht soviel verwandt als ich.

Das mag wohl sein, sagte mein Vater und schüttelte den Kopf.

Die Gelehrten mögen mir sagen was sie wollen, erwiderte mein Onkel *Toby*, zwischen der Herzogin von *Suffolk* und ihrem Sohn muß doch irgendeine Art von Blutsverwandtschaft bestanden haben.

Das glauben die gewöhnlichen Leute auch noch bis auf diese Stunde, versetzte *Yorick*.

31. Kapitel

Obgleich die Feinheiten jenes gelehrten Gesprächs meinem Vater äußerst wohlgetan hatten – so waren sie eigentlich doch nur eine Salbe bei einem Beinbruch. – Sobald er nach Hause gekommen war, fiel die Last seiner Betrachtungen mit nur um so größerem Gewicht auf ihn, wie dies immer der Fall ist, wenn der Stab, auf den wir uns gestützt haben, unter uns weggleitet. – Er wurde nachdenklich, – spazierte häufig nach dem Fischteich, – ließ die eine Krempe seines Hutes herab, – seufzte öfters, – fuhr die Leute nicht mehr an, – und da die heftigen Ausbrüche der Laune, wie uns *Hippokrates* sagt, so sehr die Atmung und Verdauung befördern – so wäre er mit ihrem Aufhören gewiß krank geworden, wären nicht seine Gedanken kritisch in Anspruch genommen gewesen und seine Gesundheit dadurch gekräftigt worden, daß ihm ein Legat von 1000 Pfund von Seiten meiner Tante *Dinah* eine frische Portion Besorgnisse brachte.

Mein Vater hatte den Brief kaum gelesen, als er die Sache gleich am rechten Ende faßte und alsbald seinen Kopf damit zu quälen und zu foltern begann, wie er das Geld wohl am besten zu Ehren der Familie anlegen könne. – Hundertundfünfzig sonderbare Projekte stürmten ihm nacheinander durch den Kopf; – bald wollte er dies tun, bald jenes. – Er wollte nach *Rom;* – er wollte einen Prozeß anfangen; – er wollte Vieh kaufen; – er wollte *John Hobsons* Gut kaufen; – er wollte seinem Hause eine neue Front geben, und einen Flügel ansetzen, um es ebenmäßig zu machen. – Auf dieser Seite stand eine schöne Wassermühle; deshalb wollte er auf die andere Seite des Flusses als Pendant eine Windmühle bauen. – Vor allem aber wollte er das große *Ochsenmoor* einzäunen und meinen Bruder *Bobby* sofort auf Reisen schicken.

Da aber die Summe eine begrenzte war, und demzufolge nicht für alles Mögliche ausreichte; – und sehr wenige der genannten Absichten einen eigentlichen Zweck hatten, so schienen von all den Plänen, die ihm bei diesem Anlaß durch den Kopf gingen, die beiden letzten den tiefsten Eindruck auf ihn zu machen; und er würde sich unfehlbar für beide zugleich entschieden haben, wäre nicht jener kleine eben berührte Übelstand gewesen, der ihn durchaus zwang sich entweder für das eine oder das andere zu entscheiden.

Dies war durchaus nicht so leicht, denn es hatte meinem Vater zwar schon lange am Herzen gelegen, diesen notwendigen Teil der Erziehung meines Bruders nicht zu vernachlässigen, und als ein vorsichtiger Mann hatte er beschlossen, ihn mit dem ersten Geld ins Werk zu setzen, das aus der zweiten Schöpfung von *Mississippi*-Aktien, an denen er sich beteiligt hatte, eingehen würde; – aber das *Ochsenmoor*, ein schönes, großes, geisterreiches, undräniertes und vernachlässigtes Grundstück, das zu den *Shandyschen* Gütern gehörte, hatte fast ebenso alte Ansprüche; lange war es sein lebhafter Wunsch gewesen, es einigermaßen nutzbringend zu machen.

Da bisher noch nie eine solche Verkettung der Dinge eingetreten war, wodurch es notwendig gewesen wäre, die Priorität oder die Gewichtigkeit dieser beiden Ansprüche festzustellen, hatte er sich als ein weiser Mann jeder genauen oder kritischen Prüfung derselben enthalten, so daß er jetzt, nachdem er jeden anderen Plan hatte fallen lassen, abermals zwischen jenen beiden alten Projekten, dem OCHSENMOOR und meinem BRUDER schwankte; und beide fielen bei ihm so gleich schwer in die Waagschale, daß es dem alten Herrn nicht wenig innerlich zu schaffen machte, welchem er den Vorzug geben sollte. Man mag darüber lachen wie man will; – aber der Fall war der: –

Stets war es Brauch in der Familie gewesen, und mit der Zeit nahezu ein Rechtsanspruch geworden, daß der älteste Sohn vor seiner Verehelichung freien Eintritt, Austritt und Wiedereintritt in fremde Länder haben sollte, – nicht nur um seine besonderen Eigenschaften durch wohltätigen Umtrieb und starke Luftveränderung zu bessern, – sondern auch einfach, um durch den Nimbus, womit das Reisen ihn umgab, seine Phantasie zu ergötzen. – *Tantum valet*, pflegte mein Vater zu sagen, *quantum sonat*.

Da dies nun ein ganz vernünftiger und gewiß auch höchst christlicher Brauch war, so wäre er doch zehnmal schlimmer als ein *Türke* behandelt worden, wenn man ihn ohne Grund derselben beraubt und an ihm ein Exempel statuiert hätte, in der Art, daß er der erste *Shandy* gewesen wäre, der nicht in einer Postkutsche *Europa* durchrasselt hätte und zwar nur weil er ein etwas schwerfälliger Knabe war.

Aber die Sache mit dem *Ochsenmoor* war gleichfalls dringend.

Abgesehen davon, daß sein Erwerb die Familie 800 Pfund gekostet, – war darum ein 15jähriger Rechtsprozeß entstanden, der abermals 800 Pfund aufgezehrt und Gott weiß wieviel Widerwärtigkeiten im Gefolge gehabt hatte. Überdies war es seit der Mitte des vorigen Jahrhunderts im Besitz der Familie *Shandy* gewesen, und obschon es dem Hause gewissermaßen vor Augen lag, an dem einen Ende von der Wassermühle und am anderen von der oben besprochenen projektierten Windmühle begrenzt, – und deshalb mehr als irgendein Teil des Gutes auf die Vorsorge und den Schutz der Familie Anspruch hatte, – so war es doch infolge einer unberechenbaren, aber den Menschen so gewöhnlichen Fatalität die ganze Zeit her wirklich schmählich vernachlässigt worden. Es hatte darunter so gelitten, daß (wie *Obadiah* sagte) jedem, der sich auf den Wert des Bodens verstand, das Herz bluten mußte, wenn er darüber hinritt und sah, in welchem Zustand es sich befand.

Da jedoch weder der Ankauf dieses Grundstücks, noch seine Lage auf Rechnung meines Vaters zu setzen war, war er stets der Ansicht gewesen, die Sache gehe ihn eigentlich gar nichts an, – bis vor 15 Jahren jener oben erwähnte verwünschte Rechtsprozeß ausbrach (es handelte sich um die Abgrenzung), – der ganz und gar meines Vaters Werk war und deshalb sehr natürlich ganz zugunsten desselben wirkte. Und wenn mein Vater all die Beweise zusammennahm, sah er ein, daß ihn nicht nur das Interesse, sondern auch die Ehre nötige, etwas dafür zu tun und daß jetzt oder nie der Augenblick gekommen sei.

Es war wirklich einiges Mißgeschick dabei, daß die Gründe auf beiden Seiten einander so sehr die Waage hielten. Mein Vater wog sie in allen Stimmungen und Gemütslagen gegeneinander ab, verbrachte manche qualvolle Stunde im tiefsten, ernstesten Nachsinnen über die Frage, was denn hier das Richtige sei; – las an dem einen Tage Bücher über Landwirtschaft, am anderen über Reisen, – legte jede Leidenschaft beiseite, – betrachtete die beiderseitigen Beweise in jedem Licht, in jeder Zusammenstellung, – beriet sich täglich mit meinem Onkel *Toby* darüber, – räsonierte mit *Yorick*, besprach die Frage des *Ochsenmoors* mit *Obadiah;* – gleichwohl ergab sich in all der Zeit nichts, was so entschieden zugunsten des einen sprach, was nicht ebenso auf das andere anwendbar gewesen wäre, oder durch eine gleichgewichtige Betrachtung so im Gleichgewicht gehalten wurde, daß keine beider Schalen sank.

Denn wenn das *Ochsenmoor* auch mit gehöriger Nachhilfe und in der Hand des rechten Mannes unzweifelhaft bald eine andere Rolle in der Welt gespielt haben würde, als es bis jetzt tat und in seiner gegenwärtigen Verfassung tun konnte, – so paßte dies doch alles auch ganz auf meinen Bruder *Bobby*, – mochte *Obadiah* sagen, was er wollte.

In der reinen Gewinnfrage erschien der Kampf allerdings beim ersten Anblick nicht so unentschieden; denn wenn mein Vater Feder und Tinte zur Hand nahm und die Ausgaben berechnete, welche das Abrasieren, Abbrennen und Einzäunen des *Ochsenmoors* kosteten, und dann den sicheren Nutzen in Rechnung nahm, der sich daraus ergeben mußte, – so stellte sich letzterer so wundervoll heraus, daß man hätte darauf schwören mögen, das *Ochsenmoor* werde Sieger bleiben; denn es war ja klar, daß es schon im ersten Jahre 100 Lasten Rübsamen, die Last zu 20 Pfund daraus erlösen würde, – im nächsten Jahre aber würde er eine treffliche Weizenernte bekommen; im dritten Jahre gab es gering gerechnet 100, – wahrscheinlich aber 150, – wo nicht 200 Malter Erbsen und Bohnen und endlos viel Kartoffeln. – Wenn er aber dann bedachte, daß er diese ganze Zeit über meinen Bruder eigentlich nur aufziehen würde wie ein Schwein, jene zu fressen, – so schlug dieser Gedanke wieder alles nieder, so daß sich der alte Herr in einem so unschlüssigen Zustande befand, daß er meinem Onkel *Toby* oft erklärte, er wisse so wenig wie sein Absatz, was er tun solle.

Nur wer es selbst empfunden hat, weiß was für ein qualvolles Ding es ist, wenn zwei Pläne von gleicher Kraft an dem Herzen eines Menschen reißen und es hartnäckig nach ganz verschiedener Richtung zu ziehen suchen; denn abgesehen von dem Schaden, der dadurch bei einiger Konsequenz unfehlbar in dem feineren Nervensystem angerichtet wird, mittelst dessen die animalischen Geister und dünneren Säfte vom Herzen nach dem Kopfe usw. geleitet werden, – wirkt eine solche nachteilige Friktion zugleich in hohem Grade auf die derberen und festeren Teile, verbraucht das Fett und mindert die Kraft eines Menschen mit diesem beständigen Vorwärts- und wieder Rückwärtsbewegen.

Mein Vater wäre diesem Übel gewiß ebenso sicher erlegen als dies bei dem Mißgeschick mit meinem Taufnamen der Fall war, wäre er nicht durch ein neues Unglück davon befreit worden: – mein Bruder *Bobby* starb.

Was ist das Menschenleben? Ist es nicht ein beständiger Wechsel von einem zum andern? – von einer Sorge zur andern? – vom Zuknöpfen einer Unheilsquelle zum Aufknöpfen einer anderen?

32. Kapitel

Von diesem Augenblicke an bin ich als mutmaßlicher Erbe der Familie *Shandy* anzusehen; und von diesem Zeitpunkt an datiert auch eigentlich die Geschichte meines LEBENS und meiner MEINUNGEN. Trotz all meiner Eile und Überstürzung habe ich doch nur erst den Grund geebnet, um das Gebäude darauf zu errichten; – ein Gebäude, wie allerdings seit *Adam* keines entworfen und aufgeführt wurde. In weniger als fünf Minuten werde ich meine Feder ins Feuer werfen und das bißchen dicke Tinte, welches noch in meinem Tintenfaß sitzt, ebenfalls; – ich habe in dieser Zeit nur noch zehnerlei Dinge zu tun – etwas zu benennen, – etwas zu beklagen, – etwas zu hoffen, – etwas zu versprechen, – etwas zu drohen, – etwas anzunehmen, – etwas zu erklären, – etwas zu verheimlichen, – etwas zu wählen, – etwas zu erbitten. – Ich nenne daher dieses Kapitel das der DINGE, – mein nächstes, wenn ich es erlebe, soll das Kapitel über BACKENBÄRTE werden, damit doch einiger Zusammenhang in die Sache kommt.

Was ich zu beklagen habe, ist, daß die Dinge mich in solchen Massen überfallen haben, daß ich bisher noch nicht bis zu demjenigen Teil meines Werkes gelangen konnte, nachdem ich stets mit so ernstem Verlangen ausgeschaut habe; nämlich zu den Feldzügen, besonders aber zu den Liebesabenteuern meines Onkels *Toby*, die so merkwürdiger Natur, so *Cervantischer* Art sind, daß, wenn es mir gelingt, jedem Gehirn die gleichen Eindrücke mitzuteilen, welche diese Begebenheiten in meinem eigenen erzeugt haben – ich dafür stehe, daß das Buch seinen Weg weit besser in der Welt machen wird, als sein Herr. – O *Tristram, Tristram,* wenn dies nur zustande kommt, – so wird der Ruf, der dir dafür als Schriftsteller zuteil werden wird, gar manche Übel ausgleichen, die dich als Menschen betroffen haben; – du wirst dich an dem einen erfreuen, – wenn du längst alles Gefühl, alle Erinnerung an das andere verloren hast!

Es ist nicht zu verwundern, daß ich so sehr verlange, zu jenen Liebesabenteuern zu gelangen: – sie sind der feinste Bissen meiner ganzen Geschichte! und wenn ich zu ihnen gelange, – dann versichere ich Sie, meine Lieben – dann werde ich in der Wahl meiner Worte durchaus nicht delikat sein (auch kümmere ich mich nicht darum, wenn ekle Magen Anstoß daran nehmen) – das ist das, was ich zu *erklären* hatte. – Aber in fünf Minuten werde ich nicht durchkommen, das ist es, was ich »fürchte«: – was ich jedoch »hoffe«, ist, daß die verehrten Herrschaften sich nicht dadurch verletzt fühlen: – wenn sie es tun sollten, dann verlassen Sie sich darauf, daß ich Ihnen im nächsten Jahre etwas bringe, worüber sie sich wirklich verletzt fühlen können, – und das betrifft meine teure

Jenny; – wer aber meine *Jenny* ist, – und welches das richtige und welches das falsche Ende am Weibe ist, – das ist das, was ich vorerst *verheimlichen* werde; – Sie sollen es erfahren in dem übernächsten Kapitel nach dem Kapitel über Knopflöcher, – und nicht ein einziges Kapitel früher. Und nun, da Sie an den Schluß dieser vier Bände gelangt sind, so ist das, was ich zu *fragen* habe, wie es mit Ihren Köpfen aussieht? Der meinige tut mir heillos wehe. – Mit Ihrer Gesundheit, das weiß ich, steht es weit besser; der echte *Shandismus*, man mag darüber denken wie man will, öffnet Herz und Lunge, und zwingt, wie alle Affektionen seiner Art, das Blut und die anderen Lebenssäfte des Körpers frei durch ihre Kanäle zu rinnen, und macht, daß das Rad des Lebens länger und heiterer herumgeht.

Dürfte ich wie *Sancho Pansa* mein Königreich wählen, dann dürfte es keine Seemacht sein, – auch kein Reich mit Schwarzen, um Geld damit zu erwerben; – vielmehr ein Reich mit herzlich lachenden Untertanen; und da die galligen und düsteren Leidenschaften Unordnungen im Blut und in den Säften hervorbringen und so einen ebenso schlimmen Einfluß auf den politischen wie auf den natürlichen Körper üben; – und nur tugendhafte Angewöhnungen diese Leidenschaften vollständig beherrschen und der Vernunft untertan machen können, – so möchte ich die weitere Bitte hinzufügen: – daß Gott meinen Untertanen ebenso WEISHEIT wie HEITERKEIT schenken möge; dann wäre ich der glücklichste Monarch und sie das glücklichste Volk unter der Sonne.

Und mit dieser moralischen Betrachtung nehme ich jetzt von Ihnen, meine Herrschaften, Abschied bis heute übers Jahr, wo ich Sie dann (wenn mich dieser böse Husten nicht vorher umbringt) von neuem am Bart zupfen und Ihnen eine Geschichte erzählen werde, von der Sie keine Ahnung haben.

LEBEN UND MEINUNGEN VON TRISTRAM SHANDY, GENTLEMAN

Dicero si quid forte jocosius, hoc mihi juris cum venia dabis. – Hor.

– Si quis calumnietur levius esse quam decet theologum, aut mordacius quam deceat Christianum – non Ego, sed Democritus dixit. – Erasmus.

Si quis Clericus, aut Monachus, verba joculatoria, risum moventia, sciebat, anathema esto. – Second Council of Carthage.

An den Hochzuverehrenden
John
Lord Viscount Spencer

MYLORD,

Ich bitte untertänig um Erlaubnis, Ihnen diese zwei Bände überreichen zu dürfen; sie sind das Beste, was meine Talente bei so schlechter Gesundheit wie der meinigen hervorbringen konnten: – hätte die Vorsehung mir von beidem mehr geschenkt, so wären diese Bände eine angemessenere Gabe für Euer Lordschaft gewesen.

Ich bitte Euer Lordschaft um Verzeihung, wenn ich zur gleichen Zeit, da ich Ihnen dieses Werk widme, auch Lady SPENCER einschließe, indem ich mir die Freiheit nehme, ihr die Geschichte *Le Fevers* zuzueignen; dafür kann ich, wenn ich mich auf die Auskunft meines Herzens verlassen darf, keinen anderen Beweggrund anführen als den, daß es eine menschliche Geschichte ist.

Ich bin, Mylord

Euer Lordschaft
ergebenster
und untertänigster Diener
LAUR. STERNE

FÜNFTES BUCH

1. Kapitel

Wären nicht jene zwei mutigen Rößlein gewesen und der Tollkopf von Postillon, der sie von Stilton nach Stamford lenkte, der Gedanke wäre mir nie in den Sinn gekommen. Aber er flog dahin wie der Blitz; – es ging 3½ Meilen lang bergab; – wir berührten kaum den Boden, – es war die schnellste, heftigste Bewegung, die je meinem Gehirn mitgeteilt wurde, – die mein Herz in Anspruch nahm. – Beim großen Gott des Tages, sprach ich, indem ich dabei nach der Sonne sah und meinen Arm durch das vordere Kutschenfenster streckte, ich will mein Studierzimmer abschließen, sobald ich nach Hause komme und den Schlüssel dazu 90 Fuß unter die Erdoberfläche in den Ziehbrunnen hinter meinem Hause werfen.

Der Londoner Wagen bestärkte mich in meinem Entschluß; er wackelte den Hügel hinauf, daß er kaum vom Fleck kam, acht *schwere Tiere* schleppten und schleppten daran hinauf. – »Aus Leibeskräften! – sagte ich nickend – aber deine Oberen ziehen den gleichen Weg dahin – mit etwas, wozu jedermann beisteuert – O, vortrefflich!«

So sagt mir doch, ihr gelehrten Herren, müssen wir denn immer nur für die *Masse*, und so wenig für den inneren *Wert* arbeiten?

Müssen wir denn immer neue Bücher machen, wie die Apotheker neue Arzeneien machen, – indem wir aus dem einen Gefäß in das andere schütten?

Müssen wir stets dasselbe Seil drehen und wieder aufdrehen? immer in derselben Richtung? immer in demselben Trott?

Sind wir denn bis in alle Ewigkeit dazu bestimmt, sonntags

und werktags die *Reliquien der Gelehrsamkeit* zu zeigen, wie die Mönche die Reliquien ihrer Heiligen, – ohne daß wir ein – auch nur ein einziges Wunder damit tun?

Wurde der MENSCH mit Kräften erschaffen, die ihn in einem Nu von der Erde zum Himmel emporheben; diese große, trefflichste, edelste Schöpfung der Welt, – dieses Wunder der Natur, wie *Zoroaster* ihn in seinem περὶ φύσεως nannte; – das SHEKINAH der göttlichen Gegenwart nach *Chrysostomus;* – das *Ebenbild* Gottes nach *Moses;* – der *Strahl* der Gottheit nach *Plato;* – das *Wunder* der *Wunder* nach *Aristoteles* – damit er in diesem jammerwürdigen, – elenden, – kniffigen Tempo fortkrieche?

Ich will nicht so schmähen, wie es *Horaz* über diesen Gegenstand tat; – wenn aber nichts Unrichtiges oder Sündhaftes in meinem Wunsche liegt, so wünsche ich von ganzem Herzen, daß jeder Nachahmer in *Großbritannien, Frankreich* und *Irland* für seine Mühe den Wurm bekäme; und daß ein gutes Wurmhaus errichtet würde, groß genug, um sie alle in sich aufzunehmen und sie zu läutern, *den ganzen Pöbel, Männlein und Fräulein;* und das bringt mich auf die Sache mit den *Backenbärten;* – nach welchem Ideengang aber – das überlasse ich den Spröden und Heuchlern als ein Vermächtnis der toten Hand, damit sie sich daran ergötzen und möglichst davon profitieren.

Über Backenbärte

Es tut mir leid, daß ich das Versprechen machte – es war ein so unbedachtes, als je eines einem Mann in den Kopf kam. – Ein Kapitel über Backenbärte! Ach! das wird die Welt nicht durchmachen! – es ist eine gar so zarte Welt! – aber ich wußte ja nicht, aus welchem Stoff es gemacht würde, hatte das unten folgende Fragment nie gesehen; sonst würde ich gewiß, so wahr Nasen Nasen sind und Backenbärte Backenbärte (die Welt mag dagegen sagen was sie will) an diesem gefährlichen Kapitel vorübergesegelt sein.

* *

* *

– Sie schlafen wohl halb, meine gute Dame, sagte der alte Herr, indem er die alte Dame bei der Hand faßte und sie zart drückte, als er das Wort Backenbart aussprach. – Sollen wir von etwas anderem sprechen? – O durchaus nicht, erwiderte die alte Dame; – ich höre Sie ganz gerne von diesen Dingen sprechen. Dann schlang sie ein dünnes Tuch um den Kopf, lehnte diesen nach der Stuhllehne zurück, wandte ihm das Gesicht zu und schob ihre beiden Füße vor, während sie den Körper zurücklehnte. – Ich wünschte, daß Sie jetzt weitermachten, sprach sie.

Der alte Herr fuhr fort wie folgt: —— Backenbart! rief die Königin von *Navarra* und ließ ihren Knäuel fallen, als die *Fosseuse* das Wort aussprach. – Backenbart, Madame! sagte die *Fosseuse* und heftete den Knäuel an die Schürze der Königin, wobei sie sich verneigte.

Die Stimme der *Fosseuse* war von Natur sanft und tief, aber sehr vernehmlich; jeder Buchstabe des Wortes Backenbart fiel daher deutlich in das Ohr der Königin von *Navarra*. – Backenbart! rief die Königin und legte einen größeren Nachdruck auf das Wort, als ob sie ihren Ohren nicht recht traute. – Backenbart! wiederholte die *Fosseuse* zum dritten Mal. – Es gibt keinen Kavalier seines Alters in *Navarra*, Madame, fuhr die Ehrendame fort, um der Königin ein größeres Interesse für den Pagen einzuflößen, der einen so herrlichen Backenbart hätte. – Wie sagt Ihr? frug *Margaretha* lächelnd. – Backenbart, versetzte die Fosseuse mit unendlicher Züchtigkeit.

Das Wort Backenbart behauptete sich noch immer und wurde fortwährend in den besten Gesellschaften des kleinen Königreichs *Navarra* gebraucht, trotzdem die *Fosseuse* es so unvorsichtig angewendet hatte. Die *Fosseuse* hatte das Wort nämlich nicht nur vor der Königin sondern auch bei verschiedenen anderen Gelegenheiten bei Hofe mit einem Akzent ausgesprochen, der immer etwas Geheimnisvolles andeutete. – Und da der Hof *Margarethens* damals bekanntlich eine Mischung von Galanterie und Frömmigkeit war, – und Backenbärte sich auf dem einen wie auf dem andern Gebiete verwenden lassen, so behauptete sich das Wort natürlich; – es gewann gerade soviel als es verlor; denn die Geistlichkeit war dafür, das Laientum dagegen; – die Frauen waren geteilt. –

Um diese Zeit zog der ausgezeichnet schöne Kopf und die Figur des jungen Herrn *de Croix* die Aufmerksamkeit der Ehrendamen nach der Terrasse vor dem Palasttor, wo die Wache aufzog. Die Frau von *Baussière* verliebte sich sterblich in ihn – die *Battarelle* desgleichen; – es war das beste Wetter fürs Verlieben, als es je in *Navarra* gewesen; – auch die *Guyol*, die *Maronette*, die *Sabatière* verliebten sich in den Herrn *de Croix;* die *Rebours* und die *Fosseuse* wußten es aber besser; – *de Croix* hatte bei einem Versuch sich der *Rebours* zu empfehlen, Fiasko gemacht; und die *Rebours* und *Fosseuse* waren unzertrennliche Freundinnen.

Die Königin von *Navarra* saß eben mit ihren Damen in dem gemalten Bogenfenster, das nach dem Tor des inneren Hofes ging, als *de Croix* es passierte. – Er ist hübsch, sagte die *Baussière*. – Er sieht gut aus, sagte die *Battarelle*. – Er hat eine schöne Figur, bemerkte die *Guyol*. – Nie in meinem Leben sah ich einen Gardeoffizier mit zwei solchen Beinen, sagte die *Maronette;* – noch einen, der so schön darauf stand, setzte die *Sabatière* hinzu. – Aber er hat keinen Backenbart, sagte die *Fosseuse*. – Nicht die Spur! beteuerte die *Rebours*.

Die Königin ging nach ihrem Betzimmer und sann während sie durch die Galerie ging immer über die Sache nach; betrachtete sie im Geist bald von dieser bald von jener Seite. – Ave Maria † – was will die *Fosseuse* eigentlich damit sagen, sprach sie, während sie auf das Kissen kniete.

Die *Guyol*, *Battarelle*, *Maronette* und *Sabatière* zogen sich auf ihre Zimmer zurück. Keinen Backenbart! sprachen alle vier bei sich selbst, während sie ihre Türen von innen verriegelten.

Die Dame *Carnavalette* ließ ihren Rosenkranz unbemerkt unter dem Reifrock durch beide Hände gleiten. – Vom heiligen *Antonius* bis zur hl. *Ursula* inklusive kam ihr kein Heiliger durch die Finger, der nicht einen Backenbart gehabt hätte: der hl. *Frankiskus,* der hl. *Dominikus,* der hl. *Benedikt,* der hl. *Basilius,* die hl. *Brigitte,* alle hatten einen Backenbart.

Die Dame *Baussière* verlor sich in ausschweifende Ideen, als sie sich in tiefere moralische Betrachtungen über den von der *Fosseuse* gegebenen Text verlor: – sie bestieg ihren Zelter, ihr Page folgte ihr, – die Hostie kam vorüber, – die Dame ritt unbekümmert weiter.

Einen Pfennig, rief ein barmherziger Bruder, – einen einzigen Pfennig zur Rettung der tausend armen Sklaven, deren Augen nach dem Himmel und nach Euch schauen, um erlöst zu werden.

– Die Dame *Baussière* ritt weiter.

Habt Mitleid mit den Unglücklichen, sprach ein ehrwürdiger, silberhaariger, frommer Greis und hob ihr eine eisenbeschlagene Büchse in den welken Händen entgegen. – Ich bitte für die Unglücklichen, gute Dame; für Eingekerkerte, – für ein Spital, – für einen alten Mann, – einen armen Schiffbrüchigen, einen Abgebrannten, einen Bürgen, – Gott und all seine Engel mögen es bezeugen, – es soll dazu dienen die Nackten zu kleiden, – die Hungrigen zu füttern, – die Kranken und Betrübten zu trösten.

– Die Dame *Baussière* ritt weiter.

Ein heruntergekommener Anverwandter bückte sich bis auf den Boden.

– Die Dame *Baussière* ritt weiter.

Er lief mit bloßem Kopfe bettelnd neben ihrem Zelter her und beschwor sie bei den Banden ihrer früheren Freundschaft und Verwandtschaft, – Base, Tante, Schwester, Mutter, – um der Tugend willen, um Euretwillen, um meinet-, um Christi willen!

Bedenket mich! – habt Mitleid mit mir!

– Die Dame *Baussière* ritt weiter.

Da, halte meinen Backenbart, sagte die Dame *Baussière*, der Page hielt ihren Zelter. Sie stieg am Ende der Terrasse ab.

Es gibt gewisse Gedanken, die ihre Spuren um unsere Augen und Augenbrauen lassen; es gibt ein gewisses Gefühl, so um das Herz herum, das dazu dient, diese Umrisse noch mehr hervortreten zu lassen. – Wir sehen, buchstabieren und setzen sie zusammen ohne ein Wörterbuch.

Hahaha! hihihi! riefen die *Guyol* und die *Sabatière*, als sie sich genau ansahen und die gegenseitigen Spuren bemerkten. – Hoho! riefen die *Battarelle* und die *Maronette*, als sie ebenso taten. – St! sagte die eine; – Pst! die andere; – sch! die dritte, – pah! die vierte; – Schönen Dank! rief die Dame *Carnavalette;* – es war die, welche die hl. *Brigitte* bebackenbartet hatte.

Die *Fosseuse* zog die Nadel aus ihrem Haarknoten, entwarf mit dem stumpfen Ende derselben den Umriß eines Backenbärtchens auf der einen Seite ihrer Oberlippe und gab sie dann der *Rebours* in die Hand. – Die *Rebours* schüttelte den Kopf. Die Dame *Baussière* hustete dreimal in die innere Seite ihres Muffs. – Die *Guyol* lächelte. – Pfui! sagte die Dame *Baussière*. Die Königin von *Navarra* berührte ihr Auge mit der Spitze ihres Zeigefingers, – als wollte sie sagen: ich verstehe euch alle!

Es war dem ganzen Hofe klar, daß das Wort verloren sei: die *Fosseuse* hatte ihm eine Wunde zugefügt; und es half ihm eben nicht, daß es all jene Engnisse passieren mußte. – Doch hielt es sich noch ein paar Monate schwach aufrecht; dann fand Herr *de Croix*, daß es hohe Zeit sei, *Navarra* zu verlassen, weil er keinen Backenbart hatte. – Das sonst gangbare Wort wurde jetzt unpassend und (nach einigen Bemühungen zu seinen Gunsten) vollständig ungeeignet für den Gebrauch.

Unter solchen Umständen hätte das beste Wort der besten Sprache, der besten Welt Not gelitten. – Der Pfarrer von *Estella* schrieb ein Buch dagegen, worin er die Gefahren der Hintergedanken auseinandersetzte und die Navarraner davor warnte. Weiß nicht jedermann, sagte der Pfarrer von *Estella* am Schluß seines Werks, daß vor einigen Jahrhunderten die Nase in dem größten Teil von *Europa* dasselbe Schicksal hatte, wie es jetzt dem Backenbart im Lande *Navarra* passiert? – Das Übel breitete sich damals allerdings nicht weiter aus; aber standen nicht seitdem Betten und Polster, Nachtmützen und Nachtgeschirre am Rande des Verderbens? Sind nicht Pumphosen und Rockschlitze, Pumpenschwengel, Hahnen und Faßzwicker von der gleichen Ideenassoziation bedroht? – Wenn man der Keuschheit, dieser von Natur edelsten aller Tugenden, die Zügel schießen läßt, – so wird sie zum springenden und brüllenden Löwen.

Der Zweck der Beweisführung des Pfarrers von *Estella* wurde nicht verstanden: – man ging einer falschen Witterung nach. – Die Welt zäumte den Esel am Schwanz auf. – Und wenn die *Übertreibungen* der EMPFINDLICHKEIT und die *Anfänge* der FLEISCHESLUST ihr nächstes Provinzialkapitel zusammen halten, mögen sie auch über dieses häßliche Ding Beschluß fassen.

2. Kapitel

Als mein Vater den Brief erhielt, der ihm die traurige Nachricht vom Tode meines Bruders *Bobby* brachte, war er gerade damit beschäftigt, die Kosten von dessen Postkutsche von *Calais* nach *Paris* und von da nach *Lyon* zu berechnen.

Die Vorbedeutungen waren dieser Reise gar nicht günstig; mein Vater mußte jeden Schuh derselben nochmals durchreisen und seine Berechnung, mit der er sich eben dem Ende näherte, wieder von vorn anfangen, weil *Obadiah* in diesem Augenblick die Türe öffnete, ihm die Mitteilung machte, daß die Familie keine Hefe mehr habe, und fragte, ob er nicht morgen früh das große Kutschenpferd nehmen und nach neuer Hefe reiten solle. – Sehr gerne, *Obadiah,* sagte mein

Vater, während er seine Reise fortsetzte, – nimm das Kutschenpferd, und mache, daß du fortkommst. – Es fehlt dem armen Tier aber ein Hufeisen, sagte *Obadiah.* – Armes Tier! wiederholte mein Onkel *Toby,* in welchem jener Ton wie auf einer gleichgestimmten Saite widerklang. – Dann reite den Schotten, versetzte mein Vater hastig. – Der will um alles in der Welt keinen Sattel auf dem Rücken dulden, erwiderte *Obadiah.* – Der Teufel sitzt in dem Tier! so nimm den PATRIOTEN, rief mein Vater, und geh. – Der PATRIOT ist ja verkauft, bemerkte *Obadiah.* – Da haben wirs! rief mein Vater, machte eine Pause und sah meinem Onkel *Toby* ins Gesicht, als ob das Ding nicht möglich wäre. – Euer Gnaden haben mir ja im vorigen April befohlen ihn zu verkaufen, sagte *Obadiah.* – Dann geh dafür zu Fuß, rief mein Vater. – Ich gehe viel lieber als ich reite, versetzte *Obadiah* und schloß die Türe.

Diese Plackereien! rief mein Vater und vertiefte sich wieder in seine Berechnungen. – Aber der Fluß ist über die Ufer getreten, sagte *Obadiah,* und öffnete die Türe von neuem.

Bis zu diesem Augenblick hatte mein Vater, der *Sansons* Karte und ein Postroutenbuch vor sich liegen hatte, die Hand auf dem Kopf seines Zirkels gehabt, dessen einer Schenkel in *Nevers* steckte, der letzten Poststation, für die er bezahlt hatte – und wollte eben von diesem Punkte aus seine Reise und Berechnung weiter fortsetzen, aber dieser erneuerte Angriff *Obadiahs,* der abermals die Türe öffnete und die ganze Gegend unter Wasser setzte, war zuviel für ihn. – Er ließ den Zirkel fallen, – oder vielmehr er warf ihn mit einer Bewegung, die aus Zufall und Ärger gemischt war, auf den Tisch, es blieb ihm nichts übrig, als so klug wie er ausgefahren war (wie so viele andere) wieder nach *Calais* zurückzukehren.

Als man den Brief hereinbrachte, der die Nachricht vom Tode meines Bruders enthielt, war mein Vater in seiner Reise wieder bis zu dem Zirkelstich auf der gleichen Station *Nevers* vorgerückt. Erlauben Sie, Herr *Sanson,* sagte mein Vater und stach mit seinem Zirkel durch *Nevers* bis in den Tisch – und winkte meinem Onkel *Toby*, daß er sehen möchte, was in dem Brief stehe, – zweimal in einer Nacht von einem so lausigen Nest wie *Nevers* zurückgejagt zu werden, Herr *Sanson*, ist für einen *Engländer* und seinen Sohn zu viel. Was meinst du, *Toby?* setzte mein Vater in einem munteren Tone hinzu. – Wenns nicht eine Garnisonsstadt ist, sagte mein Onkel *Toby*, denn dann – Ich werde doch mein Lebenlang ein Esel bleiben, sagte mein Vater und lächelte vor sich hin. – Dann winkte er abermals meinem Onkel *Toby*, behielt seinen Zirkel in der einen Hand auf *Nevers* und das Postbuch in der anderen und bog sich halb rechnend, halb zuhörend auf beiden Ellbogen über den Tisch hin, während mein Onkel *Toby* den Brief überlief –

– –

– Er ist hinüber! sagte mein Onkel *Toby*. – Wo hinüber? – Wer? fragte mein Vater. – Mein Neffe, sagte mein Onkel *Toby*. – Was? – ohne Abschied? – ohne Geld? – ohne Hofmeister? rief mein Vater erstaunt. – Nein, nein! sagte mein Onkel *Toby*, er ist gestorben, lieber Bruder. – Ohne krank gewesen zu sein? rief mein Vater. – Das weiß ich nicht, versetzte mein Onkel *Toby* mit leiser Stimme und holte einen tiefen Seufzer aus dem Grunde seines Herzens; er muß wohl gehörig krank gewesen sein, – der arme Junge – denn er ist tot.

Als *Agrippina* der Tod ihres Sohnes gemeldet wurde, brach sie, wie uns *Tacitus* erzählt, ihre Arbeit jählings ab, da sie nicht imstande war, die Heftigkeit ihres Schmerzes zu zügeln. – Mein Vater drückte seinen Zirkel nur um so fester in *Nevers*. – Welche Gegensätze! er war allerdings in einer Berechnung begriffen, *Agrippina* mußte wohl eine ganz andere Arbeit vorgehabt haben; wie könnte man sonst aus der Geschichte etwas ableiten wollen?

Wie mein Vater weiter verfuhr, das verdient meiner Ansicht nach ein besonderes Kapitel.

3. Kapitel

—— —— Und ein Kapitel soll der Sache gewidmet werden, und zwar ein ganz verteufeltes; – also nehmen Sie sich in acht!

Es ist entweder *Plato* oder *Plutarch* oder *Seneca* oder *Xenophon* oder *Epiktet* oder *Theophrastus* oder *Lukian* – oder vielleicht ein späterer Schriftsteller – *Cardan* oder *Budaeus* oder *Petrarca* oder *Stella,* – möglicherweise auch ein geistlicher Autor oder Kirchenvater, St. *Augustin,* St. *Zyprian* oder *Bernhard,* der behauptet hat, ein unwiderstehlicher, natürlicher Drang führe dazu, über den Verlust von Freunden oder Kindern zu weinen; – und *Seneca* (das weiß ich gewiß), sagt irgendwo, solche Schmerzen werden am besten durch jenen besonderen Kanal gelindert. Wir finden demgemäß auch, daß *David* um seinen Sohn *Absalom, Hadrian* um *Antinous, Niobe* um ihre Kinder, und *Apollodor* und *Crito* um *Sokrates* weinten, als er starb.

Mein Vater behandelte seinen Kummer in anderer Weise und zwar ganz anders als die meisten Menschen des Altertums oder der Neuzeit; denn er weinte ihn nicht hinweg wie die *Hebräer* und *Römer,* noch verschlief er ihn wie die *Lappländer,* – noch henkte er ihn auf wie die *Engländer,* – noch ersäufte er ihn wie die *Deutschen,* – noch verfluchte, verwünschte, exkommunizierte, verreimte oder verlillabullerote er ihn, —— und dennoch wußte er ihn loszuwerden.

Erlaubt mir der geneigte Leser hier eine kleine Geschichte einzuschieben?

Als *Tullius Cicero* seine teure Tochter *Tullia* verlor, nahm er es sich zuerst sehr zu Herzen, – er hörte auf die Stimme der Natur und modulierte seine eigene danach: – O meine *Tullia!* meine Tochter! mein Kind! – noch immer, immer, immer! – es war meine *Tullia* – meine *Tullia!* – Es ist mir als sehe ich meine *Tullia,* als höre ich meine *Tullia,* als spreche ich mit meiner *Tullia.* – Sobald er aber in das Magazin der Philosophie zu schauen begann, und sah, wie viel treffliche Dinge sich bei diesem Anlaß sagen ließen, – so, sagt der große Redner, kann sich kein Mensch vorstellen, wie glücklich, wie vergnügt mich das machte.

Mein Vater war auf seine Beredsamkeit ebenso stolz, wie MARCUS TULLUS CICERO es nur immer sein konnte, und solange man mich nicht vom Gegenteile überzeugt, mit ebensoviel Recht. Es war in der Tat seine Stärke – aber allerdings auch seine Schwäche. – Seine Stärke, denn er war von Natur beredt; und seine Schwäche, weil sie ihm stündlich Streiche spielte; und wenn sich eine Gelegenheit bot, wo er seine Talente zeigen, und etwas Kluges, Witziges oder auch Verschrobenes sagen konnte, – (den Fall eines systematischen Unglücks ausgenommen), – so hatte er alles was er brauchte. – Ein Glücksfall, der meinem Vater die Zunge band, und ein Unglück, das sie mit Anstand löste, machten so ziemlich die gleiche Wirkung auf ihn; bisweilen sogar das Unglück eine bessere, wenn zum Beispiel das Vergnügen sprechen zu können, gleich *zehn*, und der Schmerz über das Unglück gleich *fünf* war, – so gewann mein Vater gerade die Hälfte; und kam deshalb über jenen so gut weg, als ob er ihn nie befallen hätte.

Hierdurch erklärt sich manches, was sonst – im häuslichen Charakter meines Vaters ganz widersinnig erschienen wäre; dies ist auch der Grund, weshalb bei den Anlässen, wo Nachlässigkeiten und Fehler der Diener oder andere Widerwärtigkeiten, die in einer Familie nun einmal nicht zu vermeiden sind, seinen Zorn reizten, dieser oder vielmehr die Dauer desselben beständig jeder Berechnung spottete.

Mein Vater hatte eine kleine Lieblingsstute, die er von einem sehr schönen arabischen Hengste belegen lassen wollte, um daraus einen Paßgänger für seinen eigenen Gebrauch zu erhalten. In allen seinen Projekten sanguinisch, sprach er auch täglich von diesem Paßgänger mit der größten Sicherheit, wie wenn derselbe schon auferzogen, dressiert, gesattelt und gezäumt vor seiner Türe stände, so daß er nur aufsitzen dürfte. Durch irgendeine Nachlässigkeit *Obadiahs* kam es jedoch, daß die Erwartungen meines Vaters – durch einen Maulesel erfüllt wurden, ein so häßliches Vieh, als je eines das Licht der Welt erblickte.

Meine Mutter und mein Onkel *Toby* fürchteten, mein Vater werde den *Obadiah* umbringen, und seine Klagen über dieses Mißgeschick würden nie ein Ende nehmen. – Da sieh, du Spitzbube, was du getan hast! rief mein Vater und deutete auf den Maulesel. – Ich hab es nicht getan, sagte *Obadiah.* – Wer beweist mir das? erwiderte mein Vater.

Triumph schwamm im Auge meines Vaters bei dieser Erwiderung. – Das *attische Salz* hatte es mit Wasser gefüllt; – und so bekam *Obadiah* nie mehr etwas davon zu hören.

Wir wollen nun zum Tode meines Bruders zurückkehren.

Die Philosophie hat für alles schöne Worte. Für den *Tod* hat sie eine ganze Reihe; das Unglück war nur, daß sie meinem Vater alle auf einmal in den Kopf kamen, so daß es schwer war sie in der Art zu vereinigen, um eine solide Schaustellung daraus zu bilden. – Er nahm sie also wie sie kamen.

Es ist eine unvermeidliche Schickung, – der erste Paragraph der *Magna Charta,* – eine ewig dauernde Parlamentsakte, lieber Bruder, – *daß alle sterben müssen.*

Wenn mein Sohn nicht hätte sterben können, so wäre dies ein Wunder gewesen; – daß er gestorben, ist keins.

Könige und Prinzen tanzen in dem gleichen Reigen mit uns.

Sterben ist die große Schuld, der große Tribut, den wir der Natur bezahlen müssen: Gräber und Denkmäler, die unser Andenken verherrlichen sollen, bezahlen ihn ebenfalls; die stolzeste Pyramide, welche Reichtum und Wissenschaft errichtet hat, hat dann ihre Spitze verloren und steht nun abgestumpft vor den Blicken des Wanderers. – (Mein Vater fand, daß es ihm leichter wurde und er fuhr fort.) Haben nicht Reiche und Provinzen, Städte und Städtchen ihre Perioden? und wenn die Grundsätze und Kräfte, welche sie anfangs zusammenführten und verketteten, ihre Evolutionen durchgemacht haben, zerfallen sie. – Bruder *Shandy,* sagte mein

Onkel *Toby* bei dem Worte *Evolutionen* und legte die Pfeife weg. – Revolutionen wollt ich sagen, erwiderte mein Vater; – so wahr ich lebe, Bruder *Toby,* ich meinte Revolutionen; – Evolutionen ist ja Unsinn. – Nein, das ists nicht, sagte mein Onkel *Toby.* – Ist es aber nicht Unsinn, den Faden einer solchen Unterhaltung wegen so etwas abzubrechen? rief mein Vater, – halt ein, lieber *Toby,* fuhr er fort und nahm ihn bei der Hand, – halt ein, ich bitte dich dringend, unterbrich mich nicht in dieser Krisis. – Mein Onkel *Toby* steckte die Pfeife wieder in den Mund.

Was ist aus *Troja* und *Mykene,* aus *Theben* und *Delos,* aus *Persepolis* und *Agrigent* geworden? fuhr mein Vater fort und griff wieder nach seinem Postbuch, das er weggelegt gehabt hatte. – Was ist aus *Ninive* und *Babylon* geworden, Bruder *Toby,* aus *Cyzicum* und *Mitylene?* Die schönsten Städte, die je die Sonne sah, sind nicht mehr; nur ihre Namen sind noch übrig; und selbst diese letzteren (von denen manche falsch geschrieben und ausgesprochen werden) verfallen Stück für Stück, und werden endlich vergessen und wie alles in ewige Nacht gehüllt werden. Die Welt selbst, Bruder *Toby,* muß einmal ein Ende nehmen.

Als ich von *Asien* zurückkehrte und von *Ägina* nach *Megara* segelte (wann mag denn das wohl gewesen sein? dachte mein Onkel *Toby*) begann ich die Gegend um mich her ins Auge zu fassen: – *Ägina* lag hinter mir, *Megara* vor mir, der *Pyräus* zur Rechten, *Korinth* zur Linken. – Wie lagen diese einst so blühenden Städte jetzt darniedergeworfen, der Erde gleichgemacht da! Ach! ach! sprach ich zu mir selbst, warum soll ein Mensch sein Herz wegen des Verlusts eines Kindes in solchen Aufruhr versetzen, da so Großes um ihn her begraben liegt. – Bedenke, sprach ich zu mir selbst, bedenke, daß du ein Mensch bist.

Nun wußte mein Onkel *Toby* nicht, daß dieser letzte Absatz ein Auszug aus dem Trostbrief des *Servius Sulpicius* an *Tullius* war: – der Ehrliche war in einzelnen Stücken des Altertums ebensowenig zu Hause wie im ganzen; – und da mein Vater, als er noch mit der *Türkei* Handel trieb, drei- bis viermal in der *Levante* gewesen war und namentlich einmal 1 ½ Jahr in *Zante* zugebracht hatte, schloß mein Onkel *Toby* ganz natürlich daraus, daß er in einer dieser Perioden einen Abstecher durch den *Archipel* nach *Asien* gemacht habe, und daß diese ganze Fahrt mit *Ägina* im Rücken, *Megara* vorwärts, *Pyräus* rechts usw. der wirkliche Weg sei, den mein Vater damals genommen, und woraus er seine Betrachtungen ziehe. – Es war ja auch ganz in seiner Art, und mancher unternehmende Kritiker hätte auf schlechtere Fundamente zwei Stockwerke höher gebaut. – Bitte, Bruder, sprach mein Onkel *Toby* und legte dabei in freundlichster Unterbrechung – wobei er jedoch wartete bis jener fertig war – seine Pfeife auf die Hand meines Vaters, in welchem Jahr unseres Herrn war denn das? – In gar keinem Jahr unseres Herrn, erwiderte mein Vater. – Das ist ja unmöglich, rief mein Onkel *Toby*. – Dummkopf! sagte mein Vater, – es war ja vierzig Jahre vor Christi Geburt.

Meinem Onkel *Toby* blieben jetzt nur zwei Dinge übrig: er mußte entweder annehmen, daß sein Bruder der ewige Jude sei, oder, daß er über sein Unglück den Verstand verloren habe. – Der Allmächtige möge ihn beschützen und wieder zur Vernunft bringen, sprach mein Onkel *Toby* und betete mit Tränen in den Augen leise für meinen Vater.

– Mein Vater setzte die Tränen auf eine andere Rechnung und fuhr lebhaft in seiner Rede fort.

Es ist kein so großer Unterschied zwischen gut und böse, Bruder *Toby*, als die Welt meint. (Diese Fortsetzung war eben nicht geeignet, meinen Onkel *Toby* von seinem Verdacht zu heilen.) Arbeit, Sorge, Kummer, Krankheit, Mangel und Schmerz sind die Würze des Lebens. – Wohl bekomms! sagte mein Onkel *Toby* zu sich selbst. –

Mein Sohn ist tot! – um so besser; – es wäre eine Schande, wenn man in einem solchen Sturme nur einen Anker hätte.

Aber er ist auf ewig von uns geschieden! – Immerhin! Er ist nur den Händen seines Barbiers entschlüpft, ehe er kahl geschoren war; – er ist vom Tische aufgestanden, ehe er übersättigt war; – vom Bankett, ehe er betrunken war.

Die alten *Thrazier* weinten, wenn ein Kind geboren wurde (das haben wir um ein Haar auch getan, meinte mein Onkel *Toby*) und tafelten und waren vergnügt, wenn ein Mensch die Welt verließ; und zwar mit Recht. – Der Tod öffnet das Tor des Ruhms und schließt das Tor des Neides hinter sich zu; – er löst die Kette des Gefangenen – und legt die Last des Leibeigenen in eines andern Mannes Hände.

Zeige mir den Mann, der weiß was das Leben wert ist, der den Tod fürchtet, – und ich zeige dir einen Gefangenen, der sich vor seiner Freilassung fürchtet.

Ist es nicht besser, lieber Bruder *Toby* (denn alle unsere Gelüste sind ja Krankheiten), ist es nicht besser, lieber gar keinen Hunger mehr zu haben, als zu essen? – gar keinen Durst, als ihn mit Arzneien zu stillen? Ist es nicht besser, von Sorgen und Schmerzen, – von Liebe und Melancholie, – und von den anderen heißen und kalten Anfällen des Lebens befreit zu werden, als wie ein wundgelaufener Wanderer, der müde ins Wirtshaus kommt, seine Reise von neuem anfangen zu müssen?

Er sieht an sich nicht so schrecklich aus, Bruder *Toby,* nur die Seufzer und Krämpfe, die schnaubenden Nasen und das Abwischen der Tränen mit den Bettvorhängen im Zimmer eines Sterbenden geben ihm ein so scheußliches Aussehen. – Streife das ab, und was ist er dann? – Er ist jedenfalls angenehmer in der Schlacht als im Bett, sagte mein Onkel *Toby.* – Nimm ihm den Sarg, die Leichenfeier, die Trauerkleider – die Federn, Wappenschilder und das andere Schaugepränge – was ist er dann? – *Angenehmer in der Schlacht,* fuhr mein Vater lächelnd fort, denn er hatte meinen Bruder *Bobby* total vergessen, – o er ist nirgend schrecklich – denn, bedenke, Bruder *Toby,* – solange wir *sind,* ist kein Tod; – und wenn der Tod *da ist,* dann sind wir *nicht mehr.* – Mein Onkel *Toby* legte seine Pfeife weg, um sich diesen Satz zu überlegen; die Beredsamkeit meines Vaters war zu hinreißend, um sich halten zu lassen, – sie stürmte dahin, – und riß alle Ideen meines Onkels *Toby* mit fort.

Aus diesen Gründen, fuhr mein Vater fort, ist es der Erinnerung wert, wie wenig die Annäherung des Todes große Männer erschüttert hat. – *Vespasian* starb mit einem Witz auf seinem Nachtstuhl; – *Galba* mit einer Sentenz; – *Septimius Severus* während er eine Depesche machte, – *Tiberius* in einer Szene der Verstellung, – und *Cäsar Augustus* mit einem Kompliment.

– Hoffentlich wars ein aufrichtiges, – sagte mein Onkel *Toby*. –

– Es galt seiner Frau, – sagte mein Vater.

4. Kapitel

– Und schließlich – denn von all den trefflichen Anekdoten, welche die Geschichte hierüber bringt, fuhr mein Vater fort, – krönt diese, wie eine vergoldete Kuppel ein Bauwerk schmückt, das Ganze.

Sie handelt von *Cornelius Gallus*, dem Prätor – du hast sie wohl gelesen, Bruder *Toby*. – Nein, das hab ich nicht, versetzte mein Onkel. – Er starb, erzählte mein Vater, als er gerade *** – Wenn es mit seinem Weib war, sagte mein Onkel *Toby*, – so liegt nichts Anstößiges darin. – Das ist mehr, als ich weiß – versetzte mein Vater.

5. Kapitel

Meine Mutter ging gerade ganz leise durch den dunkeln Gang, der zum Wohnzimmer führte, als mein Onkel *Toby* das Wort *Weib* aussprach. – In diesem Ton liegt schon an sich etwas Schneidendes, das dadurch noch verstärkt wurde, daß

Obadiah die Türe etwas offen gelassen hatte, so daß meine Mutter genug davon zu hören bekam, um sich selbst für den Gegenstand der Unterhaltung zu halten. Sie legte daher den Zeigefinger an die Lippen, hielt den Atem an und neigte den Kopf etwas abwärts, wobei sie den Hals drehte – aber nicht gegen die Türe, sondern davon ab, so daß ihr Ohr der Türspalte nahe kam. Nun horchte sie aus allen Kräften; der horchende Sklave mit der Göttin des Schweigens hinter sich hätte keinen schöneren Vorwurf für eine Gemme geboten.

In dieser Stellung habe ich im Sinne sie fünf Minuten stehenzulassen, – bis ich die Küchenangelegenheiten (wie *Rapin* die Kirchenangelegenheiten) ebensoweit gebracht habe.

6. Kapitel

In einem gewissen Sinne war unsere Familie allerdings eine ziemlich einfache Maschinerie, da sie nur sehr wenig Räder hatte; doch war soviel gewiß, daß diese Räder durch so viele verschiedene Federn in Bewegung gesetzt wurden, und nach so viel verschiedenen seltsamen Grundsätzen und Antrieben aufeinander wirkten, – daß diese einfache Maschine alle Ehren und Vorzüge einer sehr komplizierten, – und eine Menge so sonderbarer Bewegungen hatte, wie man sie nur in einer *holländischen* Seidenfabrik sieht.

Darunter gehörte eine, von der ich jetzt reden will und die vielleicht nicht ganz so sonderbar war wie manche andere. Dieselbe bestand darin, daß, welche Bewegung, Besprechung, Anrede, Unterhaltung, Idee oder Verhandlung im Wohnzimmer vor sich gehen mochte, immer zu gleicher Zeit eine ähnliche über den gleichen Gegenstand in der Küche stattfand.

Um dies zu ermöglichen wurde, wenn eine außerordentliche Botschaft oder ein Brief im Wohnzimmer abgegeben, – oder ein Gespräch auf solange unterbrochen wurde, bis der

Diener das Zimmer verlassen hatte, – oder man eine Wolke der Unzufriedenheit auf der Stirne meines Vaters oder meiner Mutter hängen sah; – kurz, wenn man glaubte, daß irgend etwas los sei, das zu erfahren oder zu erlauschen verlohnte; – wurde die Türe allemal nicht fest geschlossen, sondern eine kleine Spalte gelassen – wie dies eben jetzt der Fall ist; – was man unter dem Vorwand der knarrenden Türangel (und dies war vielleicht einer der vielen Gründe, warum diese nie gemacht wurde) unschwer bewirken konnte. Hierdurch wurde in all jenen Fällen ein Durchgang belassen, nicht gerade so groß wie der der *Dardanellen*, aber doch weit genug, um diesen Nebenhandel so fortzuführen, daß mein Vater der Mühe enthoben wurde, sein Haus selbst zu regieren. Meine Mutter benutzte in diesem Augenblick die Gelegenheit. *Obadiah* hatte dasselbe getan, sobald er den Brief, der die Nachricht vom Tode meines Bruders enthielt, auf den Tisch gelegt hatte, so daß, ehe noch mein Vater seine Bestürzung überwunden und seine Rede begonnen hatte, – *Trim* sich bereits auf die Beine gemacht hatte, um seine Gefühle über den Gegenstand auszusprechen.

Ein eifriger Beobachter der Natur würde, wenn er das ganze Vermögen *Hiobs* besessen hätte – (obschon die sogenannten eifrigen Beobachter selten einen Groschen besitzen) – gewiß gerne die Hälfte darum gegeben haben, wenn er zwei durch Natur und Erziehung einander so entgegengesetzte Redner, wie Korporal *Trim* und mein Vater waren, an dem gleichen Sarg hätte reden hören können.

Mein Vater, – ein Mann von großer Belesenheit, – schlagfertigem Gedächtnis, – der an jedem Finger einen *Cato*, einen *Seneca*, einen *Epiktet* hatte –

Und der Korporal, – der nichts in seinem Gedächtnisse hatte – dessen einzige Lektüre in seiner Musterrolle bestand – und der keine größeren Namen als eben die der Musterrolle an den Fingern hatte –

Der eine, durch Gleichnis und Anspielung von Periode zu

Periode vorschreitend und dabei (wie Männer von Geist und Phantasie tun) die Einbildungskraft seiner Zuhörer durch seine Gemälde und Bilder unterhaltend und vergnügend –

Der andere ohne Witz oder Antithese, ohne Pointe oder Abschweifung nach rechts oder links; sondern die Bilder auf der einen, die Gemälde auf der anderen Seite lassend, gerade auf das Herz lossteuernd, wie ihn eben die Natur leitete – O *Trim!* ich wollte du hättest einen besseren Biographen gefunden! – Ich wollte dein Biograph besäße ein Paar bessere Hosen! – O ihr Kritiker, kann euch denn gar nichts rühren!

7. Kapitel

– Der junge Herr in *London* ist gestorben, sagte *Obadiah*. –

Der erste Gedanke, den *Obadiahs* Ausruf in *Susannas* Kopf hervorrief, war ein schon zweimal gewalkter grünseidener Schlafrock meiner Mutter. – *Locke* dürfte wohl ein Kapitel über die Unvollkommenheiten der Sprache schreiben. – Dann müssen wir alle trauern, sagte *Susanna*. – Aber wohl gemerkt, obschon *Susanna* selbst das Wort *trauern* aussprach, – verfehlte es doch vollständig seine Bedeutung, es vermochte keine grau oder schwarz gefärbte Idee in ihr zu erwecken: – Alles war grün. – Der grünseidene Schlafrock hing noch immer da.

– O das ist der Tod meiner armen Herrin, rief *Susanna*. – Jetzt ging die ganze Garderobe meiner Mutter vorüber. Welch ein Reichtum! Da kam ihr rotes Damastkleid, – ihr schwarzgelbes, ihr weiß- und gelbgestreiftes, – ihr braunes Taffetkleid, – ihre geklöppelten Spitzen, ihr Nachtzeug, ihre bequemen Unterröcke. – Nicht ein Fetzen blieb zurück. – *Nein, nein!* rief *Susanna*, *sie wird nie wieder vom Boden aufsehen!*

Wir hatten eine dicke närrische Spülmagd; – ich glaube, mein Vater hielt sie nur, weil sie so dumm war; – sie hatte das ganze Spätjahr hindurch an der Wassersucht gelitten. – Er ist tot, sprach *Obadiah* – er ist wahrhaftig tot! – Ich nicht, sagte die alberne Spülmagd.

–Traurige Neuigkeiten, *Trim!* rief *Susanna* und wischte sich die Augen, als *Trim* in die Küche trat; – Master *Bobby* ist gestorben und *begraben!* – Das Leichenbegängnis war eine Erfindung von *Susanna;* – Wir werden jetzt alle trauern müssen, sagte *Susanna.*

Ich will nicht hoffen, sagte *Trim.* – Sie wollen nicht hoffen? rief *Susanna* allen Ernstes. – Das Trauern wollte *Trim* nicht so leicht in den Kopf wie *Susanna.* – Ich hoffe, sprach *Trim* in erklärender Weise, ich hoffe zu Gott, daß die Nachricht nicht richtig ist. – Ich hörte den Brief mit eigenen Ohren vorlesen, erwiderte *Obadiah,* jetzt werden wir eine Höllenarbeit mit dem Ausstocken des Ochsenmoors bekommen. – O er ist tot, sagte *Susanna.* – So wahr ich lebe, rief die Spülmagd. – Ich beklage ihn von ganzem Herzen, von ganzer Seele, sagte *Trim* und stieß einen Seufzer aus, der arme Mensch! – Der arme Junge! – Der arme Herr! Letzte *Pfingsten* hat er noch gelebt! sagte der Kutscher. – Um *Pfingsten!* Ach! rief *Trim,* streckte den rechten Arm aus und nahm sofort dieselbe Stellung an, in der er die Rede vorgelesen hatte, – was ist *Pfingsten, Jonathan* (so hieß der Kutscher), oder *Fastnacht* oder irgendeine Zeit dagegen? Stehen wir jetzt nicht hier? fuhr der Korporal fort und stieß das Ende seines Stockes senkrecht auf den Boden, um einen Begriff von Gesundheit und Festigkeit zu geben, – und sind wir nicht (dabei ließ er seinen Hut auf den Boden fallen) dahin, in einem Nu! – Das war wirklich ungemein schlagend! – *Susanna* brach in einen Strom von Tränen aus. – Wir sind ja nicht von Holz noch von Stein. – Auch *Jonathan, Obadiah* und das Küchenmädchen zerflossen. – Selbst die alberne dicke Spülmagd, die eben einen Fischkessel auf den Knien reinigte, war ergriffen. – Das ganze Küchenpersonal drängte sich um den Korporal.

Da ich nun ganz klar einsehe, daß die Erhaltung unserer Verfassung in Kirche und Staat, – vielleicht sogar die Erhal-

Geo. Cruikshank

tung der ganzen Welt, – oder was das gleiche ist, die richtige Verteilung und Ausgleichung ihres Besitztums und ihrer Macht künftig in hohem Grade von dem richtigen Verständnis dieses Kunstgriffs des Korporals abhängt, – so bitte ich um Ihre Aufmerksamkeit: – Sie sollen dafür zehn Seiten lang, die Sie aus jedem andern Teil des Werks entnehmen können, süß schlafen dürfen.

Ich sagte: Wir sind nicht von Holz noch von Stein; – sehr gut. Ich hätte hinzufügen können, wir sind auch keine Engel, – ich wollte, wir wären welche – vielmehr Menschen mit Körpern und von unserer Einbildungskraft beherrscht, – und daß ein gewaltiges Stück heimlicher Schmauserei zwischen dieser und unsern sieben Sinnen, besonders einigen derselben besteht, muß ich zu meiner Schande gestehen. Hier will ich nur anführen, daß von allen Sinnen das Auge (vom Tastsinn leugne ich es entschieden, so sehr die meisten unserer *Barbati* dafür sind, wie ich wohl weiß) im schnellsten Verkehr mit der Seele steht, – auf die Phantasie einen schärferen Schlag führt – und dort einen unaussprechlicheren Eindruck hinterläßt, als Worte tun – oder bisweilen loswerden können.

– Ich habe etwas abgeschweift; – das tut nichts, es ist gesund – wir kehren nun wieder zu *Trims* Hut und dessen Sterblichkeit zurück. – Stehen wir jetzt nicht hier, – und im Nu sind wir dahin! – An dem Satz selbst war eigentlich nichts; es war eine jener Binsenwahrheiten, die wir alle Tage hören; und wenn sich *Trim* nicht mehr auf seinen Hut als auf seinen Kopf verlassen hätte, – so hätte er nichts daraus machen können.

Stehen wir jetzt nicht hier, fuhr der Korporal fort, und sind wir nicht – hier ließ er seinen Hut schwer zur Erde fallen und machte eine kleine Pause ehe er weitersprach, – dahin, in einem Nu? – Der Hut fiel so dumpf, als ob in den Kopf desselben ein großes Stück Lehm eingedrückt gewesen wäre. – Nichts vermochte die Idee der Sterblichkeit, deren Typus und Vorläufer er war, energischer auszudrücken; – die Hand schien unter ihm nur so wegzugleiten, – er fiel wie tot; – das

Auge des Korporals starrte ihm nach, als obs ein Leichnam wäre; – und *Susanna* brach in einen Strom von Tränen aus.

Nun gibt es aber 10 000 und 10 000 mal 10 000 Wege (denn Stoff und Bewegung sind unendlich) wie man einen Hut auf den Boden fallen lassen kann, ohne irgendeine Wirkung zu machen. Er konnte ihn in jeder menschenmöglichen – oder der möglichst besten Richtung schleudern, werfen, fliegen, fahren, hingleiten und fallen lassen; – er konnte ihn plumpsen lassen wie eine Gans, – wie einen jungen Hund – wie einen Esel; – oder er selbst konnte beim oder nach dem Fallen wie ein Dummkopf aussehen, – wie ein Pinsel – wie ein Tölpel, – immer war dann die Wirkung auf das Herz verloren.

Ihr, die ihr diese mächtige Welt und ihre mächtigen Beziehungen mit den Antrieben der Beredsamkeit regiert, – die jene erhitzen, abkühlen, schmelzen, erweichen und – dann wieder für eure Zwecke härtet: –

Ihr, die ihr die Leidenschaften mit dieser großen Haspel aufwindet und dreht, und dann die Besitzer derselben dahin führt, wo ihr es für gut findet –

Ihr, die ihr die Leute wie Truthähne mit einem Stock und einem roten Lappen zu Markt treibt und (warum auch nicht?) ebenso getrieben werdet, – denkt einmal über *Trims* Hut nach, ich bitte euch, – denkt darüber nach.

8. Kapitel

Halt, lieber Leser, – ich habe eine kleine Rechnung mit dir abzumachen, ehe *Trim* in seiner Rede fortfährt. – Es soll in zwei Minuten geschehen sein.

Unter vielen andern Buchschulden, die ich übrigens alle zu ihrer Zeit abtragen werde, – bekenne ich der Welt zwei Dinge schuldig zu sein: – ein Kapitel über *Kammerjungfern* und *Knopflöcher*, das ich im ersten Teil meines Werkes versprochen und in diesem Jahr vollständig abzutragen beschlossen hatte;

lein einige sehr ehrenwerte Leute versicherten mich, es möchte für die Sittlichkeit bedenklich ausfallen, wenn ich gerade diese zwei Gegenstände zusammenstellte. – Ich bitte daher, mir das Kapitel über Kammerjungfern und Knopflöcher schenken zu wollen, – und dafür das letzte Kapitel anzunehmen, das von nichts handelt als von *Kammerjungfern, grünen Kleidern* und *alten Hüten*.

Trim hob den seinigen vom Boden auf, – setzte ihn auf, – und fuhr dann in seiner Rede über den Tod in folgender Art und Weise fort:

9. Kapitel

– Für uns, *Jonathan*, die wir nicht wissen, was Mangel oder Sorgen sind, die wir hier im Dienst der beiden besten Herren leben (ausgenommen, was mich betrifft, Seine Majestät den König *Wilhelm* III., dem ich die Ehre hatte in *Irland* und *Flandern* zu dienen), für uns ist es, ich gebe es zu, von *Pfingsten* bis drei Wochen vor *Weihnachten* nicht lang, – es ist ja wie gar nichts; – für Leute aber, *Jonathan*, die wissen was der Tod ist, und welche Niederlage und Zerstöung er anrichten kann, ehe einer rechtsum kehrt gemacht hat, – für die ist es ein ganzes Menschenalter. – O *Jonathan!* – es könnte das Herz eines braven Mannes bluten machen, fuhr der Korporal fort (während er sich aufrecht hinstellte), wenn man bedenkt, wie viele tapfere und ehrliche Gesellen seit der Zeit hingelegt worden sind. – Und glaube mir, *Susanna*, setzte der Korporal hinzu, während er sich gegen *Susanna* wendete, deren Augen in Tränen schwammen, – ehe diese Zeit herumgeht, – können viele helle Augen dunkel werden. – *Susanna* verstand ihn – sie weinte, – aber sie machte zugleich einen Knix. – Sind wir nicht wie die Blumen auf dem Felde? fuhr *Trim* fort und sah fortwährend nach *Susanna*. – Eine Träne des Stolzes stahl sich zwischen je zwei Tränen der Demut herab, – sonst wäre

Susannas Betrübnis ja ganz grenzenlos gewesen. – Ist nicht alles Fleisch wie Heu? – Es ist wie Erde, – es ist Kot. – Alle blickten sofort nach der Spülmagd; – die Spülmagd hatte eben einen Fischkessel gescheuert. – Es war von jenen nicht recht.

– Was ist das schönste Gesicht, in das je ein Mann schaute?
– Ich könnte *Trim* eine Ewigkeit lang so zuhören, rief *Susanna*.
– Was ist es? (*Susanna* legte *Trim* die Hand auf die Schulter.)
– Nur Fäulnis! – *Susanna* zog die Hand zurück.

– Darum eben liebe ich euch, ihr Schönen, – gerade diese köstliche Mischung ist es, die euch zu den süßen Geschöpfen macht, die ihr seid. – Und wer euch darum haßt, – – – – der hat entweder einen Kürbis als Kopf oder einen Holzapfel als Herz, – und wenn man ihn einmal seziert, wird man finden, daß es so ist.

10. Kapitel

Ob nun *Susanna*, als sie ihre Hand so plötzlich (infolge eines Umschwungs in ihren Empfindungen) von der Schulter des Korporals zurückzog, – ein wenig die Kette seiner Betrachtungen unterbrach, –

Oder ob der Korporal zu fürchten begann, daß er in das Gebiet der Gelehrten geraten sei und mehr wie ein Kaplan spreche als wie er selbst, –

Oder ob – – –

Oder ob – denn in allen solchen Fällen kann ein Mann von Erfindungsgeist und Talent mit Vergnügen ein paar Seiten mit Annahmen füllen, – kurz der wißbegierige Physiologe oder der wißbegierige Der und Der mag entscheiden, was die Schuld trug – soviel ist gewiß, daß der Korporal in folgender Weise in seiner Rede fortfuhr:

Was mich betrifft, so muß ich sagen, daß ich außerhalb des Hauses den Tod für gar nichts anschlage, – nicht für soviel – setzte der Korporal hinzu und schnippte mit den Fingern; –

und zwar mit einem solchen Ausdruck im Gesicht, wie ihn nur der Korporal zustande brachte. – In der Schlacht schlage ich den Tod nicht soviel an – nur soll er mich nicht so schändlich treffen wie den armen *Joe Gibbons,* der gerade sein Gewehr reinigte. – Was ist der Tod? – Ein Druck am Drücker, – ein zolltiefer Stoß mit dem Bajonett bald dahin bald dorthin macht alles. Sieh an der Linie hinunter – rechts – da sieh! Da liegt *Jack!* Gut! – Es ist so gut als ob er (der Tod) ein Regiment zu Pferd bekommen hätte. – Nein! – es ist *Dick.* – Dann schadet es *Jack* auch nichts. – Gleichviel welcher! – wir rücken weiter – in heftiger Verfolgung; selbst die Wunde, die den Tod bringt, wird nicht gefühlt, das beste ist, man geht ihm gerade entgegen; – der Mann, der flieht, ist zehnmal mehr in Gefahr, als der ihm ins Gesicht sieht. – Ich habe ihm hundertmal ins Gesicht gesehen, setzte der Korporal hinzu, – und weiß was er ist. Gar nichts will er heißen im Feld, *Obadiah.* – Aber in einem Hause ist er sehr schrecklich, sagte *Obadiah.* – Auf einem Kutschbock schlag ich ihn für gar nichts an, sagte *Jonathan.* – Im Bett, versetzte *Susanna,* muß er meiner Meinung nach am natürlichsten sein. – Und wenn ich ihm entrinnen könnte, wenn ich in das elendste Kalbfell kröche, aus dem je ein Tornister gemacht wurde, so würde ich es nicht im Bett tun, – sagte *Trim;* aber das ist natürlich.

Eine Natur ist für die andere, sagte *Jonathan.* – Und deshalb tut es mir so leid um meine Herrin, rief *Susanna.* – Sie wird es nie überwinden. – Am meisten in der Familie dauert mich der Kapitän, sagte *Trim;* die Frau wird ihr Herz durch Weinen erleichtern, – und der Herr durch Darübersprechen, – aber mein armer Kapitän wird es im Stillen bei sich behalten. – Da werde ich ihn wieder einen ganzen Monat lang in seinem Bett seufzen hören, wie ers um den Leutnant *Le Fever* tat. – Seufzen Euer Gnaden doch nicht so erbärmlich, pflegte ich zu ihm zu sagen, wenn ich so neben ihm lag. – Ich kann nichts dafür, *Trim,* sagte dann mein Herr; 's ist ein so trauriger Fall, – ich bringe ihn nicht aus dem Kopf. – Euer Gnaden fürchten doch selbst den Tod nicht. – Ich hoffe, *Trim*, ich fürchte nichts, pflegte er zu antworten, als ein Unrecht zu tun. Nun, setzte er dann allemal hinzu, was auch geschehen mag, so will ich mich jedenfalls *Le Fevers* Knaben annehmen. Und damit fielen seine Gnaden in Schlaf, als ob er ein beruhigendes Tränklein genommen hätte.

Ich höre *Trims* Geschichten von dem Kapitän gar zu gerne, sagte *Susanna.* – Es ist der gutherzigste Herr, der je gelebt hat, sagte *Obadiah.* – Jawohl, und so tapfer wie nur irgendeiner vor einer Abteilung herschritt, sagte der Korporal. – Nie gab es einen besseren Offizier in des Königs Armee – oder einen besseren Menschen in Gottes Welt; denn er wäre gegen die Mündung einer Kanone marschiert, und wenn er die angezündete Lunte schon am Zündloch gesehen hätte; – und doch hat er bei alldem ein Herz so weich wie ein Kind für andere Leute; – er könnte keinem Hühnchen ein Leid antun. – Einen solchen Herrn, sagte *Jonathan*, würde ich eher für sieben Pfund jährlich kutschieren, als einen anderen für acht. – *Jonathan*, sagte der Korporal und schüttelte ihm die Hand, ich danke dir für die zwanzig Schilling, gerade wie wenn du sie mir in meine Tasche getan hättest. – Ich würde ihm bis zum Tag meines Todes aus reiner Liebe dienen. Er ist mir Freund und Bruder; – und wüßte ich, daß mein armer Bruder *Tom* tot wäre, – fuhr der Korporal fort und zog sein Taschentuch heraus, – und hätte ich 10 000 Pfund im Vermögen, so würde ich jeden Schilling dem Kapitän vermachen. – *Trim* konnte die Tränen nicht zurückhalten, als er diesen testamentarischen Beweis von seiner Anhänglichkeit an seinen Herrn gab. – Die ganze Küche war gerührt. – Erzählen Sie uns doch die Geschichte von dem armen Leutnant, sagte *Susanna.* – Herzlich gerne, erwiderte der Korporal.

Susanna, die Köchin, *Jonathan*, *Obadiah* und Korporal *Trim* bildeten einen Kreis um das Feuer; und nachdem die Küchenmagd die Küchentüre geschlossen hatte, – begann der Korporal.

11. Kapitel

Ich will ein *Türke* sein, wenn ich nicht meine Mutter so vollständig vergessen habe, als ob mich die Natur in Lehm geformt und nur so nackt, ohne eine Mutter an den Ufern des *Nil* ausgesetzt hätte. – Ihr gehorsamster Diener, Madame. – Ich habe Ihnen sehr viel Mühe gemacht, – ich wollte, es wäre der Mühe wert; – aber Sie haben einen Bruch in meinem Rücken gelassen; und hier vorn ist mir ein großes Stück abgefallen, – und was soll ich mit diesem Fuß anfangen? – Ich werde niemals damit bis *England* kommen.

Ich wundere mich nie über etwas, – und mein Urteil hat mich so oft in meinem Leben getäuscht, daß ich ihm nie recht traue, mag es nun richtig oder unrichtig sein; – wenigstens werde ich selten wegen kühler Dinge hitzig. Aus all diesen Gründen habe ich vor der Wahrheit so viel Achtung als irgend jemand; und wenn sie uns entschlüpft ist, so will ich gern, wenn mir nur jemand die Hand bieten und ruhig mir danach suchen helfen will wie nach einem Ding, das wir beide verloren haben, und ohne das wir beide nicht wohl sein können, – bis an der Welt Ende mit ihm gehen. – Aber ich hasse Wortstreite, – und möchte daher (religiöse oder gesellschaftliche Punkte ausgenommen) lieber alles unterschreiben, was mich nicht von vornherein würgt, nur um in keinen Streit verwickelt zu werden. – Aber das Ersticken kann ich nun einmal nicht ertragen, – und üble Gerüche am wenigsten. – Aus diesen Gründen war ich von Anfang an entschlossen, wenn je die Armee der Märtyrer vermehrt, – oder eine neue errichtet werden sollte, – mich in keiner Weise dabei zu beteiligen.

12. Kapitel

– Doch um wieder auf meine Mutter zu kommen.

Die Ansicht meines Onkels *Toby*, Madame, »daß es nichts

habe auf sich haben können, wenn der römische Prätor *Cornelius Gallus* bei seiner Frau gelegen habe« – oder vielmehr die letzten Worte dieser Ansicht – (denn nur diese vernahm meine Mutter) – trafen sie am schwächsten Teile ihres Geschlechts; – aber ich bitte mich nicht mißzuverstehen, – ich meine ihre Neugierde; – sofort schloß sie daraus, daß sie selbst der Gegenstand der Unterhaltung gewesen sei, und bezog, wie man leicht begreifen wird, in dieser Voreingenommenheit jedes Wort, welches mein Vater sagte, auf sich und ihre Familienverhältnisse.

– Bitte, nun, Madame, in welcher Straße wohnt die Dame, die nicht ganz dasselbe getan haben würde?

Von der sonderbaren Art wie *Cornelius* starb, war mein Vater auf den Tod des *Sokrates* hinübergesprungen, und gab meinem Onkel einen Auszug von dessen Verteidigung vor dessen Richtern; – sie war unwiderstehlich: – ich meine nicht die Rede des *Sokrates,* – sondern die Versuchung, die mein Vater empfand sie zu halten. – Er hatte selbst ein Jahr, ehe er sein Handelsgeschäft aufgab, das Leben des *Sokrates* geschrieben;* ich fürchte, daß dies wesentlich dazu betrug, ihn aus dem Geschäft zu treiben. – Somit konnte niemand mit einem volleren Segel und einer größeren Flut heroischen Schwunges auf die Sache losgehen wie mein Vater. Kein Satz in *Sokrates* Rede schloß mit einem kürzeren Worte als *Transmigration* oder *Annihilation,* – oder trug einen geringeren Gedanken in der Mitte als *Sein* oder *Nichtsein* – den Eintritt in einen neuen unbekannten Zustand der Dinge oder in einen langen, tiefen und friedlichen Schlaf ohne Träume oder Störungen! – oder den Satz: *Daß wir und unsere Kinder geboren seien, um zu sterben, – aber keines von uns geboren sei um Sklave zu werden.* – Doch nein! Da täusche ich mich; der gehört zur Rede des *Eleazer,* wie sie

* Mein Vater wollte nie seine Einwilligung dazu geben, daß es gedruckt würde; es befindet sich, nebst einigen andern Abhandlungen von ihm im Manuskript in der Familie. Alle oder die meisten dieser Abhandlungen sollen zu ihrer Zeit gedruckt werden.

Josephus (de Bell. Judaic.) bringt. – *Eleazer* gesteht, daß er sie von einem *indischen* Philosophen habe. Ohne Zweifel hat *Alexander* der Große bei seinem Einfall in *Indien,* nachdem er *Persien* niedergeworfen, unter den vielen Dingen, die er gestohlen, auch diesen Gedanken gestohlen; auf diese Art wurde derselbe, wenn auch nicht direkt durch ihn (da er bekanntlich in *Babylon* starb), so doch durch seine Soldateska nach *Griechenland* gebracht, – von *Griechenland* kam er nach *Rom,* – von *Rom* nach *Frankreich,* – und von *Frankreich* nach *England.* – So kommen die Sachen herum: –

Natürlich wenn man Landfuhrwerk benutzt, in diesem Fall wüßte ich wenigstens keinen anderen Weg. –

Zur See hätte der Gedanke leicht den *Ganges* hinab in den *Sinus Gangeticus* oder den *Golf von Bengalen* und von da in den *Indischen Ozean* kommen können; wenn er dann den Handelsweg verfolgte, so mochte er (da der Weg von *Indien* um das *Kap der guten Hoffnung* damals noch unbekannt war) leicht mit anderen Drogen und Spezereien das *Rote Meer* herauf bis *Joddah,* in den Hafen von *Mekka* oder auch nach *Tor* oder *Suez,* Städten am Ende des Golfs gelangen können; von da aber mit Karawanen nach dem nur drei Tagereisen entfernten *Coptos,* dann den *Nil* hinab nach *Alexandrien,* wo der Gedanke am Fuß der großen Treppe zur *Alexandrinischen* Bibliothek hätte landen können; – von diesem Magazin aus konnte er dann abgeholt werden. —— Guter Gott! Was haben die Gelehrten damals für Handel getrieben!

13. Kapitel

– Nun hatte mein Vater eine gewisse Art, die etwas an *Hiob* erinnerte (falls je ein solcher Mann gelebt hat, – denn wenn dies nicht der Fall ist, so ist die Geschichte gleich aus). –

Es wäre übrigens, da es den Gelehrten immer schwer wird, die Periode genau zu bestimmen, in welcher ein so großer

Mann lebte, – zum Beispiel ob vor oder nach den Partriarchen usw. – etwas grausam, daraus den Schluß ziehen zu wollen, daß er *gar nicht* lebte: – das wäre nicht so gehandelt, wie die Herren Gelehrten selbst behandelt sein möchten. – Wie dem nun sei, – mein Vater, sage ich, hatte eine gewisse Art, wenn es ihm sehr schlecht ging, besonders im ersten Anlauf seiner Ungeduld, – wo er sich dann wunderte, weshalb er eigentlich auf der Welt sei – wo er wünschte, er wäre lieber unter dem Boden – bisweilen noch etwas Schlimmeres: – und wenn er besonders aufgeregt war und der Schmerz seine Lippen mit mehr als gewöhnlicher Gewalt berührte, – dann, mein Herr, hätten Sie ihn kaum von *Sokrates* selbst unterscheiden können. – Jedes Wort atmete dann die Gesinnungen einer Seele, die das Leben verachtete und allen seinen künftigen Geschicken unbekümmert entgegensah. Obschon daher meine Mutter keine Frau von großer Belesenheit war, so war ihr doch der Auszug aus der Rede des *Sokrates*, den mein Vater meinem Onkel *Toby* gab, nicht ganz neu. – Sie lauschte mit gefaßtem Verständnis und würde dies bis zum Schluß des Kapitels getan haben, wenn nicht mein Vater (was er eigentlich nicht zu tun brauchte) in jenen Teil der Rede gefallen wäre, wo der große Philosoph seine Verbindungen, Verwandtschaften und Kinder aufzählt; jedoch keineswegs durch ein solches Einwirken auf die Leidenschaften seiner Richter seine Rettung herbeiführen will. – Ich habe Freunde, – ich habe Verwandte, – ich habe drei verlassene Kinder – sagte *Sokrates*. –

– So, rief meine Mutter und riß die Türe auf, – dann haben Sie eines mehr, Herr *Shandy*, als mir bekannt ist.

Bei Gott! ich habe eines weniger, – sagte mein Vater, stand auf und ging zum Zimmer hinaus.

14. Kapitel

– Es handelt sich um die Kinder des *Sokrates*, sagte mein Onkel *Toby*. – Der ist ja schon vor hundert Jahren gestorben, erwiderte meine Mutter.

Mein Onkel *Toby* war kein Chronologe; – da er aber keinen Schritt anders als auf ganz sicherem Boden tun wollte, legte er seine Pfeife mit Überlegung auf den Tisch, stand auf, nahm meine Mutter sehr freundlich bei der Hand und führte sie, ohne ein gutes oder schlimmes Wort zu sagen, hinter meinem Vater her, damit dieser selbst die weitere Aufklärung geben möchte.

15. Kapitel

Wäre dieses Buch ein Possenspiel, was anzunehmen eigentlich kein Grund vorliegt, wofern man nicht aller Welt Leben und Meinungen ebensogut als ein Possenspiel betrachten will, wie das meinige, – dann hätte mit dem vorigen Kapitel der erste Akt desselben geendet; und dieses Kapitel müßte dann folgendermaßen beginnen:

Ptr – r – r – ing, – twing, – twang, – prut, – trut eine verdammt schlechte Geige! – Wissen Sie denn, ob meine Geige gestimmt ist oder nicht? – trut – prut. – Das hätten Quinten sein sollen. – Sie ist erbärmlich bezogen. – Tr – a – e – i – o – u – tweng. – Der Steg ist um eine Meile zu hoch und das Stimmholz ist ganz hin, – sonst – trut – prut. – Hören Sie! der Ton ist nicht so schlecht. – Diddel, diddel, diddel diddel, diddel diddel dum. Es will nichts heißen vor guten Richtern zu spielen; – aber da steht ein Mann, – nein, nicht der mit der Rolle unter dem Arm – der ernste schwarzgekleidete Mann. – Ei der Tausend! nicht der Herr mit dem Degen an der Seite. – O mein Herr, ich wollte lieber *Kalliope* selbst ein *Capriccio* vorspielen, als daß ich vor diesem Mann meinen Bogen über die Geige zöge; und doch wette ich meine *Cremoneser* Geige gegen eine Maultrommel, was doch die größte musikalische Wette ist, die je da war, daß ich in diesem Augenblick auf meiner Geige 350 Stunden weit außerhalb der Stimmung verbleiben will, ohne ihm einen einzigen Nerv zu beleidigen. – Twaddel diddel – twaddel diddel – twiddel diddel – twoddel diddel, – twuddel diddel; – prut – trut, – krisch – krasch – krusch. – Ich habe Sie damit zugrunde gerichtet, mein Herr; aber ihm hat es gar nichts getan; – und wenn nach mir *Apollo* selbst zur Geige griffe, er könnte ihm nicht wohler tun. Diddel diddel, diddel diddel, diddel diddel, – hum – dum – drum.

Die Herrschaften lieben Musik, und Gott hat Sie alle mit guten Ohren beschenkt, – und einige von Ihnen spielen selbst ganz köstlich; – trut – prut, – prut trut.

O es gibt einen Mann – ich könnte tageweise dasitzen und ihm zuhören – seine Kunst besteht darin, daß er das, was er geigt einem zum Gefühl bringt, – daß er mir seine Freuden und Hoffnungen einzuflößen weiß, und die verborgensten Federn meines Herzens in Bewegung setzt. – Wenn Sie fünf Guineen von mir borgen wollten, mein Herr, – was in der Regel zehn Guineen mehr ist als ich übrighabe – oder wenn Sie, meine Herren Apotheker und Schneider gern Ihre Rechnungen bezahlt bekommen möchten – dann wäre die rechte Zeit dazu.

16. Kapitel

Das erste, was meinem Vater in den Kopf kam, nachdem die Verhältnisse in der Familie einigermaßen wieder in Ordnung waren und *Susanna* den grünseidenen Schlafrock meiner Mutter erhalten hatte – war, daß er sich nach dem Beispiele *Xenophons* kaltblütig niedersetzte und eine TRISTRA*pädia* oder Erziehungslehre für mich niederschrieb. Zu dem Ende sammelte er zuerst seine eigenen zerstreuten Gedanken, Einfälle und Bemerkungen und faßte sie zu einer VERORDNUNG über die Erziehung meiner Kindheit und meines Jünglingsalters zusammen. – Ich war der letzte Einsatz meines Vaters; – er hatte meinen Bruder *Bobby* vollständig verloren; – aber nach seiner Berechnung auch volle drei Vierteile von mir, – das heißt, er war in seinen ersten drei großen Würfen für mich: – meiner Zeugung, meiner Nase und meinem Namen unglücklich gewesen; – es war jetzt nur noch dieses eine übrig. Mein Vater widmete sich daher demselben mit ebensoviel Hingebung als nur jemals mein Onkel *Toby* sich seiner Geschoßlehre gewidmet hatte. – Der Unterschied zwischen beiden war nur, daß mein Onkel *Toby* seine ganzen Geschoßkenntnisse aus *Nikolaus Tartaglia* holte. – Mein Vater dagegen spann die seinige, Faden für Faden, aus seinem eigenen Gehirn, – oder hatte alles, was andere Spinner und Spinnerinnen vor ihm gesponnen hatten, so zusammengehaspelt und gedreht, daß es fast die gleiche Qual für ihn war.

Im Lauf von drei Jahren oder etwas mehr war mein Vater fast bis in die Mitte seines Werkes gelangt. – Wie alle andern Autoren hatte auch er seine Enttäuschungen. – Er bildete sich anfangs ein, er könne alles, was er zu sagen habe, in einen so gedrängten Raum bringen, daß, wenn es fertig und gebunden wäre, es in das Nähkästchen meiner Mutter gehen würde. – Aber die Sache wuchs ihm unter der Hand. – Niemand sollte sagen: Ich will einen *Duodezband* schreiben!

Mein Vater widmete sich der Sache übrigens mit dem peinlichsten Fleiß und ging Schritt vor Schritt mit derselben Vorsicht und Umsicht (doch darf ich nicht sagen nach so ganz religiösen Grundsätzen) vor wie *Giovanni della Casa,* Erzbischof von *Benevent* bei Abfassung seiner *Galatea,* worauf Seine Hochwürden von *Benevent* fast vierzig Jahre seines Lebens verwendete, und welches Werk, als es endlich heraus kam, nur etwa halb so groß oder dick war als ein Taschenkalender. – Wie der heilige Mann dieses anfing, wenn er nicht den größten Teil seiner Zeit damit zubrachte, daß er seinen Bart kämmte oder mit seinem Kaplan *primero* spielte, – das herauszubringen dürfte jeden nicht in das Geheimnis eingeweihten Sterblichen in Verlegenheit bringen; – und deshalb muß ich es der Welt erklären, wäre es auch nur zur Ermutigung der wenigen, welche nicht sowohl um ihr Brot zu verdienen als um berühmt zu werden schreiben.

Ich gebe zu, daß, wenn der Erzbischof von *Benevent Giovanni della Casa,* dessen Andenken ich (trotz seiner *Galatea*) die größte Verehrung weihe, – ein seichter Schreiber von blödem Geist, – schwachem Talent, – vernageltem Kopf usw. gewesen wäre, – er und seine *Galatea* meinethalb bis zu *Methusalems* Alter miteinander hätten forttrotteln können; – dieses Phänomen wäre nicht eine Parenthese wert gewesen.

Aber gerade das Gegenteil hiervon war der Fall: *Giovanni della Casa* war ein Mann von schönen Talenten, von fruchtbarer Einbildungskraft; und trotz all dieser großen natürlichen Vorzüge, die ihn mit seiner *Galatea* hätten vorwärtstreiben sollen, war es ihm rein unmöglich im Lauf eines ganzen Sommertags über 1 ½ Linien vorzurücken. Diese Unfähigkeit Seiner Eminenz entsprang aus einer eigentümlichen Ansicht, von der er besessen war, – von der Ansicht nämlich: daß wenn nur immer ein Christ ein Buch schreibe (nicht zu seiner Privatunterhaltung nämlich, sondern) um es *bona fide* drucken zu lassen und herauszugeben, – so seien seine ersten Gedanken immer Versuchungen des Satans. – Dies sei der Stand der Sache bei gewöhnlichen Schriftstellern; wenn aber eine Persönlichkeit von ehrwürdigem Charakter und hohem Rang, sei es in der Kirche oder im Staat, Schriftsteller werde, – dann behauptete er, brächen in dem Augenblick, wo er die Feder zur Hand nehme, – alle Teufel der Hölle aus ihren Löchern, um ihn zu kitzeln. – Es sei ein wahrer Stichtag für sie; jeder Gedanke vom ersten bis zum letzten sei verfänglich; – so köstlich und gut er immer scheine, – es sei alles gleich; – in welcher Form oder Farbe er auch vor die Einbildungskraft trete – es sei immer ein Streich, den einer oder der andere von jenen gegen den Mann richte, und vor dem man sich hüten müsse. – So, daß das Leben eines solchen Schriftstellers, wenn er auch ganz das Gegenteil wähne, nicht sowohl ein Zustand der *Komposition* als ein solcher des *Kriegführens* sei; und ob er in diesem Kampfe bestehe, das hänge wie bei jedem anderen Streiter auf Erden, – bei weitem nicht so sehr von dem Grab seines WITZES – als von seiner WIDERSTANDSKRAFT ab.

Mein Vater fand ein hohes Vergnügen an dieser Theorie des *Giovanni della Casa,* Erzbischof von *Benevent,* und würde, glaube ich (wenn es ihn nicht in seinem Glaubensbekenntnis etwas beengt hätte) gern zehn der besten Acker von dem *Shandyschen* Gute hergegeben haben, wäre er der Urheber derselben gewesen. – Inwieweit mein Vater überhaupt an den Teufel glaubte, wird man später sehen, wenn ich im Verlaufe des Werkes daran komme, mich über die religiösen Anschauungen meines Vaters auszusprechen: hier genüge, wenn ich sage, daß er, da er diese Ehre im wörtlichen Sinne der Lehre nicht für sich in Anspruch nehmen konnte – wenigstens die Allegorie derselben aufgriff, und häufig, besonders wenn seine Feder nicht recht vorwärts wollte, zu sagen pflegte: unter dem Schleier der parabolischen Vorstellung von *Giovanni della Casa* sei ebensoviel richtige Anschauung, Wahrheit und Kenntnis verborgen, – wie in irgendeiner poetischen Fiktion oder mystischen Erzählung aus dem Altertum. – Das Vorurteil der Erziehung, pflegte er zu sagen, ist der wahre Teufel, – und die vielen Vorurteile, die wir in unserer Muttermilch einsaugen, – das sind *alle möglichen Teufel.* – Sie besuchen uns, Bruder *Toby,* bei allen unseren Nachtstudien und Forschungen; und wenn ein Mann töricht genug wäre, alles geduldig anzunehmen, was sie ihm einflüstern – was würde aus seinem Buche werden? Nichts – pflegte er hinzuzusetzen und warf seine Feder zornig weg; – nichts als ein Mischmasch von dem Ammengeplapper und dem Unsinn der alten Weiber (beiderlei Geschlechts) des ganzen Lands.

Dies ist die beste Erklärung, die ich von dem langsamen Fortschritt meines Vaters in seiner *Tristrapädia* geben kann. Er war wie gesagt etwas über drei Jahre damit beschäftigt, dabei unermüdlich an der Arbeit und hatte schließlich nach seiner eigenen Rechnung kaum die Hälfte seines Werks vollendet. Leider wurde ich diese ganze Zeit über von ihm total vernachlässigt und blieb lediglich meiner Mutter überlassen; und was fast ebenso schlimm war, gerade durch den Verzug wurde der erste Teil des Werks, auf den mein Vater die meiste Mühe verwendet hatte, vollständig nutzlos; – tagtäglich wurden eine oder zwei Seiten unbrauchbar.

– Gewiß ist es als Strafe für den Stolz menschlicher Weisheit so bestimmt, daß die Weisesten von uns sich so selbst übertölpeln und beständig über ihr Ziel hinausschießen, während sie heftigst bemüht sind es zu verfolgen.

Kurz mein Vater war so ausdauernd in seinen Widerstandshandlungen, oder mit anderen Worten, – er rückte so langsam in seinem Werke vor, und ich begann so rasch zu wachsen und vorwärtszuschreiten, daß, wenn nicht ein gewisses Ereignis eingetreten wäre – was, wenn wir daran kommen, dem Leser keinen Augenblick verschwiegen bleiben soll, wofern es sich mit Anstand sagen läßt, – ich wirklich glaube, ich wäre an meinem Vater vorbeigesprungen und hätte ihn sitzen lassen, wie er eine Sonnenuhr entwarf, die keinen anderen Zweck hatte, als unter dem Boden begraben zu werden.

17. Kapitel

– Es war gar nichts: – ich verlor dabei nicht zwei Tropfen Blut; – es war nicht der Mühe wert den Wundarzt zu holen und hätte er Tür an Türe mit uns gewohnt. – Tausende erleiden durch freie Wahl, was bei mir ein Zufall tat. – Dr. *Slop* machte zehnmal mehr daraus als an der Sache war. – Es gibt Leute, die dadurch emporsteigen, daß sie große Gewichte an dünne Drähte hängen: – und bis auf den heutigen Tag (den 10. *August* 1761) zahle ich einen Teil an dem Ruf dieses Mannes.

– O es könnte einen Stein erbarmen, wenn man sieht, wie die Dinge auf dieser Welt gemacht werden! – Das Zimmermädchen hatte keinen * * * unter das Bett gestellt. – Wie, Kleiner, sagte *Susanna,* indem sie mit der einen Hand das Fallfenster in die Höhe zog und mit der andern mir auf den Fenstersims half, – kannst du es für dies eine Mal nicht so besorgen, daß du * * * * * *?

Ich war fünf Jahre alt. – *Susanna* bedachte nicht, daß in unserer Familie nichts recht in Ordnung war: – so fuhr denn das Fallfenster wie der Blitz auf uns herab. – O, schrie *Susanna,* da bleibt mir nichts übrig – als davonzulaufen. –

Das Haus meines Onkels *Toby* war ein weit freundlicheres Asyl, und so floh *Susanna* dorthin.

18. Kapitel

Als *Susanna* dem Korporal das Mißgeschick mit dem Fallfenster erzählte, nebst allen Nebenumständen, die mit meiner Ermordung (wie sie es nannte) zusammenhingen, – wurde er todesbleich: denn da alle Mitschuldigen an einem Morde als Haupttäter betrachtet werden – so sagte *Trim* sein Gewissen, daß ihn ebensoviel Schuld treffe wie *Susanna;* – ja wenn der Satz richtig war, so hatte selbst mein Onkel *Toby* geradesoviel von dem Blutvergießen vor Gott zu verantworten, wie jene beiden; – so daß in der Tat weder Klugheit noch Instinkt, einzeln oder miteinander, *Susannas* Schritte nach einem passenderen Zufluchtsort hätten führen können. – Die Erklärung dieser Sache kann ich nicht der Einbildungskraft des Lesers überlassen; – denn um sich irgendeine Hypothese zu bilden, welche diese Sätze annehmbar erscheinen ließ, müßte er sich das Gehirn wundpeitschen; und wenn er dies nicht wollte – ein Gehirn haben, wie niemals ein Leser noch hatte. – Warum sollte ich ihn also auf eine solche Folter spannen? – Es ist ja meine Angelegenheit, und so will ich sie auch selbst erklären.

19. Kapitel

Es ist schade, *Trim,* sagte mein Onkel *Toby* und legte dem Korporal die Hand auf die Schulter, als sie beide in ihrer Schanze standen und ihre Werke betrachteten, – es ist schade, daß wir nicht ein paar Feldgeschütze haben, um sie in der Kehle der neuen Redoute aufstellen zu können; – sie würden die Linien der ganzen Länge nach bestreichen und die Verteidigung auf dieser Seite vervollständigen. – Laß mir doch ein Paar gießen, *Trim.*

Euer Gnaden sollen sie noch vor morgen früh haben, erwiderte *Trim.*

Das war eine Herzensfreude für *Trim;* auch fehlte es seinem fruchtbaren Kopf nie an Auskunftsmitteln, um meinen Onkel *Toby* bei seinen Feldzügen mit allem auszurüsten, auf was dessen Phantasie verfiel; und wenn es seine letzte Krone gegolten hätte, so hätte er sich hingesetzt und sie in einen Mörser umgehämmert, nur um einem Wunsch seines Herrn nachzukommen. – Der Korporal hatte auch bereits – dadurch, daß er die Schnauzen der Dachrinnen bei meinem Onkel *Toby* abschnitt, – dann die Seiten der bleiernen Dachrinnen abhackte, – das zinnerne Rasierbecken einschmolz – und endlich wie *Ludwig* XIV. auf den Kirchturm stieg, um überschüssige Bleistücke usw. zu holen – in dieser Kampagne nicht weniger als acht neue Breschegeschütze und drei Halbschlangen ins Feld gestellt. Meines Onkels *Toby* Forderung von zwei neuen Geschützen für die Redoute hatte den Korporal wieder in Atem gesetzt; und da er nichts Besseres fand, hatte er die beiden Bleigewichte der Fallfenster im Kinderzimmer genommen; und da die Fensterrollen nutzlos waren, wenn kein Bleigewicht mehr da war, so hatte er diese gleichfalls mitlaufen lassen, um ein Paar Räder für eine ihrer Lafetten daraus zu machen.

Längst vorher hatte er jedes Fallfenster im Hause meines Onkels *Toby* in gleicher Weise geplündert – nur nicht immer in der gleichen Reihenfolge; denn manchmal brauchte er die Rollen, und das Blei nicht – und dann begann er mit den Rollen; waren aber die Rollen abgenommen, so wurde das Blei nutzlos, – und so mußte dieses ebenfalls dran glauben.

Man könnte hieraus recht hübsche MORAL ziehen, aber ich habe keine Zeit dazu; – es genügt wenn ich sage, daß mit was immer die Plünderung begann, sie für das Fallfenster gleich verhängnisvoll wurde.

20. Kapitel

Der Korporal hatte seine Maßregeln bei diesem artilleristischen Streich nicht so ungeschickt genommen, daß er die Sache nicht hätte für sich behalten und *Susanna* die ganze Last des Angriffs tragen lassen können, so gut sie es vermochte; – aber der wahre Mut begnügt sich nicht damit so leicht abzukommen. – Der Korporal hatte, gleichviel ob als General oder als Trainverwalter, das getan, ohne was seiner Ansicht nach das Mißgeschick nie hätte geschehen können, – *am allerwenigsten unter Susannas Händen.* – Wie hätte sich der geneigte Leser in diesem Falle benommen? – Er war sofort entschlossen, sich nicht hinter *Susanna* zu verstecken – sondern im Gegenteil ihr Schutz zu gewähren; und mit diesem Vorsatz schritt er gerade nach dem Wohnzimmer, um meinem Onkel *Toby* das ganze Manöver vorzulegen.

Mein Onkel *Toby* hatte *Yorick* gerade einen Bericht über die Schlacht bei *Steenkirk* gegeben und das seltsame Benehmen des Grafen *Solms* hervorgehoben, der die Infanterie halten und die Reiterei auf einem Terrain vorrücken ließ, wo sie nichts machen konnte, was ganz gegen den Befehl des Königs war und den Verlust der Schlacht nach sich zog.

Es gibt in einigen Familien Vorfälle, die so auf das passen, was daraus folgen soll, – daß sie kaum von der Erfindungsgabe der dramatischen Schriftsteller übertroffen werden, – ich meine solcher der alten Zeit. ——

Mit Hilfe seines Zeigefingers, den er flach auf den Tisch legte und der Kante seiner Hand, die er unter einem rechten Winkel quer darüber fallen ließ, bemühte sich *Trim* die Geschichte in einer Weise zu erzählen, daß Priester und Jungfrauen es hätten mit anhören können. – Als er fertig war, wurde das Gespräch in folgender Weise weitergeführt.

21. Kapitel

– Ich ließ mich lieber zu Tode peitschen, rief der Korporal, nachdem er *Susannas* Geschichte beendigt hatte, ehe ich duldete, daß dem Frauenzimmer ein Leid deshalb widerführe: – ich war daran schuld, Euer Gnaden, – nicht sie.

Korporal *Trim*, antwortete mein Onkel *Toby* und setzte seinen Hut auf, der auf dem Tische lag, wenn irgend jemand an einer Sache schuld war, deren Ausführung der Dienst durchaus erforderte, so bin ich es zweifellos; du hast nur nach Befehl gehandelt. Hätte Graf *Solms* dasselbe in der Schlacht bei *Steenkirk* getan, *Trim*, sagte *Yorick*, indem er ein wenig auf den Korporal stichelte, der beim Rückzug von einem Dragoner überritten worden war, – so hätte er dich gerettet. – Mich gerettet! rief *Trim*, *Yorick* unterbrechend und den Satz nach seiner Art vollendend, – fünf Regimenter hätte er gerettet, Euer Hochwürden, Mann für Mann. – Die Regimenter *Cutts*, fuhr der Korporal fort, klopfte mit dem Zeigefinger der rechten Hand an den Daumen der linken und zählte an den übrigen Fingern weiter, – *Mackay*, – *Angus*, – *Graham*, – *Leven*, alle wurden ja in Stücke gehauen; und das wäre auch der *englischen* Garde passiert, wenn ihr nicht ein paar Regimenter von dem rechten Flügel mutig zu Hilfe gekommen wären und das feindliche Feuer auf sich gezogen hätten, ehe noch eine einzige ihrer Kompanien eine Muskete abfeuerte.

Geo. Cruikshank

Sie werden dafür in den Himmel kommen, setzte *Trim* hinzu. – *Trim* hat ganz recht, sagte mein Onkel *Toby* und nickte *Yorick* zu; – er tat vollkommen recht. – Was hat denn das heißen sollen, daß er die Reiterei vorrücken ließ, fuhr der Korporal fort, wo doch das Feld so enge war und die *Franzosen* einen ganzen Haufen Hecken und Verrammlungen und Gräben und gefällte Bäume vor sich gelegt hatten, um sich zu decken (wie sie immer tun). Graf *Solms* hätte uns schicken sollen, – wir hätten uns mit ihnen Mündung an Mündung herumgeschossen. – Für die Reiterei war da nichts zu tun: – als Strafe dafür, fuhr der Korporal fort, haben sie ihm im nächsten Feldzug bei *Landen* den Fuß abgeschossen. – Dort bekam auch der arme *Trim* seine Wunde, sagte mein Onkel *Toby*. – Da war nur der Graf *Solms* daran schuld, Euer Gnaden; hätte er sie bei *Steenkirk* gehörig durchgehauen, so würden sie uns bei *Landen* nicht mehr haben bekämpfen können. – Vielleicht, vielleicht auch nicht, *Trim*, sagte mein Onkel *Toby;* denn wenn sie nur den Vorteil eines waldigen Terrains für sich haben oder man ihnen einen Augenblick Zeit läßt, um sich zu verschanzen, so hören sie nicht auf, sich mit einem herumzuschießen. Es bleibt dann nichts übrig, als kaltblütig auf sie loszugehen, – ihr Feuer auszuhalten und dann über sie herzufallen. – Mit klingendem Spiel, setzte *Trim* hinzu. – Mann und Roß, rief mein Onkel *Toby*. – Drunter und drüber, sagte *Trim*. – Rechts und links! rief mein Onkel *Toby*. – Blut und Wunden! schrie der Korporal. – Die Schlacht wütete. *Yorick* zog seinen Stuhl etwas beiseite, um sich zu sichern. Nach einer kleinen Pause stimmte mein Onkel *Toby* seinen Ton etwas herab und fuhr in seiner Rede folgendermaßen fort:

22. Kapitel

König *Wilhelm*, sagte mein Onkel *Toby*, wobei er sich an *Yorick* wendete, war so über den Ungehorsam des Grafen *Solms* aufgebracht, daß er ihn Monate lang nicht vor sich kommen ließ. – Ich fürchte, meinte *Yorick*, Herr *Shandy* wird über den Korporal ebenso aufgebracht sein, wie der König über den Grafen. – Aber es wäre allerdings sehr hart, fuhr er fort, wenn Korporal *Trim*, der so ganz im Gegensatz zu Graf *Solms* gehandelt hat, das Schicksal haben sollte, die gleiche Ungnade zu erfahren, – aber leider nehmen die Dinge in dieser Welt nur zu oft diesen Gang. – Ich wollte lieber eine Mine anlegen, rief mein Onkel *Toby*, indem er sich erhob, und meine Festungswerke und mein Haus dazu in die Luft sprengen, daß sie uns unter ihrem Schutt begrüben, als daß ich ruhig dabeistehen und das mit ansehen möchte. – *Trim* machte eine leichte, aber dankbare Verbeugung gegen seinen Herrn, und damit schließt das Kapitel.

23. Kapitel

– Also *Yorick*, sagte mein Onkel *Toby*, Sie und ich, wir wollen die Avantgarde bilden, – und Ihr, Korporal, folgt einige Schritte hinter uns. – Und *Susanna*, sagte *Trim*, sollte, wenn Euer Gnaden erlauben, die Arrieregarde bilden. – Die Disposition war vortrefflich; und in dieser Ordnung, doch ohne Marschschlagen oder fliegende Fahnen, rückten sie langsam vom Hause meines Onkels *Toby* nach *Shandy Hall*.

Ich wollte, sagte *Trim*, als sie in die Türe eintraten, ich hätte statt der Fenstergewichte die Schnauze von der Dachrinne der Kirche abgeschnitten, wie ich einmal im Sinne hatte. – Ihr habt jetzt Schnauzen genug abgeschnitten, versetzte *Yorick*. –

24. Kapitel

So viele Bilder auch schon von meinem Vater gegeben wurden, und so ähnlich sie ihm immer in der verschiedenen Art des Ausdrucks und der Haltung gewesen sein mochten, – so hätte doch keines derselben und alle miteinander nicht, dem Leser zum voraus eine Idee von dem geben können, was mein Vater bei irgendeiner noch nicht dagewesenen Gelegenheit oder Begebenheit denken, sagen oder tun würde. – Es steckte eine solche unendliche Zahl von Sonderbarkeiten in ihm, und es war dementsprechend so durchaus zweifelhaft, bei welchem Henkel er die Sache anfassen würde, – daß es jeder Berechnung spottete. – Sein Weg lag wirklich so fern ab von der Straße, welche die meisten Menschen wandelten, – daß sich ihm jeder Gegenstand von einer Seite und in einem Umriß zeigte, die total von der Gestalt und Größe verschieden waren, wie ihn die übrigen Menschen erblickten. – Mit anderen Worten, es war für ihn ein anderes Ding und wurde demgemäß auch anders betrachtet.

Dies ist auch der Grund, weshalb meine teure *Jenny* und ich, wie auch die übrige Welt außer uns, so ewige Streitereien um nichts und wieder nichts haben. – Sie betrachtet die Dinge von ihrer Außenseite, – ich von der Innenseite. – Wie ist es da möglich, daß wir über den Wert derselben eines Sinnes sein könnten?

25. Kapitel

Es ist eine ausgemachte Sache – ich führe das zum Trost von *Confuzius** an, der gar zu leicht in Verwirrung gerät, wenn er eine einfache Geschichte erzählt – daß, wenn man sich nur an den Faden der Geschichte hält, man nach Belieben rückwärts oder vorwärts gehen kann, ohne daß es für eine Abschweifung gilt.

Nachdem ich dies vorausgechickt, nehme ich die Wohltat, rückwärts gehen zu dürfen, fur mich selbst in Anspruch.

* Herr Shandy meint hier den Herrn * * *, Parlamentsmitglied für * * *, – und nicht den chinesischen Gesetzgeber.

26. Kapitel

Fünfzigtausend Körbe voller Teufel – (nicht von den Teufeln des Erzbischofs von *Benevent* – sondern von denen *Rabelais'*), denen man die Schwänze am Rumpf abgehackt hat, hätten kein so diabolisches Gekreisch erheben können als ich tat – da der Unfall mich befiel; es rief meine Mutter sofort nach dem Kinderzimmer; – so daß *Susanna* gerade noch soviel Zeit hatte auf der Hintertreppe die Flucht zu nehmen, ehe meine Mutter die Vordertreppe heraufkam.

Nun wäre ich zwar alt genug gewesen, um die Geschichte selbst erzählen zu können, – und wie ich hoffe auch noch jung genug, um es ganz arglos zu tun, – aber *Susanna* hatte sie, als sie an der Küche vorbei kam, in ihrer Angst kurzerhand der Köchin mitgeteilt; – diese hatte sie mit einem Kommentar *Jonathan* erzählt, und *Jonathan* dem *Obadiah.* Als daher mein Vater ein halbdutzendmal geschellt hatte, um zu hören was es denn oben gäbe, – war *Obadiah* imstande ihm einen genauen Bericht, wie es passiert war, abzustatten. – Das habe ich mir doch gedacht, sagte mein Vater, faßte seinen Schlafrock zusammen und ging die Treppe hinauf.

Man könnte hieraus schließen (obschon ich für meinen Teil einige Zweifel habe), – daß mein Vater schon vor dieser Zeit jenes merkwürdige Kapitel der *Tristrapädia* geschrieben habe, welches für mich das originellste und unterhaltendste im ganzen Buche ist, – nämlich das Kapitel über Fallfenster, mit einer bitteren Philippika am Schlusse desselben über die Vergeßlichkeit der Kammerjungfer, – ich habe jedoch zwei Gründe, um anders hierüber zu denken.

Erstens, wäre diese Sache von meinem Vater in Betracht gezogen worden, ehe das Ereignis eintrat, so würde er gewiß das Fallfenster für alle Fälle festgemacht haben; was er in Anbetracht der Schwierigkeit, womit er Bücher verfaßte, mit zehnmal geringerer Mühe hätte tun können, als ihn das Schreiben des Kapitels gekostet hätte. Dieser Beweis dürfte auch gegen sein Schreiben eines Kapitels nach dem Ereignis gelten; er wird jedoch durch den zweiten Grund unnötig, den ich die Ehre habe der Welt zur Unterstützung meiner Ansicht, daß mein Vater das Kapitel über Fallfenster und Nachttöpfe nicht zu der angenommenen Zeit schrieb, vorzulegen, – und dieser zweite Grund besteht darin: –

Daß ich um die *Tristrapädia* zu vervollständigen, das Kapitel selbst geschrieben habe.

27. Kapitel

Mein Vater setzte seine Brille auf, – besah sich die Geschichte, – nahm die Brille wieder ab, – und steckte sie in das Futteral, – alles in weniger als einer gesetzmäßigen Minute; ohne ein Wort zu sprechen, drehte er dann um und eilte die Treppe hinab. Meine Mutter glaubte, er gehe hinunter, um Salbe und Scharpie zu holen; als sie ihn aber mit ein paar Foliobänden unter dem Arm zurückkehren sah, und *Obadiah* ihm mit einem großen Lesepult folgte, glaubte sie nicht anders, als daß es ein Kräuterbuch sei und schob ihm einen Stuhl an das Bett, damit er in Bequemlichkeit über den Fall Rat erholen könne.

Wenn es nur in richtiger Weise geschehen wäre, sagte mein Vater, während er den Abschnitt *de sede vel subjecto circumcisionis* aufschlug, – denn er hatte *Spenser de Legibus Hebraeorum Ritualibus*, – und *Maimonides* heraufgebracht, um uns einander gegenüberzustellen und zu prüfen.

Wenn es nur in richtiger Weise geschehen wäre, sagte er. – Sag mir nur, unterbrach ihn meine Mutter, welche Kräuter ich auflegen soll? – Zu diesem Zweck, versetzte mein Vater, mußt du nach Dr. *Slop* schicken.

Meine Mutter ging hinunter und mein Vater machte weiter. Der Abschnitt den er las, lautete:

* *
* *

******************** Ganz gut, – sagte mein Vater, ************************************ ************************************ *************** nein, wenn es diese Annehmlichkeit hat! und ohne sich einen Augenblick dabei aufzuhalten, ob es die *Juden* von den *Ägyptern* oder die *Ägypter* von den *Juden* hatten – stand er auf, rieb sich die Stirne ein paarmal mit der flachen Hand, in der Art wie wir die Fußspuren der Sorge wegreiben, wenn ein Unheil uns leichter getroffen, als wir vermutet, – machte das Buch zu und ging wieder hinunter. – Ei! sagte er, während er den Namen je einer großen Nation bei jeder Stufe, auf die er den Fuß setzte, aussprach, – wenn die *Ägypter,* – die *Syrer,* – die *Phönizier,* – die *Araber,* – die *Kappadozier,* – wenn die *Kolcher* und *Troglodyten* es taten, – wenn *Solon* und *Pythagoras* es über sich ergehen lassen mußten, – was will da *Tristram* heißen? – Und weshalb sollte da ich mich auch nur einen Augenblick über die Sache grämen oder erhitzen?

28. Kapitel

Lieber *Yorick,* sagte mein Vater lächelnd (denn *Yorick* war beim Passieren des engen Eingangs aus seiner Reihe mit Onkel *Toby* getreten und so zuerst in das Zimmer gekommen) dieser unser *Tristram* kommt bei allen seinen religiösen Zeremonien ziemlich schlecht weg. Niemals ist der Sohn eines *Juden, Christen, Türken* oder *Heiden* auf eine so verkehrte und nachlässige Art in sie eingeführt worden. – Aber es hat ihm doch hoffentlich nichts getan, sagte *Yorick.* – Gewiß, fuhr mein Vater fort, war der Teufel in irgendeinem Teil der Ekliptik los, als dieser mein Sprößling gemacht wurde. – Das müssen Sie besser wissen als ich, erwiderte *Yorick.* – Die Astrologen, versetzte mein Vater, wissen es besser als wir beide: – die gedritten und gesechsten Aspekte sind verkehrt gefallen, – oder die Gegenfüßler ihrer Aszendenten haben sie nicht so getroffen wie sie sollten, – oder die Oberherren der Zeugungen (wie man sie nennt) haben gerade *Verstecken* gespielt, – oder es ist sonst irgend etwas oben oder unten bei uns nicht richtig zugegangen. Das ist möglich, erwiderte *Yorick*. – Hat es aber dem Kind was getan? fragte mein Onkel *Toby*. – Die *Troglodyten* sagen nein! erwiderte mein Vater. Und Ihre Theologen, *Yorick*, – sagen uns – Als Theologen? fragte *Yorick*; – oder indem sie als Apotheker*, Staatsmänner**, – oder Waschweiber*** sprechen?

Das weiß ich nicht, versetzte mein Vater; – aber sie sagen uns, Bruder *Toby*, es sei ein Vorteil für ihn. – Wenn Sie ihn nämlich nach *Ägypten* reisen lassen, sagte *Yorick*. – Es wird ihm Nutzen bringen, wenn er die Pyramiden sieht, meinte mein Vater.

Da ist doch auch jedes Wort für mich *Arabisch*, sagte mein Onkel *Toby*. – Ich wollte, es wäre das für die halbe Welt, versetzte *Yorick*.

*Ilus*****, fuhr mein Vater fort, ließ eines Tages seine ganze Armee beschneiden. – Aber doch nicht ohne Kriegsgericht? fragte mein Onkel *Toby*. – Übrigens, fuhr jener fort, ohne auf meines Onkels *Toby* Bemerkung zu achten, sich vielmehr an *Yorick* wendend, übrigens sind die Gelehrten noch sehr uneinig darüber, wer *Ilus* war; – Einige behaupten *Saturn*, – andere das höchste Wesen; – wieder andere wollen, er sei nur Brigadegeneral unter *Pharao Necho* gewesen. – Mag er gewesen sein, was er will, sagte mein Onkel *Toby*, ich kenne keinen Kriegsartikel, der ihn dazu berechtigt hätte.

Die Kontrovertisten, sagte mein Vater, führen zweiundzwanzig verschiedene Gründe dafür an; – andere allerdings, welche ihre Feder der entgegengesetzten Seite der Frage widmeten, haben der Welt die Nichtigkeit des größten Teils derselben

* Χαλεπῆς νόσου, καὶ δνσιάτου ἀπαλλαγὴ ἡν ἄνθρακα καλοῦσιν. Philo.

** Τὰ τεμνόμενα τῶν ἐθνῶν πολνγονώτατα, καὶ πολυανθρωπότατα εἶναι.

*** Καθαριότητος εἵνεκεν. Bochart.

**** Ὁ Ἶλος, τὰ αἰδοῖα περιτέμνεται, τὰυτὸ ποῖησαι Καὶ τοὺς ἅμ’ αυτῷ συμμάχους καταναγκάσας. Sanchuniatho.

dargetan. – Dann sagen aber wieder unsere besten theologischen Polemiker – Ich wollte, es gäbe keinen theologischen Polemiker in unserem Lande, sagte *Yorick;* – eine Unze praktischer Theologie ist soviel wert als all die Schiffsladungen voll bunter Sachen, welche die Hochwürdigen in den letzten fünfzig Jahren eingeführt haben. – Sagen Sie doch, Herr *Yorick,* fragte mein Onkel *Toby,* was ist denn eigentlich ein theologischer Polemiker? – Die beste Schilderung, Kapitän *Shandy,* die ich je davon gelesen habe, erwiderte *Yorick,* ist in dem Bericht über den zwischen *Gymnast* und Kapitän *Tripet* ausgefochtenen Zweikampf enthalten. Ich habe ihn in der Tasche. Ich wünschte ihn zu hören, sagte mein Onkel *Toby* ernsthaft. – Das sollen Sie, erwiderte *Yorick.* – Und da der Korporal vor der Türe auf mich wartet, – und ich weiß, daß die Beschreibung eines Gefechts dem armen Burschen lieber ist als sein Nachtessen, – so bitte ich dich, Bruder, ihm zu erlauben, daß er hereinkomme. – Herzlich gern, sagte mein Vater. – *Trim* trat ein, aufrecht und glücklich wie ein Kaiser; und nachdem er die Türe geschlossen, zog *Yorick* ein Buch aus seiner rechten Rocktasche und las folgendes oder tat wenigstens als lese er:

29. Kapitel

Und nachdem alle Soldaten, die zugegen waren, diese Worte gehört hatten, fuhren mehrere ins Innerste erschrocken zurück und machten dem Angreifer Platz. Dies alles bemerkte und begriff *Gymnast* sehr gut. Er tat daher als ob er von seinem Pferde absteigen wollte, brachte sein Gewicht nach der Aufsteigseite, wechselte rasch seine Füße im Steigbügel (während ihm das kurze Schwert an der Seite hing) und machte den Bügelsprung, wobei er zuerst den Körper abwärts neigte und sich hierauf emporschnellte, so daß beide Füße in den Sattel kamen und er mit dem Rücken gegen den Pferdekopf aufrecht dastand. – Nun (sprach er) geht meine Sache vorwärts. Hierauf machte er plötzlich in der Stellung, in welcher er sich befand, einen Luftsprung auf einem Fuß, drehte sich links, und verfehlte nicht seinen Körper vollkommen herumzuschwenken, daß er genau in die frühere Lage kam. – Ha! sprach *Tripet,* ich mache das nicht in diesem Tempo; – und zwar aus guten Gründen. – Gut, erwiderte *Gymnast,* ich habe einen Fehler gemacht, – gleich will ich diesen Sprung zurückmachen. Dann drehte er sich mit wunderbarer Geschicklichkeit und Kraft zur Rechten, und machte einen zweiten lustigen Sprung wie vorher; hierauf setzte er den Daumen seiner rechten Hand auf den Sattelbogen, hob sich empor und machte einen Luftsprung, wobei er sein ganzes Gewicht auf Muskel und Nerv des besagten Daumens in der Waage hielt. So wirbelte er sich dreimal herum; beim vierten Mal machte er einen Purzelbaum von oben nach unten und von vorn nach hinten, ohne etwas zu berühren, so daß er dem Pferd zwischen beiden Ohren saß; gab sich hierauf einen Stoß und Schwung und setzte sich auf den Schwanzriemen.

(Das ist kein Gefecht, sagte mein Onkel *Toby.* – Der Korporal schüttelte den Kopf. – Nur Geduld! sagte *Yorick.*).

Dann schwang er *(Tripet)* den rechten Fuß über den Sattel und nahm auf dem Hinterteil Platz. – Indessen, sagte er, wäre es besser für mich, wenn ich in den Sattel käme. – Er setzte nun die Daumen beider Hände vor sich auf den Schwanzriemen, stützte sich darauf, so daß sein Körper von sonst nichts gehalten wurde, drehte sich schnell mit dem Kopf nach unten in der Luft und saß stracks in einem erträglich guten Sitz zwischen dem Sattelbogen; überschlug sich in der Luft, drehte sich herum wie eine Windmühle und machte über hundert Hüpfer, Wendungen und Halbvoltigen.

– Guter Gott! rief jetzt *Trim,* dem die Geduld ausging, – ein rechter Stoß mit dem Bajonett ist mehr wert als das alles.

– Das ist auch meine Ansicht, bemerkte *Yorick.* –

– Ich bin entgegengesetzter Meinung, sagte mein Vater.

30. Kapitel

– Nein; – ich glaube, erwiderte mein Vater auf eine Frage, welche *Yorick* so frei gewesen war, an ihn zu stellen, – ich glaube in der *Tristrapädia* nichts vorgebracht zu haben, was nicht so klar wie irgendein Satz in *Euklid* war. – Reich mir einmal das Buch von dem Schreibtisch, *Trim*. – Ich habe, fuhr mein Vater fort, oft daran gedacht es euch beiden vorzulesen, Ihnen *Yorick* und meinem Bruder *Toby*, und es ist vielleicht ein wenig unfreundlich von mir, daß ich es nicht längst getan habe. – Wollen wir jetzt ein kleines Kapitel oder zwei vornehmen, – und später gelegentlich wieder ein Kapitel oder zwei, und so fort bis wir durch sind? – Mein Onkel *Toby* und *Yorick* machten eine passende Verbeugung, und obschon der Korporal nicht in die artige Aufforderung mit einbegriffen worden war, legte er doch die Hand auf die Brust und machte gleichfalls sein Kompliment. – Die Gesellschaft lächelte. – *Trim*, sagte mein Vater, hat sein volles Entree bezahlt, um die *Unterhaltung* auszustehen. – Das Stück schien ihm aber nicht zu gefallen, bemerkte *Yorick*. – Es war ein rechtes Hansdampfgefecht, Euer Gnaden, von dem Kapitän *Tripet* und dem anderen Offizier, daß sie beim Vorrücken so viele Luftsprünge machten, – die *Franzosen* hüpften manchmal beim Vormarschieren so daher, – doch nicht ganz so stark.

Mein Onkel *Toby* hatte nie ein angenehmeres Bewußtsein seiner Existenz, als ihn die Betrachtungen des Korporals und seiner eigenen in diesem Moment empfinden ließen; – er zündete seine Pfeife an, – *Yorick* rückte seinen Stuhl näher an den Tisch, – *Trim* putzte das Licht, – mein Vater schürte das Feuer, – ergriff das Buch, – hustete zweimal und begann.

31. Kapitel

Die ersten dreißig Seiten, sagte mein Vater und schlug die Blätter um, – sind ein wenig trocken; und da sie nicht unmittelbar zur Sache gehören, – können wir sie für jetzt überschlagen; es ist eine vorwortliche Einleitung, fuhr mein Vater fort, oder ein einleitendes Vorwort (ich bin noch nicht entschlossen, welchen Namen ich ihm geben will) über politische oder bürgerliche Regierung: Da der Grund der letzteren auf der ersten Verbindung zwischen Mann und Frau zur Fortpflanzung der Gattung beruht, – so kam ich unwillkürlich darauf. – Ganz natürlich, bemerkte *Yorick*.

Der Ursprung der Gesellschaft, fuhr mein Vater fort, ist nach meiner Überzeugung derjenige, wie ihn *Politian* bezeichnet, nämlich ein rein eheständlicher; nichts mehr und nichts weniger als das Zusammenkommen eines Mannes und einer Frau; – denen der Philosoph (nach *Hesiod*) noch einen Diener beifügt: – da er aber annimmt, daß es anfangs noch keine männlichen Diener gab, – lege er den Grund mit einem Mann, – einer Frau, – und einem Stier. – Ich glaube, daß es ein Ochse war, bemerkte *Yorick* und zitierte den Satz: Οιϰον μὲν πϱώτισια, γυναῖχα τε, βοῦν τ' ἀϱότηϱα. Ein Stier hätte mehr Verdruß gemacht als sein Kopf wert ist. – Es gibt jedoch noch einen besseren Grund, sagte mein Vater und tauchte die Feder ein, denn da der Ochse das geduldigste und zugleich nützlichste Tier ist, indem er den Boden zu ihrer Ernährung pflügte, – so war er das geeignetste Werkzeug und Sinnbild für das neu vereinigte Paar, das der Schöpfer mit ihnen in Verbindung bringen konnte. – Es gibt noch einen stärkeren Grund für den Ochsen als diese alle, setzte mein Onkel *Toby* hinzu. – Mein Vater vermochte die Feder nicht aus dem Tintenfaß zu ziehen, bis er den Grund meines Onkels *Toby* gehört hatte. – Denn, sagte mein Onkel *Toby*, wenn der Boden bestellt war und einer Umzäumung bedurfte, begann man ihn durch Wall und Graben zu sichern, und das war der Anfang der Befestigung. – Richtig, richtig, lieber *Toby,* rief mein Vater, strich den Stier aus und setzte den Ochsen dafür.

Mein Vater winkte *Trim,* daß er das Licht putzen möge und fuhr in seiner Abhandlung fort.

– Ich gehe nur deshalb näher auf diese Betrachtung ein, sprach mein Vater leichthin und das Buch beim Fortfahren halb schließend, um die natürliche Verbindung zwischen dem Vater und seinem Kinde zu begründen, über welches er Recht und Gerichtsbarkeit auf folgenden verschiedenen Wegen erlangen kann:

1. durch Heirat;
2. durch Adoptierung,
3. durch Legitimierung und
4. durch Zeugung, welche Wege ich sämtlich für ordnungsgemäß halte.

Auf einen derselben lege ich ein geringes Gewicht, versetzte *Yorick,* – die Handlung, besonders wofern sie damit endigt, legt meiner Ansicht nach dem Kind ebensowenig Verbindlichkeit auf, als sie dem Vater Gewalt überträgt. – Da irren Sie sich, – sagte mein Vater mit Schärfe; und zwar einfach deshalb * ich gebe jedoch zu, setzte mein Vater hinzu, daß der Sprößling auf diesen Grund hin nicht so unter der Gewalt und Gerichtsbarkeit der Mutter steht. – Aber, entgegnete *Yorick,* der Grund gilt doch eigentlich auch für sie. – Sie steht selbst unter Autorität, sagte mein Vater; – und überdies, setzte mein Vater mit einem bedeutungsvollen Nicken hinzu und legte den Finger an die Nase, während er seinen Grund aussprach, – ist sie nicht das Hauptagens, *Yorick.* – Bei was? fragte mein Onkel *Toby,* indem er seine Pfeife stopfte. – Allerdings aber, fügte mein Vater hinzu (die Frage meines Onkels *Toby* ignorierend), ist ihr der Sohn Ehrerbietung schuldig; wie Sie im ersten Buch der Institutionen des

Justinian, Titel elf, Sektion zehn des breiteren lesen können, *Yorick.* – Das kann ich auch im Katechismus, versetzte *Yorick.*

32. Kapitel

Trim kann ihn Wort für Wort auswendig, sagte mein Onkel *Toby.* – Puh! machte mein Vater, der eben kein Verlangen danach trug, durch das Katechismusaufsagen *Trims* unterbrochen zu werden. – Ja, das kann er, auf Ehre! fuhr mein Onkel *Toby* fort; fragen Sie ihn nur daraus, Herr *Yorick.* – – Das fünfte Gebot, *Trim?* fragte *Yorick* mit sanfter Stimme und einem liebreichen Nicken, als ob er einen schüchternen Konfirmanden vor sich hätte. – Der Korporal schwieg stille. – Sie fragen ihn nicht richtig, sagte mein Onkel *Toby,* indem er seine Stimme erhob und rasch und lebhaft, als ob er kommandierte, eingriff. Das fünfte Gebot – – – – rief mein Onkel *Toby.* – Ich muß mit dem ersten anfangen, Euer Gnaden, sagte der Korporal.

Yorick mußte lächeln. – Euer Hochwürden haben nicht bedacht, sagte der Korporal, während er seinen Stock wie eine Muskete über die Schulter nahm und in die Mitte des Zimmers marschierte, um seine Lage zu erläutern, – daß es genau dasselbe ist, als wenn man exerzierte.

Schultert 's Gewehr! rief der Korporal, und führte mit dem Kommando auch die Bewegung aus.

Über 's Gewehr, rief der Korporal und machte abermals den Adjutanten und Soldaten zugleich.

Bei Fuß 's Gewehr! – Euer Hochwürden sehen, wie eine Bewegung aus der anderen hervorgeht. – Wenn Seine Gnaden nun mit dem ersten beginnen wollen –

DAS ERSTE GEBOT! rief mein Onkel *Toby* und stützte die Hand in die Seite *
* *

DAS ZWEITE GEBOT! – rief mein Onkel *Toby* und schwang seine Tabakspfeife, wie er an der Spitze eines Regiments den Degen geschwungen haben würde. –

Der Korporal machte seine Handgriffe mit Genauigkeit durch und *nachdem er Vater und Mutter geehrt hatte*, machte er eine tiefe Verbeugung und marschierte nach der Rückwand des Zimmers zurück.

Alles auf der Welt, sprach mein Vater, ist mit Spaß und Witz und sogar mit Belehrung geladen, – man muß sie nur herauszufinden wissen.

– Hier ist das *Baugerüst* der *Belehrung*, ihre wahre Spitze der Torheit, ohne den Bau selbst dahinter.

Hier ist der Spiegel für Erzieher, Lehrer, Hofmeister, Gouverneure, Gerundiumkauer und Bärenführer, in dem sie sich in ihrer wahren Größe beschauen können. –

O *Yorick!* mit der Gelehrsamkeit wächst eine Rinde und Schale, welche die Ungeschicklichkeit dieser Herren nicht abzuwerfen vermag.

WISSENSCHAFTEN KANN MAN AUF DEM WEG DER ROUTINE ERWERBEN, WEISHEIT ABER NICHT.

Yorick kam es vor, als ob mein Vater ganz begeistert sei. – Ich will mich augenblicklich verbindlich machen, fuhr mein Vater fort, das ganze Legat meiner Tante *Dinah* zu wohltätigen Zwecken zu verwenden (beiläufig gesagt, hielt mein Vater nicht sehr viel von solchen), wenn der Korporal mit den Worten, die er eben hergebetet hat, irgendeinen bestimmten Gedanken verbindet. – Wie, *Trim*, sprach mein Vater und drehte sich zu ihm herum, was verstehst du darunter *deinen Vater und deine Mutter ehren?*

Daß ich ihnen, wenn sie alt werden täglich drei Dreier von meiner Löhnung gebe, Euer Gnaden. – Und hast du das wirklich getan, *Trim?* fragte *Yorick*. – Ja, das hat er, versetzte mein Onkel *Toby*. – Dann *Trim*, sprach *Yorick*, indem er von seinem Stuhl aufsprang und dem Korporal die Hand schüttelte, dann bist du der beste Ausleger dieses Gebots, und ich achte dich darum mehr, Korporal *Trim,* als wenn du am *Dekalog* selbst mitgearbeitet hättest.

33. Kapitel

O Segen der Gesundheit, rief mein Vater, als er die Blätter zum nächsten Kapitel umschlug, du gehst doch über alles Gold und alle Schätze der Welt; du erweiterst die Seele, – du öffnest alle ihre Kräfte, um Belehrung in sich aufzunehmen und die Tugend zu schmecken. – Wer dich besitzt, dem bleibt wenig zu wünschen übrig; – und wer so unglücklich ist, dich zu entbehren, – der entbehrt alles mit dir.

Ich habe, fuhr mein Vater fort, alles was sich über diese wichtige Sache sagen läßt, auf einen kleinen Raum zusammengedrängt; wir wollen deshalb dieses Kapitel ganz durchnehmen.

Mein Vater las wie folgt:

Das ganze Geheimnis der Gesundheit liegt in dem richtigen Wettstreit um die Gewalt zwischen der radikalen Hitze und der radikalen Feuchtigkeit. – Sie haben diese Tatsache, glaub ich, schon oben nachgewiesen, bemerkte *Yorick.* – Zur Genüge, versetzte mein Vater.

Damit schloß mein Vater das Buch, – nicht in der Art als sei er entschlossen nicht weiter daraus zu lesen, denn er behielt den Zeigefinger in dem Kapitel; auch nicht im Ärger, – denn er machte das Buch langsam zu, und sein Daumen ruhte dann ohne die leiseste drückende Heftigkeit auf der oberen Seite des Einbands, während die drei übrigen Finger an der unteren Seite lagen. – Ich habe, sagte mein Vater mit einem Kopfnicken zu *Yorick,* die Wahrheit dieses Satzes allerdings in dem vorhergehenden Kapitel zur Genüge dargetan.

Wenn man dem Mann im Monde gesagt hätte, ein Mann auf der Erde habe ein Kapitel geschrieben, in welchem zur Genüge dargetan worden, daß das richtige Geheimnis aller

Gesundheit in dem gehörigen Kampf um die Herrschaft zwischen *radikaler Hitze* und *radikaler Feuchtigkeit* bestehe; und er habe diesen Beweis so geschickt durchgeführt, daß gleichwohl im ganzen Kapitel auch nicht ein einziges nasses oder trockenes Wort über radikale Hitze oder radikale Feuchtigkeit, – nicht eine Silbe *pro* oder *contra*, direkt oder indirekt über den Kampf zwischen diesen zwei Mächten in irgendeinem Teile der tierischen Ökonomie gesagt sei, – so würde er mit der rechten Hand (falls er eine hat) auf die Brust geschlagen und ausgerufen haben: O du ewiger Schöpfer aller Dinge, du, dessen Allmacht und Allgütigkeit die Fähigkeiten deiner Geschöpfe bis zu diesem unendlichen Grad von Fürtrefflichkeit und Vollkommenheit erweitern kann – Was haben wir Mondbewohner denn getan –?

34. Kapitel

Mit zwei Hieben, einem gegen *Hippokrates* und einem gegen Lord *Verulam*, brachte mein Vater die Sache zuwege.

Der Hieb gegen den Fürsten der Ärzte, womit er begann, war nichts als eine kurze Schmähung über dessen jämmerliche Klage, daß die *ars longa* – und das *vita brevis* sei. – Das Leben kurz, rief mein Vater, und die Heilkunst von langer Hand! Und wem haben wir denn für diese beiden Dinge zu danken, wem anders als der Unwissenheit der Quacksalber – den Wagenlasten chemischer Arkana und peripathetischen Gerümpels, womit sie zu allen Zeiten der Welt geschmeichelt und zuletzt sie betrogen haben.

O Mylord *Verulam!* rief mein Vater, indem er sich von *Hippokrates* abwendete und diesem, als dem ersten Arkanumskrämer und dem Passendsten für die Statuierung eines Exempels den zweiten Hieb versetzte, – was soll ich dir sagen, du großer Lord *Verulam?* Was soll ich sagen zu deinem inneren Geist, – deinem Opium, – deinem Salpeter, – deinen Fettsalbungen, – deinen Purgierungen bei Tage, – deinen Klistieren bei Nacht und deinen Surrogaten?

Mein Vater war nie in Verlegenheit, was er irgendeinem Manne über irgendeinen Gegenstand sagen sollte, und bedurfte weniger als irgendein Menschensohn zu einer Einleitung. Wie er mit den Ansichten seiner Lordschaft umsprang, – sollen Sie sehen, – wann – das weiß ich noch nicht; – wir müssen zuerst hören, welches die Ansichten Seiner Lordschaft waren.

35. Kapitel

Die beiden großen Ursachen, sagte Lord *Verulam*, welche sich vereinigen, um das Leben zu kürzen, sind erstens –

Der innere Geist der wie eine feine Flamme den Körper allmählich verbrennt; – und zweitens die äußere Luft, welche den Körper zu Asche vertrocknet; – da diese beiden Feinde unsere Körper von außen und von innen zugleich angreifen, so zerstören sie endlich unsere Organe und machen sie unfähig die Funktionen des Lebens weiter auszuüben.

Wenn die Sachen sich so verhalten, so liegt das Mittel ein langes Leben zu gewinnen auf der Hand: man braucht nichts weiter, sagt seine Lordschaft, als den durch den inneren Geist herbeigeführten Verbrauch wieder zu ersetzen, indem man einerseits denselben durch einen regelmäßigen Gebrauch von Opiaten verdickt und verdichtet und andererseits seine Hitze durch 3½ Gran Salpeter, die man täglich vor dem Aufstehen nimmt, abkühlt.

Nun ist aber unser armes Gehäus auch den feindlichen Angriffen der äußeren Luft ausgesetzt; – diese wird nun durch Fettsalben, welche die Poren der Haut so vollständig ausfüllen, daß kein Strahl durchgeht, – und auch nichts hinaus kann, vollkommen ausgeschlossen. – Da dies aber wieder alle merklichen und unmerklichen Ausdünstungen hemmt, wodurch wieder Hautkrankheiten entstehen, – so ist eine Klistierkur nötig, um die überflüssige Feuchtigkeit abzuführen und das System zu vervollständigen.

Was mein Vater über Lord *Verulams* Opiate, seinen Salpeter, seine Fettsalben und Klistiere zu sagen hatte, das sollen Sie hören, – aber nicht heute, und auch nicht morgen; die Zeit drängt mich, – mein Leser ist ungeduldig, – und ich muß vorwärtskommen. – Sie sollen das Kapitel in aller Muße lesen (wenn Sie Lust dazu haben) sobald die *Tristrapädia* veröffentlicht ist.

Es genüge, wenn ich jetzt sage, – daß mein Vater jene Hypothese dem Boden gleichmachte; und indem er dies tat, begreifen die Gelehrten, daß er seine eigene aufrichtete und aufbaute.

36. Kapitel

Das ganze Geheimnis der Gesundheit, sagte mein Vater, indem er seinen Satz von neuem begann, beruht offenbar auf dem gehörigen Kampf zwischen der radikalen Hitze und der radikalen Feuchtigkeit in uns; – und es hätte die denkbar geringste Geschicklichkeit genügt, um denselben zu erhalten, hätten die Schulgelehrten die Sache nicht in Verwirrung gebracht und (wie der berühmte Chemiker *van Helmont* dargetan) die radikale Feuchtigkeit mit dem Talg und Fett der animalischen Körper verwechselt.

Nun ist aber die radikale Feuchtigkeit nicht der Talg oder das tierische Fett, vielmehr eine ölige und balsamische Substanz; denn das Fett oder der Talg sind kalt, wie auch der Schleim oder die wässerigen Teile; während die öligen und balsamischen Teile eine lebendige Hitze und Geist besitzen, womit die Bemerkung des Aristoteles stimmt: *Quod omne animal post coitum est triste.*

Nun ist es aber sicher, daß die radikale Hitze in der radikalen Feuchtigkeit vorhanden ist, ob auch *vice versa* ist zweifelhaft; wenn jedoch die eine zu Grunde geht, tut es auch die andere; und dann wird entweder eine unnatürliche Hitze erzeugt, welche eine unnatürliche Trockenheit hervorbringt, – oder eine unnatürliche Feuchtigkeit, welche Wassersucht erzeugt; – wenn man daher ein Kind beim Heranwachsen nur soweit bringt, daß es nicht in das Feuer oder das Wasser rennt, da diese beiden ihm Untergang drohen, – so ist alles geschehen, was in dieser Beziehung getan werden kann.

37. Kapitel

Die Schilderung der Belagerung von *Jericho* hätte die Aufmerksamkeit meines Onkels *Toby* nicht mächtiger in Anspruch nehmen können als das letzte Kapitel; – er hielt während desselben die Augen fest auf meinen Vater gerichtet, – niemals nannte dieser die radikale Hitze und radikale Feuchtigkeit, ohne daß mein Onkel *Toby* die Pfeife aus dem Munde nahm und den Kopf schüttelte. Sobald aber das Kapitel zu Ende war, winkte er den Korporal näher an seinen Stuhl heran, und fragte ihn das Folgende beiseite: **** ****?

Es war bei der Belagerung von *Limerick*, Euer Gnaden, erwiderte der Korporal mit einer Verbeugung.

Der arme Bursche und ich, sagte mein Onkel *Toby* zu meinem Vater, waren zur Zeit da die Belagerung von *Limerick* aufgehoben wurde, ganz aus demselben Grunde, den du eben erwähnt hast, kaum imstande aus unseren Zelten zu kriechen. – Was mag dir wieder in deinen kostbaren Schädel geflogen sein, mein teurer Bruder *Toby!* sagte mein Vater bei sich selbst. – So wahr Gott lebt! fuhr er immer bei sich selbst fort, ein *Ödipus* könnte verzweifeln es herauszubringen!

Ich glaube, Euer Gnaden, sagte der Korporal, wenn wir nicht allabends soviel Branntwein heißgemacht hätten, und wenn ich Euer Gnaden nicht mit Claret und Zimmet zugesetzt hätte – Und mit Wacholderbranntwein, *Trim*, setzte mein Onkel *Toby* hinzu, der uns besser tat als alles Übrige. – Ja, ja, fuhr der Korporal fort, wenn das nicht gewesen wäre, ich glaube wahrhaftig, wir hätten unser Leben in den Trancheen gelassen, Euer Gnaden, und wären drin begraben worden. – Das edelste Grab, Korporal, rief mein Onkel *Toby* mit funkelnden Augen, in dem ein Soldat zu liegen wünschen kann! – Aber ein elender Tod, Euer Gnaden, erwiderte der Korporal.

Das alles war für meinen Vater ebensoviel *Arabisch* als die religiösen Gebräuche der *Kolcher* und *Troglodyten* es für meinen Onkel *Toby* gewesen waren; mein Vater wußte nicht, ob er sich ärgern oder lachen sollte.

Mein Onkel *Toby* wendete sich hierauf gegen *Yorick*, und setzte diesem den Fall mit *Limerick* deutlicher auseinander, als er ihn begonnen hatte, – und machte die Sache so zugleich meinem Vater klar.

38. Kapitel

Gewiß war es ein großes Glück für mich und den Korporal, sagte mein Onkel *Toby*, daß wir während der ganzen 25 Tage, da wir die Ruhr im Lager hatten, in einem hitzigen Fieber lagen, das von einem wütenden Durst begleitet war; sonst würde das, was mein Bruder die radikale Feuchtigkeit nennt, unvermeidlich die Oberhand gewonnen haben. – Mein Vater zog möglichst viel Luft in seine Lungen und atmete sie, während er emporsah, dann so langsam aus als er nur immer konnte. –

—— Es war offenbar die himmlische Barmherzigkeit, fuhr mein Onkel *Toby* fort, die es dem Korporal eingab, jenen nötigen Kampf zwischen der radikalen Hitze und der radikalen Feuchtigkeit dadurch herzustellen, daß er das Fieber durch Glühwein und Gewürze unaufhörlich verstärkte, wodurch der Korporal gleichsam ein beständiges Feuern unterhielt, so daß die radikale Hitze von Anfang bis zu Ende das Terrain behauptete, und der Feuchtigkeit, so schrecklich sie auch war, trefflich Trotz bot. – Auf Ehre, setzte mein Onkel *Toby* hinzu, du hättest auf zwanzig Toisen Entfernung den Kampf in unsern Leibern hören können, Bruder *Shandy*. – Wenn nicht gerade gefeuert wurde, bemerkte *Yorick*.

Gut, – sagte mein Vater mit einem vollen Atemzug und pausierte eine Weile nach diesem Wort, – wenn ich ein Richter wäre und die Gesetze des Landes, das mich dazu machte, es erlaubten, so würde ich einige der größten Übeltäter, nachdem sie von dem Geistlichen vorbereitet worden, dazu verdammen ————————————

– *Yorick*, der voraus sah, daß der Urteilsspruch höchst unbarmherzig ausfallen würde, legte meinem Vater die Hand auf die Brust und bat ihn, er möchte ihn noch ein paar Minuten aufschieben, bis er eine Frage an den Korporal gestellt haben würde. – Bitte, *Trim*, sagte *Yorick*, ohne die Antwort meines Vaters abzuwarten, sag uns aufrichtig, was deine Ansicht über diese radikale Hitze und radikale Feuchtigkeit ist?

Mit untertänigster Unterwerfung unter Seiner Gnaden besseres Urteil begann der Korporal und machte eine Verbeugung vor meinem Onkel *Toby*. – Sag Er seine Meinung frei heraus, Korporal, sagte mein Onkel *Toby*. – Der arme Kerl ist mein Diener, – nicht mein Sklave, setzte mein Onkel *Toby* gegen meinen Vater gewendet hinzu.

Der Korporal steckte seinen Hut unter seinen linken Arm, an dessen Handgelenk sein Stock an einem schwarzen am Knoten zu einer Quaste zerschnittenen Riemchen hing, und marschierte nach dem Punkte vor, wo er vorhin seinen Katechismus vorgetragen hatte; griff dann, ehe er den Mund öffnete, mit Daumen und Finger der rechten Hand an das Kinn – und tat seine Ansicht folgendermaßen kund:

39. Kapitel

Gerade als sich der Korporal räusperte, um anzufangen, – watschelte Dr. *Slop* herein. – Die Sache ist keinen Heller wert – der Korporal soll im nächsten Kapitel weitermachen, komme dann herein wer will.

Nun, mein lieber Doktor, rief mein Vater lustig, denn er ging unberechenbar schnell von einer Aufwallung in die andere über; – und was sagt mein Junge dazu?

Hätte sich mein Vater nach der Amputation des Schwanzes eines jungen Hundes erkundigt, – er hätte es nicht mit einem gleichgültigeren Gesicht tun können: das System, welches Dr. *Slop* sich zurechtgelegt hatte, um den Unfall zu behandeln, gestattete aber keine solche Art der Fragestellung. – Er setzte sich.

Bitte, Herr Doktor, sagte mein Onkel *Toby* in einem Tone, der nicht unbeantwortet bleiben konnte, wie befindet sich der Knabe? – Die Sache wird in eine *Phimosis* verlaufen, erwiderte Dr. *Slop*.

Jetzt bin ich so klug wie zuvor, versetzte mein Onkel *Toby* und steckte wieder seine Pfeife in den Mund. – So soll der Korporal mit seiner medizinischen Vorlesung weitermachen, sagte mein Vater. – Der Korporal machte eine Verbeugung gegen seinen alten Freund den Dr. *Slop*, und gab dann seine Ansicht über radikale Hitze und radikale Feuchtigkeit in folgenden Worten ab:

40. Kapitel

Die Stadt *Limerick*, deren Belagerung unter den eigenen Befehlen Seiner Majestät des Königs *William* ein Jahr nachdem ich in die Armee eingetreten war begonnen wurde, – liegt, wenn Euer Gnaden erlauben, in einer verteufelt nassen, morastigen Gegend. – Sie ist, sagte mein Onkel *Toby*, ganz vom *Shannon* umgeben, und durch diese ihre Lage eine der stärksten Festungen in *Irland.* –

Das ist doch eine neue Art eine medizinische Vorlesung zu beginnen, bemerkte Dr. *Slop.* – Es ist alles richtig, erwiderte *Trim.* – Ich wollte, die Fakultät arbeitete nach dem gleichen Schnitt, sagte *Yorick.* – Ja, Euer Hochwürden, sagte der Korporal, sie ist ganz von Gräben und Mooren durchschnitten; überdies war während der Belagerung soviel Regen gefallen, daß die ganze Gegend wie ein Pfuhl aussah. – Das wars und nichts anderes, was die Ruhr erzeugte, die Seine Gnaden und mich um ein Haar unter den Boden gebracht hätte. – Nach den ersten zehn Tagen, fuhr der Korporal fort, konnte kein Soldat in seinem Zelte trocken liegen, wenn er nicht einen Graben darum zog, um das Wasser abzuleiten; und wer es konnte, wie Seine Gnaden, der setzte noch dazu jede Nacht eine Schüssel voll Branntwein ans Feuer, wodurch die Feuchtigkeit der Luft entfernt und das Innere des Zeltes wie durch einen Ofen erwärmt wurde.

Und was schließest du aus diesen Vordersätzen, *Trim?* fragte mein Vater.

Daraus schließe ich, erwiderte *Trim,* wenn Euer Gnaden erlauben, daß die radikale Feuchtigkeit nichts anderes ist als Grabenwasser; – und die radikale Hitze bei solchen, die sich die Ausgabe erlauben können, angezündeter Branntwein: die radikale Hitze und Feuchtigkeit beim gemeinen Soldaten aber ist, mit Euer Gnaden Erlaubnis, ebenfalls Grabenwasser und ein Schluck Wacholderbranntwein: – und wenn man davon nur genug bekommt nebst einer Pfeife Tabak, um einen bei Laune zu erhalten und die Dünste zu vertreiben, – dann kennt unsereines keine Todesfurcht.

Ich weiß nicht, Kapitän *Shandy,* sagte Dr. *Slop,* in welcher Wissenschaft Ihr Diener mehr hervorragt, in der Physik oder in der Theologie. – Dr. *Slop* hatte *Trims* Kommentar zu jener Predigt nicht vergessen. –

Es ist noch keine Stunde, bemerkte *Yorick,* daß der Korporal in der letzteren geprüft wurde und sehr ehrenvoll bestand.

Die radikale Hitze und Feuchtigkeit, sagte Dr. *Slop* gegen meinen Vater gewendet, müssen Sie wissen, ist die Basis, das Fundament unseres Daseins, – wie die Wurzel eines Baums die Quelle und Grundlage seines Wachstums ist. – Sie ist im Samen aller Animalien enthalten und kann auf verschiedene Art erhalten werden; hauptsächlich aber, nach meiner Ansicht, durch gleichartige Stoffe, durch Druck und Verschluß. – Nun hat dieser arme Bursche, fuhr Dr. *Slop* fort und deutete auf den Korporal, das Unglück gehabt, irgendein oberflächliches empirisches Gespräch über diesen schönen Punkt zu hören. – Das hat er, – sagte mein Vater. – Aller Wahrscheinlichkeit nach, sagte mein Onkel. – Ganz gewiß, – setzte *Yorick* hinzu.

41. Kapitel

Da Dr. *Slop* hinausgerufen wurde, um nach einem Breiumschlag zu sehen, den er verordnet hatte, so erhielt mein Vater hierdurch Gelegenheit, ein weiteres Kapitel in der *Tristrapädia* anzufangen. – Heran, Burschen, Mut gefaßt! ich will euch Land zeigen; – denn, wenn wir uns durch das nächste Kapitel vollends hindurchgearbeitet haben, soll das Buch vor zwölf Monaten nicht wieder geöffnet werden. – Hussa!

42. Kapitel

– Fünf Jahre mit einem Lätzchen unter dem Kinn.

Vier Jahre in Bewegung durch das Abc.

Anderthalb Jahr damit beschäftigt, seinen Namen schreiben zu lernen.

Sieben lange Jahre und mehr auf Griechisch und Lateinisch τύπτω-end.

Vier Jahre vor seinen Prüfungen und Ablehnungen, – wobei die schöne Statue noch immer mitten in ihrem Marmorblock liegt und man nichts tut als daß man die Werkzeuge schärft, mit denen man sie heraushauen will! – Eine klägliche Verzögerung! – War nicht der große *Julius Scaliger* in dem Fall, seine Instrumente um ein Haar gar nicht scharf zu kriegen? – Erst mit 44 Jahren vermochte er sein *Griechisch* ordentlich zu handhaben, – und *Peter Damianus,* Fürstbischof von *Ostia,* konnte wie alle Welt weiß, nicht einmal lesen, als er schon das Mannesalter erreicht hatte; – und *Baldus* selbst, so bedeutend er in der Folge wurde, begann das Rechtsstudium so spät im Leben, daß jedermann glaubte, er wolle erst im Jenseits Advokat werden. Da darf man sich nicht wundern, daß *Eudamidas,* der Sohn des *Archidamas,* als er *Xenokrates* mit fünfundsiebzig Jahren über die Weisheit disputieren hörte, allen Ernstes fragte: *Wieviel Zeit wird denn der alte Mann noch haben, um seine Weisheit anzuwenden, wenn er jetzt erst darüber nachforscht und disputiert?*

Yorick hörte meinem Vater mit großer Aufmerksamkeit zu; die seltsamsten Grillen des letztern waren doch immer in merkwürdiger Weise mit Klugheit gewürzt; an den dunkelsten Stellen seiner Verfinsterungen hatte er oft solche Lichterscheinungen, daß sie fast für jene entschädigten. – Seien Sie vorsichtig, mein Herr, wenn Sies ihm nachmachen wollen.

Ich bin überzeugt, *Yorick,* fuhr mein Vater halb vorlesend, halb sprechend fort, daß es in der Welt des Geistes eine nordwestliche Durchfahrt gibt; das heißt, daß es für die Seele eines Menschen kürzere Wege gibt, um sich Kenntnisse und Belehrung zu verschaffen, als wir im allgemeinen einschlagen. – Aber leider hat nicht jedes Ackerfeld einen Fluß oder eine Quelle, die neben ihm herläuft; – nicht jedes Kind, *Yorick,* hat einen Vater, der ihm jenen Weg zeigen kann.

– Das Ganze, Herr *Yorick,* fuhr mein Vater in einem leiseren Tone fort, hängt lediglich von den Hilfszeitwörtern ab.

Wenn *Yorick* auf *Virgils* Natter getreten wäre, hätte er nicht erschrockener emporsehen können. – Auch ich bin hiervon überrascht, rief mein Vater, als er dies bemerkte; – und ich halte es für eines der größten Mißgeschicke, das je die Gelehrtenrepublik traf, daß diejenigen, welche mit der Erziehung unserer Kinder betraut sind und deren Geschäft es ist, ihnen den Geist zu öffnen und ihn früh mit Gedanken auszurüsten, um die Einbildungskraft leicht darauf zu setzen, sich hierbei von jeher in so geringem Maße der Hilfszeitwörter bedient haben; – mit Ausnahme des *Raymond Lullius* und des älteren *Pelegrini*, welch letzterer es in Anwendung derselben bei seinen Themas soweit brachte, daß er in wenig Lektionen einen jungen Mann mit Leichtigkeit über jeden Gegenstand *pro* und *contra* reden und alles, was darüber zu sagen oder zu schreiben war, sagen und schreiben lehren konnte, ohne daß er ein Wort durchstreichen mußte, – zur Verwunderung aller, die ihn sahen. – Es wäre mir doch recht angenehm, sagte *Yorick* indem er meinen Vater unterbrach, wenn ich dieser Sache nähertreten könnte. – Das sollen Sie, versetzte mein Vater.

Die höchste Stufe der Verbesserung, der ein einzelnes Wort fähig ist, ist eine hohe Metapher; – wodurch nach meiner Ansicht der Gedanke im allgemeinen verschlechtert, nicht verbessert wird: – sei dem aber wie ihm wolle – wenn der Geist dies damit vorgenommen hat, – ist er zu Ende; Geist und Gedanke ruhen, – bis eine neue Idee auftritt, – usw.

Nun besteht der Nutzen der Hilfszeitwörter darin, daß sie die Seele über den Stoff, der ihr zugeführt wird, von selbst in Gang setzen und durch die Beweglichkeit der großen Maschine, um welche sie aufgewickelt sind, neue Wege der Forschung eröffnen und aus jedem Gedanken Millionen neuer erzeugen.

Sie nehmen meine Neugierde in hohem Maße in Anspruch, sagte *Yorick*.

Ich meines Teils, versetzte mein Onkel *Toby*, habe die Sache aufgegeben. – Die *Dänen*, Euer Gnaden, bemerkte der Korporal, die bei der Belagerung von *Limerick* auf dem linken

Flügel standen, waren auch Hilfstruppen*. – Und zwar sehr gute, sagte mein Onkel *Toby*. – Aber die Hilfszeitwörter, *Trim*, von denen mein Bruder spricht, – sind etwas anderes, soviel ich merke. –

– Wirklich? fragte mein Vater und erhob sich.

43. Kapitel

Mein Vater machte einen Gang durch das Zimmer, – setzte sich sodann wieder und beendigte das Kapitel.

Die Hilfszeitwörter, mit denen wir hier zu tun haben, fuhr mein Vater fort, sind *bin, war, haben, hatte, tun, tat, machen, machte, leiden, soll, sollte, will, wollte, kann, konnte, darf, dürfte, pflegte* oder *ist gewohnt;* – dieselben können durch die Zeiten *Gegenwart, Vergangenheit, Zukunft* eine Abwechselung erfahren, auch mit dem Zeitwort sehen konjugiert – oder mit folgenden Fragen verbunden werden: – *Ist es? War es? Wird es sein? Würde es sein? Mag es sein? Möchte es sein?* – Diese können dann wieder verneinend gestellt werden: – *Ist es nicht? War es nicht? Sollte es nicht?* – oder bejahend: *Es ist, es war, es sollte sein;* – oder chronologisch: *Ist es immer gewesen? Oder erst kürzlich? Wie lange her?* – oder auch hypothetisch: – *wenn es war? wenn es nicht war?* – was würde daraus folgen? Wenn die *Franzosen* die *Engländer* schlagen sollten? Wenn die *Sonne* aus dem Tierkreis heraustreten sollte?

Bei richtiger Anwendung dieser Mittel, fuhr mein Vater fort, worin das Gedächtnis jedes Kindes geübt werden sollte, kann kein auch noch so dürrer Gedanke in dessen Gehirn treten, ohne daß daraus ein ganzes Magazin von Begriffen und Schlüssen abgeleitet werden könnte. – Sahst du jemals einen weißen Bären? fragte mein Vater und drehte den Kopf nach *Trim* herum, der hinter seinem Stuhle stand. – Nein, Euer Gnaden, antwortete der Korporal. – Aber du könntest

* Wortspiel im Englischen: auxiliaries, Hilfstruppen und Hilfszeitwörter.

nötigenfalls über einen sprechen, *Trim?* sagte mein Vater. – Wie wäre denn das möglich, Bruder, bemerkte mein Onkel *Toby*, wenn der Korporal nie einen gesehen hat? – Das will ich ja eben, erwiderte mein Vater; – und die Möglichkeit geht aus folgendem hervor:

EIN WEISSER BÄR! Schön. Hab ich je einen gesehen? Möchte ich je einen gesehen haben? Werde ich je einen zu sehen bekommen? Hätte ich je einen sehen sollen? Oder kann ich je einen sehen?

Ich wollte, ich hätte einen weißen Bären gesehen (denn wie kann ich mir sonst einen vorstellen?)

Wenn ich einen weißen Bären sehen sollte, was würde ich sagen? Wenn ich aber nie einen weißen Bären sehen sollte, was dann?

Wenn ich nie einen weißen Bären lebendig gesehen habe, sehen kann, muß oder werde, – habe ich dann nicht wenigstens sein Fell gesehen? Sah ich je einen gemalt? – beschrieben? Habe ich nie von einem geträumt?

Sahen mein Vater, meine Mutter, mein Onkel, meine Tante, meine Brüder oder Schwestern je einen weißen Bären? Was würden sie darum geben? Wie würden sie sich dabei benehmen?

Wie würde sich der weiße Bär dabei benommen haben? Ist er wild? zahm? schrecklich? rauh? weich?

Ist es der Mühe wert einen weißen Bären zu sehen?

Ist es keine Sünde?

Ist er besser als ein BRAUNER?

SECHSTES BUCH

1. Kapitel

– Lieber Herr, wir wollen uns nicht zwei Augenblicke aufhalten; – wir wollen nur, nachdem wir diese fünf Bände durchgemacht haben (setzen Sie sich immerhin auf einige, – es ist besser als nichts), auf die Gegend ein wenig zurückblicken, die wir durchwandert haben.

– Was für eine Wildnis war es doch! und wie müssen wir Gott danken, daß wir uns nicht beide darin verirrt haben oder von wilden Tieren gefressen worden sind.

Hätten Sie wirklich geglaubt, mein Herr, daß es eine solche Menge Esel auf der Welt gäbe? – Wir haben sie uns betrachtet und gemustert, als wir das Bächlein im Grunde jenes Tälchens passierten – und als wir dann über jene Höhe stiegen und ihnen aus den Augen kamen – guter Gott! welch ein Iahgeschrei erhoben sie alle zusammen!

– He Schäfer, wem gehören denn alle diese Esel?

Der Himmel tröste sie! – Wie, werden sie nie gestriegelt? – Nimmt man sie im Winter nie herein? – Iah – Iah – Iah! – Schreit nur zu! Die Welt ist euch sehr verpflichtet; – noch lauter! – das ist noch gar nichts! – wahrhaftig, man geht übel mit euch um. – Ich erkläre feierlichst: wenn ich ein Esel wäre, würde ich von morgens bis in die Nacht das hohe G iahen.

2. Kapitel

Nachdem mein Vater seinen weißen Bären durch ein halbdutzend Seiten hatte rückwärts und vorwärts tanzen lassen, schloß er das Buch definitiv, – gab es wieder mit einer Art Triumph in *Trims* Hand zurück und nickte ihm zu es auf den Schreibtisch zu legen, von wo er es genommen hatte. – *Tristram,* sprach er, soll auf diese Art jedes Wort im Wörterbuch rückwärts und vorwärts konjugieren: – Sie sehen, *Yorick,* hierdurch wird jedes Wort in eine These oder Hypothese verwandelt; – jede These oder Hypothese zeugt eine Reihe von Sätzen, – und jeder Satz hat wieder seine Folgerungen und Schlüsse; von denen jeder den Geist wieder zu neuen Forschungen und Anzweifelungen veranlaßt. – Es ist unglaublich, setzte mein Vater hinzu, wie die Macht dieser Maschinerie dazu beiträgt den Kopf eines Kinds zu eröffnen. – Sie wäre groß genug, rief mein Onkel *Toby,* um ihn in tausend Stücke zu zersplittern. –

Ich bin der Ansicht, sagte *Yorick* lächelnd, – daß es diesem System zu verdanken ist (denn die Logiker mögen sagen was sie wollen, der einfache Gebrauch der zehn Prädikamente erklärt die Sache nicht zur Genüge) – daß der berühmte *Vinzenz Quirino* unter den vielen anderen erstaunlichen Taten seiner Kindheit – von denen der Kardinal *Bembo* der Welt eine so genaue Schilderung gegeben hat – imstande war in den öffentlichen Schulen *Roms* schon in einem Alter von acht Jahren nicht weniger als 4560 verschiedene Thesen über die dunkelsten Punkte der allerdunkelsten Theologie anzuschlagen, – und sie in einer Weise zu verteidigen und aufrecht zu halten, daß er seine Gegner ganz stumm und dumm machte. – Was will das heißen, rief mein Vater, gegen das was man von *Alphonsus Tostatus* erzählt, der beinahe noch auf den Armen der Amme alle Wissenschaften und freien Künste lernte, ohne daß er in einer derselben Unterricht erhielt? – Was sollen wir von dem großen *Peireskius* sagen? – Das ist der Mann, Bruder *Shandy,* rief mein Onkel *Toby,* der wie ich dir schon einmal erzählte 500 Meilen weit, von Paris bis Scheveningen und von Scheveningen wieder zurück zu Fuß ging, nur um den fliegenden Wagen des *Stevinus* zu sehen. – Das war ein großer Mann! setzte mein Onkel *Toby* hinzu (er meinte den *Stevinus*). – Ja das war er, Bruder *Toby,* sagte mein Vater (er meinte den *Peireskius*); – er hatte seine Gedanken so rasch vervielfältigt und seine Kenntnisse zu einer so wunderbaren Masse angehäuft, daß, wenn wir einer ihn betreffenden Anekdote Glauben schenken, was wir nicht umhin können, wenn wir nicht den Glauben an alle Anekdoten erschüttern wollen, – sein Vater ihm, als er erst sieben Jahre alt war, die Erziehung seines jüngeren Bruders, eines Knaben von fünf Jahren in allen Teilen übertrug. – War der Vater ebenso klug wie der Sohn? fragte mein Onkel *Toby*. – Ich glaube nicht, sagte *Yorick*. – Was sind diese Männer aber, fuhr mein Vater fort (er war jetzt ganz in Enthusiasmus geraten), – was sind sie gegen jene Wunderkinder, einen *Grotius, Scioppius, Heinsius, Politian, Pascal, Joseph Scaliger, Ferdinand von Cordoba* und andere; – von denen einige ihre stofflichen Formen schon mit neun Jahren oder noch früher ablegten und ohne sie weiter räsonierten; – andere mit sieben Jahren die Klassiker durchmachten, – und mit acht Jahren Tragödien schrieben. *Ferdinand von Cordoba* war mit neun Jahren so klug, – daß man glaubte, er habe den Teufel im Leibe, – und gab in *Venedig* solche Beweise seiner Kenntnisse und Güte, daß die Mönche glaubten, er sei der Antichrist oder gar nichts. – Andere hatten mit zehn Jahren vierzehn Sprachen weg, – beendigten mit elf den Kursus in der Rhetorik, Poesie, Logik und Ethik; – schrieben mit zwölf Kommentare über *Servius* und *Martianus Capella;* – und wurden mit dreizehn Doktoren der Philosophie, Jurisprudenz und Theologie. – Sie haben den großen *Lipsius* vergessen, sagte *Yorick*, der an dem Tag, da er geboren wurde, ein Werk* herausgab. – Das hätten sie aufwischen, und nichts mehr darüber sagen sollen, sagte mein Onkel *Toby*.

* Nous aurions quelque interêt, sagt Baillet, de montrer qu'il n'y a rien de ridicule s'il était veritable au moins dans le sens énigmatique que Nicius Erythraeus a tâché de lui donner. Cet auteur dit que pour comprendre comme Lipse a pû composer un ouvrage le premier jour de sa vie, il faut s'imaginer, que ce premier jour n'est pas celui de sa naissance charnelle, mais celui auquel il a commencé d'user de la raison; il veut que ç'ait été à l'âge de neuf ans; et il nous veut persuader que ce fut en cet âge, que Lipse fit un poëme. – Le tour est ingénieux etc. etc.

3. Kapitel

Als der Breiumschlag fertig war, hatte sich in *Susanna* sehr zur Unzeit ein Anstandsskrupel erhoben, ob sie das Licht halten dürfe, während Dr. *Slop* es auflegte und verband. Dr. *Slop* hatte hierbei *Susannas* Stimmung nicht mit mildernden Mitteln behandelt, und so war ein Zank zwischen ihnen entstanden.

– Oho! sagte Dr. *Slop* und warf *Susanna* einen ungehörig freien Blick zu, als sie den Dienst ablehnte; – dann, mein Fräulein, glaube ich, daß ich Sie kenne. – Daß Sie mich kennen, Herr! rief *Susanna* stolz und mit einem Wurf ihres Kopfes, der offenbar nicht dem Beruf sondern dem Doktor persönlich galt, – daß Sie mich kennen! wiederholte *Susanna.* – Dr. *Slop* steckte sofort Daumen und Zeigefinger in die Nasenlöcher. – *Susannas* Zorn war am Losplatzen. – Das ist falsch, sagte *Susanna.* – Kommen Sie, kommen Sie, Fräulein Schamhaftigkeit, sagte Dr. *Slop,* den der Erfolg seines letzten Angriffs nicht wenig aufblähte, – wenn Sie nicht das Licht halten und zusehen wollen, – so halten Sie es und machen die Augen zu. – Das ist eine Ihrer papistischen Bemäntelungen, sagte *Susanna.* – Besser als gar kein Mantel*, mein Fräulein, erwiderte Dr. *Slop* nickend. – Meinen Sie! rief *Susanna,* und zog die Hemdärmel unter den Ellbogen vor.

Es war fast unmöglich, daß zwei Personen bei einem wundärztlichen Fall einander mit einer verdrießlicheren Gefälligkeit zur Seite standen.

Dr. *Slop* haschte nach dem Breiumschlag: – *Susanna* haschte nach dem Licht. – Etwas hierher, sagte Dr. *Slop.* – *Susanna* sah nach rechts und arbeitete nach links, dadurch fing Dr. *Slops* Perücke plötzlich Feuer. Da sie ziemlich buschig und wohl gesalbt war, flammte sie auf, ehe sie recht angezündet war. – Du unverschämtes Mensch! schrie Dr. *Slop* – (denn Leidenschaft ist ja ein wildes Tier) – du unverschämtes Mensch! rief

* engl. shift = Kniff oder Frauenhemd.

Geo. Cruikshank

Dr. *Slop* und fuhr mit dem Breiumschlag in der Hand in die Höhe. – Ich habe nie jemand um seine Nase gebracht, sagte *Susanna,* – das können Sie nicht sagen. – So, das kann ich nicht, rief Dr. *Slop* und warf ihr den Breiumschlag ins Gesicht. – Ja, das können Sie nicht, schrie *Susanna,* und gab ihm mit dem was noch in der Pfanne war das Kompliment zurück. –

4. Kapitel

Dr. *Slop* und *Susanna* klagten einander im Wohnzimmer gegenseitig an, worauf sie sich, da es nun mit dem Breiumschlag nichts mehr war, in die Küche zurückzogen, um eine Bähung für mich herzurichten. Während dies geschah, entschied mein Vater die Sache, auf die Art wie Sie lesen werden.

5. Kapitel

Sie sehen, es ist hohe Zeit, sagte mein Vater zugleich gegen meinen Onkel *Toby* und gegen *Yorick* gewandt, daß man das junge Geschöpf den Weiberhänden entzieht und denen eines Hofmeisters übergibt. *Marcus Antonius* stellte zu gleicher Zeit vierzehn Hofmeister auf, um die Erziehung seines Sohnes *Commodus* zu überwachen! – und nach sechs Wochen jagte er fünf derselben fort – Ich weiß sehr gut, fuhr mein Vater fort, daß die Mutter des *Commodus* zur Zeit ihrer Empfängnis in einen Gladiator verliebt war, woraus sich viele der Grausamkeiten des *Commodus,* als er Kaiser wurde, erklären lassen; – aber ich bin noch immer der Ansicht, daß jene fünf, die *Antoninus* entlassen mußte, dem Charakter des *Commodus* in der kurzen Zeit mehr Schaden zugefügt hatten, als die übrigen neun imstande waren, ihr ganzes Leben lang wiedergutzumachen.

Wenn ich nun denjenigen, der meinen Sohn zu überwachen hat, als den Spiegel betrachte, in welchem sich dieser von morgens bis abends beschauen, und nach dem er seine Blicke, sein Benehmen und vielleicht die innersten Empfindungen seines Herzens richten soll, – so möchte ich einen Spiegel haben, *Yorick,* der womöglich nach allen Seiten hin poliert und so beschaffen wäre, daß mein Kind ruhig hineinschauen könnte. – Das ist sehr verständig, sagte mein Onkel *Toby* zu sich selbst.

– Es gibt, fuhr mein Vater fort, einen gewissen Ausdruck, eine gewisse Bewegung des Körpers und aller seiner Teile, beim Handeln und Sprechen, woran man recht gut erkennen kann, wie ein Mensch *innen aussieht;* und es wundert mich durchaus nicht, daß *Gregor von Nazianz,* als er die hastigen und sonderbaren Gebärden des *Julian* wahrnahm, voraussagte, derselbe würde eines Tages Apostat werden; – oder, daß der hl. *Ambrosius* seinen Gehilfen wegen einer unziemlichen Bewegung des Kopfes, der wie ein Flegel hin- und herging, vor die Türe setzte, – oder daß *Demokritos* dem *Protagoras* ansah, daß er ein Gelehrter sei, weil dieser bei einem Reisbündel die kleineren Reiser innen hineinband. – Es gibt tausend für gewöhnlich nicht beachtete Öffnungen, fuhr mein Vater fort, durch die ein scharfblickendes Auge in die Seele eines Menschen blicken kann; und ich behaupte, setzte er hinzu, daß ein Mann von Geist nicht seinen Hut beim Hereintreten in ein Zimmer ablegt, oder ihn beim Hinausgehen wieder ergreift, ohne sich dabei durch irgend etwas als solchen zu verraten.

Aus diesen Gründen, fuhr mein Vater fort, darf der Hofmeister, den ich wähle, nicht lispeln*, noch schielen, noch blinzeln, noch zu laut sprechen, noch aufbrausend oder närrisch aussehen, – noch auf die Lippen beißen, noch mit den Zähnen knirschen, noch durch die Nase sprechen, noch daran kratzen, noch sich mit den Fingern schneuzen. –

Auch darf er weder schnell, noch langsam gehen, noch die Arme kreuzen – denn das deutet auf Trägheit; noch sie hän-

* Siehe Pellegrina.

gen lassen, – denn das ist albern; noch sie in die Tasche stecken, – denn das ist Unsinn. –

Er darf weder zuschlagen noch kneipen noch kitzeln, – noch seine Nägel abbeißen oder schneiden, noch sich räuspern, noch spucken, noch mit der Nase schnupfen, noch in Gesellschaften mit den Füßen oder Fingern trommeln; – noch (wie *Erasmus* will) mit jemand sprechen, wenn er sein Wasser läßt, – noch auf Aas oder Kot deuten. – Das ist nun wieder lauter Unsinn, sagte mein Onkel *Toby* zu sich selbst. –

Dagegen soll er heiter, spaßig, zu Scherzen aufgelegt sein, fuhr mein Vater fort; zugleich aber auch bedachtsam, aufmerksam auf sein Amt, wachsam, scharfsinnig, witzig, erfindungsreich, rasch im Entscheiden von Zweifeln und spekulativen Fragen; – er soll weise, verständig und gelehrt sein.

– Warum nicht auch demütig und bescheiden und mild und gutmütig? fragte *Yorick*. – Und warum nicht offenherzig, großmütig, wohltätig und tapfer? rief mein Onkel *Toby?* – Das soll er auch, mein lieber *Toby*, erwiderte mein Vater, und stand auf und schüttelte ihm die Hand. – Dann Bruder *Shandy*, versetzte mein Onkel *Toby*, indem er sich gleichfalls von seinem Stuhl erhob, die Pfeife weglegte und meines Vaters andere Hand ergriff, – dann bitte ich dir den Sohn des armen *Le Fever* empfehlen zu dürfen (bei diesem Antrag perlte eine Träne vom reinsten Wasser im Auge meines Onkels *Toby*, und eine zweite, der Kamerad jener, in dem des Korporals). – Sie werden erfahren, warum, wenn Sie *Le Fevers* Geschichte lesen. – Ich war doch ein rechter Tor! Ich kann mich nicht mehr erinnern (Sie vielleicht auch nicht), – wenn ich nicht wieder an die betreffende Stelle in meiner Erzählung zurück will – was mich damals verhinderte, den Korporal die Geschichte mit seinen eigenen Worten erzählen zu lassen, – aber da ich einmal die Gelegenheit vorbeiließ – so muß ich sie mit meinen eigenen erzählen.

6. Kapitel

DIE GESCHICHTE VON LE FEVER

Es war im Sommer des Jahres da *Dendermonde* durch die Alliierten genommen wurde, also sieben Jahre ehe mein Vater aufs Land zog, – und etwa ebenso lang nach dem Zeitpunkt, da mein Onkel *Toby* und *Trim* das Haus meines Vaters in *London* heimlich verlassen hatten, um eine der schönsten Belagerungen gegen eine der schönsten befestigten Städte *Europas* zu eröffnen, als mein Onkel *Toby* eines Abends sein Nachtessen verzehrte, während *Trim* an einem kleinen Buffet hinter ihm saß – ich sage, saß, – denn wegen seines lahmen Knies (das ihm manchmal außerordentliche Schmerzen verursachte) durfte der Korporal nie stehen, wenn mein Onkel *Toby* allein zu Mittag oder zu Abend speiste; und des armen Burschen Verehrung gegen seinen Herrn war so groß, daß mein Onkel *Toby,* wenn er nur die erforderliche Artillerie bekam, *Dendermonde* selbst mit weniger Anstrengung erobert haben würde, als es ihn kostete, soviel über den Korporal zu gewinnen; denn oft und viel, wenn mein Onkel *Toby* glaubte, das Bein des Korporals ruhe aus, sah er ihn, wenn er rückwärts blickte, in der respektvollsten Haltung hinter seinem Stuhle stehen. – Dieser Umstand erzeugte mehr kleine Streitereien zwischen ihnen, als alle anderen Ursachen, die sich in fünfundzwanzig Jahren ergaben; aber das gehört ja nicht hierher, – warum erzähle ich es denn? Nun, fragen Sie meine Feder, sie regiert mich, – ich nicht sie.

Er saß also eines abends so bei seinem Nachtessen, als der Wirt eines kleinen Gasthauses in dem Orte mit einem leeren Fläschchen in das Zimmer trat und um ein oder zwei Glas Sekt bat. – Es ist für einen armen Herrn von der Armee, soviel ich weiß, sagte der Wirt, der vor vier Tagen krank in mein Haus kam, und seither den Kopf nicht gehoben noch zu irgend etwas Lust bezeigt hat, als gerade eben, da er ein Gelüste nach einem Glas Sekt und einer gerösteten Brotschnitte bekam. – Ich glaube, sagte er und nahm dabei die Hand von der Stirne, es würde mir guttun. ——

– Wenn ich es nicht erbitten, entlehnen oder kaufen könnte, setzte der Wirt hinzu, so möchte ich es beinahe für den armen Herrn stehlen, er ist so gar übel daran. Ich hoffe aber zu Gott, er wird wieder aufkommen, fuhr er fort, wir sind alle um seinetwillen in Sorgen. Er ist ein guter Mensch, dafür stehe ich, rief mein Onkel *Toby*, und Er soll selbst die Gesundheit des armen Herrn in einem Glase Sekt trinken, – und ein paar Flaschen nebst meiner Empfehlung mitnehmen und dem Herrn sagen, es freue mich sehr ihm dienen zu können, auch mit einem Dutzend weiter, wenn es ihm guttut.

Ich bin zwar überzeugt, sagte mein Onkel *Toby*, als der Wirt die Türe geschlossen hatte, daß es ein sehr gefühlvoller Bursche ist, *Trim*, aber ich habe dabei doch auch eine hohe Meinung von seinem Gaste bekommen. Es muß etwas Außergewöhnliches an ihm sein, daß er in so kurzer Zeit so sehr die Zuneigung seines Wirtes gewinnen konnte. – Und seiner ganzen Familie, setzte der Korporal hinzu, denn sie sind alle um ihn besorgt. – Geh ihm doch nach, *Trim*, sagte mein Onkel *Toby*, und frag ihn, ob er den Namen des Herrn kenne.

– Ich habe ihn wahrhaftig total vergessen, sagte der Wirt, der wieder mit dem Korporal in das Zimmer zurückgekommen war; – aber ich kann seinen Sohn fragen – Er hat also einen Sohn bei sich, sagte mein Onkel *Toby*. – Einen Jungen von 11–12 Jahren, erwiderte der Wirt; – der arme Mensch ißt fast ebensowenig wie sein Vater; er klagt und trauert nur Tag und Nacht um diesen. Seit zwei Tagen ist er nicht von seinem Bette weggekommen.

Mein Onkel *Toby* legte Messer und Gabel hin und schob seinen Teller von sich weg, wie der Gastwirt seinen Bericht erstattete; *Trim* nahm hierauf ohne weiteren Befehl ab und brachte ihm ohne ein Wort zu sagen, ein paar Minuten später seine Pfeife und seinen Tabak.

– Bleib ein wenig da, sagte mein Onkel *Toby*.

Trim! sagte mein Onkel *Toby,* nachdem er seine Pfeife angezündet und ein Dutzend Züge getan hatte. – *Trim* trat vor seinen Herrn und machte seine Verbeugung; – mein Onkel *Toby* rauchte weiter und sagte nichts. Korporal! begann mein Onkel *Toby* wieder. – Der Korporal machte seine Verbeugung. – Mein Onkel *Toby* machte nicht weiter, sondern rauchte seine Pfeife zu Ende.

Trim, sagte mein Onkel *Toby* von neuem, ich habe einen Plan in meinem Kopf, ich will, weil das Wetter heute abend schlecht ist, meinen Überrock anziehen und dem armen Herrn einen Besuch machen. – Euer Gnaden, antwortete der Korporal, haben den Überrock nicht mehr angehabt, seit der Nacht, wo Euer Gnaden gleich darauf Ihre Wunde erhielten, als wir die Wache in den Trancheen vor dem Tor St. *Nikolaus* bezogen. Es ist zudem eine so kalte und regnerische Nacht, daß trotz dem Überrock das Wetter Euer Gnaden den Tod bringen könnte, und Ihnen jedenfalls grausame Schmerzen im Schambein verursachen würde. – Ja das fürchte ich auch, erwiderte mein Onkel *Toby,* aber seit der Erzählung des Wirts bin ich nicht ruhig im Gemüt. – Ich wollte, ich hätte nicht so viel von der Geschichte erfahren, setzte mein Onkel *Toby* hinzu, oder ich hätte mehr davon erfahren. Was fangen wir an? – Überlassen Euer Gnaden die Sache mir, sagte der Korporal. – Ich will meinen Hut und Stock nehmen, und in das Haus gehen und rekognoszieren, und nach Befinden handeln; und innerhalb einer Stunde will ich Euer Gnaden einen vollständigen Rapport erstatten. – Gut, *Trim,* geh hin, sagte mein Onkel *Toby,* und da hast du einen Schilling; den kannst du mit seinem Diener vertrinken. – Ich will schon alles aus ihm herausbringen, sagte der Korporal und schloß die Türe.

Mein Onkel *Toby* stopfte seine zweite Pfeife, und wenn er nicht hie und da etwas abgeschweift wäre und überlegt hätte, ob es nicht ganz ebensogut wäre, wenn die Kurtine einer Tenaille eine gerade Linie bildete statt einer gebogenen, so hätte man sagen können, er habe die ganze Zeit über, da er rauchte an nichts anderes gedacht als an den armen *Le Fever* und dessen Jungen.

7. Kapitel

FORTSETZUNG DER GESCHICHTE DES LE FEVER

Erst als mein Onkel *Toby* die Asche aus seiner dritten Pfeife klopfte, kehrte Korporal *Trim* von dem Wirtshause zurück und erstattete folgenden Bericht:

Ich verzweifelte anfangs daran, Euer Gnaden irgendeine Nachricht über den armen kranken Leutnant bringen zu können, begann der Korporal. – Er steht also bei der Armee? fragte mein Onkel *Toby*. – So ists, sagte der Korporal. – Und in welchem Regiment? fragte mein Onkel *Toby*. – Ich will Euer Gnaden alles der Reihe nach erzählen, wie ich es erfahren habe, erwiderte der Korporal. – Dann will ich mir eine neue Pfeife stopfen, *Trim*, sagte mein Onkel *Toby*, und dich nicht mehr unterbrechen, bis du fertig bist. So, setz dich jetzt nach deiner Bequemlichkeit auf die Fensterbank, *Trim*, und fang deine Geschichte von neuem an. – Der Korporal machte seinen alten Bückling, der im allgemeinen so deutlich, als ein Bückling es sagen konnte, aussprach: Euer Gnaden sind sehr gütig. – Als er das getan, setzte er sich wie man ihn geheißen hatte, und begann die Geschichte meinem Onkel *Toby* aufs neue fast mit den gleichen Worten zu erzählen.

Ich verzweifelte anfangs daran, sagte der Korporal, Euer Gnaden irgendeine Nachricht von dem Leutnant und seinem Sohne bringen zu können; – denn als ich nach seinem Diener fragte, von dem ich gewiß alles, was sich passenderweise erfragen ließ, herausgebracht hätte – (was sich passenderweise erfragen ließ, da hast du einen ganz guten Ausdruck gebraucht, *Trim*, sagte mein Onkel *Toby*), – da hörte ich, er habe gar keinen Diener; er sei mit Mietspferden an das Wirtshaus gekommen, habe aber, als er sich außerstande sah weiterzureisen (wahrscheinlich, um bei seinem Regiment einzurücken), jene am Morgen nach seiner Ankunft wieder zurückgeschickt. – Wenn ich wieder wohler bin, mein Lieber, sagte er, als er seinem Sohn seine Börse gab um den Mann zu bezahlen, so können wir ja von hier aus Pferde mieten. – Aber ach! der arme Herr wird nie mehr von hier fortkommen, sagte die Wirtin zu mir, denn ich habe seither jede Nacht die Totenuhr gehört; und wenn er stirbt, so wird der Junge, sein Sohn, gewiß mit ihm sterben; denn dem ist das Herz bereits gebrochen.

Das sagte sie mir gerade, fuhr der Korporal fort, als der junge Mensch in die Küche kam, um die dünne geröstete Brotschnitte zu bestellen, von der der Wirt gesprochen hatte; – ich wills aber selbst für meinen Vater herrichten, sagte der Junge. – Bitte, lassen Sie mich Ihnen die Mühe abnehmen, junger Herr, sagte ich, griff nach einer Gabel und rückte ihm meinen Stuhl hin, damit er so lange, als ich damit beschäftigt wäre, am Feuer sitzen könnte. – Ich glaube, mein Herr, sagte er sehr bescheiden, es wird ihm von mir am besten schmecken. – Ich bin überzeugt, entgegnete ich, die Brotschnitte wird Seiner Gnaden nicht schlechter schmecken, wenn sie ihm ein alter Soldat geröstet hat. – Der Junge ergriff meine Hand und brach alsbald in Tränen aus. – Der arme Junge! sagte mein Onkel *Toby;* er ist von Kind auf in der Armee herangewachsen, und der Name eines Soldaten, *Trim,* klang ihm wie der Name eines Freundes im Ohr! – Ich wollte, ich hätte ihn hier.

– Nach dem längsten Marsch, sagte der Korporal, hatte ich niemals eine solche Lust zu meinem Essen, als jetzt mit ihm in Gesellschaft zu weinen. Was war denn das mit mir, Euer Gnaden? – Nichts auf der Welt, *Trim,* sagte mein Onkel *Toby,* indem er sich schneuzte, als daß du ein gutmütiger Kerl bist.

Als ich ihm die Brotschnitte gab, fuhr der Korporal fort, hielt ich es für passend ihm zu sagen, ich sei der Diener des Kapitäns *Shandy,* und Euer Gnaden nähmen (obschon ein Fremder) großen Anteil an seinem Vater; und wenn er irgend etwas aus Euer Gnaden Haus oder Keller bedürfte – (du hättest auch wohl die Börse erwähnen dürfen, bemerkte mein Onkel *Toby*) – so würde es Euer Gnaden herzlich freuen, ihm dienen zu können. – Er machte eine sehr tiefe Verbeugung (die Euer Gnaden galt), gab aber keine Antwort; – sein Herz war zu voll; – dann ging er mit der Brotschnitte hinauf. – Seien Sie versichert, lieber Herr, sagte ich zu ihm, als ich ihm die Küchentüre öffnete, Ihr Herr Vater wird wieder besser werden. – Herrn *Yoricks* Vikar rauchte am Küchenfeuer eine Pfeife, sagte aber kein Wort des Trostes zu dem jungen Menschen. – Das hielt ich nicht für recht, setzte der Korporal hinzu. – Ich halte es auch nicht dafür, sagte mein Onkel *Toby*.

Als der Leutnant sein Glas Sekt und die Brotschnitte zu sich genommen hatte, fühlte er sich etwas gestärkt und ließ mir in die Küche herunter sagen, es würde ihn freuen, wenn ich nach etwa zehn Minuten zu ihm heraufkäme. – Ich glaube, sagte der Wirt, er betet jetzt; denn auf einem Stuhl neben seinem Bett lag ein Buch, und als ich die Türe zumachte, sah ich, wie sein Sohn ein Kissen aufnahm.

Ich glaubte, sagte der Vikar, ihr Herren von der Armee betetet niemals, Herr *Trim*. – Ich hörte den armen Herrn vergangene Nacht sein Gebet sehr fromm sprechen, bemerkte die Wirtin; wenn ich es nicht mit eigenen Ohren gehört hätte, würde ich es nicht glauben. – Sind Sie wirklich überzeugt davon? versetzte der Vikar. – Euer Hochwürden, sagte ich zu ihm, ein Soldat betet aus eigenem Antrieb so oft wie ein Pfarrer; und wenn er für seinen König, und für sein eigenes Leben und seine Ehre dazu kämpft, so hat er mehr als irgend jemand Ursache zu Gott zu beten. – Das war schön von dir gesagt, *Trim*, sagte mein Onkel *Toby*. – Aber Euer Hochwürden, sagte ich, wenn ein Soldat seine zwölf Stunden bis an die Knie im kalten Wasser in den Laufgräben gestanden hat – oder, sagte ich, Monate lang auf langen und gefährlichen Märschen begriffen ist; vielleicht heute im Rücken beunruhigt, morgen andere beunruhigend; hierhin detachiert; –

dorthin durch Gegenbefehl abgerufen, – heute nacht unter dem Gewehr, – morgen im Hemd alarmiert, – in seinen Gelenken ganz erstarrt, – vielleicht ohne Stroh in seinem Zelt, auf dem er knieen könnte; – ja dann muß er eben beten, wann und wo er kann. – Ich glaube, sagte ich, – denn ich war wegen des Rufs der Armee etwas gereizt, sagte der Korporal, – ich glaube, Euer Hochwürden, sagte ich, daß, wenn ein Soldat Zeit bekommt um zu beten, – er ebenso von Herzen betet wie ein Pfarrer, – wenn auch nicht mit so viel Wesen und Scheinheiligkeit. – Das hättest du nicht sagen sollen, *Trim*, sagte mein Onkel *Toby*, – denn Gott allein weiß, wer ein Scheinheiliger ist, – und wer nicht. – Bei der großen Generalmusterung, Korporal, am Tage des Gerichts, (und erst dann) – wird man sehen, wer seine Schuldigkeit auf dieser Welt getan hat, – und wer nicht; und je nachdem, *Trim*, werden wir dann avancieren. – Ich hoffe, das werden wir, sagte *Trim*. – So steht es in der heiligen Schrift, sagte mein Onkel *Toby;* ich will es dir morgen zeigen. – Einstweilen können wir uns zu unserem Trost darauf verlassen, *Trim*, sagte mein Onkel *Toby*, daß Gott der Allmächtige ein so guter und gerechter Lenker der Welt ist, daß, wenn wir nur unsere Pflicht auf derselben getan haben, – Er niemals danach fragen wird, ob wir sie in einem roten Rock getan haben oder in einem schwarzen. – Ich hoffe nicht, sagte der Korporal. – Jetzt aber mach weiter mit deiner Geschichte, *Trim*, sagte mein Onkel *Toby*.

Als ich, fuhr der Korporal fort, in das Zimmer des Leutnants hinaufging, was ich erst nach Ablauf der zehn Minuten tat, – fand ich ihn in seinem Bette, den Kopf in der Hand und den Ellbogen auf dem Kissen, und ein reines weißes Batistsacktuch daneben. – Der Knabe bückte sich eben, um das Kissen aufzuheben, auf dem er, wie ich glaube, gekniet hatte; – das Buch lag auf dem Bette, – und als er aufstand und mit der einen Hand das Kissen aufhob, streckte er die andere aus, um auch jenes wegzunehmen. – Laß es liegen, mein Sohn, sagte der Leutnant. Er machte keine Miene mit mir zu sprechen, bis ich dicht an sein Bett getreten war. – Wenn Er Kapitän *Shandys* Diener ist, sagte er, so muß Er seinem Herrn meinen Dank für dessen Freundlichkeit gegen mich aussprechen, wie auch den Dank meines kleinen Jungen. – Wenn er derselbe ist, der bei *Levens* stand, sagte der Leutnant. – Ich sagte ihm, Euer Gnaden haben dort gestanden. – Dann, sagte er, habe ich mit ihm drei Feldzüge in *Flandern* mitgemacht, und erinnere mich seiner wohl; – da ich aber nicht die Ehre hatte mit ihm näher bekannt zu sein, so weiß er sehr wahrscheinlich nichts von mir. – Sag Er ihm jedoch, daß die Person, die seine Güte sich verpflichtet hat, ein gewisser *Le Fever* sei, Leutnant im Regiment *Angus,* – aber er wird mich nicht kennen, – wiederholte er nachdenklich, – doch hat er möglicherweise meine Geschichte gehört, setzte er hinzu. – Bitte, sag Er dem Kapitän, ich sei der Fähnrich gewesen, dem bei *Breda* die Frau höchst unglücklicherweise durch eine Musketenkugel getötet wurde, als sie in meinem Zelt in meinen Armen lag. – Ich erinnere mich der Geschichte sehr gut, Euer Gnaden, sagte ich. – Wirklich? sagte er und wischte sich die Augen mit seinem Taschentuch, – dann darf ich wohl – als er dies sagte, zog er einen kleinen Ring hervor, den er an einem schwarzen Band um den Hals hängen hatte und küßte ihn zweimal. – Hier, *Billy,* sagte er; – der Knabe flog nach dem Bette, – fiel auf die Knie, nahm den Ring und küßte ihn ebenfalls. – Dann küßte er auch seinen Vater, setzte sich auf das Bett und weinte.

Ich wollte, sagte mein Onkel *Toby* mit einem tiefen Seufzer, – ich wollte, *Trim,* ich schliefe.

Euer Gnaden, erwiderte der Korporal, nehmen sich die Sache zu sehr zu Herzen. – Soll ich Euer Gnaden ein Glas Sekt zu Ihrer Pfeife eingießen? – Tu das, *Trim,* sagte mein Onkel *Toby.*

Ich erinnere mich der Geschichte von dem Fähnrich und seiner Frau, sagte mein Onkel *Toby* und seufzte von neuem, aber seine Bescheidenheit hat einen Umstand weggelassen, – und besonders erinnere ich mich noch, daß sowohl er als sie aus einer besonderen Ursache (ich habe aber vergessen was es war) – vom ganzen Regiment allgemein beklagt wurden. – Doch bring deine Geschichte zu Ende. – Sie ist zu Ende, sagte der Korporal, – denn ich konnte nicht länger bleiben, und wünschte seiner Gnaden eine gute Nacht. – Der junge *Le Fever* erhob sich vom Bette und geleitete mich die Treppe hinunter, und erzählte nur im Hinuntergehen, sie kämen aus *Irland* und seien auf dem Weg, um zu dem Regiment in *Flandern* zu stoßen. – Aber ach! sagte der Korporal, – der Leutnant hat seinen letzten Tagmarsch getan! – Was soll dann aus dem armen Jungen werden? rief mein Onkel *Toby*.

8. Kapitel

FORTSETZUNG DER GESCHICHTE VON LE FEVER

Es gereicht meinem Onkel *Toby* zur ewigen Ehre – ich sage das nur derer wegen, die, wenn sie zwischen ein natürliches und ein positives Gesetz gestellt werden, ums Leben nicht wissen, welchen Weg sie einschlagen sollen, – daß ungeachtet mein Onkel *Toby* damals so sehr mit der Belagerung von *Dendermonde* beschäftigt war, und zwar in gleicher Höhe mit den Alliierten, die so energisch vorwärtsdrückten, daß sie ihm kaum zum Mittagessen Zeit ließen, er nichtsdestoweniger *Dendermonde* aufgab, obgleich er sich bereits in der Konterescarpe einlogiert hatte, – und alle seine Gedanken dem Elend in dem Wirtshause zuwendete. Ja, er ließ nicht nur das Gartentor zusperren, wodurch er sozusagen die Belagerung von *Dendermonde* in eine Blockade verwandelte, – sondern gab *Dendermonde* überhaupt auf – und kümmerte sich nicht mehr darum, ob der König von *Frankreich* entsetzen wollte oder nicht; und dachte nur noch darüber nach, wie er dem armen Leutnant und seinem Sohn helfen könne.

– Jenes gütige WESEN, welches der Freund der Freundlosen ist, möge es dir lohnen.

Du hast diese Sache nur halb getan, sagte mein Onkel *Toby* zu dem Korporal, als dieser ihn zu Bette brachte, – und ich will dir sagen inwiefern, *Trim:* – Erstens, als du *Le Fever* meine Dienste anbotest, – da hast du ihm nicht auch meine Börse angeboten – und doch sind Krankheit und Reisen beide kostspielig, und du wußtest auch, daß er als armer Leutnant mit seinem Sohn lediglich von seiner Gage leben muß; – du weißt aber, *Trim,* wenn er meiner Börse bedurfte, so stand sie ihm ebenso zu Gebot, wie mir selbst. – Euer Gnaden wissen, ich hatte hierüber keine Befehle. – Das ist richtig, versetzte mein Onkel *Toby,* – du hattest ganz recht als Soldat, *Trim,* – aber gewiß sehr unrecht als Mensch.

Zweitens, und dabei hast du freilich die gleiche Entschuldigung, fuhr mein Onkel *Toby* fort – hättest du, als du ihm alles anbotest was sich in meinem Hause befinde, – ihm auch mein Haus selbst anbieten sollen. – Ein kranker Kamerad sollte das beste Quartier haben, *Trim,* und wenn er bei uns wäre, – könnten wir ihn pflegen und nach ihm sehen. – Du selbst bist ein trefflicher Krankenwärter, *Trim,* – und durch deine Sorgfalt und der alten Frau und des Jungen und die meinige dazu könnten wir ihn wieder herrichten und auf die Beine bringen. ——

– In vierzehn Tagen, in drei Wochen, setzte mein Onkel *Toby* lächelnd hinzu, wäre er marschfähig. – Euer Gnaden, der wird in dieser Welt nicht mehr marschfähig, sagte der Korporal. – Er wird marschfertig, sagte mein Onkel *Toby,* und stand von der Bettseite auf, mit nur einem Schuh am Fuß. – Euer Gnaden, versetzte der Korporal, er wird nirgends mehr hinmarschieren als nach seinem Grab. – Und er soll marschieren, rief mein Onkel *Toby* und streckte den Fuß, an dem er einen Schuh hatte, aus, ohne jedoch einen Zoll weit vorwärtszukommen, – er soll zu seinem Regiment marschieren. – Er kanns nicht durchmachen, sagte der Korporal. – Man wird ihn stützen, rief mein Onkel *Toby.* – Er wird abfahren, sagte der Korporal, und was wird dann aus dem

Jungen werden? – Er soll nicht abfahren, sagte mein Onkel *Toby* fest. – Ach du meine Güte! wir mögen für ihn tun, was wir wollen, sagte *Trim*, der seinen Satz festhielt, die arme Seele wird doch sterben. – Und er soll nicht sterben, bei Gott! rief mein Onkel *Toby*.

Der *anklagende Geist*, der diesen Schwur in die Kanzlei des Himmels trug, errötete, als er ihn vorlegte; – und der *registrierende Engel* ließ, als er ihn niederschrieb, eine Träne auf das Wort fallen, die es für immer auslöschte.

9. Kapitel

– Mein Onkel *Toby* ging nach seinem Schreibtisch, – steckte seine Börse in seine Hosentasche, und ging, nachdem er dem Korporal befohlen hatte, morgen in aller Frühe nach einem Doktor zu gehen, – zu Bett, wo er alsbald in Schlaf verfiel.

10. Kapitel

Fortsetzung der Geschichte Le Fevers

Am nächsten Morgen leuchtete die Sonne hell in jedermanns Auge in dem Dorfe, nur nicht in *Le Fevers* und seines betrübten Sohnes. Die Hand des Todes drückte schwer auf die Augenlider des ersteren; und das Rad des Ziehbrunnens drehte sich mit Mühe herum, – als mein Onkel *Toby*, der eine Stunde vor seiner gewohnten Zeit aufgestanden war, in das Zimmer des Leutnants trat und sich ohne Vorrede oder Entschuldigung auf den Stuhl am Bett setzte und unbekümmert um alle Moden und Bräuche den Vorhang öffnete, wie es ein alter Freund und Kamerad getan haben würde, und ihn fragte, wie er sich befinde? – wie er diese Nacht geruht habe? – worüber er zu klagen habe? – wo er Schmerzen fühle? – und was er für ihn tun könne? Und ohne ihm Zeit zu lassen, eine dieser

Fragen zu beantworten, fuhr er fort und teilte ihm den kleinen Plan mit, den er am Abend vorher mit dem Korporal entworfen hatte.

– Sie müssen sofort in mein Haus übersiedeln, *Le Fever,* sagte mein Onkel *Toby,* – wir schicken dann nach einem Arzt, damit der untersucht was zu tun ist; – wir holen auch einen Apotheker – und der Korporal wird Sie verpflegen, – und ich werde Sie bedienen, *Le Fever.*

In meinem Onkel *Toby* lag eine gewisse Offenheit und Freimütigkeit, die nicht die Wirkung einer vertrauten Bekanntschaft war, aber eine solche sofort herbeiführte; – indem sie einen mit einem Sprung in seine Seele einführte und einem die Gutherzigkeit seiner Natur zeigte. Hierzu kam ein gewisses Etwas in seinen Blicken, seiner Stimme, seiner ganzen Art, was den Unglücklichen unbedingt einlud zu ihm zu kommen und sich unter seinen Schutz zu begeben, so daß ehe mein Onkel *Toby* die freundlichen Anerbietungen, die er dem Vater machte, zur Hälfte beendigt hatte, der Sohn sich bereits unwillkürlich an seine Knie preßte, das Bruchstück seines Rockes ergriff und gegen sich zog. Das Blut und die Lebensgeister *Le Fevers,* die schon kalt und matt in ihm geworden waren und sich nach ihrer letzten Zitadelle, dem Herzen, zurückgezogen hatten, – kehrten noch einmal zurück, – der Schleier auf dem Auge hob sich für einen Moment, – er sah meinem Onkel *Toby* sehnsuchtsvoll in das Gesicht, warf dann einen Blick auf seinen Knaben, und dieses Bindemittel so zart es war, – wurde niemals zerrissen.

Gleich darauf ebbte die Natur wieder in ihm; – der Schleier fiel wieder herab, – der Puls flatterte, – hielt an, – ging weiter, – schlug heftig, – stockte wieder, – ging – stockte nochmals. – Soll ich weitermachen? – Nein.

11. Kapitel

Es treibt mich so sehr, zu meiner eigenen Geschichte zurückzukehren, daß das, was noch von der des jungen *Le Fever* übrig ist, nämlich von jener Wendung seines Schicksals bis zu der Zeit, da ihn mein Onkel *Toby* als meinen Hofmeister empfahl, mit einigen wenigen Worten im nächsten Kapitel gesagt werden soll. – Alles, was obigem Kapitel noch beigefügt werden muß, besteht in folgendem:

Daß mein Onkel *Toby* mit dem jungen *Le Fever* an der Hand den armen Leutnant als Hauptleidtragende zu Grabe geleiteten. –

Daß der Gouverneur von *Dendermonde* dem Leichenbegängnis alle militärischen Ehren erwies; – und daß *Yorick*, um nicht zurückzubleiben, – ihm alle kirchlichen erwies, – denn er beerdigte ihn unter seinem Altar. – Auch hielt er ihm nachweislich eine Leichenrede – ich sage nachweislich – denn *Yorick* hatte die Gewohnheit (die wie ich glaube, in seinem Beruf sehr verbreitet ist), auf dem ersten Blatt jeder von ihm verfaßten Rede, Zeit, Ort und Gelegenheit ihrer Abhaltung zu bemerken, außerdem pflegte er eine kurze Erläuterung oder Bemerkung über die Rede selbst beizufügen, – die übrigens selten zu deren Lob lautete. – So zum Beispiel: *Dies ist die Rede über die mosaische Verteilung der Gewässer, – sie gefällt mir durchaus nicht, – es liegt allerdings eine ganze Welt voll* WASSER- UND LANDESWISSEN *darin; – aber sie ist viel zu hausbacken und auch höchst hausbacken zusammengestellt. – Ein geistloses Machwerk. Was hatte ich nur im Kopf, als ich sie verfaßte!*

– NB. *Die Trefflichkeit dieses Textes besteht darin, daß er zu jeder Rede paßt; – und die Trefflichkeit dieser Rede, – daß sie zu jedem Texte paßt.*

– *Für diese Rede verdiene ich gehenkt zu werden, – denn ich habe den größten Teil derselben gestohlen.* Dr. Paidagune *hat es entdeckt.* ☞ *Ein Dieb fängt den anderen.*

Auf dem Rücken von einem halben Dutzend Reden finde

ich geschrieben: *So so!* – weiter nichts; – auf ein paar anderen *Moderato*, woraus man nach *Altieris italienischem* Wörterbuch, – noch mehr aber nach einem Stückchen grüner Schnur, offenbar einer Ausfaserung von *Yoricks* Peitschenschlinge, womit er die zwei mit *Moderato* bezeichneten Reden und die sechs mit *So so!* in ein Bündel zusammengebunden hatte – ziemlich sicher schließen darf, daß er von beiden ungefähr dasselbe sagen wollte.

Die Vermutung bietet nur eine einzige Schwierigkeit, nämlich die, daß die *Moderatos* fünfmal besser sind als die *So sos*; – zehnmal mehr Kenntnis des menschlichen Herzens zeigen; – siebzig mal mehr Witz und Geist besitzen; – (und um mich passend zu steigern) tausend mal mehr Genie verraten, – und um der Sache die Krone aufzusetzen, unendlich unterhaltender sind als die mit ihnen zusammengebundenen. Wenn daher einmal *Yoricks* dramatische Reden der Welt übergeben werden, werde ich nur eine einzige von den *So sos* zulassen, dagegen beide *Moderatos* ohne das leiseste Bedenken zum Abdruck bringen.

Was *Yorick* mit den Wörtern *lentamente*, – *tenute*, – *grave*, und bisweilen *adagio* meinte, – als er dieselben auf theologische Schriften anwendete und damit einige jener Reden charakterisierte, vermag ich nicht zu erraten. – Noch mehr hat es mich verblüfft, auf der einen *a l'octava alta*, auf dem Rücken einer anderen *con strepito*, – auf einer dritten *Siciliana*, – auf einer vierten *alla Capella*, – auf dieser *con l'arco*, – auf jener *Senza l'arco* zu finden. – Ich weiß nur, daß dies musikalische Ausdrücke sind, die eine gewisse Bedeutung haben – und da er selbst musikalisch war, so zweifle ich nicht, daß durch die hübsche Anwendung solcher Metaphern auf die fraglichen Schriften seinem Geist eine sehr bestimmte Idee von ihrer verschiedenen Charakteristik eingeprägt wurde, – mochten sie nun auf andere wirken wie sie wollten.

Unter diesen Reden befindet sich nun auch jene besondere, die mich seltsamerweise zu dieser Abschweifung geführt hat,

– nämlich die Leichenrede auf den armen *Le Fever,* die sehr schön ausgeschrieben ist, wie wenn sie von einem flüchtigen Manuskript abgenommen wäre. – Ich nehme um so mehr Notiz von ihr, da sie seine Lieblingsrede gewesen zu sein scheint. – Sie handelt von der Sterblichkeit, und ist in die Länge und Breite mit Garn umwickelt, dann aufgerollt und in einen halben Bogen schmutzigen blauen Papiers gewickelt, der einmal die Überdecke eines kritischen Journals gewesen zu sein scheint und noch heutigentages entsetzlich nach Roßarzneien riecht. – Ich zweifle einigermaßen, ob diese Merkmale der Demütigung absichtlich angebracht waren; denn am Ende der Rede (und nicht zu Anfang derselben) – hatte er ganz verschieden von der Art, wie er die anderen behandelte,

BRAVO!

geschrieben. – Übrigens nicht sehr auffallend, – denn es steht wenigstens um 2½ Zoll von der Schlußlinie der Rede entfernt, ganz unten an der Seite und in der rechten Ecke derselben, die man in der Regel mit dem Daumen bedeckt; und ist, um ihr Gerechtigkeit widerfahren zu lassen, mit einer so schwachen Rabenfeder in kleiner *italienischer* Schrift geschrieben, daß das Auge dadurch kaum auf die Stelle gelenkt wird, mag nun der Daumen darauf sein oder nicht. So ist es schon durch die *Art des Schreibens* halb entschuldigt, und da es überdies in sehr blasser Tinte geschrieben ist, verwässert es sich fast zu nichts, – es ist mehr ein *ritratto* des Schattens der Eitelkeit, als der EITELKEIT selbst, – und sieht mehr aus wie ein schwacher Gedanke vorübergehender Befriedigung, der im Geheimen im Herzen des Verfassers auftauchte, als eine dicke, der Welt in plumper Weise sich aufdrängende Bezeichnung.

Trotz all dieser Beschönigungen bin ich mir wohl bewußt, daß ich durch Veröffentlichung dieses Zugs *Yoricks* Charakter als bescheidener Mann keinen Dienst leiste, – aber alle Menschen haben ihre Schwächen! was diese aber noch mehr abschwächt und fast ganz verwischt, ist der Umstand, – daß das

Wort einige Zeit später (wie aus der anderen Tinte hervorgeht) quer durchgestrichen war – wie wenn er die Ansicht, die er früher darüber gehabt, zurücknähme oder sich ihrer schämte.

Diese kurzen Charakterisierungen seiner Reden waren mit Ausnahme dieses Falles immer auf dem ersten Blatt der Rede, das als Überdecke diente, geschrieben, und zwar gewöhnlich auf der inneren dem Text zugekehrten Seite; – am Ende seiner Rede aber, wo er vielleicht 5–6 Seiten, bisweilen auch etwa zwanzig weißes Papier übrig hatte, – machte er eine größere und lebhaftere Abschweifung, – als ob er die Gelegenheit ergriffe sich in einigen ausgelasseneren Schraubenzügen gehen zu lassen, als die Enge der Kanzel erlaubte. – Diese schwärmen zwar husarenmäßig und außer aller Ordnung umher, sind aber gleichwohl Hilfstruppen der Tugend. – Sagen Sie mir doch, Mynheer Van der Blonederdondergewdenstronke, warum sie nicht ebenfalls abgedruckt wurden?

12. Kapitel

Nachdem mein Onkel *Toby* alles in Geld verwandelt und die Abrechnung zwischen dem Zahlmeister des Regiments und *Le Fever* und zwischen *Le Fever* und der übrigen Menschheit abgeschlossen hatte, blieb in den Händen meines Onkels *Toby* nur noch eine alte Uniform und der Degen; so daß mein Onkel *Toby* wenig oder keinen Widerstand bei der Welt fand, als er die Restverwaltung übernahm. Die Uniform gab mein Onkel *Toby* dem Korporal. – Trag sie zu Ehren des armen Leutnants, *Trim,* sagte mein Onkel *Toby,* solang sie noch zusammenhält. – Diesen aber, sagte mein Onkel *Toby,* indem er den Degen in die Hand nahm, und ihn aus der Scheide zog, – diesen, *Le Fever,* will ich für dich aufbewahren; – dies ist das ganze Vermögen, fuhr mein Onkel *Toby* fort, während er den Degen an einen Nagel hängte und darauf deutete, – dies ist das ganze Vermögen, mein lieber *Le Fever,* das dir Gott beschieden hat; wenn er dir aber zugleich ein Herz gegeben hat, um dir damit deinen Weg auf der Welt durchzukämpfen, – und du tust das als ein Ehrenmann, – so ist es genug für uns.

Sobald mein Onkel *Toby* den ersten Grund bei ihm gelegt und ihn gelehrt hatte, ein regelmäßiges Vieleck in einen Kreis zu beschreiben, schickte er ihn in eine öffentliche Schule, wo er – mit Ausnahme von Pfingsten und Weihnachten, zu welchen Zeiten der Korporal regelmäßig geschickt wurde um ihn zu holen, – bis zum Frühjahr des Jahres siebzehn blieb. Um diese Zeit entflammte die Nachricht, daß der Kaiser seine Armee durch *Ungarn* gegen die *Türken* schicke, einen Funken in seiner Brust; er verließ sein *Griechisch* und *Latein* ohne Erlaubnis, warf sich meinem Onkel *Toby* zu Füßen und bat um seines Vaters Degen und die Erlaubnis mit demselben sein Glück unter Prinz *Eugen* versuchen zu dürfen. – Zweimal vergaß mein Onkel *Toby* seine Wunde und rief: *Le Fever,* ich will mit dir gehen, du sollst an meiner Seite fechten, – und zweimal fuhr er mit der Hand nach dem Schambein und ließ traurig den Kopf hängen. ——

Dann nahm mein Onkel *Toby* den Degen von dem Haken herab, wo er seit des Leutnants Tode hing und gab ihn dem Korporal, um ihn zu putzen. Vierzehn Tage behielt er *Le Fever* noch bei sich, um ihn auszurüsten und seine Überfahrt nach *Livorno* zu vermitteln, worauf er ihm den Degen übergab. – Wenn du brav bist, *Le Fever,* sprach mein Onkel *Toby,* wird dieser dich nicht im Stich lassen, – wohl aber, sprach er, indem er ein wenig nachsann, – wohl aber kann es das Glück; – und wenn dies geschieht, – setzte mein Onkel *Toby* hinzu und umarmte ihn, dann komm zu mir zurück, *Le Fever,* und wir wollen dir dann eine andere Laufbahn gestalten.

Die größte Kränkung hätte das Herz *Le Fevers* nicht mehr bedrücken können als es die väterliche Güte meines Onkels *Toby* tat. Er schied von meinem Onkel wie der beste der Söhne von dem besten der Väter; – beide vergossen Tränen; – und als mein Onkel *Toby* ihm den letzten Kuß gab, steckte er ihm noch sechzig Guineen in einem alten Geldbeutel seines Vaters, in dem sich auch der Ring seiner Mutter befand, in die Hand – und flehte Gottes Segen auf ihn herab.

13. Kapitel

Le Fever stieß zeitig genug zur kaiserlichen Armee, um das Korn seines Degens bei der Niederlage der *Türken* vor *Belgrad* zu versuchen; aber von diesem Augenblick an verfolgten ihn zahlreiche unverdiente Unfälle und bedrängten ihn vier Jahre nacheinander. Er hatte diese Schicksalsschläge standhaft ertragen, bis ihn in *Marseille* Krankheit niederwarf. Nun schrieb er meinem Onkel *Toby*, daß er seine Zeit, seinen Dienst, seine Gesundheit, kurz alles verloren habe, bis auf sein Schwert, – und daß er nur auf das nächste Schiff warte, um heimzukehren.

Dieser Brief kam etwa sechs Wochen vor *Susannas* Mißgeschick an; *Le Fever* wurde deshalb stündlich erwartet und schwebte während der ganzen Zeit, daß mein Vater meinem Onkel *Toby* und *Yorick* eine Schilderung von der Art Persönlichkeit gab, die er für mich als Lehrer wählen wolle, meinem Onkel beständig vor Augen. Da er aber anfangs der Meinung war, mein Vater mache gar zu sonderbare Anforderungen, vermied er es den Namen *Le Fevers* zu nennen, – bis die Charakterbezeichnung durch *Yoricks* Dazwischenkunft ganz unerwartet damit schloß, daß es ein edelgearteter, braver Mensch sein müsse. Dadurch wurde das Bild *Le Fevers* und sein Interesse für ihn so mächtig in meinem Onkel *Toby*, daß er augenblicklich von seinem Stuhle aufstand, seine Pfeife niederlegte und meinen Vater bei beiden Händen faßte. – Ich bitte dich, Bruder *Shandy*, rief mein Onkel *Toby*, dir den Sohn des armen *Le Fever* empfehlen zu dürfen. – Ich bitte Sie gleichfalls darum, setzte *Yorick* hinzu. – Er hat ein gutes Herz, sagte mein Onkel *Toby.* – Und ein tapferes dazu, Euer Gnaden, sagte der Korporal.

Die besten Herzen sind immer die tapfersten, *Trim,* erwiderte mein Onkel *Toby.* – Und die größten Feiglinge, Euer Gnaden, waren auch immer die größten Spitzbuben in unserem Regiment. – Da erinnere ich mich eines Sergeanten *Kumber,* und eines Fähnrichs – Wir wollen ein andermal davon reden, sagte mein Vater.

14. Kapitel

Was für eine vergnügte, lustige Welt könnte dies sein, meine verehrten Leser, wenn dieses undurchdringliche Labyrinth von Schulden, Sorgen, Leiden, Mängeln, Kummer, Unzufriedenheit, Schwermut, großen Wittümern, Betrüglichkeiten und Lügen nicht wäre!

Dr. *Slop,* dieser H–sohn, wie ihn mein Vater deshalb nannte, – hatte, um sich selbst dadurch ein Relief zu geben, – mich auf das nichtswürdigste verleumdet – und *Susannas* Unfall tausendmal größer gemacht als er war; so daß es innerhalb von achten Tagen oder noch weniger in jedermanns Munde war dem armen kleinen Shandy sei * vollständig weggeschlagen; – und die FAMA, die alles zu verdoppeln liebt, – hatte drei Tage später darauf geschworen, sie habe es selbst gesehen; – und alle Welt glaubte ihr wie gewöhnlich – daß das Fenster im Kinderzimmer nicht nur * * * * * * * * * * * * habe; – sondern * gleichfalls.

Hätte man die Welt wie eine KÖRPERSCHAFT gerichtlich verfolgen können, so hätte mein Vater deshalb einen Rechtsstreit angefangen, und jene gehörig vorgenommen; einzelne Individuen aber deshalb zu packen, hätte – da jeder, der von der Sache sprach, dies mit dem denkbar größten Mitleiden tat, – seinen besten Freunden ins Gesicht geschlagen. Nahm man andererseits die Gerüchte schweigend hin, so hieß dies sie offen anerkennen, – wenigstens in der Meinung der einen Hälfte der Welt; einen Lärm dagegen aufschlagen und ihnen widersprechen, – das würde sie in der Ansicht der anderen Hälfte wesentlich bestärkt haben.

– Ist je einem armen Gutsbesitzer so mitgespielt worden? sagte mein Vater.

– Ich würde ihn öffentlich auf dem Marktplatz sehenlassen, sagte mein Onkel *Toby*.

– Das würde nichts helfen, sagte mein Vater.

15. Kapitel

Ich will ihn aber in Hosen stecken, sagte mein Vater, – mag dann die Welt dazu sagen was sie will.

16. Kapitel

Es gibt tausend Entschließungen in Kirche und Staat, mein lieber Leser, wie auch in Privatangelegenheiten, meine verehrte Leserin – die, trotzdem sie in einer übereilten, unbesonnenen und unüberlegten Weise gefaßt worden zu sein scheinen, gleichwohl (und wenn Sie oder ich in dem Kabinett oder hinter dem Vorhang gestanden wären, würden wir gefunden haben, daß es wirklich so war) von allen Seiten erwogen, abgewogen, – besprochen, – erörtert, durchgenommen und geprüft worden sind, und zwar mit soviel kühler Überlegung, daß die GÖTTIN der KÜHLE selbst (ich nehme es jedoch nicht auf mich ihr Dasein nachzuweisen) es nicht besser hätte wünschen oder tun können.

Hierher gehört der Entschluß meines Vaters mich in Hosen zu stecken; der zwar in einem Anfall von Aufbrausen und von

Zorn über die ganze Menschheit zum Vollzug gebracht wurde, der aber nichtsdestoweniger zwischen ihm und meiner Mutter schon einen Monat vorher in zwei besonderen *Lits de justice*, die mein Vater eigens zu dem Ende abhielt, mit allen *Pros* und *Contras* gerichtlich festgestellt worden war. Ich werde die Natur dieser *Lits de justice* in meinem nächsten Kapitel auseinandersetzen, und in dem darauffolgenden sollen Sie, verehrte Leserin, mit mir hinter den Vorhang treten, um zu hören, auf welche Art und Weise mein Vater und meine Mutter diese Hosengeschichte miteinander erörterten; – woraus Sie sich dann eine Idee davon bilden können, wie sie alle geringeren Angelegenheiten zu behandeln pflegten.

17. Kapitel

Die alten *Goten Deutschlands*, die (wie der gelehrte *Cluverius* bestimmt behauptet) zuerst in dem Gebiet zwischen der *Weichsel* und *Oder* ansässig waren, und später die *Heruler*, *Bugier* und einige andere *vandalische* Stämme in sich aufnahmen, – hatten die weise Sitte jede wichtige Staatsangelegenheit zweimal zu erörtern, nämlich einmal in betrunkenem und einmal in nüchternem Zustande, – betrunken, damit es ihren Beschlüssen nicht an Energie, – und nüchtern, damit es ihnen nicht an Klugheit fehlen möchte.

Da nun mein Vater ein Wassertrinker war, so war er lange Zeit in der tödlichsten Verlegenheit, wie er diese Sitte ebenso verwenden könnte, wie er es mit fast allem machte, was die Alten taten oder sagten; und erst im siebenten Jahre seiner Verheiratung kam er nach tausend fruchtlosen Versuchen auf ein Auskunftsmittel, das seinem Zweck entsprach. Dies bestand darin, daß er, wenn immer ein schwieriger und wichtiger Punkt in der Familie festzustellen war, zu dessen Beschlußfassung es großer Nüchternheit und zugleich großen Mutes bedurfte, – die erste *Sonntagnacht* im Monat und die unmittel-

bar vorhergehende *Samstagnacht* bestimmte, um die Sache mit meiner Mutter im Bett zu erörtern: Wenn Sie dies in näheren Betracht ziehen, mein geehrter Leser, so werden Sie einsehen, daß infolge dieser Einrichtung * * * * * * * * * * * * * * * * * *
* *
* *

Dies nannte mein Vater humoristischerweise seine *Lits de justice;* – denn aus den beiden verschiedenen Beschlüssen, die in diesen beiden verschiedenen Stimmungen gefaßt wurden, ließ sich in der Regel ein mittlerer herausfinden, der den Weisheitspunkt ebenso richtig traf, als wenn er hundertmal betrunken und nüchtern erwogen worden wäre.

Es soll vor der Welt kein Geheimnis bleiben, daß dieses Mittel ebensogut für literarische Erörterungen, wie für militärische oder eheliche paßt; aber nicht jeder Schriftsteller kann den Versuch in der Art machen, wie es die *Goten* und *Vandalen* taten; – oder, wenn er es kann, möge es immer zum Heil seines Körpers sein; tat man es aber wie mein Vater, – so bin ich überzeugt, war es zu seinem Seelenheil.

Ich mache es so: –

Bei allen schwierigen und kitzligen Erörterungen – (und der Himmel weiß, es gibt deren nur zu viele in meinem Buche) – wo ich finde, daß ich keinen Schritt tun kann, ohne den verehrten oder hochwürdigen Leser auf den Hals zu bekommen, – schreibe ich die eine Hälfte *satt,* die andere *hungrig;* – oder ich schreibe alles im satten – und korrigiere im fastenden Zustand; – oder schreibe fastend und korrigiere satt; denn das kommt alles auf eines heraus. Auf diese Art fühle ich mich, mit einer geringeren Abweichung vom Plane meines Vaters, als dieser von dem der *Goten* abwich, – ganz auf seiner Höhe in seinem ersten *Lit de justice,* – und nicht geringer als er in seinem zweiten. – Diese verschiedenen und fast unversöhnlichen Wirkungen entfließen sämtlich dem weisen und wunderbaren Mechanismus der Natur; wofür ihr die Ehre gebührt. Alles was wir tun können, ist, daß wir diese Maschinerie zur Vervollkommnung und Verbesserung der Künste und Wissenschaften anwenden. ——

Wenn ich nun aber in sattem Zustande schreibe, – so schreibe ich so als ob ich in meinem ganzen Leben nicht wieder im Zustande des Fastens schreiben würde; – das heißt ich schreibe frei von den Sorgen und Ängsten dieser Welt. – Ich zähle meine Narben nicht, – noch dringt meine Phantasie in dunkle Hausgänge und Winkel, um die Stiche, die mich dort erwarten, vorauszudatieren. – Mit einem Wort, meine Feder nimmt ihren Lauf; und ich schreibe zu, ebensogut aus vollem Herzen wie aus vollem Magen.

Aber, meine verehrtesten Leser, wenn ich im Zustande des Fastens schreibe, ist es eine ganz andere Geschichte. – Dann widme ich der Welt alle mögliche Aufmerksamkeit und Hochachtung, – und besitze (solang es dauert) eine ebenso große Portion von jener Dienstmannstugend der Bescheidenheit als der Beste von Ihnen, meine Herren. – Somit schreibe ich zwischen beiden ein sorglos gemachtes, artiges, unsinnvolles, gutgelauntes *Shandysches* Buch, das allen Ihren Herzen guttun wird.

– Und auch allen Ihren Köpfen, – vorausgesetzt Sie verstehen es.

18. Kapitel

Wir sollten jetzt darauf denken, sagte mein Vater, indem er sich in seinem Bette herumdrehte, und sein Kissen etwas mehr gegen das meiner Mutter hinschob, als er die Erörterung begann, – wir sollten jetzt darauf denken, Frau *Shandy*, den Buben in Hosen zu stecken.

Ja, das sollten wir, sagte meine Mutter. – Wir haben es bis jetzt schändlicherweise unterlassen, meine Liebe, bemerkte mein Vater.

– Ja, das haben wir, *Shandy*, erwiderte meine Mutter.

– Nicht als ob das Kind in seinem Röckchen nicht vortrefflich aussähe, fuhr mein Vater fort.

– O es sieht sehr gut darin aus, versetzte meine Mutter.

– Und deshalb wäre es fast schade, es ihm zu nehmen, setzte mein Vater hinzu.

– Ja, das wäre es, sagte meine Mutter. – Aber er wird wirklich ein recht großer Junge, begann mein Vater wieder.

– Ja, für sein Alter ist er wirklich sehr groß, sagte meine Mutter.

– Ich kann mir nicht (mit Nachdruck auf *nicht*) denken, wem er nachschlägt, sagte mein Vater.

– Ja, das kann ich mir auch nicht recht denken, erwiderte meine Mutter.

– Hm! – machte mein Vater.

– Die Unterhaltung stockte eine Weile.

– Ich selbst bin sehr klein, sagte mein Vater ernst.

– Du bist sehr klein, *Shandy*, bemerkte meine Mutter.

– Hm! machte mein Vater abermals und rückte sein Kissen etwas von meiner Mutter weg; – dann drehte er sich zur Seite und die Unterhaltung stockte von neuem 3 ½ Minuten lang.

– Wenn er diese Hosen bekommt, rief mein Vater in einer höheren Tonart, wird er ganz saumäßig darin aussehen.

– Ja, er wird anfangs sehr linkisch darin aussehen, erwiderte meine Mutter.

– Und es wird noch gutgehen, wenn dies das Schlimmste dabei ist, setzte mein Vater hinzu.

Ja, da muß es gutgehen, sagte meine Mutter.

Eigentlich, versetzte mein Vater, – indem er anfangs eine Pause machte, – eigentlich wird er geradeso aussehen wie anderer Leute Kinder. ——

Geradeso, sagte meine Mutter. ——

– Was mir übrigens leidtun würde, bemerkte mein Vater; und hier gab es wieder eine Stockung in der Unterhaltung.

– Man sollte ihm lederne machen lassen, sagte mein Vater, und drehte sich wieder herum.

– Sie wären am dauerhaftesten, sagte meine Mutter.

– Aber man könnte sie nicht füttern, entgegnete mein Vater.

– Nein, das könnte man nicht, sagte meine Mutter.

– Barchenthosen wären deshalb besser, bemerkte mein Vater.

– Ja, das sind die allerbesten, erwiderte meine Mutter.

– Mit Ausnahme von Hosen aus Köperbarchent, sagte mein Vater. – Ja, die sind noch besser, versetzte meine Mutter.

– Man darf ihn jedoch nicht damit umbringen, grollte mein Vater.

Ja nicht! sagte meine Mutter; – und abermals stand die Unterhaltung still.

Ich bin übrigens fest entschlossen, brach mein Vater zum vierten mal das Stillschweigen, daß er keine Taschen bekommen soll.

Das wäre ganz unnötig, sagte meine Mutter. ——

Ich meine in Jacke und Weste, rief mein Vater.

– Das mein ich auch, versetzte meine Mutter.

– Wenn er indessen einen Kreisel oder Brummkreisel bekommt – die armen Bürschchen! es ist gleichsam wie Krone und Szepter für sie – so sollte er sie irgendwo hinstecken können.

– Bestell sie, wie es dir gut dünkt, *Shandy*, entgegnete meine Mutter.

– Aber hältst du's für praktisch? setzte mein Vater eindringlich hinzu.

– Gewiß, sagte meine Mutter, wenn es dir recht ist, *Shandy*.

– Da haben wirs! rief mein Vater, der jetzt die Geduld verlor. Wenn es mir recht ist! – Du wirst den Unterschied zwischen dem was angenehm und dem was passend ist, niemals begreifen, Frau *Shandy*, nie werde ich imstande sein, Ihnen das beizubringen. – Dies geschah Sonntag nachts; – und weiter sagt dies Kapitel nichts.

19. KAPITEL

Nachdem mein Vater die Hosenfrage mit meiner Mutter erörtert hatte, – zog er *Albertus Rubenius* hierüber zu Rate; und *Albertus Rubenius* ging hierbei (womöglich) zehnmal ärger mit meinem Vater um, als dieser mit meiner Mutter umgegangen war; denn da *Rubenius* einen Quartband eigens *De Re Vestiaria Veterum* geschrieben hatte, – so wäre es seine Sache gewesen, meinem Vater hierüber einige Aufklärung zu geben. – Stattdessen hätte mein Vater ebensogut die sieben Kardinaltugenden aus einem langen Bart herausziehen können – als ein einziges Wort hierüber aus *Rubenius*.

Über jeden anderen Teil der Kleidung der Alten gab *Rubenius* meinem Vater alle Aufklärung – so eine vollständige und befriedigende Schilderung

der *Toga* oder des losen Oberkleids,
der *Chlamys*,
der *Ephode*,
der *Tunica* oder Jacke,
der *Synthesis*,
der *Paenula*,
der *Lacerna* mit ihrem *Cucullus*,
des *Paludamentum*,
der *Praetexta*,
des *Sagum* oder Soldatenwams,
der *Trabea*, deren es nach *Suetonius* drei Arten gab.

Aber was hilft mir das, sagte mein Vater, wenn ich etwas über Hosen haben möchte?

Rubenius legte ihm alle Arten von Schuhen auf den Tisch, die bei den Römern Mode waren:

den offenen Schuh,
den geschlossenen Schuh,
den Schlappschuh,
den Holzschuh,
den Soccus,

den Halbstiefel und
den Soldatenschuh mit Nägeln, den *Juvenal* anführt.

Ferner die Überschuhe,
die hölzernen Überschuhe,
die Pantoffeln,
die Riemenschuhe,
die Sandalen mit Nesteln.

Dann gab es noch
den Filzschuh,
den leinenen Schuh,
den gestickten Schuh,
den geflochtenen Schuh,
den *calceus incisus* und
den *calceus rostratus*.

Rubenius zeigte meinem Vater, wie gut sie alle saßen, – wie man sie band, und mit welchen Bändern, Strippen, Schnüren, Riemen, Schleifen, Nesteln und Haken. ——

– Aber ich will etwas über Hosen hören, sagte mein Vater. *Albertus Rubenius* belehrte meinen Vater, daß die *Römer* verschiedenartige Stoffe fabrizierten: – die einen schlicht, – die andern gestreift, – wieder andere, wo die Wolle mit Seide und Gold durchwirkt war: – daß leinene Stoffe erst gegen den Verfall des Reichs hin in allgemeinen Gebrauch kamen, als sich viele *Ägypter* in *Italien* niederließen und jene in Mode brachten:

Daß Personen von Stand und Vermögen sich durch die Feinheit und Weiße ihrer Kleider auszeichneten, welch letztere Farbe (neben dem Purpur, der bei feierlichen Gelegenheiten getragen wurde) sie am meisten liebten und an Geburtstagen und bei Volksfesten trugen; – daß aus den besten Historikern jener Zeiten hervorgehe, daß die Römer ihre Kleider häufig zum Walker schickten, um sie reinigen und wieder weißmachen zu lassen; – daß aber geringere Leute, um sich diese Ausgabe zu sparen, im allgemeinen braune Kleider von etwas gröberem Stoffe trugen, – bis sich zu Anfang der

Regierung des *Augustus* der Sklave kleidete wie sein Herr, und fast jeder Kleiderunterschied aufhörte, mit Ausnahme des *Latus Clavus*.

Und was ist unter dem *Latus Clavus* zu verstehen? fragte mein Vater.

Rubenius sagte ihm, daß dies noch ein strittiger Punkt unter den Gelehrten sei: – daß *Egnatius, Sigonius, Bossius, Ticinensis, Bayfius, Budaeus, Salmasius, Lipsius, Lazius, Isaak Casaubon,* und *Joseph Scaliger,* ein jeder wieder eine andere Ansicht aufstellte, – und er selbst ebenfalls: – daß einige einen Knopf darunter verstanden, – andere den Rock selbst, – wieder andere die Farbe; – daß der große *Bayfius* in seiner Garderobe der Alten (Kap. 12) aufrichtig sage, er wisse nicht was es sei, – ob eine Fibula, – oder ein Knopf, – ein Knopfloch, – ein Buckel – ob Schnallen oder Halter. ——

– Mein Vater verlor das Pferd, aber nicht den Sattel. – Es sind *Haken* und *Ösen,* sagte mein Vater, – und so befahl er, daß man mir Hosen mit *Haken* und *Ösen* machen solle.

20. Kapitel

Wir treten nun auf einen neuen Schauplatz. ——

– Lassen wir also die Hosen in den Händen des Schneiders, bei dem mein Vater mit seinem Stocke stand und dem er, als er sich an die Arbeit machte, eine Vorlesung über den *Latus Clavus* hielt, wobei er genau bezeichnete, an welcher Stelle des Hosenbunds derselbe angebracht werden sollte.

Lassen wir meine Mutter – (die echteste aller *Pococurantes* ihres Geschlechts) – in ihrer Sorglosigkeit deshalb, wie überhaupt bei allem was sie betraf; – das heißt gleichgültig ob etwas so oder anders geschah – wenn es nur überhaupt geschah.

Lassen wir auch Dr. *Slop* meine Unehre vollständig ausnutzen.

Lassen wir den armen *Le Fever* wieder gesund werden und von *Marseille* nach Hause kommen, so gut er kann; – und zuletzt – denn dies ist das Schwerste –

Lassen wir womöglich *mich selbst* liegen; – aber das ist unmöglich, – ich muß schon mit Ihnen bis an das Ende des Werkes gehen.

21. Kapitel

Wenn der Leser nicht eine klare Vorstellung von den anderthalb Viertelsmorgen Landes hat, die am Ende des Küchengartens meines Onkels *Toby* lagen, und der Schauplatz so mancher seiner süßesten Stunden waren, – so bin wahrlich ich nicht daran schuld, – sondern seine Phantasie, – denn ich habe ihm ja eine so genaue Beschreibung davon gegeben, daß ich mich fast schämte.

Als das SCHICKSAL eines Abends in die großen Begebenheiten der Zukunft vorwärtsschaute, – und sich zu Gemüte führte, wozu dieser kleine Fleck durch ein in Eisen gegrabenes Dekret bestimmt war, – winkte es der Natur: – dies genügte. Die Natur warf einen halben Spaten voll ihrer mildesten Erdmischung darauf, mit geradesoviel Lehm darin, daß die Formen der Winkel und Einschnitte gut hervortreten mußten, – und mit sowenig Lehm, daß er nicht am Spaten hängenblieb und so ruhmvolle Werke bei schlechter Witterung nicht kotig machte.

Mein Onkel *Toby* kam, wie wir dem Leser bereits mitgeteilt haben, mit Plänen von fast allen befestigten Städten in *Italien* und *Flandern* hierher. Der Herzog von *Marlborough* oder die Alliierten mochten sich lagern vor welcher Stadt sie wollten, mein Onkel *Toby* war stets darauf vorbereitet.

Sein Verfahren hierbei, das einfachste auf der Welt, war folgendes: Sobald eine Stadt blockiert wurde, – nahm er (doch schon vorher sobald nur die Absicht verlautete) den Plan derselben vor (welche Stadt auch immer es war) und vergrößerte denselben im Maßstab seines Rasenplatzes; hierauf übertrug er mittelst einer großen Rolle von Packzwirn und einer Anzahl kleiner an den verschiedenen Winkeln in den Boden geschlagener Pfähle die Linien von seinem Papier auf den Boden; nahm dann die Profile, um die Tiefe und Böschungen der Graben, – die Abdachung des Glacis und die genaue Höhe der verschiedenen Banketts, Wälle usw. zu bestimmen, worauf der Korporal die Ausführung begann, die trefflich vonstatten ging. – Die Natur des Bodens, – die Natur der Beschäftigung selbst, – und vor allem die Gutmütigkeit meines Onkels *Toby*, der vom Morgen bis in die Nacht dasaß, und mit dem Korporal freundlich über vergangene Taten sprach, – machte, daß die Arbeit nur dem Namen nach eine solche war.

War dann die Festung auf diese Art vollendet und in den gehörigen Verteidigungsstand gesetzt, – so wurde sie berannt, – und mein Onkel *Toby* und der Korporal begannen ihre erste Parallele zu ziehen. – Ich bitte mich in meiner Geschichte nicht durch die Bemerkung zu unterbrechen, *daß die erste Parallele wenigstens dreihundert Toisen von dem Kern der Festung entfernt sein sollte; – und daß ich nicht einen Zoll hierfür übriggelassen habe;* – denn mein Onkel *Toby* nahm sich die Freiheit seinen Küchengarten beizuziehen, um seine Werke auf dem Rasen desto größer machen zu können. So zog er seine erste und zweite Parallele in der Regel zwischen zwei Reihen seines Weißkohls und seines Blumenkohls; die Zuträglichkeit und Unzuträglichkeit dieser Maßregel wird ausführlich in der Geschichte von den Feldzügen meines Onkels *Toby* und des Korporals erörtert werden, von welcher das, was ich jetzt schreibe, nur eine Skizze ist, und diese letztere wird, wenn ich richtig rechne, auf drei Seiten beendigt sein (doch Gewisses weiß man nicht). – Die Feldzüge selbst nehmen ebenso viele Bücher in Anspruch, und deshalb fürchte ich, wenn ich sie, wie ich einmal beabsichtigte, dem Kern des Werkes einverleiben wollte, so hieße dies ein so großes Gewicht von einer einzigen Stoffgattung an eine so schwache Arbeit wie die vorliegende ist, hängen; – sie werden deshalb wohl besser besonders gedruckt. – Doch wollen wir dies noch näher überlegen; – einstweilen empfangen Sie die nachfolgende Skizze derselben: –

22. Kapitel

Wenn die Stadt mit ihren Befestigungen fertig war, begannen mein Onkel *Toby* und der Korporal die erste Parallele zu ziehen, – nicht aufs Geratewohl – sondern von denselben Punkten aus, und in denselben Entfernungen, wie die Alliierten die ihrige begonnen hatten; wobei sie ihre Laufgräben und Angriffsarbeiten nach den Nachrichten gestalteten, die mein Onkel *Toby* den Zeitungen entnahm, so daß sie die ganze Belagerung über gleichen Schritt mit den Alliierten hielten.

Wenn der Herzog von *Marlborough* eine Verschanzung nahm, – machte mein Onkel *Toby* ebenfalls eine: – und wenn die Face einer Bastion zusammengeschossen oder irgendein Verteidigungsmittel zerstört wurde, – nahm der Korporal seine Hacke und tat dasselbe, – und so fort; – wobei sie allmählich Boden gewannen und sich eines Werkes nach dem andern bemächtigten, bis die Stadt in ihre Hände fiel.

Für einen, der sich an der Glückseligkeit anderer erfreut, gab es keinen herrlicheren Anblick auf der Welt, als wenn er an einem Posttag, wo der Herzog von *Marlborough* eine gangbare Bresche im Hauptwall der Festung hergestellt hatte, – hinter der Hagenbuchenhecke stand und zusah, wie angenehm erregt mein Onkel *Toby*, mit seinem *Trim* hinter sich, anrückte – der erstere mit der Zeitung in der Hand, – der letztere mit einem Spaten auf der Schulter, um den Inhalt jener auszuführen. – Welch ein ehrlicher Triumph lag in den

Blicken meines Onkels *Toby,* wenn er dann auf den Wall stieg! welch inniges Vergnügen schwamm in seinem Auge, wenn er oberhalb des Korporals stand und diesem, während er arbeitete, den Zeitungsabschnitt zehnmal vorlas, damit er die Bresche nicht zufällig um einen Zoll zu weit oder zu eng machte! – Wenn aber die Schamade geschlagen wurde, und der Korporal meinem Onkel die Bresche hinaufhalf und ihm mit der Fahne in der Hand folgte, um diese auf den Wall zu pflanzen – Himmel! Erde und Meer! – doch was helfen hier Ausrufungen! – mit allen euern nassen oder trockenen Elementen habt ihr niemals einen so berauschenden Trank gemischt.

In diesem glückseligen Fahrwasser bewegten sich mein Onkel *Toby* und *Trim* viele Jahre lang ohne Unterbrechung, ausgenommen der Wind wehte einmal acht oder zehn Tage lang anhaltend aus Westen, was die *flandrische* Post zurückhielt und jene so lange auf die Folter spannte, – aber immerhin auf die Folter der Glücklichen! – in diesem Fahrwasser also bewegten sie sich lange, während jedes Jahr, bisweilen jeder Monat eine Erfindung des einen oder andern brachte, wodurch ihre Operationen eine neue Wendung oder Verbesserung gewannen, in deren Ausführung sich dann neue Quellen des Vergnügens eröffneten.

Der Feldzug des ersten Jahres wurde von Anfang bis zu Ende in der angeführten schlichten, einfachen Methode durchgeführt.

Im zweiten Jahre, wo mein Onkel *Toby Lüttich* und *Roermond* eroberte, glaubte er sich die Ausgabe für vier schöne Zugbrücken erlauben zu dürfen. Von zweien derselben habe ich im ersten Teil meines Werkes eine genaue Beschreibung geliefert.

Gegen Ende desselben Jahres fügte er ein paar Tore mit Fallgattern hinzu: – diese letzteren wurden später in sogenannte Orgeln als die besseren Torgatter verwandelt. Im Winter des gleichen Jahres beschenkte sich mein Onkel *Toby,* statt mit einem neuen Anzug, den er sonst immer um Weihnachten anschaffte, mit einem schönen Schilderhaus, das er in der Ecke des Rasens aufstellte, zwischen welchem Punkte und dem Fuß des Glacis eine kleine Esplanade gelassen wurde, wo er und der Korporal miteinander Besprechungen und Kriegsrat abhalten konnten.

– Das Schilderhaus sollte für Regentage dienen.

All diese Dinge wurden im nächsten Frühjahr dreimal weiß angestrichen, so daß mein Onkel den Feldzug mit größerem Glanze eröffnen konnte.

Mein Vater pflegte oft zu *Yorick* zu sagen, wenn irgendein Sterblicher außer seinem Bruder *Toby* so etwas angestellt hätte, so würde es von der ganzen Welt für eine der feinsten Satiren auf die parademäßige, prahlerische Art angesehen worden sein, wie *Ludwig* XIV. seit Anfang des Kriegs, besonders aber in gedachtem Jahre zu Felde gezogen war. – Aber es liegt nicht in der Natur meines Bruders *Toby*, dieser menschenfreundlichen Seele, irgend jemand zu kränken, pflegte mein Vater hinzuzufügen.

– Doch fahren wir fort.

23. Kapitel

Ich muß bemerken, daß obschon im Feldzug des ersten Jahres das Wort *Stadt* öfters vorkommt, – sich doch damals noch keine Stadt in dem Polygon befand. Dieser Zusatz kam erst in dem Sommer, welcher auf den Frühling folgte, wo die Brücken und das Schilderhaus gemalt wurden, also im dritten Jahre der Feldzüge meines Onkels *Toby*. – Als nämlich um diese Zeit nacheinander *Amberg*, *Bonn* und *Rheinsberg*, *Huy* und *Limburg* erobert wurden, fuhr dem Korporal der Gedanke in den Kopf, daß es etwas sehr Unsinniges wäre von so vielen Städten zu sprechen, ohne daß man eine Stadt habe, die dafür gelten könne. Er schlug daher meinem Onkel *Toby* vor, eine kleine Musterstadt bauen zu lassen – die aus tannenen Latten aufgeschlagen und dann gemalt und in das innere Polygon gesetzt würde, wo sie dann für alle Fälle dienen könnte.

Mein Onkel *Toby* erkannte augenblicklich das Richtige dieses Vorschlags und genehmigte die Ausführung sogleich, fügte jedoch noch zwei eigene Verbesserungen bei, auf die er fast ebenso stolz war, wie wenn er das Projekt selbst erfunden hätte.

Die eine bestand darin, daß die Stadt genau in dem Stile derjenigen erbaut werden sollte, die sie voraussichtlich vorzustellen haben würde; – also mit Gitterfenstern, die Giebel gegen die Straße gekehrt usw. – wie in *Gent, Brügge* und den übrigen Städten in *Brabant* und *Flandern.*

Die andere ging dahin, daß die Häuser nicht in einem Stück aufgestellt werden sollten, wie der Korporal gemeint hatte, sondern jedes für sich, so daß sie dem Plane jeder einzelnen Stadt entsprechend, hingesetzt oder weggenommen werden konnten. – Die Sache wurde sogleich in Angriff genommen, und mein Onkel *Toby* und der Korporal tauschten zahlreiche Blicke gegenseitiger Beglückwünschung, als der Zimmermann ans Werk ging.

– Die Vorkehrung entsprach im nächsten Sommer ihrem Zwecke auf eine wundervolle Art: – die Stadt war ein wahrer *Proteus.* – Sie stellte *Landen* und *Trarbach, Santvliet, Drusen* und *Hagenau* vor, – dann war sie wieder *Ostende* und *Menin, Ath* und *Dendermonde.*

– Wahrlich seit *Sodom* und *Gomorrah,* hat niemals eine STADT so viele Rollen gespielt, wie die Stadt meines Onkels *Toby.*

Im vierten Jahr meinte mein Onkel *Toby* eine Stadt sähe lächerlich aus ohne Kirche; er fügte daher eine sehr schöne mit einem Kirchturm bei. – *Trim* war für Glocken darin. – Aber mein Onkel *Toby* sagte, das Metall würde besser zum Guß von Kanonen verwendet.

Dies führte dazu, daß im nächsten Feldzug ein halbdutzend bronzene Feldgeschütze angeschafft wurden, die je zu drei auf jeder Seite des Schilderhauses aufgepflanzt wurden; – bald wurde der Artillerietrain größer und größer – (wie dies immer in allen Steckenpferdgeschichten passiert) – und von Geschützen von ½ Zoll Kaliber kam es endlich bis zu meines Vaters Kanonenstiefeln.

Im nächsten Jahre, wo *Lille* belagert wurde und gegen dessen Schluß hin *Gent* und *Brügge* in unsere Hände fielen, – war mein Onkel *Toby* in großer Betrübnis wegen Mangels an einer geeigneten Munition – ich sage geeigneten Munition, – denn seine schwere Artillerie war nicht für Pulver eingerichtet, und es war gut für die Familie *Shandy,* daß dies so war: – denn die Zeitungen waren vom Anfang der Belagerung bis zum Schlusse derselben so voll von dem unausgesetzten Feuer, das die Belagerer unterhielten, und die Einbildungskraft meines Onkels *Toby* war so erhitzt von diesen Berichten, daß er unfehlbar sein Hab und Gut verschossen haben würde.

Es war daher irgendein Surrogat nötig, besonders in einigen der heftigsten Momenten der Belagerung, um der Phantasie das Bild eines beständigen Feuerns zu gewähren; dieses Surrogat stellte der Korporal, dessen Hauptstärke auf dem Gebiete der Erfindung lag, durch ein ganz neues von ihm entdecktes System der Beschießung her, – ohne welches die militärischen Kritiker diesen Punkt bis ans Ende der Welt als eine der großen Lücken im Apparat meines Onkels *Toby* bezeichnet haben würden.

Dieser Umstand wird nicht schlechter erklärt werden, wenn ich, wie dies überhaupt meine Gewohnheit ist, etwas weiter aushole.

24. Kapitel

Unter einigen an sich geringfügigen, aber merkwürdigen Sachen, die der arme *Tom,* der unglückliche Bruder des Korporals, diesem bei Anzeige seiner Verheiratung mit der Judenwitwe geschickt hatte, – befanden sich eine *Montero*-Mütze und zwei *türkische* Tabakspfeifen.

Die *Montero*-Mütze werde ich gelegentlich beschreiben. – Die *türkischen* Tabakspfeifen hatten nichts Besonderes; sie waren wie gewöhnlich mit biegsamen Röhren von Saffianleder und Golddraht versehen und verziert; die eine hatte ein Mundstück von Elfenbein, – die andere von schwarzem, mit Silber beschlagenen Ebenholz.

Mein Vater, der alles von einem anderen Standpunkte aus ansah als die übrige Welt, pflegte zu dem Korporal zu sagen, er habe diese beiden Geschenke mehr als Zeichen von seines Bruders heiklem Wesen als von dessen Liebe zu betrachten. – *Tom* hatte offenbar keine Lust, *Trim,* pflegte er zu sagen, die Mütze eines *Juden* aufzusetzen oder dessen Tabakspfeife zu rauchen. – Aber Euer Gnaden, pflegte der Korporal zu sagen (und gab dabei einen drastischen Grund für das Gegenteil) – wie würde sich denn das reimen?

Die *Montero*-Mütze war scharlachrot, vom feinsten *spanischen* Tuch, und rundherum mit Pelz besetzt, bis etwa vier Zoll an der Vorderseite, die von hellblauem, einfach gesticktem Tuche war. Sie schien einem *portugiesischen* Quartiermeister nicht der Infanterie, sondern der Reiterei, wie das Wort *Montero* andeutet, angehört zu haben.

Der Korporal war nicht wenig stolz darauf, sowohl der Mütze selbst wegen als wegen des Schenkers. Er setzte sie daher auch sehr selten und nur an Festtagen auf. Gleichwohl wurde vielleicht niemals eine *Montero*-Mütze zu so mancherlei Zwecken verwendet; denn bei allen militärischen oder kulinarischen Streitfragen diente sie ihm, vorausgesetzt der Korporal war seiner Sache sicher, als Beschwörungsformel, – oder als Wettgegenstand – oder als Geschenkmittel.

– Diesmal spielte sie die Rolle des Geschenks.

Dem ersten besten Bettler, der vor unsere Türe kommt, schenke ich meine *Montero*-Mütze, sagte der Korporal zu sich selbst, wenn ich diese Sache nicht zur Befriedigung Seiner Gnaden verrichte.

Schon am nächsten Morgen hatte er die Sache fertig; es war dies der Tag, da die Kontereskarpe zwischen der unteren *Deule* und dem Tor von St. *Andreas* zur Rechten, – und zwischen dem St. *Magdalenentor* und dem Flusse zur Linken erstürmt wurde.

Da dies der denkwürdigste Angriff im ganzen Kriege, – das tapferste und hartnäckigste Gefecht von beiden Seiten – und auch das blutigste war (denn es kostete die Alliierten an diesem Morgen über 1100 Mann), – so bereitete sich mein Onkel *Toby* mit einer mehr als gewöhnlichen Feierlichkeit darauf vor.

Als mein Onkel am Abend zuvor zu Bette ging, befahl er, man solle seine Rémailleperücke, welche mit der inneren Seite nach außen viele Jahre lang in der Ecke eines alten Feldkoffers gelegen hatte, der neben seinem Bette stand, herausnehmen und für den nächsten Morgen bereit auf den Kofferdeckel legen. Das Allererste, was mein Onkel *Toby*, nachdem er das Bett verlassen hatte, noch im Hemde tat, war, daß er die rauhe Seite nach außen kehrte und sie aufsetzte. – Nachdem dies geschehen war, ging er an seine Hosen; kaum hatte er den Hosenbund zugeknöpft, so band er sein Degenkoppel um und hatte bereits den Degen halb hineingesteckt, – als ihm beifiel, daß er sich vorher rasieren sollte, und daß es sehr unpassend wäre, wenn er dies mit dem Degen an der Seite täte, – er nahm ihn deshalb ab. – Als er nachher die Uniform und die Weste anziehen wollte, fand mein Onkel *Toby* das gleiche Hindernis an der Perücke, – so wurde auch diese abgenommen. – Auf diese Art wurde es, teils aus diesem teils aus jenem Grunde, wie dies immer geschieht, wenn man sehr pressiert, – zehn Uhr (somit eine halbe Stunde später als gewöhnlich), bis mein Onkel *Toby* ausrückte.

25. Kapitel

Mein Onkel *Toby* war kaum um die Ecke der Eibenhecke herum, welche seinen Küchengarten von seinem Rasen trennte, als er sah, daß der Korporal den Angriff ohne ihn begonnen hatte. –

Erlauben Sie mir, daß ich hier halte und Ihnen ein Bild von dem Apparat des Korporals und von dem Korporal selbst auf dem Höhepunkt seines Angriffs entwerfe, geradeso wie es meinem Onkel *Toby* in die Augen fiel, als er sich dem Schilderhause zuwendete, wo der Korporal an der Arbeit war, – denn die ganze Natur hat nichts dergleichen aufzuweisen, – und selbst eine Vereinigung alles dessen, was in ihren Werken grotesk und sonderbar ist, vermochte nichts Ähnliches zustandezubringen.

Der Korporal –

– Tretet leicht auf seinen Staub – ihr Männer des Genies, – denn er war euer Anverwandter.

Macht sein Grab von Unkraut rein, ihr Männer der Herzensgüte, – denn er war euer Bruder. – O Korporal! wenn ich dich jetzt hätte, – jetzt, wo ich imstande wäre dir ein Mittagessen und meinen Schutz zu gewähren, – wie wollte ich dir wohltun! Du solltest deine *Montero*-Mütze jede Stunde des Tags und jeden Tag der Woche tragen; – und wenn sie abgenützt wäre, wollte ich dir ein paar ganz gleicher Mützen machen lassen. – Aber ach! ach! ach! jetzt, da ich dies trotz der hochwürdigen Herren tun könnte, – ist die Gelegenheit dahin, – denn du selbst bist dahin; – dein Genius ist zu den Sternen hinaufgeflogen, von woher er kam; – und dein warmes Herz mit all seinen edeln und offenen Gefäßen ist in eine *Scholle dieses Jammertales* zusammengeschrumpft!

Doch was – was ist dies gegen jenes künftige, von mir gefürchtete Blatt, wo ich auf das samtene Leichentuch blicke, das geschmückt ist mit den militärischen Insignien deines Herrn, – des ersten, – des besten aller Erschaffenen; – wo ich dich, den treuesten Diener, sehe, wie du mit zitternder Hand seinen Degen und die Scheide kreuzweis über den Sarg legst, und dann aschgrau wieder zur Türe gehst, um sein Trauerpferd am Zügel zu nehmen, und damit seinem Leichenwagen zu folgen, wie er dich angewiesen hat; – wo mein Vater trotz all seiner Systeme von seinem Schmerz vernichtet ist; wo ich ihn sehe, wie er trotz all seiner Philosophie beim Betrachten des lackierten Wappenschilds zweimal seine Brille von der Nase nimmt, um den Tau abzuwischen, den die Natur darauf gehaucht hat; wo ich sehe, wie er den Rosmarin mit einer trostlosen Miene hinabwirft, die mir ins Ohr schreit: – O *Toby!* in welchem Winkel der Welt finde ich deinesgleichen?

– Ihr gütigen Mächte! die ihr einst die Lippen des Stummen in seiner Not geöffnet und die Zunge des Stammelnden richtig sprechen gemacht habt – zeigt mir, wenn ich an jenes gefürchtete Blatt komme, keine karge Hand.

26. Kapitel

Der Korporal, welcher am Abend vorher beschlossen hatte, das große *Desideratum* zu ersetzen und irgend etwas ausfindig zu machen, wodurch ein ununterbrochenes Feuer auf den Feind während der Hitze des Angriffs markiert werden könnte, – kam auf keine geringere Idee als aus einem der sechs Feldgeschütze meines Onkels *Toby*, die zu beiden Seiten des Schilderhauses aufgestellt waren, gegen die Stadt Tabaksrauch zu dampfen; und da ihm zugleich die Mittel und Wege einfielen, wie er dies bewirken könnte, so hatte er, trotzdem er seine Mütze gewettet hatte, keine Angst, daß er sie durch Mißlingen seines Projekts verlieren könnte.

Indem er die Sache nämlich im Geiste hin und her überlegte, kam er bald darauf, daß er mittelst seiner zwei *türkischen* Tabakspfeifen, nebst drei kleineren Röhren von Waschleder die er an das untere Ende einer jeden befestigte und die durch die gleiche Zahl zinnerner Pfeifen mit den Zündlöchern verbunden und dort mit Lehm verkittet, an ihren einzelnen Einlässen in die Saffianröhre aber mit gewichster Seide hermetisch verschlossen wurden, – die sechs Feldgeschütze auf einmal und so leicht wie ein einziges würde abfeuern können. –

– Wer wollte leugnen, daß nicht aus den geringsten, unbedeutendsten Dingen irgendein Funken zu Erweiterung des menschlichen Wissens gewonnen werden könne! Wer, der meines Vaters erstes und zweites *Lit de justice* gelesen hat, möchte aufstehen und leugnen, daß aus dem Zusammenstoß irgendwelcher Art von Körpern sich nicht ein Licht entwickeln könnte, welches geeignet wäre, Künste und Wissenschaften zur Vervollkommnung zu führen. – Du weißt es, o Himmel, wie ich die letztere liebe, – du kennst die Geheimnisse meines Herzens, du weißt, – daß ich augenblicklich mein Hemd hingäbe – du bist ein Esel, *Shandy,* sagte *Eugenius,* du hast ja nur ein Dutzend, – das würde ja deine Garnitur verderben. –

Tut nichts, *Eugenius!* ich gäbe das Hemd vom Leibe und ließ es zu Zunder verbrennen, wäre es auch nur um einen eifrigen Forscher zu befriedigen, der gerne herausbrächte, wie viele Funken ein guter Feuerstein und Stahl auf einen guten Schlag in sein Hinterteil hineinjagen könnte. – Glauben Sie nicht, daß bei diesem Hineinjagen – zufällig auch etwas herausgejagt werden könnte? Gerade wie bei der Kanone. –

– Doch dieses Projekt will ich nur beiläufig berührt haben.

Der Korporal brachte den besten Teil der Nacht damit zu, das seinige zur Ausführung zu bringen; und nachdem er mit seiner Kanone eine genügende Probe gemacht und sie bis zur Mündung mit Tabak geladen hatte – legte er sich mit Befriedigung zu Bette.

27. Kapitel

Der Korporal war etwa zehn Minuten vor meinem Onkel *Toby* hinausgeschlüpft, um seinen Apparat zu befestigen und dem Feind einen oder zwei Schüsse zu geben, ehe mein Onkel *Toby* käme.

Zu dem Ende hatte er die sechs Feldgeschütze in Front vor meines Onkels *Toby* Schilderhaus nebeneinander aufgefahren, und nur einen Zwischenraum von etwa 1 ½ Ellen zwischen den dreien des rechten und des linken Flügels gelassen, um besser laden zu können, – vielleicht auch um zwei Batterien anzudeuten, was ihm doppelt soviel Ehre einbringen könnte.

Der Korporal hatte wohlweislich seine Stellung dahinter, mit dem Gesicht gegen den Zwischenraum und dem Rücken gegen die Türe des Schilderhauses um nicht in die Flanke genommen zu werden. – Er hielt den elfenbeinernen Mundspitz, der zur Batterie des rechten Flügels gehörte, zwischen Daumen und Zeigefinger der rechten Hand, – den mit Silber beschlagenen Ebenholzmundspitz aber, der zur Batterie des linken Flügels gehörte, zwischen Daumen und Zeigefinger der linken; – und das rechte Knie fest gegen den Boden gestemmt, als ob er sich im ersten Glied seiner Abteilung befände, war der Korporal mit der *Montero*-Mütze auf dem Kopfe hitzig damit beschäftigt, seine beiden Kreuzbatterien gleichzeitig gegen die Kontergarde, welche die Kontereskarpe deckte, wo an diesem Morgen der Angriff stattfinden sollte, spielen zu lassen. – Er hatte, wie gesagt, anfangs nur die Absicht gehabt, dem Feind einen oder zwei Püffe zu geben; – aber die Freude an diesen Püffen und am Puffen selbst hatte den Korporal bald überwältigt, so daß er, als mein Onkel *Toby* anlangte, sich bereits auf dem Höhepunkt des Angriffs befand und Puff auf Puff versandte.

Es war gut für meinen Vater, daß mein Onkel *Toby* an diesem Tage nicht sein Testament machte.

George Cruikshank

28. Kapitel

Mein Onkel *Toby* nahm dem Korporal den elfenbeinernen Mundspitz aus der Hand; – betrachtete ihn eine halbe Minute und gab ihn ihm dann zurück.

Es waren nicht zwei Minuten vergangen, so nahm mein Onkel *Toby* den Mundspitz abermals und brachte ihn bis auf den halben Weg zum Munde, – dann gab er ihn ihm abermals hastig wieder zurück.

Der Korporal verdoppelte den Angriff; – mein Onkel *Toby* lächelte, – dann sah er wieder ernst drein, – dann lächelte er wieder einen Augenblick, – dann schaute er längere Zeit sehr ernst aus. – Gib mir einmal den Elfenbeinmundspitz, *Trim*, sagte mein Onkel *Toby*. – Mein Onkel *Toby* nahm ihn an die Lippen – zog ihn wieder zurück, – warf einen Blick über die Hagebuttenhecke. – Nie in seinem Leben wässerte meinem Onkel *Toby* der Mund so nach einer Pfeife. – Mein Onkel *Toby* zog sich mit seinem Mundspitz in der Hand nach dem Schilderhaus zurück.

– Teurer Onkel *Toby!* geh nicht mit dem Mundspitz in das Schilderhaus: – es ist einem Menschen nicht zu trauen, wenn er in einem solchen Winkel ein solches Ding in der Hand hat.

29. Kapitel

Ich bitte den Leser mir behilflich zu sein, die Artillerie meines Onkels *Toby* hinter die Szene zu fahren, – sein Schilderhaus zu entfernen und die Bühne womöglich von Hornwerken und Halbmonden zu befreien, und auch den übrigen militärischen Apparat aus dem Wege zu schaffen. – Wenn dies geschehen ist, mein lieber Freund *Garrick*, wollen wir die Lichter putzen, – die Bühne mit einem neuen Besen kehren, – den Vorhang aufziehen und meinen Onkel *Toby* in einem neuen Charakter erscheinen lassen, von dem sich die Welt keinen Begriff machen kann, wie er ihn spielen wird und doch, wenn das Mitleid mit der Liebe verwandt, – und Tapferkeit dieser nicht fremd ist, so haben Sie genug von meinem Onkel *Toby* in diesen Richtungen gesehen, um die Familienähnlichkeit zwischen den beiden Leidenschaften (falls eine solche besteht) nach Herzenslust zu verfolgen.

Eitle Wissenschaft! du hilfst uns in solchen Fällen gar nichts, – und verwirrst uns in jedem.

Verehrte Leserin, mein Onkel *Toby* besaß eine Herzenseinfalt, die ihn so weit ab von den kleinen Schlangenpfaden führte, in welchen Dinge dieser Art in der Regel gehen, daß Sie es sich durchaus nicht vorstellen können. Dabei war seine Art zu denken so einfach und schlicht, er besaß eine so arglose Unwissenheit von den Falten des weiblichen Herzens, und stand (wenn ihm nicht eine Belagerung im Kopf war) so nackt und schutzlos vor Ihnen, daß Sie ruhig in einen Ihrer Schlangenwege treten und meinen Onkel *Toby* zehnmal täglich durch die Leber hätten schießen können; wenn Sie nicht mit neunmal Ihren Zweck erreicht hätten, Madame.

Bei all dem, Madame, – und dadurch wurde andererseits wieder alles und jedes so verwirrt – besaß mein Onkel *Toby* jene beispiellose natürliche Züchtigkeit, von der ich Ihnen schon erzählt habe, und die beiläufig gesagt, beständig Schildwache vor seinen Gefühlen stand, so daß Sie ebensogut – doch wo gerate ich hin? Diese Betrachtungen kommen mir wenigstens zehn Seiten zu frühe und nehmen die Zeit weg, die ich auf die Schilderung von Tatsachen verwenden sollte.

30. Kapitel

Von den wenigen echten Adamssöhnen, deren Brust niemals den Stachel der Liebe fühlte – (wobei in erster Linie festgehalten wird, daß alle Weiberfeinde Bastarde sind), – haben die größten Helden der alten und neueren Geschichte $^9/_{10}$ der

Ehre für sich in Anspruch genommen; und ich wollte um ihretwillen, ich hätte den Schlüssel zu meinem Studierzimmer nur auf fünf Minuten aus dem Ziehbrunnen, um Ihnen ihre Namen sagen zu können; – erinnern kann ich mich ihrer nicht, – begnügen Sie sich daher vorläufig mit den folgenden:

Da war der große König *Aldovrandus* und *Bosphorus*, *Cappadocius* und *Dardanus* und *Pontus* und *Asius*, – nicht zu vergessen den eisernen *Karl* XII., mit dem selbst die Gräfin von *Königsmark* nichts anfangen konnte. – Da waren *Babylonicus* und *Mediterraneus*, und *Polixenes* und *Persicus* und *Prusicus;* von denen nicht einer (mit Ausnahme von *Cappadocius* und *Pontus*, die beide etwas verdächtig sind) sich jemals zur Brust der Göttin hinabneigte. – Die Wahrheit zu sagen, hatten sie alle etwas anderes zu tun; – und das war auch bei meinem Onkel *Toby* der Fall, – bis das Schicksal, – ich sage das Schicksal ihn um den Ruhm beneidete, daß sein Name mit *Aldovrandus* und den übrigen der Nachwelt überliefert würde, – und so schändlicherweise den Frieden von *Utrecht* zusammenflickte.

– Sie dürfen mir glauben, meine Herrn, daß dies die heimtückischste Tat war, die es in jenem Jahre verübt.

31. Kapitel

Unter den vielen schlimmen Folgen des Vertrags von *Utrecht* war auch die, daß er meinem Onkel *Toby* nahezu einen Ekel vor Belagerungen einflößte, und obschon er später seinen Appetit dazu wieder bekam, ließ doch *Calais* selbst keine tiefere Wunde in Marias Herz, als *Utrecht* in dem meines Onkels *Toby*. Bis zu seines Lebens Ende konnte er den Namen *Utrecht* bei keiner Veranlassung nennen hören – ja sogar nicht einmal einen aus der *Utrechter* Zeitung stammenden Artikel lesen, ohne daß er einen herzbrechenden Seufzer ausstieß.

Mein Vater, der ein großer MOTIVKRÄMER und deshalb eine

sehr gefährliche Person war, zu der man sich weder, wenn man lachte noch wenn man weinte, ohne Bedenken setzen konnte, – denn er wußte in der Regel den Grund warum man das eine oder das andere tat weit besser als der Betreffende selbst – pflegte bei solchen Anlässen meinen Onkel *Toby* immer in einer Weise zu trösten, aus der klar hervorging, er meine, mein Onkel *Toby* sei nur deshalb so sehr über die ganze Sache betrübt, weil sie ihn um sein *Steckenpferd* brachte. – Nimm dirs nicht zu Herzen, Bruder *Toby*, pflegte er zu sagen, – mit Gottes Hilfe wird ja bald wieder ein neuer Krieg ausbrechen; und wenn das geschieht – so können die kriegführenden Mächte uns, und wenn sie sich hängen wollten, nicht aus dem Spiele lassen. – Ich möchte sehen, mein lieber *Toby*, setzte er dann hinzu, wie sie Länder wegnehmen wollen, ohne Städte zu nehmen, – und wieder Städte, ohne sie zu belagern.

Mein Onkel *Toby* nahm diesen hinterrücks geführten Hieb, den mein Vater hiermit seinem Steckenpferd versetzte, jedesmal ungnädig auf. – Er hielt den Hieb nicht für edel, um so weniger als er mit dem Pferd stets auch den Reiter traf und zwar an der unehrenhaftesten Stelle, die ein Hieb treffen konnte, so daß er bei solchen Gelegenheiten stets seine Pfeife auf den Tisch legte, um sich mit größerem Feuer als gewöhnlich zu verteidigen. Ich sagte dem Leser vor zwei Jahren, mein Onkel *Toby* sei nicht beredt gewesen und gab auf der gleichen Seite ein Beispiel vom Gegenteil. Ich wiederhole die Bemerkung und bringe zugleich eine Tatsache, die ihr abermals widerspricht. – Er war nicht beredt – es war für meinen Onkel *Toby* nichts Leichtes eine lange Rede zu halten – er haßte einen blühenden Stil; aber es gab Momente, wo der Strom den Mann mitriß und so gegen seinen gewöhnlichen Lauf ging, daß mein Onkel *Toby* eine Zeitlang und stellenweise wenigstens dem Tertullus gleich kam, an andern Stellen ihn aber nach meiner Ansicht weit übertraf.

Mein Vater fand an einer dieser apologetischen Reden meines Onkels *Toby*, die derselbe eines Abends vor ihm und

Yorick losgelassen hatte, ein solches Gefallen, daß er sie vor Schlafengehen niederschrieb.

Ich hatte das Glück, sie unter den Papieren meines Vaters zu finden; er hatte ihr an einigen Stellen eigene zwischen zwei Klammern ( ) gesetzte Bemerkungen beigefügt und sie alle überschrieben:

Rechtfertigung meines Bruders TOBY *in Beziehung auf seine Grundsätze und sein Benehmen, weil er die Fortsetzung des Krieges wünscht.*

Ich darf wohl sagen, daß ich diese apologetische Rede meines Onkels *Toby* hundertmal gelesen habe, und halte sie für ein so schönes Muster einer Verteidigung, und glaube, daß sie von einer so liebenswürdigen Vereinigung von Tapferkeit und guten Grundsätzen in ihm zeugt, daß ich sie der Welt Wort für Wort (auch mit den Einschiebseln), wie ich sie fand, vorlege.

32. Kapitel

Die apologetische Rede meines Onkels TOBY

Ich weiß recht gut, Bruder *Shandy*, daß, wenn ein Mann, dessen Beruf das Waffenhandwerk ist, den Krieg wünscht, wie ich es getan habe, – es vor der Welt keine gute Wirkung macht; – und daß wie gerecht und wahr auch seine Beweggründe und Absichten hierbei sein mögen, – er sich in einer unbehaglichen Stellung befindet, wenn er zur Rechtfertigung seiner Handlung Privatansichten anführt.

Wenn daher ein Soldat klug ist, was er sein kann, ohne um ein Jota weniger brav zu sein, wird er wohl daran tun, seinen Wunsch nicht vor den Ohren eines Feindes zu äußern; denn er mag sagen was er will, ein Feind wird ihm nicht glauben. – Er wird sich sogar in acht nehmen müssen, es vor einem Freund zu tun, – damit er nicht in dessen Achtung sinke. Wenn aber sein Herz übervoll ist, und ein geheimer Seufzer nach kriegerischer Tätigkeit sich durchaus Luft machen muß, so wird er ihn für das Ohr eines Bruders aufbewahren, der seinen Charakter von Grund aus kennt, und der weiß, welches seine wahren Anschauungen, Gesinnungen und Grundsätze sind. Was ich, wie ich hoffe, in allen diesen Richtungen gewesen bin, Bruder *Shandy*, ziemt sich nicht für mich auszusprechen; – ich weiß, ich war weit schlimmer als ich hätte sein sollen, – aber vielleicht etwas schlimmer als ich glaube; aber so wie ich bin, wirst du, mein lieber Bruder *Shandy*, der du an derselben Brust mit mir gelegen hast, – mit dem ich von der Wiege an aufgezogen worden bin, – und vor dem ich von den ersten Stunden unserer jugendlichen Vergnügungen bis heute keine Handlungen meines Lebens und kaum einen Gedanken in demselben verheimlicht habe, – so sage ich, wie ich bin, wirst du mich jetzt mit all meinen Fehlern und Schwächen kennen, entspringen sie nun meinem Alter, meiner Gemütsart, meinen Leidenschaften oder meinem Verstand.

Sag mir nun, mein lieber Bruder *Shandy*, welcher dieser Momente gab den Grund ab, daß du, als ich den Frieden von *Utrecht* verdammte und es bedauerte, daß der Krieg nicht mit Energie noch etwas weiter fortgeführt wurde, daß du glauben konntest, dein Bruder tue dies aus unwürdigen Motiven; oder, als er die Fortsetzung des Krieges wünschte, sei er schlecht genug gewesen, um zu wünschen, daß noch mehr seiner Mitgeschöpfe erschlagen, – zu Sklaven gemacht, – noch mehr Familien aus ihren friedlichen Wohnungen vertrieben würden, und zwar lediglich um seines Vergnügens willen. – Sag mir, Bruder *Shandy*, was habe ich angestellt, worauf du diese Ansicht begründest? *(Dem Teufel hast du etwas angestellt, lieber Toby, aber ausgestellt hast du: nämlich einen Schein über hundert Pfund, die ich dir zur Fortsetzung der verwünschten Belagerungen lieh.)*

War es meine Schuld, daß ich schon als Schuljunge keine Trommel schlagen hören konnte, ohne daß mein Herz ebenfalls schlug? – Habe ich mir diese Neigung eingepflanzt? – Habe ich den Alarm in mir geschlagen oder die Natur?

Als der Graf *Guy* von *Warwick*, und *Parismus* und *Parismenus*,

Valentin und *Orson* und die sieben *Haimonskinder* in der Schule herumgingen, – habe ich sie nicht alle mit meinem Taschengelde gekauft? – War das eine Handlung der Selbstsucht, Bruder *Shandy?* – Als wir die Belagerung von *Troja* lasen, die zehn Jahre und acht Monate dauerte, – während diese Stadt mit einem Artillerietrain, wie wir ihn vor *Namur* hatten, in acht Tagen eingenommen worden wäre, – war ich nicht von der gegenseitigen Vernichtung der *Griechen* und *Trojaner* mehr aufgeregt als irgendein Knabe in der Schule? – Erhielt ich nicht drei Streiche mit der *ferula,* zwei auf meine rechte Hand und einen auf meine linke, weil ich *Helena* ein liederliches Weibsbild genannt hatte? – Hat einer von euch soviel Tränen um *Hektor* vergossen als ich? – Und als König *Priamus* in das Lager kam, um sich *Hektors* Leichnam zu erbitten und weinend mit ihm nach *Troja* zurückkehrte, – da war ich, wie du wohl weißt, nicht imstande, mein Mittagessen zu verzehren. – Geht daraus hervor, daß ich grausam war? – Oder, Bruder *Shandy,* als mein Blut nach dem Lager flog und mein Herz für den Krieg klopfte, war dies ein Beweis, daß es nicht auch das Elend des Kriegs schmerzlich empfinden könne?

O Bruder, ein anderes ists für den Soldaten Lorbeeren zu sammeln, und ein anderes Zypressen zu streuen *(Wer sagte dir denn, lieber Toby, daß die Alten bei Trauerfällen Zypressen streuten?)* – Ein Soldat, Bruder *Shandy,* kann sein Leben wagen, – zuerst in einen Laufgraben springen, wo er sicher sein darf, in Stücke gehauen zu werden: – er kann aus Vaterlandsliebe und Durst nach Ruhm, zuerst durch eine Bresche eindringen, – in der vordersten Reihe stehen, und mit Trommeln und Trompeten und fliegenden Fahnen tapfer vorrücken, – das kann er, sage ich, Bruder *Shandy;* – aber deshalb kann er doch auch über das Elend des Krieges nachdenken, die Verwüstung ganzer Länder beklagen, – und die unerträglichen Strapazen und Entbehrungen wohl einsehen, denen er selbst, das Instrument, das jene (für sechs Pence täglich, wenn er sie nämlich bekommt) ausführen muß, unterworfen ist.

Mußte man mir sagen, lieber *Yorick,* wie Sie es in Ihrer Leichenrede für *Le Fever* taten, *daß ein so sanftes und edles, zur Liebe, zur Barmherzigkeit und Güte geborenes Geschöpf wie der Mensch hierfür nicht geschaffen sei?* Warum setzten Sie nicht hinzu, *Yorick,* – wenn er auch nicht durch seine Natur hierzu veranlaßt werde, so könne ihn doch die NOTWENDIGKEIT dazu zwingen? – Denn was ist der Krieg? was ist er, *Yorick,* wenn er, wie es bei dem unsrigen der Fall war, für die Grundsätze der Freiheit und der Ehre geführt wurde, – was ist er anders als das Versammeln ruhiger und harmloser Menschen mit dem Degen in der Hand, um die Ehrgeizigen und Ruhestörer in Schranken zu halten? – Und der Himmel ist mein Zeuge, Bruder *Shandy,* daß das Vergnügen, das ich hierbei empfand, – und jenes unendliche Ergötzen insbesondere, das mir meine Belagerungen auf dem Rasen bereiteten, bei mir und wie ich hoffe auch bei dem Korporal daraus entsprang, daß wir beide überzeugt waren, durch Ausführung derselben den großen Zwecken unserer Schöpfung zu entsprechen.

33. KAPITEL

Ich sagte einem christlichen Leser – ich betone einem christlichen Leser und hoffe, daß er einer ist; – wenn er es aber nicht ist, so tut es mir leid um ihn, – und dann bitte ich ihn die Sache bei sich selbst zu überlegen und die Schuld nicht dem Buche allein beizumessen; –

Ich sagte ihm, mein Herr, – denn wahrlich wenn ein Mann eine Geschichte auf die sonderbare Art erzählt, wie ich die meinige erzähle, so ist er beständig genötigt, rückwärts und wieder vorwärts zu laufen, um in der Phantasie des Lesers alles fest beisammenzuhalten; – und wenn ich meinesteils nicht mehr darauf bedacht gewesen wäre als ich es anfangs war, so wären so viele unbestimmte und zweideutige Dinge zum Vorschein gekommen, mit so vielen Lücken und Rissen,

– und hätten die Sterne so wenig genützt, die ich trotzdem an den dunkelsten Stellen aufhängte, weil ich wohl weiß wie leicht die Welt verirrt, trotz all dem Licht, das ihr die Sonne um Mittag schenkt, daß – und nun, sehen Sie, da habe ich schon den Faden verloren! –

– Aber daran ist mein Vater Schuld; und wenn man je einmal mein Gehirn seziert, so wird man ohne Brille entdecken, daß er einen großen ungleichen Faden hineingemacht hat, wie man oft an einem unverkäuflichen Stück Battist sieht, der durch die ganze Länge des Gewebes läuft, und zwar so ungeschickt, daß man kein * * (hier hänge ich wieder ein paar Lichter auf) – keine Binde oder Däumling daraus schneiden kann, ohne daß man jenen sieht oder fühlt. ——

Quanto id diligentius in liberis procreandis cavendum, sagt *Cardan:* – Wenn man das alles in Betracht zieht, so wird man einsehen, daß es für mich moralisch untunlich ist, dies wieder bis zu dem Punkte zurückzudrehen, von wo ich ausgegangen bin. –

Ich fange deshalb lieber das Kapitel noch einmal an.

34. Kapitel

Ich sagte dem christlichen Leser am Anfang desjenigen Kapitels, welches der apologetischen Rede meines Onkels *Toby* vorausgeht, – obwohl in einer anderen Redefigur als ich jetzt benutzen werde – daß der Friede von *Utrecht* beinahe die gleiche Spannung zwischen meinem Onkel *Toby* und seinem Steckenpferd bewirkt habe, wie er es zwischen der Königin und den übrigen verbündeten Mächten tat.

Es gibt eine ärgerliche Art, wie ein Mann bisweilen von seinem Pferde absteigt, gerade als wollte er zu ihm sagen: – Ich will mein Lebtag lieber zu Fuß gehen, Kerl, als daß ich wieder eine einzige Meile auf deinem Rücken zurücklege. – Nun kann man nicht gerade sagen, daß mein Onkel *Toby* auf diese Art abstieg; man konnte genaugenommen hierbei gar nicht von Absteigen reden, – denn sein Roß warf ihn eher ab, – und zwar auf eine ziemlich tückische Weise, so daß es mein Onkel *Toby* noch zehnmal mehr übelnahm. Staatsreitknechte mögen dies ausmachen wie sie belieben; – jedenfalls wurde dadurch, wie gesagt, eine Art Spannung zwischen meinem Onkel *Toby* und seinem Steckenpferd hervorgebracht. – In den Monaten März bis November, das heißt in dem Sommer, wo die Friedensartikel unterzeichnet wurden, machte er deshalb keinen Gebrauch davon, außer, daß er hier und da einen kurzen Ausritt unternahm, um sich zu überzeugen, daß die Befestigungen und der Hafen von *Dünkirchen,* wie es der Friedensvertrag verlangte, geschleift wurden.

Die *Franzosen* waren den ganzen Sommer über so langsam in dieser Sache; und Herr *Tugghe,* der Abgeordnete des Magistrats von *Dünkirchen,* legte der Königin so viele dringende Petitionen vor, – worin er Ihre Majestät anflehte, ihre Donnerkeile nur auf die militärischen Werke fallen zu lassen, die ihr Mißfallen erregt hätten, – aber doch ja die Mole um ihrer selbst willen zu verschonen, die ja dann in ihrer entblößten Lage nur noch ein Gegenstand des Mitleids sein könne; – und die Königin (die nur ein Weib war) besaß ein so mitleidiges Herz, und ihre Minister ebenfalls, und wollten die Stadt nicht ruinieren, daß aus diesen besonderen Gründen * * * * * * * *
* *
* *
* * * so daß das Ganze bei meinem Onkel *Toby* recht langsam vonstatten ging, in der Art, daß erst drei volle Monate, nachdem er und der Korporal die Stadt erbaut und zur Zerstörung hergerichtet hatten, die verschiedenen Kommandanten, Kommissäre, Abgeordneten, Unterhändler und Intendanten ihm gestatteten, daranzugehen. – Ein für ihn verhängnisvoller Zeitraum der Untätigkeit!

Der Korporal war dafür, die Schleifung damit zu beginnen, daß eine Bresche in den Wall oder die Hauptbefestigung der Stadt gemacht würde. – Nein, das wäre nicht das Richtige,

Korporal, sagte mein Onkel *Toby;* denn wenn man auf diese Art ans Werk ginge, wäre die *englische* Garnison nicht eine Stunde sicher in der Stadt: Denn wenn die *Franzosen* verräterisch wären, – Sie sind verräterisch wie der Teufel, Euer Gnaden, sagte der Korporal. – Es tut mir immer wehe, wenn ich das hören muß, *Trim,* sagte mein Onkel *Toby,* – denn es fehlt ihnen nicht an persönlicher Bravour; aber wenn eine Bresche in den Wall gemacht würde, so könnten sie eindringen, und sich der Festung bemeistern, wann es ihnen gefiele – Sie sollen nur hereinkommen, rief der Korporal und schwang seinen Spaten mit beiden Händen, als ob er damit um sich hauen wollte; – sie sollen nur hereinkommen, Euer Gnaden, wenn sie es wagen. – In solchen Fällen, Korporal, sprach mein Onkel *Toby,* ließ seine rechte Hand bis zur Mitte seines Stocks herabgleiten und faßte diesen dann mit ausgestrecktem Zeigefinger wie einen Kommandostab, – hat der Kommandant nicht zu erwägen, was der Feind wagen oder nicht wagen werde; er muß vielmehr unter allen Umständen mit Vorsicht handeln. Wir beginnen daher mit den Außenwerken, sowohl nach der Seeseite als nach der Landseite und besonders mit Fort *Louis,* dem entferntesten Werk, und schleifen dieses zuerst; – die übrigen schleifen wir eins ums andere, rechts und links, in dem Maße als wir uns nach der Stadt zurückziehen; – dann schleifen wir die Mole, – füllen hierauf den Hafen auf, – ziehen uns in die Zitadelle zurück, und sprengen diese in die Luft. Wenn dies geschehen ist, Korporal, schiffen wir uns nach *England* ein. – Da sind wir bereits, bemerkte der Korporal, der zu sich selbst kam. – Es ist auch wahr! versetzte mein Onkel *Toby* – und sah nach der Kirche.

35. Kapitel

Ein paar solcher köstlicher illusionsreicher Beratungen zwischen meinem Onkel *Toby* und *Trim* über die Schleifung von

Dünkirchen, – führte für einen Augenblick den Gedanken an jene Freuden zurück, die ihm nun entschlüpfen sollten. – Aber noch immer ging alles langsam vorwärts; der alte Zauber drückte nur um so mehr auf das Gemüt; STILLE und SCHWEIGSAMKEIT glitten in das einsame Wohnzimmer und warfen ihren erstarrenden Mantel über das Haupt meines Onkels *Toby;* Verdrossenheit mit ihren schlaffen Zügen, ihrem unsteten Blick setzte sich ruhig neben ihn, wenn er in seinem Armstuhl saß. Jetzt jagte ihm nicht mehr *Amberg* und *Rheinsberg, Limburg* und *Huy* und *Bonn* in dem einen Jahr, und der Prospekt von *Landen* und *Trarbach,* von *Drusen* und *Dendermonde* im andern – das Blut durch die Adern; nicht länger hielten Sappen und Minen und Blendierungen, Schanzkörbe und Palissaden jenen schönen Feind der Ruhe des Menschen ab; – nicht mehr konnte mein Onkel *Toby,* wenn er die *französischen* Linien, während er sein Ei zum Nachtessen verzehrte, passiert hatte, von da in das Herz von *Frankreich* einbrechen, die *Oise* überschreiten, und durch die total offene *Picardie* auf die Tore von *Paris* losmarschieren, und mit Ruhmesgedanken in Schlaf sinken: – er träumte jetzt nicht mehr, er pflanze die königliche Fahne von *England* auf den Turm der *Bastille* und fühle sie noch beim Erwachen in seinem Kopfe flattern.

– Sanftere Bilder, süßere Empfindungen stahlen sich jetzt sachte in seinen Schlummer; die Kriegstrompete entsank seiner Hand, er griff nach der Laute, jenem holden, zartesten und schwierigsten Instrument! – Wie wirst du es spielen, mein teurer Onkel *Toby?*

36. Kapitel

Da ich nun ein paarmal in meinem unbedachten Geplauder gesagt habe, ich sei überzeugt, die Denkwürdigkeiten über die Werbung meines Onkels *Toby* um die Witwe *Wadman* würden, wenn ich einmal Zeit bekäme, um sie zu schreiben, eines der vollendetsten Systeme des elementaren und des praktischen Teils der Liebe und der Liebeswerbung werden, die jemals der Welt vor Augen gekommen, – so werden Sie sich natürlich einbilden, ich werde jetzt eine Beschreibung davon geben: *was Liebe sei?* ob wirklich zum Teil göttlich und zum Teil teuflisch, wie Plotinus behauptet. –

– Oder glauben Sie, ich werde aufgrund einer mehr kritischen Gleichung, wobei das Ganze der Liebe gleich zehn angenommen wird, mit *Ficinus* bestimmen: *Wie viele Teile davon auf das Göttliche – und wie viele auf das Teuflische kommen?* – oder ob *Amor* eigentlich ein *einziger großer Teufel* vom Kopf bis zum Schwanz sei, wie *Plato* auszusprechen gewagt hat; in welcher Hinsicht ich meine eigene Meinung für mich behalten will: – während meine Ansicht von *Plato* selbst ist, daß er nach dieser Äußerung zu urteilen in seinem Wesen und seiner Art zu räsonieren ungefähr ein Mann wie der Dr. *Baynyard* gewesen sein müsse, der ein großer Feind von Blasenpflastern war, von denen er glaubte, daß ein Halbdutzend derselben einen Menschen ebenso sicher ins Grab bringen könnten wie ein Leichenwagen und sechs Pferde, – und hieraus etwas rasch den Schluß zog, der Teufel selbst sei eigentlich nichts anderes als eine große pralle *Kantharidis.*

Ich habe Leuten, welche sich beim Demonstrieren eine so große Freiheit erlauben, nur zu sagen, was *Nazianz* (nämlich polemisch) dem *Philagrius* zurief:

Εὖγε! *Schön, schön! Das ist ein sauberes Begründen, Herr, wahrhaftig!* – ὅτι φιλοσοφεῖς ἐν Πάθεσι, *undauf sehr edle Art streben Sie nach Wahrheit, wenn Sie in Ihrem Zorn und Ihrer Leidenschaft hierüber philosophieren.*

Aus dem gleichen Grunde ist nicht anzunehmen, daß ich mich mit der Untersuchung aufhalten werde, ob Liebe eine Krankheit sei, – oder, daß ich mir wie *Rhasis* und *Dioscorides* den Kopf damit zerbrechen werde, ob sie ihren Sitz im Gehirn oder in der Leber habe; – da mich dies zu einer Prüfung der beiden sehr entgegengesetzten Methoden, wonach daran Kranke behandelt wurden, führen würde, – und wovon die des *Acetius* darin bestand, daß er immer mit einem kühlenden Klistier von Hanfsamen und zerstoßenen Gurken begann, worauf dann dünne Tränke von Wasserlilien und Portulak kamen, denen er eine Prise Schnupftabak von der Haneapflanze, und da, wo *Acetius* es riskieren durfte, seinen Topasring beimischte;

– Während die Methode des *Gordonius* darauf hinauslief, daß er (in seinem fünfzehnten Kapitel *de Amore*) vorschrieb, man solle die Patienten dreschen *ad putorem usque,* – bis sie stinken.

Dies sind Untersuchungen, mit welchen sich mein Vater, der sich eine große Menge Kenntnisse dieser Art zugelegt hatte, im weiteren Verlauf der Liebesangelegenheiten meines Onkels *Toby* sehr angelegentlich beschäftigte. In dieser Beziehung muß ich schon jetzt soviel sagen: Daß er von seinen Liebestheorien (womit er beiläufig gesagt, meines Onkel *Toby* Gemüt ebenso zu quälen wußte, wie es die Liebe selbst tat) – nur einen einzigen Schritt zur Praxis tat: mittelst einer gekampferten Wachsleinwand nämlich, die er dem Schneider, welcher meinem Onkel *Toby* ein Paar neue Hosen zu machen hatte, für Steifleinwand aufzuschwatzen wußte, brachte er bei meinem Onkel *Toby* die von *Gordonius* beabsichtigte Wirkung hervor, ohne daß jene schändliche Behandlung vorausgegangen wäre.

Was daraus erfolgte, wird man an der geeigneten Stelle lesen; hier soll der Anekdote nur noch dies beigefügt werden: – daß, welche Wirkung es auf meinen Onkel *Toby* auch haben mochte, – es jedenfalls eine üble Wirkung auf das Haus übte – und wenn mein Onkel *Toby* es nicht energisch zu Boden geraucht hätte, auch auf meinen Vater ebenso übel gewirkt haben würde.

37. Kapitel

– Es wird nach und nach ganz von selbst herauskommen. – Was ich mir ausbitte, ist nur, daß ich nicht genötigt werde eine Begriffsbestimmung von dem zu geben, was man unter Liebe versteht; und solange ich meine Geschichte in verständlicher Weise fortsetzen kann, indem ich mich nur des Wortes bediene, ohne eine andere Idee damit zu verbinden, als die, welche ich hierüber mit der übrigen Welt gemeinschaftlich habe, warum sollte ich auch nur einen Augenblick vor der Zeit davon abgehen? – Wenn ich einmal nicht mehr weiter kann, – und mich von allen Seiten in diesem mystischen Labyrinth verwickelt sehe, – dann wird meine Ansicht natürlich hervortreten, – und mir heraushelfen.

Für gegenwärtig hoffe ich genügend verstanden zu werden, wenn ich dem Leser sage, daß mein Onkel *Toby der Liebe verfiel.*

Nicht daß ich die Phrase besonders liebte; denn wenn man sagt, ein Mann sei der Liebe *verfallen,* – oder er sei *sterblich verliebt,* – oder *bis über die Ohren verliebt,* – so bringt es schon der Sprachgebrauch mit sich, daß man damit die Idee verbindet, die Liebe sei etwas *unter* dem Menschen Stehendes. –

Dies führt wieder zu *Platos* Ansicht zurück, die ich trotz aller seiner Göttlichkeit – und gerade deshalb für verdammenswert und ketzerisch halte: – und damit genug.

Liebe mag daher sein was sie will, – mein Onkel *Toby* fiel ihr anheim. – Und vielleicht, mein lieber Leser, wäre es dir – bei einer gleichen Versuchung – auch so gegangen; – denn deine Augen sahen wohl nie und deine Lüsternheit begehrte wohl nie – etwas Begehrlicheres als die Witwe *Wadman* war.

38. Kapitel

Um dies gehörig zu verstehen, – lassen Sie sich Tinte und Feder geben; das Papier liegt schon bereit. – Und nun, lieber

Herr, setzen Sie sich und malen Sie sie so, wie Sie sich dieselbe denken, – Ihrer eigenen Geliebten möglichst ähnlich, – Ihrer Frau so wenig ähnlich als Ihr Gewissen es gestattet, – mir ist es ganz gleich, – nur Ihre eigene Phantasie soll einen Gefallen an dem Bilde finden.

—— Gab es je ein süßeres – auserleseneres Ding in der ganzen Natur!

– Sie werden nun einsehen, mein lieber Herr, daß mein Onkel *Toby* nicht widerstehen konnte.

O dreimal glückliches Buch! Jetzt hast du doch eine Seite innerhalb deiner Deckel, welche die BOSHEIT nicht anschwärzen und die UNWISSENHEIT nicht fälschen kann.

39. Kapitel

Da *Susanna* durch einen besonderen Boten von seiten der Jungfer Bridget schon fünfzehn Tage, ehe das Ereignis wirklich eintrat, unterrichtet wurde, daß sich mein Onkel *Toby* in ihre Gebieterin verliebt habe – was *Susanna* am nächsten Tag meiner Mutter mitteilte, – so ist mir dadurch Gelegenheit gegeben, meines Onkels Liebschaft schon vierzehn Tage vorher zu behandeln, ehe sie wirklich eintrat.

Ich habe dir etwas mitzuteilen, *Shandy,* sagte meine Mutter, worüber Sie sich sehr verwundern werden.

Mein Vater hielt eben eines seiner zweiten *Lits de justice* ab und dachte über die Lasten des Ehestandes nach, als meine Mutter das Schweigen brach. ——

– Mein Schwager *Toby,* fuhr sie fort, wird sich mit Frau *Wadman* verheiraten.

– Dann wird er, versetzte mein Vater, solange er lebt, niemals wieder *schräg* in seinem Bett liegen.

– Es war ein beständiger nagender Ärger für meinen Vater, daß meine Mutter niemals nach dem Sinn einer Sache fragte, die sie nicht verstand.

– Es ist ein Unglück für sie, daß sie nicht wissenschaftlich gebildet ist, pflegte mein Vater zu sagen, – aber sie hätte wenigstens fragen können.

Das tat aber meine Mutter niemals. – Kurz sie ging schließlich aus der Welt ohne zu wissen, ob diese sich *drehte* oder *stillstand.* – Mein Vater hatte ihr mehr als tausendmal gesagt, wie es damit sich verhalte; – sie hatte es aber immer wieder vergessen.

Aus diesen Gründen ging eine Unterhaltung zwischen ihnen selten über eine Mitteilung, – eine Antwort, – und eine Duplik hinaus; worauf in der Regel eine Pause von einigen Minuten eintrat (wie in der Hosenangelegenheit), worauf dann die Sache von vorn anfing.

Wenn er heiratet, werden wir verlieren, sagte meine Mutter.

Nicht die Bohne, erwiderte mein Vater, – es ist gleich, ob er damit sein Vermögen verwettert oder mit etwas anderem.

– Allerdings, sagte meine Mutter. So endete hier die Mitteilung, – die Antwort, und – die Duplik, wie ich oben sagte.

Aber es wird ihm wenigstens einige Unterhaltung gewähren, sagte mein Vater.

Sogar sehr viel, wenn er Kinder bekommen sollte, erwiderte meine Mutter.

– Gott sei mir gnädig! sprach mein Vater bei sich selbst. –

* *
* *
* *
* *
* *
* *
* *

40. Kapitel

Ich fange nun an recht hübsch in meine Arbeit hineinzukommen; und mit Hilfe von Pflanzenkost und etwas kühlenden Samentränklein werde ich, wie ich nicht zweifle, imstande sein, die Geschichte meines Onkels *Toby* und meine eigene in einer ziemlich geraden Linie fortzusetzen. Nun waren dies

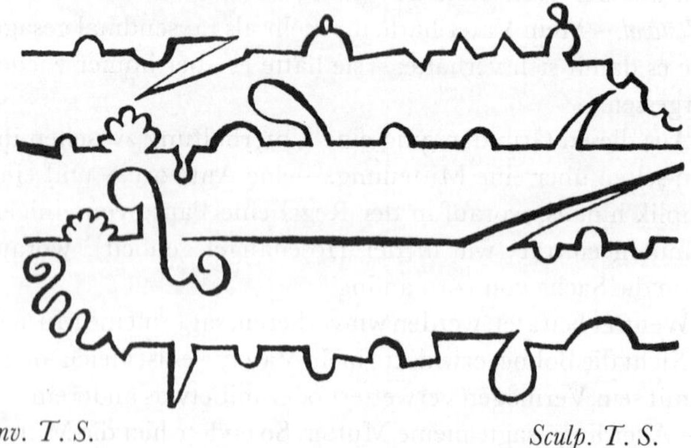

Inv. T. S. *Sculp. T. S.*

die vier Linien, die ich in meinem 1., 2., 3. und 4. Bande einhielt. – Im 5. Bande habe ich mich sehr gut benommen, – die Linie, die ich in diesem beschrieb, war genau folgende:

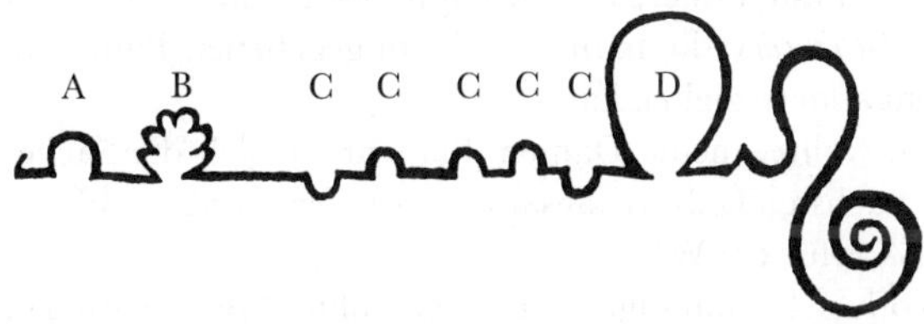

Hieraus ergibt sich, daß ich mit Ausnahme des mit A bezeichneten Bogens, wo ich einen Abstecher nach *Navarra* machte, – und der gezahnten Kurve B, welche den kurzen Austritt bedeutet, den ich mir dort mit der Frau von *Baussière* und ihrem Pagen erlaubte, – nicht die geringste Abschweifung machte, bis mich die Teufel des *Giovanni della Casa* zu der Schleife D verführten; – denn die C C C C C sind nur Parenthesen, die gewöhnlichen ein- und ausspringenden Vorfälle, die im Leben der größten Staatsminister vorkommen und die im Vergleich mit dem, was die Menschen getan haben – oder mit meinen eigenen Abschweifungen in A, B und D in nichts verschwinden.

In diesem letzten Bande habe ich es noch besser gemacht, – denn vom Ende der Episode *Le Fevers* bis zum Anfang der Feldzüge meines Onkels *Toby,* – bin ich kaum um einen Schritt weit aus meinem Wege herausgetreten.

Wenn ich mich in diesem Maße weiter verbessere, ist es nicht unmöglich, daß ich noch – falls Seine Gnaden der Teufel von *Benevento* es gestattet, – dahin gelange so schön eben wie folgt fortzufahren:

---

welche Linie so gerade gezogen ist, als ich sie mit einem (zu diesem Zwecke geliehenen) Lineal eines Schreiblehrers ziehen konnte, und die weder rechts noch links abschweift.

Diese *gerade* Linie, – der Pfad, den Christen wandeln sollen, sagten die Geistlichen, –

– Das Sinnbild moralischer Geradheit, sagt *Cicero,* –

– Die beste Linie, sagen Kohlpflanzer, – die kürzeste Linie, sagt *Archimedes,* die man von einem gegebenen Punkte nach einem andern ziehen kann. –

Ich wollte, meine Damen, Sie würden sich die Sache für ihre nächsten Geburtstagsanzüge zu Herzen nehmen!

– Was für ein Weg!

Können Sie mir sagen, – das heißt ohne Ärger, ehe ich mein Kapitel über gerade Linien schreibe, – infolge welches Mißgriffs, – auf wessen Behauptung hin, – oder aufgrund welcher Veranlassung Männer von Geist und Genie diese Linie beständig mit der SCHWERKRAFT verwechselt haben?

SIEBTES BUCH

1. KAPITEL

Nein; – ich glaube, ich sagte einmal, ich würde alljährlich zwei Bände schreiben, falls der böse Husten, der mich damals plagte und den ich noch heute mehr fürchte als den Teufel, es mir verstatten würde; – und an einer anderen Stelle, – (wo? kann ich mich nicht mehr erinnern), wo ich von meinem Buch als einer *Maschinerie* sprach und meine Feder und mein Lineal kreuzweise auf den Tisch legte, damit man mir besser glauben möchte, – schwor ich, daß ich es in den nächsten vierzig Jahren mit der gleichen Geschwindigkeit fortsetzen würde, falls es der Quelle des Lebens gefiele, mich so lange bei Gesundheit und guter Laune zu erhalten.

Was nun meine Laune betrifft, so habe ich ihr wenig zur Last zu legen, – sogar sowenig (wenn nicht darin eine Klage gefunden werden will, daß sie mich auf einen langen Stock setzt und mich neunzehn Stunden lang von vierundzwanzig zum besten hat), – daß ich ihr im Gegenteil sogar viel – sehr viel zu danken habe. Durch dich wurde ich in den Stand gesetzt, den Weg des Lebens mit allen Lasten desselben (die Sorgen ausgenommen) auf meinem Rücken heiter zurückzulegen; – in keinem Augenblick meines Lebens hast du mich, (so viel ich mich erinnere) verlassen oder die Gegenstände, die mir aufstießen, in Schwarz oder ein krankhaftes Grün gekleidet; in der Gefahr hast du meinen Horizont mit der Hoffnung vergoldet; und als der Tod selbst an meine Türe pochte, – ersuchtest du ihn ein andermal wiederzukommen, und tatest das in einem so lustigen Tone sorgloser Gleichgültigkeit, daß er in Zweifel über seinen Auftrag geriet. –

Es muß hier ein Mißverständnis obwalten, sagte er.

Nun gibt es nichts auf der Welt, was mir widerwärtiger

wäre, als wenn ich in einer Geschichte unterbrochen werde; – und ich erzählte eben *Eugenius* eine sehr pikante von einer Nonne, die sich für einen Schellfisch hielt, und einem Mönch, der verdammt war, weil er eine Muschel gegessen hatte, und setzte ihm gerade die Gründe und die Richtigkeit dieses Verfahrens auseinander.

– Ist jemals eine so ernsthafte Persönlichkeit in eine so böse Klemme geraten? meinte der *Tod.* – Du bist diesmal mit knapper Not durchgekommen, *Tristram,* sagte *Eugenius* und faßte mich bei der Hand, als ich meine Geschichte schloß.

Aber um diesen Preis, *Eugenius,* sagte ich, läßt sich nicht *leben;* denn da dieser *H-sohn* nun einmal meine Wohnung ausgefunden hat –

– Du nennst ihn beim rechten Namen, sagte *Eugenius,* denn durch die Sünde, heißt es, sei er in die Welt gekommen. – Es ist mir gleichgültig, auf welche Art er hereingekommen ist, sagte ich, wenn er sich nur nicht so beeilt, mich mit sich hinauszunehmen, – denn ich habe noch 40 Bände zu schreiben; und 40 000 Dinge zu sagen und zu tun, die niemand auf der Welt für mich tun und sagen könnte als du; und da du siehst, daß er mich am Kragen hat (denn *Eugenius* konnte mich kaum über den Tisch weg verstehen), und daß ich ihm auf freiem Felde nicht gewachsen bin, sollte ich nicht, solange dies bißchen zerrütteten Geistes noch besteht und diese zwei Spinnenfüße (dabei streckte ich ihm einen hin) mich noch tragen können, – sollte ich da nicht lieber durchgehen, um mein Leben zu retten? – Das rate ich dir ebenfalls, lieber *Tristram,* sagte *Eugenius.* – Dann soll er mir beim Himmel! einen Tanz machen, an den er nicht im Schlafe denkt, fuhr ich fort; – denn ich will, ohne mich auch nur einmal umzuschauen, bis an das Ufer der *Garonne* entfliehen; – und höre ich ihn auch dann noch hinter mir klappern, – so will ich bis zum *Vesuv* ausreißen, – und von da bis *Joppe* und von *Joppe* bis ans Ende der Welt; und wenn er mir auch bis dahin folgt, so will ich Gott bitten, daß er den Hals brechen möge. –

– Dort riskiert er mehr als du, sagte *Eugenius.*

Eugenius Geist und Freundschaft brachte mir wieder einiges Blut in die Wange, wo es seit mehreren Monaten weggeblieben war. – Es war eine böse Abschiedsstunde: er führte mich nach meinem Wagen. – Allons! sagte ich; – der Postknecht tat einen Klatsch mit seiner Peitsche, und – fort gings wie die Kugel aus dem Rohr, und nach einem halben Dutzend Sprüngen war ich in *Dover.*

2. Kapitel

Zum Henker! sagte ich, als ich nach der *französischen* Küste hinüberblickte, – ein Mann sollte zuerst von seinem eigenen Lande etwas wissen, ehe er in die Fremde ginge, – und ich habe noch nie in die Kirche von *Rochester* geblickt, noch das Dock von *Chatham* besichtigt, oder St. *Thomas* in *Canterbury* besucht, obgleich alle drei mir im Wege lagen.

– Aber allerdings ist es bei mir ein besonderer Fall.

Ich verhandelte daher hierüber nicht weiter mit *Thomas o'Becket* oder sonst jemand, – sondern schiffte mich ein und fünf Minuten später gingen wir unter Segel und flogen dahin wie der Wind.

Sagen Sie einmal, Kapitän, sagte ich, als ich in die Kajüte hinabstieg, ist noch nie jemand bei dieser Überfahrt vom Tode hingerafft worden?

Ach nein! mat ja gar keine Zeit um krank zu werden, erwiderte er. – Dieser verdammte Lügner! sagte ich, ich bin ja bereits krank wie ein Pferd! – O mein Kopf! – Das Oberste zuunterst! – O Jerum! die Zellen sind wie zerrissen und untereinander geworfen, das Blut, – die Lymphen, die Nervensäfte, die festen und flüssigen Salze, alle sind in einen Brei zusammengerüttelt! – Guter Gott! Alles dreht sich in meinem Kopf wie tausend Wirbel. – Ich gäbe einen Schilling, wenn ich erfahren könnte, ob ich nachher um so klarer schreibe.

Krank! krank! krank! krank!

– Wann landen wir denn, Kapitän? – O diese Leute haben Herzen von Stein. – Ich bin sterbenskrank! – Reich mir das Ding da her, Junge. – O es ist eine trostlose Krankheit. – Ich wollte, ich läge am Grunde. – Wie geht es denn Ihnen, Madame? – Ganz hin, hin – o hin, mein Herr! – Wie? kommt es zum erstenmal? – Nein, zum zweiten, dritten, sechsten, zehntenmal, mein Herr! – O Je, o Je! – Was ist denn das für ein Getrampel da oben? – He, Kajütenjunge, was gibt es denn eigentlich?

Der Wind ist umgesprungen! – Hols der Henker! – Dann bekommen wir ihn gerade ins Gesicht.

Welch ein Glück! – er ist schon wieder umgesprungen, Master. – Der Henker spring um!

Kapitän, sprach sie, bringen Sie uns um Gottes willen ans Land!

3. Kapitel

Es ist ein großer Übelstand für einen Mann, der Eile hat, daß es drei verschiedene Routen von *Calais* nach *Paris* gibt, zu deren Gunsten die verschiedenen Behörden der entlang derselben liegenden Städte so viel gesagt haben, daß man leicht einen halben Tag damit hinbringen kann, bis man sich für eine derselben entschieden hat.

Die erste, welche über *Lille* und *Arras* führt, ist die weiteste, – aber auch die interessanteste und belehrendste.

Die zweite über *Amiens* schlägt man gerne ein, wenn man *Chantilly* sehen will, –

Dann kommt die über *Beauvais;* die wählt man, wenn man eben Lust dazu hat.

Aus diesem letzteren Grunde wählen sehr viele Leute die Straße über *Beauvais*.

4. Kapitel

Ehe ich *Calais* verlasse, würde ein Reisebeschreiber sagen, würde es nichts schaden, wenn ich einiges darüber sagte. – Ich aber denke, es würde sehr viel schaden, – wenn ein Mann nicht ruhig durch eine Stadt reisen und sie links liegen lassen könnte, wenn er nichts darin zu schaffen hat, sondern sich umdrehen und bei jeder Gosse, die er überschreitet, lediglich aus Gewissenhaftigkeit die Feder in die Hand nehmen müßte, um sie zu beschreiben; denn wenn wir nach dem urteilen wollen, was alle über diese Dinge geschrieben haben, welche *geschrieben* und *galoppiert* – oder *galoppiert* und *geschrieben* haben, was wieder etwas ganz anderes ist; oder welche der größeren Eile wegen *galoppierend geschrieben* haben, – wie ich gegenwärtig tue, – so gab es von dem großen *Addison* an, der es tat während ihm sein Ranzen mit Schulbüchern auf dem H – hing und seines Tiers Hinterteil bei jedem Schlag traf, – keinen Galoppierer von uns allen, der nicht lieber ruhig auf eigenem Grund und Boden (falls er welchen hat) wandelte und was er zu schreiben hat, lieber trockenen Fußes schriebe.

Was mich selbst betrifft, so ist der Himmel, an den ich immer meine letzte Berufung richten werde, mein Zeuge, – daß ich von *Calais* (mit Ausnahme des wenigen, was mir mein Barbier erzählte, während er sein Rasiermesser wetzte) nicht mehr weiß als von *Kairo;* denn an dem Abend, da ich landete, war es trübe, und an dem Morgen, da ich abfuhr, pechfinster; gleichwohl wollte ich, wenn ich nur ein klein wenig wüßte, – und in einem Teil der Stadt dies von jenem ableitete, und im andern dies und das zusammenbuchstabierte, – jede Reisewette machen, daß ich ein armlanges Kapitel über *Calais* schreiben wollte; und zwar mit soviel genauen Details über alles was in jener Stadt der Neugierde des Reisenden würdig ist, – daß man mich für den Stadtschreiber von *Calais* halten sollte. – Und was wäre dabei zu verwundern, mein Herr? War nicht auch *Demokritos*, der zehnmal mehr lachte als ich, –

Stadtschreiber von *Abdera?* Und war nicht ein Gewisser (dessen Namen ich vergaß), der mehr Klugheit besaß als wir beide, Stadtschreiber von *Ephesus?* Es sollte überdies mit soviel Kenntnis, Verstand, Wahrheit und Genauigkeit geschrieben werden, – Nun, – wenn Sie mir nicht glauben wollen, so lesen Sie nur zur Strafe das folgende Kapitel.

5. Kapitel

Calais, Calatium, Calusium, Calesium.

Diese Stadt war, wenn wir den in ihren Archiven befindlichen Notizen Glauben schenken wollen, deren Wahrhaftigkeit zu bezweifeln ich hier keinen Grund sehe, – einst nur ein kleines Dorf, das einem der ersten Grafen von *Guignes* gehörte; und da die Stadt gegenwärtig nicht weniger als 14 000 Einwohner zählt, worin die 420 Familien in der *basse ville* oder unteren Stadt nicht eingerechnet sind, – so muß sie offenbar ganz allmählich zu ihrer jetzigen Größe emporgewachsen sein.

Die Stadt hat vier Klöster, aber nur eine Pfarrkirche. Ich hatte keine Gelegenheit, ein genaues Maß vom Umfang der letzteren zu nehmen, aber es ist nicht schwer, denselben ziemlich annähernd zu schätzen; – denn da die Stadt 14 000 Einwohner hat, so muß die Kirche, falls sie alle in sich aufnehmen soll, ziemlich groß sein; – falls sie dies aber nicht könnte, – so wäre es sehr schade, daß nicht noch eine da ist. – Die Kirche ist in Kreuzform gebaut und der Jungfrau *Maria* geweiht; der Turm, der eine Spitze hat, steht über der Mitte der Kirche auf vier Pfeilern, die elegant und leicht genug, jedoch zugleich genügend stark sind. – Sie ist mit elf Altären geschmückt, die mehr reich als schön sind. Der Hochaltar ist in seiner Art ein Meisterstück, aus weißem Marmor und fast 60 Fuß hoch; wäre er noch viel höher, würde er so hoch wie der *Kalvarienberg* selbst sein; – ich glaube daher, daß er in jeder Beziehung hoch genug ist.

Nichts machte einen größeren Eindruck auf mich als der große Platz: er ist zwar weder gut gepflastert noch schön umbaut; aber er befindet sich im Herzen der Stadt und die meisten Straßen, besonders diejenigen in dem betreffenden Viertel, münden darein. Wenn in ganz *Calais* ein Brunnen wäre, was wie es scheint untunlich ist, so würde er zweifellos, da ein solcher Gegenstand dem Platz sehr zur Zierde gereicht haben würde, von den Einwohnern in die Mitte desselben gestellt worden sein; – der Platz ist nicht eigentlich ein Quadrat, denn er ist von Osten nach Westen um 40 Fuß länger als von Norden nach Süden, so daß die *Franzosen* im allgemeinen mehr Recht haben, wenn sie ihn Platz statt Square (Viereck) nennen, welches letztere er genaugenommen wirklich nicht ist.

Das Rathaus ist ein armseliges Gebäude und nicht im besten Stand gehalten, sonst hätte es eine zweite große Zierde für den Platz abgeben können. Es entspricht jedoch seiner Bestimmung und eignet sich sehr gut zur Aufnahme der Magistratspersonen, welche sich von Zeit zu Zeit darin versammeln; so daß man annehmen darf, die Gerechtigkeit werde hier regelmäßig verwaltet.

Von dem *Courgain* hatte ich viel gehört, es ist aber durchaus nichts Merkwürdiges daran; es ist ein besonderes nur von Matrosen und Fischern bewohntes Stadtviertel und besteht aus vielen schmalen Gassen, deren Gebäude hübsch und meist aus Backsteinen gebaut sind. Es ist außerordentlich bevölkert, aber wie man sich schon nach den dort vorherrschenden Berufsarten denken kann, gibt es auch hier nichts Merkwürdiges zu sehen. – Ein Reisender mag es besuchen, um sein Gewissen zu beruhigen; jedenfalls aber darf er den Wartturm nicht vergessen. Er heißt so nach seiner ursprünglichen Bestimmung, und dient in Kriegszeiten dazu die Annäherung des Feindes von der See- oder der Landseite beizeiten zu entdecken und Auskunft darüber zu erhalten; – er ist sehr hoch und fällt so sehr ins Auge, daß man ihn nicht übersehen kann, wenn man auch wollte.

Es war mir sehr unangenehm, daß ich die Erlaubnis nicht erhalten konnte, die Befestigungen, welche die stärksten auf der Welt sind, im Detail zu besichtigen. Sie sollen von Anfang bis zu Ende, das heißt von der Zeit an, da sie durch *Philipp von Frankreich,* Grafen von *Boulogne* begonnen wurden, bis zum letzten Krieg, wo viele Reparaturen stattfanden, (wie mir später ein Ingenieur in der *Gascogne* erzählte) – über hundert Millionen Livres gekostet haben. – Es ist hervorzuheben, daß man für die *Tête de Graveline,* und da wo die Stadt von Natur am schwächsten ist, am meisten getan hat; so daß sich dort die Außenwerke weit in das Land hinaus erstrecken und demzufolge eine große Bodenstrecke bedecken. – Doch muß man, nach allem was hierüber gesagt und getan wurde, zugeben, daß *Calais* niemals an und für sich, sondern lediglich durch seine Lage eine solche Bedeutung bekam, indem sie unsern Vorfahren zu allen Zeiten einen leichten Einfall in *Frankreich* ermöglichte. Doch hatte das auch seine Mißstände; und *Calais* war in jenen Zeiten für die *Engländer* ebenso lästig, als es zu unserer Zeit *Dünkirchen* wurde, so daß man es mit Recht für den Schlüssel beider Reiche ansah, weshalb ohne Zweifel so viele Kämpfe darüber entstanden, wer es im Besitz haben sollte. Unter den letzteren war die Belagerung von *Calais* oder vielmehr die Blockade (denn es war sowohl auf der Land- als auf der Seeseite eingeschlossen) die merkwürdigste Begebenheit. Damals widerstand es den Anstrengungen *Eduards* III. ein ganzes Jahr und wurde nur durch Hungersnot und das äußerste Elend bezwungen. Der Edelmut des *Eustace de St. Pierre,* der sich als Opfer für seine Mitbürger hingab, hat seinen Namen denjenigen der größten Helden beigesellt. – Da die Erzählung nicht über fünfzig Seiten in Anspruch nehmen kann, wäre es ein Unrecht gegen den Leser, wenn ich ihm nicht eine genaue Schilderung jener romantischen Begebenheit sowie von der Belagerung selbst mit *Rapins* eigenen Worten gäbe:

6. Kapitel

– Doch keine Angst, lieber Leser! – Ich will es nicht tun: – es ist genug, daß ich dich in meiner Gewalt habe; – aber von dem Vorteil, den das Glück der Feder nun über dich errungen hat, einen solchen Nutzen ziehen zu wollen, das wäre doch zuviel. – Nein! – bei jenem allmächtigen Feuer, welches das Gehirn der Geisterseher erhitzt und den Gespenstern durch außerweltliche Regionen leuchtet, ehe ich ein hilfloses Wesen zu dieser harten Arbeit zwänge, und dich arme Seele! für fünfzig Seiten zahlen ließe, die ich kein Recht habe an dich zu verkaufen, – wollte ich eher, nackt wie ich bin, auf den Bergen weiden und darüber lachen, daß mir der Nordwind weder mein Zelt noch mein Nachtessen bringe.

– Fahr also zu, mein braver Junge, und mache, daß du bald nach *Boulogne* kommst.

7. Kapitel

– *Boulogne!* – Ha! – so wären wir hier alle beisammen. – Schuldner und Sünder vor dem Himmel; eine nette Gesellschaft; – doch ich darf hier nicht weilen und die Flasche mit Ihnen leeren, – ich werde selbst verfolgt wie hundert Teufel, und muß fürchten, erwischt zu werden, ehe umgespannt ist: – um Himmels willen beeilen Sie sich! – Er wird gewiß wegen Hochverrat verfolgt, flüsterte ein sehr kleiner Mann so leise als er konnte einem sehr großen Manne zu, der neben ihm stand. – Oder auch wegen Mords, sagte der große Mann. – Gut geworfen, Sechs – Aß! sagte ich. – Nein, bemerkte ein dritter, der Herr verübte ein Vergehen der ——

Ah ma chère fille! sagte ich, als sie aus ihrer Frühmette vorbeitrippelte, – Sie sehen ja so rosig aus wie der Morgen (die Sonne ging eben auf, wodurch das Kompliment um so reizender wurde) – Nein, das kann nicht sein, sagte ein vierter (sie machte mir einen Knix, – ich küßte meine Hand), es ist wegen Schulden, fuhr er fort. – Ja gewiß, wegen Schulden, sagte ein fünfter. – Ich möchte die Schulden des Herrn nicht für 1000 Pfund bezahlen, sagte Aß. – Ich nicht für sechsmal soviel, sagte Sechs. – Wieder gut geworfen, Sechs – Aß! sagte ich, – aber ich habe keine Schulden als die Schuld der Natur; und ich werde ihr jeden Pfennig bezahlen, den ich ihr schuldig bin, sie soll sich nur noch ein wenig gedulden. – Wie können Sie so hartherzig sein, Madame, daß Sie einen armen Reisenden in Haft nehmen wollen, der ohne irgend jemand zu belästigen ruhig seinen Angelegenheiten nachgeht? Halten Sie doch diesen weitausschreitenden Schuft mit dem Totengesicht, diese Sünderscheuche, die mir nachsetzt, gefälligst auf. – Er wäre mir nie nachgeeilt, wenn Sie nicht wären; – und wenns nur eine oder zwei Stationen wären, gerade soviel, daß ich einigen Vorsprung vor ihm gewinnen könnte, ich bitte Sie dringend, Madame. —— Tun Sies, liebe Dame. –

– Nun, wahrhaftig, sagte mein *irischer* Wirt, es ist wirklich schade, daß all diese schöne Courmacherei umsonst ist, denn die junge Dame ist weitergegangen, und hat es nicht gehört. –

– Esel! sagte ich.

– Sonst haben Sie in *Boulogne* nichts Sehenswürdiges?

– Ach Herr Jesus! wir haben das schönste SEMINAR für HUMANIORA. –

– Schöner gibt es keins, sagte ich.

8. Kapitel

Wenn die Wünsche eines Menschen seine Gedanken neunzigmal schneller vorwärts jagen, als das Fuhrwerk, in dem er reist, – dann wehe der Wahrheit und wehe dem Fuhrwerk und dessen Ausstattung (mag sie aus einem Stoff sein aus welchem sie will), gegen die er die Enttäuschung seines Innern losläßt!

Da ich, wenn ich in Wut bin, niemals allgemeine Charakterisierungen von Menschen oder Dingen gebe, so bestand die ganze Betrachtung, die ich anstellte, als mir die Geschichte zum ersten Mal passierte, darin, daß ich sagte: *je größer die Hast, desto geringer die Eile,* – das 2., 3., 4. und 5. mal beschränkte ich mich darauf den 2., 3., 4. und 5. Postknecht deshalb auszuzanken und stellte keine weiteren Betrachtungen an. Als die Sache mir aber auch zum 6., 7., 8., 9., 10. und allemal ohne Ausnahme passierte, da konnte ich nicht umhin eine Betrachtung über die Nation anzustellen, die ich in folgende Worte faßte: –

An einem französischen Postwagen ist zu Anfang einer Reise immer etwas in Unordnung.

Was sich auch so ausdrücken ließe:

Ein französischer Postillon muß immer absteigen, ehe er dreihundert Schritt von der Station entfernt ist.

Was ist denn jetzt wieder los? – *Diable!* – ein Strick ist gerissen! – ein Knoten ist aufgegangen! – eine Krampe ist los! – ein Bolzen ist zu schärfen! – es ist etwas an einem Stift, einer Felge, einer Kerbe, einer Strupfe, einer Schnalle, einer Schnallenzunge zu machen. –

So richtig nun dies alles ist, so halte ich mich doch nicht für berechtigt, deshalb die Postkutsche oder deren Lenker zum Teufel zu wünschen; auch fällt es mir nicht ein, bei dem lebendigen Gott zu schwören, ich wollte 10 000 mal lieber zu Fuß gehen, – oder ich wolle verdammt sein, wenn ich je wieder eine Postkutsche besteige; – ich nehme die Sache vielmehr ganz kaltblütig vor, und sage mir, daß ein Nagel, oder eine Kerbe, oder ein Bolzen, oder eine Schnalle, oder eine Schnallenzunge immer fehlen oder nicht in Ordnung sein müsse, wo ich immer reise. – Auf diese Art wüte ich nie, sondern nehme das Gute und Böse, wie es mir in den Weg kommt, und fahre weiter. – Tu das, mein Junge, sagte ich; er hatte bereits fünf Minuten mit Absteigen verloren, um sein Frühstück von Schwarzbrot hervorzuholen, das er in die Kutschentasche gesteckt hatte, und war dann wieder aufgestiegen und langsam weitergefahren, um mehr Genuß davon zu haben. – Etwas rascher, Schwager, sagte ich, aber in dem denkbarst einschmeichelnden Ton, denn ich klopfte mit einem Vierundzwanzigsoustück an die Scheibe, wobei ich Sorge trug, daß die breite Seite gegen ihn sah, als er zurückblickte. Der Schlingel grinste verständnisvoll vom rechten bis zum linken Ohr; und ließ hinter seiner schmutzigen Schnauze eine solche Perlenreihe von Zähnen sehen, daß ein Souverän seine Juwelen dagegen hätte verpfänden können. –

Gerechter Himmel! Welche Kauer!
Welches Brot! –

Als er mit dem letzten Mundvoll fertig war, fuhren wir in *Montreuil* ein.

9. Kapitel

Ich glaube, keine Stadt in ganz *Frankreich* sieht auf der Karte besser aus als *Montreuil*. – In dem Buch der Poststraßen sieht sie schon nicht so gut aus; – aber wenn man wirklich hineinkommt, – da sieht sie schon ganz erbärmlich aus.

Doch gibt es gegenwärtig etwas sehr Hübsches drin, nämlich die Tochter des Gastwirts. – Sie war achtzehn Monate in *Amiens* und sechs in *Paris* und hat dort ihre Klassen durchgemacht; sie strickt und näht und tanzt und macht ihre kleinen Koketterien sehr gut.

– Die Schlampe! Während der fünf Minuten, daß ich sie anschaute, ließ sie alle jene Koketterien los und wenigstens ein Dutzend Maschen in ihrem Strickstrumpf fallen. – Ja, ja! – Ich sehe es, du schlaue Hexe! – er ist lang und fein gerundet – du brauchst ihn nicht auf deinem Knie anzustecken; – ich sehe wohl, er gehört dir, – und liegt dir genau an. –

– Ob wohl die Natur diesem Geschöpf ein Wort über den *Daumen einer Statue* gesagt hat?

– Da aber dieses Modell soviel wert ist als alle Daumen der

Welt – und ich dabei überdies Daumen und Finger mitbekomme, für den Fall, daß sie mir von irgend etwas eine Andeutung geben können, – und der *Jeanneton* (so heißt sie nämlich) zugleich so gut zum Zeichnen sitzt, – so will ich nie wieder zeichnen, oder vielmehr mit aller Kraft Zeit meines Lebens wie ein Zugpferd ziehen – wenn ich sie nicht in allen ihren Verhältnissen und mit einem so sicheren Stift zeichne, als ob sie in ihrem nässesten Gewande vor mir säße.

– Doch der verehrte Leser wünscht lieber, daß ich ihm die Länge, Breite und senkrechte Höhe des großen Kirchturms oder eine Zeichnung von der Fassade der Abtei St. *Austreberte* gebe, die von *Artois* hierher gebracht wurde: – da ist alles noch geradeso wie die Steinhauer und Zimmerleute es verlassen haben; – und wird auch noch die nächsten fünfzig Jahre so bleiben, falls die christliche Religion solange dauert; – mithin kann sie der verehrte und hochwürdige Leser nach Muße selbst ausmessen. Wer aber dich ausmessen will, *Jeanneton,* muß es jetzt tun; – du trägst die Motive der Veränderung in deiner Gestalt; und wenn ich die Wechselfälle dieses Lebens betrachte, so möchte ich nicht einen Augenblick für dich stehen: ehe zweimal zwölf Monate vergehen, kannst du wie ein Kürbis auswachsen und deine Taille verlieren; – oder wie eine Blume verwelken und deine Schönheit einbüßen; – ja du kannst sogar verwelken wie eine Dirne – und dich selbst verlieren. – Ich würde nicht einmal für meine Tante *Dina* stehen, wenn sie noch am Leben wäre; – ja nicht einmal für ihr Porträt, – wäre es auch von *Reynolds* gemalt.

Doch wenn ich in meiner Zeichnung noch weitermache, nachdem ich diesen Sohn *Apollos* genannt habe, will ich mich totschießen lassen ——

Sie müssen sich daher mit dem Original begnügen, und dieses konnen Sie, falls der Abend schön ist, wo Sie durch *Montreuil* kommen, an Ihrem Kutschenschlag sehen, während Sie die Pferde wechseln; wenn Sie jedoch nicht einen so bösen Grund zum Weitereilen haben, – so bleiben Sie lieber über

Nacht. – Sie hat etwas von einer Frommen; aber dies ist eine Terz gegen einen Neuner zu Ihren Gunsten, mein Herr. –

– Leider Gottes konnte ich nicht einen einzigen Point zählen, so sehr war ich schon gepikt und wieder gepikt und zum Teufel gematscht.

10. Kapitel

Wenn ich dies alles in Betracht ziehe und mir sage, daß zudem noch der Tod mir näher sein könnte, als ich denke – so wollte ich, ich wäre zu *Abbeville*, sagte ich, und wäre es nur um zu sehen, wie sie krämpeln und spinnen: – und so fuhren wir ab

von Montreuil nach Nampont – 1 ½ *Poststationen**
von Nampont nach Bernay – 1 *Poststation,*
von Bernay nach Nouvion – 1 *Poststation,*
von Nouvion nach ABBEVILLE – 1 *Poststation,*

– aber die Krämpler und Spinner waren bereits alle zu Bett gegangen.

11. Kapitel

Wie große Vorteile bringt doch das Reisen! Nur erhitzt es einen; aber dagegen gibt es ein Mittel, das Sie dem nächsten Kapitel entnehmen können.

12. Kapitel

Wäre ich in der Lage, mit dem Tod einen Vertrag abschließen zu können, wie ich in diesem Augenblick mit meinem Apotheker verhandle, wie und wo ich sein Klistier nehmen solle, – so würde ich mich ganz bestimmt dagegen aussprechen, mich

* Buch der französischen Postrouten Seite 36, Ausgabe 1762.

ihm angesichts meiner Freunde zu unterwerfen; ich denke deshalb nie ernstlich über die Art und Weise dieser großen Katastrophe nach, was übrigens meine Gedanken ebensosehr in Anspruch nimmt und quält wie die Kastastrophe selbst – ohne daß ich jedesmal einen Vorhang mit dem Wunsche darüberziehe, der Allmächtige möchte es so anordnen, daß es mir nicht in meinem eigenen Hause passiere – sondern lieber in einem anständigen Gasthof. Zu Hause weiß ich schon – würde die Betrübnis meiner Freunde und die letzten Dienste, die sie mir erwiesen, das Abwischen meiner Stirne, das Glätten meines Kissens mit der zitternden Hand der bleichen Liebe, meine Seele so peinigen, daß ich an einer Krankheit stürbe, an die mein Arzt nicht dächte. In einem Gasthofe dagegen würden die wenigen kalten Dienstleistungen, deren ich bedürfte, mit ein paar Guineen zu erkaufen sein und mit einer ungetrübten, pünktlichen Aufmerksamkeit geschehen. Indessen bitte ich zu bemerken, daß dieser Gasthof dann doch nicht der von *Abbeville* sein sollte: und gäbe es auch keinen andern Gasthof auf der Welt, ich würde dennoch diesen Gasthof aus dem Vertrage streichen. Also Punkt vier Uhr morgens soll angespannt sein. –

Ja, mein Herr, Punkt vier – oder bei der hl. *Genoveva*, ich fange einen Lärm im Hause an, daß die Toten davon aufwachen.

13. Kapitel

Mache sie einem Rad ähnlich! – ist, wie alle Gelehrten wissen, eine bittere Spottrede gegen die *große Tour* und jenen rastlosen Touristengeist, der, wie *David* voraussah, die Menschenkinder in der letzten Zeit heimsuchen würde; es ist deshalb, wie der große Bischof *Hall* meint, eine der schwersten Verwünschungen, die *David* jemals gegen die Feinde des Herrn ausgestoßen hat, – und soviel wie wenn er gesagt hätte: »ich wünsche ihnen kein schlimmeres Schicksal als ewig herumzurollen.« – Soviel Bewegung, fährt er fort, ist ebensoviel Unbehagen (er war nämlich sehr beleibt); und soviel Ruhe wäre nach der gleichen Analogie ebensoviel Himmel.

Nun denke ich (der ich sehr dünn bin) ganz anders; daß nämlich soviel Bewegung soviel Leben und soviel Freude sei: – und daß stillestehen oder nur langsam vorwärtskommen, Tod und Teufel sei.

Hollah! Ho! – Da schläft ja die ganze Welt! – die Pferde heraus, – die Räder geschmiert, – den Postsack aufgebunden, einen Nagel in dieses Tragband geschlagen, – ich will keinen Augenblick verlieren.

Nun war aber das Rad, von dem wir sprechen, und wozu (nicht *worauf*, denn sonst würde ja ein Ixionsrad daraus) er seine Feinde verwünschte, entsprechend der Leibesbeschaffenheit des Bischofs, gewiß ein Postkutschenrad, mochte es nun damals welche in *Palästina* geben oder nicht; – mein Rad aber muß aus den entgegengesetzten Gründen ein Karrenrad sein, das fast ein Menschenleben dazu braucht, bis es seine Umdrehung ächzend vollzogen hat; und von diesen hatten sie, wie ich als Bibelausleger ohne Anstand behaupten würde, in jener gebirgigen Gegend gewiß einen großen Vorrat.

Ich liebe die *Pythagoräer* (und zwar weit mehr als ich je meiner lieben *Jenny* zu sagen wage) wegen ihres χοϱισμὸν ἀπὸ τοῦ σώματος, εἴς τὸ καλῶς φιλοσοφεῖν – »wegen *ihres Heraustretens aus dem Körper, um richtig zu denken.«* Kein Mensch denkt richtig, solange er sich darin befindet; da er notwendig durch die ihm eigentümlichen Launen verblendet und wie der Bischof und ich selbst durch zu schlaffe oder zu straffe Fasern nach verschiedenen Richtungen hin zu Abweichungen genötigt wird. – Die VERNUNFT ist zur Hälfte SINNENHAFTIGKEIT; und selbst den Himmel bemessen wir lediglich nach unseren dermaligen Gelüsten und unserer Verdauung.

– Wer aber, glauben Sie, habe im gegenwärtigen Falle am meisten unrecht?

Gewiß Sie, erwiderte sie, da Sie eine ganze Familie so früh stören.

14. Kapitel

– Sie wußte jedoch nicht, daß ich ein Gelübde getan hatte, mich nicht früher rasieren zu lassen, bis ich in *Paris* sein würde, – doch ich hasse es, aus nichts ein Geheimnis zu machen. – Es ist dies die kalte Vorsicht einer jener kleinen Seelen, deren Größe *Lessius* (Buch 13 *de Moribus Divinis, cap.* 24) berechnet hat, indem er hervorhebt, daß eine *holländische* Meile im Kubik Raum genug für deren 800 000 Millionen biete, oder seiner Ansicht nach soviel Seelen (vom Sündenfall *Adams* an gerechnet) als bis ans Ende der Welt möglicherweise verdammt werden können.

Wie er zu dieser zweiten Schätzung kam, – wofern er sie nicht auf die väterliche Güte Gottes baute, – weiß ich nicht: – noch weniger begreife ich, was *Franziscus Ribbera* im Kopfe steckte, als er behauptete, daß kein geringerer Raum als zweihundert *italienische* Meilen im Quadrat für die gleiche Zahl genüge; – er muß seine Rechnung offenbar nach den alten Römerseelen, von denen er gelesen hatte, gemacht und dabei nicht bedacht haben, wie sehr diese Seelen im Laufe von 1800 Jahren durch eine allmähliche und gründliche Abzehrung unvermeidlich zusammenschrumpften, so daß sie zur Zeit, da er schrieb, fast bei nichts angelangt waren.

Zur Zeit des *Lessius,* welcher als der nüchternere Mann erscheint, waren sie bereits denkbarst klein geworden. –

– *Jetzt* sind sie noch kleiner.

Nächsten Winter werden sie abermals kleiner sein; so daß wenn wir von wenig zu noch weniger, und von noch weniger zu nichts weiterschreiten, ich keinen Augenblick zu behaupten Anstand nehme, daß wir nach diesem Tempo in einem halben Jahrhundert gar keine Seelen mehr haben werden;

über diese Zeit hinaus wird nach meiner Ansicht auch die christliche Religion nicht dauern, so daß dabei wenigstens der Vorteil gewonnen wird, daß beide genau zur gleichen Zeit aufgebraucht sein werden.

Heil dir *Jupiter!* und Heil euch andern heidnischen Göttern und Göttinnen! Dann werdet ihr alle wieder auf die Bühne treten und *Priapus* in eurem Gefolge. – Welche lustige Zeiten werden dann kommen! – doch wo bin ich? und in welch köstlichen Tumult von Dingen gerate ich hinein? Ich – der ich in der Mitte meiner Tage plötzlich dahinfahren und nichts mehr von jenen Zeiten genießen werde, als was ich meiner Phantasie entlehne. – Friede sei mit dir, du edler Narr! – und jetzt laßt mich weitermachen.

15. Kapitel

– Weil ich es wie gesagt hasse, aus einem *Nichts* ein Geheimnis zu machen, – vertraute ich es dem Postillon an, sobald wir das Pflaster hinter uns hatten: er tat mit seiner Peitsche einen Klatsch in Erwiderung des Kompliments, und so tanzten wir, während das Sattelpferd trabte und das andere eine Art Galopp ging, nach *Ailly aux Clochers* weiter, das ehedem wegen des schönsten Glockenspiels auf der Welt berühmt war; wir tanzten jedoch ohne Musik hindurch, – da das Glockenspiel sehr in Unordnung geraten war – (wie sie dies in der Tat in ganz *Frankreich* sind) –

Und indem wir so möglichst schnell weiter fuhren, kam ich von *Ailly aux Clochers* nach *Hixcourt*,

von *Hixcourt* nach *Pequignay*, und

von *Pequignay* nach AMIENS;

über welche Stadt ich Ihnen nichts mitzuteilen habe, als was ich ihnen bereits früher hierüber mitteilte, – nämlich daß *Jeanneton* hier die Schule besuchte.

16. Kapitel

In der ganzen Liste jener pustenden Ärgernisse, welche den Segeln eines Mannes in die Quere blasen, gibt es kein langweiligeres und folternderes als das, welches ich nun beschreiben werde, – und gegen welches es keine Abhilfe gibt (außer wenn man immer einen Kurier vorausschickt, was viele tun, um dies Hemmnis abzuwenden), und dieses besteht darin: –

Daß wenn man noch so schön zum Schlafen aufgelegt ist – obgleich man vielleicht durch die schönste Gegend, auf der besten Straße und in dem leichtesten Wagen von der Welt fährt, – wenn man sogar die Überzeugung hat, man könnte fünfzig Meilen in einem fort, ohne einmal ein Auge aufzumachen, schlafen, – ja was noch mehr ist, wenn man so, wie man es nur von irgendeinem Satz des *Euklid* sein kann, versichert ist, man könnte in dieser Gegend gerade ebensogut schlafen wie wachen, – ja vielleicht noch besser; – gleichwohl das beständige Bezahlen der Postpferde auf jeder Station, – die Notwendigkeit deshalb stets die Hand in die Tasche zu stecken und drei Livres achtzehn Sous (Sous für Sous) herauszunehmen, dem Schlafvorhaben so sehr ein Ende macht, daß man es nicht länger als sechs Meilen weit (oder wenn es 1 ½ Poststationen sind, neun Meilen weit) durchführen kann, – und wenn man damit seine Seele vor dem Untergang retten könnte.

– Ich will schon damit ins Reine kommen, sagte ich; ich will die Summe in ein Papier wickeln und es den ganzen Weg über in der Hand halten. Dann brauche ich nichts weiter zu tun, sagte ich (indem ich mich zum Schlaf zurecht machte), als daß ich es dem Postillon in den Hut fallen lasse, ohne ein Wort zu sagen. – Aber dann braucht es noch zwei Sous Trinkgeld – oder kommt einem ein Zwölfsoustück von *Ludwig* XIV. in die Hand, das nicht mehr geht, – oder sind ein Livre und einige Liards, die Monsieur vergessen hat, von der letzten Station herüberzunehmen; dies führt zu einem Wortwechsel, und da man nicht gut im Schlaf disputieren kann, zum Aufwachen: Doch der süße Schlaf findet sich wieder und das Fleisch überwältigt wieder den Geist und könnte sich von diesen Püffen wieder erholen, – aber o Himmel! da hat man nur für eine Station bezahlt, während es 1½ sind; dies nötigt einen das Routenbuch herauszuziehen, das einen so kleinen Druck hat, und deshalb die Augen weit aufzumachen, man mag wollen oder nicht. Dann bietet uns der Herr Pfarrer eine Prise Tabak an, ein armer Soldat zeigt sein gelähmtes Bein, – oder ein Bettelmönch seine Büchse, – oder will die Priesterin der Zisterne unsere Räder bewässern: – sie haben es zwar nicht nötig, aber sie schwört bei ihrer Priesterschaft, daß sie es nötig haben: – dann hat man all diese Punkte im Geiste zu überlegen oder zu bestreiten; und darüber werden die Verstandeskräfte so vollständig wach – daß man sie nicht so leicht wieder in Schlaf bringt.

Wenn nicht eines jener mißlichen Ereignisse eingetreten wäre, hätte ich den Marstall von *Chantilly* ungestört passiert.

Da aber der Postillon zuerst behauptete, daß auf dem Zweisoustück kein Merkzeichen sei, und mir dann ins Gesicht darauf beharrte, mußte ich die Augen öffnen, um mich zu überzeugen; – da ich nun das Zeichen darauf so deutlich sah wie meine Nase, so sprang ich im Zorn aus der Kutsche und sah in *Chantilly* wider meinen Willen alles. – Ich versuchte die Sache zwar nur 3½ Stationen lang, aber ich halte es für die beste Methode auf der Welt, um schnell zu reisen; denn da in einer solchen Stimmung wenig Dinge sehr einladend aussehen, – so hält einen wenig oder nichts auf; auf diese Art passierte ich St. *Denis,* ohne daß ich auch nur den Kopf nach der Abtei drehte.

– Sie soll einen reichen Kirchenschatz haben! Plunder und Unsinn! – Ihre Juwelen ausgenommen, die aber alle falsch sind, gäbe ich nicht drei Sous für irgend etwas, was darin ist, mit Ausnahme von Zaidas Laterne, – und auch für die nur, weil es jetzt gerade dunkel wird und sie somit von Nutzen sein könnte.

17. Kapitel

Klatsch, klatsch, – klatsch, klatsch, – klatsch, klatsch; – das ist also *Paris,* sagte ich (meine Stimmung war noch immer dieselbe) – das ist *Paris!* – hem! – *Paris!* wiederholte ich zum dritten Male, –

die erste, schönste, prächtigste –

– Aber die Straßen sind schmutzig.

Es sieht wohl besser aus als es riecht. – Klatsch, klatsch, – klatsch, klatsch; – was machst du für einen Lärm! – als ob die guten Leute durchaus wissen müßten, daß ein Mann mit einem bleichen Gesicht, und in einem schwarzen Anzug die Ehre hat, um neun Uhr abends von einem Postillon in einer schwarzgelben, mit rotem Kalamank ausgeschlagenen Jacke nach *Paris* hineingefahren zu werden! – Klatsch, klatsch, – klatsch, klatsch, – klatsch, klatsch. – Ich wollte, deine Peitsche wäre –

– Aber es ist ja der Geist deiner Nation, so knalle nur zu.

Ha! – und niemand läßt uns beim Ausweichen den Weg an der Mauer! – aber wie kann man denn anders, wenn in dieser SCHULE der GESITTUNG die Mauern versch– sind.

Und warum zünden sie denn keine Laternen an? – O das geschieht in den Sommermonaten nie! – Hollah! wir haben jetzt die Zeit der Salate. – Wundervoll! Salat und Suppe, – Suppe und Salat, – und *encore* Salat und Suppe –

– Das ist *zuviel* für sündhafte Menschen!

Ich kann diese Barbarei nicht ertragen. Wie kann dieser gewissenlose Kutscher soviel Zoten gegen dieses dürre Rößlein schleudern? Seht ihr denn nicht, Freund, daß die Straßen so schändlich enge sind, daß in ganz *Paris* nicht soviel Raum ist, um einen Schiebkarren zu wenden? In der größten Stadt der Welt hätte es nicht schaden können, wenn man sie um einen Gedanken breiter gemacht hätte; ja wäre in jeder Straße nur soviel Platz, daß ein Mensch (wäre es auch nur zu seiner eigenen Befriedigung) wüßte, auf welcher Seite der Straße er eigentlich geht. Eins – zwei – drei – vier – fünf – sechs – sieben – acht – neun – zehn. Zehn Garküchen und zweimal soviel Barbierstuben! und alles auf einer Fahrt von drei Minuten! Man sollte glauben, alle Köche der Welt hätten bei irgendeiner großen festlichen Zusammenkunft mit den Barbieren einstimmig gesagt: – Kommt, wir wollen alle nach *Paris* ziehen; die Franzosen essen gerne etwas Gutes, – es sind lauter Gourmands; – wir werden dort eine hohe Stellung einnehmen, – wenn der Bauch ihr Gott ist, müssen die Köche vornehme Herren sein; und da ferner *die Perücke den Mann macht* und der Perückenmacher die Perücke, – *ergo* würden die Barbiere dann gesagt haben, nehmen wir noch eine höhere Stellung ein, – wir werden über euch allen stehen, – wir werden wenigstens Capitouls* werden, – *pardi!* wir werden alle Degen tragen.

– Und so möchte man schwören (nämlich bei Kerzenlicht – aber darauf ist kein Verlaß), machen sie bis heutigentages fort.

18. Kapitel

Die *Franzosen* werden nicht recht verstanden, – ob der Fehler aber an ihnen liegt, indem sie sich nicht gehörig erklären, oder nicht mit der genauen Beschränkung und Bestimmtheit sprechen, welche man bei Dingen von solcher Wichtigkeit erwarten sollte, und die überdies so gerne von uns bestritten werden, oder ob nicht der Fehler ganz an uns liegt, indem wir ihre Sprache nicht immer so fein verstehen um zu wissen, »was sie eigentlich wollen«, – das will ich nicht entscheiden; aber soviel ist mir klar, wenn sie behaupten: *Wer Paris gesehen habe, der habe*

* Die ersten Magistratspersonen in Toulouse.

alles gesehen, – so müssen sie solche meinen, die es bei Tageslicht gesehen haben.

Was die Kerzenbeleuchtung betrifft, – so gebe ich sie auf; – ich habe vorhin gesagt, es sei kein Verlaß auf sie; – und ich wiederhole es; nicht aber weil Lichter und Schatten zu grell wären, – oder Tinten ineinander verschwämmen; – oder weder Schönheit noch Haltung vorhanden wäre usw., denn das ist nicht wahr; – aber es ist in der Beziehung eine unsichere Beleuchtung, – weil unter all den fünfhundert großen Hotels, die man euch in *Paris* aufzählt, – und unter den fünfhundert guten Dingern, nach einer mäßigen Schätzung (denn es ist dabei nur ein gutes Ding auf ein Hotel berechnet), welche man am besten bei Kerzenlicht sieht, fühlt, hört und versteht (was beiläufig eine Zitation aus *Lilly* ist) – kaum eins ist, in das ein Teufelskerl von uns, unter fünfzig, den Kopf mit Sicherheit hineinstecken kann.

Es ist dies keine französische *Schätzung,* vielmehr einfach so:

Bei dem letzten im Jahre 1716 vorgenommenen Augenschein, seit welcher Zeit beträchtliche Neubauten stattgefunden haben, enthielt *Paris* neunhundert Straßen, nämlich:

In dem *Cité* genannten Stadtviertel 53,
In St. *Jacques* am Schlachthaus 55,
in St. *Oportun* 34,
im *Louvre*-Viertel 25,
im *Palais Royal* oder St. *Honoré* 49,
in *Montmartre* 41,
in St. *Eustache* 29,
in den *Hallen* 27,
in St. *Denis* 55,
in St. *Martin* 54,
in St. *Paul* oder der *Steinstoßerei* 27,
im *Grève*-Viertel 38,
in St. *Avoy* oder der *Glasfabrik* 19,
im *Marais* oder *Tempel* 52,
in St. *Antoine* 68,

auf dem Platz *Maubert* 81,
in St. *Benoit* 60,
in St. *André des Arcs* 51,
im *Luxemburg*-Viertel 62 und
in St. *Germain* 58,

in welchen allen man seinen Spaziergang machen kann; und wenn man sie, mit allem was dazu gehört – ihren Toren, Brücken, Plätzen, Statuen im richtigen Tageslicht gesehen hat – und überdies durch all ihre Kirchspiele, St. *Roche* und St. *Sulpice* nicht zu vergessen, gewandert ist, – und um dem Ganzen die Krone aufzusetzen, die vier Paläste besucht hat, die man nach Belieben mit oder ohne Statuen und Gemälde besichtigen kann

– dann hat man gesehen, –

– aber das brauchte ich dem Leser nicht zu sagen, er kann es selbst über dem Portikus des *Louvre* lesen, wo geschrieben steht:

DIE WELT HAT KEIN SOLCH VOLK – KEIN VOLK HAT SOLCHE STADT WIE DIES PARIS! – SINGT JUHE! JU!*

Die *Franzosen* haben eine heitere Art, alles was groß ist zu behandeln; das ist alles, was darüber gesagt werden kann.

19. Kapitel

Wenn man von *heiter* spricht (wie am Schlusse des letzten Kapitels), so kommt einem (d. h. einem Schriftsteller) unwillkürlich das Wort *Spleen* in den Sinn; – besonders wenn man ein Lied davon zu singen weiß. Nicht als ob aus irgendeiner Analyse, – oder aus einer Zinstabelle oder Genealogie ein größerer Grund zu einer Verbindung beider hervorginge, als etwa zwischen Licht und Finsternis oder sonst zwei höchst unfreundlichen Gegensätzen in der Natur besteht; – es ist vielmehr nur ein Kunstgriff der Schriftsteller ein gutes Einver-

* Non orbis gentem, non urbem gens habet ullam – ulla parem.

nehmen zwischen den Worten zu unterhalten, wie die Politiker es unter Menschen tun – da sie nie wissen, wie bald die Notwendigkeit an sie herantritt, sie zusammenzubringen; – da dieser Punkt nunmehr gewonnen ist, und damit ich mir den meinigen genau zu Gemüt führe, schreibe ich hier nieder

SPLEEN

Als ich *Chantilly* verließ, erklärte ich, dies (nämlich der Spleen) sei das beste Prinzip auf der Welt, um schnell zu reisen; ich gab es jedoch nur als Ansichtssache. Ich bin noch immer der gleichen Meinung – ich hatte damals nur noch nicht soviel Erfahrung über die Wirkung des Prinzips, um hinzufügen zu können, – daß man damit zwar mit einer rasenden Geschwindigkeit vorwärtskommt, aber zugleich sehr unbehaglich; weshalb ich diese Methode hier für immer verlasse; sie steht jedermann herzlich gerne zu Diensten: – sie hat mir die Verdauung eines guten Nachtessens gestört und mir eine gallige Diarrhöe zugezogen, was mich wieder zu meiner ersten Methode zurückgebracht hat, nach welcher ich seinerzeit auszog, – und nach welcher ich jetzt nach den Ufern der *Garonne* entfliehen werde.

– Nein; ich kann mich keinen Augenblick aufhalten, um dem Leser den Charakter des Volks zu schildern, – seinen Genius, – seine Sitten, – seine Gebräuche, – seine Gesetze, – seine Religion, – seine Regierung, – seine Manufakturen, – seinen Handel, – seine Finanzen nebst allen Mitteln und verborgenen Triebfedern, welche jene aufrecht halten; ungeachtet ich mich hierzu trefflich eigne, weil ich volle drei Tage und zwei Nächte dort zugebracht und diese Dinge die ganze Zeit über zum einzigen Gegenstand meiner Forschungen und Betrachtungen gemacht habe. –

Aber – aber ich muß fort, – die Straßen sind gepflastert, – die Poststationen kurz, – die Tage lang, – es ist erst Mittag – und ich kann noch vor dem König in *Fontainebleau* sein.

– Ging er denn dahin? Daß ich nicht wüßte. –

20. Kapitel

Ich mag es nicht leiden, wenn jemand, besonders ein Reisender sich beklagt, daß man in *Frankreich* nicht so rasch vorwärtskomme wie in *England;* während man *consideratis considerandis* eigentlich viel schneller vorwärtskommt; worunter ich verstehe: daß, wenn man die Fuhrwerke mit den Bergen von Gepäck, welches man vorn und hinten aufschnallt, – und die kleinen Pferde und die schwachen Stationen, die sie diesen geben, in Betracht zieht, – es wirklich ein Wunder ist, daß man überhaupt vorwärtskommt. Das Leiden dieser Tiere ist höchst unchristlich; und es ist mir deshalb klar, daß ein französisches Postpferd auf der Gottes Welt nichts leisten könnte, wenn nicht die zwei Worte ****** und **** wären, die ebensoviel Nahrungsstoff zu enthalten scheinen, als wenn man ihnen eine Metze Hafer gibt. Da nun diese Worte nichts kosten, so sehne ich mich wirklich danach sie dem Leser zu nennen; nun ist das aber eine kitzlige Sache – man muß sie dem Leser deutlich, in der genauesten Aussprache mitteilen, oder sie helfen nichts, – wenn sie aber deutlich gesagt würden – so würden Seine Hochwürden zweifellos in ihrem Schlafzimmer darüber lachen, aber ich wette, im Wohnzimmer darüber empört sein. Ich habe mich daher lange Zeit obwohl ohne Erfolg hin und her besonnen, durch welchen geschickten Kunstgriff oder drollige Erfindung ich sie so modeln könnte, daß während ich das eine Ohr, welches der Leser mir leihen will, befriedige, – ich dem andern, das er für sich behält, nicht wehetue.

– Die Tinte verbrennt mir die Finger, es zu versuchen; – und wenn ichs tue, – dann wird es noch schlimmer werden – ich fürchte, es verbrennt mir dann das Papier.

– Nein; – ich wage es wirklich nicht. –

Wenn der Leser aber zu wissen wünscht, wie die Äbtissin von *Andouillets* und eine Novize ihres Klosters über diese Schwierigkeit wegkamen (nur muß der Leser erst mir selbst allen denkbaren Erfolg wünschen) – so will ich es ihm ohne allen Skrupel sagen.

21. Kapitel

Die Äbtissin von *Andouillets,* – wenn der Leser die gegenwärtig zu *Paris* herauskommende Folge von Provinzialkarten zu Rate zieht, so findet er den Ort in den Bergen, welche *Burgund* von *Savoyen* trennen, – war von einer *Anchylosis* oder Gelenksteifigkeit bedroht (indem die Sinovia ihres Knies durch lange Frühmetten sich verhärtet hatte). Sie hatte dagegen jedes Heilmittel versucht: zuerst Gebete und Lobgesänge, dann Anrufung aller Heiligen untereinander; hierauf jedes einzelnen Heiligen, der jemals vor ihr ein steifes Bein gehabt hatte; dann Berührung mit allen Reliquien des Klosters, besonders mit dem Dickbein des Mannes von *Lystra,* der von Jugend auf impotent gewesen war; – dann Umhüllung mit ihrem Schleier, wenn sie zu Bette ging; hierauf kreuzweise Umspannung mit ihrem Rosenkranz; dann Beiziehung weltlicher Hilfe, namentlich Einölen und Einschmieren mit Tierfett; sodann Behandlung mit erweichenden und auflösenden Bähungen; dann Umschläge von Pappelrosen, Malven, Bonus Henricus, weißen Lilien und Bockshorn; hierauf Holzrauch, indem sie den Schoß mit dem Skapulier bedeckte; auch Abkochungen von wilder Zichorie, Wasserkresse, Kerbel, süßer Cäcilie und Cochlearie. Als dies alles nichts half, entschloß sie sich endlich die heißen Bäder von *Bourbon* zu gebrauchen, und nachdem sie die Erlaubnis vom Generalvisitator erhalten hatte, diese Kur zu gebrauchen, machte sie die Anordnungen zu ihrer Reise. Eine etwa siebzehn Jahre alte Novize ihres Klosters, die einen Wurm am Mittelfinger hatte, hatte dadurch, daß sie diesen beständig in die Umschläge der Äbtissin steckte, – so sehr bei letzterer gewonnen, daß die kleine Novize *Margarita* mit Übergehung einer alten ischiatischen Nonne, die wohl durch die heißen Bäder von *Bourbon* für immer wieder gerade gerichtet worden wäre, zur Reisegefährtin gewählt wurde.

Eine alte der Äbtissin gehörige, mit grünem Fries gefütterte Kalesche wurde in die Sonne herausgezogen, und der Klostergärtner zum Maultiertreiber gewählt. Er führte die zwei alten Maultiere heraus, um ihnen die Haare an den Schwanzenden abzuschneiden. Ein paar Laienschwestern waren damit beschäftigt, das Chaisenfutter zu stopfen und die Lappen von gelben Borten wieder anzunähen, welche der Zahn der Zeit zernagt hatte. Der Untergärtner färbte den Hut des Maultiertreibers in heißer Weinhefe wieder auf und ein Schneider saß in einem Schuppen gegenüber vom Kloster als musikalische Beihilfe, indem er vier Dutzend Glöckchen des Zaumwerks ordnete und jedem Glöckchen, während er es mit einem Schnürchen befestigte, eins pfiff.

– Der Zimmermann und der Schmied von *Andouillets* berieten sich wegen der Räder, und am andern Morgen um sieben Uhr sah alles sauber aus und stand am Klostertor bereit, um die Fahrt nach den heißen Bädern von *Bourbon* anzutreten.

– Zwei Reihen Unglücklicher standen schon eine Stunde vorher da.

Die Äbtissin von *Andouillets* ging von der Novize *Margarita* unterstützt langsam nach der Kalesche. Beide waren weiß gekleidet, ihre schwarzen Rosenkränze hingen ihnen über den Busen. Es lag eine einfache Feierlichkeit in diesem Gegensatz.

Jetzt stiegen sie in die Kalesche; die mit dem gleichen Gewande, dem holden Sinnbild der Unschuld bekleideten Nonnen hatten alle Fenster besetzt; und als die Äbtissin und *Margarita* hinaufsahen, – ließen sie alle (mit Ausnahme der armen ischiatischen Nonne) die Enden ihrer Schleier hinausflattern und küßten dann die weiße Hand, die jene wehen ließ. Die gute Äbtissin und *Margarita* legten ihre Hände wie die Heiligen auf die Brust, – schauten gen Himmel, – dann zu jenen hinauf, – und ihr Blick sprach: Gott segne euch, teure Schwestern.

Ich muß hier aussprechen, daß ich ein besonderes Interesse an dieser Geschichte nehme und wollte, ich wäre dabeigewesen.

Der Gärtner, den ich jetzt den Maultiertreiber nennen werde, war ein kleiner, kräftiger, breitangelegter, gutmütiger, schwatzhafter und trunkliebender Bursche, der seinen Kopf wenig mit den Wies und Wanns des Lebens plagte. Er hatte einen Monat seines Klosterlohns für einen Borrachio oder ledernen Weinschlauch ausgegeben, den er hinten an die Kalesche befestigt und mit einem großen rotbraunen Reitmantel bedeckt hatte, um ihn vor der Sonne zu schützen; und da das Wetter sehr warm und er kein Knauser mit seinen körperlichen Bewegungen war, so ging er zehnmal mehr zu Fuß als er fuhr, – und fand dabei öfter Gelegenheit, als sonst die Natur bot, sich hinter der Kalesche zu befinden, bis es infolge des häufigen Kommens und Gehens so weit kam, daß all sein Wein den Weg durch die rechtmäßige Öffnung des Borrachio gefunden hatte, noch ehe die Hälfte der Reise um war.

Der Mensch ist ein Gewohnheitstier. Der Tag war schwül gewesen, – der Abend war köstlich, – und der Wein trefflich, – die *burgundischen* Berge aber, auf denen er gewachsen, waren steil, – am Fuße derselben lag ein kühles Häuschen und über der Türe hing ein verlockender Weinkranz, der in voller Harmonie mit den Leidenschaften hin- und herschwankte, – ein süßes Lüftchen raschelte durch seine Blätter und flüsterte ganz deutlich: Komm herein, – durstiger Maultiertreiber, – komm herein, herein!

Der Maultiertreiber war ein Sohn Adams; ich brauche kein Wort weiter zu sagen. Er gab jedem der Maultiere einen tüchtigen Hieb, sah dabei der Äbtissin und der *Margarita* ins Gesicht als wollte er sagen: »Da bin ich« – tat dann noch einen tüchtigen Klatsch, – als wollte er zu den Maultieren sagen: »Vorwärts!« – dann schlich er hinten weg und trat in das kleine Wirtshaus am Fuß der Anhöhe.

Der Maultiertreiber war wie gesagt ein kleiner, heiterer, zwitschernder Busche, der nicht an den morgigen Tag dachte, noch an die Vergangenheit oder die Zukunft, wenn er nur sein Schöpplein *Burgunder* hatte, und danebenher ein kleines Geplauder. Er begann daher eine lange Unterhaltung und erzählte, wie er eigentlich der Obergärtner des Klosters von *Andouillets* sei usw. und daß er nur aus Freundschaft für die Äbtissin und Fräulein *Margarita,* die sich erst in ihrem Noviziat befinde, mit ihnen von der *savoyischen* Grenze herkomme usw., – daß jene infolge ihrer Frömmigkeit eine Gelenksgeschwulst bekommen habe, daß er ihr schon ein ganzes Heer von Kräutern geliefert habe, um die Geschwulst zu erweichen, – und daß, wenn das Bein nicht durch das Wasser von *Bourbon* wieder recht werde, sie wohl an beiden lahm werden könnte usw. Er kam dabei so in seine Geschichte hinein, daß er die Heldin derselben ganz vergaß und auch die kleine Novize; und was ein noch weit bedenklicherer Punkt war, auch die zwei Maultiere. Maultiere sind aber Geschöpfe, die ebenso aus der Welt Vorteil zu ziehen wissen, wie ihre Eltern aus der Gelegenheit, – und da sie nicht in der Lage sind, das gleiche in absteigender Linie zu tun (wie Männer und Frauen und sonstige Tiere), – so tun sie es nach seitwärts, nach vorwärts und rückwärts, – bergauf und bergab, und wie sie eben können. – Die Philosophen haben dies trotz all ihrer Ethik nie recht erwogen: – wie sollte es also der arme Maultiertreiber bei seinem Schoppen? Er tat es auch nicht; – es ist daher Zeit, daß wir es tun. Wir lassen ihn also im Strudel seines Elements, als den glücklichsten, gedankenlosesten aller Sterblichen – und sehen einen Augenblick nach den Maultieren, der Äbtissin und *Margarita.*

Kraft der beiden letzten Hiebe des Maultiertreibers waren die Maultiere ruhig weitergegangen und hatten gewissenhaft die Höhe erstiegen, bis sie etwa die eine Hälfte derselben hinter sich hatten. Dann aber tat das ältere, ein boshafter verschmitzter alter Teufel bei einer Krümmung der Straße einen Seitenblick und bemerkte, daß kein Maultiertreiber hinten war. – Hol mich der Teufel, sagte es fluchend, wenn ich weitergeh. – Und wenn ichs tu, sagte das andere, so sollen sie ein Trommelfell aus meiner Haut machen. –

Sie blieben wie auf ein Kommando stehen. –

22. Kapitel

– Fort, ihr! sagte die Äbtissin.

Hü – ü – ü! rief *Margarita.*

Hü – o! Hü – o! Hü – o! grillte die Äbtissin.

Schü – schü! schü! machte *Margarita,* indem sie die holden Lippen zu einem Mittelding zwischen Gekreisch und Gepfeife zusammenpreßte.

Puff, Puff, Puff! polterte die Äbtissin von *Andouillets* mit dem Ende ihres goldknopfigen Stocks gegen den Boden der Kalesche.

– Das alte Maultier ließ einen F–.

23. Kapitel

Wir sind verloren, wir sind hin, mein Kind, sagte die Äbtissin zu *Margarita,* – wir werden die ganze Nacht über dableiben müssen; – man wird uns ausplündern – man wird uns notzüchtigen!

Man wird uns notzüchtigen! rief *Margarita,* das kann gar nicht fehlen.

Sancta Maria! schrie die Äbtissin und vergaß das O! – warum habe ich dieses verwünschte steife Gelenk? warum verließ ich das Kloster von *Andouillets?* Warum hast du nicht gewollt, daß deine Dienerin unbefleckt in die Grube fahre?

O mein Finger, mein Finger! rief die Novize, die beim Wort *Dienerin* ebenfalls Feuer gefangen hatte, – warum habe ich mich nicht begnügt, ihn dahinein zu stecken, oder dort hinein; besser doch überall hinein als in dieser Not zu stecken!

Stecken! wiederholte die Äbtissin.

Stecken – sagte die Novize, die vor Angst nicht mehr wußte was sie tat – die eine wußte nicht was sie sagte – die andere nicht was sie antwortete.

O meine Jungferschaft! Jungferschaft! rief die Äbtissin.

– Schaft! – schaft! schluchzte die Novize.

24. Kapitel

Teure Mutter, sprach endlich, etwas zu sich kommend, die Novize, – es gibt zwei Worte, die, wie man mir gesagt hat, jedes Pferd, jeden Esel oder Maultier zwingen, einen Berg hinaufzugehen, es mag wollen oder nicht; wenn es noch so eigensinnig oder widerspenstig ist, sobald es die Worte hört, zieht es. – Das sind also Hexenworte! rief die Äbtissin voll Abscheu. – Nein, versetzte *Margarita* ruhig, – es sind aber sündhafte Worte. – Wie heißen sie denn? fragte die Äbtissin schnell. – Sie sind im höchsten Grad sündhaft, erwiderte *Margarita,* – sie sind todbringend, – und wenn wir genotzüchtigt würden und stürben, ohne davon absolviert zu werden, so würden wir beide – Aber du kannst sie mir doch nennen, sagte die Äbtissin von *Andouillets.* – Sie lassen sich gar nicht aussprechen, teure Mutter, antwortete die Novize, sie würden einem alles Blut ins Gesicht treiben. – Aber du kannst sie mir ja ins Ohr flüstern, meinte die Äbtissin.

Himmel! hast du keinen Schutzengel bei der Hand, den du nach dem Wirtshause am Fuße des Hügels schicken könntest? – Ist nicht ein edelmütiger, freundlicher Geist gerade ohne Beschäftigung? Gibt es keine Kraft in der Natur, die mahnenderweise längs der Ader, die zum Herzen führt, hinschauen könnte, um den Maultiertreiber bei seinem Schoppen zu wecken? – keine süße Musik, die den schönen Gedanken an die Äbtissin und *Margarita* mit ihren schwarzen Rosenkränzen in ihm erweckte?

Auf! auf! – aber schon ist es zu spät; – die entsetzlichen Worte sind bereits gesprochen, – aber wie soll ich sie nennen? – Ihr die ihr alles mit unbefleckten Lippen aussprechen könnt, – belehrt mich – leitet mich! –

25. Kapitel

Der Beichtvater unseres Klosters, sagte die Äbtissin, welche die Not zur Kasuistin machte, lehrt, daß die Sünden entweder Todsünden oder Schwachheitssünden seien, eine weitere Abteilung gibt es nicht. Wenn nun eine Schwachheitssünde, welches die kleinste, leichteste aller Sünden ist, – halbiert wird, – indem man entweder die Hälfte davon nimmt und den Rest liegen läßt, – oder sie zwar ganz nimmt, aber sie zwischen sich und einer anderen Person halbiert, – so wird sie dadurch so abgeschwächt, daß sie gar keine Sünde mehr ist. Nun sehe ich durchaus keine Sünde darin hundertmal nacheinander *bou, bou, bou, bou* zu sagen; ebensowenig kann ein Unrecht darin gefunden werden, wenn man die Silbe *gre, gre, gre, gre* von der Frühmette bis zur Vesper ausspräche. Deshalb, liebe Tochter, fuhr die Äbtissin von *Andouillets* fort, will ich *bou* sagen und du sagst *gre;* und dann, da *fou* ebenso unschuldig ist wie *bou,* sagst du *fou,* – und ich falle dann (wie *fa, sol, la, re, mi, ut* in unserem Vespergesang) mit *tre* ein.

Und alsbald begann die Äbtissin den Ton angebend, folgendermaßen:

Äbtissin Bou – bou – bou
Margarita gre – gre – gre!
Margarita Fou – fou – fou
Äbtissin tre – tre – tre!

Die beiden Maultiere anerkannten die Richtigkeit der Noten durch einen gegenseitigen Klatsch mit dem Schwanz; aber weiter ging es nicht.

Sie werden schon nach und nach folgen, sagte die Novize.

Äbtissin Bou – bou – bou – bou – bou –

Margarita gre – gre – gre – gre – gre –.

Schneller, sagte *Margarita.*

Fou – fou – fou – fou – fou – fou.

Noch schneller, rief *Margarita.*

Bou – bou – bou – bou – bou – bou – bou – bou.

Immer schneller. Gott behüte mich, sagte die Äbtissin. – Sie verstehen uns nicht, rief *Margarita.* – Aber der Teufel tuts, sagte die Äbtissin von *Andouillets.*

26. Kapitel

Welch eine Strecke habe ich jetzt zurückgelegt! – um wieviel Grade bin ich der warmen Sonne nähergerückt, und wie viele schöne und anmutige Städte habe ich gesehen, seitdem Sie, Madame, die obige Geschichte lasen und überdachten! – FONTAINEBLEAU und SENS, JOIGNY und AUXERRE, DIJON, die Hauptstadt von *Burgund,* und CHALONS und MACON, die Hauptstadt des *Maconais,* und noch etwa zwanzig weitere auf der Straße nach *Lyon.* Jetzt habe ich sie hinter mir und könnte Ihnen ebensogut von der gleichen Anzahl Marktflecken im Monde sprechen, als ein Wort über sie sagen; dies Kapitel, wo nicht auch noch das nächste sind nun einmal verloren, ich mag machen was ich will.

– Das ist eine kuriose Geschichte, *Tristram!*

—— Ach Madame! hätte es sich um irgendeine traurige Geschichte vom Kreuze gehandelt, – vom Frieden der Sanftmut oder von der Zufriedenheit der Ergebung, – so hätte mich das nicht geniert; oder hätte ich mir vorgenommen über die reineren Abstraktionen der Seele, jene Nahrung der Weisheit und Heiligkeit, und die Betrachtung zu schreiben, von welcher der Geist des Menschen (wenn er vom Körper getrennt ist) ewig leben wird, – so wären Sie mit einem besseren Appetit davon hergekommen.

Ich wollte, ich hätte es nicht geschrieben: da ich aber nie etwas ausstreiche – so will ich auf irgendein ehrbares Mittel sinnen, um es Ihnen wieder bald aus dem Kopfe zu bringen.

Bitte, reichen Sie mir meine Narrenkappe; – ich fürchte, Sie sitzen darauf, Madame; – sie liegt unter dem Kissen, – ich möchte sie aufsetzen.

Ei, Sie haben sie ja seit einer halben Stunde auf dem Kopfe. – Dann lassen wir sie dort, mit einem

Fa – ra diddel – di
und einem fa – ri diddel – d
und einem Heidum – deidum
fiddel dum – c.

Und nun, Madame, hoffe ich, werden wir es wagen können, weiterzugehen.

27. Kapitel

Über *Fontainebleau* brauchen Sie (falls Sie nämlich danach gefragt werden), nichts zu sagen als, daß es etwa vierzig Meilen (*etwas* südlich) von *Paris* entfernt ist und inmitten eines großen Waldes liegt: – daß etwas Großes darin liegt – daß der König der Jagd wegen mit seinem ganzen Hofe alle zwei bis drei Jahre dahin geht – und daß während dieses Karnevals des Jagdvergnügens jeder *Engländer* von Stand (vergessen Sie sich selbst nicht) einen Klepper oder zwei erhalten und an dem Jagdvergnügen teilnehmen kann, wobei er sich nur davor zu hüten hat, dem König vorzureiten –

Aus zwei Gründen muß man aber nicht laut hierüber sprechen, –

Erstens, weil sonst die Klepper schwerer zu bekommen sind; und

Zweitens, weil kein Wort davon wahr ist. – Allons!

Was SENS betrifft, – so kann man es mit einem Wort abfertigen: – *Es ist der Sitz eines Erzbischofs.*

Was aber JOIGNY anbelangt, – so ist es, je weniger man darüber sagt, desto besser.

AUXERRE könnte ich nicht so vorbeilassen: denn auf meiner *grand tour* durch Europa, wobei mich mein Vater selbst (der mich niemand anderem anvertrauen wollte) nebst meinem Onkel *Toby*, und *Trim* und *Obadiah*, kurz dem größten Teil der Familie begleitete, mit Ausnahme meiner Mutter, die eben damit beschäftigt war, meinem Vater ein Paar lange wollene Beinkleider zu stricken – und die, da sie sich nicht drausbringen lassen wollte, daheim in *Shandy Hall* blieb, um alles während dieser Expedition in Ordnung zu halten; bei diesem Anlaß also hielt uns mein Vater zwei Tage in *Auxerre* fest und da seine Forschungen immer von der Art waren, daß sie selbst in einer Wüste zu einer Frucht führen mußten, – gab er mir genug Stoff, um etwas über *Auxerre* zu sagen. Kurz wo immer mein Vater hinreisen mochte, – doch trat dies auf seiner Reise durch *Frankreich* und *Italien* auffälliger hervor als auf irgendeiner anderen Station seines Lebens – schien sein Weg so sehr auf einer ganz anderen Seite zu liegen als der, den alle anderen Reisenden vor ihm eingeschlagen hatten, – sah er Könige und Höfe und Seidenzeuge von allen Farben in so seltsamen Beleuchtungen; – waren seine Bemerkungen und Ansichten über die Charaktere, Sitten und Gebräuche der Länder, die wir passierten, denen aller anderen Sterblichen, besonders aber denen meines Onkels *Toby* und *Trims* (von mir selbst zu schweigen) so entgegen, – und um dem Ganzen die Krone aufzusetzen, – waren die Vorkommnisse und Nöte, die uns beständig infolge seiner Systeme und seines Eigensinns begegneten, – so seltsam, so gemischt und tragikomisch, – daß die Reise alles in allem einen so ganz anderen Charakter als irgendeine europäische Tour, die jemals ausgeführt wurde, trug, – daß ich behaupten darf: – nur an mir liege die Schuld, wenn sie nicht von allen Reisenden und Reisebeschreibunglesern gelesen wird, bis man nicht mehr reist, – oder was auf dasselbe herauskommt, – bis sich die Welt endlich einmal in den Kopf setzt, stillezustehen.

Aber dieser reiche Ballen wird jetzt noch nicht aufgemacht, nur ein kleiner Faden soll herausgezogen werden, oder zwei – lediglich um das Geheimnis des Aufenthalts meines Vaters in AUXERRE zu enthüllen.

Bruder *Toby,* sagte mein Vater, bis das Mittagessen fertig ist, wollen wir in die Abtei von Saint *Germain* gehen, und wäre es nur um jene Leichname zu sehen, die Monsieur *Sequier* so sehr rühmt. – Ich will sehen was du willst, sagte mein Onkel *Toby,* denn er war die ganze Reise über eine Gefälligkeit. – Versteh mich recht! sagte mein Vater, es sind ja Mumien. – Dann brauchen wir uns nicht erst zu rasieren, bemerkte mein Onkel *Toby.* – Rasieren? nein, rief mein Vater, – es wird mehr sein als gingen wir zu Verwandten, wenn wir den Bart behalten. – So zogen wir nach der Abtei Saint *Germain,* wobei der Korporal seinem Herrn den Arm lieh und beide die Nachhut bildeten.

Alles ist hier sehr schön, und sehr reich, und sehr herrlich und großartig, sagte mein Vater zu dem Sakristan, einem jüngeren Bruder aus dem Orden der *Benediktiner,* – wir sind aber eigentlich hergekommen, um die Leichname zu sehen, von denen Monsieur *Sequier* der Welt eine so genaue Beschreibung gemacht hat. – Der Sakristan machte eine Verbeugung, zündete eine Fackel an, die er zu dem Ende beständig in der Sakristei bereithielt, und führte uns nach dem Grab des hl. *Heribald.* – Dies, sagte der Sakristan und legte die Hand auf das Grab, war ein berühmter Fürst aus dem *bayrischen* Hause, der unter den Regierungen von *Karl dem Großen, Ludwig dem Frommen* und *Karl dem Kahlen* großen Einfluß hatte und sehr viel dazu beitrug alles in Ordnung und Zucht zu erhalten.

Dann war er ebenso groß im Feld wie im Kabinett, sagte

mein Onkel *Toby*, gewiß ein tapferer Soldat? – Er war ein Mönch, – sagte der Sakristan.

Mein Onkel *Toby* und *Trim* suchten gegenseitig Trost in dem Gesicht des anderen, – fanden ihn aber nicht. – Mein Vater schlug mit beiden Händen auf seinen Hosenlatz, was er immer zu tun pflegte, wenn ihn etwas ganz besonders angenehm erregte; denn obwohl er einen Mönch, ja den Geruch eines Mönchs mehr haßte als alle Teufel in der Hölle, – so war es für ihn doch ein relativer Triumph, daß jener Schuß meinen Onkel *Toby* und *Trim* noch härter betroffen hatte, als ihn selbst, und das brachte ihn in den heitersten Humor von der Welt.

– Und wie nennen Sie diesen Herrn? fragte mein Vater ziemlich mutwillig. – Dies Grab, sagte der junge *Benediktiner*, indem er zu Boden sah, enthält die Gebeine der hl. MAXIMA. Sie war von *Ravenna* gekommen, um den Leichnam des hl. – MAXIMUS zu berühren, sagte mein Vater und platzte mit seinem Heiligen vor jenem herein, – es waren zwei der größten Heiligen in der Martyrologie, setzte mein Vater hinzu. – Entschuldigen Sie, sagte der Sakristan, – sie wollte die Gebeine des hl. *Germain*, des Stifters dieser Abtei, berühren. – Und was gewann sie damit? fragte mein Onkel *Toby*. – Was gewinnen die Weiber in der Regel dabei? sagte mein Vater. – DAS MÄRTYRERTUM, erwiderte der junge *Benediktiner*, wobei er sich bis auf den Boden verbeugte und dabei das Wort so demütig aber auch so bestimmt aussprach, daß es meinen Vater für einen Augenblick entwaffnete. Man glaubt, fuhr der *Benediktiner* fort, daß die hl. *Maxima* seit 400 Jahren in diesem Grabe liegt, und 200 Jahre vor ihrer Heiligsprechung darin lag. – Dies ist eine langsame Beförderung in dieser Armee der Märtyrer, Bruder *Toby*, bemerkte mein Vater. – Eine ganz verzweifelt langsame, Euer Gnaden, sagte *Trim*, außer man könnte eine solche Beförderung kaufen. – Ich würde mich lieber ganz wegkaufen, sagte mein Onkel *Toby*. – Ich bin ganz deiner Ansicht, Bruder *Toby*, sagte mein Vater.

Die arme hl. *Maxima*, sagte mein Onkel leise bei sich selbst, als wir von ihrem Grabe wegtraten. – Sie war eine der schönsten, reizendsten Frauen *Italiens* und *Frankreichs*, fuhr der Sakristan fort. – Aber wer zum Henker liegt hier neben ihr? fragte mein Vater und deutete mit seinem Stock auf ein großes Grab, an das wir nun gekommen waren. – Das ist der hl. *Optat*, mein Herr, antwortete der Sakristan. – Dieser hl. *Optat* hat eine ganz passende Stelle, sagte mein Vater; aber wie ist seine Geschichte? fuhr er fort. – Der hl. *Optat*, erwiderte der Sakristan, war ein Bischof. –

– Das habe ich mir gedacht, wahrhaftig! rief mein Vater, ihn unterbrechend, – der hl. *Optat* – das konnte gar nicht fehlen. – Er zog eilig sein Taschenbuch heraus und schrieb es, während der junge *Benediktiner* ihm mit der Fackel dazu leuchtete, als eine neue Stütze seines Systems von Vornamen nieder. Und ich darf wohl sagen: er war bei Erforschung der Wahrheit so wenig gewinnsüchtig, daß wenn er einen Schatz im Grabe des hl. *Optat* gefunden hätte, dies ihn nicht halb so reich gemacht haben würde. Es war ein so erfolgreicher Besuch, als jemals bei einem Toten stattfand; und sein Gemüt war über alles, was dabei vorgegangen – so erfreut, – daß er sofort beschloß noch einen Tag in *Auxerre* zuzubringen.

Ich will den Rest dieser guten Herren morgen sehen, sagte mein Vater, als wir über den Markt gingen. – Und während du diesen Besuch machst, Bruder *Shandy*, sagte mein Onkel *Toby*, will ich mit dem Korporal auf den Wall steigen.

28. Kapitel

– Ich befinde mich jetzt in der sonderbarsten Verwicklung: – im letzten Kapitel machte ich, wenigstens soweit ich damit durch *Auxerre* kam, zwei verschiedene Reisen auf einmal, und zwar mit dem gleichen Federzug; – denn auf der Reise, die ich eben jetzt beschreibe, bin ich ganz durch *Auxerre* gekommen, und auf der, welche ich künftig beschreiben werde, zur Hälfte. – In allem wird die Vollkommenheit nur bis zu einem gewissen Grade erreicht; weil ich aber noch etwas darüber hinauszielte, habe ich mich in eine Lage gebracht, in welcher sich vor mir noch kein Reisender befand; denn in diesem Augenblick gehe ich mit meinem Vater und meinem Onkel *Toby* auf unserem Rückweg zum Mittagessen über den Marktplatz von *Auxerre;* – in demselben Augenblicke fahre ich aber auch mit einer in tausend Stücke zerbrochenen Postchaise nach *Lyon* hinein; – und überdies befinde ich mich in diesem Moment in einem hübschen von *Pringello** erbauten Pavillon an den Ufern der *Garonne,* welchen Herr *Sligniac* an mich vermietet hat, und wo ich nun sitze und alle diese Dinge zusammenschreibe.

– Ich will mich nun sammeln und dann meine Reise fortsetzen.

29. Kapitel

Es ist mir sehr lieb, sagte ich, als ich die Rechnung so bei mir überschlug, während ich nach *Lyon* hineinspazierte – denn meine Chaise lag ganz durcheinander mit meinem Gepäck auf einem Karren, der sich langsam vor mir herbewegte; – es ist mir sehr lieb, daß sie in Stücke gegangen ist, denn jetzt kann ich auf dem Wasser direkt nach *Avignon* gehen, was mich 120 Meilen auf meiner Reise vorwärtsbringt und mich keine sieben Livres kostet; – und von da, fuhr ich in meiner Rechnung fort, kann ich ein paar Maultiere oder Esel mieten, wenn ich mag (denn es kennt mich ja dort niemand) und die Ebene von *Languedoc* fast für nichts durchreisen: – ich gewinne somit durch meinen Unfall vierhundert Livres, und Vergnügen, –

* Es ist dies derselbe berühmte spanische Architekt D. Pringello, dessen mein Vetter Antonius in einer Anmerkung zu der Erzählung, die seinen Namen trägt, so rühmend Erwähnung tut. Siehe S. 129, kleine Ausgabe.

das doppelt soviel wert ist. Mit welcher Geschwindigkeit, fuhr ich fort, indem ich die Hände zusammenschlug, werde ich die rasche *Rhone* hinabfahren, mit VIVARES zur Rechten und dem DAUPHINÉ zur Linken, wobei ich die alten Städte VIENNE, *Valence* und *Vivières* kaum zu Gesichte bekommen werde! Welch eine Flamme wird es in der alten Lampe wieder anzünden, wenn ich am Fuße der *Hermitage* und *Côte roti* vorbeischieße und mir eine rötliche Traube abbreche! Wie frisch wird das Blut pulsieren, wenn ich an den Ufern bald da bald dort romantische Burgen erblicke, aus denen ehedem edle Ritter die Unglücklichen befreiten; wenn ich schwindelnd die Felsen, die Berge, die Wasserfälle und all das Getümmel erblicke, das die Natur mit ihren großen Werken um sich her bildet!

Als ich so dahinschlenderte, kaum mir meine Chaise, deren Trümmer mir anfangs ziemlich stattlich erschienen waren, allmählich kleiner und elender vor; die Frische der Malerei war dahin, – die Vergoldung hatte ihren Glanz verloren, – das Ganze war in meinen Augen jetzt so ärmlich! – so elend! – so verächtlich! und mit einem Wort um soviel schlechter als die der Äbtissin von *Andouillets,* – daß ich eben den Mund öffnen wollte, um sie zum Teufel zu wünschen, – als ein munterer Wagenflicker hurtig über die Straße herüberlief und fragte, ob Monsieur seine Chaise wiederhergestellt haben wolle. – Nein, nein! sagte ich kopfschüttelnd. – Möchte sie Monsieur vielleicht verkaufen? fragte der Wagner wieder. – Sehr gerne, sagte ich; – das Eisen ist vierzig Livre wert – das Glas ebenfalls vierzig – und das Leder mögen Sie umsonst haben.

Welch eine Fundgrube des Reichtums war diese Postchaise für mich, sagte ich, als er mir das Geld hinzählte! – Dies ist meine gewöhnliche Art der Buchführung, wenigstens bei Unfällen im Leben – indem ich aus jedem, wie sie mir passieren, Geld mache. –

– Sage es der Welt für mich, teure *Jenny,* wie ich mich bei einem der niederdrückendsten Ereignisse benahm, das einem

Mann zustoßen konnte, der einen gerechten Stolz auf seine Mannheit hat. –

Es ist genug, sprachst du und tratest nahe an mich heran, als ich so mit meinem Hosenband in der Hand dastand und über das nachdachte, was *nicht* geschehen war. – Es ist genug, *Tristram*, und ich bin überzeugt, sprachst du, indem du diese Worte in mein Ohr flüstertest: * ; – * * * * * * * * * * * * * – jeder andere Mann wäre hier in die Erde gesunken. –

– Alles ist für etwas gut, sprach ich.

– Ich will auf sechs Wochen nach *Wales* gehen, und Ziegenmolken trinken, – und so wird der Unfall mein Leben um sieben Jahre verlängern. Deshalb kann ich es auch nicht verantworten, so oft auf das Schicksal geschmäht zu haben wie ich getan, daß es mich mein Leben lang als eine ungnädige Herzogin, wie ich es nannte, mit so vielen kleinen Leiden heimgesucht habe. Wenn ich wirklich Ursache habe, böse auf es zu sein, so ist es wahrhaftig eher deshalb, weil es mir keine großen Leiden geschickt hat; – so ein Schock tüchtiger, niederschmetternder Verluste wäre für mich so gut wie eine Pension gewesen.

– Eine solche Pension von etwa 100 Pf. jährlich ist alles was ich wünsche. – Ich möchte wirklich nicht die Last haben, von einer größeren die Steuer zu bezahlen.

30. Kapitel

Wer den richtigen Begriff von Widerwärtigkeit hat, wird zugeben müssen, daß es nicht wohl eine größere geben konnte, als wenn man sich den besten Teil eines Tags in *Lyon*, der wohlhabendsten und blühendsten, durch so manche Reste des Altertums merkwürdigsten Stadt *Frankreichs* befindet – und nicht imstande ist sie sehen zu können. Wenn man hiervon durch irgendeine Veranlassung abgehalten wird, so ist das schon widerwärtig genug; wenn man aber vollends durch eine Widerwärtigkeit abgehalten wird, – so ist das, was die Philosophie mit Recht

WIDERWÄRTIGKEIT

AUF

WIDERWÄRTIGKEIT

nennt.

Ich hatte meine zwei Tassen Milchkaffee getrunken (beiläufig ein vortreffliches Mittel gegen die Auszehrung, man muß jedoch die Milch und den Kaffee zusammenkochen, – sonst ist es eben nur Kaffee und Milch) – und da es erst acht Uhr morgens war und das Boot erst um Mittag abging, so hätte ich Zeit gehabt soviel von *Lyon* zu sehen, um damit die Geduld aller Freunde, die ich auf der Welt habe, zu erschöpfen. Ich will einmal nach der Kathedrale spazieren, sagte ich, indem ich in meine Liste sah, und vor allem den wundervollen Mechanismus der großen Uhr des *Lippius* von Basel betrachten.

Von allen Dingen auf der Welt verstehe ich nun am wenigsten von der Mechanik, – ich habe hierfür weder Talent, noch Geschmack, noch Phantasie, – ja ein für Dinge dieser Art so ungeeignetes Gehirn, daß ich feierlich erkläre, daß ich niemals imstande war zu begreifen, nach welchen Grundsätzen sich ein Eichhörnchenkäfig oder das Rad eines gewöhnlichen Scherenschleifers bewegt, – obschon ich manche Stunde meines Lebens mit großer Andacht das erstere betrachtet, – und mit soviel Geduld als nur ein Christ aufwenden kann, dem letzteren zugesehen habe.

Das erste was ich tue, sagte ich, soll sein, daß ich hingehe und mir die merkwürdigen Bewegungen dieser großen Uhr ansehe; dann will ich die Bibliothek der Jesuiten besuchen, und mir womöglich die dreißig Bände der allgemeinen Geschichte von *China* zeigen lassen, die (nicht in *tatarischer*, sondern) in *chinesischer* Sprache und auch mit *chinesischen* Schriftzügen geschrieben ist.

Ich verstehe nun fast ebensowenig von der *chinesischen* Sprache wie von dem Mechanismus des Uhrwerks von *Lippius*, und muß es den Naturforschern überlassen herauszufinden, wie diese beiden Dinge sich an die erste Stelle in meiner Liste verirren konnten. Es sieht wirklich aus wie eine der Verkehrtheiten der guten Dame Natur; und die, welche sich um sie bemühen, sind deshalb ebenso dabei interessiert, den Grund ihrer Launen zu entdecken wie ich.

Wenn ich diese Merkwürdigkeiten gesehen habe, sagte ich, wobei ich mich halb an den hinter mir stehenden *valet de place* wendete – dann wird es kein Schaden sein, wenn wir nach der Kirche des hl. *Irenaeus* gehen und den Pfeiler besichtigen, an welchen *Christus* gebunden ward, – und dann das Haus, in welchem *Pontius Pilatus* lebte. – Das sei in der nächsten Stadt, sagte der Lohndiener, – in *Vienne*. – Das freut mich, sagte ich, indem ich rasch von meinem Stuhle aufstand und mit doppelt so großen Schritten als gewöhnlich durch das Zimmer ging, – um so früher werde ich an dem *Grab der beiden Liebenden* sein.

Welches die Ursache dieser Bewegung war, und warum ich so große Schritte machte, als ich obiges äußerte, – könnte ich gleichfalls den Naturforschern zu entscheiden überlassen; da jedoch kein Uhrwerkgrundsatz dabei in Frage kommt, – wird es für den Leser das gleiche sein, wenn ich es selbst erkläre.

31. Kapitel

O es ist eine süße Periode im Leben des Menschen, wenn das Gehirn noch zart und faserig und mehr als irgend etwas der Pappe ähnlich ist – und man dann eine Geschichte von zwei Verliebten liest, die durch grausame Eltern und ein noch grausameres Schicksal voneinander getrennt sind –

Amandus – Er,
Amanda – Sie, –

und keines weiß, wohin das andere verschlagen ist;

Er – nach Osten,
Sie – nach Westen;

worauf dann *Amandus* von den *Türken* gefangen und an den Hof des Kaisers von *Marokko* geschleppt wird, wo sich die Prinzessin von *Marokko* in ihn verliebt und ihn zwanzig Jahre lang wegen seiner Liebe zu *Amanda* gefangen hält – während Sie (*Amanda*) während dieser ganzen Zeit barfuß und mit aufgelösten Haaren über Felsen und Gebirge wandert und immer nach *Amandus* fragt, – *Amandus!* – *Amandus!* und jeden Berg und jedes Tal zum Echo seines Namens macht –

Amandus! Amandus!

und in jeder Stadt und jedem Flecken trostlos am Tore sitzt und fragt: – Ist meine *Amandus* – mein *Amandus* nicht hierher gekommen? – bis sie beide rund und rund um die Welt gegangen sind, und der Zufall sie unerwartet in der gleichen Minute in der Nacht aber von entgegengesetzter Seite her an das Tor von *Lyon,* ihrer Vaterstadt, führt, wo sie mit wohlbekannter Stimme laut

Ist *Amandus*
Ist meine *Amanda* noch am Leben?

rufen, sich in die Arme stürzen und tot vor Freude niedersinken –

Es ist, sage ich, eine süße Periode im Leben eines jeden edeln Sterblichen, wo eine solche Geschichte dem Gehirne mehr *pabulum* (Futter) bietet, als all der altertümliche Plunder, den die Reisenden zu dem Ende zusammenkochen.

Dies alles stand in meinem eigenen Gehirn auf der rechten Seite, da wo es *Spon* und andere Schriftsteller in ihren Berichten über *Lyon* eingepreßt hatten, und da ich überdies Gott weiß in welcher Reisebeschreibung fand, – daß ein der Treue des *Amandus* und der *Amanda* geweihtes Grab außerhalb der Tore erbaut worden sei, wo sich bis zur heutigen Stunde Liebende zusammenfänden, um sich ihre Treue zu beteuern, – so geriet ich nie in meinem Leben in einen Handel dieser Art, ohne daß dies Grab der Liebenden auf eine oder die andere Weise am Schlusse auftrat; ja es hatte eine solche Macht über mich gewonnen, daß ich selten an *Lyon* denken oder davon sprechen, – bisweilen sogar nicht einmal eine *Lyoner* Weste betrachten konnte, ohne daß dieser Rest des Altertums vor meine Phantasie trat; und oft sagte ich in meinem wilden Dreinfahren, – und ich fürchte mit einigem Mangel an Ehrerbietung – ich halte diesen Schrein trotz seiner Vernachlässigung für so schätzbar wie den von *Mekka* und um so wenig geringer (ausgenommen an Pracht) als die *Casa santa* in *Loretto*, daß ich einmal eigens um ihn zu besuchen eine Pilgerfahrt dahin machen möchte (wenn ich auch sonst in *Lyon* nichts zu tun hätte.)

In meiner Liste der Sehenswürdigkeiten von *Lyon* war dieser Gegenstand also der letzte, aber nicht der unwichtigste. Nachdem ich daher ein oder zwei Dutzend größere Schritte als gewöhnlich durch mein Zimmer getan hatte, als mir dies eben durch den Kopf ging, stieg ich ruhig nach dem Hof hinab, um mich auf den Weg zu machen. Ich hatte inzwischen auch meine Rechnung verlangt, und da ich nicht sicher war, ob ich noch einmal nach dem Gasthof zurückkommen würde, sie auch bezahlt, – überdies dem Zimmermädchen zehn Sous gegeben und empfing eben den letzten Wunsch des Monsieur *Blanc* zu einer glücklichen Reise auf der *Rhône*, – als ich am Tor aufgehalten wurde.

32. Kapitel

– Es war ein armer Esel, der eben mit einem Paar großer Körbe auf dem Rücken dahergekommen war, um ein Almosen von Rübenkraut und Kohlblättern einzusammeln. Er stand etwas im Zweifel mit beiden Vorderfüßen innerhalb der Schwelle und mit den Hinterfüßen auf der Straße, und schien nicht recht zu wissen, ob er eintreten solle oder nicht.

Nun kann ich es nicht übers Herz bringen, dieses Tier (so

sehr ich auch Eile haben mag) zu schlagen; – es liegt in dem geduldigen Tragen und Leiden, das ihm so deutlich in den Blicken und dem ganzen Wesen geschrieben steht, etwas, was mächtig für dieses Tier spricht und mich stets entwaffnet; so daß ich nicht einmal unfreundlich zu ihm sprechen kann. Im Gegenteil, mag ich ihm begegnen wo ich will, – in der Stadt oder auf dem Land, – am Karren oder mit Körben belastet, – in der Freiheit oder im Joche – ich habe ihm immer etwas Liebes zu sagen. Und da ein Wort das andere gibt, so komme ich (wenn er gerade ebensowenig zu tun hat wie ich) gewöhnlich in ein Gespräch mit ihm; und nie ist meine Phantasie so geschäftig, als wenn sie aus den Linien seiner Züge seine Antworten bildet, – oder wo diese nicht tief genug gehen – sich von meinem eigenen Herzen in seines versetzt und das zu entdecken sucht, was bei der Gelegenheit ein Esel ebensogut denken mag wie ein Mensch. Er ist wirklich das einzige Geschöpf von allen Klassen unter mir, mit dem ich das tun kann; mit Papageien, Dohlen usw. wechsele ich nie ein Wort, – auch nicht mit Affen usw. und zwar so ziemlich aus demselben Grunde: sie agieren lediglich nach Routine, wie die anderen sprechen, und machen, daß ich verstumme; auch mein Hund und meine Katze, – obschon ich beide sehr schätze – (mein Hund würde wahrhaftig sprechen wenn er könnte) – besitzen dennoch, ich weiß nicht wie es kommt, aber es ist so, beide nicht das Talent der Unterhaltung. Ich kann keine andere Art von Gespräch mit ihnen anknüpfen als Anrede, Erwiderung und Duplik, wie bei den Unterredungen meines Vaters mit meiner Mutter in ihren *Lits de justice;* – sind diese gesprochen, – so hat der Dialog ein Ende –

– Mit einem Esel aber kann ich mich in einem fort unterhalten.

Komm, Meister Ehrlich! sprach ich – als ich sah, daß es unmöglich war zwischen ihm und dem Tor zu passieren; – willst du eigentlich herein oder hinaus?

Der Esel drehte den Kopf und sah die Straße hinauf. –

Gut, sagte ich, wir wollen noch ein wenig warten, bis dein Treiber kommt.

– Er drehte den Kopf gedankenvoll herum, und sah ernsthaft nach der entgegengesetzten Richtung. –

Ich verstehe dich vollkommen, sagte ich; – wenn du in dieser Sache einen falschen Schritt tust, wird er dich halb zu Tode schlagen. – Nun eine Minute ist ja nur eine Minute, und wenn sie einem Mitgeschöpf Prügel erspart, ist sie nicht schlecht angewendet. Während dieses Gesprächs fraß er den Stengel einer Artischocke und hatte denselben bei dem kleinen verdrießlichen Streit der Natur zwischen Hunger und üblem Geschmack wohl ein dutzendmal aus dem Maul fallen lassen und wieder aufgeschnappt. – Gott steh dir bei, Jakob! sagte ich, du hast da ein bitteres Frühstück, – und wohl manche bittere Tagesarbeit, – und ich fürchte, zum Lohn manchen bitteren Hieb! – Für dich ist alles Bitterkeit – alles, was für andere Leben ist! – Und in diesem Augenblick ist wohl dein Maul, wenn man dich drum fragen könnte, so bitter wie Ruß – (er hatte nämlich eben den Stengel wieder fallen lassen) und du hast vielleicht auf der ganzen Welt keinen Freund, der dir eine Makrone gäbe. – Bei diesen Worten nahm ich ein Papier mit solchen heraus, die ich eben gekauft hatte, und gab ihm eine, – und in dem Augenblick da ich dies erzähle, macht mir mein Herz Vorwürfe, daß es mir damals mehr Spaß machte einen Esel eine Makrone fressen zu sehen, als daß ich ihm aus reinem Wohlwollen eine gegeben.

Als der Esel die Makrone gefressen hatte, drang ich in ihn einzutreten; – das arme Vieh war schwer beladen, – die Beine schienen ihm unter dem Leib zu zittern, – er hing ziemlich nach rückwärts; und da ich an seinem Halfter zog, zerriß er mir in der Hand. – Er sah mir nachdenklich ins Gesicht. – Schlagen Sie mich nicht damit; – freilich wenn Sie wollen, können Sie es tun. – Wenn ich es tue, will ich des Teufels sein, sagte ich. – Ich hatte das Wort erst zur Hälfte ausgesprochen wie die Äbtissin von *Andouillets* – (es war also auch keine Sünde dabei) – als eine Person hereinstürmte, einen donnernden Hieb gegen die Kruppe des armen Teufels führte und damit der Zeremonie ein Ende machte.

Pfui doch!

rief ich; – aber dieser Ausruf war zweideutig und wie ich glaube, am unrechten Platze angebracht, – denn das Ende einer Weide, das aus dem Geflechte des Korbs heraussah, hatte sich in meiner Hosentasche gefangen, als er an mir vorbeifuhr und meine Hosen in der unglückseligsten Richtung, die man sich nur denken kann, zerrissen; so daß das

Pfui doch! darauf paßte; doch ich überlasse die Entscheidung hierüber

Den Rezensenten meiner Hosen,

die ich ausdrücklich zu dem Ende mit hergebracht habe.

33. Kapitel

Als alles wieder in Ordnung war, kam ich abermals mit meinem Lohndiener in den Hof herab, um nach dem Grab der beiden Liebenden usw. zu wandern, – wurde aber zum zweiten Mal am Tore aufgehalten, – diesmal jedoch nicht durch den Esel – sondern durch den Mann, der ihn geschlagen hatte, und der inzwischen (wie dies nach einer Niederlage nicht selten vorkommt) auf demselben Fleck wo der Esel gestanden, Posto gefaßt hatte.

Es war ein vom Postamt an mich abgesandter Mann, der ein Schreiben in der Hand hatte, wonach ich sechs Livres vier Sous bezahlen sollte.

Wofür? sagte ich. – Für den König, erwiderte der Bote und zuckte beide Schultern.

Mein lieber Freund, erwiderte ich, – so gewiß ich ich bin, – und Sie Sie sind –

– Und wer sind Sie? fragte er ——

Bringen Sie mich nicht durcheinander, sagte ich.

Es ist jedoch eine unzweifelhafte Wahrheit, fuhr ich gegen den Boten gewendet fort, indem ich nur die Art meiner Beteuerung änderte, daß ich dem König von *Frankreich* nichts als meine Hochachtung schuldig bin, denn er ist ein ganz wackerer Mann und ich wünsche ihm Gesundheit und jeden Zeitvertreib der Welt.

Pardonnez-moi, erwiderte der Postbote, Sie sind ihm sechs Livres vier Sous für die nächste Poststation von hier bis St. *Fons* auf Ihrer Route nach *Avignon* schuldig: – und da dies eine königliche Post ist, so haben Sie für Pferde und Postillon doppelt zu bezahlen, – sonst würde es nur drei Livres zwei Sous gekostet haben.

– Ich reise aber nicht zu Land, sagte ich.

– Aber Sie können es, wenn Sie wünschen, erwiderte der Postbote. –

Ihr gehorsamster Diener, sagte ich, indem ich eine tiefe Verbeugung vor ihm machte.

Der Postbote machte mir mit aller Aufrichtigkeit ernstlicher Wohlerzogenheit eine ebenso tiefe. – Nie in meinem Leben brachte mich eine Verbeugung so aus der Fassung.

– Der Teufel hole den ernsthaften Charakter dieses Volks, sagte ich (beiseite), – sie verstehen nicht soviel IRONIE wie –

Der verglichene Gegenstand stand mit seinen Körben in der Nähe, – aber ein gewisses Etwas schloß mir die Lippen, – ich vermochte den Namen nicht auszusprechen.

Mein Herr, sagte ich, indem ich mich faßte, ich habe nicht die Absicht, die Post zu nehmen.

– Sie können es aber, sagte er, indem er bei seiner ersten Antwort beharrte, – Sie können Post nehmen, wenn Sie wollen.

Aber ich will nicht.

– Und ich kann Salz zu meinem Pickelhering nehmen, sagte ich, wenn ich will. Aber ich will nicht.

– Sie müssen indessen bezahlen, ob Sie es tun oder nicht.

Ja, für das Salz, erwiderte ich (das weiß ich).

– Und auch für die Post, entgegnete er.

Hol mich der Henker! rief ich, ich will ja zu Wasser reisen, ich fahre noch heute abend die Rhône hinab, – mein Gepäck ist schon an Bord, – und ich habe neun Livres für meine Fahrt bezahlt.

C'est tout égal, – das ist gleich, sagte er.

Bon dieu! ich muß also den Weg bezahlen, den ich mache, und den ebenfalls, den ich nicht mache.

C'est tout égal, versetzte der Postbote.

– Den Teufel ist es! sagte ich; – lieber gehe ich 10 000 mal in die Bastille.

O *England, England!* du Land der Freiheit und Klima des gesunden Menschenverstandes! du zärtlichste der Mütter und liebenswürdigste der Ammen! sagte ich und ließ mich bei Beginn meines Ausrufs auf ein Knie nieder. –

In diesem Augenblick kam der Beichtvater der Frau *Le Blanc* herein, und als er eine schwarzgekleidete, todesblasse Person, – die durch den Kontrast dieser Bekleidung noch blässer aussah – knien sah, fragte er, ob ich des Beistandes der Kirche bedürfe?

Ich gehe zu WASSER, sagte ich; – und da kommt noch einer und will mich auch noch dafür zahlen lassen, daß ich zu Öl gehe!

35. Kapitel

Als ich sah, daß der Postbote durchaus seine sechs Livres vier Sous haben wollte, blieb mir nichts übrig als bei diesem Anlaß wenigstens einen Witz zu machen, der soviel wert war.

Ich begann daher also:

– Bitte, mein Herr, nach welchem Gesetz der Artigkeit wird

ein hilfloser Fremder gerade entgegengesetzt von dem behandelt, wie Sie einen *Franzosen* in diesem Falle behandeln würden?

Durchaus nicht, sagte er.

Entschuldigen Sie, erwiderte ich, Sie haben damit angefangen, mir einen Riß in die Hosen zu machen, – und jetzt wollen Sie auch noch meine Tasche. Hätten Sie mir dagegen zuerst meine Tasche genommen, wie Sie es mit Ihren Landsleuten machen, – und mir nachher die Hosen von dem bloßen – gezogen, – so hätte ich müssen ein Vieh sein, wenn ich mich beklagen wollte. So aber ist es –

– Gegen das *Gesetz der Natur*,

– Gegen die *Vernunft*,

– Gegen das EVANGELIUM.

Aber nicht gegen dies, – sagte er, – und gab mir ein gedrucktes Papier in die Hand:

Par le Roy!

Das ist eine kräftige Einleitung, sagte ich; – und las nun

– –

– –

– –

– –

– Hieraus geht hervor, sagte ich, nachdem ich es schnell überlaufen hatte, daß wenn jemand in einer Postchaise von *Paris* abfährt, – er sein Leben lang in einer solchen reisen – oder wenigstens dafür bezahlen muß. –

Entschuldigen Sie, entgegnete der Postbote, der Geist der Verordnung ist folgender: – daß wenn Sie in der Absicht abreisen, von *Paris* bis *Avignon* mit der Post zu fahren, Sie diese Absicht oder Reiseart nicht ändern dürfen, ohne vorher die Taxe für zwei Posten weiter als der Ort ist, wo Sie Ihren Entschluß ändern, zu bezahlen; – und die Verordnung, fuhr er fort, begründet sich damit, daß die Staatseinkünfte nicht durch Ihre Unbeständigkeit zu kurz kommen sollen.

– Beim Himmel! rief ich, – wenn die Unbeständigkeit in *Frankreich* besteuert wird, – so bleibt uns nichts übrig als den bestmöglichen Frieden mit Ihnen zu schließen. –

UND SO WURDE DER FRIEDEN GESCHLOSSEN.

Und wenn es ein schlechter Frieden ist, – so sollte, da *Tristram Shandy* den Grund dazu gelegt hat, – niemand anders deshalb gehängt werden als *Tristram Shandy*.

36. Kapitel

Obschon ich mir bewußt war, dem Postboten so viele feine Dinge gesagt zu haben, daß damit die sechs Livres vier Sous herausgeschlagen waren, war ich doch entschlossen, jene Auflage, ehe ich den Ort verließ, in meine Reisebemerkungen zu notieren. Ich fuhr also mit der Hand in die Tasche, um meine Reisebemerkungen herauszuziehen, aber siehe da! – (und dies mag eine Warnung für alle Reisenden sein, auf ihre Bemerkungen besser aufzupassen) meine Bemerkungen waren fort! – Nie hat noch ein ärgerlicher Reisender einen solchen Lärm und Gepolter um seine Bemerkungen aufgeschlagen, als ich es bei diesem Anlaß tat.

Himmel! Erde! Meer! Feuer! schrie ich und rief alle Elemente zu Hilfe, nur die nicht, die ich hätte anrufen sollen – meine Bemerkungen sind fort! – Was soll ich tun? – Herr Postbote, habe ich etwa, als ich neben Ihnen stand, Bemerkungen fallen lassen?

Sie ließen allerdings eine gute Portion sehr sonderbarer fallen, erwiderte er.

O, sagte ich, das waren nur einige, wenige, und nicht über sechs Livres zwei Sous wert; – jene aber waren ein dickes Paket.

Er schüttelte den Kopf.

Monsieur *Le Blanc!* Madame *Le Blanc!* haben Sie Papiere gesehen, die mir angehören?

He Zimmermädchen, lauf die Treppe hinauf! – *François*, geh ihr nach!

– Ich muß meine Bemerkungen wieder haben; – es waren die besten Bemerkungen, die jemals gemacht wurden, rief ich, – die klügsten, – die witzigsten. – Was fang ich an? – Wohin soll ich mich wenden?

Als Sancho Pansa das GESCHIRR seines Esels verlor, beklagte er sich nicht bitterlicher.

37. Kapitel

Als die erste Aufregung vorüber war und die Register des Gehirns ein wenig aus der Verwirrung herauszukommen begannen, in welche sie durch diese verschiedenen Wechselfälle geraten waren, – fiel mir ein, daß ich meine Bemerkungen in der Kutschentasche gelassen hatte. – Als ich daher meine Kutsche an den Wagner verkaufte, hatte ich meine Bemerkungen mit verkauft.

Ich lasse hier absichtlich einen leeren Raum, damit hier der Leser selbst den Fluch beisetzen kann, den er in der Regel anwendet. – Wenn ich je auf eine Gedankenlosigkeit in meinem Leben einen ganzen Fluch tat, so glaube ich war es auf diese – * * * * * * * * * * * * * * * * * *, sagte ich. So habe ich also meine Bemerkungen durch *Frankreich*, die so voll Witz waren wie ein Ei voll Nahrungsstoff, und so gewiß 400 Guineen wert wie ein Ei einen Pfennig wert ist, – für vier Louisdors an einen Wagner verkauft – und ihm noch eine Postchaise, die sechs wert ist, dreingegeben. Wäre es wenigstens an *Dodsley*, oder an *Becket*, oder an irgendeinen ordentlichen Buchhändler gewesen, der entweder das Geschäft aufgab und eine Postchaise brauchte, – oder der eines anfing und meine Bemerkungen brauchen konnte, und noch 2–3 Guineen dazu – so hätte ich es ertragen können;
– aber an einen Wagner!

Führe mich sogleich zu ihm, *François*, sagte ich.

Der *Valet de place* setzte seinen Hut auf und ging voran; – und ich nahm meinen ab, als ich an dem Postboten vorbeiging, und folgte ihm.

38. Kapitel

Als wir an das Haus des Wagners kamen, war Haus und Laden geschlossen. Es war der 8. September, der Tag der Geburt der gebenedeiten Jungfrau *Maria*, Mutter Gottes.

– *Tantarra – ra – tan – tivi,* – alle Welt ging zum Maibaum hinaus, – tanzte hier, – und sprang dort – und kümmerte sich keinen Knopf um mich und meine Bemerkungen. So setzte ich mich auf eine Bank an der Türe und überließ mich meinen Betrachtungen. Doch ich hatte diesmal mehr Glück als gewöhnlich; ich hatte nämlich kaum eine halbe Stunde gewartet, als die Frau vom Hause kam, um die Papilloten aus ihrem Haare zu nehmen, ehe sie zum Maibaum ging. –

Die *Französinnen* lieben Maibäume *à la folie,* – das heißt, ebenso leidenschaftlich wie Frühmetten. – Gebt ihnen nur einen Maibaum, mag es nun im Mai, Juni, Juli oder September sein – die Zeit ist ihnen ganz gleichgültig – so geht es dahin, – er ist ihnen Essen, Trinken, Waschen und Wohnung, – und wenn wir nur so pfiffig wären, wenn Euer Gnaden erlauben, ihnen gehörig viel Maibäume zu schicken (weil das Holz in *Frankreich* etwas selten ist), so – würden die Frauen sie aufrichten; und wenn sie dies getan hätten, würden sie darum herumtanzen (und die Männer) bis alle blind wären.

Die Frau des Wagners kam, wie gesagt, um die Papilloten aus ihrem Haar zu nehmen, – die Toilette steht vor niemand still, – sie warf also die Haube ab und begann damit schon unter der Türe; dabei fiel eine der Papilloten auf den Boden – ich sah sofort, daß es meine Handschrift war. –

– O mein Gott! rief ich; Madame, Sie haben alle meine

Bemerkungen auf ihrem Kopfe. – *J'en suis bien mortifiée,* sagte sie. – Es ist nur gut, dachte ich, daß sie hier hängengeblieben sind, – denn wären sie tiefer gegangen, so hätten sie eine solche Verwirrung im Kopf einer *Französin* anrichten können, – daß es besser für sie gewesen wäre, sie wäre bis zum jüngsten Tag ungekräuselt herumgegangen.

Tenez! sagte sie; und ohne die entfernteste Idee von der Natur meines Leidens, nahm sie dieselben aus ihren Locken und legte sie ernsthaft, eine um die andere in meinen Hut; die eine war so gedreht, die andere anders. – Ach du meine Güte, sagte ich, wenn sie veröffentlicht werden, –

Dann werden sie erst recht verdreht sein.

39. Kapitel

Und nun zur Uhr des *Lippius,* sagte ich mit der Miene eines Mannes, der alle Schwierigkeiten überwunden hat, – niemand kann uns jetzt mehr hindern, sie zu sehen, und dann die chinesische Geschichte usw. – Außer die Kürze der Zeit, bemerkte *François,* – es ist jetzt beinahe elf Uhr. – Dann müssen wir um so mehr eilen, sagte ich und ging mit großen Schritten nach der Kathedrale.

Ich kann wirklich nicht sagen, daß es mich sehr betrübt habe, als mir beim Eintritt in das westliche Portal einer der niederen Chorherren sagte: – die große Uhr des *Lippius* sei ganz aus den Fugen und seit mehreren Jahren nicht mehr gegangen. – Dadurch, dachte ich, bekomme ich um so mehr Zeit, die chinesische Geschichte zu durchblättern; und überdies werde ich in der Lage sein, der Welt eine bessere Beschreibung von dem Verfall der Uhr zu geben, als ich es von ihrem gesunden Zustande hätte tun können.

– Und so eilte ich nach dem Kollegium der Jesuiten.

Nun ist es aber mit dem Plan, einen Blick in die Geschichte von *China* in *chinesischer* Schrift zu tun, – wie mit vielen andern, welche die Phantasie in der Entfernung erregen; je näher ich der Sache kam, desto kühler wurde mein Blut, – die Grille wurde immer schwächer, und zuletzt hätte ich nicht einen Kirschkern darum gegeben sie zu befriedigen. – Meine Zeit war mir auch so kurz zugemessen, und mein Herz hing ganz an dem Grab der Liebenden. – Wollte Gott, sagte ich, als ich den Türklopfer in die Hand nahm, der Schlüssel zur Bibliothek wäre verlorengegangen. Es war beinahe so, –

Denn alle JESUITEN hatten die *Kolik* bekommen, – und zwar in einem Grade, wie es sich der älteste Praktiker nicht erinnern konnte.

40. Kapitel

Da ich die Geographie des Grabs der Liebenden so gut kannte, als ob ich zwanzig Jahre in *Lyon* gelebt hätte; nämlich wußte, daß es gerade vor dem Tor nach der Vorstadt *Vaise* rechter Hand liegen mußte, schickte ich *François* nach dem Boote, um die Huldigung, die ich jenem seit so langer Zeit schuldete, ohne einen Zeugen meiner Schwachheit darzubringen: – so schritt ich in der größten Herzensfreude dem Grabe zu. – Als ich das Tor sah, das mich noch von dem Grabe trennte, glühte es in mir.

– Ihr zärtlichen, treuen Geister! rief ich *Amandus* und *Amanda* zu, – lang – lang habe ich geharrt, – um diese Träne auf euer Grab fallen zu lassen, – ich komme – ich komme –

Aber als ich ankam – da war kein Grab da, auf das ich sie hätte fallen lassen können.

Was hätte ich darum gegeben, wenn jetzt mein Onkel *Toby* dagewesen wäre und seinen Lillabullero gepfiffen hätte!

41. Kapitel

Es tut nichts zur Sache, wie und in welcher Stimmung es geschah, – aber ich entfloh dem Grab der Liebenden – oder richtiger, ich entfloh ihm nicht (denn es gab ja gar keines) – und langte gerade noch zeitig genug am Boote an, um mein Fahrgeld zu retten; – und ehe ich 100 Ellen gesegelt hatte, begegneten sich *Rhône* und *Saône* und führten mich lustig mit sich fort.

Doch ich habe ja meine Rhônefahrt schon beschrieben, noch ehe ich sie machte. –

– So bin ich denn jetzt in *Avignon*, und da es hier nichts zu sehen gibt, als das alte Haus, in welchem der Herzog von *Ormond* wohnte, und ich nur eine kurze Bemerkung über den Ort zu machen habe, so werden Sie mich in drei Minuten auf einem Maultier die Brücke überschreiten sehen, neben mir *François* auf einem Pferde mit meinem Felleisen hinter ihm, während der Besitzer beider Tiere zu Fuß vor uns herschritt, mit einer langen Flinte auf der Schulter und einem Degen unter dem Arm, damit wir nicht zufällig mit seinen Tieren davongehen sollten. Hätten Sie meine Hosen bei meinem Einzug in *Avignon* gesehen – Sie hätten sie allerdings noch besser sehen können als ich aufsaß – so würden Sie diese Vorsicht nicht für unnötig erachtet oder innerlich übelgenommen haben; ich für meinen Teil hielt sie für sehr natürlich und beschloß, ihm am Schlusse unserer Reise die Hosen zu schenken, weil sie ihn so in Aufregung versetzt hatten, daß er sich für alle Fälle gegen sie waffnen zu müssen glaubte.

Ehe ich aber weitergehe, will ich hier noch meine Bemerkung über *Avignon* loswerden, die in Folgendem besteht: – Ich halte es nicht für recht, wenn man nur deshalb weil einem am ersten Abend in *Avignon* zufällig der Hut vom Kopfe geweht wird – behauptet: »*Avignon* sei mehr als irgendeine Stadt in *Frankreich* heftigen Winden ausgesetzt.« Ich legte deshalb auf diesen Unfall auch kein großes Gewicht, bis ich den Gastwirt hierüber befragt hatte, der mich ernstlich versicherte, es sei wirklich so; – und da ich überdies hörte, daß der windige Charakter *Avignons* in der Umgegend sprichwörtlich sei, – so lege ich die Bemerkung nur deshalb hier nieder, um von den Gelehrten zu erfahren, welches wohl die Ursache hiervon sein könne. Die Wirkungen dieser Windigkeit sah ich selbst: – denn es sind hier lauter Herzoge, Marquis und Grafen, – der Henker hol mich wenn ein Baron in ganz *Avignon* ist; – so daß man an einem windigen Tage kaum jemand ansprechen kann.

Mein Freund, sagte ich, seien Sie so gut und halten Sie mir einen Augenblick mein Maultier; – ich mußte nämlich einen meiner Reitstiefel ausziehen, der mich an der Ferse drückte. – Der Mann stand müßig an der Türe des Gasthofs, und da ich glaubte, er gehöre zum Hause oder zum Stall, drückte ich ihm den Zügel in die Hand, und ging dann an meinen Stiefel. Als ich fertig war, drehte ich mich um, um dem Mann das Maultier wieder abzunehmen und ihm zu danken. – Aber *Monsieur le Marquis* waren hineingegangen. –

42. Kapitel

Ich konnte nun das ganze südliche Frankreich von den Ufern der *Rhône* bis zu denen der *Garonne* ganz nach Muße auf meinem Maultier durchwandern – ich sage, nach Muße, – denn ich hatte den Tod, Gott allein weiß, wie weit hinter mir gelassen! – »Ich bin schon manchem Mann durch *Frankreich* nachgelaufen, sagte er, aber noch keinem in diesem schnellen Tempo.« Doch ging er mir noch immer nach – und ich floh noch immer, – aber ich floh in heiterer Laune; – er verfolgte mich zwar noch immer, – immer, – aber wie einer, der die Hoffnung aufgegeben hat, seine Beute zu erhaschen, – und während er so langsam nachging, milderte sich sein Aussehen mit jedem Schritte. – Warum sollte ich also fortfahren, in diesem Tempo vor ihm davonzulaufen?

Trotz der Äußerung des Postboten änderte ich daher noch dazu meine Reiseweise, und nach jenem eiligen und lärmenden Dahinjagen schmeichelte ich jetzt meiner Phantasie mit dem Gedanken auf mein langsames Maultier und daß ich jetzt die reichen Ebenen von *Languedoc* auf seinem Rücken so gemächlich durchwandern dürfte, als dieses einen Fuß vor den anderen setzte.

Nichts Angenehmeres für einen Reisenden, – für einen Reisebeschreiber aber nichts Schrecklicheres als eine weite reiche Ebene, besonders wenn sie weder große Ströme noch Brücken aufzuweisen hat und dem Auge nichts bietet als ein unverändertes Bild der Fülle. Denn wenn der Reisebeschreiber einmal gesagt hat, die Ebene sei köstlich oder herrlich – der Boden dankbar, die Natur habe hier all ihr Füllhorn ausgegossen usw. – dann hat er eben immer noch die weite Ebene vor sich, mit der er nichts anzufangen weiß, und die ihm zu wenig mehr nützt, als daß sie ihn nach irgendeiner Stadt bringt; und diese Stadt bietet vielleicht auch wenig mehr, als daß sie eben eine neue Station ist, nach der die Ebene wieder beginnt, – und so fort.

– Dies ist eine fürchterliche Arbeit. Sehen Sie zu, ob ich mit meinen Ebenen nicht besser fertig werde.

43. Kapitel

Ich hatte noch nicht 2 ½ Wegstunden zurückgelegt, als der Mann mit der Flinte bereits nach seinem Zündkraut zu sehen begann.

Ich war nämlich schon dreimal ganz *entsetzlich* dahinten geblieben; jedesmal wenigstens ½ englische Meile, einmal in tiefem Gespräch mit einem Trommelmacher, der für die Jahrmärkte von *Beaucaire* und *Tarascon* Trommeln machte, – ich vermochte die Grundsätze seiner Kunst nicht recht zu begreifen.

Das zweite Mal kann ich nicht eigentlich sagen, daß ich stehenblieb, – denn ich begegnete ein paar *Franziskanern,* die mehr Eile hatten als ich, und da ich das, was ich mit ihnen besprach, nicht so rasch zum Schluß bringen konnte, – ging ich ein Stückweit mit ihnen zurück.

Das dritte Mal wars eine Handelsgeschichte mit einem Weib wegen eines Körbchens mit provenzalischen Feigen für vier Sous; das wäre schnell abgemacht gewesen, aber am Schluß des Handels gab es noch einen Gewissensfall. Denn als ich die Feigen bezahlt hatte, stellte es sich heraus, daß unten im Korbe mit Weinlaub bedeckt zwei Dutzend Eier lagen. Da ich nicht die Absicht hatte Eier zu kaufen, machte ich auch keinerlei Ansprüche darauf; – was aber den Raum, den sie einnahmen betraf – was wollte der sagen! ich hatte Feigen genug für mein Geld ——

Aber ich hätte gerne das Körbchen gehabt; – das Weib aber wollte es behalten, denn ohne Korb konnte sie nichts mit ihren Eiern anfangen; – und bekam ich nicht das Körbchen, so ging es mir mit meinen Feigen fast ebenso, denn sie waren bereits überreif und einige schon an der Seite aufgesprungen, dies hatte einen kurzen Streit zur Folge, wobei verschiedene Vorschläge gemacht wurden, was wir beide tun sollten –

Ich fordere den geneigten Leser oder den Teufel, wenn er nicht ohnedem bei der Sache war (und ich bin überzeugt, er wars) heraus, sich die am wenigsten wahrscheinliche Vorstellung davon zu machen, wie wir schließlich über unsere Eier und Feigen verfügten. – Sie sollen das Ganze lesen, verehrter Leser, – aber nicht in diesem Jahre, denn es drängt mich, jetzt an die Liebesgeschichte meines Onkels *Toby* zu kommen; – aber in der Sammlung von Erzählungen, welche auf der Reise durch jene Ebene entstanden sind, und die ich deshalb nenne: meine

Ob meine Feder wie die anderer Reisenden auch auf dieser Tour durch eine so dürre Gegend ermüdet wurde, – möge die Welt beurteilen; die Spuren derselben aber, die in diesem Augenblick jetzt alle zusammen vibrieren, sagten mir, daß es die fruchtbarste, tätigste Periode meines Lebens war; denn da ich mit meinem Mann mit der Flinte keinen Vertrag in Beziehung auf die Zeit abgeschlossen hatte, – blieb ich bei jedem, dem ich begegnete und der nicht in vollem Trab begriffen war, im Gespräch stehen, – holte die Leute vor mir ein, – wartete auf alle die hinter mir kamen, – rief alle an, die auf Kreuzwegen herkamen, – hielt alle Bettler, Pilger, Geiger und Mönche an, – ritt an keinem Frauenzimmer, das sich auf einem Maulbeerbaum befand, vorbei, ohne ihre Waden zu rühmen, und sie mittelst einer Prise Tabak in ein Gespräch zu verflechten, – kurz ergriff alle und jede Gelegenheit, welcher Art sie sein mochte, die der Zufall mir unterwegs bot, – verwandelte so meine Ebene in eine *Stadt*, – und war immer in Gesellschaft, und zwar in einer sehr wechselnden; und da mein Maultier ebenso gesellig war wie ich und jedem Vieh, das ihm begegnete, immer einiges mitzuteilen hatte – so bin ich überzeugt, wir hätten einen Monat lang zusammen durch *Pall-Mall* oder St. *James-Street* gehen können und dabei weniger Abenteuer gehabt, – und weniger von der menschlichen Natur gesehen.

O da finden wir jene lebhafte Offenheit, die jede Falte im Rock einer *Languedocienne* öffnet, – und die was immer auch darunter stecken mag, ganz so aussieht wie die Einfalt schönerer Zeiten, von der die Poeten singen!

– Ich will wenigstens meine Phantasie betrügen und glauben, es sei so.

Es war auf dem Wege zwischen *Nîmes* und *Lunel*, wo der beste Muskatwein in *Frankreich* wächst und der beiläufig gesagt den ehrlichen Domherren von MONTPELLIER gehört, – und schlimm möge es dem Mann ergehen, der ihn an ihrem

Tische getrunken hat und ihnen einen Tropfen davon mißgönnt.

– Die Sonne war untergegangen, – es war Feierabend; die Mädchen hatten ihr Haar frisch aufgebunden, – und die jungen Burschen schickten sich zum Ringeltanze an – mein Maultier spitzte die Ohren. – Es ist nur eine Pfeife und ein Tamburin, sagte ich. – Ich habe Todesangst, sagte das Vieh. – Sie machen einen Ringeltanz, sagte ich und gab ihm einen Spornstoß. – Beim hl. *Bogarius* und allen Heiligen hinter der Türe des Fegfeuers, sagte jenes – (und gab dabei das gleiche Zeichen des festen Entschlusses von sich wie das Tier der Äbtissin von *Andouillets*) ich gehe keinen Schritt weiter. – Wie Sie wollen, Monsieur, sagte ich, solange ich lebe, streite ich mit keinem Ihrer werten Familie. Ich sprang also herunter, warf einen Stiefel in diesen Graben und den andern in jenen. – Ich will einen Tanz machen, sagte ich; – bleib du hier stehen.

Eine sonnenverbrannte Tochter der Arbeit trat aus der Gruppe und lief mir entgegen, als ich darauf zuging; ihr dunkles kastanienbraunes, fast schwarzes Haar war bis auf eine Flechte in einen Knoten gebunden.

Wir brauchen einen Kavalier, sagte sie und streckte mir beide Hände entgegen. – Und den sollen Sie haben, sagte ich und faßte sie an beiden.

O wärest du wie eine Herzogin angezogen gewesen, *Nanette!*

Aber dieser verwünschte Schlitz in deinem Rock!

Nanette kehrte sich nicht daran. –

Wir hätten es nicht ohne Sie ausführen können, sagte sie, wobei sie in angeborener Artigkeit eine Hand fahren ließ und mich mit der andern hinführte.

Ein lahmer Junge, den *Apollo* dafür mit einer Pfeife entschädigt hatte, wozu er noch aus eigenem Antrieb ein Tamburin tat, saß auf der Bank und präludierte sanft. – Binden Sie mir doch diese Flechte herauf, sagte *Nanette* und gab mir ein Stück

Bindfaden in die Hand. – Damit vergaß ich, daß ich ein Fremder war. – Der ganze Knoten fiel herunter. – Es war als ob wir uns seit sieben Jahren kennten.

Der Junge schlug den Takt auf dem Tamburin – dann fiel die Pfeife ein, und wir gingen los, – der Henker hole den Schlitz!

Die Schwester des Jungen, die ihre Stimme vom Himmel gestohlen hatte, sang abwechselnd mit dem Bruder, – es war ein *gascognischer* Rundgesang

Viva la joia!
fidon la tristessa!

Die Mädchen sangen zusammen die erste Stimme und die Burschen eine Oktave tiefer.

Ich hätte eine Krone darum gegeben, wenn er zugenäht gewesen wäre, – *Nanette* nicht einen Sous! – *Viva la joia!* lag auf ihren Lippen: – *viva la joia!* in ihrem Auge. – Ein vorübergehender Funken von Freundschaft flog durch den Raum zwischen uns. – Sie sah so liebenswürdig aus! – Warum kann ich nicht hier leben und meine Tage beschließen! Du gerechter Spender unserer Freuden und Kümmernisse, rief ich, warum kann ich nicht hier im Schoße der Zufriedenheit sitzen, – und tanzen, und singen, und mein Gebet sprechen und schließlich in den Himmel fahren mit diesem nußbraunen Mädchen? – Sie bog den Kopf launisch auf eine Seite und tanzte so verschmitzt daher. – Nun ist es hohe Zeit weiterzutanzen, sagte ich; so wechselte ich nur Mädchen und Tanzmusik und tanzte von *Lunel* nach *Montpellier* und von da nach *Pézénas*, nach *Beziers*, – tanzte weiter durch *Narbonne*, *Carcassonne* und *Castel naudary*, bis ich endlich in *Pedrillos* Pavillon hineintanzte. Hier nahm ich ein schwarzliniertes Papier als Unterlage, um die Liebesgeschichte meines Onkels *Toby* recht gerade ohne Abschweifung und Parenthese zu schreiben, – und begann folgendermaßen. –

ACHTES BUCH

1. Kapitel

– Nur langsam – in dieser lustigen Ebene, unter dieser heiteren Sonne, wo eben alles Fleisch in der Weinlese pfeift, und geigt und tanzt, wo bei jedem Schritt, den man tut, der Verstand durch die Einbildungskraft in Erstaunen gesetzt wird, da soll mir, trotz allem was auf verschiedenen Seiten meines Buchs über gerade Linien gesagt wurde, – da soll mir der beste Kohlpflanzer, den es je gab, gleichviel ob er rückwärts oder vorwärts pflanzt (wofern er nicht in dem einen Fall mehr zu verantworten hat als im andern), – er soll mir einmal mit kaltem Blut, kritisch und kanonisch, seine Kohlköpfe einen neben dem andern in *geraden Linien,* und mit stoischen Distanzen pflanzen, besonders wenn die Schlitze in den Unterröcken nicht zugenäht sind – ohne ein oder das andere Mal neben hinauszufahren oder sich in einer falschen Richtung zu bewegen. – In *Frierland, Nebelland* und einigen anderen mir bekannten Ländern, – mag das möglich sein; –

Aber unter diesem klaren Himmel, wo Phantasie und Atem wieder aufleben, wo jeder vernünftige und unvernünftige Gedanke freien Lauf hat, – in diesem Land, mein lieber *Eugenius,*– in diesem fruchtbaren Lande des Rittertums und der Romantik, wo ich jetzt sitze und mein Tintenfaß aufschraube, um die Liebschaft meines Onkels *Toby* zu beschreiben, und mit all den mäandrischen Pfaden, auf denen JULIA ihrem DIEGO nachging, als Aussicht von meinem Studierzimmer aus, – wenn du da nicht kommst und mich bei der Hand nimmst, – was würde dann für ein Werk daraus werden!

Wir wollen damit anfangen.

2. Kapitel

Es ist mit der LIEBE wie mit der HAHNREISCHAFT: – nun spreche ich zwar davon ein Buch zu beginnen, habe aber schon seit langer Zeit etwas auf dem Herzen, was ich dem Leser mitteilen möchte, und das ich ihm, wenn ich es ihm jetzt nicht mitteile, in diesem Leben nicht mehr werde mitteilen können (während die oben berührte Vergleichung ihm zu jeder Stunde des Tags mitgeteilt werden kann) – ich will es daher jetzt loslassen und dann in allem Ernst anfangen.

Die Sache verhält sich so.

Daß von all den verschiedenen Buchanfängen, die heutzutage in der bekannten Welt gang und gäbe sind, meine Art dies zu tun unstreitig die beste ist. – Vor allem ist sie die religiöseste, – denn ich fange damit an den ersten Satz zu schreiben – und den zweiten dem Allmächtigen anheimzugeben.

Es würde einen Schriftsteller für immer von dem törichten Gelärme heilen, womit er in der Regel seine Türe nach der Straße aufreißt, und seine Nachbarn und Freunde und Verwandte, nebst dem Teufel und all seinen Sprößlingen, mit ihren Hämmern und Maschinen usw. hereinruft, wenn er sehen wollte, wie bei mir ein Satz auf den andern und der Entwurf nach dem Ganzen kommt.

Ich wollte, der verehrte Leser könnte sehen, wie ich halb von meinem Stuhl emporfahre, mit welchem Vertrauen ich den Arm desselben ergreife, emporschaue – und die Idee erhasche, nicht selten ehe sie mir noch halbwegs entgegengekommen ist!

Ich glaube wahrhaftig, ich schnappe manchen Gedanken weg, den der Himmel eigentlich für einen anderen bestimmt hatte.

Pope und sein Porträt* sind Pinsel gegen mich; – nie war ein

* Siehe Popes Portrait.

Märtyrer so voll von Glauben und Feuer, – ich wollte, ich könnte sagen, auch von guten Werken; – doch habe ich keinen

Eifer oder Zorn, – noch

Zorn oder Eifer;

und solange Götter und Menschen es einstimmig mit demselben Namen belegen, – soll der ärgste TARTUFFE in Wissenschaft, – Politik, – oder Religion nie einen Funken davon in mir entzünden, oder von mir ein schlimmeres Wort oder eine unfreundlichere Begrüßung bekommen, als wir im nächsten Kapitel lesen werden.

3. Kapitel

Bonjour! – guten Morgen! – Sie haben Ihren Mantel beizeiten angezogen! – aber es ist ein kalter Morgen und Sie haben ganz recht daran getan; – es ist besser gut beritten sein als zu Fuß zu gehen, – und Drüsenanschwellungen sind gefährlich. – Und wie geht es deiner Konkubine, – deiner Frau, – und deiner Kleinen, die du von beiden hast? Und was hören Sie von dem alten Herrn und der Frau Mama – von Ihrer Schwester, Tante, Onkel und Vettern? – Ich hoffe, es geht besser mit ihren Erkältungen, Husten, Zahnweh, Fiebern, Harnbeschwerden, Ischiassen, Geschwulsten und bösen Augen. –

Dieser Teufel von einem Apotheker! soviel Blut zu lassen, – ein so abscheuliches Abführungsmittel zu geben, – und dieses Brechmittel, – Umschlag, – Pflaster, – Nachttrunk, – Klistier, – Zugpflaster! – Und warum so viel Gran Calomel? *Santa Maria!* und diese Dosis Opium! die setzt ja Ihre ganze Familie vom Kopf bis zum Schwanz der größten Gefahr aus! – Bei der alten schwarzen Sammetmaske meiner Großtante *Dina!* ich glaube, es war kein Anlaß dazu da.

Da diese Maske von dem häufigen Aus- und Anziehen, noch ehe sie das Kind von dem Kutscher bekam, am Kinn etwas kahl und durchsichtig geworden war, – so wollte sie nachher niemand von der Familie tragen. Die MASKE neu überziehen zu lassen, lohnte sich nicht, – und eine Maske zu tragen, die kahl war oder durch die man halb hindurchsehen konnte, war ebenso schlimm als gar keine zu haben.

Dies ist auch der Grund, wenn der geneigte Leser erlaubt, warum wir in unserer ganzen zahlreichen Familie in diesen vier Generationen nur einen Erzbischof, einen *Walliser* Richter, 3-4 Ratsherrn und einen einzigen Quacksalber aufzuweisen haben. ——

Im sechzehnten Jahrhundert können wir uns eines ganzen Dutzends Alchimisten rühmen.

4. Kapitel

Es ist mit der Liebe wie mit der Hahnreischaft; – der leidende Teil ist höchstens der dritte, in der Regel aber der letzte im Hause, der etwas von der Sache erfährt; dies kommt, wie jedermann weiß, davon her, daß man ein halbes Dutzend Wörter für die gleiche Sache hat; und solange sich in diesem Gefäß der menschlichen Gestalt *Liebe* befindet, – in jenem *Haß,* – eine halbe Elle höher *Empfindsamkeit* – und *Unsinn.* —— Nein, Madame, – ich meine nicht dort; ich meine den Teil, auf den ich jetzt mit meinem Zeigefinger deute, – wie können wir uns da heraushelfen?

Von allen Sterblichen und auch Unsterblichen, wenn Sie erlauben, welche je über diese geheimnisvolle Sache mit sich selbst sprachen, war mein Onkel *Toby* am wenigsten geeignet, um seine Forschungen durch so widerstreitende Gefühle hindurchzubekommen; und er hätte ihnen unfehlbar allen freien Lauf gelassen, wie wir in noch schlimmeren Dingen tun, um zu sehen, was daraus werden würde, – hätte nicht die Bridget sie zum voraus der *Susanna* angekündigt, und *Susanna* hierüber gegen alle Welt zu wiederholten Malen Eröffnungen gemacht, so daß mein Onkel *Toby* sich notwendig auch mit der Sache beschäftigen mußte.

5. Kapitel

Warum Leineweber, Gärtner und Gladiatoren, – oder ein Mann mit einem eingeschrumpften Bein (das von einem Schmerz im Fuß herkam) – immer irgendeine zärtliche Nymphe besessen haben, welcher im Geheimen das Herz für jene brach, das sind Punkte, die von alten und neuen Physiologen gehörig beleuchtet und festgestellt sind.

Auch ein Wassertrinker, wenn er es von Profession ist und es ohne Betrug und geheimes Einverständnis mit einer dritten Person tut, befindet sich in derselben Klasse; auf den ersten Blick ist es zwar keine notwendige Folge oder logische Notwendigkeit: daß ein Bächlein kalten Wassers, das durch meine Eingeweide sickert, notwendig eine Fackel in meiner *Jenny* – entzünden müsse. –

– Die Sache ist keineswegs von durchschlagender Klarheit; im Gegenteil scheint sie dem natürlichen Gang von Ursache und Wirkung entgegen zu sein.

Aber da zeigt sich eben die Schwäche und Einfältigkeit der menschlichen Vernunft.

»Und Sie befinden sich dabei vollkommen gesund?«

So vollkommen, Madame, als die Freundschaft selbst wünschen könnte. –

»Und trinken nichts – nichts als Wasser?«

– Ungestüme Flut! in diesem Augenblick drängst du dich gegen die Wassertore des Gehirns – wie sie nachgeben!

Darin schwimmt die NEUGIER und winkt ihren Damen ihr zu folgen; – sie tauchen gerade in die Mitte der Strömung.

Die PHANTASIE sitzt sinnend am Ufer, folgt mit ihren Augen dem Strom, und verwandelt Strohhalme und Binsen in Masten und Bugspriets. – Und das Verlangen, das Gewand mit der einen Hand bis zum Knie aufhebend, hascht mit der anderen, während sie vorüberschwimmen, danach –

O ihr Wassertrinker, ist es denn wirklich diese trügerische Quelle, womit ihr diese Welt so oft regiert und wie ein Mühlrad herumgetrieben – die Gesichter der Impotenten abgeschliffen, ihre Rippen bestreut – ihre Nasen bepfeffert und bisweilen sogar ihre natürlichen Gestalten und Gesichter verändert habt?

– Wenn ich Sie wäre, sagte *Yorick,* so würde ich mehr Wasser trinken, *Eugenius.* – Und wenn ich Sie wäre, *Yorick,* erwiderte *Eugenius,* würde ich es auch tun.

Was beweist, daß sie beide den *Longinus* gelesen hatten.

Was mich betrifft, so bin ich entschlossen mein Lebenlang kein anderes Buch zu lesen als mein eigenes.

6. Kapitel

Ich wollte, mein Onkel *Toby* wäre ein Wassertrinker gewesen; denn dann hätte es sich erklären lassen – daß in dem ersten Augenblick, da die Witwe *Wadman* ihn sah, sich etwas in ihr zu seinen Gunsten regte, – etwas – etwas!

– Etwas – vielleicht mehr als Freundschaft, – weniger als Liebe, – etwas, –gleichviel was, – gleichviel wo; – ich gäbe nicht ein einziges Haar vom Schwanz meines Maultiers, und möchte es ihm nicht selbst ausreißen (denn das Vieh hat nicht viel zu verteilen und ist dabei etwas spitzig), wenn mich der geehrte Leser in dies Geheimnis einführen wollte.

Die Wahrheit ist jedoch, daß mein Onkel *Toby* kein Wassertrinker war; er trank es weder rein noch vermischt noch sonst irgendwie oder irgendwo, außer gezwungenerweise auf Vorposten, wo kein besseres Getränk zu haben war, – oder während der Zeit da er sich in der Kur befand; wo er es zu seiner Beruhigung trank, da ihm der Arzt sagte, es dehne die Fasern aus und bringe sie schneller in Kontakt.

Da nun alle Welt weiß, daß es keine Wirkung ohne Ursache gibt, und da ferner bekannt ist, daß mein Onkel *Toby* weder ein Leineweber noch ein Gärtner noch ein Gladiator war, – wenn er nicht als Kapitän zu den letzteren gezählt wurde; dann war er aber nur ein Infanteriekapitän und überdies ist das Ganze ein doppelsinniger Ausdruck – so bleibt uns nichts anzunehmen übrig, als daß es das Bein meines Onkels war, – aber das hilft uns bei der vorliegenden Hypothese nichts, außer wenn es von einem Schaden am Fuß herrühren würde, – während sein Bein keineswegs infolge einer Krankheit am Fuß geschwunden war, – denn das Bein meines Onkels *Toby*, war überhaupt nicht geschwunden. Es war davon, daß es in den drei Jahren, wo er im Hause meines Vaters in der Stadt lag, gar nicht gebraucht wurde, etwas steif und ungelenk; es war aber dick und muskulös und in jeder anderen Beziehung ein so gutes und vielversprechendes Bein wie das andere.

Ich muß gestehen, ich kann mich keiner Meinung oder Begebenheit meines Lebens erinnern, wo mein Verstand mehr in Verlegenheit war, um Enden zusammen, und das eben geschriebene Kapitel mit dem zu schreibenden in Einklang zu bringen als eben jetzt. Es könnte einer vielleicht wähnen, ich stürze mich absichtlich in Schwierigkeiten dieser Art, nur um neue Versuche machen zu können, wie ich wieder herauskomme. – Was bist du doch für eine unbedachtsame Seele! Wie! sind denn die unvermeidlichen Nöte, welche dich als Schriftsteller und Mensch auf allen Seiten hemmen, – sind sie nicht genügend, Tristram, mußt du dich mit Gewalt in noch weitere und größere verrennen?

Ist es nicht genug, daß du überschuldet bist und noch zehn Wagenladungen von deinem fünften und sechsten Band da liegen hast, die noch immer – immer unverkauft sind, während du mit deinem Witz fast zu Ende bist, wie du sie los werden könntest?

Bist du nicht bis zur Stunde mit dem bösen Asthma behaftet, das du dir zugezogen, als du in Flandern gegen den Wind Schlittschuh liefst? Und hast du dir nicht erst vor zwei Monaten, als du einen Kardinal Wasser lassen sahst wie ein alter Chorist (nämlich mit beiden Händen) vor Lachen ein Gefäß in der Lunge zersprengt, wodurch du in zwei Stunden ebensoviel Schoppen Blut verlorst; und sagte dir die Fakultät nicht —— wenn du das Doppelte verloren hättest —— so würde es eine ganze Gallone gegeben haben? ——

7. Kapitel

Aber sprechen wir um Himmels willen nicht von Schoppen und Gallonen, – nehmen wir die Geschichte von uns wie sie ist; sie ist so zart und verwickelt, daß sie die Versetzung auch nicht eines einzigen Punktes erlaubt; und auf die eine oder die andere Art bin ich durch Sie fast in die Mitte derselben gedrängt. –

– Wir müssen künftig besser achtgeben.

8. Kapitel

Mein Onkel *Toby* und der Korporal waren mit solcher Hitze und Übereilung abgereist, um das oft besprochene Grundstück in Besitz zu nehmen, und dort ihren Feldzug so frühe wie die übrigen Alliierten zu eröffnen, – daß sie einen der notwendigsten Gegenstände der ganzen Geschichte vergessen hatten; es war dies weder Spaten, noch Spitzhaue, noch Schaufel; – es war ein Bett, um darin zu schlafen; und da *Shandy Hall* damals noch nicht mit Möbeln ausgerüstet und das kleine Gasthaus, wo der arme *Le Fever* starb, noch nicht gebaut war, – so sah sich mein Onkel *Toby* genötigt, für eine oder zwei Nächte ein Bett bei Frau *Wadman* anzunehmen, bis Korporal *Trim* (der zu der Eigenschaft eines trefflichen Kammerdieners, Reitknechts, Kochs, Schneiders, Arztes und Ingenieurs auch die eines vorzüglichen Tapezierers fügte) mit Hilfe eines Zimmermanns und einiger Näherinnen ein solches im Hause meines Onkels *Toby* hergestellt hatte.

Eine Tochter *Evas* – und das war die Witwe *Wadman*, und der einzige Charakter, den ich ihr beizulegen gedenke, ist: »daß sie ein vollendetes Weib war« – hätte besser daran getan fünfzig Stunden weiter weggeblieben zu sein, – oder in ihrem warmen Bett, – oder mit einem Küchenmesser – oder sonst etwas zu spielen, – als einen Mann zum Gegenstand ihrer Aufmerksamkeiten zu machen, wo Haus und Möbel ihr gehörten.

Es hat nichts auf sich, draußen und im hellen Tageslicht, wo ein Weib physisch gesprochen, die Macht hat, einen Mann in mehr als einem einzigen Licht zu betrachten; – in ihrem Hause aber kann sie ihn ums Leben überhaupt in keinerlei Lichte sehen, ohne etwas von ihrem Hab und Gut mit ihm in Verbindung zu setzen, – bis er endlich in Folge solcher wiederholter Verbindungen vollständig in ihr Inventar aufgenommen wird.

– Und dann gute Nacht!

Es ist dies jedoch nicht Sache eines SYSTEMS, das habe ich schon oben auseinandergesetzt; – es ist auch nicht GLAUBENSSACHE, – denn ich lege für keinen Menschen ein Glaubensbekenntnis ab als für mich selbst; – noch Sache der WIRKLICHKEIT, wenigstens soviel ich weiß; sondern eine das Folgende verbindende und einführende Sache.

9. Kapitel

Ich spreche hier nicht von dem mehr oder weniger groben Zeug, aus dem sie gemacht sind, oder ihrer Sauberkeit, – noch von der Stärke ihrer Zwickel, – aber frage ich, unterscheiden sich die Nachthemden nicht in dieser besonderen Beziehung ebensosehr von den Taghemden, als in jeder anderen – daß sie diese in der Länge so überragen, daß sie, wenn man sich in ihnen niederlegt, fast ebensoweit über die Füße hinausgehen, als die Taghemden nicht bis an diese reichen?

Die Nachthemden der Witwe *Wadman* waren (wahrscheinlich nach der Mode zur Zeit König *Williams* und der Königin *Anna*) nach diesem Muster geschnitten; und wenn die Mode inzwischen anders geworden ist (in *Italien* zum Beispiel sind sie bis auf Null eingegangen), – um so schlimmer für das Publikum. Damals waren sie 2 ½ *flandrische* Ellen lang; so daß wenn man für eine Frau von mittlerer Größe zwei Ellen annimmt, sie noch eine halbe Elle übrig hatte, mit der sie anfangen konnte was sie wollte.

Nun war es von einer kleinen Gunstbezeigung nach der andern in den vielen kalten und dezemberlichen Nächten einer siebenjährigen Witwenschaft allmählich dahin gekommen und gehörte seit den letzten zwei Jahren zu einer der Schlafzimmerverordnungen, – daß sobald Frau *Wadman* zu Bett gegangen war und ihre Beine bis ans Ende desselben ausgestreckt hatte, wovon sie Bridget immer benachrichtigte, – diese, Bridget mit allem gehörigen Anstand zuerst das Bettzeug am Fuß öffnete, die oben berührte übrige halbe Elle vom Nachthemd ergriff, und nachdem sie es sanft mit beiden Händen so weit es ging herabgezogen und es dann wieder in 4-5 glatten Falten seitwärts zusammengelegt hatte, eine große Stecknadel aus ihrem Ärmel nahm und mit der Spitze gegen sich die Falten alle etwas über dem Saum fest zusammenheftete, worauf sie alles dicht an den Füßen in das Bett hineinsteckte und ihrer Gebieterin gute Nacht wünschte.

Dies war ein für allemal so, mit der einzigen Abwechselung, daß wenn Bridget in schaurigen, stürmischen Nächten das Bett unten herabsteckte, sie dabei keinen andern Thermometer als den ihrer eigenen Empfindung zu Rate zog, und so jenes stehend, – knieend, – oder hockend verrichtete, je nach dem Grad von Glaube, Liebe und Hoffnung, den sie in der betreffenden Nacht für ihre Gebieterin empfand. In jeder anderen Beziehung wurde die Etikette heilig gehalten und hätte sich mit der regelmäßigsten des unveränderlichsten Schlafzimmers in der Christenheit messen können.

Sobald am ersten Abend der Korporal meinen Onkel *Toby* hinaufgeführt hatte, was etwa gegen zehn Uhr geschah, – warf sich Frau *Wadman* in ihren Armstuhl, schlug ihr rechtes Bein über ihr linkes, so daß der rechte Ellbogen einen Stützpunkt erhielt, stützte ihre Wange in die rechte Hand und beugte sich etwas nach vorn, in welcher Stellung sie bis Mitternacht verweilte und die Frage von beiden Seiten überlegte.

Am zweiten Abend setzte sie sich an ihren Schreibtisch, befahl Bridget ein paar neue Kerzen zu bringen und auf den Tisch zu stellen, und suchte dann ihren Ehevertrag hervor, den sie mit großem Eifer durchlas. Am dritten Abend aber (es war dies der letzte, daß mein Onkel *Toby* hier verweilte), als Bridget das Nachthemd herabgezogen hatte und eben im Begriff war die Stecknadel hineinzustecken, – stieß sie mit einem Tritt mit beiden Fersen zugleich, dem natürlichsten, den sie in dieser Lage tun konnte, – denn nehmen wir an, daß * * * * * * * * * * die Sonne in ihrem Meridian war, so ging der Tritt nordöstlich, – stieß sie ihr die Nadel aus den Fingern, – und die *Etikette*, die daran hing, hinweg, – die nun zu Boden fiel und in tausend Atome zersplitterte.

Aus alldem ging klar hervor, daß die Witwe *Wadman* in meinen Onkel *Toby* verliebt war.

10. Kapitel

Mein Onkel *Toby* hatte damals den Kopf voll von anderen Dingen, und erst nach der Schleifung von *Dunkirchen*, als alle anderen Artigkeiten in Europa geordnet waren, fand er Muße darauf zurückzukommen.

Dies gab allerdings einen Waffenstillstand (so heiße ich es in Beziehung auf meinen Onkel *Toby*, – in Beziehung auf Frau *Wadman* war es eine Vakanz) von nahezu elf Jahren. Da aber in allen Fällen dieser Art erst der zweite Schlag, geschehe er nun in welchem Zwischenraum er wolle, die Sache zu einem wirklichen Kampfe macht, – so möchte ichs eher die Liebeshändel meines Onkels *Toby* mit der Witwe *Wadman*, als die Liebeshändel der Witwe *Wadman* mit meinem Onkel *Toby* nennen.

Diese Unterscheidung hat ihre Berechtigung.

Es ist nicht wie die Geschichte mit dem *alten Stülphut* und dem *aufgestülpten alten Hut*, worüber manche hochwürdige Herren sich so oft gestritten haben, – der Unterschied liegt hier in der Natur der Dinge –

Und zwar, meine Herren, ist dieser Unterschied sehr groß.

11. Kapitel

Da nun die Witwe *Wadman* meinen Onkel Toby *liebte*, – mein Onkel *Toby* aber die Witwe *Wadman* nicht liebte, so blieb der Witwe *Wadman* nichts übrig, als herzugehen und meinen Onkel *Toby* zu lieben, – oder es bleibenzulassen.

Die Witwe *Wadman* wollte weder das eine noch das andere. –

– Gütiger Himmel! – Ich vergesse ganz, daß ich selbst etwas von ihrer Gemütsart habe; denn wenn der Fall eintritt, was um die Zeit der Tag- und Nachtgleiche hier und da geschieht, daß eine irdische Göttin so sehr dies und das und das andere ist, daß ich wegen ihrer mein Frühstück nicht verzehren kann, – und sie sich nicht soviel darum schert, ob ich frühstücke oder nicht, –

– Dann zum Henker mit ihr! und so schicke ich sie in die *Tatarei*, und von der *Taterei* nach dem *Feuerland*, und so weiter bis zum Teufel. Kurz, es gibt keinen höllischen Winkel, in den ich ihre Göttlichkeit nicht stecke.

Da aber das Herz weich ist, und die Leidenschaften darin zehnmal in einer Minute fluten und wieder ebben, so bringe ich sie gleich wieder zurück, und da ich in allen Dingen extrem bin, so versetze ich sie dann in die Mitte der Milchstraße –

Du hellster der Sterne! wirst deinen Einfluß auf einen üben ——

– Der Teufel hole sie und ihren Einfluß, – denn bei diesem Wort verliere ich alle Geduld: – möge es dem einen wohl bekommen! – Bei allem was zottig und zerzaust ist! rufe ich, indem ich meine Pelzmütze herunterreiße und sie um meinen Finger drehe – ich gebe nicht sechs Pence um ein Dutzend solcher!

– Aber es ist doch eine treffliche Mütze (dabei setze ich sie wieder auf und drücke sie fest auf meine Ohren) – und warm, – und weich; besonders wenn man sie nach der Haarseite streicht; – aber ach! das wird mir nie gelingen – (so leidet meine Philosophie hier abermals Schiffbruch).

– Nein, ich will nie einen Finger in diese Pastete stecken (so breche ich hier mein Gleichnis ab).

Kruste und Krume,
Innen und Außen,
Deckel und Boden, – alles verabscheue ich, hasse ich, – stoße ich zurück, – es wird mir schlecht, wenn ich es nur sehe: –

Es ist ja lauter Pfeffer,
Knoblauch,
Salz und
Teufelsdreck. – Bei dem großen Erzkoch aller Köche, der wahrscheinlich von morgens bis abends nichts tut, als am Fenster sitzen und erhitzende Gerichte für uns zu erfinden, ich möchte es um alles in der Welt nicht berühren.

– O *Tristram, Tristram!* rief *Jenny.*

– O *Jenny, Jenny!* versetzte ich, – und ging zum zwölften Kapitel über.

12. Kapitel

– Ich möchte es um alles in der Welt nicht berühren, habe ich gesagt?

Mein Gott, wie habe ich doch meine Phantasie mit dieser Metapher aufgeregt!

13. Kapitel

Welches beweist, daß die Liebe, mag nun der hochwürdige und hochverehrte Leser darüber sagen was er will (denn was das *Denken* anbelangt, so denken alle die denken, – so ziemlich dasselbe darüber und über einige andere Dinge), – daß die LIEBE, wenigstens dem Alphabet nach, eines der

Aufregendsten,
Bezauberndsten,
Confusesten,
Dümmsten Dinge im Leben ist, – die
Extravaganteste,
Flüchtigste,
Gimpelhafteste,
Handgreiflichste,
Irrtümlichste,
Koboldartigste und
Lyrischste aller menschlichen Leidenschaften; zugleich die
Mißverständlichste,
Nebelhafteste,
Obstipierendste,
Pragmatischste,
Schnatterndste,

Rasendste – das R hätte eigentlich vor dem S kommen sollen – kurz sie ist von einer Natur, wie mein Vater einmal am Schluß einer langen Unterhaltung über den Gegenstand zu meinem Onkel *Toby* sagte: – Du kannst, sagte er, kaum zwei Gedanken darin miteinander verbinden, Bruder *Toby*, ohne eine Hypallage. –Was ist denn das? rief mein Onkel *Toby*.

Der Wagen vor dem Pferd, antwortete mein Vater.

– Und was soll dieses hinter dem Wagen tun? fragte mein Onkel *Toby*.

Nichts, sagte mein Vater, als hineinsteigen – oder es bleiben lassen.

Die Witwe *Wadman* nun wollte, wie ich Ihnen bereits sagte, weder das eine tun noch das andere.

Sie stand jedoch angeschirrt und nach allen Richtungen beschabrackt bereit und wartete nur auf die Gelegenheit.

14. Kapitel

Das Schicksal, welches natürlich diese Liebschaft zwischen der Witwe *Wadman* und meinem Onkel *Toby* voraussah, hatte seit der ersten Erschaffung von Stoff und Bewegung (und mit größerer Artigkeit als es in der Regel solche Dinge tut) eine solche Kette von Ursachen und Wirkungen hergestellt, die so fest aneinander hingen, daß es für meinen Onkel *Toby* kaum möglich gewesen wäre, ein anderes Haus der Welt zu bewohnen, oder einen anderen Garten in der *Christenheit* zu besuchen, als gerade das Haus und den Garten, die an Frau *Wadmans* Haus und Garten stießen. Dieser Umstand, sowie eine dichte Laube in Frau *Wadmans* Garten, die in die Hecke von meines Onkel *Toby* Garten hineinging, bot ihr all die Gelegenheiten, welche die Liebe im Kriegszustande bedurfte: sie konnte die Bewegungen meines Onkels *Toby* beobachten, und hörte zugleich seine militärischen Beratungen; und da sein argloses Herz auf Bridgets Vermittlung hin dem Korporal die Erlaubnis gegeben hatte, ihr eine Türe von Weiden zu machen, um ihre Spaziergänge erweitern zu können, wurde sie dadurch in den Stand gesetzt, ihre Approchen bis zur Öffnung des Schilderhauses zu führen, und von Zeit zu Zeit unter der Firma der Dankbarkeit einen Angriff zu machen und zu versuchen, ob sie nicht meinen Onkel *Toby* mitten in seinem Schilderhause in die Luft sprengen könne.

15. Kapitel

Es ist sehr traurig – aber es ergibt sich mit Bestimmtheit aus der täglichen Beobachtung des Mannes, daß er wie ein Licht an beiden Enden Feuer fangen kann, – wenn nur ein ordentlicher Docht heraussteht; wenn dies nicht der Fall ist, – dann hat die Geschichte gleich ein Ende; und wenn es der Fall ist – und man zündet unten an, wobei die Flamme in der Regel das Unglück hat sich selbst auszulöschen, – dann hat die Geschichte wieder ein Ende.

Wenn ich allemal die Freiheit hätte zu bestimmen, an welchem Ende ich angesteckt werden wollte – so würde ich – denn ich kann den Gedanken nicht ertragen, so viehmäßig angebrannt zu werden, – eine Hausfrau stets veranlassen, mich an meiner Spitze anzuzünden; ich würde dann ganz anständig nach der Dille herabbrennen, das heißt vom Kopf nach dem Herzen, und vom Herzen nach der Leber, von der Leber nach den Eingeweiden und so fort durch die Gekrösvenen und Arterien, durch all die Windungen und Seitengänge der Eingeweide und ihrer Häutchen bis zum Blinddarm.

– Ich bitte, Dr. *Slop,* sagte mein Onkel *Toby,* als dieser in einem Gespräch mit meinem Vater an dem Abend, da meine Mutter mit mir niederkam, des *Blinddarms* erwähnte, – ich bitte Sie, sagte mein Onkel *Toby,* sagen Sie mir doch, welches der *Blinddarm* ist, denn ich muß gestehen, so alt ich bin, so weiß ich doch bis heutigen Tag noch nicht, wo er liegt.

Der *Blinddarm,* erwiderte Dr. *Slop,* liegt zwischen dem *Ilion* und dem *Colon.*

– Bei dem Mann? fragte mein Vater.

– Bei dem Weib ist es ganz dasselbe, sagte Dr. *Slop.*

– Das ist mehr als ich weiß, versetzte mein Vater.

16. Kapitel

– Und so beschloß denn Frau *Wadman,* um den Nutzen von beiden Systemen zu haben, meinen Onkel *Toby* weder an diesem noch an jenem Ende anzuzünden, sondern wie das Licht des Verschwenders womöglich an beiden zugleich.

Wenn nun Frau *Wadman* sieben Jahre lang alle Rumpelkammern mit militärischen Geräten, für Kavallerie wie für Infanterie, von dem großen Arsenal zu Venedig bis zum Tower von London *(exclusive)* durchstöbert hätte, und dabei von Bridget unterstützt worden wäre, so hätte sie doch keine Blendierung, kein Mantelet finden können, das sich so für ihre Zwecke eignete, als das welches ihr die Unternehmungen meines Onkels *Toby* in die Hand gaben.

Ich glaube, ich habe dem geneigten Leser noch nicht gesagt, – doch ich weiß nicht, – möglicherweise habe ich es doch gesagt, – mag das nun sein wie dem will, es gehört jedenfalls unter die Dinge, die man besser noch einmal tut als daß man lange darüber schwatzt, – daß mein Onkel *Toby,* mochte der Korporal im Laufe ihrer Feldzüge an dieser oder jener Stadt oder Festung beschäftigt sein, stets Sorge trug, im Innern seines Schilderhauses, linker Hand, einen Plan der Festung mit 2-3 Nadeln am oberen Rand anzuheften, so daß er nach unten frei hing und nach Bedarf dem Auge näher gebracht werden konnte. Wenn daher Frau *Wadman* einen Angriff beschlossen hatte, so brauchte sie nichts weiter zu tun, als nach dem Schilderhause zu gehen, die rechte Hand auszustrecken, und während sie zugleich den linken Fuß hineinsetzte, und die Karte oder den Plan oder den Aufriß oder was es war zu ergreifen und demselben mit vorgestrecktem Halse auf halbem Wege entgegenzugehen. Hierbei mußten meines Onkels *Toby* Leidenschaften notwendig Feuer fangen, – denn er ergriff dann natürlich sofort mit der linken Hand die andere Ecke des Plans und begann mit dem untern Teil seiner Pfeife in der anderen, eine Erläuterung.

Wenn der Angriff bis zu diesem Punkte vorgetrieben war, – wird die Welt natürlich die Motive zu Frau *Wadmans* nächster taktischer Bewegung zu würdigen wissen; – diese bestand nämlich darin, meinem Onkel *Toby* sobald als möglich seine Tabakspfeife aus der Hand zu nehmen; was sie unter diesem oder jenem Vorwand, in der Regel aber indem sie tat, als wollte sie genauer auf eine Redoute oder sonstige Schanze auf dem Plane hinzeigen, bewerkstelligte, ehe mein Onkel *Toby* (die arme Seele) mehr als ein halbes Dutzend Toisen damit zurückgelegt hatte.

– Auf diese Art sah sich mein Onkel *Toby* genötigt, seinen Zeigefinger zu nehmen.

Der Unterschied, den dies im Angriff bewirkte, bestand in folgendem: – wenn sie im ersten Fall mit der Spitze ihres Zeigefingers gegen das Ende der Tabakspfeife meines Onkels *Toby* manövrierte, so hätte sie mit dieser ohne alle und jede Wirkung die Schanzen entlang von *Dan* bis *Berseba* gehen können, wenn die Schanzen meines Onkels *Toby* soweit gegangen wären; denn da das Ende der Tabakspfeife keinerlei Blut- oder Lebenswärme enthielt, konnte es auch keine Empfindung hervorrufen, – konnte es weder durch Pulsation Feuer mitteilen, – noch durch Sympathie welches empfangen; – es war nichts als Rauch.

Ging aber meines Onkel *Toby* Zeigefinger dicht neben dem ihrigen durch all die kleinen Windungen und Einsprünge seiner Werke, – wobei er bisweilen gegen die Seite des letzteren drückte, – oder auf seinen Nagel zu liegen kam, – oder über ihn stolperte, – ihn da und dort berührte, – so setzte er endlich irgend etwas in Bewegung.

Dies war zwar nur ein leichtes Geplänkel und in einiger Entfernung vom Gros, aber es zog dieses bald nach; denn da dann der Plan gewöhnlich mit seinem Rücken dicht an die Wand des Schilderhauses zurückfiel, pflegte mein Onkel *Toby* in der Arglosigkeit seiner Seele seine Hand flach darauf zu legen, um in seiner Erklärung weiterzumachen; worauf dann Frau *Wadman* mit einem Manöver das so schnell wie ein Gedanke ging, ebenso sicher ihre Hand hart neben die seinige brachte. Hierdurch wurde alsbald eine Verbindung eröffnet, die groß genug war, um jedes Gefühl passieren und zurückpassieren zu lassen, das eine in dem elementaren und praktischen Teil der Liebeskunst bewanderte Person gerade brauchte.

Wenn sie dann ihren Zeigefinger parallel neben den meines Onkels *Toby* legte, – so wurde unvermeidlich der Daumen mit in die Aktion gezogen; – waren aber einmal Daumen und Zeigefinger im Gefecht, so folgte die ganze Hand natürlich nach. Die deinige, lieber Onkel *Toby*, war dann nie an ihrem rechten Platz, – Frau *Wadman* mußte sie deshalb immer aufheben oder durch die zartesten Püffe, Stöße und zweideutige Drücke, die eine Hand, die man entfernen will, zu empfangen imstande ist, – sie um eine Haarsbreite aus dem Wege schieben. Während dies vor sich ging, vergaß sie natürlich nicht, ihm fühlbar zu machen, daß es ihr Bein (und niemand anders) war, welches weiter unten im Schilderhaus leicht gegen seine Wade drückte. – So war es kein Wunder, daß mein Onkel *Toby*, wenn er so auf beiden Flügeln angegriffen und schwer bedrängt wurde, manchmal in seinem Zentrum in Unordnung geriet –

– Hols der Henker! sagte mein Onkel *Toby*.

17. Kapitel

Der geneigte Leser wird leicht begreifen, daß diese Angriffe der Frau *Wadman* verschiedener Natur waren, und sich voneinander wie die Angriffe, von denen die Geschichte voll ist, und aus denselben Gründen unterschieden. Ein gewöhnlicher Zuschauer würde kaum zugeben, daß es überhaupt Angriffe gewesen; – oder würde sie, wenn er es zugab, miteinander vermengt haben; – für solche schreibe ich aber nicht. Es wird Zeit genug sein, etwas genauer in meiner Beschreibung derselben zu werden, wenn ich an die Sache selbst komme, was erst nach einigen Kapiteln der Fall sein wird. In diesem habe ich nur noch beizufügen, daß sich in einem Bündel von Originalpapieren und Zeichnungen, welche mein Vater sorgfältig aufrollte, auch ein vollkommen gut erhaltener Plan von *Bouchain* befindet (er soll auch solange ich dazu imstande bin, ferner erhalten werden), in dessen unterer rechtseitiger Ecke sich noch die Spuren eines Schnupftabaksfingers und Daumens vorfinden, die man alle Ursache hat, für von Frau *Wadman* herrührend zu halten; während die entgegengesetzte Ecke, wo sich wahrscheinlich die Finger meines Onkels *Toby* befanden, durchaus sauber ist. Dies scheint eine authentische Urkunde eines dieser Angriffe zu sein; denn an dem entgegengesetzten Rande des Plans sind noch die *vestigia* zweier Stiche sichtbar, die jetzt zum Teil zugegangen sind, unzweifelhaft die Löcher, durch welche der Plan an das Schilderhaus geheftet war.

Bei allem was priesterlich ist! ich schätzte diese kostbare Reliquie mit ihren *Stigmatas* und *Stichen* höher als alle Reliquien der *römischen* Kirche; – wobei ich immer, wenn ich über solche Sachen schreibe, die Stiche ausnehme, welche in das Fleisch der hl. *Radagunda* in der Wüste gingen; welche die Nonnen gleichen Namens den Leuten auf der Tour von FESSE nach CLUNY um der Liebe willen zeigen.

18. Kapitel

Euer Gnaden, sagte *Trim,* die Befestigungen sind jetzt vollständig geschleift, und – der Hafen ist auf einem Niveau mit der Mole. – Ja, ja, so ists – erwiderte mein Onkel *Toby* mit einem halbunterdrückten Seufzer; – aber gehe in das Wohnzimmer, *Trim,* und hole mir die Abmachungen, – sie liegen auf dem Tisch.

Sie haben sechs Wochen dort gelegen, erwiderte der Korporal, aber gerade heute morgen hat die alte Frau das Feuer damit angemacht. –

– Dann, versetzte mein Onkel *Toby,* dann sind unsere Dienste nicht mehr nötig. – Das ist wirklich recht schade, Euer Gnaden, sagte der Korporal; dabei warf er seinen Spaten mit der Miene der äußersten Trostlosigkeit in den Schiebkarren, der neben ihm stand, und drehte sich traurig um, um seine Spitzhaue, seine Schaufel, seine Pflöcke und andere militärische Geräte zusammenzusuchen und fortzuschaffen, –als ein Ach! das von dem Schilderhause ausging, welches weil aus dünnen Latten von Tannenholz gefertigt, den Ton um so trauriger in sein Ohr trug, es ihm verbot. Nein, sagte der Korporal zu sich selbst, ich will es tun, ehe Seine Gnaden morgen früh aufsteht. Er nahm also seinen Spaten wieder aus dem Schiebkarren, tat etwas Erde darauf, als wollte er noch etwas am Fuße der Glacis einebnen, – eigentlich aber um etwas näher zu seinem Herrn hinzukommen, und ihn aufzuheitern, – dann löste er ein paar Rasenstücke ab, – schnitt ihre Enden mit seinem Spaten ab, und nachdem er ihnen mit der Rückseite desselben ein paar leichte Klopfer gegeben, setzte er sich hart zu den Füßen meines Onkels *Toby,* und begann wie folgt:

19. Kapitel

Es war doch gar zu schade – vielleicht aber sage ich da ein sehr närrisches Ding für einen Soldaten, Euer Gnaden –

Ein Soldat, rief mein Onkel *Toby,* den Korporal unterbrechend, kann ebensogut närrische Dinge sagen, wie ein Gelehrter –

Aber nicht so oft, Euer Gnaden, erwiderte der Korporal. – Mein Onkel *Toby* nickte beistimmend.

Es war doch gar zu schade, – begann der Korporal wieder und blickte dabei auf *Dünkirchen* und die Mole, wie *Servius Sulpitius* bei seiner Rückkehr aus *Asien,* als er von *Aegina* gegen *Megara* segelte, auf *Korinth* und den *Pyräus* blickte, –

Es war doch gar zu schade, Euer Gnaden, daß diese Werke geschleift werden mußten – und ebenso schade wäre es gewesen, wenn sie stehengeblieben wären.

– Du hast in beiden Fällen recht, *Trim,* sagte mein Onkel *Toby.*

Das ist auch der Grund, fuhr der Korporal fort, warum ich vom Beginn der Schleifung an bis zum Schluß niemals gepfiffen oder gesungen, oder gelacht, oder geweint, oder über vergangene Taten geplaudert oder Euer Gnaden eine gute oder schlechte Geschichte erzählt habe.

– Du hast viele treffliche Eigenschaften, *Trim,* sagte mein Onkel *Toby,* und nicht die geringste davon ist, daß von den vielen Geschichten, die du mir erzählt hast, um mich in meinen schmerzlichen Stunden zu unterhalten, und in meinen ernsten zu erheitern, selten eine schlecht war.

– Das kommt daher, Euer Gnaden, weil sie mit Ausnahme von derjenigen vom König von *Böhmen* und seinen sieben Schlössern alle wahr waren, denn sie handelten von mir selbst.

Der Gegenstand war mir deshalb nicht weniger angenehm, *Trim,* sagte mein Onkel *Toby.* Aber was ist denn das für eine Geschichte von dem König? Du hast mich neugierig gemacht.

Ich will sie Euer Gnaden gleich erzählen, sagte der Korporal. –

Nur darf es, sagte mein Onkel *Toby,* und blickte dabei wieder ernsthaft auf *Dünkirchen* und die Mole – nur darf es keine lustige sein: zu einer solchen, *Trim,* muß man immer die eine Hälfte in sich mitbringen, und die Stimmung, in der ich mich gegenwärtig befinde, würde dir, *Trim,* und deiner Geschichte nicht günstig sein. – O es ist durchaus keine lustige Geschichte, erwiderte der Korporal. – Es sollte aber auch keine gar zu ernsthafte sein, setzte mein Onkel *Toby* hinzu. – Sie ist weder das eine noch das andere, versetzte der Korporal, sondern wird ganz für Euer Gnaden passen. –Dann dank ich dir von ganzem Herzen dafür, rief mein Onkel *Toby,* und so bitte ich dich, fang an, *Trim.*

Der Korporal machte seine Verbeugung; und obschon es keine so leichte Sache ist, wie man meinen könnte, eine dünne *Montero*-Mütze mit Anmut abzuziehen, – und nach meiner Ansicht nicht um ein Haar weniger schwierig ist, eine so respektvolle Verbeugung wie der Korporal gewohnt war, zu machen, wenn man auf dem Boden kauert, so gelang es dem Korporal doch, indem er seine flache rechte Hand, die gegen seinen Herrn gekehrt war, auf dem Gras zurück und etwas über seinenKörper hinausgleiten ließ, um diesem einen größeren Schwung zu geben, und indem er zugleich seine Mütze mit dem Daumen und zwei Fingern seiner Linken ungezwungen zusammendrückte, wodurch der Durchmesser der Mütze vermindert und sie eher unmerklich weggequetscht als wie durch den Wind herabgerissen wurde, – beides auf eine bessere Weise durchzuführen, als die Lage der Dinge zu gestatten schien; und nachdem er sich zweimal geräuspert hatte, um zu hören, in welcher Tonart sich seine Geschichte am besten mache, und wie sie zu der Stimmung seines Gebieters am besten passe, – tauschte er mit diesem einen einzigen freund lichen Blick und begann dann also:

DIE GESCHICHTE VON DEM KÖNIG VON BÖHMEN UND SEINEN SIEBEN SCHLÖSSERN

Es war einmal ein König von Böh——

Als der Korporal eben die Grenze von *Böhmen* überschreiten wollte, nötigte ihn mein Onkel *Toby* einen Moment zu halten. *Trim* hatte barhäuptig angefangen, indem er seine *Montero*-Mütze seit Ende des vorigen Kapitels neben sich auf dem Boden hatte liegen lassen.

Das Auge der Menschenfreundlichkeit erspäht alles; und ehe der Korporal die ersten fünf Worte seiner Geschichte hinter sich hatte, hatte mein Onkel *Toby* die *Montero*-Mütze bereits zweimal mit dem Ende seines Stocks berührt, als wollte er sagen: Warum setzest du sie nicht wieder auf, *Trim?* – *Trim* ergriff sie in der achtungsvollsten Langsamkeit und warf dabei einen demütigen Blick auf die Stickerei der vorderen Seite, die bereits ihres Glanzes beraubt und in einigen Hauptblättern und den kühnsten Teilen des Musters stark abgerieben war, und legte sie dann wieder zwischen seine Beine, um über den Gegenstand zu moralisieren.

Was du da andeuten willst, rief mein Onkel *Toby,* ist nur wahr: *Nichts auf der Welt ist gemacht, um ewig zu dauern, Trim!*

– Aber wenn sich auch die Andenken an deine Liebe, teurer *Tom,* abnützen, sagte *Trim,* was sollen wir dann sagen?

Trim, versetzte mein Onkel *Toby,* darüber ist weiter nichts zu sagen; und wenn ein Mensch sein Gehirn bis zum jüngsten Tag deshalb anstrengen würde, *Trim,* ich glaube, es wäre ganz umsonst.

Da der Korporal einsah, daß mein Onkel *Toby* recht hatte, und daß es dem menschlichen Witze unmöglich sein würde, eine reinere Moral aus der Kappe zu ziehen, so machte er auch keinen weiteren Versuch dazu und setzte sie auf. Dann fuhr er mit der Hand über die Stirne, um eine nachdenkliche Runzel zu glätten, welche der Text und die Lehre zusammen erzeugt hatten, und kehrte dann mit dem früheren Blick und

Tonstimmung zu seiner Geschichte von dem König von *Böhmen* und dessen sieben Schlössern zurück.

FORTSETZUNG DER GESCHICHTE DES KÖNIGS VON BÖHMEN UND SEINEN SIEBEN SCHLÖSSERN

Es war einmal ein König von *Böhmen;* ich könnte jedoch Euer Gnaden nicht sagen, unter welcher Regierung, wenn es nicht unter seiner eigenen war –

Das verlange ich auch durchaus nicht von dir, *Trim,* rief mein Onkel *Toby.*

– Es war etwas vor der Zeit, Euer Gnaden, da die Riesen anfingen auszugehen; – aber in welchem Jahre unseres Herrn das war –

– Ich gebe keinen Pfennig drum das zu wissen, sagte mein Onkel *Toby.*

– Eine Geschichte sieht so nur gleich besser aus, Euer Gnaden.

– Es ist deine Sache, *Trim,* sie nach deiner Art auszuschmücken; nimm jedes Datum, fuhr mein Onkel *Toby* fort und sah ihn scherzhaft an, nimm jedes Datum das dir gefällt, – mir ist es recht. –

Der Korporal verbeugte sich; mein Onkel *Toby* hatte ihm jedes Jahrhundert und jedes Jahr jedes Jahrhunderts, von Erschaffung der Welt bis zur Sündflut, und von der Sündflut bis zur Geburt *Abrahams,* durch alle Wanderungen der Patriarchen, bis zum Auszug der *Israeliten* aus *Ägypten,* und durch alle Dynastien, Olympiaden, *Urbs conditas* und andere denkwürdigen Epochen der verschiedenen Stationen bis zur Ankunft Christi und von da bis zum Augenblick, wo der Korporal seine Geschichte erzählte, – diesen ganzen großen Zeitraum mit all seinen Abgründen zu Füßen gelegt; da aber die BESCHEIDENHEIT das was ihr die FREIGEBIGKEIT mit beiden Händen hinbietet, kaum mit einem Finger zu berühren pflegt, so begnügte sich der Korporal mit dem *schlechtesten* Jahr des ganzen Haufens; und damit die geehrten Leser der Majorität und Minorität sich darüber nicht bis aufs Blut verstreiten: ob dieses Jahr nicht immer das letzte Jahr des letzten Kalenders sei? – so will ich denselben offen sagen, daß dem wirklich so war; aber aus einem ganz anderen Grund als sie ahnen.

– Es war das ihm nächste Jahr, das Jahr unseres Herrn 1712, wo der Herzog von *Ormond* so übel in *Flandern* hauste. Der Korporal nahm es und begann damit lustig seine Expedition nach *Böhmen.*

FORTSETZUNG DER GESCHICHTE VON DEM KÖNIG VON BÖHMEN UND SEINEN SIEBEN SCHLÖSSERN

Im Jahr unseres Herrn Eintausendsiebenhundertundzwölf, da war –

– Aufrichtig gesagt, *Trim,* sagte mein Onkel *Toby,* jedes andere Jahr würde mir besser gefallen haben, nicht nur wegen des traurigen Fleckens in unserer Geschichte, den dieses Jahr uns gebracht hat, als unsere Truppen sich weigerten, die Belagerung von *Quesnoi* zu decken, ungeachtet *Fagel* die Werke mit so unglaublicher Energie vorwärtstrieb, – sondern auch ebensosehr wegen deiner eigenen Geschichte, *Trim;* denn wenn es sich dabei – und nach dem was du bereits darüber hast fallen lassen, vermute ich sehr, daß es so sei, – wenn es sich dabei wirklich um Riesen handelt –

Es kommt nur einer darin vor, Euer Gnaden –

– Das ist so schlimm, wie wenn es zwanzig wären, erwiderte mein Onkel *Toby;* – du hättest ihn so etwa 7-800 Jahre weiter zurücksetzen sollen, auch wegen der Kritiker und anderer Leute; deshalb möchte ich dir raten, wenn du die Geschichte wieder erzählst –

– Euer Gnaden, wenn ichs erlebe, sie fertig zu erzählen, so will ich sie gewiß nicht wieder bringen, sagte *Trim,* weder Mann noch Weib noch Kind soll sie wieder hören. –

Puh! machte mein Onkel *Toby,* – aber in so freundlicher aufmunternder Weise, daß der Korporal mit größerer Freudigkeit als je in seiner Geschichte fortfuhr.

FORTSETZUNG DER GESCHICHTE VON DEM KÖNIG VON BÖHMEN UND SEINEN SIEBEN SCHLÖSSERN

Euer Gnaden, begann der Korporal mit erhobener Stimme und rieb dabei seine Hände in heiterer Weise, es war also ein König von *Böhmen* –

– Laß lieber das Datum ganz weg, Trim, sagte mein Onkel *Toby,* indem er sich vorwärtsbeugte und dem Korporal die Hand sanft auf die Schulter legte, um dadurch seine Unterbrechung abzuschwächen, – laß es lieber ganz weg, *Trim;* eine Geschichte kann dieser Subtilitäten wohl entbehren, wenn man nicht ganz sicher darin ist. – Sicher darin, wiederholte der Korporal und schüttelte den Kopf.

Gut, sagte mein Onkel *Toby;* es ist für einen, der wie du und ich, *Trim,* für das Waffenhandwerk erzogen wurde, der selten weiter vorwärts sieht als das Ende seiner Muskete, oder weiter rückwärts als seinen Tornister, es ist für einen solchen nicht leicht, hierüber viel zu wissen. – Gott segne Euer Gnaden, sagte der Korporal, den die Art wie mein Onkel *Toby* überlegte ebensosehr überzeugte wie die Überlegung selbst, der Soldat hat allerdings etwas anderes zu tun; wenn er sich nicht im Gefecht oder auf dem Marsch oder im Garnisonsdienst befindet, – muß er seine Muskete reinhalten, Euer Gnaden, – sein Lederzeug herrichten, – seine Uniform flicken, – sich selbst rasieren und reinigen, damit er immer so auftreten kann als müßte er auf die Parade; was geht den Soldaten überhaupt die *Geographie* an, Euer Gnaden? setzte der Korporal triumphierend hinzu.

– Du willst sagen, die *Chronologie, Trim* sagte mein Onkel *Toby;* denn die *Geographie* ist ihm wirklich von großem Nutzen; er muß ja mit jedem Land und dessen Grenzen, wohin ihn sein Beruf führt, genau bekannt sein; er muß jede Land- und Hauptstadt, jedes Dorf und Weiler mit den Kanälen, Straßen und Hohlwegen, die dahin führen, kennen. Bei jedem Fluß oder Bach, *Trim,* den er passiert, sollte er beim ersten Anblick sagen können, wie er heißt, – in welchem Gebirge er entspringt, – welchen Lauf er nimmt, – wie weit er schiffbar ist, – wo sich Furten befinden, und wo nicht; – er sollte wissen, wie es mit der Fruchtbarkeit jedes Tals steht, und wie das Volk beschaffen ist, das es anbaut; er sollte alle Ebenen und Defileen, Forts, Steigen, Wälder und Sümpfe, durch die seine Armee zu marschieren hat, beschreiben oder erforderlichenfalls einen genauen Plan davon machen können; – er sollte ihre Produkte, Pflanzen, Mineralien, Gewässer, Tiere, Jahreszeiten, Klima, Hitze und Kälte, Einwohner, Sitten, Sprache, Regierungsweise und sogar ihre Religion kennen.

Würde es sich sonst begreifen lassen, Korporal, fuhr mein Onkel *Toby* fort, und stand, als er sich bei diesem Teil seiner Rede wärmerredete, im Schilderhause auf, – wie *Marlborough* seine Armee von den Ufern der *Maas* nach *Belburg*, von *Belburg* nach *Kerpenord* – (hier vermochte auch der Korporal nicht länger sitzen zu bleiben), von *Kerpenord*, *Trim*, nach *Kalsaken*, von *Kalsaken* nach *Neudorf*, von *Neudorf* nach *Landenburg*, von *Landenburg* nach *Mildenheim*, von *Mildenheim* nach *Elchingen*, von *Elchingen* nach *Giengen*, von *Giengen* nach *Ballmertshofen*, von *Ballmertshofen* nach dem *Schellenberg* führen konnte, wo er die feindlichen Schanzen durchbrach und den Donauübergang erzwang, worauf er dann über den *Lech* ging, seine Truppen bis in das Herz des deutschen Reichs vorführte und an ihrer Spitze durch *Friedberg*, *Hohenwart* und *Schönfeld* in die Ebenen von *Blenheim* und *Hochstätt* marschierte? – Trotz all seines Genies, Korporal, hätte er nicht einen Schritt vorrücken oder einen einzigen Tagmarsch ausführen können, ohne Hilfe der *Geographie*. – Was aber die *Chronologie* betrifft, *Trim*, fuhr mein Onkel *Toby* fort, indem er sich wieder ruhig in sein Schilderhaus setzte, so muß ich gestehen, daß ihrer der Soldat wohl am ehesten entbehren könnte, wenn ihn diese Wissenschaft nicht über den Zeitpunkt der Erfindung des Schießpulvers aufklären würde; denn die grausame Zerstörung, die davon ausgeht, und alles wie der Blitz vor sich niederwirft, ist für uns eine neue Ära der militärischen Entwickelung geworden und hat die Natur des Angriffs und der Verteidigung zur See und zu Land so sehr verändert, und so viel Kunst und Geschick dabei zu Tage gebracht, daß man in Bestimmung der Zeit seiner Entdeckung nicht genau genug, in Nachforschung nach dem großen Entdecker und der Veranlassung, bei der die Entdeckung gemacht wurde, nicht gründlich genug sein kann.

Ich will durchaus nicht bestreiten, fuhr mein Onkel *Toby* fort, worin auch die Geschichtsschreiber einig sind, daß im Jahr unseres Herrn 1380 unter der Regierung *Wenzels*, eines Sohnes von *Karl* IV., ein gewisser Mönch namens *Schwarz* die *Venezianer* in ihrem Krieg gegen die *Genuesen* den Gebrauch des Schießpulvers lehrte; aber es ist gewiß, daß er nicht der erste war; denn wenn wir dem Bischof von *Leon, Don Pedro,* Glauben schenken dürfen – Euer Gnaden, wie kamen denn Mönche und Bischöfe dazu, sich soviel mit Schießpulver abzugeben? fragte *Trim.* – Das weiß Gott! erwiderte mein Onkel *Toby,* seine Vorsehung versteht aus allem Gutes zu ziehen; *Don Pedro* also behauptet in seiner Chronik vom König *Alphons,* welcher *Toledo* einnahm, – daß schon im Jahre 1343, also volle 37 Jahre vor *Schwarz* das Geheimnis des Pulvers *Mohren* und *Christen* wohl bekannt gewesen und nicht nur bei ihren Seeschlachten, sondern auch bei den meisten ihrer denkwürdigen Belagerungen in *Spanien* und der *Berberei* angewendet worden sei; – auch weiß jedermann, daß der Mönch *Bacon* schon 150 Jahre ehe *Schwarz* geboren wurde, darüber geschrieben und der Welt edelmütig ein Rezept zur Bereitung desselben hinterlassen hat; – und daß die *Chinesen,* fuhr mein Onkel *Toby* fort, uns und alle Berichte hierüber noch mehr in Verlegenheit setzen, insofern sie sich rühmen, daß sie diese Erfindung schon mehrere hundert Jahre vor *Bacon* gemacht haben –

– Ich glaube, das ist eine rechte Lügenbrut! rief *Trim.*

– Sie müssen sich hierüber irgendwie im Irrtum befinden, sagte mein Onkel *Toby,* das geht aus dem gegenwärtigen elenden Zustand ihrer Befestigung hervor; denn diese besteht nur aus einem Graben mit einem Backsteinwall ohne Flanken, – und das was sie an den Winkeln desselben für eine Bastion ausgeben, ist so barbarisch gebaut, daß man es ebensogut —— für eines meiner sieben Schlösser halten könnte, Euer Gnaden, fiel *Trim* ein.

Obgleich mein Onkel sehr in Not wegen eines guten Vergleichs war, so lehnte er doch *Trims* Aushilfe sehr artig ab, – bis ihm *Trim* sagte, er habe noch ein halbes Dutzend Schlösser in *Böhmen,* die er nicht wisse, wie losbringen. Über diesen herzlichen Spaß des Korporals war mein Onkel *Toby* so vergnügt, daß er seine Vorlesung über Schießpulver fahren ließ, und den Korporal bat, jetzt nur mit seiner Geschichte vom König von *Böhmen* und dessen sieben Schlössern fortzumachen.

FORTSETZUNG DER GESCHICHTE VOM KÖNIG VON BÖHMEN UND DESSEN SIEBEN SCHLÖSSERN

Dieser *unglückliche* König von *Böhmen,* sagte *Trim.* – Ja, war er denn unglücklich? rief mein Onkel *Toby,* denn er war in seiner Vorlesung über Schießpulver und andere militärische Angelegenheiten so versunken gewesen, daß er zwar dem Korporal geboten hatte, weiterzumachen, die vielen Unterbrechungen aber, die er veranlaßt, nicht so schwer auf seine Phantasie drückten, um sich jenes Beiwort daraus erklären zu können. – War er denn unglücklich? fragte mein Onkel *Toby* pathetisch. – Der Korporal wünschte zuerst das Wort und alle seine Synonymen zum Teufel und begann dann im Geist die Hauptereignisse im Leben des Königs von *Böhmen* an sich vorübergehen zu lassen. Da aber aus allen hervorging, daß dieser König eigentlich der glücklichste Mann gewesen, der je auf der Welt gelebt – so kam der Korporal in keine geringe Verlegenheit; und da er sein Prädikat nicht zurücknehmen, – und noch weniger es klären, – am allerwenigsten aber seine Geschichte verdrehen wollte (wie die Gelehrten es oft machen, um ein System zu retten) – so sah er meinem Onkel *Toby* hilfesuchend ins Gesicht. Als er jedoch wahrnahm, daß mein Onkel *Toby* gerade selbst darauf wartete, – so fuhr er nach einigem Räuspern fort ——

Der König von *Böhmen,* Euer Gnaden, war insofern *unglücklich,* – daß er eine große Freude an der Schiffahrt und an aller Art von Marinedingen hatte, – und im ganzen Königreich *Böhmen* zufällig kein einziger Seehafen war.

Wie zum Henker wäre das aber auch möglich, *Trim?* rief mein Onkel *Toby, Böhmen* ist ja ein Binnenland; da konnte es ja nicht anders sein.

Wenn es Gott so gewollt hätte, hätte es doch sein können, entgegnete *Trim.*

Mein Onkel *Toby* sprach von dem Wesen und den natürlichen Eigenschaften Gottes stets nur mit Zurückhaltung und Zögern.

Ich glaube nicht, erwiderte mein Onkel *Toby* nach einer Weile; – denn als Binnenland, wie ich bereits sagte, wo es *Schlesien* und *Mähren* auf seiner Ostseite, die *Lausitz* und *Obersachsen* auf der Nordseite, *Franken* westlich und *Bayern* im Süden hatte, – hätte es nicht bis zur See vorgeschoben werden können, ohne daß es aufgehört hätte, *Böhmen* zu sein; – ebensowenig konnte andererseits die See zu *Böhmen* heraufkommen, ohne einen großen Teil *Deutschlands* zu zerstören und Millionen unglücklicher Einwohner zu vernichten, die sich nicht dagegen wehren konnten. – Entsetzlich! rief *Trim.* – Das aber, setzte mein Onkel *Toby* sanft hinzu, würde einen solchen Mangel an Barmherzigkeit bei dem voraussetzen, der doch der Vater derselben ist, – daß ich glaube, *Trim,* – die Sache wäre in keiner Weise möglich gewesen.

Der Korporal machte jetzt eine Verbeugung, die seine ungeheuchelte Überzeugung aussprach, und fuhr fort:

Nun *geschah es,* daß der König von *Böhmen* mit seiner Königin und seinen Hofleuten zufällig an einem schönen Sommerabend spazierenging. – Hier ist das Wort zufällig ganz richtig, *Trim,* rief mein Onkel *Toby;* denn der König von *Böhmen* und seine Königin hätten spazierengehen können oder nicht: – es war reine Zufallssache, die ebensogut geschehen konnte wie nicht.

Euer Gnaden, der König *William* war der Ansicht, daß alles auf der Welt zum voraus bestimmt sei, sagte *Trim;* oft sagte er zu seinen Soldaten: jede Kugel habe ihr Quartierbillet. – Er war ein großer Mann, sagte mein Onkel *Toby*. – Und ich glaube noch jetzt, fuhr *Trim* fort, daß der Schuß, der mich in der Schlacht bei *Landen* niederstreckte, zu keinem andern Zweck gegen mein Knie gerichtet war, als um mich dienstunfähig zu machen, und mich in Euer Gnaden Dienst zu bringen, wo ich eine weit bessere Pflege in meinen alten Tagen finden sollte. – Es soll nie anders ausgelegt werden, *Trim*, sagte mein Onkel *Toby*.

Das Herz des Gebieters wie des Dieners waren plötzlich Aufwallungen von dieser Art in gleichem Maße unterworfen; – es trat daher ein kurzes Stillschweigen ein.

Überdies, fuhr der Korporal dann fort, – jedoch in einem heiteren Tone, – wenn der Schuß nicht gewesen wäre, so hätte ich mich nie verliebt, Euer Gnaden ——

Du warst also einmal verliebt, *Trim?* fragte mein Onkel *Toby* lächelnd.

Ganz plötzlich! erwiderte der Korporal, – und bis über die Ohren, Euer Gnaden.

So sag mir doch wann? und wo das war? – und wie es zuging? – Ich habe noch nie ein Wort davon gehört, sagte mein Onkel *Toby*.

Ich glaube, jeder Tambour und jeder Sergents-Bube im Regiment hat es gewußt, erwiderte *Trim*.

Nun, dann ist es hohe Zeit, daß ich auch etwas davon erfahre, sagte mein Onkel *Toby*.

Euer Gnaden erinnern sich wohl leider noch der gänzlichen Verwirrung unseres Lagers und unserer Armee nach der Schlacht bei *Landen?* sagte der Korporal. Ein jeder mußte für sich selbst sorgen. Und wenn nicht die Regimenter *Wyndham*,

Lumley und *Galway* gewesen wären, die den Rückzug über die Brücke von *Neerspeeken* deckten, hätte sie der König selbst schwerlich mehr erreicht; – er war, wie Euer Gnaden wissen, von allen Seiten bedrängt –

Der tapfere Mann! rief mein Onkel *Toby* begeistert, – in dem Augenblick da alles verloren war, sah ich ihn an mir vorbei nach dem linken Flügel galoppieren, Korporal, um die Reste der englischen Reiterei heranzubringen und dadurch dem rechten Flügel Luft zu machen, und *Luxemburg* womöglich noch den Lorbeer von der Stirne zu reißen. – Ich seh ihn noch, fuhr der Korporal fort, wie ihm gerade der Knoten seiner Schärpe weggeschossen wurde und er dem armen *Galway*-Regiment neuen Mut einsprach, – er ritt an der Linie hinunter, drehte dann um und griff *Conti* an der Spitze des Regiments an. – Brav! brav! beim Himmel! rief mein Onkel *Toby*, er verdient eine Krone. – So gewiß wie der Dieb den Strick! schrie *Trim*.

Mein Onkel *Toby* kannte die Loyalität des Korporals, – im übrigen gefiel ihm der Vergleich durchaus nicht; – das kam dem Korporal aber nicht zu Sinn als er ihn machte, – doch konnte er jetzt nicht zurückgenommen werden, – es blieb ihm also nichts übrig als weiterzuerzählen.

Da die Anzahl der Verwundeten sehr groß war und niemand Zeit hatte an etwas anderes zu denken als an seine eigene Sicherheit – Ungeachtet *Talmash* die Infanterie mit großer Klugheit hinwegführte, unterbrach ihn mein Onkel *Toby*. – Mich aber ließen sie auf dem Schlachtfeld liegen, – sagte der Korporal.

Das taten sie, armer Bursche! versetzte mein Onkel *Toby*. – So wurde ich erst am nächsten Mittag ausgewechselt, fuhr der Korporal fort, und mit dreizehn oder vierzehn anderen auf einen Karren geladen und in unser Spital gebracht.

An keinem Teil des Körpers, Euer Gnaden, macht eine Wunde eine unerträglichere Qual als an dem Knie –

Außer noch am Schambein, sagte mein Onkel *Toby*. – Euer

Gnaden, erwiderte der Korporal, der Knieschmerz muß meiner Meinung nach der heftigste sein, weil dortherum so viele Sehnen und wie man es alles heißt, zusammenlaufen.

Gerade deshalb, sagte mein Onkel *Toby*, ist das Schambein noch unendlich empfindlicher; – denn dort laufen nicht nur ebensoviel Sehnen und wie man es alles heißt (denn ich kenne ihre Namen ebensowenig wie du) zusammen, – sondern überdies noch * * * * * * * * * – Frau *Wadman*, welche die ganze Zeit über in ihrer Laube gewesen war, – hielt hier augenblicks ihren Atem an, öffnete ihre Morgenhaube am Kinn und erhob sich auf einen Fuß –

Der Streit wurde eine Zeitlang in freundschaftlichem Tone und mit gleicher Kraft zwischen meinem Onkel *Toby* und *Trim* fortgeführt, bis *Trim* sich erinnerte, daß er oft über die Leiden seines Herrn geweint, über seine eigenen aber nie eine Träne vergossen hatte, – seine Behauptung aufgeben wollte, was aber mein Onkel *Toby* nicht zugab. – Dies beweist nur deinen nobeln Charakter, *Trim*, sagte er –

Auf diese Art blieb bis heute unentschieden, ob die Schmerzen, welche (*caeteris paribus*) eine Wunde am Schambein verursacht, größer sind als die einer Wunde am Knie, – oder ob die Schmerzen einer Wunde am Knie nicht doch noch größer sind, als die einer solchen am Schambein.

20. Kapitel

Die Qualen, die mir mein Knie verursachte, fuhr der Korporal fort, waren an sich schon furchtbar, aber die Unbequemlichkeit des Karrens, die Holperigkeit der schrecklich ausgefahrenen Wege, machten sie noch viel ärger, so daß ich bei jedem Schritt glaubte, es sei mein letzter. Dazu kam der Blutverlust, der Mangel aller Pflege und das Wundfieber – (armer Kerl! sagte mein Onkel *Toby*) – kurz, Euer Gnaden, es war mehr als ich aushalten konnte.

Ich erzählte meine Leiden einem jungen Weibe in einem Bauernhause, wo unser Karren, der der letzte in der Reihe war, angehalten hatte. Man hatte mich dort hineingetragen und das junge Weib hatte ein herzstärkendes Tränklein aus der Tasche gezogen und mir auf Zucker einige Tropfen davon gegeben; und da sie sah, daß es mir guttat, hatte sie mir noch ein zweites und ein drittes Mal davon gegeben. – Ich erzählte ihr nun wie sehr ich leide, und wie es mir so unerträglich sei, daß ich mich lieber auf das Bett niederlegen, mein Gesicht gegen Einen, der in der Zimmerecke hing, wenden und sterben möchte – als weiterfahren. Sie versuchte nun, mich nach dem Bett zu führen, ich wurde aber in ihren Armen ohnmächtig. – Sie war wirklich eine gute Seele, wie Euer Gnaden gleich hören werden, sagte der Korporal, indem er sich die Augen wischte.

Ich glaubte immer, Liebe sei ein lustiges Ding, meinte mein Onkel *Toby*.

Es ist (bisweilen) das ernsthafteste Ding auf der Welt.

Das junge Weib, fuhr der Korporal fort, redete den Führern so zu, daß der Karren mit den Verwundeten ohne mich weiterging. Sie hatte jene versichert, ich würde gleich sterben, wenn man mich wieder in den Karren brächte. Als ich wieder zu mir kam, – fand ich mich in einer stillen ruhigen Hütte, wo niemand war als das junge Weib, der Bauer und seine Frau. Ich lag auf dem Bett in der Ecke des Zimmers mit meinem verwundeten Bein auf einem Stuhl. Neben mir saß das junge Weib, hatte die Ecke ihres Taschentuchs in Weinessig getaucht und hielt es mir mit der einen Hand an die Nase, während sie mir mit der anderen die Schläfe rieb.

Ich hielt sie anfangs für die Tochter des Bauern (denn es war kein Wirtshaus) – und hatte ihr eine kleine Börse mit achtzehn Gulden angeboten, die mir mein armer Bruder *Tom* (hier wischte sich *Trim* die Augen), kurz ehe er nach *Lissabon* ging, durch einen Rekruten zum Andenken geschickt hatte.

– Ich habe Euer Gnaden diese jämmerliche Geschichte

noch nie erzählt – (hier wischte sich *Trim* zum dritten Male die Augen).

Das junge Weib rief den alten Mann und seine Frau herein und zeigte ihnen das Geld, damit sie mir solange ein Bett und die sonstigen kleinen Bedürfnisse geben möchten, bis ich in ein Spital gebracht werden könnte. – Ich will euer Bankier sein, sagte sie, indem sie die kleine Börse öffnete, – da mir aber dies Geschäft allein nicht genug zu tun gibt, so will ich auch eure Krankenwärterin sein.

Aus der Art wie sie sprach, und aus der Kleidung, die ich jetzt erst aufmerksamer betrachtete, – erkannte ich, daß das junge Weib nicht die Tochter des Bauern sein konnte.

Sie hatte ein schwarzes Kleid an, das bis zu den Zehen herabging, und ihr Haar unter einem Batisttuch verborgen, das dicht an der Stirne anlag; es war eine von der Art Nonnen, Euer Gnaden, von denen es sehr viele in *Flandern* gibt, wie Euer Gnaden wissen, und die frei herumgehen dürfen. – Nach deiner Beschreibung, *Trim*, sagte mein Onkel *Toby*, muß es eine junge *Beguine* gewesen sein, wie man sie nur in den *spanischen Niederlanden*, – und auch noch in *Amsterdam* – findet; sie unterscheiden sich von den Nonnen dadurch, daß sie ihr Kloster verlassen können, wenn sie heiraten wollen; es ist ihr Beruf, Kranke zu besuchen und zu pflegen. Was mich betrifft, so wollte ich lieber, sie tätens aus Menschenliebe.

Sie sagte mir oft, sie tue es um *Christi* willen, bemerkte *Trim*. Das gefiel mir nicht.

Ich glaube, *Trim*, wir haben beide unrecht, sagte mein Onkel *Toby*; – wir wollen heute abend Herrn *Yorick* darum fragen, wenn er zu meinem Bruder *Shandy* kommt, – erinnere mich daran, setzte mein Onkel *Toby* hinzu.

Die junge *Beguine*, fuhr der Korporal fort, hatte mir kaum gesagt, sie wolle meine Krankenpflegerin sein, als sie sich rasch an das Geschäft machte und etwas für mich herrichtete. Kurze Zeit darauf – mir kam es freilich lange vor – kam sie mit Flanell usw. zurück, bähte mir das Knie ein paar Stunden lang, machte mir eine Schale Haferschleim und wünschte mir dann gute Nacht, wobei sie versprach in der anderen Frühe wiederzukommen. – Aber sie wünschte mir etwas, Euer Gnaden, was ich unmöglich haben konnte. Im Gegenteil, mein Fieber steigerte sich sehr in der Nacht; ihr Gesicht hatte eine große Verwirrung in mir angerichtet, – alle Augenblicke hieb ich die Welt in zwei Teile und gab ihr die eine Hälfte, – alle Augenblicke rief ich weinend, ich könne ihr nichts geben als meinen Tornister und achtzehn Gulden. – Die ganze Nacht hindurch sah ich die schöne *Beguine* wie ein Engel neben meinem Bette sitzen, wie sie meinen Vorhang zurückzog und mir herzstärkende Mittel gab; – ich erwachte erst aus diesem Traume, als sie wirklich zur versprochenen Stunde kam und mir jene tatsächlich reichte. In Wahrheit war sie fast immer bei mir und ich war so gewohnt das Leben aus ihren Händen zu empfangen, daß es mir ganz wehe ums Herz wurde und ich alle Farbe verlor, wenn sie nur das Zimmer verließ; und dennoch, fuhr der Korporal fort (indem er eine der seltsamsten Betrachtungen von der Welt hierüber anstellte) –

War ich nicht verliebt, – denn während der drei Wochen, daß sie fast immer um mich war, und mir Tag und Nacht mit ihrer Hand mein Knie bähte, kann ich Euer Gnaden versichern, daß mir * * * * * * nicht ein einziges Mal.

Das war doch seltsam, *Trim,* sagte mein Onkel *Toby.*

Das meine ich auch, – sagte Frau *Wadman.*

Nicht ein einziges Mal, wiederholte der Korporal.

21. Kapitel

– Das ist aber nicht zu verwundern, fuhr der Korporal fort, – als er sah, wie mein Onkel *Toby* darüber nachsann, – denn mit der Liebe, Euer Gnaden, ist es wie im Krieg; ein Soldat kann drei Wochen lang bis zum Samstag abend gut durchgekommen sein – und doch am Sonntag morgen durchs Herz geschossen werden. – So ging es auch hier, Euer Gnaden, nur mit dem Unterschied – daß es an einem Sonntag nachmittag war, daß ich mich plötzlich wie ein Donnerwetter verliebte. Es kam über mich, Euer Gnaden, wie eine Bombe, – daß ich kaum Zeit hatte, zu sagen: Gott steh mir bei!

Ich wußte nicht, *Trim*, daß sich ein Mann so plötzlich verlieben könne, sagte mein Onkel *Toby*.

Doch, Euer Gnaden, wenn er schon auf dem Weg dazu ist, erwiderte *Trim*.

Sag mir doch wie das zuging, sagte mein Onkel *Toby*.

– Mit Vergnügen, sagte der Korporal, indem er sich verbeugte.

22. Kapitel

Ich war die ganze Zeit so durchgekommen und hatte mich nicht verliebt, fuhr der Korporal fort, und hätte auch das Kapitel ruhig zu Ende gebracht, wenn es nicht anders zum voraus bestimmt gewesen wäre. – Aber seinem Schicksal kann man nicht entgehen. – Es war, wie ich Euer Gnaden sagte, an einem Sonntag nachmittag.

Der alte Mann und seine Frau waren ausgegangen –

Im und außer dem Hause war alles so still und leise, wie um Mitternacht.

Kaum ein junges Entchen ließ sich im Hofe hören –

Da kam die schöne *Beguine*, um nach mir zu sehen.

Meine Wunde war bereits sehr schön in der Heilung begriffen, – die Entzündung war seit einiger Zeit weg; nun hatte ich aber über und unter dem Knie ein so unerträgliches Beißen bekommen, daß ich die ganze Nacht hindurch kein Auge davor hatte zutun können.

Laßt michs einmal sehen, sagte sie, kniete neben meinem Knie auf den Boden und legte die Hand auf den Teil unter demselben. – Es braucht nur ein wenig Reiben, sagte die

Beguine; sie deckte es nun mit der Decke zu und begann mit dem Zeigefinger der rechten Hand unter meinem Knie zu reiben, wobei sie den Zeigefinger am Rande des Flanells, der den Verband hielt, hin- und herbewegte.

Nach 5-6 Minuten spürte ich auch die Spitze des zweiten Fingers – dann legte sie ihn neben den andern und fuhr auf diese Art eine gute Weile fort, rundherum zu reiben. Da fuhr es mir in den Kopf, daß ich mich verlieben könnte, – ich wurde rot, wenn ich sah, was für eine weiße Hand sie hatte. – Solange ich lebe, Euer Gnaden, sehe ich keine Hand mehr, die so weiß war –

– Wenigstens nicht an der Stelle, sagte mein Onkel *Toby.*

Diese Bemerkung war zwar für den Korporal die ernsteste Verzweiflung von der Welt, – aber er konnte sich doch nicht enthalten zu lächeln.

Als die junge *Beguine* merkte, daß es mir sehr wohl tat, fuhr der Korporal fort, –rieb sie, nachdem sie es eine Zeitlang mit zwei Fingern getan, – endlich mit drei, – bis sie allmählich auch noch den vierten dazutat und zuletzt mit der ganzen Hand arbeitete. Ich will kein Wort mehr über die Hand sagen, Euer Gnaden, – aber sie war weicher als Samt –

– Lobe sie nur immer soviel du willst, *Trim,* sagte mein Onkel *Toby,* ich höre deine Geschichte mit nur um so größerem Vergnügen. – Der Korporal dankte seinem Gebieter aufrichtigst; da er aber über die Hand der *Beguine* nur dasselbe wieder zu sagen wußte, – ging er auf die Wirkungen derselben über.

Die schöne *Beguine,* sagte der Korporal, rieb also eine Zeitlang mit ihrer ganzen Hand unterhalb meinem Knie, – bis ich ihr sagte, ich fürchte ihr Eifer werde sie ganz müde machen. – Ich würde noch tausendmal mehr tun um *Christi* willen, sagte sie. – Dabei fuhr sie mit der Hand über den Flanell hinauf nach dem Teil oberhalb dem Knie, wo ich ebenfalls geklagt hatte, und rieb auch dort.

Nun nahm ich wahr, daß ich anfing mich wirklich zu verlieben –

Während sie so rieb und rieb und rieb, – fühlte ich, wie es unter ihrer Hand sich ausbreitete, Euer Gnaden, und mir bald über den ganzen Leib ging –

Je mehr sie rieb und je längere Striche sie machte, desto mehr brannte es mir in allen Adern, – bis endlich nach etlichen Strichen, die weiter hinaufgingen als die übrigen, meine Leidenschaft auf den höchsten Gipfel stieg, – ich faßte ihre Hand ——

– Und drücktest sie an deine Lippen, *Trim,* sagte mein Onkel *Toby,* und sprachst sie an.

Ob die Liebe des Korporals gerade auf die von meinem Onkel *Toby* beschriebene Art endigte, ist nicht wesentlich; es genügt, daß sie die Essenz aller Liebesromane enthielt, welche seit Erschaffung der Welt geschrieben wurden.

23. Kapitel

Sobald der Korporal die Geschichte seiner Liebe beendigt hatte – oder vielmehr mein Onkel *Toby* für ihn, – trat Frau *Wadman* leise unter ihrer Laube hervor, steckte die Nadel wieder in ihre Haube, passierte das Heckentürchen und rückte langsam gegen das Schilderhaus meines Onkels *Toby* vor. Der Gemütszustand, den *Trim* bei meinem Onkel *Toby* hervorgerufen hatte, war eine zu günstige Gelegenheit, als daß sie vorbeigelassen werden durfte –

– Es wurde daher der Angriff beschlossen; derselbe war dadurch noch mehr erleichtert, daß mein Onkel *Toby* dem Korporal befohlen hatte, die Schaufel, den Spaten, die Spitzhaue, die Pflöcke und die übrigen militärischen Geräte, welche auf der Stelle zerstreut lagen, wo *Dünkirchen* gestanden hatte, wegzuschaffen. – Der Korporal war abgezogen, – das Feld war geräumt.

Nun, mein verehrter Herr, erlauben Sie, daß ich Sie darauf aufmerksam mache, welch ein Unsinn es ist, wenn man beim Fechten oder Schreiben oder irgend sonst etwas (mag es nun Gereimtes oder Ungereimtes sein), was der Mensch zu tun hat, – nach einem bestimmten Plan verfährt; denn wenn je ein Plan, alle Nebenumstände abgerechnet, es verdient hätte mit goldenen Buchstaben einregistriert zu werden (ich meine in die Archive von *Gotham*) – so war es gewiß der PLAN der Frau *Wadman*, meinen Onkel *Toby* in seinem Schilderhause eben mittelst eines PLANS anzugreifen. – Da nun aber der Plan, der zu jener Zeit gerade aufgehängt war, der Plan von *Dünkirchen* war, – die Geschichte von *Dünkirchen* aber ihren Reiz völlig verloren hatte, so konnte das keinen Eindruck mehr machen; und wenn sie es auch hätte wagen wollen, – so war das Finger- und Händemanöver bei dem Angriff im Schilderhause durch die Manöver der schönen *Beguine* in *Trims* Geschichte so in den Hintergrund gedrängt, – daß gerade diese besondere Angriffsweise, so erfolgreich sie früher gewesen war, – jetzt die hoffnungsloseste Attacke war, die sie machen konnte.

Aber man muß die Frauenzimmer nur machen lassen. Frau *Wadman* hattte das Heckentürchen kaum geöffnet, als ihr Genie den veränderten Umständen spielend gerecht wurde.

– Sie hatte alsbald einen neuen Angriffsplan entworfen.

24. KAPITEL

– Ich bin ganz außer mir, Kapitän *Shandy*, sagte Frau *Wadman* und drückte dabei ihr Battistsacktuch gegen ihr linkes Auge, als sie vor dem Schilderhause meines Onkels *Toby* erschien, – ein Stäubchen, – oder Sandkörnchen, – ich weiß nicht was, ist mir ins Auge gekommen, – haben Sie doch die Güte hineinzusehen, – im Weißen ist es nicht –

Bei diesen Worten schob sich Frau *Wadman* zu meinem Onkel *Toby* hinein, kauerte an der Ecke seiner Bank nieder und gab ihm so Gelegenheit, ihr ohne deshalb aufstehen zu müssen, behilflich zu sein. –Bitte, sehen Sie hinein, sagte sie.

Ehrliche Seele! du schautest mit so viel Herzensunschuld hinein, als je ein Kind in einen Guckkasten sah; und es wäre eine ebenso große Sünde gewesen, wenn man dich dabei verletzt hätte.

– Wenn ein Mann aus freien Stücken in Dinge dieser Art hineinsieht, so habe ich nichts darüber zu sagen.

Mein Onkel *Toby* tat das nie; und ich stehe für ihn, er würde vom Juni bis Januar (also in der heißen und kalten Jahreszeit) und mit einem so schönen Auge, wie nur die *thrazische Rhodope** besaß, neben sich ruhig auf dem Sofa gesessen sein, und hätte nachher nicht gewußt, ob das Auge schwarz oder blau war.

Die Schwierigkeit bestand nur darin, meinen Onkel *Toby* dahin zu bringen, daß er überhaupt in eines sah.

Diese ist nun überwunden, und

Ich sehe ihn dort, mit seiner Pfeife, aus der die Asche fällt, in der Schwebe, – wie er schaut, – und schaut, – und sich die Augen reibt, – und wieder schaut, doppelt so arglos wie Galilei je nach einem Flecken in der Sonne schaute.

– Umsonst! denn bei allen Mächten, welche den Organismus beleben, das linke Auge der Witwe *Wadman* scheint in diesem Augenblick so hell wie ihr rechtes; – da ist weder ein Stäubchen, noch ein Sandkörnchen, noch Spreu, noch ein Fleck, oder irgendein undurchsichtiges Teilchen. – Nichts ist darin, mein teurer väterlicher Onkel als ein züngelndes köstliches Feuerchen, das aus jeder Ecke desselben nach allen Richtungen hin verstohlen nach deinem Auge schießt.

Wenn du noch einen Augenblick länger nach diesem Stäubchen suchst, Onkel *Toby,* – so bist du verloren.

* Rhodope Thracia tam inevitabili fascino instructa, tam exacte oculis intuens attraxit, ut si in illam quis incidisset, fieri non posset, quin caperetur. – Ich weiß nicht wer.

25. Kapitel

Ein Auge ist insofern genau wie eine Kanone, – als es nicht sowohl das Auge und die Kanone an und für sich als vielmehr die Richtung, Bewegung und Tragweite des Auges, – und die Richtung, Bewegung und Tragweite der Kanone ist, wodurch das eine wie die andere so große Wirkung haben. Ich glaube, dieser Vergleich ist nicht schlecht; da er aber ebensosehr zur Dekoration als zum Nutzen an die Spitze des Kapitels gestellt ist, so bitte ich nur ihn in Gedanken zu behalten, wenn ich von Frau *Wadmans* Augen spreche (ein einziges Mal in der nächsten Periode ausgenommen).

Ich versichere Sie, Madame, sagte mein Onkel *Toby,* ich finde nichts in Ihrem Auge.

Es ist nicht im Weißen, sagte Frau *Wadman.* – Mein Onkel *Toby* sah mit aller Macht in die Pupille –

Nun war aber von allen Augen, die jemals geschaffen wurden, – von dem Ihrigen, verehrte Leserin, bis zu denen der *Venus* selbst, was gewiß ein Paar so venusische Augen waren, als nur je in einem Kopfe saßen, – keines so geeignet, meinen Onkel *Toby* um seine Ruhe zu bringen, als gerade das Auge, in welches er eben sah. – Es war kein rollendes, – wildes, –schalkhaftes Auge, – kein funkelndes, freches oder herrschsüchtiges, – mit großen Ansprüchen und abschreckenden Forderungen, das jene Milch der menschlichen Natur, aus der mein Onkel *Toby* gemacht war, sofort zum Gerinnen gebracht hätte; – es war vielmehr ein Auge voll sanfter Grüße, – und zarter Erwiderungen, – das nicht wie das Trompetenregister einer schlechtgebauten Orgel sprach, worin so manches Auge eine herbe Unterhaltung führt, sondern ein süßflüsterndes Auge, – wie der letzte leise Atemzug eines sterbenden Heiligen, – das zu ihm sprach: Wie können Sie so unbehaglich und einsam leben, Kapitän *Shandy,* ohne einen Busen, an den Sie Ihr Haupt lehnen – oder dem Sie Ihre Sorgen anvertrauen könnten?

Es war ein Auge ——

Aber wenn ich noch ein Wort weiter darüber sage, verliebe ich mich selbst darein.

– Es richtete meinen Onkel *Toby* zugrunde.

26. Kapitel

Nichts zeigt die Charaktere meines Vaters und meines Onkels *Toby* in einem netteren Lichte, als ihr verschiedenes Benehmen bei einem und demselben Vorfall – denn Unfall kann ich die Liebe nicht nennen, da ich überzeugt bin, daß das menschliche Herz dabei gewinnt. – Guter Gott! was muß mein Onkel *Toby* für ein Herz gehabt haben, da er schon ohne jene die Menschenliebe selbst war!

Mein Vater war, wie aus manchen seiner Papiere hervorgeht, ehe er heiratete, dieser Leidenschaft sehr unterworfen, – aber wenn sie über ihn kam, nahm er sie in Folge der Herbigkeit und komischen Ungeduld seiner Natur nicht mit christlicher Ergebung hin, sondern pflegte zu pusten und zu blasen und Sprünge zu machen und hinten auszuschlagen und des Teufels zu sein, und die bittersten Philippikas, die je geschrieben wurden, gegen das Auge loszulassen. – Ich besitze eine solche in Versen gegen das Auge irgendeiner Dame, das, ihn ein paar Nächte lang um seine Ruhe gebracht hatte und das er im ersten Anfall von Wut darüber so anredete:

Ein Teufelsaug ists, tut so böses Werk
Wie nie ein *Heide, Jude* oder *Türk.**

Kurz während des ganzen Liebesfiebers war mein Vater voller Schmähungen und böser Redensarten, die fast bis zum Fluchen gingen; – nur beobachtete er dabei nicht soviel Methode wie *Ernulphus*, – dazu war er zu ungestüm; noch auch so

* In meines Vaters Leben des Sokrates soll das ganze Gedicht zum Abdruck kommen.

viel Politik wie dieser, – denn wenn mein Vater auch auf die intoleranteste Weise dies und jenes und alles unter dem Himmel verwünschte, was seine Liebe begünstigen oder anfeuern konnte, – so schloß er doch sein Verwünschungskapitel nie, ohne sich selbst mit zu verwünschen als einen der ausgezeichnetsten Esel und Narren, wie er zu sagen pflegte, die je auf dieser Welt frei herumgelaufen wären.

Mein Onkel *Toby* dagegen nahm die Sache mit Lammsgeduld hin, – er saß still und ließ das Gift widerstandslos in seinen Adern wüten: – bei den heftigsten Schmerzen seiner Wunde ließ er (wie er es bei derjenigen an seinem Schambein gemacht hatte), nie ein unzufriedenes oder ärgerliches Wort fallen, – schmähte weder auf den Himmel noch auf die Erde, – und dachte und sprach nichts Böses von irgend jemand oder einem Glied desselben. Einsam und gedankenvoll saß er da mit seiner Pfeife, – betrachtete sein lahmes Bein, – und ließ von Zeit zu Zeit ein sentimentales: O Je! los, das sich mit dem Rauch mischte und niemand wehetat.

Er nahm es, sagte ich, mit Lammsgeduld hin.

Anfangs täuschte er sich allerdings über sein Gefühl; er war nämlich an dem nämlichen Morgen mit meinem Vater ausgeritten, um womöglich einen schönen Wald zu retten, den der Dekan und das Kapitel abhauen ließen, um ihn den Armen zu schenken.* Dieser Wald lag gerade in Sicht von meines Onkels *Toby* Haus und war ihm besonders bei Beschreibung der Schlacht von *Wynnendale* sehr von Nutzen. Da er nun, um ihn zu retten, auf einem unbequemen Sattel und schlechten Pferde zu rasch zugetrabt hatte, so war ihm der schleimige Teil des Bluts zwischen die zwei Häute in dem untersten Teil meines Onkels *Toby* gekommen, und da mein Onkel *Toby* keine Erfahrung in der Liebe hatte, so hatte er das erste Stechen jenes für einen Teil der Leidenschaft gehalten, – bis sich mein Onkel *Toby* dadurch, daß die Blase in dem einen

* Herr Shandy will hier »den Geistesarmen« sagen, denn die Herren teilten das Geld untereinander.

Fall aufbrach, die Leidenschaft aber blieb, überzeugte, daß seine Wunde keine bloße Hautwunde – sondern ihm bis zum Herzen gegangen sei.

27. Kapitel

Die Welt schämt sich tugendhaft zu sein. – Mein Onkel *Toby* wußte wenig von der Welt; als er daher merkte, daß er in die Witwe *Wadman* verliebt sei, glaubte er, die Sache lasse sich ebensowenig verheimlichen, als wenn ihm Frau *Wadman* mit einem Messer durch den Finger gestochen hätte. Wäre es aber auch anders gewesen, so würde es doch – da er in *Trim* einen ergebenen Diener und Freund sah und alle Tage einen neuen Grund bekam um ihn als solchen zu behandeln, – in der Art, wie er ihm die Sache mitteilte, nichts verändert haben.

Ich bin verliebt, Korporal, sagte mein Onkel *Toby*.

28. Kapitel

Verliebt! wiederholte der Korporal; – Euer Gnaden befanden sich doch noch vorgestern ganz wohl, als ich Euer Gnaden die Geschichte von dem König von *Böhmen* erzählte. – *Böhmen!* sagte mein Onkel *Toby*, – indem er längere Zeit nachsann. —— Wie ging denn die Geschichte aus, *Trim?*

– Euer Gnaden, wir haben sie so gewissermaßen zwischen uns verloren; – aber Euer Gnaden waren damals so fern von Verliebtsein wie ich es bin. –

Es geschah gerade als du mit dem Schiebkarren fortgingst, – mit der Frau *Wadman*, sagte mein Onkel *Toby*. – Sie hat mir eine Kugel da hereingeschossen, fügte er hinzu und deutete auf seine Brust.

– Euer Gnaden, sie hält ebensowenig eine Belagerung aus als sie fliegen kann, rief der Korporal –

– Da wir aber Nachbarn sind, *Trim,* so halte ich es fürs Richtigste, sie die Sache zuerst in artiger Weise wissen zu lassen, sagte mein Onkel *Toby.*

Wenn ich es wagen dürfte, Euer Gnaden, so wäre ich anderer Meinung – sagte der Korporal –

Deshalb rede ich ja mit dir, *Trim,* sagte mein Onkel *Toby* sanft –

– Nun, dann Euer Gnaden, würde ich damit anfangen, jetzt meinerseits einen donnernden Angriff auf sie zu machen, – und ihr erst nachher artig etwas sagen; – denn wenn sie zuerst Wind von Euer Gnaden Verliebtheit bekommt –

Gott behüte! Sie weiß so wenig davon als ein ungeborenes Kind, sagte mein Onkel *Toby.*

Schöne Seelen! ——

Vierundzwanzig Stunden vorher hatte Frau *Wadman* die Sache bereits mit allen Nebenumständen ihrer *Bridget* erzählt, und beriet sich eben mit dieser über einige kleine Besorgnisse in betreff des Ausgangs der Sache, die ihr der Teufel, der nie faul ist, in den Kopf gesetzt hatte – ehe er sie halbwegs ruhig ihr *Te Deum* singen ließ.

Ich fürchte sehr, sagte die Witwe *Wadman,* falls ich ihn heiraten sollte, Bridget – daß der arme Kapitän mit der schrecklichen Wunde an seinem Schambein nicht recht gesund ist. –

Vielleicht ist sie nicht so groß als Sie glauben, Madame, erwiderte Bridget; – ich glaube überdies, setzte sie hinzu, – sie ist vernarbt –

Das möchte ich doch gerne wissen, – nur um seinetwillen, sagte Frau *Wadman* –

– Ehe zehn Tage vergehen, wollen wir das ganz und genau heraushaben, erwiderte Bridget, denn während der Kapitän Ihnen seine Huldigungen darbringt, – bin ich überzeugt, wird Herr *Trim* mir den Hof machen, – und ich will ihn soweit kommen lassen, als er nur will, setzte Bridget hinzu, um alles aus ihm herauszukriegen –

Die nötigen Maßregeln wurden hier alsbald ergriffen; zugleich gingen mein Onkel *Toby*, und der Korporal mit den ihrigen voran.

Nun, sagte der Korporal und stemmte seine linke Hand in die Seite, während er mit der rechten einen Schnörkel machte, der nur eben Erfolg versprach, – aber nichts weiter, – wenn Euer Gnaden mir die Erlaubnis geben wollen, den Angriffsplan zu entwerfen –

Du würdest mir einen außerordentlichen Gefallen damit tun, *Trim*, sagte mein Onkel *Toby*, – und da ich vorher sehe, daß du dabei als mein *aide-de-camp* handeln mußt, so ist hier eine Krone, Korporal, um dein Patent damit etwas anzufeuchten.

Nun denn, Euer Gnaden, sagte der Korporal, indem er sich zuerst mit einer Verbeugung für die Bestallung bedankte, – so wollen wir damit beginnen, daß wir Euer Gnaden gestickte Uniform aus dem großen Feldkoffer nehmen und lüften und das Blau und Gold an den Ärmeln aufschlagen; – dann will ich Ihre weiße Knotenperücke wieder frisch in Locken setzen, – und nach einem Schneider schicken, der Euer Gnaden leichte Scharlachhosen wendet.

– Ich glaube, die roten Plüschhosen wären besser, meinte mein Onkel *Toby* –

Sie sind zu plump, sagte der Korporal.

29. Kapitel

– Hole auch eine Bürste und etwas Kreide, um meinen Degen damit zu reinigen. – Er wird Euer Gnaden nur im Weg sein, erwiderte *Trim*.

30. Kapitel

– Aber Euer Gnaden zwei Rasiermesser müssen frisch abgezogen werden: – und ich will meine *Montero*-Mütze herrichten lassen und die Uniform des armen Leutenants *Le Fever* anziehen, die mir Euer Gnaden geschenkt haben, um sie zu seinem Andenken zu tragen. Und wenn dann Euer Gnaden frisch rasiert sind, – und ein reines Hemd anhaben, und Ihre blaue Uniform mit Gold oder die feine von Scharlach, – einmal die eine und ein andermal die andere, – und alles zum Angriff bereit ist, – dann wollen wir keck anrücken, als gälte es der Face einer Bastion; und während Euer Gnaden Frau *Wadman* im Wohnzimmer auf dem rechten Flügel attackieren, – will ich Jungfer *Bridget* in der Küche auf dem linken Flügel angreifen; und wenn wir den Paß genommen haben, dann stehe ich dafür, sagte der Korporal, indem er mit den Fingern über dem Kopfe schnippte, – daß der Sieg unser ist.

Wenn ich es nur recht mache, sagte mein Onkel *Toby*, aber ich versichere dich, Korporal, ich wollte lieber bis an den Rand einer Tranchee marschieren.

– Ein Frauenzimmer ist doch etwas ganz anderes, sagte der Korporal.

– Ich kann mirs denken, sagte mein Onkel *Toby*.

31. Kapitel

Wenn irgend etwas, was mein Vater sagte, meinen Onkel *Toby* in der Periode da er verliebt war aufbringen konnte, so war es die seltsame Anwendung, die mein Vater immer von einem Ausdruck des Einsiedlers *Hilarion* machte, der, wenn er von seiner Enthaltsamkeit, seinen Nachtwachen, seinen Geißelungen und andern handwerksmäßigen Teilen seiner Religion sprach, – übrigens mit mehr Mutwillen als sich für einen Einsiedler ziemte, – zu sagen pflegte: dies seien die Mittel, deren er sich bediene, um seinem *Esel* (damit meinte er seinen Körper) den Kitzel zu vertreiben.

Das gefiel nun meinem Vater ausnehmend; es war nicht nur eine lakonische Art sich auszudrücken, – sondern zugleich ein Pasquill auf die Begierden und Gelüste des gemeineren Teils von uns; so daß es gar manche Jahre im Leben meines Vaters dessen beständige Ausdrucksweise war; – er bediente sich nie des Wortes *Leidenschaften,* – sondern sagte statt dessen immer *Esel,* – so daß man in Wahrheit sagen konnte, er habe sich während dieser ganzen Zeit auf den Beinen oder dem Rücken seines eigenen oder irgendeines andern Menschen Esels befunden.

Ich muß Ihnen hierbei den Unterschied zwischen

Meines Vaters Esel und

Meinem Steckenpferd zu Gemüte führen, – damit wir diese Charaktere beim Weitergang in unserer Phantasie soweit als möglich auseinanderhalten.

Was mein Steckenpferd betrifft, so ist es, wenn Sie ein wenig zurückdenken wollen, keineswegs ein böses Tier; es hat kaum ein Haar oder einen Zug vom Esel an sich. – Es ist das heitere kleine Narrheitsfüllen, das Sie gerade herumträgt – eine Grille, ein Schmetterling, ein Bild, ein Jux – eine Belagerung des Onkels *Toby* – oder irgendein Ding, auf das man sich hinaufbemüht, um darauf den Sorgen und Drangsalen des Lebens aus dem Wege zu galoppieren. – Es ist das nützlichste Vieh in der ganzen Schöpfung; – und ich sehe wahrhaftig nicht ein, wie die Welt ohne es bestehen könnte ——

Was aber meines Vaters Esel betrifft – O besteigen Sie ihn, – besteigen Sie ihn —— besteigen Sie ihn (jetzt hab ichs dreimal gesagt, nicht wahr?) – besteigen Sie ihn ja nicht; – es ist ein lüsternes Tier; – und wehe dem Mann, der ihm den Kitzel nicht vertreibt!

32. Kapitel

Nun mein lieber Bruder *Toby*, sagte mein Vater, als er ihn zum erstenmal traf, nachdem sich jener verliebt hatte, – was macht dein *Esel**.

Mein Onkel *Toby* dachte in diesem Augenblick mehr an die Stelle, wo er die Blase gehabt hatte, als an *Hilarions* Metapher, und da bekanntlich die Gedanken, die uns gerade im Kopfe herumgehen, eine ebenso große Macht über den Ton eines Wortes haben als die Gestalt der Dinge, so glaubte er, mein Vater, der in seinen Worten nicht sehr wählerisch war, habe nach jenem Punkt gefragt und sich dabei des Volksausdrucks bedient. Ungeachtet daher meine Mutter, Dr. *Slop* und Herr *Yorick* im Zimmer saßen, hielt er es für angezeigt, sich des gleichen Ausdrucks zu bedienen wie mein Vater. Wenn ein Mann zwischen zwei Unschicklichkeiten so eingeklemmt ist, daß er notwendig die eine davon begehen muß, – so habe ich immer die Bemerkung gemacht, – daß er, er mag wählen welche er will, von der Welt getadelt wird. Es soll mich daher nicht wundern, wenn sie auch meinen Onkel *Toby* tadeln.

Mit einem A–e geht es weit besser, Bruder *Shandy*, erwiderte mein Onkel *Toby*. – Mein Vater hatte sich bei diesem Angriff sehr viel von seinem Esel versprochen und würde ihn gern wiederholt gebracht haben; aber da Dr. *Slop* in ein unmäßiges Gelächter ausbrach – und meine Mutter: Gott steh uns bei! rief – so wurde meines Vaters Esel aus dem Felde geschlagen; – das Lachen wurde allgemein, – so daß er ihn längere Zeit nicht wieder zum Angriff vorbringen konnte.

Und so ging die Unterhaltung ohne ihn weiter.

Jedermann behauptet, Sie seien verliebt, Schwager *Toby*, sagte meine Mutter, – und wir wollen hoffen, daß es wahr ist.

Ich glaube, ich bin so sehr verliebt, Schwägerin, erwiderte

* unübersetzbares Wortspiel: engl. »ass« (Esel) und »arse« (Arsch) werden fast gleich ausgesprochen.

mein Onkel *Toby*, als der Mensch gewöhnlich ist. – Hem! machte mein Vater. – Und wann haben Sie es gemerkt? fragte meine Mutter.

– Als die Blase aufging, antwortete mein Onkel *Toby*.

Die Antwort meines Onkels *Toby* machte meinen Vater guter Laune, – und so setzte er seinen Angriff zu Fuß fort.

33. Kapitel

Die Alten sind darüber einig, Bruder *Toby*, sagte mein Vater, daß es zwei verschiedene Arten von *Liebe* gibt, je nachdem das Gehirn oder die Leber davon angegriffen ist; – ich glaube daher, jeder Verliebte sollte sich zuerst darüber klar zu werden suchen, in welchem von diesen beiden Fällen er sich befindet.

Bruder *Shandy*, erwiderte mein Onkel *Toby*, das ist ja ganz gleichgültig, wenn der Mann nur heiratet, seine Frau liebt und einige Kinder zeugt.

– Einige Kinder! rief mein Vater, fuhr von seinem Stuhl auf, sah meiner Mutter ins Gesicht und drängte sich zwischen ihr und Dr. *Slop* hindurch. – Einige Kinder! wiederholte mein Vater und fing an auf- und abzuschreiten –

– Ich will damit nicht sagen, mein lieber Bruder *Toby*, sagte mein Vater, der sich indessen gefaßt und hart hinter den Stuhl meines Onkel *Toby* gestellt hatte, – ich will damit nicht sagen, daß es mir leid täte, und wenn du ein Dutzend bekämst; – im Gegenteil, es würde mich sehr freuen – ich würde gegen jedes derselben so lieb sein wie ein Vater, *Toby*.

Mein Onkel *Toby* streckte seine Hand unbemerkt hinter seinen Stuhl, um die meines Vaters zu drücken –

– Nein, noch mehr! fuhr dieser fort, indem er meines Onkels *Toby* Hand fest hielt, – du hast so viel von der sanften Milch der menschlichen Natur und so wenig von ihren Herbigkeiten, mein lieber *Toby*, – daß es schade ist, daß die Welt nicht mit Geschöpfen bevölkert ist, die dir gleichen! und wenn ich ein *asiatischer* Monarch wäre, setzte mein Vater hinzu, der sich sofort mit allem Feuer in dieses Projekt warf, – so würde ich dich zwingen, – wofern es deine Kraft nicht zu sehr mitnehmen, – oder deine Grundfeuchtigkeit zu rasch auftrocknen, – oder dein Gedächtnis oder deine Phantasie schwächen würde, Bruder *Toby,* was derartige gymnastische Übungen, wenn sie übermäßig vorgenommen werden, leicht tun, – sonst lieber *Toby,* würde ich dir die schönsten Weiber in meinem Reiche zuführen und würde dich zwingen, *nolens volens,* mir jeden Monat einen Untertanen zu zeugen –

Als mein Vater die Worte *jeden Monat* aussprach, – nahm meine Mutter eine Prise Tabak.

Ich aber, erwiderte mein Onkel *Toby,* möchte kein Kind *nolens volens* zeugen, das heißt, ob ich möchte oder nicht, und wenn ich dadurch dem größten Fürsten der Welt einen Gefallen tun könnte.

Es wäre auch grausam von mir, dich dazu zu zwingen, Bruder *Toby,* sagte mein Vater, – aber ich wollte dir damit eigentlich nur zeigen, daß es nicht deine Zeugung eines Kindes, – falls du dessen fähig sein solltest, – ist, worüber ich dich ins klare setzen wollte, sondern das Liebes- und Heiratssystem, nach dem du zu Werke gehst.

Wenigstens, bemerkte *Yorick,* ist in Kapitän *Shandys* Ansicht von der Liebe viel Vernunft und einfacher Menschenverstand. Ich habe in den übelangewendeten Stunden meines Lebens, die ich nicht zu verantworten habe, so viele blühende Dichter und Redner meiner Zeit gelesen und aus ihnen doch niemals so viel Gutes herausgezogen.

Ich wollte, *Yorick,* Sie hätten *Plato* gelesen, sagte mein Vater; daraus würden Sie erfahren haben, daß es zweierlei Arten von LIEBE gibt.

Ich weiß, daß die Alten zweierlei Arten von RELIGION hatten, erwiderte *Yorick:* – eine für das Volk und eine für die Gebildeten; – aber es will mich bedünken, diese beiden Sorten von Menschen hätten mit einer Art Liebe recht gut auskommen können –

Nein, das ging nicht, entgegnete mein Vater, – und zwar aus den gleichen Gründen; denn von jenen Liebesarten ist nach *Ficinus* Kommentar über *Velasius* die eine *rational* – die andere *natürlich* –

Die erstere alt – ohne Mutter – wobei *Venus* nichts zu tun hatte, die zweite von *Jupiter* und *Dione* gezeugt –

– Lieber Bruder, sagte mein Onkel *Toby,* was hat ein Mensch, der an Gott glaubt, mit all dem Zeug zu tun?

Mein Vater konnte sich nicht mit einer Antwort aufhalten, da er fürchtete, der Faden der Unterhaltung möchte dabei abreißen –

Die letztere, fuhr er fort, entspricht ganz der Natur der *Venus.*

Die erstere, welche die vom Himmel herabgelassene goldene Kette ist, erregt eine heroische Liebe, welche das Verlangen nach Philosophie und Wahrheit in sich begreift und dazu anreizt; – die zweite reizt einfach zum Verlangen –

Ich glaube, die Zeugung von Kindern ist für die Welt so wohltätig, wie das Auffinden der geographischen Länge, sagte *Yorick.*

– Soviel ist gewiß, sagte meine Mutter, die Liebe erhält den Frieden auf der Welt.

Im *Hause,* – mein Schatz, das geb ich zu ——

Sie füllt die Erde, sagte meine Mutter.

Aber leert den Himmel, mein Schatz, erwiderte mein Vater.

– Und die Jungfräulichkeit füllt das Paradies, rief Dr. *Slop* triumphierend.

Gut getroffen, Nonne! sagte mein Vater.

34. KAPITEL

Mein Vater hatte eine so scharmützelnde, schneidige Art in seinen Disputationen, stieß und hieb die Leute, und versetzte ihnen Püffe, an die sie denken konnten, – daß er – und wenn er sich in Gesellschaft von zwanzig Personen befand, – darauf rechnen konnte in weniger als einer halben Stunde alle gegen sich zu haben.

Was nicht wenig dazu beitrug, ihn jedes Bundesgenossen zu berauben, war der Umstand, daß, wenn es einen Posten gab, der weniger haltbar war als die übrigen, man versichert sein durfte, daß er sich dort festsetzen würde; und saß er einmal darin, so muß man ihm lassen, daß er ihn so tapfer verteidigte, daß es einem braven oder gutmütigen Manne leid tun mußte, ihn daraus zu vertreiben.

Aus diesem Grunde griff ihn *Yorick* zwar öfters an, – konnte es jedoch nie übers Herz bringen, es mit aller Macht zu tun.

Die JUNGFRÄULICHKEIT des Dr. *Slop* am Schluß des vorigen Kapitels hatte meinen Vater auf einmal auf die rechte Seite des Walles gebracht; und er war eben im Begriff, alle Klöster der Christenheit vor Dr. *Slops* Ohren in die Luft zu sprengen, als Korporal *Trim* in das Zimmer trat und meinen Onkel *Toby* benachrichtigte, daß es mit seinen feinen Scharlachhosen, in denen der Angriff auf Frau *Wadman* geschehen sollte, nichts sei; denn als der Schneider sie aufgetrennt, um sie zu wenden, habe er gefunden, daß sie schon einmal gewendet worden seien. – Dann lasse sie wieder wenden, Bruder, sagte mein Vater schnell, denn es wird gewiß noch viele Hosenumdrehungen geben, bis die Sache vollständig im reinen ist. – Sie sind so mürbe wie Lumpen, sagte der Korporal. – Dann lasse dir doch ja ein Paar neue machen, Bruder, sagte mein Vater; – ich weiß zwar, fuhr mein Vater fort, indem er sich gegen die Gesellschaft wandte, daß die Witwe *Wadman* seit Jahren sterblich in meinen Bruder verliebt ist und jede weibliche Kunst und List aufgeboten hat, um ihn in die gleiche Leidenschaft hineinzuhetzen, aber jetzt da sie ihn im Garn hat, – ist ihr Fieber auch bereits über seinen höchsten Punkt hinaus –

– Sie hat ihr Spiel gewonnen.

In diesem Fall, fuhr mein Vater fort, an den, wie ich überzeugt bin, *Plato* nicht gedacht hat – ist die Liebe nicht sowohl eine EMPFINDUNG als eine SITUATION, in die man eintritt, gerade wie wenn mein Bruder in ein Korps einträte, – gleichviel ob er den Dienst liebt oder nicht; – ist er aber einmal darin, – so handelt er, als ob er ihn liebte; und tut alles, um sich als einen tapfern Mann zu zeigen.

Diese Hypothese war wie alle Hypothesen meines Vaters ziemlich annehmbar, und mein Onkel *Toby* hatte nur ein einziges Wort dagegen einzuwenden, – wobei *Trim* bereit gewesen wäre ihm zur Seite zu stehen; – aber mein Vater hatte seine Schlußfolgerung noch nicht gezogen –

Aus diesem Grunde, fuhr mein Vater fort, indem er den Fall nochmals feststellte, – stehe ich dafür, daß – obschon alle Welt weiß, daß Frau *Wadman* eine Neigung zu meinem Bruder *Toby* hat, und mein Bruder *Toby* desgleichen zu Frau *Wadman*, auch kein Hindernis vorhanden ist, daß die Musik nicht heute nacht noch zum Tanz aufspielen könnte; – so stehe ich doch dafür, daß diese Melodie nicht vor zwölf Monaten gespielt werden wird.

Wir haben unsere Maßregeln nicht gut getroffen, sagte mein Onkel *Toby* und sah *Trim* fragend an.

Ich wette meine *Montero*-Mütze, sagte *Trim*. – Nun war *Trims Montero*-Mütze, wie ich Ihnen schon früher erzählte, seine beständige Wette; und da er sie an diesem Abend neu geputzt hatte, um darin zum Angriff vorzugehen, – so sah der Einsatz um so bedeutender aus. – Ich wollte meine *Montero*-Mütze gegen einen Schilling wetten, Euer Gnaden, – wenn es nämlich passend wäre, eine Wette vor Euer Gnaden anzubieten, fuhr *Trim* mit einem Bückling fort –

– Es liegt durchaus nichts Unpassendes darin, sagte mein

Vater, – es ist eben eine Redensart; denn wenn du sagst, du wolltest deine *Montero*-Mütze gegen einen Schilling wetten, – so meinst du damit nur, – du glaubest –

– Nun was glaubst du denn eigentlich?

Daß die Witwe *Wadman* es keine zehn Tage mehr aushält, Euer Gnaden –

Und woher, Freund, hast du denn deine Weiberkenntnis? fragte Dr. *Slop* spöttisch.

Aus meiner Liebesgeschichte mit einer papistischen Pfarrerin, sagte *Trim.*

Er meint eine *Beguine*, bemerkte mein Onkel *Toby*. –

Dr. *Slop* ärgerte sich zu sehr, um auf diese Unterscheidung zu hören; mein Vater aber ergriff diese Gelegenheit beim Schopf, um Hals über Kopf über alle Nonnen- und Beguinenorden herzufallen, als einen törichten, muffigen Plunder. – Das konnte Dr. *Slop* nicht mit anhören; – und da mein Onkel *Toby* einige Anordnungen wegen seiner Hosen, – und *Yorick* wegen seiner Predigtgliederung zu treffen hatte, – um deren Angriffe am nächsten Tage abzuwehren, – brach die Gesellschaft auf. Mein Vater blieb somit allein, da er noch eine halbe Stunde bis Schlafengehen hatte, ließ er sich Feder, Tinte und Papier geben, und schrieb meinem Onkel *Toby* den folgenden Instruktionsbrief:

Mein lieber Bruder *Toby!*

Was ich dir zu sagen habe, betrifft die Natur der Frauenzimmer und das Werben um dieselben; und vielleicht ist es für dich ganz gut – obschon weniger für mich, – daß du eine schriftliche Instruktion hierüber bekommst, und ich in der Lage bin, sie dir zu geben.

Hätte es dem, der unsere Schicksale bestimmt, gefallen, und hättest du nicht unter der eigenen Erfahrung zuviel leiden müssen, so wäre ich ganz zufrieden damit gewesen, daß du statt meiner jetzt deine Feder in die Tinte tauchtest; da dies aber nicht der Fall ist —— Frau *Shandy* ist in meiner Nähe und richtet das Bett her —— so habe ich diejenigen Winke und

Belehrungen, die nach meiner Ansicht dir von Nutzen sein können, ohne Ordnung und wie sie mir eben in den Kopf gekommen sind, hier hingeworfen, – und beabsichtige dir damit ein Zeichen meiner Liebe zu geben, wobei ich darüber nicht im Zweifel bin, mein lieber *Toby*, wie es von dir aufgenommen werden wird.

In erster Linie was die religiöse Seite der Sache anbelangt, möchte ich dir – obschon ich an dem Glühen meiner Wange abnehme, daß ich darüber erröte zu dir über einen Gegenstand zu sprechen, von dem ich ja trotz deiner ungezierten Geheimhaltung der Sache weiß, wie wenige seiner Pflichten du vernachlässigst, – möchte ich dir doch über die Dauer deiner Bewerbung eine Pflicht zu Gemüte führen, die du ja nicht versäumen solltest; daß du nämlich nie, morgens oder nachmittags, an dein Unternehmen gehest, ohne dich vorher dem Schutze des allmächtigen Gottes zu empfehlen und Ihn zu bitten, daß Er dich von dem Übel erlösen möge.

Rasiere alle 4-5 Tage wenigstens, nach Bedarf auch öfter den oberen Teil deiner Stirne; damit deine Geliebte, wenn du aus Vergeßlichkeit die Perücke in ihrer Gegenwart abnimmst, nicht wahrnehmen kann, wieviel die Zeit weggenommen hat, – und wieviel *Trim*.

Es wird gut sein alle Gedanken an Kahlköpfigkeit von ihr fern zu halten.

Halte dir beständig vor Augen, *Toby*, und handle darnach als nach einer sicheren Maxime: –

Daß die Frauen blöde sind; – und es ist recht gut so, – sonst wäre es gar nicht mit ihnen auszuhalten.

Trage keine zu enge Hosen, lasse sie aber auch nicht zu lose um deine Schenkel hängen, wie die Pluderhosen unserer Vorfahren.

– Die richtige Mitte verhindert alle Schlüsse hieraus.

Was du zu sagen hast, ob es viel oder wenig sei, sprich ja mit einer leisen sanften Stimme; – das Schweigen und alles was sich ihm nähert, webt Träume mitternächtiger Heimlichkeit um das Gehirn; deshalb vermeide auch ja, die Feuerzange und den Schürhaken fallen zu lassen.

Vermeide jede Art von Scherz und Mutwillen in deiner Unterhaltung mit ihr, und tue was in deiner Macht liegt, um alle Bücher und Schriften, die darauf zielen, von ihr fern zu halten; es gibt einige fromme Traktätlein, wenn du sie dahin bringen kannst, daß sie sie liest, – so wird es gut sein; aber lasse sie ja nicht in *Rabelais, Scarron* oder *Don Quijote* hineinsehen; –

– Dies sind lauter Bücher, die zum Lachen reizen; und du weißt, lieber *Toby,* daß es keine ernsthaftere Leidenschaft gibt als Liebesverlangen.

Stecke eine Nadel in die Brust deines Hemdes, ehe du in ihr Zimmer trittst.

Und wenn sie dir erlaubt auf dem Sofa neben ihr zu sitzen, und dir Gelegenheit gibt deine Hand auf die ihrige zu legen, – so hüte dich ja es zu tun; – du kannst deine Hand nicht auf die ihrige legen, ohne daß sie die Temperatur der deinigen spürt. – Das und noch möglichst viele andere Dinge mußt du aber im Dunkel für sie lassen; dadurch wird ihre Neugierde stets wach erhalten; und wenn sie hierdurch nicht erobert wird und dein Esel immer noch ausschlägt, was allerdings sehr zu vermuten ist, – so mußt du dir zuerst einige Unzen Blut unter den Ohren lassen, wie die alten *Skythen* getan, welche hierdurch die unmäßigsten Anfälle von Geschlechtstrieb geheilt haben sollen.

Avicenna ist ferner dafür, daß man den betreffenden Teil mit Syrup von Nieswurz salbe, auch für gehörige Ausleerungen und Abführungen sorge, – und ich glaube, daß er da recht hat. – Endlich darfst du nur wenig oder kein Ziegenfleisch oder Rotwild essen, – namentlich aber kein Fohlenfleisch; – auch mußt du dich soviel du kannst der Pfauen, Kraniche, Wasserhühner und Taucher enthalten.

Was dein Getränk anbelangt, so werde ich dir nicht erst zu

sagen brauchen, daß es ein Aufguß von EISENKRAUT und SELLERIE sein muß, der nach *Aelian* von so großer Wirkung sein soll; – wenn das aber deinem Magen in die Länge widersteht, – so setze damit eine Zeitlang aus, – und nimm statt dessen Gurken, Melonen, Portulak, Wasserlilien, Geißblatt und Lattich.

Jetzt fällt mir im Augenblick nichts mehr ein, was für dich gut wäre. Außer etwa: wenn ein neuer Krieg ausbräche. – So wünsche ich dir denn alles Gute, lieber *Toby*, und verbleibe

dein dich liebender Bruder

Walter Shandy.

35. KAPITEL

Während mein Vater diesen Instruktionsbrief schrieb, rüsteten mein Onkel *Toby* und der Korporal alles für den Angriff. Da man von dem Wenden der feinen Scharlachhosen (wenigstens für den Augenblick) abgestanden war, so lag nichts mehr vor, was gehindert hätte, den Angriff schon am nächsten Morgen zu beginnen; er wurde demgemäß auf elf Uhr bestimmt.

Komm, mein Schatz, sagte mein Vater zu meiner Mutter, wir tun nur unsere Bruder- und Schwesterpflicht, wenn wir zu meinem Bruder *Toby* hinabgehen, – um ihm bei seinem Angriff Mut zu machen.

Mein Onkel *Toby* und der Korporal waren schon seit einiger Zeit gerüstet, als mein Vater und meine Mutter eintraten, und wollten sich, da es gerade elf Uhr schlug, eben in Bewegung setzen; – die Schilderung dieses Ausmarsches ist jedoch mehr wert, als daß wir es so in das Salleiste des 8. Bandes eines solchen Werkes einweben dürften. – Mein Vater hatte nur noch soviel Zeit, meinem Onkel *Toby* seinen Instruktionsbrief in die Rocktasche zu stecken und ihm mit meiner Mutter Glück zu dem Angriff zu wünschen.

Ich sähe gar zu gerne durch das Schlüsselloch, sagte meine Mutter, – nur aus *Wißbegierde* –

Nenne das Kind nur bei seinem rechten Namen, mein Schatz, versetzte mein Vater, –

Und sieh durch das Schlüsselloch solang du willst.

LEBEN UND MEINUNGEN VON TRISTRAM SHANDY, GENTLEMAN

Non enim excursus hic ejus, sed opus ipsum est.
Plin. Lib. V. Epist. 6.

Si quid urbaniuscule lusum a nobis, per Musas et Charitas et omnium poëtarum Numina, Ore te, ne me male capias.

WIDMUNG

AN EINEN GROSSEN MANN

Ich hatte zwar *a priori* die Absicht, die Liebschaft meines Onkels Toby Mr.*** zu widmen, sehe aber *a posteriori* mehr Gründe, die für Lord*** sprechen.

Ich würde es aus tiefester Seele beklagen, wenn mich dieses Vorgehen der Eifersucht Euer Ehrwürden aussetzte; im Hoflatein bedeutet *a posteriori,* daß man Hände küßt, um ein Ehrenamt oder irgend etwas anderes zu erlangen.

Von Lord*** habe ich weder eine bessere noch eine schlechtere Meinung als von Mr.*** Ehren mögen vielleicht, wie die Prägung auf einer Münze, einem Stück unedlen Metalls einen gewissen ideellen und lokalen Wert verleihen; aber Gold und Silber gehen durch die ganze Welt, nur mit der Empfehlung ihres eigenen Gewichtes.

Derselbe gute Wille, der mich dazu bewog, Herrn*** eine vergnügliche halbe Stunde zu gewähren, bewegt mich gegenwärtig noch mächtiger, denn eine vergnügliche halbe Stunde ist nützlicher und erholsamer nach Mühen und Kummer als nach einem philosophischen Mahl. Es gibt kein so vollkommenes *Vergnügen* als einen gänzlichen Umschwung der Gedanken; keine Gedanken sind so sehr voneinander verschieden wie die von Ministern und unschuldigen Liebenden: aus diesem Grund schlage ich vor, wenn ich auf Staatsmänner und Patrioten zu sprechen komme und sie so charakterisiere, daß für die Zukunft Verwechslungen und Mißverständnisse ausgeschlossen sind, diesen Band einem zärtlichen Schäfer zu widmen,

Dessen Denken die Wissenschaft nie dorthin führt,
Wo der Staatsmann und Patriot spaziert.
Nein, die Natur hat ihm zur Freude gegeben
In umwölkten Höhen ein schlichtes Leben,
Eine wilde Welt an des Waldes Rand,
Im wüsten Meer ein glücklich Inselland,

Wo unter ewigen Wolken und Wind
Seine treuen Hunde ihm Gefährten sind.

Mit einem Wort: indem ich seiner Phantasie eine ganze neue Reihe von Gegenständen zuführe, werde ich ihm unvermeidlich von seinen leidenschaftlichen und liebeskranken Betrachtungen *Ablenkung* verschaffen. Inzwischen

bin ich

der VERFASSER

NEUNTES BUCH

1. Kapitel

Ich rufe alle Mächte der Zeit und des Geschicks, die uns auf unserer Laufbahn in dieser Welt aufhalten, zu Zeugen an, daß ich erst in dem Augenblick recht an die Liebschaft meines Onkels *Toby* kommen konnte, als die Wißbegierde meiner Mutter, wie sie die Sache nannte, – oder ein anderer Trieb in ihr, wie mein Vater zu verstehen gab, – sie zu dem Wunsch veranlaßte, durch das Schlüsselloch zu sehen.

Nenne das Kind bei seinem wahren Namen, mein Schatz, sagte mein Vater, und sieh durch das Schlüsselloch, solang du willst.

Nur ein Aufwallen jenes etwas herben Humors, der, wie ich schon oft bemerkt habe, in meines Vaters Gewohnheit lag, konnte ihn zu einer solchen Unterschiebung veranlassen; – er besaß jedoch eine offene, edle Natur, die jederzeit der Überzeugung zugänglich war; es war ihm daher kaum das letzte Wort dieser unartigen Erwiderung entschlüpft, als ihm das Gewissen schlug.

Meine Mutter hatte gerade ihren linken Arm in ehelicher Vertraulichkeit unter seinen rechten gesteckt, und zwar so, daß das Innere ihrer Hand auf dem Rücken der seinigen ruhte; sie erhob jetzt die Finger und ließ sie wieder fallen, – man konnte es kaum einen Klaps nennen; oder wenn es einer war, – so wäre ein Kasuist in Verlegenheit gekommen, wenn er hätte sagen sollen, ob es ein Klaps des Vorwurfs oder ein solcher des Zugeständnisses gewesen. Mein Vater, der vom Kopf bis zu den Fußen voll des feinsten Gefühls war, klassifizierte ihn richtig. Das Gewissen schlug ihm wiederholt, – er kehrte das Gesicht rasch nach der andern Seite, und da meine Mutter glaubte, er werde den Körper dieselbe Schwenkung machen lassen, um nach Hause zu gehen, brachte sich durch eine kreuzende Bewegung ihres rechten Fußes, wobei der linke als Mittelpunkt stehen blieb, so vor meinen Vater, daß er, als er das Gesicht wieder nach vorwärts wendete, ihr gerade ins Auge sah. —— Neue Verwirrung! er sah tausend Gründe, um seinen Vorwurf auszustreichen und ebensoviel, um sich selbst einen zu machen: – vor ihm lag ein feiner, blauer, kühler, durchsichtiger Kristall in einer so ruhigen Stimmung, daß man das leiseste Stäubchen einer Begierde am Boden desselben hätte sehen müssen, wenn eines da war. Es war aber keines da: – und wie es kam, daß ich selbst so lüstern wurde, besonders etwas vor Frühjahrs- und Herbsttag- und Nachtgleiche, das weiß der Himmel! – meine Mutter, Madame, war es niemals, sei es nun von Natur, oder durch Erziehung oder Beispiel.

In allen Monaten des Jahrs, in allen kritischen Momenten bei Tag und bei Nacht floß derselbe gemäßigte ruhige Strom durch ihre Adern. Auch führte sie ihrer Stimmung nicht die mindeste Wärme aus den handgreiflichen Aufwallungen frommer Traktätlein zu, in denen die Natur sich oft genötigt sieht einen derartigen Sinn zu suchen, da sie sonst keinen darin findet. Was aber das Beispiel meines Vaters betrifft, so war es soweit davon entfernt, sie in dieser Richtung zu unterstützen oder gar zu reizen, daß er es sich vielmehr sein Lebenlang zum Geschäft gemacht hatte, alle Phantasien dieser Art von ihrem Kopfe ferne zu halten. – Allein die Natur hatte schon das ihrige getan, um ihm diese Drangsal zu ersparen – und was durchaus nicht unvereinbar damit war, – mein Vater wußte das. – Und hier sitze ich an diesem zwölften Tag des August 1766 in einem purpurroten Wams und gelben Pantoffeln ohne Perücke und Mütze, eine höchst tragikomische Erfüllung seiner Prophezeiung: »Daß ich gerade deshalb weder denken noch handeln würde wie das Kind anderer Leute.«

Der Mißgriff meines Vaters bestand darin, daß er den

Beweggrund meiner Mutter angriff, statt die Handlung selbst; denn die Schlüssellöcher sind allerdings zu etwas anderem da; und wenn man die Handlung als eine solche betrachtet, die dieser allgemeinen Wahrheit widersprach, und ein Schlüsselloch nicht für das gelten ließ was es war, – so wurde sie eine Verletzung der Natur und insofern ein Verbrechen.

Aus diesem Grunde, mein geehrter Leser, geben die Schlüssellöcher zu mehr Sünde und Schlechtigkeit Anlaß als alle anderen Löcher der Welt zusammen.

– Was mich auf die Liebschaft meines Onkels *Toby* führt.

2. Kapitel

Der Korporal hatte zwar sein Wort gehalten und die große Knotenperücke meines Onkels *Toby* neu gelockt, aber die Zeit war zu kurz gewesen, um damit eine große Wirkung zu erzielen. Sie hatte viele Jahre lang ganz zusammengedrückt in einer Ecke des alten Feldkoffers gelegen; und da hierdurch schlechte Formen nicht so leicht besser werden und die Benutzung von Lichterstumpen ihm noch nicht recht geläufig war, so war die Arbeit nicht so elegant ausgefallen als man hätte wünschen mögen. – Der Korporal war wohl zwanzigmal mit sorglichem Blick und ausgestreckten Armen davon zurückgetreten, um ihr womöglich ein besseres Aussehen einzuhauchen: – aber wenn sie der SPLEEN selbst betrachtet hätte, würde sie diesem Herrn ein Lächeln entlockt haben, – denn sie lockte sich überall, nur da nicht wo der Korporal es gerne gehabt hätte und wo eine Locke oder zwei nach seiner Ansicht Ehre eingelegt hätten, da hätte er ebenso leicht Tote erwecken können.

So war sie – oder vielmehr so hätte sie auf jeder anderen Stirne ausgesehen; allein das sanfte gütige Wesen, das sich auf der meines Onkels *Toby* ausprägte, gab allem was damit in Verbindung stand ein so entsprechendes Gepräge und die

Natur hatte überdies das Wort Gentleman so schön und deutlich in jede Linie seines Gesichts geschrieben, daß ihm sogar der abgetragene Hut mit den goldenen Tressen und die ungeheure Hutschleife von dünner Seide gut stand; und wenn sie an und für sich auch keinen Knopf wert waren, wurden sie in dem Augenblick, da mein Onkel *Toby* sie aufsetzte, sehr bedeutungsvolle Dinge und schienen ausdrücklich von der Hand der Wissenschaft herausgegriffen worden zu sein, um ihn vorteilhaft auszustaffieren.

Nichts auf der Welt aber hätte mächtiger hierauf einwirken können als meines Onkels blaue Uniform mit Gold, – *wäre nicht zur Herstellung der Anmut auch einige Ausgiebigkeit notwendig gewesen.* Aber in den 15-16 Jahren, seit ihrer Anfertigung, war sie in Folge der vollständigen Unbeweglichkeit meines Onkels *Toby* (denn er ging selten weiter als bis zu dem Rasen) – ihm so erbärmlich enge geworden, daß der Korporal ihn nur mit der äußersten Mühe hineinbrachte; das Anheften der Aufschläge an den Ärmeln hatte nichts geholfen. Die Uniform war übrigens nach der zur Zeit des Königs *William* herrschenden Mode an den Schößen und Taschen mit Tressen besetzt; und leuchtete an jenem Morgen so hell in der Sonne und gab einen so metallischen und tapferen Schein von sich, daß wenn mein Onkel *Toby* im Harnisch hätte angreifen wollen, er seine Einbildungskraft nicht schöner hätte täuschen können.

Was die feinen Scharlachhosen anbelangt, so waren sie von dem Schneider zwischen den Füßen aufgetrennt und in diesem *traurigen* Zustande belassen worden.

– Ja, Madame, zügeln wir unsere Phantasie. – Es genüge, daß sie am Abende vorher für unbrauchbar erkannt wurden; und da meines Onkels *Toby* Garderobe kein zweites Paar zu versenden hatte, rückte er in den roten Plüschhosen aus.

Der Korporal hatte sich mit der Uniform des armen *Le Fever* herausgeputzt, und sein Haar unter seine *Montero*-Mütze aufgebunden, die er bei diesem Anlaß frisch geputzt hatte. So marschierte er auf drei Schritte Abstand hinter seinem Herrn;

in einem Anfall von militärischem Stolz hatte er die Hemdärmel am Handgelenk aufgepufft, darüber hing der Stock des Korporals an einem schwarzen Lederriemen, der unter dem Knoten zu einer Quaste zerschnitten war.

Mein Onkel *Toby* trug seinen Stock wie eine Pike.

– Es sieht wenigstens nicht übel aus, sagte mein Vater zu sich selbst.

3. Kapitel

Mein Onkel *Toby* drehte den Kopf mehr als einmal nach hinten, um zu sehen, wie er vom Korporal unterstützt werde; jedesmal machte der Korporal dann einen leichten Schwung mit seinem Stock, – jedoch keineswegs in prahlerischer Weise; und bat dann Seine Gnaden in dem lieblichsten Ton achtungsvollster Ermutigung, doch ja keine Angst zu haben.

Mein Onkel *Toby* hatte aber wirklich Angst, und zwar sehr bedeutend; er wußte (wie ihm mein Vater vorwarf) bei einem Frauenzimmer niemals das rechte Ende vom unrechten zu unterscheiden, und fühlte sich deshalb in der Nähe eines solchen niemals behaglich – außer im Fall einer Trauer oder eines Unglücks; dann war sein Mitleid unendlich, und der galanteste Ritter der Romantik konnte, wenigstens auf einem Bein, nicht weiter gehen, wo es sich darum handelte, die Tränen eines weiblichen Auges zu trocknen; und doch hatte er nie fest in das Auge eines Weibes gesehen, außer das eine Mal, wo Frau *Wadman* ihn dranbekam; und oft sagte er zu meinem Vater in der Einfalt seines Herzens, das sei fast so schlecht (wo nicht ganz so schlecht), wie wenn man Zoten erzähle –

– Und angenommen es sei so? pflegte mein Vater zu erwidern.

4. Kapitel

Korporal, sagte mein Onkel *Toby* und hielt an, als sie etwa noch zwanzig Schritte von der Haustüre der Frau *Wadman* entfernt waren, – sie kann es nicht wohl übelnehmen.

– Sie wird es gerade so nehmen, Euer Gnaden, erwiderte der Korporal, wie es die *jüdische* Witwe in *Lissabon* bei meinem Bruder *Tom* nahm.

– Und wie war das? fragte mein Onkel *Toby* und drehte sich ganz zu dem Korporal herum.

Euer Gnaden kennen ja *Toms* Mißgeschick, versetzte der Korporal, diese Sache hat aber hiermit nur insoweit etwas zu schaffen – als wenn *Tom* die Witwe nicht geheiratet, – oder es Gott gefallen hätte, daß sie nach ihrer Verheiratung Schweinefleisch in ihre Würste taten, die arme Seele nie aus ihrem warmen Bett gerissen und vor die Inquisition geschleppt worden wäre; – das ist aber ein verwünschter Ort, sagte der Korporal und schüttelte den Kopf, wenn einmal ein armer Teufel darin ist, Euer Gnaden, dann ist an ein Herauskommen nicht zu denken.

Sehr wahr, sagte mein Onkel *Toby* und schaute dabei ernsthaft nach dem Hause der Frau Wadman.

Nichts ist trauriger als lebenslängliche Haft, sagte mein Onkel *Toby*, – und nichts so süß, Euer Gnaden, als die Freiheit.

Nichts, *Trim*, sagte mein Onkel *Toby* gedankenvoll –

Solange der Mensch frei ist, rief der Korporal und schwang seinen Stock etwa so:

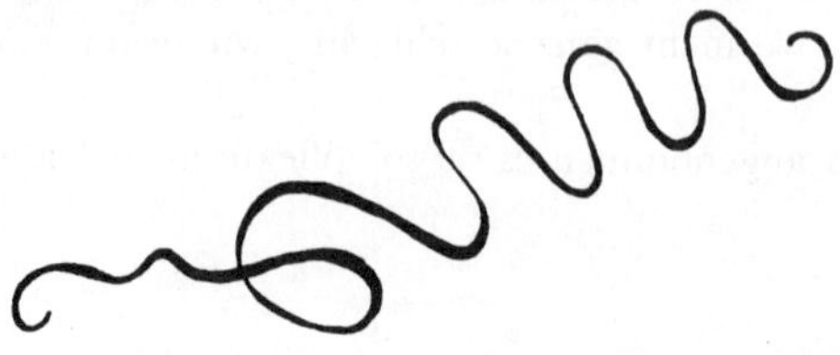

Tausend der feinsten Syllogismen meines Vaters hätten nicht beredter für das Zölibat sprechen können.

Mein *Onkel* Toby sah mit sehr ernster Miene nach seinem Hause und dem Rasenplatz.

Der Korporal hatte mit seinem Stab unbedachtsamerweise den Geist der Berechnung heraufbeschworen; es blieb ihm also nichts übrig, als ihn mit seiner Geschichte hinunterzubeschwören; und das tat der Korporal ganz ungeistlicherweise mit folgender Beschwörung:

5. Kapitel

Da *Toms* Stelle eine behagliche war, Euer Gnaden, – und das Wetter warm, – so kam er darauf, ernstlich darüber nachzudenken, ob er sich nicht fest niederlassen sollte; und da um diese Zeit ein *Jude*, der einen Wurstladen in der gleichen Straße hatte, das Unglück hatte, an Harnzwang zu sterben und eine Witwe zu hinterlassen, die eine lebhafte Kundschaft besaß, – so dachte *Tom* (da in *Lissabon* jedermann möglichst gut für sich selbst sorgte), es möchte nicht so übel sein, wenn er ihr seine Dienste zum Weiterbetrieb ihres Gewerbes anböte. So machte sich *Tom*, ohne daß er eine andere Einführung bei der Witwe gehabt hätte, als daß er ein Pfund Wurst in ihrem Laden kaufte – auf die Beine und rechnete unterwegs so: – im schlimmsten Fall erhalte er ein Pfund Wurst für ihren Wert; – gingen die Sachen aber gut, so etabliere er sich, und bekomme dann nicht nur ein Pfund Wurst, – sondern auch noch ein Weib und einen Wurstladen dazu.

Jeder Diener in der Familie, vom ersten bis zum letzten, wünschte *Tom* guten Erfolg; und es ist mir, Euer Gnaden, als sehe ich ihn vor mir, in seiner weißen Barchentjacke und Hosen und den Hut etwas auf dem rechten Ohr, wie er fidel die Straßen dahinwandelt und seinen Stock schwingt, und für jeden, der ihm begegnet, ein Lächeln und ein freundliches

Wort hat. Aber ach! du lächelst jetzt nicht mehr, *Tom*, rief der Korporal, und sah nach der Seite hin auf den Boden, als ob er zu ihm in seinem Kerker drunten redete.

Der arme Bursche, sagte mein Onkel *Toby* gefühlvoll.

Er war ein ehrlicher Bursche und hatte ein so leichtes Herz, Euer Gnaden, als je eines pulsierte.

– Dann glich er dir, *Trim*, sagte mein Onkel *Toby* rasch.

Der Korporal errötete bis zu den Spitzen seiner Finger, – eine Träne empfindsamer Scham – eine der Dankbarkeit gegen meinen Onkel *Toby*, – und eine Träne des Kummers über das Unglück seines Bruders – schossen in sein Auge und rannen zusammen sanft über seine Wangen herab. – Die Wangen meines Onkels *Toby* flammten daran auf, wie eine Lampe sich an einer andern entzündet, dann faßte er *Trim* an dem Bruststück seines Rocks (der früher *Le Fever* gehört hatte), als ob er sein lahmes Bein ausruhen wollte, in Wirklichkeit aber, um einem feineren Gefühl einen Ausdruck zu geben – und blieb so 1 ½ Minute schweigend stehen; dann zog er die Hand weg, und der Korporal machte eine Verbeugung und fuhr in der Erzählung von seinem Bruder und der *jüdischen* Witwe fort.

6. Kapitel

Als *Tom* in den Laden trat, Euer Gnaden, fand er dort niemand als ein armes Negermädchen mit einem langen Stab in der Hand, an dessen Ende ein Büschel weißer Federn gebunden war, womit sie die Fliegen wegwedelte, – sie aber nicht tötete. – Das ist ein hübsches Bild, sagte mein Onkel *Toby*, – sie hatte wohl selbst Verfolgung erduldet, *Trim* und dadurch gelernt barmherzig zu sein –

Sie war ebensowohl von Natur gutherzig, Euer Gnaden, wie infolge dessen, was sie durchgemacht hatte; und es sind Umstände in der Geschichte dieser armen verlassenen Person, die ein Herz von Stein erweichen könnten, sagte *Trim.* Wenn einmal ein recht unfreundlicher Winterabend kommt und Euer Gnaden gerade in der rechten Stimmung sind, will ichs Ihnen erzählen, und auch die übrige Geschichte von *Tom,* denn es bildet einen Teil derselben –

Vergiß das ja nicht, *Trim,* sagte mein Onkel *Toby.*

Ein Neger hat doch wohl eine Seele? Euer Gnaden, sagte der Korporal (etwas zweifelnd).

Ich bin in diesen Dingen nicht recht zu Hause, versetzte mein Onkel *Toby;* aber ich glaube, Gott wird ihm ebensowenig eine verweigert haben wie dir und mir –

–Sonst würde ja ein Mensch ganz traurigerweise über den andern gestellt, meinte der Korporal.

– Ja, das würde er, sagte mein Onkel *Toby* –

– Warum also dürfte man ein schwarzes Weibsbild schlechter behandeln als ein weißes, Euer Gnaden?

Ich kann dir keinen Grund angeben, sagte mein Onkel *Toby.*

– Das kann doch nur sein, sagte der Korporal kopfschüttelnd, weil sie niemand hat, der sich ihrer annimmt.

– Du hasts getroffen, *Trim,* versetzte mein Onkel *Toby,* – und gerade das empfiehlt sie dem Schutz, – und ihre Brüder ebenfalls; das Kriegsglück hat jetzt uns die Peitsche in die Hand gegeben –, wie es später einmal sein wird, weiß der Himmel! – aber möge es gehen wie es will, *Trim,* ein tapferer Mann wird keinen lieblosen Gebrauch davon machen.

– Das verhüte Gott! sagte der Korporal.

Amen! setzte mein Onkel *Toby* hinzu und legte die Hand aufs Herz. –

Der Korporal kehrte zu seiner Geschichte zurück und machte weiter, aber mit einer Verlegenheit, die mancher Leser nicht recht verstehen wird. Durch die vielen plötzlichen Übergänge von einer menschenfreundlichen und herzlichen Empfindung zu einer andern hatte er nämlich im Weiterschreiten die vergnügliche Tonart ganz verloren, die seiner

Erzählung anfangs Geist und Leben gab. Zweimal versuchte er sie wiederzubekommen, aber der Ton gefiel ihm selbst nicht. – Er stieß also ein kräftiges Hem! aus, um die fliehenden Geister wieder herbeizuholen, wobei er der Natur dadurch nachhalf, daß er den linken Arm in die Seite stemmte und den rechten etwas ausstreckte. Auf diese Art kam der Korporal der Tonart wieder möglichst nahe, und setzte nun seine Geschichte in dieser Haltung fort:

7. Kapitel

Da *Tom* damals mit der jungen *Mohrin* nichts zu tun hatte, Euer Gnaden, ging er weiter in das hintere Zimmer, um mit der *jüdischen* Witwe von seiner Liebe zu sprechen – und von dem Pfund Wurst; und da er, wie ich Euer Gnaden bereits gesagt habe, ein offener frohherziger Bursche war, dessen Charakter in Blick und Benehmen geschrieben stand, so nahm er einen Stuhl und setzte ihn ohne viel Umstände aber mit großer Artigkeit dicht neben sie an den Tisch und setzte sich.

Es gibt nichts Ungeschickteres, Euer Gnaden, als wenn man einem Frauenzimmer den Hof machen muß, während sie Würste macht. – So begann denn *Tom* eine Unterhaltung über Würste; anfangs ganz ernsthaft: – Wie sie gemacht würden? – Was für Fleisch, Kräuter und Gewürze man dazu nehme; – dann schon etwas lustiger: Was für Därme die rechten wären? – ob sie nie platzten? – ob nicht die längsten die besten seien? und so weiter? – wobei er sich nur in acht nahm, das, was er über Würste zu sagen hatte, eher etwas zu wenig als zuviel zu salzen – damit er noch immer etwas in Reserve behielt –

Dadurch, daß der Graf *de la Motte* diese Vorsicht außer acht ließ, sagte mein Onkel *Toby* und legte *Trim* die Hand auf die Schulter, verlor er die Schlacht bei *Wynendale*. Er drängte viel zu stark in den Wald; hätte er das nicht getan, so wäre *Lille* nicht in unsere Hände gefallen, und *Gent* und *Brügge*, die dem Beispiel des ersteren folgten, ebensowenig. – Es war so spät im Jahr, fuhr mein Onkel *Toby* fort, und das Wetter, das nun kam, so schrecklich, daß wenn die Dinge nicht diese Wendung genommen hätten, unsere Truppen im freien Feld elend zugrundegegangen wären.

– Warum also, Euer Gnaden, können nicht Schlachten ebensogut im Himmel beschlossen werden wie Ehen?

Mein Onkel *Toby* sann darüber nach. – Sein religiöses Gefühl neigte ihn zu der einen Ansicht, und seine hohe Achtung vor der Kriegskunst zur andern; da er deshalb außerstande war eine Antwort zu formulieren, die ihm recht zusagte, – so sagte mein Onkel *Toby* lieber gar nichts, und der Korporal konnte so seine Geschichte beendigen.

Als *Tom* wahrnahm, daß er Terrain gewann, Euer Gnaden, und daß alles was er über Würste sagte, freundlich aufgenommen wurde, so schickte er sich an, ihr ein wenig beim Machen zu helfen; – zuerst nahm er den Wurstring in die Hand, während sie das gehackte Fleisch hineinstopfte; – dann schnitt er die Bindfaden in der richtigen Länge, und hielt sie, während sie ihm einen um den andern abnahm, – dann legte er ihr sie quer in den Mund, damit sie sie dort nehmen konnte, sobald sie sie brauchte, – und so fort vom Kleinen zum Größeren, bis er es endlich wagte, die Wurst selbst zuzubinden, während sie ihm die offene Darmschnauze hinhielt –

– Nun wählt eine Witwe, Euer Gnaden, den zweiten Mann so, daß er dem ersten möglichst wenig ähnlich ist; die Angelegenheit war daher in ihrem Innern beinahe ganz im reinen, noch ehe Tom davon anfing.

Sie tat jedoch als ob sie sich verteidigen wolle und haschte nach einer Wurst. – Sofort griff *Tom* nach einer anderen.

Da sie aber sah, daß die *Toms* knorpeliger war, – unterzeichnete sie die Kapitulation, – und *Tom* besiegelte sie; und damit war die Sache im reinen.

8. Kapitel

Alle Frauenzimmer, Euer Gnaden, fuhr *Trim* in Erläuterung seiner Geschichte fort, von der höchsten bis zur niedersten haben eine Freude an Späßen. Es ist nur schwer zu wissen, wie man sie ihnen vorschneiden muß; und erfahren kann man das nur durch Versuche wie bei unserer Artillerie im Felde, indem man das Rohr* solange in die Höhe schraubt und wieder hinunterläßt, bis es die rechte Richtung hat.

– Dieser Vergleich gefällt mir besser als die Sache selbst, sagte mein Onkel *Toby*.

– Weil Euer Gnaden den Ruhm mehr lieben als das Vergnügen, sagte der Korporal.

Ich hoffe, *Trim*, erwiderte mein Onkel *Toby*, ich liebe die Menschen mehr als beides, und da die Kriegswissenschaften offenbar so sehr zum Heil und zur Ruhe der Welt beitragen, – und besonders der Zweig, den wir zusammen auf unserem Rasen ins Werk gesetzt haben, keinen andern Zweck hat, als die Schritte des Ehrgeizes zu hemmen und das Leben und die Habe der wenigen gegen die Plünderungslust der vielen zu schützen, – so bin ich überzeugt, Korporal, wenn je die Trommel in unsere Ohren tönt, wird es keinem von uns beiden so sehr an Menschlichkeit und Mitgefühl fehlen, daß er nicht rechtsum machte und ausmarschierte.

Bei diesen Worten machte mein Onkel *Toby* wirklich rechtsum und marschierte fest drauf los wie an der Spitze seiner Kompanie; – der getreue Korporal aber schulterte seinen Stock, schlug, als er den ersten Schritt tat, mit der Hand auf den Rockschoß – und marschierte hart hinter ihm die Allee hinunter.

– Was haben *die* wieder in ihren Köpfen? sagte mein Vater zu meiner Mutter. – Wahrhaftig sie belagern Frau *Wadman* in aller Form und marschieren um ihr Haus herum, um die Linie der Schanzgräben zu bezeichnen.

* Unübersetzbares Wortspiel: breeches, Hinterstück der Kanone und Hosen.

Ich glaube, sagte meine Mutter, —— doch halt, lieber Leser – denn was meine Mutter bei diesem Anlaß glaubte, – und was mein Vater darüber sagte, – nebst ihren Antworten und seinen Erwiderungen, das soll alles in einem besonderen Kapitel gelesen, durchgegangen, ausgelegt, erklärt und weitläufig besprochen – oder um alles mit einem Wort zu sagen von der Nachwelt durchblättert werden, ich sage ausdrücklich von der Nachwelt – und ich scheue mich nicht, das Wort zu wiederholen, – denn was hat dies Buch Schlimmeres getan, als die Sendung des *Moses* oder das Märchen von der Tonne, um nicht so gut wie diese die Rinne der Zeit hinabzulaufen?

Ich will die Sache nicht näher auseinandersetzen; die Zeit eilt rasch dahin; jeder Buchstabe, den ich niederschreibe, sagt mir, wie rasend schnell das Leben meiner Feder folgt; die Tage und Stunden desselben sind aber kostbarer, – teure *Jenny* – als die Rubinen, die du um den Hals trägst, sie fliehen über unsere Häupter dahin wie leichte Wolken an einem windigen Tage und kehren niemals wieder; – Alles drängt vorwärts. – Während du noch diese Locke wickelst – schau! wird sie grau; und jedesmal wenn ich dir zum Abschied die Hand küsse und jede Abwesenheit, die darauf folgt, sind Vorspiele jener ewigen Trennung, die wir in kurzem erleben werden –

– Der Himmel schütze uns beide!

9. Kapitel

Was mag wohl die Welt von diesem Stoßseufzer denken? – Ich gäbe keinen Groschen darum, wenn ichs erfahren könnte.

10. Kapitel

Meine Mutter war mit dem linken Arm unter dem rechten meines Vaters weitergegangen, bis sie an der verhängnisvollen Ecke der alten Gartenmauer waren, wo Dr. *Slop* von *Obadiah* auf dem Kutschenpferd über den Haufen gerannt worden war. Da dies gerade gegenüber der Frontseite des Hauses der Frau *Wadman* war, so warf mein Vater, als er dort angelangt war, einen Blick hinüber; und da er sah, daß mein Onkel *Toby* und der Korporal nur noch zehn Schritte von der Türe entfernt waren, drehte er sich um und sagte: Wir wollen einen Augenblick stehenbleiben und sehen, mit welchen Zeremonien mein Bruder *Toby* und sein *Trim* ihren ersten Einzug halten; – es wird uns keine Minute aufhalten.

– Und wenn es auch zehn Minuten würden, sagte meine Mutter, es hat nichts zu sagen.

– Nicht eine halbe wird es uns aufhalten, sagte mein Vater.

Der Korporal hatte damals gerade mit der Geschichte von seinem Bruder *Tom* und der *jüdischen* Witwe begonnen; die Geschichte ging weiter und weiter; – es kamen Episoden; – dann fing sie wieder an und ging weiter und abermals weiter; es wollte kein Ende damit nehmen; – der Leser hat sie sehr lang befunden –

– Gott stehe meinem Vater bei! er pustete fünfzigmal bei jeder neuen Gestalt, die die Sache annahm, und wünschte des Korporals Stock mit all seinen Schwenkungen und Baumeleien zu soviel Teufeln, als sich damit befassen mochten.

Wenn Ereignisse wie dasjenige, dessen Ausgang mein Vater hier erwartete, in den Schalen des Schicksals liegen, bleibt es dem Geiste unbenommen die Grundursache der Erwartung dreimal zu wechseln, sonst könnte er die Sache nicht aushalten.

Die Neugierde beherrscht den ersten Moment, im zweiten

regiert die Sparsamkeit, und sucht die für den ersten gemachten Ausgaben zu rechtfertigen; – was aber den 3., 4., 5. und 6. Moment und so fort bis zum jüngsten Tage betrifft, – so ist das Warten hier EHRENSACHE.

Ich brauche wohl nicht zu sagen, daß Moralschriftsteller alles Warten auf Rechnung der Geduld schreiben; allein diese TUGEND hat, wie mich dünkt, ein hinlänglich großes Gebiet und genug darin zu tun, ohne daß sie auch noch die wenigen halbzerstörten Burgen besetzt, welche die Ehre noch auf Erden innehat.

Mein Vater hielt es mit Hilfe dieser drei Bundesgenossen so gut als möglich bis zum Schlusse von *Trims* Geschichte aus; und ebenso von da bis zum Schlusse der Lobrede meines Onkels *Toby* auf die Kriegswissenschaften im folgenden Kapitel. Als er aber sah, daß beide, statt auf Frau *Wadmans* Türe loszusteuern, nun rechtsum machten und die Allee hinabmarschierten, also gerade in der entgegengesetzten Richtung, die er erwartet hatte – brach er mit jener etwas scharfen Gereiztheit des Humors los, die in gewissen Lagen seinen Charakter von dem aller andern Menschen unterschied.

11. KAPITEL

– Was haben *die* wieder in ihren Köpfen? rief mein Vater usw.

Ich glaube, sagte meine Mutter, sie wollen wieder eine Schanze machen.

– Hoffentlich nicht auf Frau *Wadmans* Grund und Boden, sagte mein Vater und trat zurück.

Ich glaube nicht, versetzte meine Mutter.

Der Teufel hole diese ganze Wissenschaft der Befestigung mit all ihrem Plunder von Sappen, Minen, Blendierungen, Schanzkörben, *Fausse-Brayés* und Küvetten! rief mein Vater mit erhobener Stimme.

– Es sind närrische Dinge, meinte meine Mutter –

Nun hatte sie eine Gewohnheit – und ich gäbe augenblicklich mein purpurrotes Wams darum und meine gelben Pantoffeln dazu, wenn einige von den geehrten Leserinnen sie nachahmen wollten, – die darin bestand, daß sie niemals irgendeiner Behauptung, die mein Vater ihr vorlegte, ihre Zustimmung oder Beistimmung verweigerte, lediglich deshalb weil sie sie nicht verstand, oder keine Idee von der Bedeutung des Schlagworts oder Kunstausdrucks hatte, von denen seine Behauptung oder sein Lehrsatz handelte. Sie begnügte sich dann damit alles zu tun, was ihre Paten und Patinnen für sie versprochen hatten – aber nicht mehr; und so gebrauchte sie ein schwieriges Wort zwanzig Jahre lang, – und gab auch, wenn es ein Zeitwort war, in allen seinen Modis und Zeiten darauf Antwort, ohne daß sie sich über seine Bedeutung den Kopf zerbrach.

Dies war ein beständiger Quell des Jammers für meinen Vater und brach bei der ersten Kundgebung mehr schönen Gesprächen zwischen ihnen den Hals, als es der mutwilligste Widerspruch getan hätte; – den wenigen, welche übrig blieben, wurde durch die *Küvetten* geholfen –

– Es sind närrische Dinge, sagte meine Mutter.

– Besonders die *Küvetten*, versetzte mein Vater.

Genug, – er schmeckte bereits die Süßigkeit des Triumphes, und fuhr fort.

Sie gehören zwar allerdings nicht eigentlich zu Frau *Wadmans* Grund und Boden, sagte mein Vater, indem er sich zum Teil selbst berichtigte, – weil sie nur Pächterin auf Lebenszeit ist.

– Das macht einen großen Unterschied, – sagte meine Mutter –

– Im Kopf eines Narren, versetzte mein Vater.

Wofern sie nicht ein Kind bekommt, sagte meine Mutter.

– Aber sie muß erst meinen Bruder *Toby* dahin bringen, daß er ihr eines macht.

– Freilich, *Shandy*, sagte meine Mutter.

Aber wenn es dahin kommt, daß sie ihn dazu bringt, – sagte mein Vater, – dann gnade ihnen Gott!

Amen, sagte meine Mutter *piano*.

Amen, rief mein Vater *fortissime*.

Amen, wiederholte meine Mutter, – aber mit einem so seufzenden Ton persönlichen Mitleids, daß es jede Faser in meinem Vater niederdrückte. Er zog sofort den Kalender heraus, vermochte ihn aber nicht zu öffnen, da gerade *Yoricks* Herde aus er Kirche kam und ihm damit eine vollständige Antwort auf die eine Hälfte seiner Frage gab; und als meine Mutter ihm sagte, es sei ein Abendmahlstag, konnte er auch über die zweite Hälfte wenig Zweifel haben. – Er steckte daher den Kalender wieder ein.

Der erste Lord der Schatzkammer, der über *Mittel und Wege* nachdenkt, hätte nicht mit einem verlegeneren Gesichte nach Hause gehen können, als mein Vater tat.

12. Kapitel

Wenn man vom Schlusse des letzten Kapitels aus zurückschaut und das Gewebe dessen, was geschrieben wurde, überblickt, so wird man finden, daß auf dieser und den vier folgenden Seiten notwendig eine gute Portion heterogenen Stoffes eingeschaltet werden mußte, um jenes richtige Gleichgewicht zwischen Weisheit und Narrheit herzustellen, ohne welches ein Buch nicht ein Jahr lang bestehen würde. Auch kann dies nicht durch eine schleichende Abschweifung erzielt werden (die, wenn nicht der Name eines Mannes zu berücksichtigen wäre, ebensogut auf der Landstraße vor sich gehen könnte) – Nein, wenn eine Abschweifung her soll, so muß es eine gute frische sein und über einen frischen Gegenstand, wo weder Pferd noch Reiter anders als durch einen Rückprall beschädigt werden kann.

Die einzige Schwierigkeit besteht darin, daß man die rechten Mächte erwischt, welche sich für die Natur dieses Dienstes eignen; die PHANTASIE ist grillenhaft, – der WITZ darf nicht erst gesucht werden, – und der SPASS (so ein gutmütiger Kerl er auch ist) kommt nicht wenn man ihn ruft, und wenn man ihm ein Königreich zu Füßen legte.

– Das Beste ist, der Autor sagt seine Gebete her.

Wenn sie ihm freilich seine geistigen und körperlichen Schwächen und Mängel vor Augen führen, – so wird er sich, nachdem er sie hergesagt, für jenen Zweck eher übler befinden, – für andere Zwecke allerdings besser.

Was mich selbst betrifft, so gibt es meines Wissens keinen moralischen oder mechanischen Weg, den ich in einem solchen Fall nicht eingeschlagen habe; manchmal wendete ich mich direkt an die Seele selbst und überlegte den Punkt mit ihr hin und her, soweit ihre Fähigkeiten reichten.

– Ich konnte diese freilich nicht um einen Zoll ausdehnen –

Dann änderte ich das System und probierte, wie weit ich es mit dem Körper bringen könnte, durch Mäßigkeit, Nüchternheit, Keuschheit. Diese Dinge, sagte ich mir, sind an sich gut; – sie sind es absolut, – sie sind es relativ, – sie sind gut für die Gesundheit, – sie sind gut für das Glück in dieser Welt, – sie sind gut für das Glück in jener.

Kurz sie waren für alles gut, nur für das nicht, wozu ich sie brauchte, in dieser Beziehung sind sie zu nichts nutz, und lassen die Seele geradeso wie der Himmel sie gemacht hat. Was die theologischen Tugenden des Glaubens und der Hoffnung betrifft, so geben sie Mut; aber jene weinerliche Tugend die Demut (wie sie mein Vater immer nannte) nimmt diesen wieder total, und dann ist man genau da, von wo man ausgegangen ist.

Für alle gewöhnlichen Fälle habe ich nun kein besseres Mittel gefunden als das folgende: –

Wenn man sich einigermaßen auf Logik verlassen kann und ich nicht durch Eigenliebe verblendet bin, so muß etwas von echtem Genius in mir sein, und zwar – weil ich nicht weiß, was

Neid ist; denn niemals verfalle ich auf eine Erfindung oder Idee, die auf die Förderung der Schriftstellerei zielt, ohne daß ich sie augenblicklich öffentlich bekannt mache, denn ich möchte, daß alle Leute so gut schrieben wie ich selbst:

– Was sie ganz gewiß tun werden, wenn sie ebensowenig denken.

13. Kapitel

In gewöhnlichen Fällen nun, das heißt, wenn ich nur einfältig bin, und die Gedanken schwerfällig kommen und so recht harzig durch meine Feder laufen –

Oder wenn ich, ich weiß nicht wie, in eine kalte metapherlose niederträchtige Schreiberei hineingeraten bin und ums Leben nicht daraus herauskommen kann; und dann fortschreiben müßte wie ein *holländischer* Kommentator bis ans Ende des Kapitels, wenn nicht etwas geschähe –

So unterhandle ich doch nie einen Augenblick mit Feder und Tinte; sondern wenn eine Prise Tabak oder ein Gang durchs Zimmer nicht helfen wollen, – so nehme ich ein Rasiermesser, probiere die Schärfe am Ballen meiner Hand und rasiere dann meinen Bart ohne weitere Zeremonie, außer daß ich ihn vorher einseife, wobei ich nur Sorge trage, daß wenn ja ein Haar stehen bleibt, es kein graues ist. Hierauf wechsle ich mein Hemd, – ziehe einen besseren Rock an, – schicke nach meiner neuesten Perücke, – stecke meinen Topasring an den Finger, mit einem Wort ziehe mich vollständig und aufs beste an.

Nun müßte es schon mit dem Teufel zugehen, wenn dies nichts hälfe; denn man bedenke, da jeder Mann gerne dabei ist, wenn sein eigener Bart rasiert wird (obgleich es keine Regel ohne Ausnahme gibt), und solange dies geschieht, er sich die ganze Zeit über ganz unvermeidlich selbst gegenüber sitzt, falls er nämlich dabei mitarbeitet, – so muß diese Situation wie alle anderen notwendig ihre eigentümlichen Bemerkungen in sein Gehirn bringen –

– Ich behaupte, die Ideen eines rauhbärtigen Mannes werden um sieben Jahre eleganter und jugendlicher durch eine einzige Operation; und könnten, wenn sie nicht Gefahr liefen ganz wegrasiert zu werden, durch beständiges Rasieren auf den höchsten Gipfel der Erhabenheit gebracht werden. – Wie es *Homer* zustande brachte, mit einem so langen Bart zu schreiben, begreife ich nicht; – und da dieser Fall gegen meine Hypothese spricht, bekümmere ich mich auch nicht darum; – kehren wir jedoch zur Toilette zurück.

Ludovicus Sorbonensis will dies ganz zu einer Angelegenheit des Körpers machen (εξωτερικη πραξις, wie er es nennt), – aber er täuscht sich: Seele und Leib sind bei jeder Sache, die sie erzeugen, Mitteilhaber. Ein Mann kann sich nicht anziehen, ohne daß seine Ideen zu gleicher Zeit bekleidet werden; und wenn er sich wie ein Gentleman kleidet, so wird auch jeder seiner Gedanken in einer ähnlichen nobeln Art vor seiner Phantasie stehen, – so daß er nichts zu tun braucht, als seine Feder zu ergreifen und so zu schreiben wie er selbst ist.

Wenn daher der geneigte Leser gerne wissen möchte, ob ich sauber und lesbar schreibe, so wird er hierüber ganz ebensogut urteilen können, wenn er in die Rechnung meiner Wäscherin, wie wenn er in mein Buch sieht. Ich kann von einem einzigen Monat nachweisen, daß ich einunddreißig Hemden durch sauberes Schreiben beschmutzte, und daß ich trotzdem für das, was ich in diesem einen Monat geschrieben, mehr geschmäht, verwünscht, kritisiert und verdammt wurde, und daß mehr mystische Köpfe deshalb geschüttelt wurden, als in allen andern Monaten dieses Jahres zusammen.

– Aber der geehrte Leser hat die *Rechnungen* nicht gesehen, die ich darüber bekommen.

14. Kapitel

Da ich niemals die Absicht hatte, die Abschweifung, für die ich all diese Vorbereitungen getroffen habe, früher zu beginnen, als bis ich zum 15. Kapitel komme, – so kann ich dieses Kapitel benützen wie ich für gut finde. – Ich habe in diesem Augenblick zwanzig Stoffe dafür. – Ich könnte mein Kapitel über die Knopflöcher schreiben, –

Oder mein Kapitel über die Pfuis, das darauf folgen sollte – Oder mein Kapitel über Knoten; falls aber der geneigte Leser nichts mehr damit zu schaffen haben will, – könnten sie mich zu Mißliebigkeiten führen. Das Sicherste ist, ich mache es wie die gelehrten Herren und erhebe Einwürfe gegen das was ich geschrieben habe, obschon ich zum voraus erklären muß, daß ich so wenig etwas darauf zu erwidern vermöchte wie mein Absatz.

Und zuerst kann man sagen, in meinen Sachen liege eine erbärmliche Art *Thersitischer* Satire, so schwarz wie die Tinte, in der sie geschrieben worden, – (und wer dies behauptet, der möge sich bei dem Obermusterherrn der griechischen Armee bedanken, daß er den Namen eines so abscheulichen und ungesitteten Mannes wie *Thersites* in der Armeeliste duldete, – denn dieser Name zog ihm ein Beiwort zu). – Bei diesen Erzeugnissen wird er behaupten, tun alle persönlichen Waschungen und Abreibungen auf Erden dem sinkenden Genius in keiner Weise gut – sondern gerade das Gegenteil, denn je schmutziger der Bursch, desto mehr Erfolg hat er im allgemeinen.

Hierauf habe ich keine andere Antwort, – wenigstens bereits fertig, – als die, daß der Erzbischof von *Benevent* seinen *schlüpfrigen* Roman *Galatea*, wie alle Welt weiß, in einem purpurnen Rock, Weste und Hosen schrieb; und daß die Buße, welche ihm dafür auferlegt wurde, nämlich einen Kommentar über das Buch der *Offenbarung* zu schreiben, für so strenge sie auch ein Teil der Welt hielt, von dem andern

Teil durchaus nicht so erachtet wurde, eben weil er jenen Anzug trug.

Ein anderer Einwurf gegen jenes Mittelchen ist der, daß es nicht allgemein anzuwenden sei; weil das Rasieren, auf welches soviel Wert gelegt ist, nach einem unwandelbaren Gesetz der Natur die eine Hälfte des Menschengeschlechts davon ausschließt. Alles was ich dagegen sagen kann, ist, daß die weiblichen Schriftsteller in England oder Frankreich sich eben ohne das Mittel behelfen müssen.

Was die spanischen Damen anbelangt – so ist es mir wegen ihrer nicht bange –

15. Kapitel

Endlich ist das 15. Kapitel da, bringt aber nichts als den traurigen Beweis: Wie unsere Freuden uns auf dieser Welt unter den Händen wegschwinden!

Denn während ich von meiner Abschweifung noch spreche, – erkläre ich vor dem Himmel, daß ich sie gemacht habe. – Welch ein seltsames Geschöpf ist doch der Mensch! sagte sie.

Sehr wahr, sagte ich; – aber schaffen wir lieber all das Zeug aus unsern Köpfen und kehren zu meinem Onkel *Toby* zurück.

16. Kapitel

Als mein Onkel *Toby* und der Korporal bis an das Ende der Allee marschiert waren, fiel ihnen bei, daß ihr Geschäft eigentlich auf der andern Seite liege. Sie machten daher kehrt und rückten gerade auf die Türe der Frau *Wadman* los.

Verlassen sich Euer Gnaden nur auf mich, sagte der Korporal und berührte seine *Montero*-Mütze mit der Hand, während er an ihm vorüberging, um an die Türe zu klopfen. –

Mein Onkel *Toby*, ganz entgegen der Weise wie er beständig seinen treuen Diener behandelte, erwiderte nichts, weder etwas Gutes noch etwas Böses. Die Sache war die, daß er nicht recht mit sich im reinen war; er hätte gerne noch einmal Kriegsrat gehalten, und als der Korporal die drei Stufen vor der Türe hinaufging, räusperte er sich zweimal; bei jedem dieser Ausstöße flog ein Teil des sehr mäßigen Mutes meines Onkels *Toby* nach dem Korporal hin. Dieser stand eine volle Minute mit dem Türklopfer in der Hand, er wußte nicht recht warum. *Bridget* stand innen auf der Lauer, mit Daumen und Zeigefinger an der Klinke, vor Erwartung starr; und Frau *Wadman* saß mit einem Auge, in dem sich der Entschluß aussprach, sich nochmals entjungfern zu lassen, atemlos hinter dem Fenstervorhang ihres Schlafzimmers und wartete auf ihr Hereinkommen.

Trim! sprach mein Onkel *Toby*, – aber in dem Augenblick da er das Wort aussprach, war die Minute um und *Trim* ließ den Türklopfer fallen.

Da mein Onkel *Toby* sah, daß alle Aussicht auf einen Kriegsrat damit niedergeschmettert war —— pfiff er seinen Lillabullero.

17. Kapitel

Da Daumen und Zeigefinger der Jungfer *Bridget* bereits auf der Klinke lagen, so brauchte der Korporal nicht so oft zu klopfen als vielleicht der Schneider des geehrten Lesers. – Ich hätte mein Beispiel vielleicht mehr in meiner Nähe nehmen können, denn ich schulde dem meinigen wenigstens fünfundzwanzig Pfund und wundere mich nur über die Geduld des Mannes –

– Aber das ist der Welt höchst gleichgültig; es ist nur ein ganz verwünschtes Ding etwas schuldig zu sein; in dieser Beziehung scheint über den Schatzkammern einiger armen

Prinzen, besonders solcher von unserem Hause, ein wahres Verhängnis zu schweben, welches keine Sparsamkeit fesseln kann. Was mich betrifft, so bin ich überzeugt, es gibt keinen Prinzen, Prälaten, Papst oder Herrscher auf der Welt, mag er nun groß oder klein sein, der in seinem Herzen eifriger wünscht, mit der Welt quitt zu sein als ich, – und der augenfälliger darauf hinarbeitet. Ich gebe nie über eine halbe Guinee, – gehe nicht in Stiefeln spazieren, – kaufe keine Zahnstocher, – und gebe in einem ganzen Jahre keinen Schilling für Putz aus; und während der sechs Monate, die ich auf dem Lande zubringe, lebe ich auf eine so schmale Weise, daß ich trotz des ruhigsten Temperaments von der Welt selbst *Rousseau* um die Länge eines Schlagbaumes überhole! – denn ich halte weder einen Knecht noch einen Jungen, weder ein Pferd noch eine Kuh, weder einen Hund noch eine Katze, noch irgendein Ding das essen und trinken kann, außer eine magere armselige Art *Vestalin* (um mein Feuer zu unterhalten), die in der Regel einen ebenso schlechten Appetit hat als ich selbst; – wenn Sie aber glauben, ich sei deshalb ein Philosoph, – so möchte ich keinen Strohhalm für Ihr Urteil geben.

Denn die wahre Philosophie – allein solange mein Onkel den Lillabullero pfeift, kann ich diese Sache nicht behandeln.

– Wir wollen lieber in das Haus treten.

18. Kapitel

19. Kapitel

20. Kapitel

\- -

\- -

– Sie sollen die Stelle sehen, Madame, sagte mein Onkel *Toby*.

Frau *Wadman* errötete, – sah nach der Türe, – wurde blaß, – dann wieder etwas rot, – nahm hierauf ihre natürliche Farbe an, – errötete stärker als je – welche Gemütsbewegungen ich für den ungelehrten Leser in folgender Weise übersetze –

Ach du lieber Gott! ich kann doch darauf nicht hinsehen!
Was würden die Leute sagen, wenn ich darauf hinsähe?
Ich würde in Ohnmacht fallen, wenn ich es sähe!
Ich wollte aber doch, ich könnte es sehen.
Es ist ja keine Sünde, wenn ich darauf hinsehe.
– Und ich will darauf hinsehen.

Während diese Gedanken Frau *Wadman* durch den Kopf gingen, war mein Onkel *Toby* vom Sofa aufgestanden und nach der Türe gegangen, um *Trim*, der im Gang stand, einen Befehl zu erteilen.

– Ich glaube, er ist im Dachstübchen, sagte mein Onkel *Toby*. – Ich hab ihn noch diesen Morgen dort gesehen, Euer Gnaden, erwiderte *Trim*. – Dann bitte, *Trim*, hol ihn gleich und bringe ihn hierher, sagte mein Onkel *Toby*.

Der Korporal war mit dem Befehl nicht einverstanden,

gleichwohl gehorchte er fröhlichen Mutes. Das erstere war kein Akt seines Willens, – wohl aber das zweite; er setzte seine *Montero*-Mütze auf und ging so schnell als er mit seinem lahmen Knie konnte. Mein Onkel *Toby* kehrte in das Zimmer zurück und setzte sich wieder auf das Sofa.

– Sie sollen Ihren Finger darauf legen, sagte mein Onkel *Toby*. – Nein, sagte Frau *Wadman* zu sich selbst, ich lange gewiß nicht hin.

Dies erfordert abermals eine Übersetzung; – man sieht hieraus, wie wenig man aus den Worten allein erfährt; – wir müssen nach dem Ursprung der Sache zurückgehen.

Um den Nebel, der über diesen letzten Seiten hängt, zu zerstreuen, muß ich mich bemühen, selbst so klar als möglich zu sein.

Reiben Sie dreimal mit der Hand an der Stirne, – schneuzen Sie sich, – reinigen Sie Ihre Abzugskanäle, – niesen Sie jetzt! – So! – Helf Gott! –

Jetzt unterstützen Sie mich, so gut Sie können.

21. Kapitel

Es gibt fünfzig verschiedene Zwecke (wenn man alle Zwecke, sowohl die bürgerlichen als die religiösen mit einrechnet), wegen deren eine Frau einen Mann nimmt. Sie geht deshalb zuerst her und wägt sorgfältig in ihrem Geiste ab, trennt und unterscheidet, welcher von all diesen Zwecken der ihrige sei. Dann erforscht sie durch Gespräch, Frage, Beweisführung und Folgerung, ob sie den richtigen gefunden hat; und wenn sie ihn hat, dann zieht sie ihn sachte nach dieser und jener Richtung und bildet sich dabei ein Urteil, ob er nicht abbricht.

Das Gleichnis, womit *Slawkenbergius* dies zu Anfang seiner dritten Dekade der Phantasie des Lesers vor Augen führt, ist so mutwillig, daß die Achtung, die ich vor dem schönen

Geschlecht habe, mir nicht gestattet es anzuführen, – sonst ist es nicht ohne Humor.

Sie hält den Esel zuerst an, sagte *Slawkenbergius;* dann hält sie seine Halfter mit der linken Hand (damit er nicht durchgeht) und langt mit der rechten bis auf den Grund seines Korbs und sucht – Was? – Sie erfahren es nicht früher, wenn Sie mich unterbrechen, sagte *Slawkenbergius.*

Ich habe nichts als leere Flaschen, gute Dame, sagt der Esel.

Ich bin nur mit Kutteln beladen, sagt der Zweite.

– Und du bist nicht viel besser, sagt sie zu dem dritten; denn du hast nichts in deinen Körben als Pumphosen und Pantoffeln; – und so geht es fort zum vierten und fünften und immer weiter durch die ganze Koppel, bis sie zu dem Esel kommt, der es hat; sie kehrt den Korb um, – betrachtet es, – überlegt, – vergleicht, – mißt, – streckt es aus, – macht es naß, – trocknet es, – und prüft Zettel und Gewebe mit den Zähnen –

– Von was denn? Um der Liebe Christi willen?

Ich bin fest entschlossen, erwiderte *Slawkenbergius,* daß alle Mächte der Erde mir niemals dies Geheimnis entreißen sollen.

22. Kapitel

Wir leben in einer Welt, die nach allen Seiten hin mit Geheimnissen und Rätseln erfüllt ist, – und somit hat das nichts zu sagen. Im Übrigen aber ist es sonderbar, daß die Natur, die alle Dinge so erschafft, daß sie ihrem Zweck entsprechen, und die selten oder nie irregeht, außer etwa einmal zum Zeitvertreib, die allem, was durch ihre Hände geht, solche Formen und Eigenschaften verleiht, daß, mag sie nun für den Pflug, die Karawane oder den Karren arbeiten, – mag sie ein Geschöpf, welches es immer sei modellieren und wäre es nur ein Eselsfüllen, man gewiß sein darf, daß man das erhält was man braucht; sonderbar sage ich, ist es, daß sie doch zugleich immer so pfuscherhaft arbeitet, wenn sie ein so einfaches Ding zu machen hat, wie ein Ehemann ist.

Ob es nun in der Wahl des Tons liegt, oder daran, daß dieser häufig beim Backen verdorben wird (wobei der Ehemann das eine Mal zu stark gebacken wird und zu krustig ausfällt, – das andere Mal aus Mangel an Hitze in das Gegenteil umschlägt), – oder ob die große Künstlerin nicht aufmerksam genug für die kleinen platonischen Anforderungen desjenigen Teils des Menschengeschlechts ist, zu dessen Gebrauch sie jenen bildet; – oder ob es daher rührt, daß die Dame oft selbst nicht recht weiß, welche Sorte von Ehemann für sie paßt, – das weiß ich nicht. Wir wollen nach dem Essen mehr darüber reden.

Genug, daß weder diese Beobachtung selbst noch das Sprechen darüber irgend etwas hilft – im Gegenteil eher noch mehr verwirrt. Was namentlich die Geeignetheit meines Onkels *Toby* für den Ehestand anbelangt, so konnte nichts entsprechender sein; die Natur hatte ihn aus ihrem besten, weichsten Ton gebildet, – sie hatte ihn mit ihrer eigenen Milch versehen – und ihm das zarteste Gemüt eingehaucht, – sie hatte ihn durchaus mild, edel und menschlich gemacht; – sie hatte sein Herz mit Glauben und Vertrauen erfüllt, und jeden Weg dahin zur Mitteilung der zärtlichsten Botschaften eingerichtet; – hatte auch die andern Dinge, wegen deren die Ehe eingesetzt ist, in Betracht gezogen –

Und demgemäß *
* *
* *
Und diese GABE war durch die Wunde meines Onkels *Toby* nicht beeinträchtigt worden.

Dieser letzte Punkt war nun aber etwas zweifelhaft, und der Teufel, welcher den Glauben auf dieser Welt so oft zerstört, hatte auch im Kopf der Frau *Wadman* Bedenklichkeiten in dieser Beziehung hervorgerufen, und als wahrer Teufel sein Werk zugleich dadurch ausgeübt, daß er meines Onkels *Toby*

Fähigkeit in genannter Richtung in *leere Flaschen, Kutteln, Pluderhosen und Pantoffeln* verwandelte.

23. Kapitel

Jungfer *Bridget* hatte den ganzen kleinen Vorrat von Ehre, der einer armen Kammerjungfer auf dieser Welt zugeteilt ist, dahin verpfändet, daß sie in zehn Tagen die Sache heraushaben wolle. Sie baute hierbei auf eines der annehmbarsten Postulate in der Natur: Darauf nämlich, daß während mein Onkel *Toby* ihrer Gebieterin den Hof machte, der Korporal nichts Besseres werde tun können, als ihn ihr zu machen. – *Und ich will ihn soweit kommen lassen als er will,* sagte *Bridget, wenn ich es nur herauskriege.*

Die Freundschaft hat zwei Kleider, ein oberes und ein unteres. *Bridget* diente den Interessen ihrer Gebieterin in dem einen, – und tat zugleich was sie selbst am liebsten hatte in dem andern; sie hatte somit so viele Einsätze auf die Wunde meines Onkels *Toby* gemacht als der Teufel selbst. – Frau *Wadman* hatte nur einen einzigen, – und da es vielleicht ihr letzter war, so war sie entschlossen (ohne deshalb Jungfer *Bridget* entmutigen oder ihr Talent gering schätzen zu wollen), ihr Spiel selbst zu machen.

Es fehlte ihr nicht an Aufmunterung; ein Kind hätte ihm in die Karten sehen können, – er zeigte eine solche Offenheit und Einfalt im Ausspielen seiner Trümpfe, – besaß eine so arglose Unkenntnis von Zehn und As – und saß so entblößt und schutzlos auf dem gleichen Sofa mit Frau *Wadman,* daß ein edles Herz geweint haben würde, wenn es ihm das Spiel abgewann.

Wir wollen das Gleichnis fallen lassen

– Und die Geschichte ebenfalls, wenn es Ihnen genehm ist, verehrter Leser. Ich habe mich zwar allerdings beeilt, an diesen Punkt zu gelangen, und zwar allen Ernstes, da ich wohl weiß, daß es das feinste Stück der Geschichte ist, das ich hier der Welt bieten kann, und doch wäre mir jetzt, da ich soweit gekommen bin, ein jeder willkommen, der mir die Feder abnehmen und die Geschichte für mich fortsetzen wollte. Ich sehe ein, wie schwierig die Schilderungen sein werden, die ich jetzt zu machen habe, – und fühle, daß mir die Kräfte dazu mangeln.

Ein Trost wenigstens bleibt mir hierbei: daß ich in dieser Woche an die achtzig Unzen Blut in einem sehr unkritischen Fieber verloren habe, das mich zu Anfang dieses Kapitels erfaßte; so daß mir noch einige Hoffnung bleibt, die Krankheit stecke mehr in den schleimigen oder kugeligen Teilen des Bluts als in der feinen Aura des Gehirns. Mag dem nun sein wie ihm wolle, – eine Anrufung kann nichts schaden, – und ich überlasse es ganz dem *Angerufenen*, je nachdem er es für gut hält, mich zu inspirieren oder zu injizieren.

Die Anrufung

Du edler Geist des feinsten Humors, der du einst auf der leichten Feder meines geliebten *Cervantes* saßest! – Der du täglich durch sein Gitter schlüpftest und durch deine Gegenwart die Dämmerung seines Kerkers in Mittagshelle wandeltest, – der du seinen kleinen Wasserkrug mit himmlischem Nektar färbtest, und die ganze Zeit über als er von *Sancho* und seinem Herrn schrieb, deinen mystischen Mantel über seinen verschrumpften Stummel* warfst und ihn über alles Mißgeschick seines Lebens ausbreitetest –

Kehre bei mir ein, ich flehe dich darum an! – betrachte nur diese Hosen! – sie sind die einzigen, die ich auf dieser Welt

* Er verlor seine Hand in der Schlacht bei Lepanto.

besitze, – diesen grausamen Riß haben sie in *Lyon* erhalten. Und erst meine Hemden! schau welch ein tödliches Schisma über sie gekommen ist; – denn die Schöße befinden sich in der *Lombardei* und der Rest ist hier. – Ich hatte überhaupt nur sechs und eine verschmitzte Betrügerin von Wäscherin in *Mailand* schnitt mir an fünfen die vorderen Schöße weg. – Sie tat es allerdings nicht ohne Überlegung, – denn ich kehrte aus *Italien* zurück.

Und trotz alledem, und trotzdem mir überdies in *Siena* eine Zunderbüchse für Pistolen gestohlen wurde, und ich zweimal fünf Paoli für zwei harte Eier bezahlen mußte, das eine Mal zu *Raddicoffini,* das andere Mal in *Capua,* – halte ich doch eine Reise durch *Frankreich* und *Italien,* vorausgesetzt man bleibt stets guter Laune, für keine so schlimme Sache, als uns die Leute glauben machen wollen. Es muß ein *Hinauf* und *Hinunter* geben, wie zum Henker sollte man denn sonst in Täler gelangen, wo die Natur so viele Gastmähler vor uns ausgebreitet hat! – Unsinn, wenn man glaubt, sie werden uns ihren Wagen leihen, um gratis zusammengerüttelt zu werden; und wenn ihr nicht zwölf Sous für das Schmieren der Räder bezahlt, wie soll dann der arme Bauer die Butter zu seinem Brote bekommen. – Wir machen wirklich gar zu viel Ansprüche! – und was das Livre oder zwei über Pari betrifft, welche Nachtessen und Bett kosten, – so macht das höchstens einen Schilling 9½ Pence, – wer möchte deshalb mit seiner Philosophie in Zwiespalt geraten? Zahlt es ums Himmels und um eurer selbst willen – zahlt lieber mit beiden Händen, als daß düstere *Enttäuschung* auf den Augen eurer schönen Wirtin und ihrer Jungfern drückt, wenn ihr unterm Torweg Abschied von ihnen nehmt; – und überdies, mein lieber Freund, erhältst du ja von einer jeden noch einen schwesterlichen Kuß, der ein Pfund wert ist: – ich wenigstens hab einen bekommen.

– Da mir die ganze Zeit über die Liebschaft meines Onkels *Toby* durch den Kopf ging, so hatte das auf mich dieselbe Wirkung, als ob es meine eigene gewesen wäre. – Ich war im Zustand vollkommenster Güte und Wohlwollens, fühlte die menschenfreundlichste Harmonie in mir, die bei jeder Schwingung der Chaise dieselbe blieb; so daß es mir keinen Unterschied machte, ob die Straßen holperig oder glatt waren. Alles was ich sah oder womit ich zu tun bekam, berührte eine geheime Feder der Empfindung oder des Entzückens.

– Es waren die süßesten Töne, die ich jemals gehört; sofort ließ ich das Kutschenfenster nieder, um sie besser zu hören. – Es ist die *Maria,* sagte der Postillon, als er bemerkte, daß ich lauschte. – Die arme *Maria,* fuhr er fort (und drehte sich zur Seite, damit ich sie sehen konnte, denn er saß zwischen uns), da sitzt sie auf einer Bank und spielt ihr Abendlied auf der Pfeife, mit ihrer kleinen Ziege neben sich.

Und wer ist denn die arme *Maria?* fragte ich.

Der Liebling, der bemitleidete Liebling aller Orte hier herum; sagte der Postillon. – Noch vor drei Jahren beschien die Sonne kein schöneres, klügeres und liebenswürdigeres Mädchen; und *Maria* verdiente auch wirklich ein besseres Schicksal, als daß ihr durch die Intrigen des Pfarrers, der ihr Aufgebot verkünden sollte, die Ehe verboten würde –

Er wollte weiter erzählen, als *Maria,* die eine kleine Pause gemacht hatte, die Pfeife wieder an den Mund brachte und die Melodie von neuem begann; – es waren dieselben Töne aber noch zehnmal süßer. – Es ist der Abendgottesdienst der hl. Jungfrau, sagte der junge Mann; – niemand weiß, wer ihn ihr gelehrt hat oder wie sie zu ihrer Pfeife kam: wir glauben, daß ihr der Himmel zu beidem verholfen hat; denn seit ihr Geist zerrüttet ist, scheint dies ihr einziger Trost zu sein; sie hat seitdem die Pfeife nicht aus der Hand gelegt, spielt aber Tag und Nacht nur diese geistliche Melodie.

Der Postillon erzählte dies mit soviel Takt und natürlicher Beredsamkeit, daß ich nicht umhin konnte, etwas in seinem Gesicht zu entdecken, das über seinen Stand hinausging. Ich würde ihn deshalb über seine eigene Geschichte ausgeholt haben, wenn nicht die arme *Maria* meine ganze Aufmerksamkeit in Anspruch genommen hätte.

Wir waren inzwischen der Bank nahe gekommen, wo *Maria* saß; sie hatte eine dünne weiße Jacke an, ihr Haar steckte bis auf zwei Zöpfe in einem seidenen Netze, in das auf der einen Seite ein paar Olivenblätter etwas phantastisch eingeschoben waren: – sie war schön, und wenn ich je die ganze Kraft eines aufrichtigen Herzeleids empfunden habe, so war es in dem Augenblick da ich sie sah –

– Gott stehe dem armen Mädchen bei! sagte der Postillon; man hat in den verschiedenen Kirchspielen und Klöstern hier herum über hundert Messen für sie gelesen, – aber ohne Erfolg. Da sie in kurzen Zwischenräumen vernünftig ist, so haben wir immer noch die Hoffnung, daß die heilige Jungfrau sie endlich wieder herstellen werde; ihre Eltern aber, die sie am besten kennen, haben alle Hoffnung aufgegeben und glauben, daß sie ihren Verstand für immer eingebüßt habe.

Während der Postillon sprach, machte *Maria* eine so melancholische, zärtliche und klagende Kadenz, daß ich aus der Chaise sprang, um ihr zu helfen; und ehe ich von meiner Aufregung zu mir selbst kam, saß ich zwischen ihr und ihrer Ziege.

Maria sah mich eine Weile gedankenvoll an und dann wieder ihre Ziege, – und dann wieder mich, – und abermals ihre Ziege – und so fort.

– Nun, *Maria,* sagte ich sanft, findest du einige Ähnlichkeit?

Ich bitte den arglosen Leser mir zu glauben, wenn ich ihn versichere, daß ich diese Frage nur in der demütigsten Überzeugung davon tat, welch eine Bestie eigentlich der Mensch ist; und daß ich in der ehrwürdigen Gegenwart des Unglücks mir keinen unzeitigen Scherz hätte erlauben mögen, und wenn ich dadurch auf all den Witz ein Anrecht bekommen hätte, den *Rabelais* um sich streute; – und doch gestehe ich, das Herz schlug mir und ich empfand solches Wehe, nur wenn ich das dachte, daß ich mir schwor all den Rest meiner Tage der

Weisheit zu huldigen und nur Ernsthaftes von mir zu geben; – nie aber, – nie wieder zu versuchen, so lange ich lebte, mit einem Mann, Weib oder Kind zu scherzen.

Was das Schreiben von Unsinn betrifft, so glaube ich, machte ich einen Vorbehalt, – doch darüber mag die Welt entscheiden.

Leb wohl, *Maria!* – leb wohl, armes unglückliches Mädchen! – einst, aber nicht jetzt, höre ich vielleicht deinen Kummer von deinen eigenen Lippen; – doch ich täuschte mich, denn in diesem Augenblick ergriff sie ihre Pfeife und erzählte mir damit eine solche Schmerzensgeschichte, daß ich aufstand und mit schwankenden Schritten langsam nach meinem Wagen ging.

——Welch ein treffliches Wirtshaus in Moulins!

25. Kapitel

Wenn wir an den Schluß dieses Kapitels gekommen sind (aber nicht früher), müssen wir zu den zwei leergelassenen Kapiteln zurückkehren; wegen deren meine Ehre seit einer halben Stunde blutet. Ich stille dies Blut, indem ich einen meiner gelben Pantoffel ausziehe und ihn mit aller Kraft nach der entgegengesetzten Wand meines Zimmers schleudere, mit folgender Erklärung an dessen Absatz: – daß, welche Ähnlichkeit dies Kapitel auch mit der Hälfte der Kapitel haben mag, die in der Welt schon geschrieben wurden, oder soviel ich weiß, eben jetzt geschrieben werden, – es sich gleichwohl so zufällig gestaltete, wie der Schaum von *Zeuxis* Roß. Überdies betrachte ich ein Kapitel, das nur nichts enthält, mit besonderer Hochachtung; und wenn man bedenkt, daß es weit schlimmere Dinge auf der Welt gibt, – so ist dies keineswegs ein passender Gegenstand für die Satire.

Warum aber ist es so ausgefallen? Und wenn man mir hier, ohne daß man meine Antwort abwartet, soviel Dummköpfe,

Blechschädel, Einfaltspinsel, Gimpel, Tröpfe, Narren, Schafsköpfe, und Bettsch-r und andere geschmacklose Benennungen an den Kopf wirft, als die Kuchenbäcker von *Lerne* jemals den Hirten des Königs *Garangantan* ins Gesicht schleudern, – so mögen sie es tun, wie *Bridget* sagte, solange es ihnen Vergnügen macht; denn wie hätten sie voraussehen können, daß ich das 25. Kapitel meines Buchs vor dem 18. usw. schreiben müßte?

—— Ich nehme es ihnen somit nicht übel. —— Alles was ich wünsche, ist, daß es der Welt eine Lektion sein möchte, damit sie *die Leute ihre Geschichten auf ihre eigene Weise erzählen läßt.*

DAS ACHTZEHNTE KAPITEL

Als Jungfer *Bridget* die Türe öffnete, ehe noch der Korporal geklopft hatte, war der Zwischenraum zwischen diesem Ereignis und der Einführung meines Onkels *Toby* in das Besuchszimmer so kurz, daß Frau *Wadman* kaum noch Zeit hatte, hinter ihrem Vorhang vorzukommen, eine Bibel auf den Tisch zu legen und ein paar Schritte nach der Türe hin zu machen, um ihn zu empfangen.

Mein Onkel *Toby* grüßte Frau *Wadman* in der Art, wie Damen im Jahr unseres Herrn eintausendsiebenhundertdreizehn von den Herren begrüßt wurden; – machte dann rechtsum, marschierte mit und neben ihr nach dem Sofa und erklärte ihr dann mit drei kurzen Worten, – doch nicht ehe er sich gesetzt hatte – und nicht nachdem er schon saß, – sondern während er sich niedersetzte, daß er verliebt sei; er beeilte sich somit mit seiner Erklärung mehr als nötig war.

Frau *Wadman* sah natürlich auf einen Riß in ihrer Schürze herab, an dem sie gerade gestopft hatte; und erwartete, daß mein Onkel *Toby* weitermachen würde; da er aber nicht das Talent hatte viele Worte zu machen, und die Liebe überdies der Gegenstand war, in dem er am allerwenigsten zu Hause war, so ließ er es, nachdem er Frau *Wadman* einmal gesagt hatte, daß er sie liebe, dabei bewenden, und glaubte, es müsse jetzt von selber weitergehen.

Mein Vater war immer entzückt über dieses System meines Onkels *Toby*, wie er es fälschlich nannte, und pflegte oft zu sagen, – wenn sein Bruder *Toby* sein Verfahren nur noch mit einer Pfeife Tabak verstärkt hätte, – so hätte er damit gewiß den rechten Weg zum Herzen der Hälfte der Frauenzimmer des Erdballs gefunden, wenn anders das spanische Sprichwort recht habe.

Mein Onkel *Toby* begriff nie, was mein Vater damit sagen wollte; auch will ich nicht mehr daraus herauslesen, als die Verdammung eines Irrtums, dem die meisten Menschen unterliegen; – die *Franzosen* aber samt und sonders, die daran fast ebenso fest glauben, als an die wirkliche Gegenwart Christi im Abendmahl, nämlich: *daß von Liebe sprechen so viel sei als lieben.*

—— Nach diesem Rezept wollte ich gerade so gut eine Blutwurst machen.

Fahren wir fort! – Frau *Wadman* saß also da und wartete, das mein Onkel *Toby* nun weiter sagen würde, sie wartete fast bis zum ersten Pulsschlag der Minute, wo das Schweigen von der einen oder andern Seite unanständig wird; nun aber rückte sie etwas näher zu ihm hin, blickte empor, errötete dabei ein wenig, – und hob den Handschuh auf – oder das Gespräch, wenn man lieber will, und wendete sich mit folgenden Worten an meinen Onkel *Toby:*

Die Sorgen und Unruhen des ehelichen Standes, sprach sie, sind sehr groß.

Das glaube ich wohl, bemerkte mein Onkel *Toby.*

Wenn es daher jemand so gut hat wie Sie, Kapitän *Shandy*, fuhr Frau *Wadman* fort, – so glücklich ist durch sich selbst, durch seine Freunde und seine Beschäftigung, so möchte ich wohl wissen, was für Gründe Sie dazu veranlassen?

– Sie stehen in dem Katechismus, sagte mein Onkel *Toby.*

Soweit ging mein Onkel *Toby* vorsichtig vor und blieb in seinem Fahrwasser, während er Frau *Wadman* nach Belieben im Golf herumsegeln ließ.

– Was nun die Kinder betrifft, sagte Frau *Wadman*, so sind sie ja wohl ein Hauptzweck dieser Einrichtung und ohne Zweifel der natürliche Wunsch aller Eltern, – aber ist es nicht Erfahrungssache, daß man von ihnen sichern Kummer und sehr unsichere Freuden hat? Was entschädigt uns für so manches Herzeleid, lieber Herr, – wo liegt die Vergeltung für die vielen zärtlichen und beunruhigenden Besorgnisse einer duldenden und schutzlosen Mutter, die sie zur Welt bringt?

Das weiß ich wirklich nicht, sagte mein Onkel *Toby* voll Mitleid; vielleicht durch das Vergnügen, das der gütige Gott in –

– Nicht der Rede wert! fiel sie ein!

DAS NEUNZEHNTE KAPITEL

Es gibt so unendlich viele Tonarten, Melodien, Rhythmen, Akzente und Blicke, womit dieses: Nicht der Rede wert! in solchen Fällen ausgesprochen werden kann, und eine jede dieser Tonarten gibt einen so verschiedenen Sinn, einen von der andern so abweichenden Begriff wie Schmutz von Reinlichkeit, – daß Kasuisten (denn in dieser Beziehung gehört die Redensart zu den Gewissensfällen) nicht weniger als 14 000 Fälle aufzählen, in denen man es recht oder unrecht aussprechen kann.

Frau *Wadman* hatte mit ihrem: Nicht der Rede wert: meinem Onkel *Toby* all sein keusches Blut in die Wangen getrieben. Er fühlte, daß er irgendwie über sein Fahrwasser hinausgeraten sein müsse, und hielt deshalb schnell inne. Dann legte er, ohne weiter auf die Freuden und Leiden des Ehestands einzugehen, die Hand aufs Herz, und sprach sich dahin aus, daß er sie nehmen wolle wie sie eben kämen, und sie mit ihr zu teilen wünsche.

Nachdem mein Onkel *Toby* dies einmal gesagt hatte, wollte

er es nicht nochmals sagen, und da sein Auge auf die Bibel fiel, welche Frau *Wadman* auf den Tisch gelegt hatte, nahm er sie in die Hand. Die gute Seele erwischte gerade eine Stelle, die für ihn die allerinteressanteste war, nämlich die Belagerung von *Jericho;* er begann daher sie zu lesen und ließ seinen Heiratsantrag, wie anfangs seine Liebeserklärung, von selbst weiterwirken. – Er wirkte aber weder in festziehender noch in auflösender Weise, weder wie Opium, noch wie Chinarinde, noch wie *Merkur,* noch wie Wegedorn oder irgend sonst ein Heilmittel, das die Natur der Welt geschenkt hat; kurz er wirkte eben gar nicht. – Der Grund hiervon war aber, daß schon vorher etwas anderes in ihr wirkte. – Ich Schwätzer habe schon ein dutzendmal darauf hingedeutet, der Gegenstand ist aber immer noch nicht erschöpft. – Allons!

26. Kapitel

Es ist sehr natürlich, daß jemand, der vollkommen fremd im Lande ist, und von *London* nach *Edinburgh* reisen will, vor seiner Abreise fragt, wie viele Meilen es bis *York* sei, was ungefähr in der Mitte des Weges liegt, – auch wird sich niemand wundern, wenn er dann weiter nach den Einrichtungen jener Stadt usw. fragt.

Ebenso natürlich war es, daß Frau *Wadman,* deren erster Mann die ganze Zeit mit Hüftweh behaftet gewesen, zu wissen wünschte, wie weit es von der Hüfte nach dem Schambein sei; und ob sie wohl diesmal ebenso in ihren Gefühlen benachteiligt werden würde wie das erste Mal.

Zu dem Ende hatte sie die Anatomie von *Drake* von einem Ende zum andern durchgelesen. Sie hatte in *Wharton* über Gehirnkrankheiten geblättert und *Graaf* über Knochen und Muskeln* entlehnt; aber sie vermochte nichts damit anzufangen.

* Herr Shandy muß sich hier irren; Graaf schrieb über den Brustdrüsensaft und die Zeugungsteile.

Sie hatte dann in selbständiger Weise über die Sache nachgesonnen, – Theorien aufgestellt, – Schlüsse gezogen, – war aber zu keinem rechten Ergebnis gelangt.

Um sich endlich ganz klar zu werden, hatte sie Dr. *Slop* zweimal gefragt: Ob der arme Kapitän *Shandy* wohl jemals von seiner Wunde hergestellt würde –?

– Er ist hergestellt, pflegte Dr. *Slop* zu sagen.

Vollständig?

Vollständig Madame –

Was verstehen Sie unter hergestellt? pflegte dann Frau *Wadman* zu fragen.

Dr. *Slop* verstand sich auf nichts weniger als auf Definitionen; so konnte Frau *Wadman* nichts von ihm erfahren.

Kurz es blieb schließlich nichts übrig als es aus meinem Onkel *Toby* selbst herauszubringen suchen.

Man kann bei einer Nachforschung dieser Art etwas so Menschenfreundliches in den Ton legen, was jeden Verdacht einschläfert; – und ich bin überzeugt, die Schlange im Paradiese kam in ihrer Unterhaltung mit *Eva* diesem Ton ziemlich nahe; denn der Hang, den das schöne Geschlecht besitzt, sich täuschen zu lassen, konnte doch nicht so groß sein, daß sie *(Eva)* die Kühnheit gehabt haben sollte mit dem Teufel zu plaudern, wenn jenes nicht gewesen wäre. – Aber es gibt einen so menschenfreundlichen Ton: – wie soll ich ihn beschreiben? – es ist ein Ton, der den fraglichen Teil gewissermaßen mit einem Gewande bedeckt und dem Frager ein Recht gibt, darin so ins Detail zu gehen wie unser Leibarzt.

– Ob es später nicht nachgelassen habe?

– Ob es im Bett besser sei?

– Ob er auf beiden Seiten gleich gut liegen könne?

– Ob er imstande sei ein Pferd zu besteigen?

– Ob ihm Bewegung schädlich sei?

Diese und ähnliche Fragen wurden so zartfühlend gestellt und so auf das Herz meines Onkels *Toby* gemünzt, daß jeder

Teil derselben zehnmal tiefer in dieses Herz eindrang als das Übel selbst. Als aber Frau *Wadman* um *Namur* herumging, um nach dem Schambein meines Onkels *Toby* zu gelangen; als sie ihn veranlaßte die vorgelegte Kontereskarpe anzugreifen, und *pêle mêle* mit den *Holländern* die Kontergarde von St. *Roche* mit dem Degen in der Faust zu nehmen, – als sie ihn dann in Tönen, die so zärtlich an sein Ohr klangen, mit Blut bedeckt aus der Tranché zog, sich die Augen wischte, als er nach seinem Zelt getragen wurde – Himmel! Erde! Meer! – Da erhob sich alles in ihm – die Quellen der Natur liefen über, – ein Engel der Barmherzigkeit saß ja neben ihm auf dem Sofa, – sein Herz glühte wie Feuer; – und wenn er ihrer 1000 gehabt hätte, er hätte sie alle an Frau *Wadman* verloren.

– Und wo ungefähr denn, mein lieber Herr, erhielten Sie diese böse Wunde? fragte Frau *Wadman*, etwas kategorisch. – Dabei warf Frau *Wadman* einen leichten Blick nach dem Bund von meines Onkels *Toby* roten Plüschhosen. Sie erwartete natürlich, daß mein Onkel *Toby* statt aller Antwort den Zeigefinger auf die Stelle legen werde. – Es fiel aber ganz anders aus; – denn da mein Onkel *Toby* seine Wunde vor dem Tor von St. *Nikolaus* in einer der Tranchétraversen gegenüber von dem ausspringenden Winkel der Halbbastion von St. *Roche* erhalten hatte, – so konnte er jederzeit eine Stecknadel auf den Punkt stecken, wo ihn der Stein getroffen hatte. Dieser Gedanke kam meinem Onkel *Toby* im Moment, – und zugleich fiel ihm ein, daß er ja einen großen Plan der Stadt und Zitadelle von *Namur* und Umgebung besaß, den er gekauft und mit Hilfe des Korporals während seiner langen Krankheit auf ein Brett geleimt hatte. Seither lag er mit anderem militärischen Plunder in der Bodenkammer; er schickte daher den Korporal dahin, um ihn zu holen.

Mein Onkel *Toby* maß jetzt mit Frau *Wadmans* Schere dreißig Toisen vom einspringenden Winkel vor dem Tor von St. *Nikolaus;* und legte ihren Finger mit einer so jungfräulichen Bescheidenheit auf die Stelle, daß die Göttin der Züchtigkeit – wenn es damals eine gab – wo nicht, ihr Schatten – den Kopf schüttelte und mit einem Finger über ihre Augen fuhr und ihr verbot das Mißverständnis aufzuklären.

Unglückliche Frau *Wadman!*

– Denn nichts vermag dieses Kapitel mit einigem Geist zu Ende zu bringen als ein solcher Anruf; und doch sagt mir zugleich mein Herz, daß in einer solchen Krisis ein Anruf nur ein versteckter Hohn sei; und ehe ich einer unglücklichen Frau das antue – soll lieber das Kapitel zum Teufel fahren; vorausgesetzt, daß irgendein verdammter dort angestellter Kritiker sich die Mühe nehmen wird, es mit zu nehmen.

27. Kapitel

Die Karte meines Onkels *Toby* wird in die Küche hinabgetragen.

28. Kapitel

– Und hier ist die *Maas* – und da die *Sambre,* sagte der Korporal und deutete mit der rechten Hand auf den Plan, während seine linke auf der Schulter der Jungfer *Bridget* lag, – doch nicht auf derjenigen, die ihm zunächst war; – und dies, sagte er, ist die Stadt *Namur,* – und dies die Zitadelle, – und hier lagen die *Franzosen,* – und da lag Seine Gnaden und ich; – und in dieser verdammten Tranché, Jungfer *Bridget,* sagte der Korporal und nahm sie bei der Hand, erhielt er die Wunde, die ihn *hier* so elend zerquetschte. – Bei diesen letzten Worten drückte er den Rücken ihrer Hand leicht gegen den Teil, für den er so tief fühlte, – und ließ sie dann fallen.

Wir glaubten, Herr *Trim,* es sei mehr nach der Mitte zu gewesen, sagte Jungfer *Bridget.*

Das hätte uns ja für Zeit unseres Lebens zugrundegerichtet, erwiderte der Korporal.

– Und meine Frau ebenfalls, setzte *Bridget* hinzu.

Der Korporal beantwortete diese Bemerkung mit einem Kusse.

Kommen Sie, kommen Sie, sagte *Bridget* und hielt die Fläche der linken Hand parallel mit der des Horizontes, während sie die Finger der andern so darüber hingleiten ließ, wie sie es nicht hätte tun können, wenn nur die geringste Warze oder sonstige Erhöhung da gewesen wäre. – Daran ist auch nicht eine Silbe wahr, rief der Korporal, ehe sie mit ihrem Satz noch zur Hälfte fertig war.

– Ich habe es von glaubwürdigen Zeugen, versetzte *Bridget.*

– Auf meine Ehre! sagte der Korporal und legte die Hand aufs Herz, während er vor ehrlicher Entrüstung errötete, – die Geschichte ist so falsch wie die Hölle, Jungfer *Bridget.* – O, unterbrach ihn *Bridget,* weder ich noch meine Frau legen den mindesten Wert darauf, ob es so ist oder nicht; – nur möchte man, wenn man einmal verheiratet ist, wenigstens so ein Ding bei einem haben.

Es war etwas ungeschickt von Jungfer *Bridget,* daß sie den Angriff mit Handgriffen begonnen hatte, denn sofort tat der Korporal *

29. Kapitel

Es war wie der momentane Kampf in den feuchten Augenlidern eines Aprilmorgens: – Sollte *Bridget* lachen oder weinen? Sie raffte schnell ein Wellholz auf, – es war zehn gegen eins zu wetten, daß sie gelacht hatte.

Sie legte es wieder nieder, – jetzt weinte sie; aber hätte eine einzige ihrer Tränen nach Bitterkeit geschmeckt, so würde das Herz des Korporals voll Kummer darüber gewesen sein, daß er sich jenes Beweismittels bedient. Jedoch der Korporal verstund sich wenigstens um eine Quart major gegen eine Terz besser auf das schöne Geschlecht als mein Onkel *Toby* und faßte deshalb Jungfer *Bridget* auf folgende Art:

Ich weiß *Bridget,* sprach der Korporal, indem er ihr einen sehr respektvollen Kuß gab, du bist von Natur gut und bescheiden; und zugleich ein so edles Mädchen, daß, wenn ich dich recht kenne, du keinen Wurm verletzen, viel weniger die Ehre einer so braven und würdigen Seele wie mein Herr ist angreifen würdest, und wenn man dich dafür zur Gräfin machte; – aber man hat dich aufgehetzt und zum besten gehabt, liebe *Bridget,* wie es oft bei Frauenzimmern geschieht, mehr um andere zu befriedigen als sich selbst –

Bridgets Augen strömten bei den Empfindungen, die der Korporal in ihr erregte.

Sag mir, – sag mir also, meine liebe *Bridget,* fuhr der Korporal fort, indem er ihre Hand, die wie tot herabhing, faßte, und ihr einen zweiten Kuß gab, – wer hat dir diesen Floh ins Ohr gesetzt?

Bridget schluchzte ein paarmal, – dann öffnete sie die Augen, – der Korporal wischte sie ihr mit dem Zipfel ihrer Schürze, – und nun öffnete sie ihr Herz und sagte ihm alles.

30. Kapitel

Mein Onkel *Toby* und der Korporal hatten den größten Teil der Campagne über ihre Operationen abgesondert ausgeführt, und waren bei ihren Manövern so vollkommen außer Verbindung miteinander, als ob sie durch die *Maas* oder die *Sambre* voneinander getrennt wären.

Mein Onkel *Toby* hatte sich jeden Nachmittag abwechslungsweise in Rot mit Silber, und in Blau mit Gold eingestellt und darin zahllose Angriffe bestanden, ohne zu wissen, daß es Angriffe waren, – und hatte deshalb keine Mitteilung zu machen –

Der Korporal seinerseits hatte durch die Einnahme von *Bridget* beträchtliche Vorteile errungen und – somit viel mitzuteilen. Die Schilderung dieser Vorteile aber, sowie der Art wie er sie errungen, erforderte einen so feinen Darsteller, daß sich der Korporal nicht daran wagte; und so empfänglich er auch für den Ruhm war, hätte er sich doch lieber damit zufrieden gegeben für immer barhäuptig und ohne Lorbeeren zu gehen, als seines Herrn Sittsamkeit auch nur einen Augenblick auf die Folter zu spannen.

– Bester, ehrlichster und galantester Diener! – Doch ich habe dich schon einmal angesprochen, *Trim,* – und könnte ich dich in guter Gesellschaft unter die Götter versetzen, – so würde ich es *ohne Zeremonie* gleich auf der nächsten Seite tun.

31. Kapitel

Mein Onkel *Toby* hatte eines abends seine Pfeife auf den Tisch gelegt und beschäftigte sich nun damit, alle Vollkommenheiten der Frau *Wadman* an den Fingern herzuzählen (wobei er mit dem Daumen anfing); und da es ihm ein paarmal geschah, daß er eine vergaß oder eine andere zweimal zählte, so war er, ehe er über den Mittelfinger hinauskam, vollständig daraus gekommen. – Bitte, *Trim,* sagte er und nahm seine Pfeife wieder, bring mir einmal Feder und Tinte. – *Trim* brachte auch Papier.

Nimm einen ganzen Bogen, *Trim,* sagte mein Onkel *Toby* und machte ihm ein Zeichen mit der Pfeife, daß er einen Stuhl nehmen und sich neben ihn an den Tisch setzen solle. Der Korporal gehorchte, – legte das Papier gerade vor sich hin, – nahm eine Feder und tunkte sie in die Tinte.

– Sie hat tausend Tugenden, *Trim,* sagte mein Onkel *Toby.*

Soll ich sie niederschreiben, Euer Gnaden? fragte der Korporal.

– Sie müssen aber nach ihrem Rang aufnotiert werden, erwiderte mein Onkel *Toby,* denn von ihnen allen, *Trim,* gewinnt mich am meisten das Mitgefühl und die hervorragende Menschenfreundlichkeit in ihrem Charakter; sie ist eine Bürgschaft für alles übrige. – Wahrlich! setzte mein Onkel *Toby* hinzu und sah bei dieser Beteurung gegen die Zimmerdecke empor, wahrlich, wenn ich tausendmal ihr Bruder wäre, *Trim,* hätte sie sich nicht öfter, eindringlicher, zartfühlender nach meinen Leiden erkundigen können, – obschon diese vorüber sind.

Der Korporal erwiderte nichts auf die Beteurung meines Onkels *Toby,* hustete nur ein paarmal, – tauchte dann seine Feder nochmals in das Tintenfaß, und schrieb, als mein Onkel *Toby* mit der Spitze seiner Pfeife in die linke Ecke des Bogens und soweit oben als möglich deutete, – das Wort MENSCHENFREUNDLICHKEIT – nieder.

Hör, Korporal, sagte mein Onkel *Toby,* sobald *Trim* damit fertig war, —— wie oft frägt dich Jungfer *Bridget* nach der Wunde auf deiner Kniescheibe, die du in der Schlacht bei *Landen* erhieltst?

Sie hat noch gar nicht danach gefragt, Euer Gnaden.

Siehst du, Korporal, sagte mein Onkel *Toby,* in so triumphierender Weise als sich dies mit der Gutherzigkeit seines Wesens vertrug, – daraus geht der Unterschied im Charakter der Gebieterin und ihres Mädchens deutlich hervor. – Hätte das Kriegsgeschick ein solches Unglück mir zugeteilt, so würde sich Frau *Wadman* hundertmal nach jedem einzelnen Umstand erkundigt haben. – Aber zehnmal mehr hätte sie sich doch nach Euer Gnaden Schambein erkundigt. – Ei *Trim,* der Schmerz ist gleich martervoll, – und für ein fühlendes Herz ist die eine Wunde gleich der andern.

Gott segne Euer Gnaden! rief der Korporal, – aber was hat denn das Mitgefühl eines Frauenzimmers mit einer Wunde auf eines Mannes Kniescheibe zu schaffen? Wenn Euer Gnaden Knie in der Schlacht bei *Landen* zu zehntausend Splittern zerschossen worden wäre, so würde sich Frau *Wadman* ebensowenig den Kopf darüber zerbrochen haben wie *Bridget;* denn, setzte der Korporal mit leiserer Stimme aber sehr deutlich hinzu –

Das Knie ist ziemlich weit vom Mittelpunkt entfernt, – während das Schambein, wie Euer Gnaden wohl wissen, gerade in der *Kurtine der Festung* liegt.

Mein Onkel *Toby* tat einen langen Pfiff, – aber so gedämpft, daß man ihn kaum über den Tisch hinüber hören konnte.

Der Korporal war zu weit vorgegangen, um sich zurückziehen zu können; – in drei Worten hatte er das übrige erzählt ——

Mein Onkel *Toby* legte seine Pfeife so sachte auf das Kamin, als ob sie aus den Fäden eines Spinngewebes gemacht wäre ——

—— Wir wollen zu meinem Bruder *Shandy* hinüber, sagte er.

32. Kapitel

Während mein Onkel *Toby* und *Trim* zu meinem Vater hinüberspazieren, kann ich dem geneigten Leser mitteilen, daß Frau *Wadman* schon einige Monate vor diesem Ereignis meine Mutter ins Vertrauen gezogen hatte; und daß Jungfer *Bridget,* welche die Last ihres eigenen Geheimnisses, sowie desjenigen ihrer Gebieterin zu tragen hatte, diese beiden hinter der Gartenmauer glücklich an *Susanna* losgeworden war.

Was meine Mutter anbelangt, so fand sie nicht den mindesten Grund, deshalb einen Lärm aufzuschlagen; – *Susanna* dagegen war für sich allein vollkommen genügend, um ein Familiengeheimnis zu all den Zwecken und Absichten, die man etwa dabei haben konnte, in Umlauf zu setzen; denn sie teilte es sofort durch Zeichen *Jonathan* mit; – *Jonathan* brachte es bei der Köchin an, während sie eine Hammelslende beträufelte; die Köchin verkaufte es nebst einigem Bratenfett für einen Groschen an den Postillon; dieser verhandelte es für etwas von dem gleichen Wert an das Milchmädchen; – und obschon es nur auf dem Heuboden geflüstert wurde, fing doch FAMA die Töne in ihrer metallenen Trompete auf und posaunte sie vom Giebel des Hauses herab. – Mit einem Wort, es gab kein altes Weib im Dorfe oder fünf Meilen in der Runde, welches nicht genau wußte, welche Schwierigkeiten mein Onkel bei seiner Belagerung zu überwinden hatte, und welches die geheimen Artikel waren, die die Übergabe bis dahin verzögert hatten –

Mein Vater, der jedes Ereignis in der Natur in eine Hypothese zu zwängen pflegte, und hierbei die WAHRHEIT wie kein Mensch auf der Welt kreuzigte, – hatte gerade von der Sache gehört, als mein Onkel *Toby* aufbrach; und da er sofort daran Feuer fing, daß man seinem Bruder so übel mitspielte, demonstrierte er *Yorick*, ungeachtet meine Mutter dabei saß, – nicht nur: *daß der Teufel in allen Weibern stecke und daß der Kern der Sache lediglich Lüsternheit sei,* sondern auch daß jedes Übel, jede Unordnung auf der Welt, welcher Natur oder welchen Charakters sie auch sei, von dem Fall *Adams* bis zu dem meines Onkels *Toby* (inklusive) auf die eine oder andere Art der gleichen unordentlichen Begierde zuzuschreiben sei.

Yorick war eben damit beschäftigt die Hypothese meines Vaters etwas zu mäßigen, als mein Onkel *Toby* mit so unendlicher Güte und Vergebung in seinen Blicken in das Zimmer trat, daß die Beredsamkeit meines Vaters sich daran von neuem zur Leidenschaft entzündete; – und da er, wenn einmal ärgerlich, nicht sehr fein in der Wahl seiner Worte war, – so brach mein Vater, sobald mein Onkel *Toby* am Feuer Platz genommen und seine Pfeife gefüllt hatte, in folgender Weise los:

– Ich bin weit entfernt davon leugnen zu wollen, daß Vorkehrungen getroffen sein müssen, um die Rasse eines so großen, erhabenen und gottähnlichen Wesens wie der Mensch ist, fortzupflanzen, – allein die Philosophie darf über alles frei sprechen, und so denke und behaupte ich, es sei eine traurige Sache, daß jenes Ziel mittelst einer Leidenschaft erreicht werden muß, welche die geistigen Fähigkeiten niederdrückt, und alle Weisheit, Beschaulichkeit und Seelentätigkeit über den Haufen wirft, – eine Leidenschaft, mein Schatz, fuhr mein Vater fort, indem er sich gegen meine Mutter wandte, die weise Männer mit Narren paart und gleichstellt, und uns aus unseren Höhlen und Verstecken mehr wie Satire und vierfüßige Bestien als wie Menschen hervortreibt.

Ich weiß wohl, fuhr mein Vater in vorbeugender Weise fort, daß man mir entgegenhalten kann, die Sache sei an und für sich und einfach genommen weder gut noch schlimm, – noch schmählich oder sonst etwas – vielmehr etwas wie Hunger oder Durst oder das Bedürfnis des Schlafs. – Warum aber empörte sich das Zartgefühl eines *Diogenes* und *Plato* so gegen sie? warum löschen wir das Licht, wenn wir uns anschicken einen Menschen zu machen? und weshalb sind alle einzelnen Momente dieser Geschichte, – das Aneinanderkommen, – die Vorbereitungen, – die Instrumente und was man sonst dazu braucht, derart gestaltet, daß sie einem reinen Gemüt weder durch Sprache noch durch Übersetzung oder Umschreibung deutlich gemacht werden können?

– Wenn man einen Menschen tötet, vernichtet, fuhr mein Vater mit gehobener Stimme fort – indem er sich gegen meinen Onkel *Toby* wandte, – so kann das bekanntlich ruhmvoll sein, – und die Waffen, womit wir es vollbringen, sind ehrenwürdige Geräte; – wir marschieren mit ihnen auf der Schulter, – wir stolzieren mit ihnen an der Seite, – wir vergolden sie, – wir ziselieren sie, – wir legen sie mit Gold ein, – wir schmücken sie; – ja sogar einer schuftigen Kanone setzen wir Zierat auf das Bodenstück.

– Mein Onkel *Toby* legte seine Pfeife nieder, um der Kanone ein besseres Beiwort herauszuschlagen, – und *Yorick* erhob sich, eben um die ganze Hypothese nieder zu kanonieren, –

Als *Obadiah* in das Zimmer trat und eine Klage vorbrachte, die augenblickliche Anhörung erheischte.

Der Fall war dieser:

Mein Vater war nach altem gutsherrlichem Brauch oder als Besitzer großer Zehentgüter verpflichtet, einen Stier für die Bedürfnisse des Sprengels zu halten, und *Obadiah* hatte ihm an einem gewissen Tag im vorigen Sommer seine Kuh auf einen *Dienstbesuch* zugeführt; – ich sage an einem gewissen Tage – weil es zufällig derselbe Tag war, an welchem er meines Vaters Zimmermädchen heiratete; – so daß dieselbe Berechnung für beide galt. Als daher *Obadiahs* Frau in die Wochen kam, – dankte *Obadiah* Gott.

– Jetzt bekomme ich ein Kalb, sagte *Obadiah,* und besuchte von da an täglich die Kuh.

Sie wird am Montag kalben, – oder am Dienstag, – spätestens am Mittwoch.

Aber die Kuh kalbte nicht; – nein, – sie kalbte auch in der nächsten Woche nicht, – sie schob es entsetzlich hinaus; – endlich in der sechsten Woche fiel *Obadiahs* Verdacht (als eines guten Ehemanns) auf den Stier.

Da nämlich das Kirchspiel sehr groß war, so war meines Vaters Stier, um die Wahrheit zu gestehen, der Sache nicht ganz gewachsen; er war jedoch auf eine oder die andere Art in dieses Amt gedrängt worden, und da er das Geschäft mit einer ernsten Miene versah, hatte mein Vater eine hohe Meinung von ihm.

– Die meisten Ortsbürger meinen, die Schuld liege an dem Stier, Euer Gnaden, sagte *Obadiah.*

Kann denn aber nicht auch die Kuh unfruchtbar sein, fragte mein Vater, indem er sich gegen Dr. *Slop* wendete.

Das kommt nie vor, erwiderte Dr. *Slop;* aber die Frau des Mannes kann vor ihrer Zeit niedergekommen sein. – Hat das Kind Haare auf dem Kopf? setzte Dr. *Slop* hinzu.

Es ist so haarig wie ich, sagte *Obadiah.* – *Obadiah* war seit drei Wochen nicht rasiert. – Hui-i-i! rief mein Vater und begann seinen Satz mit einem Pfiff, somit Bruder *Toby,* könnte dieser mein armer Stier, der doch ein so guter Stier ist, als je einer p-ste und der in reineren Zeiten die *Europa* hätte besorgen können, – wenn er zwei Beine weniger besäße, vor das Zivilgericht gebracht werden und seinen Charakter verlieren; – was für einen Ortsbullen so viel ist als wenn er sein Leben verlöre, Bruder *Toby* ——

Herr Gott! sagte meine Mutter, von was handelt denn eigentlich diese ganze Geschichte –?

Um einen GOCKEL und einen BULLEN, sagte *Yorick,* und um eine der schönsten Geschichten, die ich jemals hörte.

Anmerkung zur Übersetzung und Textgestalt

Dieser Ausgabe liegt die Übersetzung von Adolf Friedrich Seubert zugrunde, die unter dem Titel *Leben und Meinungen des Tristram Shandy* erstmals als Nr. 1441-1445 a in Reclams Universalbibliothek erschien (Leipzig, um 1880; Neudrucke: Leipzig 1929 und Frankfurt 1962). Die Übersetzung Seuberts wurde auf unklare oder fehlerhafte Stellen durchgesehen und gegebenenfalls revidiert. Veraltete Wendungen wurden modernisiert, die Orthographie der heutigen Schreibweise angeglichen. Die von Seubert nicht übersetzten Widmungen Sternes (vor Buch I, V und IX) werden in der revidierten Übersetzung von Johann Joachim Bode (2. verbesserte Auflage, 1776) wiedergegeben. Bei der Durchsicht wurden auch Anregungen Arno Schmidts zur Übersetzung Sternes (Trommler beim Zaren, Karlsruhe 1966) berücksichtigt.

Das Satzbild der Originalausgabe (1760-67) ist außerordentlich unruhig. Charakteristisch sind willkürliche Absätze, scheinbare Textlücken, unbedruckte, geschwärzte oder marmorierte Seiten, häufiger Gebrauch von Kursivschrift, Versalien und Sternchen, ungewöhnliche Interpunktion und variierende Länge der Gedankenstriche.

Mit dem Ziel einer weitgehenden Annäherung an das Satzbild der Originalausgabe, wurde der Text Seuberts mit der *Florida Edition of the Works of Laurence Sterne* (Herausgegeben von Melvyn und Joan New; The University Presses of Florida, 1978) verglichen und revidiert, wobei normierende Kompromisse unvermeidlich waren. Die äußere Textgestalt folgt weitgehend der der Originalausgabe, wie sie in der Florida Edition präsentiert wird.

Hans J. Schütz

Die Struktur des ›Tristram Shandy‹

Für Christine

Jeder Leser, der den *Tristram Shandy* zum ersten Mal zur Hand nimmt, wird das Buch nach (oder während) der Lektüre mit gemischten Empfindungen zur Seite legen. Er fühlt sich irritiert und gefoppt. Irritiert, weil dieser Roman den geläufigen Konventionen der Gattung nicht entspricht und das spontane Verständnis erschwert. Gefoppt, weil der Leser den Titel des Romans ernst genommen und eine Darstellung vom Leben und den Ansichten des Protagonisten erwartet hat. Wer sich aber von der Brüskierung seiner Erwartungen und gewissen Verständnisschwierigkeiten nicht abschrecken läßt, sondern sich in seiner Lektüre auf die neuen, nur von diesem Roman gesetzten Bedingungen des Lesens einläßt, wird sich gewiß nicht der Faszination entziehen können, die von einem Werk ausgeht, das ein kühnes, im Hinblick auf seine Entstehungszeit höchst originelles Formexperiment darstellt, scheinbar radikal mit der Erzähltradition bricht und auf oft verblüffende Weise Strukturelemente des modernen Romans vorwegnimmt oder vorbereitet.

Es ist offensichtlich, daß der Roman keine Geschichte im Sinne einer fortschreitenden Ereignisfolge enthält, die alle auftretenden Figuren integriert und auf ein Ende hin komponiert ist. Es gibt keine geschlossene Handlung im üblichen Sinne und damit keine auf den Ausgang bezogene Spannung, sondern nur Fragmente von Handlungen und ein auf die jeweilige Situation oder die gedankliche Kapriole fixiertes Interesse des Lesers. Vom Leben des Titelhelden erfahren wir (mit Ausnahme der Frankreichreise) nur Bruchteile, die der Ich-Erzähler kaum aus eigener Erinnerung kennen kann: seine Geburt mit dem Mißgeschick der plattgedrückten Nase, die unglückliche Beschneidung und wann man ihn in Hosen steckte. Die Meinungen und Ansichten Tristrams machen aber ebenfalls nicht den Inhalt des Romans aus. Viel mehr erfahren wir über die jeweiligen Steckenpferde seines Vaters und seines Onkels, Einzelheiten des Ehekontrakts seiner Eltern, die näheren Umstände seiner Geburt oder Pfarrer Yoricks Angewohnheit, seine Predigten mit musikalischen Tempobezeichnungen zu versehen.

Ebenso wie sich der Autor von der Aufgabe dispensiert, dem Leser die fiktive Autobiographie des Tristram Shandy, Gent. zu bieten, verzichtet er darauf, das Erzählte insgesamt in eine lineare chronologische Ordnung zu bringen. Ein Gutteil der Verständnisschwierigkeiten, denen man sich bei der Lektüre des Romans gegenübersieht, resultiert aus dem ständigen Wechsel zwischen den verschiedenen Zeitebenen, auf denen das Geschehen angesiedelt ist. Paradoxerweise liegt das Ende des Romans zeitlich vor seinem Anfang. Zur Verwirrung des Lesers tragen ferner Umstellungen und Auslassungen einzelner Teile bei. Das Vorwort des Autors (»The Author's Preface«) befindet sich z. B. im Buch III, Kap. 20. Im IV. Buch fehlt Kap. 24. Im Buch IX vermißt der aufmerksame Leser zunächst Kap. 18 und 19 an den dafür vorgesehenen Stellen, bis er bemerkt, daß sie zwischen Kap. 25 und 26 eingeschoben worden sind. Daneben enthält der Roman mehrere längere Einschübe in lateinischer und in französischer Sprache, u. a. ein historisches Dokument der Universität Sorbonne, in dem die Frage behandelt wird, ob ein ungeborenes Kind mit Hilfe einer Kanüle im Mutterleib getauft werden könne (I,20), ferner ein Exkommunikationsformular des Bischofs Ernulphus (III, 11) sowie längere Auszüge aus der Abhandlung des fiktiven Autors Hafen Slawkenbergius über Nasen (IV, vor Kap. 1).

Lassen sich in diesem verwirrenden Vexierbild überhaupt Konturen einer planvollen Komposition erkennen? Ist die exzentrische Bauform des Romans das zufällige Ergebnis purer Improvisation, oder existieren verborgene Ordnungsbeziehungen, die auf künstlerischen Formwillen schließen lassen? Man wird zunächst feststellen müssen, daß das Romangeschehen in einer bestimmten geschichtlichen Epoche verankert ist, und zwar zwischen 1689, dem Eintritt Trims in die Armee, bis zum 12. August 1766, dem Zeitpunkt, an dem Tristram das erste Kapitel des letzten Buches in Angriff nimmt. Es lassen sich zwei zusammenhängende Erzählsequenzen erkennen, von denen sich die erste um Tristram, seine Eltern und das Hauspersonal in Shandy Hall gruppiert, die zweite um das Steckenpferd Uncle Tobys und seine Liebesaffäre mit Witwe Wadman.

Thematische Kerne der ersten größeren Erzählpartie bilden Zeugung und nähere Umstände der Geburt Tristrams (I,1-III,22). Dazu gehören Ausführungen des Erzählers über den Heiratsvertrag des Ehepaares Shandy, ihre unterschiedlichen Auffassungen über die Modalitäten der Entbindung – Frau Shandy wünscht eine Hebamme, Walter beharrt auf Dr. Slop als Geburtshelfer – sowie die Darstellung der Probleme, mit denen der letztgenannte kurz vor der Geburt Tristrams fertig werden muß: der Sturz vom Pferd, die zusammengeknotete Instrumententasche, das Vorlesen eines Exkommunikationsformulars. Es schließen sich die Taufe Tristrams und das Mißverständnis bei der Namengebung an, verbunden mit der Konsultation eines Gelehrtengremiums, das über die Möglichkeit der nachträglichen Änderung des Vornamens berät (III,23-IV,30). Es folgen Tristrams Beschneidung durch das ungesicherte Fallfenster (V,17) im Alter von 5 Jahren und Walters Entschluß, seinen Sohn in Hosen zu stecken (VI,15), ferner die Frankreichreise des erwachsenen, über 40 Jahre alten Tristram (Buch VII). Das thematische Zentrum der zweiten ausgedehnten Erzählpartie bilden Uncle Toby und sein Steckenpferd sowie seine Liebesaffäre mit Witwe Wadman. Beide Erzählstränge sind zwar auf unterschiedlichen Zeitebenen angesiedelt, laufen aber in sich im wesentlichen linear-chronologisch ab; zwar wird Tobys Beziehung zur Witwe Wadman schon in I,7 andeutungsweise vorweggenommen, doch die breite erzählerische Ausformung des Themas folgt erst im Buch VI,29-30, 35-39 und in den beiden letzten Büchern (VIII-IX).

Bildlich gesprochen, zeichnen sich diese beiden klar konturierten Erzählabläufe in einem ansonsten reichlich verwirrenden Mosaik ab, das aus einer schier unübersehbaren Vielzahl von Einzelheiten zusammengesetzt scheint. Dieses Bild darf nicht zu dem Fehlschluß verleiten, die beiden skizzierten Erzählpartien verhielten sich zu den übrigen Teilen wie die Haupthandlung zur Nebenhandlung. Symmetrie und Proportionalität, chronologische Linearität und die Erzeugung einer übergeordneten, dem Verlauf einer Geschichte inhärenten Spannung sind kompositorische Techniken, die beispielsweise der imposanten Architektonik von Fieldings *Tom Jones* das Gepräge geben, aber nicht zu den bevorzugten Verfahren gehören, derer sich Sterne bedient. Ebensowenig läßt die äußere Einteilung des Romans in 9 Bücher ein durchgängiges Ordnungsprinzip sichtbar werden, wenn man vom Sonderfall des (künstlerisch mißglückten) VII. Buches absieht, das in der Konzentration auf die Frankreichreise des Erzählers eine gewisse thematische Geschlossenheit besitzt. Die Aufteilung der Bücher in Kapitel dient ebenfalls nicht zur Stützung des kompositorischen Gefüges und mutet völlig willkürlich an; 12 Kapitel bestehen aus einem einzigen Satz, zwei Kapitel nehmen dagegen 25 Seiten ein. Hin und wieder durchbrechen die Dialoge der Figuren sogar Kapitelgrenzen; manchmal sind Erzählungen eingeschoben, die eigene Überschriften erhalten: *Slawkenbergii fabella* (IV, vor Kap. 1), *Die Verwicklungen des Diego und der Julia* (IV,1), *Die Geschichte des Königs von Böhmen und seiner sieben Schlösser* (VIII,19).

Also doch ein erzählerisches Chaos? Die Analyse der Erzählsequenz, die an die Darstellung der plattgedrückten Nase Tristrams anknüpft, soll uns Aufschlüsse darüber vermitteln, welche Prinzipien die Erzähltechnik Sternes bestimmen. Der Leser erfährt von dem Kunstfehler Dr. Slops durch eine kurze

Mitteilung Trims (III,27), daß der Arzt in der Küche damit beschäftigt sei, eine Prothese für das gebrochene Nasenbein des Babys herzustellen. Kaum hat Vater Shandy diese Unglücksbotschaft vernommen, läßt er sich, tief getroffen, von seinem Bruder aus dem Raum führen. Dieses Malheur veranlaßt den Erzähler zu allgemeinen Betrachtungen über die Widrigkeiten und unglücklichen Umstände, mit denen Walter in seinem Leben stets zu kämpfen hatte – meist erfolglos: »Not one thing, as he [Walter] observed himself, has gone right.« (III,28) Es folgt eine detaillierte Beschreibung der Pose, in der Vater Shandy in stummem Schmerz auf dem Bett liegt (III,29). Der Erzähler hält den Gram seines Vaters für übertrieben, unchristlich obendrein, und schickt sich an, die Erklärung dieser außerordentlichen Gemütsbewegung nachzuliefern (III,30). Es schließt sich eine familiengeschichtliche Rückblende an, in deren Mittelpunkt Betrachtungen über die Bedeutung langer Nasen stehen (III,31-33). Der Erzähler betont Walters Interesse an gelehrten Abhandlungen über dieses ausgefallene Sujet (III,34-37), insbesondere seine Vorliebe für Hafen Slawkenbergius' Traktat *De nasis*, das er auszugsweise wiedergibt (III,38-IV,1). In IV,2 knüpft der Erzähler wieder an die Situation an, die er in III,39 beschrieben hatte: Walters Pose des Leidens.

Die Analyse der Erzählsequenz läßt zunächst erkennen, daß der Erzähler einen Geschehniskern (Tristrams lädierte Nase) zum Ausgangspunkt der Darstellung nimmt, die sich aber nicht am Ereignis selbst, sondern an den Auswirkungen dieses Malheurs auf den Vater entfaltet. Um den besonderen Schmerz Walters dem Leser plausibel erscheinen zu lassen, fühlt sich der Erzähler genötigt, einen bestimmten Aspekt seines Charakters – seinen Nasenfetischismus – ins Blickfeld des Lesers zu rücken. Während in einem konventionellen Roman im Anschluß an die Mitteilung über das Nasenmißgeschick die Vorgeschichte dieses Handlungsdetails, nämlich die unglücklichen obstetrischen Bemühungen Dr. Slops (szenisch oder berichtend) nachgeholt worden wäre, konzentriert sich der Erzähler hier ganz auf die Ursachen für den Gram des Vaters. Die Erzählsequenz besteht also nicht aus einer fortschreitenden Ereignisfolge, die mit auktorialen Kommentaren unterfüttert würde, sondern sie ist durch den Wechsel zwischen knapper Darstellung eines Geschehniskerns, längeren Betrachtungen des Erzählers und einer ausgedehnten Rückblende auf die Einstellung der Figur gegenüber dem Thema gekennzeichnet. Die Erzählung pendelt zwischen drei zeitlichen Ebenen hin und her: nämlich zwischen der Gegenwartshandlung, der Erzählergegenwart und der Vorzeithandlung. Auf diese Weise entsteht der optische Eindruck, als bewege sich das Geschehen rückwärts, eine Beobachtung, die sich auf den Roman als Ganzes übertragen läßt.

Der Erzähler hat an einer bekannten Stelle des Romans seine Darstellungstechnik wie folgt charakerisiert:

> . . . the machinery of my work is of a species by itself; two contrary motions are introduced into it, and reconciled, which were thought to be at variance with each other. In a word, my work is digressive, and it is progressive too, – and at the same time. (1,22)

Wie Sterne, der sich an dieser Stelle, wie auch an anderen, hinter der Maske des Ich-Erzählers zu verbergen scheint, deutlich zu machen sucht, besteht die strukturelle Eigenart seines Werkes darin, daß es zwei Bewegungen, nämlich eine progressive und eine digressive, miteinander versöhnt. Dieses Beschreibungsmodell, das von einigen Kritikern übernommen wurde, vermittelt bemerkenswerte Einblicke in Sternes Einschätzung der kompositorischen Technik. Man darf allerdings bei der Interpretation dieser Stelle auf keinen Fall die astrophysikalischen Konnotationen der oben genannten Termini außer acht lassen. Wie aus dem Kontext der zitierten Passage hervorgeht, meint Sterne mit »progressive« die Vorwärtsbewegung der Erde, die sich in ca. 365 Tagen auf einer elliptischen Bahn um die Sonne dreht, und er stellt diesem

Umlauf – implicite – die Rotation der Erde um ihre eigene Achse in ca. 24 Stunden gegenüber. Das Adjektiv »digressive« gewinnt im Zusammenhang dieses astrophysikalischen Bildes eine spezifische Bedeutung. Während der Terminus Digression in der Rhetorik die vorübergehende Abwendung des Redners vom Hauptgegenstand der Rede bezeichnet, bezieht er sich in der Astronomie auf den Winkel zwischen dem Meridian (dem Kreis, der durch den Südpunkt am Horizont und den Zenit geht) und dem Vertikalkreis eines Sterns. Strenggenommen wird dieser Begriff nur auf Sterne in der Nähe des Himmelspols angewendet, deren größte östliche und westliche Abweichung gemessen werden kann. Somit ist die Digression eine östliche und westliche Abweichung, die sich mit der täglichen Rotation der Erde um ihre eigene Achse ändert. Das Verhältnis von progressiver und digressiver Bewegung – im Text wird von »two contrary motions« gesprochen – kann allerdings nicht als ›gegenläufig‹ betrachtet werden, wie der Erzähler meint, denn Rotation und jährlicher Umlauf um die Sonne verlaufen im gleichen Umlaufsinn.

Sterne sah eine Möglichkeit, der Lösung des Problems näherzukommen, in der Darstellung der Zeit.[1] In den meisten Romanen des 18. Jahrhunderts ist die Chronologie der Handlung ein Abbild der natürlichen Progression der Zeit, die als objektive Meßnorm die Einteilung in Jahre, Monate, Wochen, Tage, Stunden und kleinere Einheiten bestimmte. Die fiktive Geschichte orientierte sich fast immer an diesen chronologischen Fixpunkten, die häufig in einem historischen Kalendarium verankert waren. Der Erzähler erlaubte sich gelegentlich Raffungen und Aussparungen, nahm an der einen

1 Vgl. dazu Theodore Baird, *The Time-Scheme of »Tristram Shandy« and a Source*, PMLA 51, 1936, pp. 803-830. Nachdr. in: Gerd Rohmann (Hg.), *Laurence Sterne*, Darmstadt 1980, pp. 317-341., A. A. Mendilow, *Time and the Novel*, London 1952, bes. pp. 165 seqq.; Peter Michelsen, *Laurence Sterne und der deutsche Roman des achtzehnten Jahrhunderts*, Göttingen 1962, pp. 19 seqq.; Jean-Jacques Mayoux, *Erlebte und erzählte Zeit in »Tristram Shandy«*, 1970, in: Rohmann, op. cit., pp. 375-393.

oder anderen Stelle einen liegengelassenen Erzählfaden wieder auf und holte die damit verbundene Geschichte nach, doch konnte der Leser stets darauf vertrauen, daß das Geschehen in seinen wesentlichen Teilen linear voranschritt und mit dem »ordo naturalis« der Uhrzeit synchronisiert war.

Sterne hat sich dieses konventionelle Muster der Zeitdarstellung im Roman nicht zu eigen gemacht. Das scheinbare erzählerische Chaos des *Tristram Shandy* und die daraus resultierende Verwirrung des Lesers sind nämlich vor allem darauf zurückzuführen, daß der Autor das chronologische Kontinuum als durchgängige Kompositionskategorie zugunsten des Wechsels zwischen verschiedenen Zeitebenen aufgegeben hat. Das fiktionsimmanente Geschehen, das punktuell an geschichtlichen Daten des späten 17. und des 18. Jahrhunderts angeschlossen ist, läßt drei durch eine Reihe von Zeitangaben belegbare Ebenen erkennen, auf denen sich der Roman abwechselnd bewegt: 1) die oben analysierte erste Erzählsequenz, mit Tristram und seinen Eltern als Mittelpunkt, reicht vom Zeitpunkt 1718-1750; 2) die Geschichte Uncle Tobys, des Korporals Trim sowie der frühen Aktivitäten Walter Shandys spielt sich, abgesehen von wenigen Rückgriffen (auf die Regierungszeit Heinrichs VIII., die Schlacht von Marston Moor, 1644, die Monmouth Rebellion, 1685) zwischen 1689 und 1713 ab; 3) die Erzählergegenwart, d. h. der Zeitraum, in dem der Erzähler den Roman niederschreibt, liegt zwischen 1759 und dem 12. August 1766. Einen Sonderfall bildet Buch VII, in dem Erzählergegenwart und Gegenwartshandlung zusammenfallen. Das zeitliche Vakuum, das sich sowohl innerhalb der oben skizzierten Abschnitte als auch zwischen ihnen auftut, wird lediglich durch spärliche Angaben markiert. Der Leser erfährt z. B., daß Walter Shandy im Jahre 1716 eine Abhandlung über den Namen Tristram schreibt (I,19), dieser selbst sich im Alter von 23 Jahren mit Mr. Noddys ältestem Sohn auf eine Europareise begibt (I,11) und daß Parson Yorick im Jahre 1748 stirbt (I,10).

Hätte der Erzähler das Romangeschehen linear angeordnet und mit dem oben beschriebenen »ordo naturalis« synchronisiert, dann hätten sich ihm mindestens zwei konventionelle Strukturen angeboten: entweder den Roman im Jahre 1689 beginnen und mit der Frankreichreise enden zu lassen oder aber mit der Zeugung des Protagonisten anzufangen und die Vorgeschichte raffend nachzuerzählen. Sterne verfährt jedoch grundsätzlich anders. Er ersetzt den »ordo naturalis« durch einen »ordo artificialis«, dessen Struktur nicht länger von der Erfahrungswirklichkeit des Lesers, sondern vom subjektiven Formwillen des Erzählers geprägt wird. Die Besonderheit dieser Komposition besteht darin, daß nicht-synchronisierte, also zeitversetzte Erzählsequenzen ständig ineinandergeschachtelt werden. Da die progressive Bewegung immer wieder arretiert wird und die davon abzweigenden digressiven Erzählerbetrachtungen und Sujetwechsel einen quantitativ überproportionalen Anteil am Romangeschehen haben, gewinnt der Leser mit fortschreitender Lektüre den Eindruck, als bewege sich der Roman nicht vorwärts, sondern gleichzeitig in verschiedene Richtungen. Die progressive und digressive Bewegung tendiert zu einem Zustand, in dem die Zeit zu stagnieren scheint; der Leser kann den Eindruck haben, als erlebe er das Geschehen nicht im zeitlichen Nacheinander, sondern im räumlichen Nebeneinander. Die Zeit erschiene dann als eine Funktion des Raums![2]

Von den vielen Beispielen, die Sternes Methode belegen, sei nur eine bekannte Stelle aus dem 21. Kapitel des 1. Buches zitiert. Dort heißt es:

Ich denke, erwiderte mein Onkel Toby, indem er die Pfeife aus dem Mund nahm und mit dem Kopf derselben ein paarmal auf den Nagel seines linken Daumens klopfte, ehe er seine Rede begann – ich denke, sagte er – allein um die Ansichten meines Onkels Toby

2 Vgl. Joe Survant, *»Tristram Shandy« and »Ulysses«. A study in the use of time*, Ph. D. thesis, Univ. of Delaware, 1971, p. 128: »The over-all effect ... of time-manipulation in Joyce and Sterne is one of timelessness, of a lack of motion.«

> in dieser Sache recht zu verstehen, müssen Sie erst ein wenig mit seinem Charakter bekannt gemacht werden, von dem ich Ihnen jetzt einen leichten Umriß geben will. Hernach kann das Zwiegespräch zwischen ihm und meinem Vater wieder ruhig weitergehen.[3] (I,21)

Es folgen dann Ausführungen über Tobys Verwundung in der Schlacht von Namur und seine langsame, sich über mehrere Jahre hinziehende Genesung, Einzelheiten über sein *hobby-horse*, Trims Idee, Befestigungsanlagen en miniature im Garten von Shandy Hall zu bauen, Reflexionen des Erzählers über seine Kunst und vieles mehr. Erst in II,6, ca. 25 Seiten weiter, wird der unterbrochene Satz Tobys wiederaufgenommen und zu Ende geführt.[4]

Über zehn Kapitel lang hat der Erzähler die Progression der Gegenwartshandlung stillgelegt, um die Figur Uncle Tobys besser ins Blickfeld des Lesers zu rücken und sich nebenbei mit einer Vielzahl anderer Themen zu beschäftigen. Die Stelle macht deutlich, daß die Relativierung der Zeit in diesem Roman, d. h. die Verwischung der Unterschiede zwischen Vergangenheit, Gegenwart und Zukunft, nicht allein aus dem ständigen Zeitstufenwechsel und der Überproportionierung der digressiven Partien erklärt werden kann, sondern letztlich in der Allgegenwart des Erzählers begründet liegt. Das Bewußtsein des Erzählers ist das Metronom, das den Takt des Romangeschehens angibt und seinen Rhythmus reguliert. Auf der Suche nach der verlorenen Zeit fühlt sich Tristram nie an eine Chronik der Ereignisse gebunden, sondern seine Maßeinheit ist die Erinnerung, die jederzeit unterschiedliche Zeitebenen gleichschalten kann und jeden Handlungsablauf dort unterbricht, wo sie von einem neuen Aspekt affiziert wird. Wie könnten auch die Kapriolen des sich erinnernden Ich, die

3 Die deutschen Zitate aus dem Roman entstammen der in diesem Band nachgedruckten Übersetzung von A. Seubert.

4 Vgl. zu Sternes Kunst der Unterbrechung J. Paul Hunter, *Response as Reformation. »Tristram Shandy« and the art of interruption*, 1970, in: Rohmann, op. cit., pp. 178-197.

vagabundierenden Assoziationen des frei in Raum und Zeit schwebenden Bewußtseins an die Leine gelegt werden? Warum sollte sich der Künstler der Schwerkraft überlieferter Konventionen unterwerfen? Tristram gedenkt nicht, sich an irgendeine von außen gegebene »straight line« (VI,40) zu halten, sondern er folgt den Eingebungen seines Bewußtseins, d. h. seiner eigenen subjektiven »line of GRAVITATION« (VI,40).

Sterne verdankt diese Neubewertung der gelebten gegenüber der gemessenen Zeit der Philosophie Lockes. Walter Shandy referiert an einer Stelle des Romans (III,18) Gedanken aus dem *Essay Concerning Human Understanding* (II,14); er versucht seinem Bruder die ›Vorstellung von Dauer und ihrer einfachen Modi‹ zu verdeutlichen. Locke geht davon aus, daß in unserem Bewußtsein, sofern es sich im Wachzustand befindet, Vorstellungen in ununterbrochener Reihenfolge aufeinanderfolgen. Niemand kann, so meint der Philosoph, über längere Zeit an einer Vorstellung festhalten. Die Empfindung von Dauer bildet sich nun aus der Abfolge von Bewußtseinsinhalten. Zeit ist durch ein Maß bestimmte Dauer. Sie ist – im erkenntnistheoretischen Sinne – eine nachgeordnete Größe, da der Geist zunächst die Idee von Dauer erwirbt, bevor er sich eine geeignete Maßeinheit sucht. Dauer oder gelebte Zeit ist also, wie der Erzähler bekundet, »the true scholastic pendulum« (II,8), an dem das Romangeschehen gemessen werden sollte.

Es fragt sich, ob die Abfolge von Bewußtseinsinhalten, deren Wahrnehmung die Vorstellung von Dauer hervorbringt, an erkennbaren Gesetzmäßigkeiten orientiert oder völlig willkürlich ist. Auf Sternes Roman angewandt: Gibt es neben dem Wechsel von progressiver und digressiver Bewegung, der die Struktur des Werkes bestimmt, eine weitere Verknüpfungstechnik, mit deren Hilfe sich der thematische Zusammenhang in kleineren Erzähleinheiten erklären ließe? Ein Blick auf die weiter oben paraphrasierte Partie, die sich auf Tristrams plattgedrückte Nase bezieht (III,28-IV,2), läßt klar erkennen, daß sich die Betrachtungen und situativen Bezüge, die in den bezeichneten Kapiteln zu finden sind, an einem gemeinsamen thematischen Kern – hier eben der Nase – entfalten. Die Sequenz folgt dem Prinzip der Ähnlichkeitsassoziation. Gleiches gilt für andere Teile des Romans, z. B. für jenes Segment, das sich mit der klappernden Instrumententasche des Dr. Slop beschäftigt (II,7-III,13). Thematischer Auslöser ist in diesem Fall die von Obadiah vielfach zusammengeknotete Tasche. Der Arzt verletzt sich beim Öffnen des Behältnisses und verflucht daraufhin Obadiah (III,10). Seine Flüche veranlassen Walter Shandy zu dem Ausspruch, daß es »fit forms of swearing suitable to all cases« gebe und lassen ihn zu einem Traktat über Flüche greifen, das Dr. Slop dann vorliest (III,11). Es schließen sich Betrachtungen des Erzählers über den epigonalen Charakter von Flüchen und Verwünschungen an.

Zwar ist unbestreitbar, daß Sterne das Prinzip der Assoziation als Verknüpfungstechnik innerhalb von Erzählabläufen benutzt, aber es ist sehr umstritten, ob er auch in diesem Punkt auf die Lehre Lockes oder anderer Philosophen und Repräsentanten der Assoziationspsychologie zurückgegriffen habe. Vertreter der älteren Sterne-Kritik haben seine Verwendung von Ideenassoziationen mit Lockes Ausführungen über »the association of ideas« in Verbindung gebracht, die sich in einem später (in der 4. Auflage) dem II. Buch des *Essay Concerning Human Understanding* hinzugefügten Kapitel befinden. Es zeigt sich freilich nach aufmerksamer Lektüre seiner Darlegungen, daß Locke darin vornehmlich mit Ideenverbindungen beschäftigt ist, die durch Zufall oder Gewohnheit zustande kommen, nicht aber durch natürliche Wechselbeziehungen. Er betrachtet diese zufälligen oder gewohnheitsmäßigen Verknüpfungen von Bewußtseinsinhalten als eine ›Art von Wahnsinn‹ (»sort of madness«). Es ist offensichtlich, daß diese Auffassung allenfalls zum Verständnis der Charakterologie der beiden Sonderlinge Uncle Toby und Walter Shandy beiträgt, aber als Interpretationsgrundlage der Romankomposition untauglich ist.

Arthur H. Cash[5] hat in einem häufig genannten Aufsatz die oben skizzierte These zurückgewiesen und dagegen die Auffassung vertreten, daß Sterne vielmehr der empiristischen Erkenntnispsychologie insgesamt – er nennt sie »the psychology of the train of ideas« –, wie Locke sie formulierte, verpflichtet gewesen sei. Die digressive Erzählmethode sei nichts weiter als die erzähltechnische Konsequenz der bekannten These des Philosophen, daß der Geist nicht imstande sei, über einen längeren Zeitraum hinweg an einer Vorstellung unverändert festzuhalten. Ein solcher Erklärungsversuch vermag allerdings weder den Wechsel von progressiver und digressiver Bewegung zu erklären, noch gibt er eine Antwort auf die Frage, wie die Assoziationen miteinander verbunden werden.

Neuerdings ist man deshalb dazu übergegangen, Sternes Technik im Lichte der Assoziationspsychologie des 18. Jahrhunderts zu betrachten. Einige Kritiker haben in diesem Zusammenhang auf David Hume[6] aufmerksam gemacht, der das Assoziationsprinzip als psychisches Äquivalent zum Gravitationsgesetz ansah und drei Regeln fand, nach denen Vorstellungen miteinander verknüpft werden: nämlich nach Maßgabe ihrer Ähnlichkeit (resemblance), ihrer Berührung in Raum und Zeit (contiguity in time and place) und Kausalität (causality). Ob Sterne dem Nachfolger Lockes Anregungen verdankte, ist bislang nicht schlüssig nachgewiesen worden. Immerhin hat Sternes skeptische und subjektive Wirklichkeitssicht eine gewisse Nähe zum konsequenten

5 *The Lockean Psychology of »Tristram Shandy«*, ELH 22, 1955, pp. 125-135. Howard Anderson, *Associationism and Wit in »Tristram Shandy«*, PQ 48, 1969, p. 27 ist dagegen der Auffassung: »Sterne's associationism, and the witty techniques in which it results, originate in such Renaissance writers as Montaigne.« Eine grundsätzliche Darstellung des Problems in Duke Maskell, *Locke and Sterne, or can Philosophy Influence Literature?* EC 23, 1973, pp. 22-40.

6 Vgl. Francis Doherty, *Sterne and Hume. A bicentenary essay*, E&S 22, 1969, pp. 71-87., Chinmoy Banerjee, *»Tristram Shandy« and the Association of Ideas*, TSLL 15, 1974, pp. 693-706.

Skeptizismus und Psychologismus, die Humes Haltung gegenüber den Verstandestätigkeiten kennzeichnen.

Formulieren wir ein Zwischenergebnis. Die bisherige Untersuchung hat deutlich gemacht, daß der Wechsel von progressiver und digressiver Bewegung die Struktur des *Tristram Shandy* bestimmt. Dieser Wechsel ist – fiktionsimmanent – eine Funktion der erlebten Zeit des Erzählers, – fiktionsextern – Ergebnis des künstlerischen Formwillens Sternes, der den »ordo artificialis« des Romans begründet. Er wird äußerlich durch die häufigen Zeitsprünge markiert: Arretierung der (optisch) linear fortschreitenden Handlung bei gleichzeitiger Entwicklung eines Geflechts zeitversetzter Digressionen, die häufig in assoziativer Manier organisiert sind, so daß beim Leser der Eindruck entsteht, als stagniere das Geschehen. Assoziationen entfalten sich von thematischen Fixpunkten aus (Tristrams lädierte Nase), verlaufen aber sprunghaft und sind nicht vorhersehbar. Entweder nehmen sie ihren Ausgang von peripheren Sujets (Dr. Slops zusammengeknotete Instrumententasche), oder sie führen von bedeutenden Ereignissen (Bobbys Tod) an die gedankliche Peripherie (Susannahs ›Nachthemd‹-Assoziation). Analog zu diesem Wechsel zwischen der mechanisch anmutenden Arretierung einer Zeitstrecke bzw. den willkürlichen, vom Erzähler hergestellten Situationsbezügen scheint Sterne auch in der Charakterisierung der beiden wichtigsten Figuren des Romans (von Tristram abgesehen) verfahren zu sein, nämlich Uncle Toby und Walter Shandy.

Die Komik dieser Charaktere entsteht daraus, daß eine zufällige Eigenheit ihres Verhaltens zu einem Steckenpferd fixiert wird, das nur gleichförmige Reaktionen zuläßt, während die Lebenswirklichkeit, mit der beide konfrontiert werden, ständigen Veränderungen unterworfen ist. Walter Shandy, von dem berichtet wird, er sei als Kaufmann im Levante-Handel tätig gewesen, hat für nichts eine praktische Lösung, aber für alles eine Hypothese parat. Er verbreitet sich eloquent über »door-hinges«, kann sich aber nicht zu dem Entschluß durchringen, die stets quietschende Türangel im Wohnzimmer zu ölen. Ebenso nörgelt er bei jeder sich bietenden Gelegenheit über das Versehen eines Malers, der im Familienwappen der Shandys, das auf der Kutsche angebracht ist, einen rechtslaufenden, anstatt einen linkslaufenden Schrägbalken gezogen hatte (IV,25), ohne daß ihn dies freilich zu einer Korrektur des Fehlers veranlassen würde. Kaum hat er sich von der Hiobsbotschaft erholt, daß die Nase seines Sohnes bei der Geburt lädiert wurde, ergeht er sich in langatmigen Betrachtungen über die Bedeutung, die langen und voll funktionsfähigen Nasen über Generationen hinweg in der Shandy-Familie beigemessen wurde, stöbert Bücher über dieses Körperorgan auf und übersetzt schließlich lange Passagen aus Hafen Slawkenbergius' Traktat *De nasis*. Ähnlich reagiert er auf das Mißgeschick der unglücklichen Beschneidung Tristrams durch das ungesicherte Fallfenster. Anstatt sich um seinen schreienden Sohn zu kümmern, wirft er nur einen kurzen Blick auf den leidenden Sprößling, verläßt das Zimmer und kehrt wenig später mit dickleibigen Folianten zurück, darunter John Spencers *De legibus Hebraeorum ritualibus et earum rationibus* (1685), um sich in eine Beschreibung jüdischer Beschneidungsrituale zu vertiefen: *De sede vel subiecto circumcisionis*. Selbst die Nachricht vom Tode seines Sohnes Bobby löst lediglich eine Fülle philosophischer Betrachtungen über die Vergänglichkeit des Lebens und aller Dinge aus, die mit zahlreichen gelehrten Anspielungen auf antike Autoren, eingeschlossen ein langes Zitat aus Servius Sulpicius' Trostbrief an Cicero, unterfüttert werden. Es paßt ins Bild dieses sprachgewandten, aber praxisfernen Räsoneurs, daß er auch mit seinen schriftstellerischen Versuchen Schiffbruch erleidet; weder wird sein *Life of Sokrates* je veröffentlicht, noch ist er imstande, seine *Tristrapaedia*, die nach dem Vorbild der *Kyrupaideia* Xenophons konzipiert ist, zu Ende zu bringen.

Walter ist ein pedantischer Hypothesenschmied, ein gelehrter Dilettant, der mit esoterischem Wissen so vollgestopft ist, daß er die aktuelle Wirklichkeit aus den Augen zu verlieren droht. Seine Theorien scheitern an der Praxis, seine Eloquenz ist Beredsamkeit im Leerlauf, seiner vorgeblichen Rationalität haftet etwas zutiefst Irrationales an. Sein Räsonieren bleibt fruchtlos und ohne Resonanz – weder sein Bruder noch seine Frau verstehen ihn. Walter Shandy ist ein kopflastiger Mensch: »-his whole life a contradiction to his knowledge!« (III,21).

Die Deutung dieser Figur als Karikatur des gelehrten Kauzes, dessen Spekulationsbedürfnis lediglich die Flucht vor der praktischen Lebensbewältigung kaschiert, mag manchem Leser zu eng erscheinen. Man kann den Eindruck gewinnen, als habe Sterne mit dieser Figur eine weitergehende Gestaltungsabsicht verbunden, indem er ihr Eigenschaften verlieh, die besonders im 18. Jahrhundert das geistige Leben der Zeit prägten. Das Vertrauen auf die Allmacht der Vernunft, der Stolz auf die Errungenschaften der Wissenschaft und die Hoffnung auf die sittliche Erneuerung des Menschen, verbunden mit dem Glauben an den Fortschritt der Zivilisation gehörten zu den tragenden geistesgeschichtlichen Ideen dieser Epoche. Die überlieferten Werte, seien es die christliche Offenbarung oder die Autorität antiker Autoren, wurden kritisch in Frage gestellt und an den Normen der Vernunft und der Erfahrung gemessen. Die optimistische Wissenschafts- und Fortschrittsgläubigkeit fand ihren Ausdruck in den ehrgeizigen Versuchen, alle verfügbaren Fakten und Erkenntnisse zu sammeln, systematisch zu ordnen und in großangelegten Enzyklopädien zu verbreiten. Im Jahre 1728 veröffentlichte Ephraim Chambers die erste englische *Cyclopaedia*, Ausgangspunkt der großen französischen *Encyclopédie*, die unter der Leitung Diderots und D'Alemberts in den Jahren 1751-1776 erschien. Buffon begann 1749 seine dreißigbändige *Histoire naturelle*, eine imposante Bestandsaufnahme des zeitgenössischen Wissens über die belebte und unbelebte Natur. Auf dem Gebiet der Literatur führte die Kritik am überlieferten Kanon und am Regelwerk des Neoklassizismus zu einer lebhaften Debatte zwischen den Anhängern der antiken und den Befürwortern der modernen Autoren (*Querelle des anciens et des modernes*).

Wenn man bedenkt, daß Sterne ein überaus belesener Autor war – seine Privatbibliothek enthielt über 2000 Bände, darunter zahlreiche französische Bücher –, wird man davon ausgehen können, daß der Landpfarrer aus dem nordenglischen Sutton über die kulturgeschichtlichen Tendenzen im zeitgenössischen Europa orientiert war, ja selbst den Bildungshunger der Aufklärung teilte. Vor diesem zeitgeschichtlichen Hintergrund betrachtet, läßt die Figur Walter Shandys nicht nur Züge des pedantischen Privatgelehrten erkennen. Er verkörpert zugleich die humorvoll verklärte Warnung vor dem Primat der Vernunft und dem Nutzen enzyklopädischer Gelehrsamkeit. Walters Theoretisieren ist ein in sich selbst kreisendes Spiel, das sich zu einer eigenständigen Sinnwelt verdichtet hat, die nur noch mittelbar mit der Erfahrungswirklichkeit verbunden ist.

Dem kopflastigen und autoritätsgläubigen Walter Shandy stellt Sterne dessen Bruder, Uncle Toby, an die Seite. Toby ist ein verabschiedeter Offizier, der sich wegen einer Verwundung an der Lende, die er bei der Belagerung von Namur erlitten hatte, aus dem aktiven Soldatendienst zurückziehen mußte. Im Gegensatz zu seinem Bruder tut er sich mit der Sprache schwer: »'Twas not by ideas, by Heaven; his life was put in jeopardy by words.« (II,2) Aus den Schwierigkeiten, sich sprachlich mitzuteilen, erwächst seine Neigung, sich mit nicht-verbalen Mitteln auszudrücken. Was mit einem Blick auf die Karte von Namur beginnt, sich über Studien zur Militärarchitektur und Ballistik fortsetzt, endet schließlich auf dem *bowling-green* des heimischen Wohnsitzes Shandy Hall mit dem Nachbauen von Befestigungsanlagen und dem Nachspielen bereits geschlagener Bataillen: Aus dem tapferen Hauptmann Shandy ist der liebenswert-kauzige Steckenpferdritter Uncly Toby geworden, aus den blutgetränkten Schlachtfeldern Flanderns ein harmloses großes Spielfeld im Norden Englands. Die Wirklichkeit erscheint Toby fortan unter dem Blickpunkt des Militärischen. So provoziert Trims Ankündigung, Dr. Slop sei mit dem Anfertigen einer »bridge« (Prothese für das gebrochene Nasenbein Tristrams) beschäftigt, das Mißverständnis, es handele sich dabei um das Modell einer Zugbrücke (III,26). Als Walter über das Nasenmißgeschick seines Sohnes lamentiert (»did ever a poor unfortunate man ... receive so many lashes«, IV,3), antwortet Toby, der »lashes« als ›Peitschenhiebe‹ auffaßt, mit dem Hinweis auf die Bestrafung eines Grenadiers in Mackays Regiment. Ähnlich reagiert er auf Dr. Slops selbstbewußte Ausführungen über die Fortschritte auf dem Gebiete der Geburtshilfe. Der ärztlichen Eloge auf die obstetrische Kunst setzt er nur den einen, allerdings hartnäckig wiederholten Wunsch entgegen: »I wish ... you had seen what prodigious armies we had in *Flanders*.« (II,18; III,1,2,6) Selbst die Beschreibung seiner Liebesaffäre mit Witwe Wadman liest sich streckenweise wie der Bericht über einen Feldzug, in dem Amors Pfeile freilich in Geschosse schwereren Kalibers verwandelt wurden: »She [widow Wadman] has left a ball here – added my Uncle *Toby* – pointing to his breast.« (VIII,28)

Man würde der Originalität dieser Schöpfung Sternes nicht gerecht werden, wenn man sie als bloße, von der Faszination ihres Steckenpferdes bewegte Spielfigur ansähe, die in einer abgegrenzten Sinnwelt, weitgehend isoliert vom gesellschaftlichen Leben und seinen Konflikten, ihre absonderlichen Liebhabereien pflegt. Das Porträt des schrulligen Ruheständlers entbehrt keineswegs einer moralischen Grundierung, ganz im Gegenteil: »My Uncle Toby is one of the finest compliments ever paid to human nature« – so William Hazlitts Urteil in seinen *Lectures on the English Comic Writers*.[7] Er ist

7 P. P. Howe (ed.), *The Complete Works of Walter Hazlitt*, vol. 6, London/Toronto 1931, p. 121.

ein empfindsames Gemüt, das (im wörtlichen Sinne) keiner Fliege etwas zuleide tun kann (II,12), eine reine Seele, die Anzüglichkeiten mit dem *argumentum fistulatorium* zu beantworten pflegt. Die Achtung vor dem Leben, auch dann, wenn es sich in der kleinsten Kreatur regt, das Mitgefühl für die Leidenden sowie der Glaube an das Gute im Menschen prägen sein Handeln. Die »schlichte Einfalt des Herzens«[8] und die Zartheit seiner Gefühle vermögen es nicht, heftige Gemütsbewegungen zu ertragen und lassen ihn eher verstummen. So bereitet ihm z. B. der Familienskandal um die Liaison von Tante Dinah mit einem Kutscher, den Walter bei Gelegenheit aufwärmt, das allergrößte Unbehagen. Während der Schmerz über das Nasenmalheur seines Sohnes den Vater zunächst für 1 ½ Stunden aufs Bett wirft und anschließend zu langatmigem Räsonieren über Wert und familiengeschichtliche Bedeutung dieses Körperorgans motiviert, äußert sich Tobys Betroffenheit im Schweigen und der kleinen, aber beziehungsvollen Geste: »He pull'd out a cambrick handkerchief – gave a low sigh – but held his peace.« (III,29) Wenn er Gefühle zum Ausdruck bringt, dann tut er dies meist spontan, schlicht und ohne rhetorische Schnörkel. Nachdem ihn Trim über die unglückliche Lage des erkrankten Leutnants Le Fever ins Bild gesetzt hat, verzichtet er sofort auf die Fortsetzung der Belagerung von Dendermond und bemüht sich in rührender Weise darum, dem Offizier und dessen Sohn tatkräftig zu helfen. Ähnlich spontan folgt er seinem Gefühl in der Affäre mit der Witwe Wadman. Nachdem beide Seiten länger als üblich manövriert hatten und Toby sich endlich zur Attacke, sprich zu einem Besuch bei der Dame seines Herzens entschlossen hat, erklärt er ihr kurz nach der Begrüßung ohne weiteres Vorgeplänkel: »*He was in love.*« (IX,18)

Man wird es zu den Paradoxien in der Gestaltung dieser Figur zählen dürfen, daß ein ehemaliger Soldat, der die

8 Rudolf Maack, *Laurence Sterne im Lichte seiner Zeit*, Hamburg 1936, p. 44. (= Britannica. 10).

Greuel des Krieges ebenso kennengelernt haben dürfte wie die kurzfristigen Vergnügungen der Etappe, sich noch jene »modesty of nature« (I,21) und schlichte Herzensgüte bewahrt hat, die ihn so sympathisch machen. Zweifellos trägt das Porträt Uncle Tobys Züge des »man of feeling« und kann als Produkt der Empfindsamkeit angesprochen werden, die zu den literarischen Modeerscheinungen in der zweiten Hälfte des 18. Jahrhunderts zählte. R. S. Crane hat in einem wegweisenden Aufsatz über die Genealogie des »man of feeling«[9] dargetan, wie tief dieses Menschenbild in der Ethik der latitudinarischen Geistlichkeit wurzelt. Die Latitudinarier betrachteten die auf das Wohl des Mitmenschen gerichtete Benevolenz (»charity«) als höchste christliche Tugend. In den moralphilosophischen und homiletischen Schriften dieser theologisch-ethischen Richtung innerhalb der anglikanischen Kirche, zu deren prominentesten Vertretern Isaac Barrow (1630-1677), John Tillotson (1630-1694) und Samuel Clarke (1675-1729) gehörten, wird immer wieder das Leitbild des *vir bonus* gepriesen, der, in der Nachfolge Christi, »chastity«, nämlich die Beherrschung der Triebe durch die Vernunft, und »charity« in sich vereint. Die Betonung der natürlichen Herzensgüte als Richtschnur des praktischen Handelns wurde von der Aufwertung des Gefühls gegenüber dem Verstand begleitet, der Rousseau mit seinen Schriften europäische Wirkung verlieh. Es bedarf keiner interpretatorischen Findigkeit, um zu der Einsicht zu gelangen, auf welchem moralphilosophischen Hintergrund der Charakter Uncle Tobys gestaltet worden ist.

Uncle Toby, die empfindsame Seele, Walter Shandy, der kopflastige Mensch: zwei gegensätzliche Charaktere, die als Figurenpaar in einem komplementären und spannungsvollen

9 *Suggestions toward a Genealogy of the »Man of Feeling«*, ELH 1, 1934, pp. 205-230. Vgl. hierzu auch Ian Watt (ed.), *Laurence Sterne. The Life and Opinions of Tristram Shandy, Gentleman*, Boston 1965, Introduction, pp. XVI seqq.; Michael Gassenmeier, *Der Typus des »Man of feeling«. Studien zum sentimentalen Roman des 18. Jahrhunderts in England*, 1972, in: Rohmann, op. cit., pp. 218-248.

Verhältnis zueinander stehen. Beide werden aus der Perspektive ihrer jeweiligen Marotte ins Bild gerückt.[10] Sterne folgt hier der Lehre von der »ruling passion«, deren Grundlagen bis in die antik-mittelalterliche Humoralpathologie zurückreichen. Walters Gelehrsamkeit ist als Parodie der Wissenschaftsgläubigkeit und als Warnung vor der Ohnmacht des spekulativen Denkens ins Werk gesetzt, Tobys Rückzug in seine private Spielwelt haftet etwas Beschränktes und Abseitiges an, sein Zartgefühl ist nicht ohne ein Element von Rührseligkeit. Beide Charaktere sind nicht auf Entwicklung, sondern auf Wiederholung angelegt, weil sie sich nicht in der Auseinandersetzung mit der empirischen Wirklichkeit bilden; sie reagieren als bereits ›Gebildete‹ – oft genug stereotyp. Die Wiederholung ist das formale charakterologische Pendant zur zyklischen Struktur des Romans. Die isolierten Spielwelten der Figuren, die fast geschlossene künstliche Systeme bilden, sind auf der Ebene der Träger des Geschehens das Analogon zum »ordo artificialis« des Romanaufbaus. Die Widersprüche zwischen Kopf und Herz, die beide intellektuell nicht zueinanderfinden lassen, werden komisch dargestellt und durch den Humor des Erzählers versöhnt.

Kopf und Herz: beide bezeichnen nicht allein die Spannweite im komplementären Verhältnis zweier Charaktere, sondern sie thematisieren auch zwei Spannungspole im kompositorischen Gefüge des Romans. Das Mißverhältnis zwischen Theorie und Praxis, Verstand und Gefühl, das zu mancherlei Mißverständnissen zwischen den Figuren führt, drückt sich auf der Ebene der Kommunikation in der Skepsis gegenüber der Sprache als geeignetem Instrument der Mitteilung aus.[11] Die Zweifel an der verläßlichen und eindeutigen Verbindung

10 Bernhard Fabian, *Sterne, »Tristram Shandy«*, in: Franz K. Stanzel (Hg.), *Der englische Roman. Vom Mittelalter zur Moderne*, Bd. 1, Düsseldorf 1969, p. 262. Diesem gehaltvollen Aufsatz verdanke ich mancherlei Anregungen.

11 Vgl. zu Sternes Mißtrauen gegenüber der Sprache als geeignetem Medium der Kommunikation Dieter A. Berger, *Das gezielte Mißverständnis. Kommunikationsprobleme in Laurence Sternes »Tristram Shandy«*, Poetica 5, 1972, pp. 329-347.

von Idee und Zeichen lassen den Erzähler allenthalben zu nichtsprachlichen Mitteln der Kommunikation greifen: geschwärzte (I,12), marmorierte (III,36) und leere Seiten (VI,38), krakelige Linien, die den Erzählverlauf der Bücher I-V veranschaulichen sollen (VI,40), verschiedene Schrifttypen im Ehevertrag (I,15), Sternchen und Striche als Ersatz einzelner Wörter und Sätze[12] sowie zahlreiche Gedankenstriche, die den Fluß des Textes streckenweise zu einem diskontinuierlichen Stakkato machen. Einmal wird zwischen zwei Sätzen ein freier Raum gelassen, um dem Leser die Möglichkeit zu geben, ihn mit einem Fluch zu füllen (VII,37). Streckenweise verstummt der Erzähler völlig, wie z. B. im 20. Kapitel des IX. Buches, das mit fünf Zeilen beginnt, die lediglich mit Sternchen markiert sind.

Sternes Skepsis gegenüber den Möglichkeiten und Grenzen verbaler Kommunikation zeigt sich auch in seiner Vorliebe für die Gestik als nichtsprachlicher Ausdrucksform. Ein aufschlußreiches Beispiel findet sich im V. Buch, in dem der Erzähler in paralleler Handlungsführung zwei unterschiedliche Reaktionen auf den Tod Bobbys, Tristrams älteren Bruder, darstellt.[13] Walter Shandy bewältigt die Unglücksnachricht mit einem Redeschwall, dessen gelehrte Anspielungen und sentenziöse Platitüden unmittelbar aus dem Arsenal der antiken Trosttopik entnommen zu sein scheinen. So kommentiert er das überraschende Ableben des Sohnes u. a. mit den Worten: »*All must die.* If my son could not have died, it had been matter of wonder, – not that he is dead.« (V,3) In auffälligem Gegensatz zu Walters aufwendiger Rhetorik steht die Reaktion des Korporals Trim auf das gleiche Ereignis. Das

12 Vgl. Martin Schulze, *Do you Know the Meaning of—? Die markierte Aussparung als Indiz für die planvolle Komposition des »Tristram Shandy«*, in: Rohmann, op. cit., pp. 394-436.
13 Vgl. dazu auch Herbert Rauter, *Der Hut des Korporals Trim: Zu Grenzen, Möglichkeiten und Zweck der Beredsamkeit im* V. *Buch von Sternes »Tristram Shandy«*, in: *Studien zur englischen und amerikanischen Sprache und Literatur.* Festschrift für Helmut Papajewski, Neumünster 1974, pp. 325-349.

Hauspersonal von Shandy Hall, dem er die Hiobsbotschaft in der Küche überbringt, wird ergriffen und zu Tränen gerührt; nicht wohlgesetzte Worte, sondern eine einfache Geste bewirken dies: »›And are we not here now‹, continued the corporal, ›and are we not‹ – (dropping his hat plump upon the ground – and pausing, before he pronounced the word) – ›gone! in a moment?‹« (v,7) Das Pathos dieser Gefühlsregung, die sich in einer die Vergänglichkeit allen Seins symbolisierenden Geste niederschlägt, ist stärker als die Macht der Worte, über die Walter gebietet.

Die zahlreichen nichtverbalen Ausdrucksmittel, wie z. B. Gesten und markierte Aussparungen, derer sich der Erzähler bedient, appellieren an den Leser, sich selbst schöpferisch zu betätigen. Lesen wird zu einem Akt des Entdeckens, Enträtselns und phantasievollen Ergänzens, damit zu einer bedeutungstiftenden Tätigkeit; der Leser nimmt die Rolle des Co-Autors an.[14] Die Formen, in denen der Erzähler den Rezipienten zur Mitarbeit anregt, sind überaus vielfältig. Er spricht den Leser mal als »madam«, mal als »sir« an, differenziert nach seinen charakterlichen Anlagen und intellektuellen Fähigkeiten, hebt sein Temperament und seine Lebenserfahrung hervor. Hin und wieder treibt er sein neckisches Spiel mit vorschnellen Deutungen, die an einzelne Episoden herangetragen werden, wenn er beispielsweise mit der ostentativen Erklärung aufwartet, »was das Wort Nase anbelangt, so erkläre ich, daß ich in diesem ganzen langen Nasenkapitel und in jedem anderen Teil meines Werkes, wo das Wort Nase vorkommt, – mit diesem Worte eine Nase und nicht mehr oder weniger meine« (III,31). Die Zuweisung bestimmter Rollen an den Leser stärkt seine Position als Dialogpartner des Erzählers, erweitert die Figurenwelt des Romans um die imaginäre Leserschaft und öffnet dem Werk eine neue Dimension.

14 Vgl. zu den Leserbeziehungen Dietrich Rolle, *Fielding und Sterne. Untersuchungen über die Funktion des Erzählers*, Münster 1963, pp. 212 seqq.; John Preston, *The Created Self. The reader's role in eighteenth-century fiction*, London 1970, pp. 133-210.

Erzähler und Leser sind in der Regie des Autors Co-Produzenten eines epischen Experiments, das über weite Strecken den Prozeß des Erzählens als eines kommunikativen Akts zum Gegenstand hat:

> Das Schreiben, wenn es richtig getrieben wird (und Sie können versichert sein, daß ich denke, dies sei bei mir der Fall) ist nur eine andere Art von Gespräch. (II,11)

Tristram Shandy stellt gewiß die einzigartige Ausprägung eines Romantyps dar, dessen Besonderheit auf fast allen Ebenen seiner Struktur hervortritt. Die Aufhebung der linearen, auf Ganzheit und innere Geschlossenheit hin konzipierten Handlung, damit verbunden die Bevorzugung der gelebten vor der gemessenen Zeit, die assoziative Erzählweise ebenso wie die teilweise recht abseitigen thematischen Verschlingungen und situativen Bezüge stehen im Gegensatz zu konventionellen narrativen Formen des 18. Jahrhunderts. Es paßt ins Bild dieses originellen Erzählstils, daß auch die Figuren nicht als ›runde Charaktere‹ entwickelt, sondern als Sonderlinge gezeichnet werden, die, von ihrer monomanen Besessenheit getrieben, in ihren je eigenen Sinnwelten kreisen. Die Versponnenheit der Figuren und ihr fehlender Bezug zur Lebenspraxis produzieren stets aufs neue Störungen in der Kommunikation und Mißverständnisse, die jedoch nicht als tragisches Scheitern, sondern als komische Verfehlungen dargestellt werden. So nahe der Roman, insbesondere in der experimentellen Behandlung der Zeit, der Selbstreflexion des Erzählers und verschiedener epischer Techniken, an Darstellungstendenzen des modernen Romans heranreicht, so weit bleibt er in der toleranten, im Humor versöhnten Betrachtung einer gestörten Welt dahinter zurück und seiner eigenen Zeit verhaftet. Das Mißverhältnis zwischen Theorie und Praxis, Sprache und Wirklichkeit, Kopf und Herz, das die Beziehungen der Figuren zur Welt außerhalb der privaten Klausen ihrer Steckenpferde prägt, wird als Unzulänglichkeit der menschlichen Existenz hingenommen, nicht als metaphysisches Problem der »conditio humana« vertieft. In der Befreiung von überkommenen Erzählkonventionen, im Verzicht auf die Nachahmung eines geschlossenen und in sich stimmigen Weltbildes sowie im Primat einer humanitären Gesinnung ist der Roman Ausdruck des toleranten und freiheitlichen Geistes der europäischen Aufklärung.

Norbert Kohl

Abkürzungsverzeichnis

Archiv	*Archiv für das Studium der Neueren Sprachen und Literaturen*
ASch	*American Scholar*
Ausg.	Ausgabe
bes.	besonders
BuR	*Bucknell Review*
Cal.	California
CE	*College English*
CLS	*Comparative Literature Studies* (Univ. of Illinois)
Conn.	Connecticut
Diss.	Dissertation
dt.	deutsch, -er, -e, es
EC	*Essays in Criticism*
ECS	*Eighteenth-Century Studies*
ed. (edd.)	edidit, ediderunt
EL	*Everyman's Library*
ELH	*Journal of English Literary History*
EML	*English Men of Letters*
ES	*English Studies*
E & S	*Essays and Studies*
Festschr.	Festschrift
Fla.	Florida
Ga.	Georgia
GRM	*Germanisch-romanische Monatsschrift*
hg.	herausgegeben
HudR	*Hudson Review*
impr.	impression
Ind.	Indiana
introd.	introduction, introduced by
JEGP	*Journal of English and Germanic Philology*
JNT	*Journal of Narrative Technique*
Mass.	Massachusetts
Mich.	Michigan
MLQ	*Modern Language Quarterly*
MLR	*Modern Language Review*

MP	*Modern Philology*
Nachdr.	Nachdruck
Nachw.	Nachwort
N.C.	North Carolina
N.J.	New Jersey
no.	numéro
N.Y.	New York
p. (pp.)	pagina, page, Seite
Ph.D.	Doctor of Philosophy
PLL	*Papers on Language and Literature*
PMASAL	*Papers of the Michigan Academy of Science, Arts, and Letters*
PMLA	*Publications of the Modern Language Association of America*
Pr.	Press
PQ	*Philological Quarterly*
pref.	preface
repr.	reprinted, reprint
RES	*Review of English Studies*
rev.	revised, revidiert
R.I.	Rhode Island
SB	*Studies in Bibliography. Papers of the Bibliographical Society of the University of Virginia*
SEL	*Studies in English Literature, 1500-1900*
SHR	*Southern Humanities Review*
SNNTS	*Studies in the Novel* (North Texas State University)
SP	*Studies in Philology*
T.(Tle.)	Teil, Teile
TEAS	Twayne's English Authors Series
TSLL	*Texas Studies in Literature and Language*
u.a.	und andere(s); unter anderem/anderen
UCPE	*University of California Publications in English*
u.d.T.	unter dem Titel
Übers.	Übersetzung, -en, Übersetzer
übertr.	übertragen
Univ.	University
u.ö.	und öfter
UTQ	*University of Toronto Quarterly*

Verl.	Verlag
vol. (vols.)	volume, volumes
Westf.	Westfalen
WTW	*Writers and their Work*
YSE	*Yale Studies in English*
ZAA	*Zeitschrift für Anglistik und Amerikanistik*

Ausgewählte Bibliographie

Bibliographien und Forschungsberichte

Cordasco, Francesco: *Laurence Sterne. A list of critical studies published from 1896 to 1946*, Brooklyn 1948. Repr. Metuchen (N.J.) 1970 (= Eighteenth Century Bibliographical Pamphlets. 4).

Fluchère, Henri: *Bibliographie*, in: *Laurence Sterne. De l'homme à l'œuvre. Biographie critique et essai d'interprétation de »Tristram Shandy«*, Paris 1961, pp. 655-693.

Hartley, Lodwick: *Laurence Sterne in the Twentieth Century. An essay and a bibliography of Sternean studies 1900-1965*, Chapel Hill (N.C.) 1966.

Monkman, Kenneth: *The Bibliography of the Early Editions of »Tristram Shandy«*, Library 25, 1970, pp. 11-39.

Graves, Patricia H.: *A Computer-Generated Concordance to Sterne's »Tristram Shandy«*, 4 vols., Ph. D. thesis, Atlanta [Emory Univ.] 1974.

Isles, Duncan: *Sterne*, in: A. E. Dyson (ed.), *The English Novel. Select bibliographical guides*, London/New York 1974, pp. 90-111.

Beasley, Jerry C.: *Laurence Sterne (1713-1768)*, in: *English Fiction, 1660-1800. A guide to information sources*, Detroit (Mich.) 1978, pp. 237-251.

Hartley, Lodwick: *Laurence Sterne. An annotated bibliography, 1965-1977, with an introductory essay-review of the scholarship*, London/Boston (Mass.) 1978.

Sammlungen

The Complete Works and Life of Laurence Sterne. With an introduction by Wilbur L. Cross, 12 vols., New York/London 1904. Repr. in 6 vols., New York 1970 (= Yorick Edition de Luxe). Vols. 1-2: *The Life and Opinions of Tristram Shandy.*

The Shakespeare Head Edition of the Works of Laurence Sterne, 7 vols., Oxford 1926-27. Vols. 5-7: *The Life & Opinions of Tristram Shandy, Gentleman.*

Curtis, Lewis Perry (ed.): *Letters of Laurence Sterne*, Oxford 1935. Repr. 1965, 1967.

Einzelausgaben

The Life & Opinions of Tristram Shandy, Gentleman, London 1903 u. ö. (= The World's Classics. 40).

The Life & Opinions of Tristram Shandy, Gentleman. [Introd. by George Saintsbury], London/New York [1912] (= EL. 617).

Work, James A. (ed.): *The Life and Opinions of Tristram Shandy, Gentleman*, New York 1940. *Introduction:* pp. IX-LXXII. Kommentierte Ausg.

Monk, Samuel H. (ed.): *The Life and Opinions of Tristram Shandy, Gentleman*, New York 1950 (= Rinehart editions. 37).

The Life and Opinions of Tristram Shandy, Gentleman. With critical and biographical material by Alan D. McKillop, New York 1962.

Watt, Ian (ed.): *The Life and Opinions of Tristram Shandy, Gentleman*, Boston 1965 (= Riverside editions). Introd.: pp. VII-XXXV.

New, Melvyn and Joan New (edd.): *The Life and Opinions of Tristram Shandy, Gentleman*, 2 vols., Univ. of Florida 1978 (= The Florida Edition of the Works of Laurence Sterne).

Anderson, Howard (ed.): *Tristram Shandy.* An authoritative text. The author on the novel. Criticism, New York/London 1979 (= A Norton critical edition).

Deutsche Übersetzungen

Das Leben und die Meynungen des Herrn Tristram Shandy. Übers. von Johann Friedrich Zückert, 9 Tle., Berlin 1763-67.

Tristram Schandis Leben und Meynungen. [Übers. von Johann Joachim Christoph Bode], 9 Tle., Hamburg 1774.

Leben und Meinungen des Herrn Tristram Shandy. Deutsch von A. Seubert, Leipzig [um 1880] (= Reclams Universal-Bibliothek 1441/45). Nachdr. 1916.

Sterne's Tristram Shandy. Aus dem Englischen von F. A. Gelbcke, 2 vols., Leipzig [um 1890].

Das Leben und die Meinungen von Herrn Tristram Shandy. Illustriert von Lovis Corinth, Berlin/Leipzig 1908 (= Die Bücher des Deutschen Hauses. Zweite Reihe. vol. 39). Rev. und gekürzt nach der Übers. von J. J. C. Bode.

Tristram Schandis Leben und Meynungen, 9 Tle. [in 3 vols.], München/ Leipzig 1910 (= Die Bücher der Abtei Thelem].

Gesammelte Schriften. Übertr. von Johann Joachim Christoph Bode, 4 vols., München 1920. Vols. 1-3: *Tristram Shandy*; vol. 4: *Yoricks empfindsame Reise.*

Das Leben und die Ansichten Tristram Shandys. Deutsch von Rudolf Kassner, Wiesbaden 1946.

Tristram Shandy. Auf Grund der Übertragung von Johann Joachim Christoph Bode, neu hg. von Fritz Güttinger, Zürich 1948.

Tristram Schandys Leben und Meinungen. Übertr. von Johann Joachim Christoph Bode, Wedel i. Holstein 1948.

Das Leben und die Ansichten Tristram Shandys. Dt. von Rudolf Kassner, Leipzig 1958 (= Sammlung Dieterich. 189). Auch als Lizenzausg. im Carl Schünemann-Verl., Bremen [1959].

Leben und Meinungen des Tristram Shandy. Dt. von A. Seubert. Mit einem Nachw. von Peter Michelsen, Frankfurt/M. 1962 (= Exempla classica. 64).

Das Leben und die Meinungen des Tristram Shandy. Aus dem Englischen übers. von Siegfried Schmitz, unter Zugrundelegung der Übertragung von J. J. C. Bode (1776). Mit einem Nachw. von Johannes Kleinstück sowie mit 14 Kupferstichen von D. Berger (nach Chodowiecki) und W. Hogarth, München 1963.

Das Leben und die Ansichten Tristram Shandys. Mit einem Nachw. von Walther Martin, Leipzig 1964 (= Epikon. Romane der Weltliteratur). Dem deutschen Text liegt die Übers. von Rudolf Kassner zugrunde, die an Hand des Originaltextes überprüft und revidiert wurde.

Das Leben und die Meinungen des Tristram Shandy. Aus dem Englischen übers. von Siegfried Schmitz, unter Zugrundelegung der Übertragung von J. J. C. Bode (1776). Mit einem Nachw. von Johannes Kleinstück sowie mit 14 Kupferstichen von D. Berger (nach Chodowiecki) und W. Hogarth, Stuttgart 1964.

Das Leben und die Ansichten Tristram Shandys. Deutsch von Rudolf Kassner, Berlin/Darmstadt/Wien 1966. Nachdr.: Gütersloh 1971.

Das Leben und die Ansichten Tristram Shandys. Nachw. von Rudolf Kassner, München 1967 (= Epikon. Europäische Meisterromane). Dem deutschen Text liegt die Übers. von Rudolf Kassner zugrunde, die an Hand des Originaltextes und älterer Übersetzungen überprüft und revidiert wurde.

Leben und Meinungen von Tristram Shandy, Gentleman. Aus dem Englischen übers. von Otto Weith. Nachw. von Erwin Wolff, Stuttgart 1972 (= Reclams Universal-Bibliothek. 1441-46/46a/b).

Sekundärliteratur

Biographien

Traill, H.D.: *Sterne*, London 1882 (= EML. 30).

Cross, Wilbur L.: *The Life and Times of Laurence Sterne*, 2 vols., New Haven 1925.

Hartley, Lodwick: *This is Lorence. A narrative of the Reverend Laurence Sterne*, Chapel Hill (N.C.) 1943.

Yoseloff, Thomas: *A Fellow of Infinite Jest*, Englewood Cliffs (N.J.) 1945. Repr. Westport (Conn.) 1970.

Shaw, Margaret R.B.: *Laurence Sterne. The making of a humorist, 1713-1762*, London 1957.

Connely, Willard: *Laurence Sterne as Yorick*, London 1958.

Fluchère, Henri: *Laurence Sterne, de l'homme à l'œuvre. Biographie critique et essai d'interprétation de »Tristram Shandy«*, Paris 1961. – Englische Teilübers. von Barbara Bray u.d.T.: *From Tristram to Yorick. An interpretation of »Tristram Shandy«*, London 1965.

Thomson, David: *Wild Excursions. The life and fiction of Laurence Sterne*, London 1972.

Cash, Arthur H.: *Laurence Sterne. The early & middle years*, London 1975.

Kritische Darstellungen

Thackeray, William M.: *Sterne and Goldsmith*, in: *The English Humourists of the Eighteenth Century* . . . [1853], London 1904, pp. 160-190.

Bagehot, Walter: *Sterne and Thackeray* (1864), in: *Literary Studies*, vol. 2, London/New York 1911, repr. 1950, pp. 94-129.

Coleridge, S.T.: *Fragments and Notes, Mainly from the Lectures of 1818. Wit and humour: Sterne,* in: T. Ashe (ed.), *Miscellanies, Aesthetic and Literary* . . ., London 1892, pp. 128-134.

Thayer, Harvey W.: *Laurence Sterne in Germany*, New York 1905 (= Columbia Univ. Germanic Studies. II,1).

Lukács, Georg: *Reichtum, Chaos und Form: Ein Zwiegespräch über Lawrence[sic] Sterne*, in: *Die Seele und die Formen. Essays*, Neuwied/Berlin 1971 [1911], pp. 179-217.

Pinger, W. R. Richard: *Laurence Sterne and Goethe*, Berkeley (Cal.) 1920 (= Univ. of California Publications in Modern Philology. 10:1).

Curtis, Lewis P.: *The Politics of Laurence Sterne*, London 1929.

Hazlitt, William: *Lectures on the English Comic Writers* and *Lectures on the Age of Elizabeth*, in: P. P. Howe (ed.), *The Complete Works of William Hazlitt*, vol. 6, London/Toronto 1931, pp. 120-121.

Morris, C. R.: *Locke, Berkeley, Hume*, Oxford 1931 u. ö.

Maack, Rudolf: *Laurence Sterne im Lichte seiner Zeit*, Hamburg 1936 (= Britannica. 10). Befaßt sich mit Sternes Menschenbild, seinem Denken und seiner Kunst.

MacLean, Kenneth: *John Locke and English Literature of the Eighteenth Century*, New Haven 1936. Repr. New York 1962.

Read, Herbert: *Sterne*, in: *Collected Essays in Literary Criticism*, London 1938, [2]1951, pp. 247-264.

Watkins, W. B. C.: *Perilous Balance. The tragic genius of Swift, Johnson, and Sterne*, Princeton 1939.

Quennell, Peter: *Laurence Sterne*, in: *Four Portraits. Studies of the eighteenth century*, London 1945, rev. ed. 1965, pp. 137-192.

Muir, Edwin: *Laurence Sterne*, in: *Essays on Literature and Society*, London 1949, pp. 49-56.

Jefferson, D.W.: *Laurence Sterne*, London 1954. Repr. 1959 (= WTW. 52).

Fredman, Alice G.: *Diderot and Sterne*, New York 1955. Repr. 1973.

Howes, Alan B.: *Yorick and the Critics. Sterne's reputation in England, 1760-1868*, New Haven 1958 (= YSE 139).

Woolf, Virginia: *Sterne* und *Eliza and Sterne*, in: *Granite and Rainbow. Essays . . .*, London 1958, pp. 167-180.

Schmidt-Hidding, Wolfgang: *Laurence Sterne*, in: *Sieben Meister des literarischen Humors in England und Amerika*, Heidelberg 1959, pp. 78-91.

Tave, Stuart M.: *The Amiable Humorist. A study in the comic theory and criticism of the eighteenth and early nineteenth centuries*, Chicago/London 1960; second impr. 1967.

Mayoux, Jean-Jacques: *Laurence Sterne parmi nous*, Critique 18, no. 176, 1962, pp. 99-120.

Michelsen, Peter: *Laurence Sterne und der deutsche Roman des achtzehnten Jahrhunderts*, Göttingen 1962 (= Palaestra. 232).

Tuveson, Ernest: *Locke and Sterne* in: *Reason and the Imagination. Studies in the history of ideas, 1600-1800*, ed. J. A. Mazzeo, New York 1962, pp. 255-277.

Rolle, Dietrich: *Fielding und Sterne. Untersuchungen über die Funktion des Erzählers*, Münster (Westf.) 1963.

Wickler, Franz-Josef: *Rabelais und Sterne*, Diss., Bonn 1963.

Piper, William B.: *Laurence Sterne*, New York 1965 (= TEAS. 26). *Tristram Shandy*: pp. 19-89.

Stedmond, John M.: *The Comic Art of Laurence Sterne. Convention and innovation in »Tristram Shandy« and »A Sentimental Journey«*, Univ. of Toronto Pr. 1967. »Sterne's comic ›message‹ is that man is a being not to be taken too seriously.« p. 164.

Borinski, Ludwig: *Sterne*, in: *Der englische Roman des 18. Jahrhunderts*, Frankfurt/M./Bonn 1968, pp. 249-269.

Oates, J. C. T.: *Shandyism and Sentiment, 1760-1800*, Cambridge 1968.

Traugott, John (ed.): *Laurence Sterne. A collection of critical essays*, Englewood Cliffs (N.J.) 1968.

Cash, Arthur H. and John M. Stedmond (edd.): *The Winged Skull. Papers from the Laurence Sterne bicentenary conference*, London 1971. Enth. u.a. zahlreiche Aufs. über »Tristram Shandy«.

Howes, Alan B. (ed.): *Sterne. The critical heritage*, London/Boston 1974.

Moglen, Helene: *The Philosophical Irony of Laurence Sterne*, Gainesville (Fla.) 1975.

Freedman, William: *Laurence Sterne and the Origins of the Musical Novel*, Athens (Ga.) 1978. »Music is present, in fact, at every level of construction from the most abstract and inclusive procedural principles to the smallest concrete component, in every wheel, digressive and progressive, that turns within and around other wheels to keep the book in motion.« p. 186.

Rohmann, Gerd (Hg.): *Laurence Sterne*, Darmstadt 1980 (= Wege der Forschung. 467). Enth. über ein Dutzend Aufsätze über »Tristram Shandy«.

Sichel, Walter: *Sterne. A study*. To which is added »The Journal to Eliza«, London 1910.

Turnbull, John M.: *The Prototype of Walter Shandy's Tristrapaedia*, RES 2, 1926, pp. 212-215.

Baird, Theodore: *The Time-Schema of »Tristram Shandy« and a Source*, PMLA 51, 1936, pp. 803-820.

Work, James A.: *Introduction to Laurence Sterne's »Tristram Shandy«*, New York 1940, pp. XLV-LXXII. – Übers. von Regine Wolf u. d.T.: *Laurence Sternes »Tristram Shandy«*, in: Willi Erzgräber (Hg.), *Englische Literatur. Von Thomas Morus bis Laurence Sterne*, Frankfurt/M. 1970, pp. 317-342 (= Interpretationen, VII).

Lehman, B. H.: *Of Time, Personality, and the Author. A study of »Tristram Shandy«: Comedy*, UCPE 8, no. 2, 1941, pp. 233-250. Repr. in: Robert D. Spector (ed.), *Essays on the Eighteenth-Century Novel*, Bloomington (Ind.)/London 1965, pp. 165-184.

Russell, H. K.: *»Tristram Shandy« and the Technique of the Novel*, SP 42, 1945, pp. 581-593.

Putney, Rufus D.S.: *Laurence Sterne, Apostle of Laughter*, in: Frederick W. Hilles (ed.), *The Age of Johnson*, Essays presented to Chauncey Brewster Tinker, New Haven/London 1949, pp. 159-170. Repr. in: Rufus D. S. Putney, *Eighteenth-Century English Literature. Modern essay in criticism*, New York 1959, pp. 274-284.

Booth, Wayne C.: *Did Sterne Complete »Tristram Shandy«?* MP 48, 1951, pp. 172-183.

Boys, Richard C.: *»Tristram Shandy« and the Conventional Novel*, PMASAL 37, 1951, pp. 423-436. Nachdr. in: Gerd Rohmann (Hg.), *Laurence Sterne*, Darmstadt 1980, pp. 342-355 (= Wege der Forschung. 467).

Jefferson, D.W.: *Tristram Shandy and the Tradition of Learned Wit*, EC 1, 1951, pp. 225-248. – Gekürzte Fassung u.d.T. *»Tristram Shandy« and its Tradition*, in: Boris Ford (ed.), *The Pelican Guide to English Literature*, vol. 4: *From Dryden to Johnson*, Harmondsworth 1957, repr. 1965, pp. 333-345.

Kettle, Arnold: *An Introduction to the English Novel*, vol. 1, London 1976 [1951], bs. pp. 75-79.

Ghent, Dorothy van: *On Tristram Shandy*, in: *The English Novel. Form and function*, New York 1967 [1953], pp. 104-122.

Harper, Kenneth E.: *A Russian Critic and »Tristram Shandy«*, MP 52, 1954, pp. 92-99.
MacLean, Kenneth: *The Imagination in »Tristram Shandy«*, *Explorations 3, 1954, pp. 59-64.*
Traugott, John: Tristram Shandy's World. Sterne's philosophical rhetoric, Berkeley/Los Angeles 1954.
Cash, Arthur H.: *The Lockean Psychology of »Tristram Shandy«*, ELH 22, 1955, pp. 125-135.
Holland, Norman N.: *The Laughter of Laurence Sterne*, HudR 9, 1956, pp. 422-430.
McKillop, Alan D.: *Laurence Sterne*, in: *The Early Masters of English Fiction*, Lawrence (Kan.)/London 1962 [1956], pp. 182-219.
Kleinstück, Johannes: *Zur Form und Methode des »Tristram Shandy«*, Archiv 194, 1957, pp. 122-137.
Sander, Volkmar: *Handlungsstränge und Handlungsgefüge in Laurence Sternes »Tristram Shandy«. Eine Untersuchung über additive Verknüpfungsformen*, Diss., Frankfurt/M. 1957.
Towers, A. R.: *Sterne's Cock and Bull Story*, ELH 24, 1957, pp. 12-29.
Stedmond, J. M.: *Genre and »Tristram Shandy«*, PQ 38, 1959, pp. 37-51.
Parish, Charles: *A Table of Contents for »Tristram Shandy«*, CE 22, 1960, pp. 143-150.
Booth, Wayne C.: *[Tristram Shandy]*, in: *The Rhetoric of Fiction*, Chicago/London 1961, pp. 221-240.
Burckhardt, Sigurd: *»Tristram Shandy's« Law of Gravity*, ELH 28, 1961, pp. 70-88. Nachdr. in: Gerd Rohmann (Hg.), *Laurence Sterne*, Darmstadt 1980, pp. 137-154 (= Wege der Forschung. 467).
Griffin, Robert J.: *Tristram Shandy and Language*, CE 23, 1961, pp. 108-112.
Piper, William B.: *»Tristram Shandy's« Digressive Artistry*, SEL 1, 1961, pp. 65-76.
Drew, Elizabeth: *The Novel. A modern guide to fifteen English masterpieces*, New York 1963, pp. 75-94.
Farrell, William J.: *Nature Versus Art as Comic Pattern in »Tristram Shandy«*, ELH 30, 1963, pp. 16-35.
Hall, Joan, J.: *The Hobbyhorsical World of »Tristram Shandy«*, MLQ 24, 1963, pp. 131-143.
Landa, Louis A.: *The Shandean Homunculus. The background of Sterne's »little gentleman«*, in: Carroll Camden (ed.), *Restoration and Eight-*

eenth-Century Literature. Essays in honor of Alan Dugald McKillop, Chicago 1963, pp. 49-68.

Price, Martin: *Sterne. Art and nature*, in: *To the Palace of Wisdom. Studies in order and energy from Dryden to Blake*, New York 1964, pp. 312-341.

Wolff, Erwin: *Welt als Extremfall individuellen Erlebens – Laurence Sterne*, in: *Der englische Roman im 18. Jahrhundert. Wesen und Formen*, Göttingen 1964, pp. 81-103.

Warning, Rainer: *Illusion und Wirklichkeit in »Tristram Shandy« und »Jacques le Fataliste«*, München 1965.

James, Overton Philip: *The Relation of »Tristram Shandy« to the Life of Sterne*, The Hague/Paris 1966.

Landow, George P.: *»Tristram Shandy« and the »Comedy« of Context*, Brigham Young University Studies 7, 1966, pp. 208-224. Nachdr. in: Gerd Rohmann (Hg.), *Laurence Sterne*, Darmstadt 1980, pp. 201-217 (= Wege der Forschung. 467).

Šklovskij, Viktor: *Die Parodie auf den Roman: »Tristram Shandy«*, in: *Theorie der Prosa* [*O teorii prozy*. 1925]. Übers. von Gisela Drohla, Frankfurt/M. 1966, pp. 131-162.

Steeves, Harrison R.: *A Fellow of Infinite Jest: Laurence Sterne*, in: *Before Jane Austen. The shaping of the English novel in the eighteenth century*, London 1966, pp. 173-192.

Anderson, Howard: *A Version of Pastoral. Class and society in »Tristram Shandy«*, SEL 7, 1967, pp. 509-529.

Bartlett, Lynn C. and William R. Sherwood (edd.): *The English Novel. Background readings*, Philadelphia/New York 1967, pp. 79-117.

Giddey, Ernest: *Le jeu de la découverte et du sentiment dans »Tristram Shandy« de Sterne*, Études de Lettres 10, (sér. II), 1967, pp. 177-195.

Hafter, Ronald: *Garrick and Tristram Shandy*, SEL 7, 1967, pp. 475-489.

Mahlich, Eva-Maria: *Laurence Sternes »Tristram Shandy« als sprachliches Kunstwerk*, Diss. [Bern, um 1967].

Paulson, Ronald: *Satire and the Novel in Eighteenth-Century England*, New Haven/London 1967, pp. 248-265.

Alter, Robert: *Tristram Shandy and the Game of Love*, ASch 37, 1968, pp. 316-323.

Cash, Arthur H.: *The Birth of Tristram Shandy. Sterne and Dr. Burton*, in: *Studies in the Eighteenth Century. Papers presented at the David Nichol Smith Memorial Seminar Canberra 1966*, Canberra 1968, pp. 133-154.

Miller, Norbert: *Der empfindsame Erzähler. Untersuchungen an Romananfängen des 18. Jahrhunderts*, München 1968, pp. 258-278.

Singleton, Marvin K.: *Deuced Knowledge as Shandean Nub. Paracelsian hermetic as metaphoric bridge in »Tristram Shandy«*, ZAA 16, 1968, pp. 274-284.

Anderson, Howard: *Associationism and Wit in »Tristram Shandy«*, PQ 48, 1969, pp. 27-41.

Doherty, Francis: *Sterne and Hume. A bicentenary essay*, E&S 22, 1969, pp. 71-87.

Fabian, Bernhard: *Sterne, »Tristram Shandy«*, in: Franz K. Stanzel (Hg.), *Der englische Roman. Vom Mittelalter zur Moderne*, vol. 1, Düsseldorf 1969, pp. 232-269.

New, Melvyn: *Laurence Sterne as Satirist. A reading of »Tristram Shandy«*, Gainesville (Fla.) 1969. ». . . my fundamental contention is that Sterne condemns Tristram's aesthetic and moral codes.« p. 2.

Petrie, Graham: *Rhetoric as Fictional Technique in »Tristram Shandy«*, PQ 48, 1969, pp. 479-494.

Sherbo, Arthur: *Some Not-So-Hidden Allusions in »Tristram Shandy«*, in: *Studies in the Eighteenth Century English Novel*, Michigan State Up 1969, pp. 128-135.

Faurot, Ruth M.: *Mrs. Shandy Observed*, SEL 10, 1970, pp. 579-589.

Gassenmeier, Michael: *Tristrams Onkel Toby. Ein »man of feeling« aus ironischer Distanz*, Anglia 88, 1970, pp. 509-518.

Hartley, Lodwick: *»'Tis a Picture of Myself«. The author in »Tristram Shandy«*, SHR 4, 1970, pp. 301-313. Nachdr. in: Gerd Rohmann (Hg.), *Laurence Sterne*, Darmstadt 1980, pp. 164-177. (= Wege der Forschung. 467).

Holtz, William V.: *Image and Immortality. A study of »Tristram Shandy«*, Providence (R. I.) 1970. »The present study attempts to explore in more detail and on a broader scale the value of ›pictorial‹ relationships in explicating ›Tristram Shandy‹.« Pref., p. XIII.

Hunter, J. Paul: *Response as Reformation. »Tristram Shandy« and the art of interruption*, Novel 4, 1970, pp. 132-146. Nachdr. in: Gerd Rohmann (Hg.), *Laurence Sterne*, Darmstadt 1980, pp. 178-197.

Petrie, Graham: *A Rhetorical Topic in »Tristram Shandy«*, MLR 65, 1970, pp. 261-266.

Preston, John: *The Created Self. The reader's role in eighteenth-century fiction*, London 1970, pp. 133-195.

Allentuck, Marcia: *In Defense of an Unfinished »Tristram Shandy«*, in: Arthur H. Cash and John M. Stedmond (edd.), *The Winged Skull. Papers from the Laurence Sterne Bicentenary Conference*, London 1971, pp. 145-155.

Anderson, Howard: *»Tristram Shandy« and the Reader's Imagination*, PMLA 86, 1971, pp. 966-973.

Brissenden, R. F.: *»Trusting to Almighty God.« Another look at the composition of Tristram Shandy*, in: Arthur H. Cash and John M. Stedmond (edd.), *The Winged Skull. Papers from the Laurence Sterne Bicentenary Conference*, London 1971, pp. 258-269.

Davis, Robert Gorham: *Sterne and the Delineation of the Modern Novel*, in: Arthur H. Cash and John M. Stedmond (edd.), *The Winged Skull. Papers from the Laurence Sterne Bicentenary Conference*, London 1971, pp. 21-41.

Donoghue, Denis: *Sterne, Our Contemporary*, in: Arthur H. Cash and John M. Stedmond (edd.), *The Winged Skull. Papers from the Laurence Sterne Bicentenary Conference*, London 1971, pp. 42-58.

Fabian, Bernhard: *Tristram Shandy and Parson Yorick among some German Greats*, in: Arthur H. Cash and John M. Stedmond (edd.), *The Winged Skull. Papers from the Laurence Sterne Bicentenary Conference*, London 1971, pp. 194-209.

Freedman, William: *»Tristram Shandy«. The art of literary counterpoint*, MLQ 32, 1971, pp. 268-280.

Hnatko, Eugene: *Sterne's Conversational Style*, in: Arthur H. Cash and John M. Stedmond (edd.), *The Winged Skull. Papers from the Laurence Sterne Bicentenary Conference*, London 1971, pp. 229-236.

Kirby, Paul F.: *Sterne in Italy*, in: Arthur H. Cash and John M. Stedmond (edd.), *The Winged Skull. Papers from the Laurence Sterne Bicentenary Conference*, London 1971, pp. 210-226.

Mayoux, Jean-Jacques: *Variations on the Time-Sense in »Tristram Shandy«*, in: Arthur H. Cash and John M. Stedmond (edd.), *The Winged Skull. Papers from the Laurence Sterne Bicentenary Conference*, London 1971, pp. 3-18.

Milic, Louis T.: *Information Theory and the Style of »Tristram Shandy«*, in: Arthur H. Cash and John M. Stedmond (edd.), *The Winged Skull. Papers from the Laurence Sterne Bicentenary Conference*, London 1971, pp. 237-246.

Moglen, Helene: *Laurence Sterne and the Contemporary Vision*, in: Arthur

H. Cash and John M. Stedmond (edd.), *The Winged Skull. Papers from the Laurence Sterne Bicentenary Conference*, London 1971, pp. 59-75.

Shumuta, Natsuo: *Laurence Sterne and Japan*, in: Arthur H. Cash and John M. Stedmond (edd.), *The Winged Skull. Papers from the Laurence Sterne Bicentenary Conference*, London 1971, pp. 186-193.

Survant, Joe: *»Tristram Shandy« and »Ulysses«. A study in the use of time*, Ph. D. thesis, Univ. of Delaware, 1971.

Berger, Dieter A.: *Das gezielte Mißverständnis. Kommunikationsprobleme in Laurence Sternes »Tristram Shandy«*, Poetica 5, 1972, pp. 329-347.

Gassenmeier, Michael: *Der Typus des »man of feeling«. Studien zum sentimentalen Roman des 18. Jahrhunderts in England*, Tübingen 1972, Kap. IV-V.

Stanzel, Franz: *»Tom Jones« und »Tristram Shandy«. Ein Vergleich als Vorstudie zu einer Typologie des Romans*, in: *Henry Fielding und der englische Roman des 18. Jahrhunderts*, Wolfgang Iser (Hg.), Darmstadt 1972, pp. 437-473 (= Wege der Forschung CLXI). – Korrigierter und leicht gekürzter Nachdruck eines Beitrags, der zuerst in der Zeitschrift *English Miscellany* 5, 1954, pp. 107-148, erschienen ist.

Brooks, Douglas: *Sterne: »Tristram Shandy«*, in: *Number and Pattern in the Eighteenth-Century Novel. Defoe, Fielding, Smollett and Sterne*, London/Boston 1973, pp. 160-182.

Hay, John A.: *Rhetoric and Historiography. Tristram Shandys first nine kalendar months*, in: R. F. Brissenden (ed.), *Studies in the Eighteenth Century II. Papers presented at the Second David Nichol Smith Memorial Seminar Canberra 1970*. Toronto 1973, pp. 53-91.

Lanham, Richard A.: *Tristram Shandy. The games of pleasure*, Berkeley 1973.

Maskell, Duke: *Locke and Sterne, or Can Philosophy Influence Literature?* EC 23, 1973, pp. 22-39.

Mellown, Elgin W.: *Narrative Technique in »Tristram Shandy«*, PLL 9, 1973, pp. 263-270. Nachdr. in: Gerd Rohmann (Hg.), *Laurence Sterne*, Darmstadt 1980, pp. 113-121 (= Wege der Forschung. 467).

Segal, Ora: *On the Difficulties of Novel-writing. A reading of »Tristram Shandy«*, Hebrew University Studies in Literature 1, no. 2, 1973, pp. 132-158.

Banerjee, Chinmoy: *»Tristram Shandy« and the Association of Ideas*, TSLL 15, 1974, pp. 693-706.

Battestin, Martin C.: *Sterne. The poetics of sensibility*, in: *The Providence of Wit. Aspects of form in Augustan literature and the arts*, Oxford 1974, pp. 241-269.

Brissenden, R. F.: *The Sentimental Comedy: »Tristram Shandy«*, in: *Virtue in Distress. Studies in the novel of sentiment from Richardson to Sade*, London 1974, pp. 187-217.

De Porte, Michael V.: *Nightmares and Hobbyhorses. Swift, Sterne, and Augustan ideas on madness*, San Marino 1974, pp. 107-135.

Doherty, F.: *Bayle and »Tristram Shandy«. »Stage-loads of chymical nostrums and peripatetic lumber«*, Neophilologus 58, 1974, pp. 339-348.

Karl, Frederick R.: *»Tristram Shandy«, the Sentimental Novel, and Sentimentalists*, in: *A Reader's Guide to the Eighteenth-Century English Novel*, New York 1974, pp. 205-234.

McKee, John B.: *The Ironist as Explorer. Information and context withholding in »Tristram Shandy«*, in: *Literary Irony and the Literary Audience. Studies in the victimization of the reader in Augustan fiction*, Amsterdam 1974, pp. 54-81.

Park, William: *»Tristram Shandy« and the New »Novel of Sensibility«*, SNNTS 6, 1974, pp. 268-279.

Rauter, Herbert: *Der Hut des Korporals Trim. Zu Grenzen, Möglichkeiten und Zweck der Beredsamkeit im V. Buch von Sternes »Tristram Shandy«*, in: *Studien zur englischen und amerikanischen Literatur*. Festschr. für Helmut Papajewski, Neumünster 1974, pp. 325-349 (= Kieler Beiträge zur Anglistik und Amerikanistik. 10).

Sallé, Jean-Claude: *A State of Warfare. Some aspects of time and chance in »Tristram Shandy«*, in: Larry S. Champion (ed.), *Quick Springs of Sense. Studies in the eighteenth century*, Athens (Ga.) 1974. pp. 211-221.

Auty, Susan G.: *»Tristram Shandy«*, in: *The Comic Spirit of Eighteenth-Century Novels*, Port Washington (N.Y.)/London 1975, pp. 119-147.

Jackson, H. J.: *Sterne, Burton, and Ferriar. Allusions to the »Anatomy of Melancholy« in volumes five to nine of »Tristram Shandy«*, PQ 54, 1975, pp. 457-470.

New, Melvyn: *The Sterne Edition. The text of »Tristram Shandy«*, in: G. E. Bentley, Jr. (ed.), *Editing Eighteenth Century Novels. Papers on Fielding, Lesage, Richardson, Sterne, and Smollett given at the Conference on editorial problems, University of Toronto, November 1973*, Toronto 1975, pp. 67-89.

Nonner, Trude: *Identität und Idee: Laurence Sternes Tristram Shandy*, Heidelberg 1975.

Rothstein, Eric: *»Tristram Shandy«*, in: *Systems of Order and Inquiry in Later Eighteenth-Century Fiction*, Berkeley (Cal.) 1975, pp. 62-108.

Baker, Van R.: *Sterne and Piganiol de la Force. The making of volume VII of »Tristram Shandy*, CLS 13, 1976, pp. 5-14.

Hamburger, Käte: *My uncle Toby*, in: Gerald Gillespie und Edgar Lohner (Hgg.), *Herkommen und Erneuerung*. Essays für Oskar Seidlin, Tübingen 1976, pp. 78-92.

New, Melvyn and Norman Fry: *Some Borrowings in »Tristram Shandy«. The textual problem*, SB 29, 1976, pp. 322-330.

Spacks, Patricia Meyer: *The Beautiful Oblique: »Tristram Shandy«*, in: *Imagining a Self. Autobiography and Novel in Eighteenth-Century England*, Cambridge (Mass.)/London 1976, pp. 127-157.

Warren, Leland E.: *The Constant Speaker. Aspects of conversation in »Tristram Shandy«*, UTQ 46, 1976, pp. 51-67.

Blaicher, Günther: *Lesen und Schreiben als Formen des »Trifling« in Sternes »Tristram Shandy«*, in: *Freie Zeit – Langeweile – Literatur. Studien zur therapeutischen Funktion der englischen Prosaliteratur im 18. Jahrhundert*, Berlin/New York 1977, pp. 238-249.

Fabricant, Carole: *»Tristram Shandy« and »Moby-Dick«. A cock and bull story and a tale of a tub*, JNT 7, 1977, pp. 57-69.

Kinder, Marsha and Beverle Houston: *A Critical Adaptation of »Tristram Shandy«*, ECS 10, 1977, pp. 484-492.

Löschen, K. H.: *Laurence Sterne. »Tristram Shandy« – Landpfarrer und »Gentleman«. Sozialethische Betrachtungen zu einem Original*, Heidelberg 1977 (= Reihe Siegen. Beitr. zur Literatur- und Sprachwissenschaft. 4).

Mehl, Dieter: *The Life and Opinions of Tristram Shandy, Gentleman (1759-67)*, in: *Der englische Roman bis zum Ende des 18. Jahrhunderts*, Düsseldorf 1977, pp. 151-161.

Smitten, Jeffrey R.: *Tristram Shandy and Spatial Form*, Ariel 8, 1977, pp. 43-59.

Swearingen, James E.: *Reflexivity in »Tristram Shandy«. An essay in phenomenological criticism*, New Haven/London 1977.

Zach, Wolfgang: *»My Uncle Toby's Apologetical Oration« und die politische Sinndimension von »Tristram Shandy«*, GRM 27 (N.F.), 1977, pp. 391-416.

Conrad, Peter: *Shandyism. The character of romantic irony*, Oxford 1978.

Lévy, Maurice: *Sterne ou l'écriture en fête*, in: Jean Ducrocq, Suzy Halimi et Maurice Lévy: *Roman et société en Angleterre au XVIIIe siècle*, Presses universitaires de France 1978, pp. 131-143.

Rosenblum, Michael: *The Sermon, the King of Bohemia, and the Art of Interpolation in »Tristram Shandy«*, SP 75, 1978, pp. 472-491.

Tyson, Gerald P.: *The Rococo Style of »Tristram Shandy«*, BuR 24, 1978, pp. 38-55.

Nänny, Max: *Similarity and Contiguity in »Tristram Shandy«*, ES 60, 1979, pp. 422-435.

Seidel, Michael; *Gravity's Inheritable Line. Sterne's »Tristram Shandy«*, in: *Satiric Inheritance. Rabelais to Sterne*, Princeton (N. J.) 1979, pp. 250-262.

Uphaus, Robert W.: *Sterne's Sixth Sense*, in: *The Impossible Observer. Reason and the reader in eighteenth-century prose*, Univ. Pr. of Kentucky 1979, pp. 108-122.

Wendell, Elizabeth M.: *Der Leser als Protagonist. Didaktische Strukturen in Laurence Sternes »Tristram Shandy«*, Frankfurt/M. 1979 (= Anglo-American Forum. 10).

Dowling, William C.: *Tristram Shandy's Phantom Audience*, Novel 13, 1980, pp. 284-295.

Schulze, Martin: *Do you Know the Meaning of ——? Die markierte Aussparung als Indiz für die planvolle Komposition des »Tristram Shandy«*, in: Gerd Rohmann (Hg.), *Laurence Sterne*, Darmstadt 1980, pp. 394-436 (= Wege der Forschung. 467).

Schwanitz, Dietrich: *Der Unfall und die Weltgeschichte. Zur Thematisierung der Alltagswelt in Laurence Sternes »Tristram Shandy«*, in: Hans-Heinrich Freitag und Peter Hühn (Hgg.), *Literarische Ansichten der Wirklichkeit. Studien zur Wirklichkeitskonstitution in englischsprachiger Literatur*. To honour Johannes Kleinstück, Frankfurt/M. 1980, pp. 143-172 (= Anglo-American Forum. 12).

Snow, Kathleen R.: *Homunculus in Paracelsus, »Tristram Shandy«, and »Faust«*, JEGP 79, 1980, pp. 67-74.

McMaster, Juliet and Rowland: *Experience to Expression in »Tristram Shandy«*, in: *The Novel from Sterne to James. Essays on the relation of literature to life*, London 1981, pp. 1-17.

Englische und amerikanische Literatur
im insel taschenbuch

Elizabeth von Arnim: Elizabeth und ihr Garten. Aus dem Englischen von Adelheid Dormagen. it 1293

Jane Austen: Die Abtei von Northanger. Aus dem Englischen von Margarete Rauchenberger. Mit Illustrationen von Hugh Thomson. it 931

– Anne Elliot. Aus dem Englischen von Margarete Rauchenberger. Mit Illustrationen von Hugh Thomson. it 1062

– Emma. Aus dem Englischen von Charlotte Gräfin von Klinckowstroem. Mit Illustrationen von Hugh Thomson. it 511

– Lady Susan. Ein Roman in Briefen. Die Watsons. Sanditon. Zwei Romanfragmente. Aus dem Englischen von Angelika Beck und Elizabeth Gilbert. it 1192

– Lady Susan. Ein Roman in Briefen. Aus dem Englischen von Angelika Beck. Großdruck. it 2331

– Stolz und Vorurteil. Aus dem Englischen von Margarete Rauchenberger. Mit Illustrationen von Hugh Thomson und mit einem Essay von Norbert Kohl. it 787

Harriet Beecher-Stowe: Onkel Toms Hütte. In der Bearbeitung einer alten Übersetzung. Herausgegeben und mit einem Nachwort versehen von Wieland Herzfelde. Mit 27 Holzschnitten von Georg Cruikshank aus der englischen Ausgabe von 1852. it 272

Ambrose Bierce: Aus dem Wörterbuch des Teufels. Auswahl, Übersetzung und Nachwort von Dieter E. Zimmer. it 440

– Mein Lieblingsmord. Erzählungen. Mit einem Nachwort von Edouard Roditi. Aus dem Amerikanischen von Gisela Günther. it 39

– Das Spukhaus und andere Gespenstergeschichten. Deutsch von Gisela Günther, Anneliese Strauß und K. B. Leder. it 1411

Anne Brontë: Agnes Grey. Aus dem Englischen von Elisabeth von Arx. it 1093

Charlotte Brontë: Erzählungen aus Angria. Aus dem Englischen von Michael Walter und Jörg Drews. it 1285

– Jane Eyre. Eine Autobiographie. Aus dem Englischen von Helmut Kossodo. Mit einem Essay und einer Bibliographie herausgegeben von Norbert Kohl. it 813

– Der Professor. Aus dem Englischen von Gottfried Röckelein. it 1354

– Shirley. Aus dem Englischen von Johannes Reiher und Horst Wolf. it 1145

– Über die Liebe. Herausgegeben von Elsemarie Maletzke. Übertragen von Eva Groepler und Hans J. Schütz. it 1249

– Villette. Roman. Aus dem Englischen von Christiane Agricola. it 1447

153/1/8.92

Englische und amerikanische Literatur im insel taschenbuch

Emily Brontë: Die Sturmhöhe. Aus dem Englischen von Grete Rambach. it 141

Edward George Bulwer-Lytton: Die letzten Tage von Pompeji. Aus dem Englischen von Friedrich Notter. it 801

Lewis Carroll: Alice hinter den Spiegeln. Mit einundfünfzig Illustrationen von John Tenniel. Übersetzt von Christian Enzensberger. it 97

– Alice im Wunderland. Mit zweiundvierzig Illustrationen von John Tenniel. Übersetzt und mit einem Nachwort von Christian Enzensberger. it 42

– Geschichten mit Knoten. Eine Sammlung mathematischer Rätsel. Herausgegeben und übersetzt von Walter E. Richartz. Mit Illustrationen von Arthur B. Frost. it 302

– Die Jagd nach dem Schnark. Übersetzt und ausgeleitet von Klaus Reichert. Mit Illustrationen von Henry Holiday. it 598

Geoffrey Chaucer: Die Canterbury-Erzählungen. Vollständige Ausgabe. Aus dem Englischen übertragen und herausgegeben von Martin Lehnert. Mit Illustrationen von Edward Burne-Jones. it 1006

Gilbert Keith Chesterton: Alle Pater-Brown-Geschichten. 2 Bände in Kassette. it 1263/1149

– Pater-Brown-Geschichten. 24 Detektivgeschichten. Mit einem Nachwort von Norbert Miller. it 1149

– Die schönsten Pater-Brown-Geschichten. Großdruck. it 2332

Daniel Defoe: Glück und Unglück der berühmten Moll Flanders, die, im Zuchthaus Newgate geboren, nach vollendeter Kindheit noch sechzig wertvolle Jahre durchlebte, zwölf Jahre Dirne war, fünfmal heiratete, darunter ihren Bruder, zwölf Jahre lang stahl, acht Jahre deportierte Verbrecherin in Virginien war, schließlich reich wurde, ehrbar lebte und reuig verstarb. Beschrieben nach ihren eigenen Erinnerungen. Deutsch von Martha Erler. Mit Illustrationen von William Hogarth und einem Essay von Norbert Kohl. it 707

– Robinson Crusoe. Mit Illustrationen von Ludwig Richter. In der Übersetzung von Hannelore Novak. it 41

Charles Dickens: Bleak House. Aus dem Englischen von Richard Zoozmann. Mit Illustrationen von Phiz. it 1110

– David Copperfield. Mit Illustrationen von Phiz. it 468

– Detektivgeschichten. Aus dem Englischen von Franz Franzius. it 821

– Eine Geschichte aus zwei Städten. Mit Illustrationen von Phiz. it 1033

– Große Erwartungen. Aus dem Englischen von Margit Meyer. Mit Illustrationen von F. W. Pailthorpe. it 667

153/2/8.92

Englische und amerikanische Literatur im insel taschenbuch

Charles Dickens: Harte Zeiten. Aus dem Englischen von Paul Heichen. Mit Illustrationen von F. Walker und Maurice Greiffenhagen. it 955

– Nikolaus Nickleby. Mit Illustrationen von Phiz. it 1304

– Die Pickwickier. Mit Illustrationen von Robert Seymour, Robert William Buss und Phiz. it 896

– Der Raritätenladen. Aus dem Englischen von Leo Feld. Mit Holzschnitten von George Cattermole, H. K. Browne, George Cruikshank und Daniel Maclise. it 716

– Weihnachtserzählungen. Mit Illustrationen von Leech, Stanfiels, Stone u.a. it 358

Charles A. Eastman: Indianergeschichten aus alter Zeit. Deutsch von Elisabeth Friederichs. Mit einem Nachwort herausgegeben von Dietrich Leube. Illustrationen und Anmerkungen von Frederick Weygold. it 861

Henry Fielding: Tom Jones. Die Geschichte eines Findelkindes. 2 Bde. Mit Illustrationen von Gravelot und Moreau le jeune. Herausgegeben und mit einem Nachwort von Norbert Kohl. it 504

Ben Hecht: Tausendundein Nachmittage in New York. Aus dem Amerikanischen von Helga Herborth. Mit Illustrationen von George Grosz. it 1323

Rudyard Kipling: Mit der Nachtpost. Unheimliche Geschichten. Aus dem Englischen von Friedrich Polakovics. it 1368

– Unheimliche Geschichten. Aus dem Englischen von Friedrich Polakovics. it 1286

D. H. Lawrence: Erotische Geschichten. Aus dem Englischen von Heide Steiner. it 1385

Matthew Gregory Lewis: Der Mönch. Aus dem Englischen von Friedrich Polakovics. Mit einem Essay und einer Bibliographie von Norbert Kohl. it 907

Jane Lidderdale / Mary Nicholson: Liebe Miss Weaver. Ein Leben für Joyce. Aus dem Englischen von Angela Praesent und Anneliese Strauss. it 1436

Lord Byron. Ein Lesebuch mit Texten, Bildern und Dokumenten. Herausgegeben von Gert Ueding. it 1051

Katherine Mansfield: Der Mann ohne Temperament und andere Erzählungen. Aus dem Englischen von Heide Steiner. Großdruck. it 2325

– Seligkeit und andere Erzählungen. Aus dem Englischen von Heide Steiner. it 1334

153/3/8.92

Englische und amerikanische Literatur im insel taschenbuch

Charles Robert Maturin: Melmoth der Wanderer. Roman. Aus dem Englischen von Friedrich Polakovics. Mit einem Nachwort von Dieter Sturm. it 1279

Herman Melville: Israel Potter. Seine fünfzig Jahre im Exil. Aus dem Amerikanischen von Uwe Johnson. it 1315

– Moby Dick. 2 Bde. Aus dem Amerikanischen von Alice und Hans Seiffert. Mit Zeichnungen von Rockwell Kent und einem Nachwort von Rudolf Sühnel. it 233

Samuel Pepys: Das geheime Tagebuch. Herausgegeben von Anselm Schlösser und übertragen von Jutta Schlösser. Mit Abbildungen. it 637

Sylvia Plath: Das Bett-Buch. Aus dem Englischen von Eva Demski. Mit farbigen Illustrationen von Rotraud Susanne Berner. it 1474

Edgar Allan Poe: Der entwendete Brief und andere Erzählungen. Ausgewählt von Franz-Heinrich Hackel. Aus dem Amerikanischen von Werner Beyer u.a. Mit Holzschnitten von Fritz Eichenberg. Großdruck. it 2309

– Erzählungen. Übertragen von Barbara Cramer-Nauhaus, Erika Gröger und Heide Steiner. it 1449

– Das Geheimnis der Marie Rogêt und andere Erzählungen. Aus dem Amerikanischen von Werner Beyer, Felix Friedrich und anderen. it 783

– Grube und Pendel. Und andere Erzählungen. Mit einem Nachwort von Franz Rottensteiner und Illustrationen von Harry Clarke. Aus dem Amerikanischen von Günther Steinig. ›Grube und Pendel‹ wurde von Elisabeth Seidel übersetzt. it 362

– Der Untergang des Hauses Usher. Meistererzählungen. Aus dem Amerikanischen von Barbara Cramer-Nauhaus, Erika Gröger und Heide Steiner. it 1373

Reynolds Price: Ein ganzer Mann. Roman. Aus dem Amerikanischen von Maria Carlsson. it 1378

Walter Scott: Ivanhoe. Roman. Deutsch von Leonhard Tafel. Textrevision und Nachwort von Paul Ernst. it 751

William Shakespeare: Hamlet. Prinz von Dänemark. Aus dem Englischen von August Wilhelm von Schlegel. Durchgesehen von Levin L. Schücking. Mit Illustrationen von Eugène Delacroix. Herausgegeben und mit einem Essay versehen von Norbert Kohl. it 364

– Richard III. Aus dem Englischen von Thomas Brasch. it 1109

– Romeo und Julia. Deutsch von Thomas Brasch. it 1383

– Was ihr wollt. Aus dem Englischen von Thomas Brasch. it 1205

153/4/8.92

Englische und amerikanische Literatur im insel taschenbuch

Mary W. Shelley: Frankenstein oder Der moderne Prometheus. Mit einem Essay von Norbert Kohl. it 1030

Muriel Spark: Mary Shelley. Eine Biographie. Deutsch von Angelika Beck. Mit zahlreichen Abbildungen. it 1258

Laurence Sterne: Leben und Meinungen von Tristram Shandy Gentleman. In der Übersetzung von Adolf Friedrich Seubert. Durchgesehen und revidiert von Hans J. Schütz. Mit einem Essay und einer Bibliographie von Norbert Kohl. Illustrationen von George Cruikshank. it 621

– Yoricks Reise des Herzens durch Frankreich und Italien. Aus dem Englischen übersetzt und mit einem Nachwort versehen von Helmut Findeisen. Mit zwölf Holzschnitten nach Tony Johannot. it 277

Robert Louis Stevenson: Die Schatzinsel. Aus dem Englischen von Karl Lerbs. Mit Illustrationen von Georges Roux. it 65

Bram Stoker: Dracula. Aus dem Englischen von Karl Bruno Leder. it 1086

Jonathan Swift: Gullivers Reisen. Mit Illustrationen von Grandville und einem Vorwort von Hermann Hesse. Aus dem Englischen übersetzt von Franz Kottenkamp. Vervollständigt und bearbeitet von Roland Arnold. it 58

William Makepeace Thackeray: Jahrmarkt der Eitelkeit. Ein Roman ohne Held. 2 Bde. Mit Illustrationen von Thackeray. Herausgegeben und mit einem Nachwort von Norbert Kohl. Dem deutschen Text wurde eine Übertragung aus dem Nachlaß von H. Röhl zugrunde gelegt. it 485

Mark Twain: Gesammelte Werke in 10 Bänden. Ausgewählt und zusammengestellt von Norbert Kohl. it 831-840

Band 2: Tom Sawyers Abenteuer. Bearbeitet von Karl Heinz Berger. Mit Illustrationen von True W. Williams. it 832

Band 4: Bummel durch Europa. Deutsch von Gustav Adolf Himmel. Mit Illustrationen der Erstausgabe von W. Fr. Brown, True W. Williams, B. Day u.a. it 834

Band 6: Leben auf dem Mississippi. Deutsch von Helene Ritzerfeld. Mit Illustrationen von Klaus Ensikat. it 836

Band 7: Huckleberry Finns Abenteuer. Deutsch von Barbara Cramer-Nauhaus. Mit Illustrationen von Edward W. Kemble. it 837

Band 8: Ein Yankee am Hofe des Königs Artus. Deutsch von Maja Ueberle. Mit Illustrationen der Erstausgabe von Daniel C. Beard. it 838

153/5/8.92

Englische und amerikanische Literatur im insel taschenbuch

Mark Twain: Der gestohlene weiße Elefant und andere Erzählungen. Ausgewählt von Franz-Heinrich Hackel und Norbert Kohl. Mit zahlreichen Abbildungen. Großdruck. it 2308

Oscar Wilde: Gesammelte Werke in zehn Bänden. Herausgegeben von Norbert Kohl. it 582

Band 1: Das Bildnis des Dorian Gray. Übersetzt von Christine Hoeppner.

Band 2: Märchen und Erzählungen. Übersetzt von Franz Blei und Christine Hoeppner.

Band 3: Theaterstücke I. Übersetzt von Christine Hoeppner.

Band 4: Theaterstücke II. Übersetzt von Christine Hoeppner.

Band 5: Gedichte. Übersetzt von Gisela Etzel, Otto Hauser, Norbert Kohl und Elfriede Mund.

Band 6: Essays I. Übersetzt von Friedrich Polakovics, Franz Blei, Emanuela Mattl-Löwenkreuz und Max Meyerfeld.

Band 7: Essays II. Übersetzt von Christine Hoeppner, Norbert Kohl, Christine Koschel und Inge von Weidenbaum.

Band 8: Briefe I. Übersetzt von Hedda Soellner. Herausgegeben von Rupert Hart-Davis.

Band 9: Briefe II. Übersetzt von Hedda Soellner. Herausgegeben von Rupert Hart-Davis.

Band 10: Briefe III. Anmerkungen. Übersetzt von Hedda Soellner. Herausgegeben von Rupert Hart-Davis.

– Aphorismen. Herausgegeben von Frank Thissen. it 1020

– Das Bildnis des Dorian Gray. Deutsch von Hedwig Lachmann und Gustav Landauer. Mit einem Essay, einer Auswahlbibliographie und einer Zeittafel herausgegeben von Norbert Kohl. it 843

– Die Erzählungen und Märchen. Mit Illustrationen von Heinrich Vogeler. Aus dem Englischen übersetzt von Felix Paul Greve und Franz Blei. it 5

– Gedichte. Herausgegeben von Norbert Kohl. it 1455

– Das Gespenst von Canterville. Erzählung. Mit Illustrationen von Oski. Aus dem Englischen von Franz Blei. it 344

– Der glückliche Prinz und andere Märchen. Aus dem Englischen von Franz Blei. Mit Illustrationen von Michael Schroeder und einem Nachwort von Norbert Kohl. it 1256

– Lord Arthur Saviles Verbrechen und andere Geschichten. Mit Illustrationen von Michael Schroeder. Aus dem Englischen von Christine Hoeppner. it 1151

– Salome. Dramen, Schriften, Aphorismen und ›Die Ballade vom Zuchthaus zu Reading‹. Mit Illustrationen von Marcus Behmer. it 107

153/6/8.92

Biographien, Leben und Werk im insel taschenbuch

Lou Andreas-Salomé: Lebensrückblick. Grundriß einiger Lebenserinnerungen. Aus dem Nachlaß herausgegeben von Ernst Pfeiffer. Neu durchgesehene Ausgabe mit einem Nachwort des Herausgebers. it 54

– Rainer Maria Rilke. Mit acht Bildtafeln im Text. Herausgegeben von Ernst Pfeiffer. it 1044

Elizabeth von Arnim: Elizabeth und ihr Garten. Aus dem Englischen von Adelheid Dormagen. it 1293

Georg Bollenbeck: Theodor Storm. Eine Biographie. Mit neunzehn Abbildungen. it 1347

Die Schwestern Brontë. Leben und Werk in Texten und Bildern. Herausgegeben von Elsemarie Maletzke und Christel Schütz. it 814

Cézanne. Leben und Werk in Texten und Bildern. Von Margret Boehm-Hunold. it 1140

George Clémenceau: Claude Monet. Betrachtungen und Erinnerungen eines Freundes. Mit farbigen Abbildungen und einem Nachwort von Gottfried Boehm. it 1152

Sigrid Damm: Cornelia Goethe. it 1452

– »Vögel, die verkünden Land.« Das Leben des Jakob Michael Reinhold Lenz. it 1399

Joseph von Eichendorff. Leben und Werk in Texten und Bildern. Herausgegeben von Wolfgang Frühwald und Franz Heiduk. it 1064

Theodor Fontane: Kriegsgefangen. Erlebnisse 1870. Herausgegeben von Otto Drude. Mit zahlreichen Abbildungen. it 1437

– Meine Kinderjahre. Autobiographischer Roman. Mit einem Nachwort von Otto Drude. it 705

Sigmund Freud. Sein Leben in Bildern und Texten. Herausgegeben von Ernst Freud, Lucie Freud und Ilse Grubrich-Simitis. Mit einer biographischen Skizze von K. R. Eissler. Gestaltet von Willy Fleckhaus. it 1133

Dagmar von Gersdorff: Dich zu lieben kann ich nicht verlernen. Das Leben der Sophie Brentano-Mereau. it 1276

Goethe. Sein Leben in Bildern und Texten. Vorwort von Adolf Muschg. Herausgegeben von Christoph Michel. Gestaltet von Willy Fleckhaus. it 1000

Manfred Wenzel: Goethe und die Medizin. Selbstzeugnisse und Dokumente. Mit zahlreichen Abbildungen. it 1350

Gernot Gruber: Mozart. Leben und Werk in Bildern und Texten. it 1319

Heinrich Heine. Leben und Werk in Daten und Bildern. Von Joseph A. Kruse. Mit farbigen Abbildungen. it 615

162/1/8.92

Biographien, Leben und Werk im insel taschenbuch

Hermann Hesse. Sein Leben in Bildern und Texten. Mit einem Vorwort von Hans Mayer. Herausgegeben von Volker Michels. it 1111

Volker Michels: Hermann Hesse. Leben und Werk im Bild. Mit dem ›kurzgefaßten Lebenslauf‹ von Hermann Hesse. it 36

Marie Hesse: Ein Lebensbild in Briefen und Tagebüchern. Mit einem Essay von Siegfried Greiner. Mit frühen Lithographien von Gunter Böhmer. it 261

Hölderlin. Chronik seines Lebens mit ausgewählten Bildnissen. Herausgegeben von Adolf Beck. it 83

Kleist. Leben und Werk im Bild. Herausgegeben von Eberhard Siebert. it 371

Cordula Koepcke: Lou Andreas- Salomé. Leben. Persönlichkeit. Werk. Eine Biographie. it 905

Oskar Kokoschka. Leben und Werk in Daten und Bildern. Herausgegeben von Norbert Werner. it 909

Dieter Kühn: Ich Wolkenstein. Eine Biographie. Neue, erweiterte Ausgabe. it 497

– Neidhart aus dem Reuental. it 1389

– Parzival. Der Parzival des Wolfram von Eschenbach. it 1328

Monique Lange: Edith Piaf. Die Geschichte der Piaf. Ihr Leben in Texten und Bildern. Aus dem Französischen von Hugo Beyer. Mit einer Discographie. it 516

Jane Lidderdale / Mary Nicholson: Liebe Miss Weaver. Ein Leben für Joyce. Aus dem Englischen von Angela Praesent und Anneliese Strauss. it 1436

Mütter berühmter Männer. Zwölf biographische Portraits. Herausgegeben von Luise F. Pusch. it 1356

Ernst Penzoldt. Leben und Werk in Texten und Bildern. Herausgegeben von Ulla Penzoldt und Volker Michels. it 547

Marthe Princesse Bibesco: Begegnung mit Marcel Proust. Aus dem Französischen von Eva Rechel-Mertens. it 1349

Renate Wiggershaus: Marcel Proust. Leben und Werk in Texten und Bildern. it 1348

Eva Rieger: Nannerl Mozart. Leben einer Künstlerin im 18. Jahrhundert. Mit zahlreichen Abbildungen. it 1431

Rainer Maria Rilke. Leben und Werk im Bild. Von Ingeborg Schnack. Mit einer biographischen Einführung und einer Zeittafel. it 35

George Sand. Leben und Werk in Texten und Bildern. Von Gisela Schlientz. it 565

162/2/8.92

Biographien, Leben und Werk im insel taschenbuch

Arthur Schopenhauer. Leben und Werk in Texten und Bildern. Herausgegeben von Angelika Hübscher. it 1059

Misia Sert: Pariser Erinnerungen. Aus dem Französischen von Hedwig Andertann. Mit einem Bildteil. it 1180

Muriel Spark: Mary Shelley. Eine Biographie. Deutsch von Angelika Beck. Mit zahlreichen Abbildungen. it 1258

Töchter berühmter Männer. Neun biographische Portraits. Herausgegeben von Luise F. Pusch. it 979

Siegfried Unseld: Hermann Hesse. Werk und Wirkungsgeschichte. Revidierte und erweiterte Fassung der Ausgabe von 1973. Mit zahlreichen Abbildungen. it 1112

Wilhelmine von Bayreuth: Eine preußische Königstochter. Glanz und Elend am Hofe des Soldatenkönigs in den Memoiren der Markgräfin Wilhelmine von Bayreuth. Aus dem Französischen von Annette Kolb. Neu herausgegeben von Ingeborg Weber-Kellermann. Mit Illustrationen von Adolph Menzel. it 1280

Virginia Woolf. Leben und Werk in Texten und Bildern. Herausgegeben von Renate Wiggershaus. it 932

Stefan Zweig. Leben und Werk im Bild. Herausgegeben von Donald Prater und Volker Michels. it 532

162/3/8.92

